浙江文化研究工程成果文庫

浙江文獻集成

東城記餘：外六種

李顯根 點校

浙江大學出版社
ZHEJIANG UNIVERSITY PRESS
·杭州

圖書在版編目(CIP)數據

東城記餘：外六種 / 李顯根點校. —杭州：浙江大學出版社，2022.8
ISBN 978-7-308-22744-5

Ⅰ.①東… Ⅱ.①李… Ⅲ.①浙江一地方史一史料
Ⅳ.①K295.5

中國版本圖書館 CIP 數據核字(2022)第 104609 號

東城記餘：外六種

李顯根　點校

責任編輯　吴　超
責任校對　胡　畔
封面設計　項夢怡
出版發行　浙江大學出版社
(杭州市天目山路 148 號　郵政編碼 310007)
(網址：http://www.zjupress.com)
排　　版　浙江時代出版服務有限公司
印　　刷　杭州宏雅印刷有限公司
開　　本　710mm×1000mm　1/16
印　　張　48
字　　數　700 千
版 印 次　2022 年 8 月第 1 版　2022 年 8 月第 1 次印刷
書　　號　ISBN 978-7-308-22744-5
定　　價　128.00 圓

浙江省文化研究工程指導委員會

主　任　袁家軍

副主任　黃建發　王　綱　劉　捷　彭佳學

成　員　陳奕君　劉小濤　成岳冲　任少波
胡慶國　朱衛江　陳　重　來穎傑
盛世豪　徐明華　孟　剛　毛宏芳
尹學群　吴偉斌　褚子育　張　燕
俞世裕　郭華巍　鮑洪俊　高世名
蔡袁强　蔣國俊　陳　偉　盛閲春
朱重烈　湯飛帆　何中偉　李躍旗
胡海峰　陳　浩

浙江文化研究工程成果文庫總序

習近平

有人將文化比作一條來自老祖宗而又流向未來的河，這是説文化的傳統，通過縱向傳承和横向傳遞，生生不息地影響和引領着人們的生存與發展；有人説文化是人類的思想、智慧、信仰、情感和生活的載體、方式和方法，這是將文化作爲人們代代相傳的生活方式的整體。我們説，文化爲群體生活提供規範、方式與環境，文化通過傳承爲社會進步發揮基礎作用，文化會促進或制約經濟乃至整個社會的發展。文化的力量，已經深深熔鑄在民族的生命力、創造力和凝聚力之中。

在人類文化演化的進程中，各種文化都在其内部生成衆多的元素、層次與類型，由此決定了文化的多樣性與複雜性。

中國文化的博大精深，來源於其内部生成的多姿多彩；中國文化的歷久彌新，取決於其變遷過程中各種元素、層次、類型在内容和結構上通過碰撞、解構、融合而産生的革故鼎新的强大動力。

中國土地廣袤、疆域遼闊，不同區域間因自然環境、經濟環境、社會環境等諸多方面的差異，建構了不同的區域文化。區域文化如同百川歸海，共同匯聚成中國文化的大傳統，這種大傳統如同春風化雨，滲透於各種區域文化之中。在這個過程中，區域文化如同清溪山泉潺潺不息，在中國文化的共同價值取向下，以自己的獨特個性支撑著、引領着本地經濟社會的發展。

從區域文化入手，對一地文化的歷史與現狀展開全面、系統、扎實、有序的研究，一方面可以藉此梳理和弘揚當地的歷史傳統和文化資源，繁榮和豐富當代的先進文化建設活動，規劃和指導未來的文化發展藍圖，增强文化軟實力，爲全面建設小康社會、加快推進社會主義現代化提供思想保證、精神動力、智力支持和輿論力量；另一方面，這也是深入瞭解中國文化、研究中國文化、發展中國文化、創新中國文化的重要途徑之一。如今，區域文化研究日益受到各地重視，成爲我國文化研究走向深入的一個重要標誌。我們今天實施浙江文化研究工程，其目的和意義也在於此。

千百年來，浙江人民積澱和傳承了一個底蘊深厚的文化傳統。這種文化傳統的獨特性，正在於它令人驚歎的富於創造力的智慧和力量。

浙江文化中富於創造力的基因，早早地出現在其歷史的源頭。在浙江新石器時代最爲著名的跨湖橋、河姆渡、馬家浜和良渚的考古文化中，浙江先民們都以不同凡響的作爲，在中華民族的文明之源留下了創造和進步的印記。

浙江人民在與時俱進的歷史軌跡上一路走來，秉承富於創造力的文化傳統，這深深地融匯在一代代浙江人民的血液中，體現在浙江人民的行爲上，也在浙江歷史上衆多傑出人物身上得到充分展示。從大禹的因勢利導、敬業治水，到勾踐的卧薪嚐膽、勵精圖治；從錢氏的保境安民、納土歸宋，到胡則的爲官一任、造福一方；從岳飛、于謙的精忠報國、清白一生，到方孝孺、張蒼水的剛正不阿、以身殉國；從沈括的博學多識、精研深究，到竺可楨的科學救國、求是一生；無論是陳亮、葉適的經世致用，還是黄宗羲的工商皆本；無論是王充、王陽明的批判、自覺，還是龔自珍、蔡元培的開明、開放，等等，都展示了浙江深厚的文化底蘊，凝聚了浙江人民求真務實的創造精神。

代代相傳的文化創造的作爲和精神，從觀念、態度、行爲方式和價值取向上，孕育、形成和發展了淵源有自的浙江地域文化傳統和與時俱進的浙江文化精神，她滋育着浙江的生命力、催生着浙江的凝聚力、激發着浙江的創造力、培植着浙江的競争力，激勵着浙江人民永不自滿、永不停息，在各個不同的歷史時期不斷地超越自我、創業奮進。

悠久深厚、意韻豐富的浙江文化傳統，是歷史賜予我們的寶貴財富，也是我們開拓未來的豐富資源和不竭動力。黨的十六大以來推進浙江新發展的實踐，使我們越來越深刻地認識到，與國家實施改革開放大政方針相伴隨的浙江經濟社會持續快速健康發展的深層原因，就在於浙江深厚的文化底蘊和文化傳統與當今時代精神的有機結合，就在於發展先進生産力與發展先進文化的有機結合。今後一個時期浙江能否在全面建設小康社會、加快社會主義現代化建設進程中繼續走在前列，很大程度上取決於我們對文化力量的深刻認識、對發展先進文化的高度自覺和對加快建設文化大省的工作力度。我們應該看到，文化的力量最終可以轉化爲物質的力量，文化的軟實力最終可以轉化爲經濟的硬實力。文化要素是綜合競争力的核心要素，文化資源是經濟社會發展的重要資源，文化素質是領導者和勞動者的首要素質。因此，研究浙江文化的歷史與現狀，增强文化軟實力，爲浙江的現代化建設服務，是浙江人民的共同事業，也是浙江各級黨委、政府的重要使命和責任。

二〇〇五年七月召開的中共浙江省委十一届八次全會，作出《關於加快建設文化大省的決定》，提出要從增强先進文化凝聚力、解放和發展生産力、增强社會公共服務能力入手，大力實施文明素質工程、文化精品工程、文化研究工程、文化保護工程、文化産業促進工程、文化陣地工程、文化傳播工程、文化人才工程等『八項工程』，實施科教興國和人才强國戰略，加快建設教育、科技、衛生、體育等

『四個强省』。作爲文化建設『八項工程』之一的文化研究工程，其任務就是系統研究浙江文化的歷史成就和當代發展，深入挖掘浙江文化底藴、研究浙江現象、總結浙江經驗、指導浙江未來的發展。

浙江文化研究工程將重點研究『今、古、人、文』四個方面，即圍繞浙江當代發展問題研究、浙江歷史文化專題研究、浙江名人研究、浙江歷史文獻整理四大板塊，開展系統研究，出版系列叢書。在研究内容上，深入挖掘浙江文化底藴，系統梳理和分析浙江歷史文化的内部結構、變化規律和地域特色，堅持和發展浙江精神；研究浙江文化與其他地域文化的異同，釐清浙江文化在中國文化中的地位和相互影響的關係；圍繞浙江生動的當代實踐，深入解讀浙江現象，總結浙江經驗，指導浙江發展。在研究力量上，通過課題組織、出版資助、重點研究基地建設、加强省内外大院名校合作、整合各地各部門力量等途徑，形成上下聯動、學界互動的整體合力。在成果運用上，注重研究成果的學術價值和應用價值，充分發揮其認識世界、傳承文明、創新理論、諮政育人、服務社會的重要作用。

我們希望通過實施浙江文化研究工程，努力用浙江歷史教育浙江人民、用浙江文化薰陶浙江人民、用浙江精神鼓舞浙江人民、用浙江經驗引領浙江人民，進一步激發浙江人民的無窮智慧和偉大創造能力，推動浙江實現又快又好發展。

今天，我們踏着來自歷史的河流，受着一方百姓的期許，理應負起使命，至誠奉獻，讓我們的文化綿延不絶，讓我們的創造生生不息。

二〇〇六年五月三十日於杭州

浙江文化研究工程成果文庫序言

袁家軍

浙江是中華文明的發祥地之一，歷史悠久、人文薈萃，素稱『文物之邦』『人文淵藪』，從河姆渡的陶灶炊煙到良渚的文明星火，從吴越争霸的千古傳奇到宋韻文化的風雅氣度，從革命紅船的揚帆起航到新中國成立初期的篳路藍縷，從改革開放的敢爲人先到新時代的變革創新，都留下了彌足珍貴的歷史文化財富。縱覽浙江發展的歷史，文化是軟實力、也是硬實力，是支撑力、也是變革力，爲浙江幹在實處、走在前列、勇立潮頭提供了獨特的精神激勵和智力支持。

二〇〇三年，習近平同志在浙江工作時作出『八八戰略』重大決策部署，明確提出要進一步發揮浙江的人文優勢，積極推進科教興省、人才强省，加快建設文化大省。二〇〇五年七月，習近平同志主持召開省委十一届八次全會，親自擘畫加快建設文化大省的宏偉藍圖。在習近平同志的親自謀劃、親自布局下，浙江形成了文化建設『3 +8 +4』的總體框架思路，即全面把握增强先進文化的凝聚力、解放和發展文化生産力、提高社會公共服務力等『三個着力點』，啓動實施文明素質工程、文化精品工程、文化研究工程、文化保護工程、文化産業促進工程、文化陣地工程、文化傳播工程、文化人才工程等『八項工程』，加快建設教育、科技、衛生、體育等『四個强省』，構建起浙江文化建設的『四梁八柱』。這些年來，我們按照習近平同志當年作出的戰略部署，堅持一張藍圖繪到底、一任接著一任幹，不斷推進以文鑄魂、以文育德、以文圖强、以文傳道、以文興業、以文惠民、以文塑韻，走出了一條具有中國特色、時代特徵、浙江特點的文化發展之路。

文化研究工程是浙江文化建設最具標誌性的成果之一。隨着第一期和第二期文化研究工程的成功實施，産生了一批重點研究項目和重大研究成果，培育了一批具有浙江特色和全國影響的優勢學科，打造了一批高水平的學術團隊和在全國有影響力的學術名師、學科骨幹。二〇一五年結束的第一批浙江文化研究工程共立研究項目八百十一項，出版學術著作千餘部。二〇一七年三月啓動的第二期浙江文化研究工程，已開展了五十二個系列研究，立重大課題六十五項、重點課題二百八十四項，出版學術著作一千多部。特别是形成了《宋畫全集》等中國歷代繪畫大系、《共和國命運的抉擇與思考——毛澤東在浙江的七百八十五個日日夜夜》等領袖與浙江研究系列、《紅船逐浪：浙江『站起來』的革命歷程與精神傳承》等『浙100年』研究系列、《浙江通史》《南宋史研究叢書》等浙江歷史專題史研究系列、《良渚文化研究叢書》等浙江史前文化研究系列、《儒學正脈——王守仁傳》等浙江歷史名人研究系列、《吕祖謙全集》等浙江文獻集成系列。可以説，浙江文化研究工程，賡續了浙江悠久深厚的文化血脈，挖掘了浙江深層次的文化基因，提升了浙江的文化軟實力，彰顯了浙江在海内外的學術影響力，爲浙江當代發展提供了堅實的理論支撑和智力支持，爲堅定文化自信提供了浙江素材。

當前，浙江已經踏上了實現第二個百年奮鬥目標的新征程，正在奮力打造『重要窗口』，争創社會主義現代化先行省，高質量發展建設共同富裕示範區。文化工作在浙江高質量發展建設共同富裕示範區中具有决定性作用，是關鍵變量；展現共同富裕美好社會的圖景，文化是最富魅力、最吸引人、最具辨識度的標識。我們要發揮文化鑄魂塑形賦能功能，爲高質量發展建設共同富裕示範區注入强大文化力量，特别是要堅持把深化文化研究工程作爲打造新時代文化高地的重要抓手，努力使其成爲研究闡釋習近平新時代中國特色社會主義思想的重要陣地、傳承創新浙江優秀傳統文化革命文化社會主義先進文化的重要平臺、構建中國特色哲學社會科學的重要載體、推廣展示浙江文化獨特魅力的重要窗口。

新時代浙江文化研究工程將延續『今、古、人、文』主題，重點突出當代發展研究、歷史文化研究、『新時代浙學』建構，努力把浙江的歷史與未來貫通起來，使浙學品牌更加彰顯、浙江文化形象更加鮮明、中國特色哲學社會科學的浙江元素更加豐富。新時代浙江文化研究工程將堅守『紅色根脈』，更加注重深入挖掘浙江紅色資源，持續深化『習近平新時代中國特色社會主義思想在浙江的探索與實踐』課題研究，努力讓浙江成爲踐行創新理論的標杆之地、傳播中華文明的思想之窗；擦亮以宋韻文化爲代表的浙江歷史文化金名片，從思想、制度、經濟、社會、百姓生活、文學藝術、建築、宗教等方面全方位立體化系統性研究闡述宋韻文化，努力讓千年宋韻更好地在新時代『流動』起來、『傳承』下去；科學解讀浙江歷史文化的豐富内涵和時代價值，更加注重學術成果的創造性轉化，探索拓展浙學成果推廣與普及的機制、形式、載體、平臺，努力讓浙學成果成爲有世界影響的東方思想標識；充分動員省内外高水平專家學者參與工程研究，堅持以項目引育高端社科人才，努力打造一支走在全國前列的哲學社會科學領軍人才隊伍；系統推進文化研究數智創新，努力提升社科研究的科學化水平，提供更多高質量文化成果供給。

偉大的時代，需要偉大作品、偉大精神、偉大力量。期待新時代浙江文化研究工程有更多的優秀成果問世，以浙江文化之窗更好地展現中華文化的生命力、影響力、凝聚力、創造力，爲忠實踐行『八八戰略』、奮力打造『重要窗口』，争創社會主義現代化先行省，高質量發展建設共同富裕示範區，提供强大思想保證、輿論支持、精神動力和文化條件。

點校前言

本書匯輯了《東城記餘》等七書，均屬紀事類著作。從内容來看，可分爲兩類：一是關於杭城地方掌故的。楊文傑《東城記餘》記載了位於杭州東城的南宋以來諸多坊巷、僧廬、道觀的歷史及其掌故；丁丙《北郭詩帳》記載了杭州湖墅一地歷代掌故、風俗、民情；汪孟鋗《龍井見聞録》則記述了西湖龍井及其四周景物和見聞；胡敬《定鄉雜著》記載了城南定鄉之風土、人情、民俗。二是關於杭州文物古迹的。余懋棅《杭郡庠得〈表忠觀碑〉紀事》記載了其在杭州府學獲得蘇軾《表忠觀記》殘石的經過及文人對此事的題咏；萬斯同《南宋六陵遺事》乃是對南宋高宗、孝宗、光宗、寧宗、理宗、度宗六陵在元初遭盜掘，當時是哪些南宋遺民參與了收集諸帝遺骨之事的歷代材料收集及考辨；重修岳陵事務所編寫的《重修浙江西湖岳忠武王廟墓徵信録》是對一九二〇年重修岳飛廟墓的全部經過及其所有材料的匯編。

此次校點整理，取存世最早、最好的版本作爲底本，並搜羅所能見到的其他所有傳世刻本作爲對校本，同時參校以上著作所引用的其他文獻，力求整理出一部使用方便的精校定本，爲學界研究古代杭州的民生、風俗、文化以及杭州地方史提供重要而可信的資料。校勘以對校爲主，校記力求簡明扼要。每種書均由前言、目録、正文、附録四部分組成，前言主要闡述作者生平、成書過程、著作内容、版本選擇等情況，附録則收録與本書相關的重要參考文獻，如作者傳記、各家序跋、目録提要等，以方便讀者閲讀和研究。

總目録

東城記餘

〔清〕楊文傑 著

李顯根 點校

前言

《東城記餘》二卷，楊文傑（一八〇八—一八七八）著。文傑，字廷英，號枌園，清仁和（今杭州）人。同治六年（一八六七）優貢，光緒元年（一八七五）舉賢良方正。著有《續經稗》十二卷、《群經劄記》十四卷、《東城記餘》二卷。

杭州東城，宋爲東園，其間坊巷、僧廬、道觀多爲南宋以來遺跡。清初厲鶚曾撰《東城雜記》二卷，專記東城一地。文傑《東城記餘》是繼厲鶚《東城雜記》而作，其體例一依厲鶚原書，只是厲鶚《東城雜記》共八十五條，《東城記餘》則爲九十五條，拾遺補闕，較之厲鶚原書有所增益。

本書只有光緒二十六年（一九〇〇）《武林掌故叢編》本。此次點校，即以此爲底本。避諱字『萬歷』皆已回改爲『萬曆』。

目録

東城記餘卷下……（六七）

附　録

序

自來游武林者，輒曰『西湖西湖』。然城外以西湖爲勝，而城内則以東城爲勝。閈坊曲巷、僧廬道觀，多南宋以來舊蹟。名人韻士游屐所經，寓廬所寄，往往在焉。經臨其地，令人悠然有懷古之思。厲樊榭先生所著《東城雜記》二卷，《四庫全書》著録，叙述典雅，考核詳明。雖偏隅小識，言武林掌故者不能廢也。然先生自敘謙言見聞陋隘，推廣成書，尚將有待。況自先生至今百有餘年，遺聞軼事可采録者又豈少哉！枌園楊君自少刻苦自厲，博通羣籍，曾以優行貢成均。光緒初，又以孝廉方正徵，亦武林一耆宿也。所著書甚多，而《東城記餘》二卷則繼樊榭而作者。原書凡八十五條，而《記餘》得九十五條，視原書贏其十。記地記事，并記其人，一如原書體例。丁脩甫孝廉以鈔本寄示，擬刻入《武林叢書》，而乞余爲之序。余讀其中《大普興寺》一條，稱其奉乃也里可温之教，有十字者，乃其祖師麻兒也里牙之靈迹。上下四方，以是爲凖。與《景教流行中國碑》所云『判十字以定四方』者，其説相合。惟所敘源流不同，而稱其地薛迷思賢在中原西北十萬餘里，則與今歐羅巴道路遠近正復相合，豈利瑪竇之徒果出於此歟？若景教流行，興於大秦。大秦國古謂之犂靬，本朝《職方會覽》名如德亞，去歐羅巴絶遠，轉與利瑪竇蹤跡不甚合矣。異説支離，不可究詰。然寺建於元至元十八年，亦杭郡一大古蹟，鑒古者所宜知矣。而樊榭之書竟未之及，此亦見楊君拾遺補缺之功焉。余未得與君相見，而君之子曰泳生，則詁經精舍高材生也。余忝主講席三十一年，幸有一日之知。兹因脩甫之請，序君此書，并勸早刻之，與樊榭書並行於世。異日國家重開四庫館，亦必有取於是書矣。曲園俞樾序。

東城記餘卷上

駐蹕衖

乾隆庚子三月初三日，純廟南巡，臣民咸在慶春門街接駕。街右有駐蹕衖，當是翠華暫駐於此。後人因以流傳，且有訛爲『朱碧』者。

檢校所

杭城批驗所，在艮山門内，新橋之南。里人呼爲所巷，即元時檢校所舊址。按唐代劉彤有《請檢校鹽鐵表》，其名或由昉歟？《元史·百官志》：『大德三年，於杭州、嘉興、紹興、温台等處設檢校四所，掣驗鹽佮，毋過常度。』《兩浙鹽法志·職官表》：『大德三年，任杭州檢校所提領大使赤琖顯忠，字遂良，遼東人。』延祐六年，罷之。至正二年，中書省奏准，復各立檢校批驗所，兼驗鹽引。明初，立批驗所四：杭、紹、嘉、温，復增甯、台爲六。弘治閒，仍廢甯、台。崇禎十三年，增松江。國朝順治初，設杭、紹、嘉、温四所。十三年，增松江。康熙五十年，裁温州額，存四所。今所署門東向，中爲甬路，爲正廳，西瀕東運河。其南爲掣廳。鹽政按掣時，鹽船三日前齊入艮山水門，泊太平橋。掣畢，給號票，候程開運。

鹽義倉碑記

李敏達公《鹽義倉碑記》曰：

從古鹽筴之制，裕國便民，而歷代以來，百弊叢生。遂有上虧國課，下瘁民生，至商亦兼受其困，則體恤之心未至也。伏惟聖祖仁皇帝軫念浙鹺，恩膏疊沛。我皇上承乾御極，益以加斤減費，蠲課賑災。商力既舒，故民價不增而課額易辦，於是衆商感悦。因見皇上勤求民瘼，歲支正項，儲穀備荒，乃願共捐銀一十萬兩，用襄積貯，亦足以見聖德入人之深而感人之速矣。衛職兼鹺務，不敢壅於上聞。既奉俞旨，遂令別建義倉，遴選誠實之商輪加經理。或當出陳以易新，或當糶三以存七，隨年豐嗇，與時變通。庶幾穀日益多，濟日益普，雖有水旱，可以不爲民害焉。夫天下熙熙攘攘，大抵皆爲利往來耳。以諸商各出資費，奔走海濱，馳驅團舍，誰不欲利盈什百爲肥身家貽子孫之計？乃昔之恐失錙銖者，今捐數萬金不惜，則豈非厚生正德之化風動於不自知哉？是倉也，卜築於艮山門内錢氏園基，其地約四十畝，其廒計百四十間，其貯可八萬五千石。其於水近，可便搬運；其爲地燥，可免溼蒸；其屬禁城，可以數稽查；其遠民房，可以避煙火。周圍有牆，牆高而厚；布廒有版，版闊而堅；廒外有場，場寬而平；場前有廳，廳高而敞。有門可以杜閒雜，有廟可以依倉神。後有同志，更擴充而推暨之，其愈廣皇仁於無際也夫！見《兩浙鹽法志》。

永濟倉

永濟倉，舊名廣豐倉，即明預備倉，在艮山門倉巷。康熙三十五年，設鑄錢局於此，三十八年停鑄。五十四年，巡撫徐元夢具題，即舊址建造倉厫二百四十間，改名永濟。杭捕同知金上志勒石紀之，其記云：

夫創建興修，以昭垂永久而勿替者，必得其地得其人而後可。得其地而不得其人，則無以經始；得其人而不得其地，則無以成功。猶必因時制宜，審財量力之爲愈焉。故靈臺之建，『庶民子來，不日成之』。引古證今，若將符契而不悖者，有如永濟倉之興建者歟！倉基在武林艮山門內，始爲廣豐倉，繼爲寶龍局。歷有年來，興替不一。兹今康熙五十三年七月十二日奉上諭，截留漕米二十萬石以備不時賑濟之需。真乃浩蕩皇恩，惠愛元元未雨綢繆之至意，前古之所未逭也。雖分貯在省各厫，恐徵收新漕，勢難並儲。必得另建倉厫堆貯，方克有濟。恭蒙皇仁，會同司道各憲，周詳至慮，卜基於廣豐倉舊址，興建倉厫二百四十間。折給工料，題明在案。原委縣監造，估定工料銀一萬一千一百三十四兩有零。續增瓦片、亂石、木植等物，以及添造大堂捲篷大二門共十二間，又折造倉王廟并看倉人役住房共二十九間，又補砌甬道、豎造碑亭等項，連前原估計工料費，用銀一萬三千一百六十九兩七錢一分五釐。後職奉委督造，潔己奉公，加意節省，實上用銀一萬零一百七十一兩四錢三分。隨於康熙五十四年九月初一日開工平基，一面採辦木石磚瓦，至十月十二日定磉豎柱。於五十五年二月初三日，工程告竣。誠以皇仁憲德加惠斯民，立此萬世不磨之業。若不另顔其額，無以表如天之浩蕩，又何以慰動地之歡欣乎？是以仰請撫憲定額書聯，并編置倉厫字樣，以便刊刷懸記。再者，凡事關國計民生，罔不創立碑銘。照得此項留漕，既出特恩，而建置工料又屬捐給，真千古一時，似難膜置。俯祈頒賜碑文，勒諸貞珉，以誌一時之盛。將見後之守此土者，仰皇恩之深厚，體憲慮之周詳，用勵職守，出給因時，俾兩浙蒼生咸慶豐盈于永久，豈特紀事已哉？蒙易倉名曰『永濟』。職緣奉委監造，躬逢盛舉，敬將顛末敷陳勒石，昭垂不替。紀事直書，漫不計文之工拙也。謹記。時大清康熙五十五年歲次丙申仲春月吉旦，浙江杭州清軍驛傳總捕同知加三級紀録一次金上志撰。里人程之𦒎篆額書丹。

昭忠祠

浙江全省昭忠祠，在清泰門内金衙莊。先是，咸豐十年，粵匪陷杭城。死難者十萬餘人，紳民建崇義祠於吴山。工甫竟，而城再陷。克復後，祠宇重成。採訪未徧，僅奉總牌。十年，紳民請建斯祠，門堂恭摹御書匾額。正饗堂二，前祀官，後祀紳。東堂二，前祀弁勇，後祀民人。西堂二，前祀官眷，後祀紳婦。北堂一，祀民人婦女。分龕立位，次序秩然。祠旁臯園水木亭館之勝，則備祠祭憩所。園之外，爲太湖蕩，蓄魚放生，禁止網罟。同治十二年，巡撫楊昌濬奏列入祀典，豁免錢糧，并撰碑記，文曰：

浙水東西，禮義而文，顧近弱國。生斯土者與官斯土而用其人，則亦曰近弱也。然而句踐以報彊吴，抗中國。錢氏立國傳世，戰守卒完其域。譚、戚名將，以浙兵雄九邊。則夫血氣之奮，禮義之歸，時爲之與？國家全盛博大之氣或漏，氛盩芽蘖，日星晦孛，於是乎有廣西之亂。令長不職，遂勩將帥縱横萬里，鋒鏑塞乎中原，狂走十餘年，卒逃死於浙江。浙江復，而兵事漸解，遂以敉平。浙江之繫於天下大矣！唐宋以來，袁鼂、董昌、方臘、張士誠亦云代有，然所殘掠，或數城、數十城已耳。若夫外寇憑陵，肢體折、腹心潰、枝葉槁、本根拔，千百年所未有也。夫浙江四達，襟帶江海而背甌吴。咸豐八年戊午三月，賊犯上游，旁略數縣。形勢尚格，逡巡遁走。自皖南魚爛，廣德、績溪門户盡撤，而後有庚申之事。省會不守，大臣死封疆，賢傑死扞衛，匹夫匹婦慷慨於水火繩藥者相望，何其烈與！援師如雨，五日而敺豺虎，顧未大創也。東南蠶食已徧，壯健日死亡。東壩陷而喉吭絶，蘇州亡而脣齒失。糧匱鄰蹙，智勇困矣。備分力單，賊來無方，而後有辛酉之事。是時，列郡淪没，未下者二三城，皆鼿杌無以濟，可謂危矣。文武官吏抗横草之憤，膏血塗野而不顧。士大夫之有志節者，提名義號召，前殲後繼，赴義如渴。百戰悍暴，投死包村，析骸易子，湖州比於睢陽。時乎艱難，則莫彊乎禮義矣，豈多文者固必弱哉？今恪靖伯左公奉命於鼎沸之日，誓師於荆棘之野，三衢一隅開府，以謀克復、揚威靈。時蔣公益澧爲前驅，而昌濬亦以書生參軍事，馳驅知己，效鉛刀之用。擐甲數十百戰，窮獸猶噬大鞣大膊。羣力允宣，師武不匱。浙東既下，乃以同治三年甲子之春攻復杭州，廓清郡縣，孑遺黎民，十不得五。國殤之哀，貴賤同之。朝廷教忠，典制顯顯。一命以上，晉階録孤，尊者易名崇祀，下不遺於氓庶，既厚且廣。左公乃延攬賢大夫士，資其聞見，采掇遺烈，網羅幽潛，開『採訪忠義局』於甯波府城，後移杭州。具籍入告，仰邀衮衈，歲月久淹，以名達者二十餘萬人。蓋繼左公者，菏澤馬端敏公、合肥李公、湘鄉蔣公及昌濬。封事既陳，恩施沛然。前後入奏者，三十有三。京曹陳請，恒有增益。欽承詔書，考之成憲，擇地東城金衙莊糜公府巨金閎建祠堂，奉文武官瑞忠壯、羅壯節、王壯愍而下，鄉大夫戴文節、趙忠節而下，需次之吏，庠序之士，逮夫庶人婦女死封疆、死捍衛、死水火繩藥者，堂夾房室栗主類從，復崇坊表，一如律令。其有浙人而死事於外者，附祀焉。主採訪者，今湖州府知府楊榮緒，金華府知府徐寶治，浙江候補知府朱志汾，浙江候補道秦緗業、王景澄、吴大廷、林聰彝、梁恭辰、王蔭棠，前國子監司業仁和沈祖懋，前四川永甯道富陽高應元，前内閣中書錢塘張應昌。忠義祠創始同治十一年四月，落成十二年二月。庀工者，浙江候補知府周李夔。仲春宜祀，俎豆肅雝。衣冠在列，車馬來下。周旋興起，乃銘麗牲之碑。銘曰：

皇帝中興，沐浴日月，重輪重光。宵衣南顧，女牛所照，如沸如羹。篤生將率，運民水火，掃厥欃槍。漸水之流，大越之山，重秀而明。奪人虎吻，還女饘粥，弔死扶傷。溝壑原野，無完家室，嗟乎遺甿。爰咨爰詢，疇殉疆場，疇抗戈兵。萬死不視，陷胸決脰，凛乎若生。上告天子，榮賁九原，禮在太常。贈秩卹後，復啟崇祠，牲物來享。相兹棟宇，鬱乎沈沈，翼然東城。旁延林皋，妥幽降靈，百世馨香。痛深創鉅，職守土者，内安外攘。彼都人士，毋狃於故，忘危忘亡。羣靈在天，消戾化慝，百穀用成。孫子忠孝，蹈乎賢智，肅承王章。庶幾古語，永無兵燹，來眎斯銘。

同治十二年歲在癸酉仲冬之月

《林氏家乘》序

明胡應麟自號石羊生，嘗爲《林氏家乘》序曰：

錢塘都會甲天下，闤闠之富饒，閥閱之豪鉅，薄海内外鮮與倫焉。而其尤顯著特聞者，無若忠清里之林氏。錢塘之有林氏也，其先世蓋徙自汴都。徙當宋南渡時，譜系綿邈弗可考。勝國初，提領公首以仕聞。提領生士民，士民生居義。居義三子，仲曰榮，入皇朝，以孫章貴，贈通議大夫、太常寺卿。榮子三：才、文、森。才，隱德弗耀；文，永樂庚子舉於鄉，歷官柱下史；森，亦以子章貴，贈官如父榮。才子秀，性至孝，博通三教書。爰自吴山大井巷徙今仁和之褚家里。森子章，幼穎敏，工八法，景泰中，有司以神童薦，歷官太常寺卿，從一品，貤封三世。子二：長應祥，以蔭官太僕寺主簿；次應禧，亦用有司薦入中書，爲人强直。正德間，不肯阿逆瑾，掛冠去。瑾敗，復召，歷官尚寶卿、順天府丞。父子毖飭好修，相繼綰簪組，登九列。立朝餘七十年，負郭廬無寸溢，州里偉其爲人，至方諸胡威父子。秀子二，曰巒，曰岡。巒生宏及奇，奇生梓。梓，進士起家，至雲南按察副使。岡，負氣任俠，業賈，賓客傾四方，以同事中傷殄縲絏，識者悼其非辜扼腕，天道當有後。俄五子舜、受、愛、孚、爵咸克世其業，以高貲雄里中。既而受嗣絶，從子嚣嗣；愛子念絶繼，功嗣；愛孫萬春絶，之蕃嗣。世代數更，子姓岌岌如綫，林氏此時號中衰。而舜子恩，恩子文明，始皆用儒術自奮。恩年十一孤，弱冠入太學，負場屋聲弗售，賫志没。文明十二亦孤，再試太學不利，絶意進取，屏居一室，以經籍自娱。讀史傳，綜古今成敗得失利害，至端木、計然諸傳，喟然曰：『大丈夫當身名俱泰，巖處長貧賤，誠足羞史遷。因是至欲後之人諱談仁義，則惑滋甚也。陶朱氏三致千金而散之，吾師法蓋不遠。』始大肆其力於治生，身與僮僕嘗甘苦，視百貨緩急，而時操其奇贏。既饒智，計多億中。亦會數有天，幸不詘乏，歲入益稔，益規恢其已成之緒。不數十年，而武林田園室廬腴上者相率歸太學家，一時里中素封，靡敢差甲乙。迺其好施予，利澤人，出天性。比閭族黨空乏，以情告人，人使厭其意去，數損己貲佐太學，當宁重嘉其誼，爲綽楔樹閭間太學。子曰之盛、之芳、長芬。之盛，少卓犖不凡，雖寢處膏粱，而下帷焚膏，與寒素士競佔嗶，聲藉甚，冠諸生。丙子與余同計偕，再上公車。報罷，慨然躡屩登岱宗，拜闕里，周歷大河淮泗已，浮扁舟，入石頭，弔古秦淮、北固間歸。而學殖彌邃，諸儕輩争俛下之。方淬勵壯年，攄夙抱以建樹當世而會太學，嬰疾終，母安人亦偕逝。之盛，執二喪，苫土中傷，功名未建，怙恃相繼溘焉。即異時萬一適逢，而終天之恨，殆不可復。於是乘幽憂餘隙，捃摭先世積累之，自爲《林氏家乘》，傳之諸子若孫，謂不佞年家子，宜有言序首簡。不佞辭不獲輟，因之盛所自述而稍次第之，以俟後之紬金匱石室者，且以徵林之所繇碩大繁昌，非一朝一夕之故云。

樣宜忽木刺大普興寺

至元十八年，本路副達魯花赤薛里吉思建，儒學教授梁相記其略曰：

薛迷思賢，在中原西北十萬餘里，乃也里可溫行教之地。愚問其所謂教者云：『天地有十字寺十二。內一寺，佛殿四柱高四十尺，皆巨木。一柱懸虛尺餘，祖師麻兒也里牙靈迹，千五百餘歲。今馬薛里吉思，是其徒也。教以禮東方爲主，與天竺寂滅之教不同。且大明出於東，四時始於東，萬物生於東。東屬木，主生。故混沌既分，乾坤之所以不息，日月之所以運行，人物之所以蕃盛。一生，生之道也，故謂之長生天。十字者，取像人身，揭於屋，繪於殿，冠於首，佩於胸，四方上下以是爲準。』薛迷思賢，地名；也里可溫，教名也。公之大父可里吉思、父滅里、外祖撒必爲大醫，太祖皇帝初得其地，太子也可那延病，父外祖舍里八馬里哈昔牙徒衆祈禱始愈，充御位舍里八赤本處也里可溫答剌罕。至元五年，世祖皇帝召公馳驛進入舍里八，賞賚甚多。舍里八，煎諸香果，泉調蜜和而成。舍里八赤，職名也。公世精其法，且有驗，特降金牌以專職。九年，同賽典赤平章往雲南。十二年，往閩浙，皆爲造舍里八。十四年，欽受宣命虎符、懷遠大將軍、鎮江府路總管府副達魯花赤。雖登榮顯，持教尤謹，常有志於推廣教法。一夕夢中天門開七重，二神人告云：『汝當興起寺七所，贈以白物爲記。』覺而有感，遂休官務建寺杭州薦橋門，建様宜忽木剌大普興寺。見《至順鎮江志》。

漆野園鶴

湯鄰初《土橋縱步詩》，徵君已載《雜記》矣。尚有《飲東城翁承美漆野園觀鶴舞》四詩，吴志上曾採入《武林耆舊集》，特録之，以助掌故。

水邊精舍面高城，養鶴年來始學鳴。忽向尊前相對舞，主人翻擬問園丁。

胎禽曾跨上仙來，瘴海吴雲曠九垓。何意雙雛方刷羽，見人渾識是仙才。

曾到焦山古洞前，華陽遺刻尚千年。于今寥廓方無礙，好共聯翩入紫煙。

臨皋江上一輪孤，曾向蘇公問樂無。此日羽衣同舞罷，夜來應得夢方壺。

下注：『萬曆乙巳四月既望，書於五粒軒。』想志上先生所見，係真蹟也。

《錦杏軒記》

金幼孜《文靖集·錦杏軒記》云：『太醫院御醫金剛中，世家淛之錢塘，代以其術顯。錢塘之人有抱、札、瘥、疾、疢者，不之他氏，必詣金之廬而請焉。自其祖父至於剛中，以其術濟人，多所全活。剛中居家時，愈人之疾，未嘗有責報之心。欲效昔董奉事，第令種杏。數年之間，杏皆成林，根株盤固[二]，枝葉薈蔚。春陽時，至千葩萬萼，一時競吐，如披綵纈[三]，如烘丹砂，如點絳雪，如蒸赤霞。光采穠麗，絢爛雲錦。剛中顧而樂之，乃築軒杏林之中，而顔之曰錦杏。既而以選召至京師，隸太醫院，以拜今官。嘗從容爲予具道其軒之勝，且徵文以記。余聞董奉居廬山，治人疾愈，不責其報，但令種杏。歲久成林，後奉竟以仙去。其迹誕漫不經，故後人間有一造其境，則荒煙白露漠然，徒見山高而水深，欲求向之紅霞萬樹、燁然可愛而賞者，已皆不可復得。然則奉之杏與其出處，果信然否歟？是固不可得而辨已。今剛中之學，世有顯著，而錢塘實其故業。杏林之錦，誠非詡誇無實之景。而及今又得以其術遭遇聖明之世，列官於朝，爲國上醫，則其名譽事迹，赫然光顯。視向之種杏如奉者，蓋霄壤不侔矣。雖然錦杏之在軒，固爲可愛，而四時代謝，有不可以常得。孰若活人之心，如春陽之澤物，使疲癃夭閼者，皆得如杏樹之敷榮暢達，不復枯槁，則其可愛又當何如哉？姑書此以復剛中，以爲信然否也？』今金郎中巷，即剛中故居。

于忠肅玉帯

金壇段大令玉裁《經韻樓集》，有改皖桐章甫撰《觀于忠肅公玉帯記》，云：『杭城東北隅之慶春街，有紺宇穹隆，曰顯真道院。建自南宋，沿今增修弗替，以祀火德星君。余承乏仁和場官，歲一循例致祀。初祀禮成，有紳士指神服玉帯告曰：「此明少保于忠肅公帯也。常年珍襲，賽期一被神躬。」時不敢瞻玩，亦不暇詳詢顛末。閲數日，偕二士人詣院，命守院者啟櫝觀之。圍約四尺餘，嵌碧玉十三版，古色蒼然，間有損璺。余問曰：「既爲公物，公墳廟近在西湖，盍歸其子孫爲宗器乎？」士曰：「此忠肅公意也。公舊居東里，距道院非遥。少時讀書院中，曾許異日爲神莊嚴。及繫獄後，乃遺命以斯帯供神御。至今不改。」嗟乎，忠肅公之於明室，豈非再造功哉！當其力阻南遷，扶掖監国，功成事定，決迓回鑾，雖唐之郭、李，何能比焉！特石亨、徐有貞輩忌功日久，奪門之後，不容厠足，必滅此朝食，乃可大逞恣睢。故喪心造誣，搆陷殊死。而論者或以不諫易儲爲公憾，不知公《諫易儲》一疏、《請復儲》二疏，明臣獲見之，而天下後世罕知之。仁和阮氏泰元《讀于公旌功録志感詩序》可證。用此知英宗升遐見公魂魄，英宗之媿於公多矣，公則一無所媿於英宗也。公自任患以來，懸宋文丞相畫像於卧側，蓋公未嘗一刻不以丞相心爲心矣。丞相以衣帶書銘言志，公以玉帶酬神，公之不欺神者，公之不欺其心也。公之不欺其心者，公之所以不欺君父也。與文丞相之用心有異乎哉？是帶藏於斯院，公靈爽式憑，其必能庇蔭民物又無論。謹齋心濡筆，記其崖略，備公逸事焉。』

胡比部珵《聽香齋集》有詩云：『顯真院，公讀書。慶春街，公舊居。九門團營九邊策，想見十圍腰腹中能儲。四百餘年留一帶，故物留傳明景泰。良工琢就銙十三，蟒玉當時特恩拜。公事英廟臣節堅，迎鑾竭力身仔肩。輕裘緩帶度嫺雅，指揮譚笑摧也先。公輔郕王臣志瘁，易儲事未爲公累。紅鞓犀帶畫像懸，託孤何殊文宋瑞。庸材誤國江與陳，金帶欲换工謀身。見深之廢由二相，禍延璧碎諸廷臣。公於此時非不諫，履霜嚴凝初集霰。磨盡晶瑩玉鏡光，可奈君心不如面。公於此時胡不歸，點瑕免使蒼蠅飛。也知挂帶比還笏，好將初服更朝衣。公非保身乏明哲，君恩太深計難決。留得蒽河虹貫天，誓灑孤忠一腔血。七尺軀爲盛名誤，欲酬主知家不顧。尚方珍賜密室扃，籍没時隨帶歸庫。此帶不遭裴晉公，口占謝表福考終。此帶不逢曹使相，身被殊榮誌家狀。猶幸莊田共給還，遺澤摩挲喜無恙。平生不解禪機深，山門留鎮非公心。帶和魂返斷齏處，祝融祠宇陰森森。吁嗟乎七年天子一方玉，投向井中汪后哭。纖兒競論奪門功，戢戢萬釘如笥束。石駙馬，曹吉祥，齊叨紫綬懸金章。冰山轉眼盡消釋，惟公此帶千古遺。』

甘棠張舍人應昌《彝壽堂集》有詩云：『西湖岳于兩少保，雙忠作鎮雙高峰。墨敕畫像武勝印，鄂王手澤駢鐘鏞。忠肅錢塘是鄉里，墓祠乃無遺器供。道院寶带補其闕，照耀湖西藏城東。此带服御小物耳，對之頑懦披丹胸。想見宣德明良會，輕裘緩带鸞鳴雝。朝廷三楊共洪㰖，晉豫千里揚仁風。俄逢正統土木禍，端委束带鶴立恭。南渡前車重根本，北門筦鑰銷煙烽。景泰嗣位定大計，奠安國家如泰嵩。金帛不許和不可，請带弗與真威雄。如何僉壬任誣搆，奪門挾釁持南宮。吾带欲更爭擁翊，營蠅苟狗毒蠆蜂。不殺無名亨等意，徇私昏闇嗟英宗。鞶带三褫付談笑，一腔血灑襟袍紅。須臾徐石竟何在，千秋廟食題旌功。豈獨奔走拜松桷，珍此一带侔璜琮。带兮三朝歷治亂，衮職無闕完初終。曾與袍鎧弓劍伍，賜予封職名恩隆。取義成仁圭璧潔，懷人留物縞紵通。古院當年讀書處，有僧早識端黼容。英魂毅魄此憑式，玉梁金鏤光熊熊。摩挲遺带重感溯，公與武穆異實同。並排和議敵仇愾，並嚴軍律善戰攻。報國一心盡劬瘁，安邊三策麾寇戎。獄成意欲莫須有，二字三字同冤蒙。功烈志節一無異，異在事勢殊遭逢。若使宋高察檜惡，亦返二聖飲黃龍。若使景帝聽珵策，安保一統完居庸。大臣易地皆然耳，河山带礪昭雙忠。雙忠作鎮雙高峰，乃覺金山留带徒禪鋒。我瞻此带拜祝融，衮衣恍覩清明躬。我捧此玉尊球弓，瑜色如見精白衷。獨舉赤手擎蒼穹，爲國砥柱爲崇墉。對之頑懦披丹胸，安得垂紳正笏如于公。吁嗟乎！安得垂紳正笏如于公。』

回回墳

陳良謨《見聞紀訓》云：『長興臧損齋應奎少時，有舅氏某者宦遊閩中，託祈夢于九鯉湖，用卜一生窮達。其舅氏詣神祈焉，夢神告曰：「正去採絲瓜，見赤毛羊三箇，繫在園中喫草。」覺而述其言以復，莫可詳解，漫不留念久矣。迨正德丙子，損齋偕弟應璧赴試於杭。俟舟於回回墳，旁有廢圃一區，圃中有絲瓜棚。瓜垂垂焉甚多，損齋漫就而採之。轉盼間，忽有三羊繫藩，毛色皆赤。損齋乃大驚詫，呼其弟曰：「昔夢云云，今果驗矣。然不知其何兆也。」是歲損齋中鄉舉，明年試禮闈中式。與予爲同年，間以語予如此。』

揚清祠

祠在忠清里。嘉靖間，知府陳一貫改凝真庵，爲之祀王僉憲琦、項郎中麒。林璐《歲寒堂存稿·揚清祠記》云：『揚清祠者何？祀鄉先生僉事王公琦、刑部郎中項公麒而建也。肅皇帝時，御史唐公鳳儀採少保胡端敏公言：「忠莫如唐褚公，清莫如明王公、項公。」異代同里，乃樹坊於里門，曰「忠清」。置二公木主，附褚廟以祭。學使孔公天胤曰：「二公生同里，接武同朝，宜專祠，與褚公同表。曰揚清，與褚公異。」在昔輶軒使者激揚風聲，其勤且慎，不苟同如此。嗚呼！古稱鄭公鄉、高陽里，胥是意也。歷今百餘歲，雖國家代興，未嘗不崇忠孝、尚廉節。鄉先生歿而得祀於其鄉，居斯里者想見吾祖吾宗，未必不望衡聯宇。勁節高風，於今爲烈。前賢之失傳，後人之羞也，幸也里中父老猶能舉其名也。按王公始以孝廉事文皇帝，自學正擢御史，再陟外臺，領山西學政，備兵川東西。視項公位，不爲不顯；服官三十年，不爲不久，卒以寒餓死。余嘗咨嗟歎息，當太平盛世，迹比首陽，意必谿刻自處，好名爲甚。顧令里中人悲縉紳以餓死，不亦辱朝廷而羞當世之士乎哉？及考其行事，寬仁平恕，活囚至七十餘人。誘掖多士，無峻容倨色。行部蜀中，盜賊解散。類如此，然後知公之守己爲極嚴耳。嚴則辨義利，矜細行，無論却餽遺，辭廷賜，甚至黄麻一册，義無重受。相傳公絶糧久，夫人出耳環易粟。詰其由來，若將浼己者。亟起墮諸河，紿夫人曰：「是贋物也。」以故遂不得食而卒，藩梟膊金殮焉。明興以來未之有也。項公生平不少概見，端敏去古未遠，其言不妄。王公苦餓，項公亦苦餓；王公有室廬，項公無室廬。晚年，御史某爲闢地誅茅居焉。嗚呼！惟王公能却天子百金，惟項公能受御史一廛。貧窶家居三十年，項公不效王公，而清與王公同。冷曹郎署當景泰、天順間，時勢紛更，較之文皇時，臣節稍媚矣。吾讀其《應詔陳言》一疏，未嘗不凛凛也。其略云：「李賢、王翺當曹吉祥之變，不能奮身死義，甘心屈膝以圖苟免，不知節義廉恥爲何物，宜正刑章以訓有位。」夫李賢、王翺，賢者也。公親與同朝，必有以洞悉其本原。而侃侃形諸章奏，公之立身益可知矣。以視睹公，爲忠爲清皆臣極也。父老生其里者，亦與有榮施哉！是爲記。』又仁和令姚公光宇《重修揚清祠記》曰：『同治九年十月九日，光宇試東城講舍，與邑人士談藝之餘，尚論鄉賢。僉謂講舍近忠清里，里以「昭忠」、「揚清」二祠得名。揚清湮没已久，地且爲居民佔。光宇亟詣勘清故基，捐廉倡復。里紳丁君申、林君一枝鳩貲集材，踴躍爲助。五閱月而工竣，糜錢一千緡有奇。復請提講舍羨餘錢二十千爲香燭修葺費，由講舍紳董暨觀成堂綢業董事互相守理。丁君請記顛末。光宇按祠中舊碣惟存崇禎間禁約一石，嘉靖間杭郡太守陳公一貫《祠記》石刻雖亡，邑志可考。康熙朝林鹿菴先生有記，著録《歲寒堂稿》。光宇自慚不文，懼林記之久而失傳也，爰補鑱於石，而附識重建之繇，以冀後之守是土與居是鄉者，共維持於無斁云。十年十月朔記。』

周都司

周熬，字明溪，其居第在錦衣巷東，後人因名其巷爲周都司。張瀚《奚囊蠹餘・周參將墓誌銘》云：『余蚤歲與兄風山光禄弟子清中丞同受經鄉塾，一時皆英特士，而參將明溪在焉。已各駸駸貴顯，明溪獨偃蹇不偶。世廟庚戌後，四方稱兵，加意武備，往往起閭閻韋布之雄，立致將帥。於是明溪走都下。當時同宗容齋京已仕爲錦衣都指揮使，因隸籍，登武科，尋以騎射韜略舉會試第一，按《志》：嶅中嘉靖三十五年進士。名動京師，例授錦衣副千户。未幾進指揮僉事，守備贛州。以功能再進都指揮，僉書吾浙專閫，拜鹽城參將。再奉璽書，移守嶺西、高肇等處。不數載，累官三品，不啻貴顯崇盛矣。豈非遇時而命也哉？何前嗇後豐也？迨余督兩廣諸軍，明溪爲裨帥，一見輒稱病。余察知病狀，方圖請易，會有被逮之報，覈之頗不得實。心跡既白，而明溪卒抱憂憤以歿。悲夫！功而得過，信乃見疑，古今聖賢豪傑所不免，獨一明溪哉！明溪姓周氏，名嶅，字嶸伯，世仁和人。曾祖全、祖信、父傑、母毛氏。正德乙丑七月三日生。賦質清粹，通朱氏《周易》義，善詩文。作真、草書，遒勁有法。性孝友，事兄平溪終始無間。爲將多機警，馭下恩威並用，孚心士卒，故屢有平定功。在贛日，威行諸山，寇不入境。浙中酌議屯政，切中時宜。鹽城弭盜防倭，保障允賴。嶺西平尖嘴等巢，擣黠酋全仕侈等寨，著績殊偉。紀功者聞於朝，兩有白金文綺之賜。督撫巡臺廉其才，咸薦獎之。若御史大夫南岷王公、司空鎮山朱公，推引尤亟。陽春之役，余猶勉以力疾終事，而疾劇，竟不可强，不知者方以避難引疾疑之。彼敘功受賞，彰明較著如此。顧云「罪浮於功」，曾不知中於嗛者之口，欲以服將士之心，作遠臣之氣，豈不難哉？元配謝氏，詩人可山惠之女。婉慧貞静，主中饋，旁及書算技藝，靡不通解。始可山本奇其女，一見明溪輒又奇之，竟以女託焉。處窮約，以勤儉濟其無；遇拂逆，以命數寬其憂；當遠遊，以振奮鼓其氣；迨利達，以患害惕其衷。至於謹祀事、端閫儀、相夫子，匡不逮；馭臧獲、均慈惠、教胤子[三]，用義方，凡此可謂克全婦道矣。嘉靖丙寅十一月十四日卒於家，春秋五十有七。隆慶己巳十一月十八日，明溪卒南雄道中，春秋六十有五。嗚呼！明溪挾儒術以待聘，卒不售，而以武功顯，誠命矣！其不遂首邱之願與？淑人敦篤懿範，而皆不享壽祺，孰非命運天定，豈必憂能傷人哉！子男沂，隨征有功，劄授冠带武生；女適順昌唐令之子佐；孫男某，女二。沂聞訃奔粵，奉旅櫬來還，併舉淑人柩合窆焉。因風山兄來乞銘，且跽而泣曰：「遵遺命也。」余不忍辭，爲之銘曰：「困維心亨豈不偶，不知其人視其友。錦組輝煌絢當晝，蕩滌氛祲勳伐茂。煩言爍金内何疚，我生不有命途遘。武功既究文亦售，婉懿同封世相守。巖壑迴環得明秀，堅貞不磨銘不謬。」

張樗寮書《華嚴經》

宋張樗寮即之手書《華嚴經》八十一卷，小楷，奕奕有神，舊藏潮鳴寺，與戴静庵《功德畫》同爲鎮山之寶。世傳樗寮爲水星降凡，其書能辟火，尤爲人寶重。後寺僧不能守，漸散落人間。胡秋白曾得二卷，魏稼孫得一卷，皆其殘軼也。

息　廬

章藻功，字豈績，康熙癸未進士，官編修，著有《思綺堂詩》及《四六文集》行世。兄曰戡功，字服伯，錢塘諸生；撫功，字仁豔，錢塘貢生。爲淇上孝子士斐之子。萬九沙曰：『章氏昆弟，繼淇上先生文章極盛之後，而伯叔昆季，皆稱建輪拔戟，自爲一隊，以雄於藝苑，斯亦奇矣。』時人語曰：『秀才不要狂，恐遇土橋章。』蓋指淇上父子兄弟也。今從《思綺堂文集》録其息廬二《序》，以見天才駿發、文思豪放之不可及也。其前《序》云：『僕自乙丑之春，迄於癸丑之夏，周流萬里，孟浪九年。所在傷心，王粲之依人作客；那堪回首，馮讙之有母無家。間或暫歸，都非長策。嗚呼！每當風雨，輒念敝廬；

不耐星霜，須營負郭。匪榮蘭而陋棘，願託鷦鷯；何繞樹而依枝，偏驚烏鵲。又況世情之險，殆甚羊腸；則知家食之安，不妨蟁睫。今者自七閩而返，爲四壁之謀。隱不買山，歸惟卜宅。雖晏嬰近市，勿憚囂塵；而潘岳閒居，且圖色養。從容上壽，扶杖而却版輿；整頓西偏，鑿牖而成茅室。行常傴僂，不至礙眉；坐足徜徉，豈真容膝。左几右几，儘教滑浄堪書；南窗北窗，甯必交疏相結。三十幅壁間舊畫，懸掛隨心；五百卷架上殘編，翻來信手。管甯坐榻，亦因徐穉而懸；中散揮絃，便識淵明之趣。鼠鬚麟角，蠶繭閒揮；龍尾馬蹏，犀紋偶試。豪放則千言片刻，疏慵則一字經年。買未曾見之古書，聽不必然之時事。而且危樓丈許，月出一鉤；老樹尋餘，風飄萬點。梅横窗而早發，影與雙清；蘭入室而自香，性偏獨善。亂石插三竿之竹，即教柢沓根攢；小盆畜二寸之魚，毋慮鉤牽網止。但留故舊，樂莫樂兮相知；最恥干求，得不得曰有命。起居坦坦，俯仰閒閒。絶似羲皇，何論魏晉。遠塵俗，養天和，題以息廬，終焉可矣。夫盈虛消息，祇任自然；藏修息遊，庶幾有獲。擊壤而知日入之候，筮隨而得嚮晦之占。豈六月而飛，徒侈談於莊叟；即百發而中，尚取笑其由基。奚必終歲營營，悵飄零之靡所；因人録録，須富貴兮何時。嗚呼！一枝不借於上林，萬間無求乎廣厦。花甎蓮炬，已負平生；蓬户桑樞，何曾奢望。既悟倦遊之理，思結契於相如；欲知願息之方，問事親於孔子。』後《序》：『熙熙攘攘，笑我無能；擾擾云云，問人何事。似窮途之阮籍，罔計前途；本迷路之楊朱，況當末路。與之俱走，總是三癡；倘肯相扶，依然兩瞽。遇無故物，知昨日之都非；歸有放人，幸餘年之可假。揚子雲居惟寂寂，司空圖亭只休休，題以息廬，終焉可矣。顧疇昔倦遊，意在欲行且止；而今兹落職，序因翻舊而新。有可以息者二，不可不息者五。嗟乎！九萬里鵬摶乍息，六十年馬齒虛加。菽水言歡，甯辭百里；樹風且痛，奚假千鍾。生則未能綵錦紙羅，金花是敕；殁則徒然蘋蘩藴藻，水草堪羞。於中之耿耿難言，以外之栖栖何益。此可以息者一也。彼夫渺渺青雲，登梯未便；昭昭白日，逐杖爲勞。負辛苦於平生，都成夢想；信科名於來世，未卜因緣。而余久困曝顋，忽驚燒尾。槐花而忙舉子，歌出鹿鳴；櫻桃以宴文人，送將鳳集。雖玉堂問阻，虛傳鈴索之聲；而土窟周旋，忝列簪纓之會。此可以息者二也。他若《詩》《書》《史》《漢》，業不能興；南北東西，聲將俱墜。徒費析薪之力，曾無跨竈之稱。而乃三行斯敦，性根孝友；一經可教，世繼文章。無以立而無以言，大者頗多領悟；不知路而不知罵，小者絶類專愚。琴書似可長留，富貴聽其自有。此可以息者三也。既時宜之不合，又世故之未諳。睥睨於積尸列柩之間，蹩躠於輦壁輿金之側。一不可不息也。無端出口，每好盡言；略試轉喉，便多觸諱。人飲恨而勿覺，己悔過而莫追。幾曾觀周廟之緘，將必及伯宗之難。二不可不息也。過市者夕而非朝，舉碁者冷而不暖。肯因老病，以給豬肝；遑念始終，而來羊舌。但慨羅門之雀，究成枯肆之魚。三不可不息也。精神倦憊，則卧早而起遲；筋力衰頽，則坐多而立少。且嬾且慢，或因叔夜而寬；不揖不迎，難必之推所善。如逢卞令，那遽改容；若是梁松，定教獨拜。旁觀者責其傲，傳説者笑其狂。四不可不息也。頭童齒豁而後，思以祕抽；力疲心爛之餘，臟於夢出。集名十卷，成功已九仞之山；梓有六編，謀費若五丁之石。便當退而卒業，乞以合尖。拓萬古之心胸，畢千秋之著述。蠶未死而絲不盡，蚌將病而珠以成。五不可不息也。又况羊腸最險，蝸角相爭。世態人情，一至於此。則不若考槃寤宿，衡泌棲遲。閉門而耳目俱清，高枕而夢魂自適。平鋪碧瓦，四週薜荔之牆；迴隔青樓，百尺芙蓉之杏。清風明月，摇映窗紗；椀茗爐香，安排書几。枯棊一局，休論静死動生；濁酒半壺，莫管我醒人醉。畫有千巖萬壑，挂將素壁而看；地當三竺兩峰，舁著藍輿以往。猿鶴之驚不必，夔龍之讓何須。果真量腹度形，克盡天年之樂；甯至觸機挂網，輒甘人事之危也哉！』

飛鴻堂

歙汪啟淑，字秀峰，號訒菴，官工部都水司郎中，寓小粉場，顔其廳事曰『飛鴻堂』。嗜古有奇癖，藏書百櫝。乾隆三十七年詔訪遺書，啟淑家進六百餘種，恩賞《古今圖書集成》一部，士林榮之。得古印幾萬紐，彙爲《集古印存》三十二卷。凡同時工鐵筆者，不惜重聘延與商訂，務蘄悉合于古，亦盈萬紐，彙爲《飛鴻堂印譜》四十卷。又續得漢銅舊刻，成《漢銅印叢》十二卷，可謂極印人之大觀矣。雜著不一種，其一則《小粉場雜識》也。

周亦耕

《欲覺聞鐘録》：『仁和周亦耕，名駿發，居東園巷，世家機業。雍正十三年二月生亦耕夜，鄰居任顯文夢周氏之門輿馬雜遝，無數衣冠輩擁一七品官進堂，覺而心疑，詢知周氏是夜生子，即以所夢告之。亦耕登乾隆壬午會榜，出爲江西貴溪、都昌、南昌等縣令。以兆有前定，引疾告歸。』《杭郡詩輯》則稱，亦耕六十後乞骸骨歸，築小圃于東城，與顧涑園、盧匏廬、余松巖、余松屏、何春渚、蔡卧雲、曹仙耨、黄相圃爲九老會。舊袂花交，新懷酒寫，優遊林下者復十餘年。著有《蘜溪》《都村》《錦昌》《南望湖亭》《卧陶軒》《遂初》諸集。

《蔣静山詩集序》

厲徵君《序》云：『杭有隱君子，曰静山蔣先生，爲明少宗伯良夫公之後。少苦貧，年十二，釋書，營什一于市，獨喜爲詩，從先輩毛稚黄先生學詩。卜一廛于古清河坊曰：「吾爲賈矣，甯賈而鄰于文。簡札既廢，蔡侯以興。或網或繭，或竹或楮，或密香陟釐，吾貿是以給口實，而資其餘以給吾詩，不亦可乎！」暇則取唐人詩讀之，最工五七言律。嚴于格調，餘于性情，甯平易而不務險澀，蓋稚黄先生之得派于雲間陳黄門者，流風故未墜也。中年以後，屢遭轗攸，慨然曰：「給吾詩者，天能厄之，終不能厄吾詩。」乃徙居城東，其地風土閒曠，饒水竹，豐蔬蓏，先生樂之。歲丙申，予昏于蔣氏。先生爲予妻之世父，屢得從先生論詩。見先生貧且老，或不能給朝餔，而胸臆坦然，無蹙迫吚嚘之狀，終不欲以非分取一絲一粟。與人交，竟數十年無一語之欺謾，然後知先生殆古之有隱德者，益足徵其詩之稱心而言矣。噫！今世操不律爲詩之士，少窺聲病，即挾其技走四方，務妍悦人耳目，以要名取利。詩而賈，孰若先生之賈而詩也哉？況其始于賈而終于隱也。』

《舟庵記》

舟庵者，吾友吴可堂比部顔其錢塘城東僑居西偏之屋，蓋本其尊甫先生生平所自號也。可堂之言曰：『余家歙之溪南，自先大父即寄籍仁和爲諸生。先君早列膠庠，試必高等。性喜吴越山水，每扁舟出遊於杭之西湖，尤注意焉。水光山渌，朝酣夕飫，曾有《吟草》一編，藏之篋衍。及垂老倦游時，時寤想不置。不肖因買武林屋已諏日，將奉先君來此，稱八袠觴於湖上，用博老人一笑。不意前數月遽棄養，痛可言耶！服闋移家，因以先君自號署此屋，用以寓風木之悲云爾。子可爲我記之否？』予謂之曰：『君子於親之亡也，思其居處，思其嗜好。若可堂之爲，蓋有合於此也。曾子不忍食羊棗，嗜好也，而居處不存焉。東坡改宜興獨山爲蜀山，居處也，而嗜好不存焉。夫嗜好之在物者，莫清於山水；居處之在山水者，莫宜於舟。先生之以舟爲庵也，無住而住，隨寓而安之，達觀也。可堂之以庵爲舟也，有願未伸，觸目驚心之孝思也。屋之外有池淪漣，有石谽谺。槐柳桐竹之屬，列植而交映。先生儻神游其中，風晨月夕，徒倚軒檻，與波上下，以爲舟也可，以爲庵也無不可，而可堂之心，不且少慰矣乎？』先生諱某，字雲襄，縣學生，贈刑部貴州司主事。見厲徵君《樊榭山房文集》。

《通聖廟記》

厲徵君《東城雜記》載，東城機杼起于褚河南九世孫載善織作綾錦，今褚家塘通聖土神是也。仁和姚震洪武丙子解元，歷官至福建按察副使。有《通聖廟記》云：『杭古吳越交會之地，隋建爲州，唐因之。褚公遂良，實州之平安里人。貞觀永徽間，直言極諫，有禆治道。卒以諫立武氏，貶潭州都督，復徙桂州，未幾貶愛州刺史以死。孤忠大節，爲唐名臣。人敬而慕之，立廟崇祀，扁曰助聖。復以公所居是里既久，族屬衆大，乃名其地爲褚家堂，崇奉香火不絶。迨宋高宗南渡，駐蹕於杭，詔移廣陵瓊花來植其里，故吳慶忌居第舊基創飾園囿，立神尸之。先是，遂良九世孫名載者，性行端潔，學問該博，人咸敬仰。其先家廣陵，獲織綾錦法，世襲爲業。載歿，厥後數顯靈於人，復降筆曰：「今承上帝之命，以吾忠臣苗裔，平生正直，有善無惡，得以廟食本園，汝輩知之。」於是里人相聞，郡邑大夫立廟祀之，祠厥牲牢，題曰通聖。凡有水旱災患、經營出入，禱之無不響應。迄今一鄉之人織綾錦爲業，由乎神之始也。助聖、通聖，初皆有碑，以紀厥事。元季兵火，居民凋敝，廟宇坍塌，碑亦顛仆。獨遺神像，風雨剥落，士人李用、沈榮富虔奉香火年久。永樂癸卯，二君歎曰：「神爲有唐忠臣之後，覆庇吾鄉，人多賴之。今兹廟貌頹圮，神何依焉？」尚義之士一十有八，乃各捐貲，鳩工重建，以妥精靈。冀在神有所主，靈有所施，里境平康，老幼安謐。庶幾助聖與通聖二祠，相附密邇一鄉之間，妥佑吾人香火傳之永久，顧不美歟？肇工於是歲六月甲子，落成於九月丙戌。二君又以不可無文以垂告來世，乃具其實，介予友金士宗徵辭，勒諸貞珉，以侈其傳。予既第其神之本末如右，復繫之以辭曰：存爲善兮歿爲神，保兹土兮仗神靈。人樂業兮里安甯，替於昔兮隆於今。香火永兮人之忱，神其靈兮恒來臨。園之邃兮閴且深，春秋祀兮神居歆。』

東城産菊

《咸淳志》：『歲貢城菊，産自東城慶春、清泰、望江三門。采進以囊枕，能清目。』許渾《錢唐》詩云『丹雨下高閣，黄花垂古城』是也。城隅隙地，有馬塍藝花之風。最勝者爲胡懋春園，四季百花，千紅萬紫，園可百畝，秋菊尤盛。刀茅巷項氏，嘗拗花結亭臺幢塔、鳥獸龍魚器用之狀，五色燦爛，傾城往觀，余猶及見之。鄉先達胡書農學士主講崇文書院，以《東城菊圃賦》課士，姚古芬伊憲《賦》序云：『大南柴北米，通衢九市之區；桂子荷華，畫舫雙隄之路。一則肆廛輻湊，既尠平疇；一則山水金鎖，頗希幽賞。求其十弓地曠，六枳門閒。在人境之中，而塵喧能遠；訪園林之舊，而秋色未荒。則東城菊圃爲最勝也。其地街連菜市，址接蓮居。古碣摩挲，慈雲院繞；横河屈曲，小粉場通。隔瓦子之句闌，淒淒野草；分版兒之門巷，落落人家。馬坡一條，雉堞十里。松池竹館，一邱一壑之遺；芋隴瓜田，半郭半村之景。蓋選勝固隱栖所託，而居民復蒔植易饒。早蔬摘而晚蔬香，煙苗分而露苗活。清霜稜稜，儘多庾信寒畦；流水涓涓，大有柴桑別徑。則若橐駝家世，種樹爲生；漢陰丈人，抱甕而出。誅茅闢舍，栽棘編籬。腰短鍤以鋤煙，汲清泉而噴玉。野花詩裏，招卿子爲芳鄰；秋雨擔頭，開臨安之曉市。爛漫寒英之吐，高低土盎之排。或細翦鶴翎，縛成洞户；或拗分蠟瓣，疊作樓臺。有色皆佳，無枝不韻。爭紅亭之酒價，奚止十千；割緑畝於山莊，但須一半。於以展重陽之會，聯素友之蹤。催租不聞，綦履共逐。青楊白楊之巷，金鈴玉鈴之花，相與品芳名，嗅璚蕊。西風老屋，晚香坐而徐餐；落日平橋，遠爽因之並挹。向藥欄而移買，有時秋可平分；指栗里以過從，信足涉而成趣者矣。今夫登卿相之貴，亦遂歸田；爲花木之娱，豈無别墅。然而金衙再換，富景空題。晝錦堂開，笙歌沸聒；平泉人去，臺榭蒼涼。閲彼繁華，係之感慨！而斯圃也，城隅隱隱，菊信年年。客號灌園，不改荒皋小築；社賡雜興，猶餘諸老風流。豈非心遠者地可偏，物盛者勢易反乎？商飈告謝，露萼未殘。愜我幽遊，綴爲小賦。尋春綺陌，漫誇北勝之花；學圃閒居，請種東門之菜。」

可羨園

項秋伊布衣，懷隱于闤闠，家居艮山門成衙營口。闢圃編籬，圍種芙蓉，絢爛若錦，蹋地繚繞。栽菊數千本，英大于盤，枝高及肩，皆名種也。曾蓋茅亭，揭詩版于中。看菊人來，瀹茗爲餉，出紙索詩。周午亭孝廉顔曰可羨園。戴文節寫《可羨園圖》，并題《七律》爲贈，有句云：『坐中媿我非陶令，此後逢人説項斯。』伊少沂通守贈聯云：『闢徑欲追陶晚節，堪娱，莫辜負風亭月榭；看花争説項名園，可羨，好商量酒政茶經。』陳覺庵春曉聯云：『秋士澹如斯，栗里非遥，我老有情思送酒；伊人居宛在，柴門頻叩，客來無日不投詩。』秋伊嘗自賦云：『榛蕪闢盡露英華，小景還宜點綴加。石砌魚鱗幽徑繞，竹編鹿眼短籬遮。添來罨畫三間屋，種得迷離徧地花。漫説喧闐城市近，風光不減野人家。』桐鄉陸教授以恬贈詩云：『結廬近傍古城隈，萬朵黄花手自栽。高士不妨居市井，名園何用起樓臺。町畦位置都超俗，簾幙經營亦見才。省識惜芳心鄭重，繁英歲久益滋培。』所惜劫火蒼黄，詩篇灰燼，園亦鞠爲茂草矣。

單斗南

李允升堂《緣庵詩話》載其師單斗南，云：『先生諱炤，富陽諸生，寓居仁和茶園街。韓城王文端爲督學時，愛其才，將貢之成均，以不就試而罷。先生秀容儀，妙言語，博極羣書，於經史詩文，源流派别，靡不窮究。詩宗少陵，顔其齋曰杜可，學者稱杜可先生。朱青湖先生贈句云：「識途似我年差晚，談藝惟君眼最明。」其推挹如此。尤熟精内典，故又號華藏居士。停車問字，暨拂諮禪者踵相接。老而寄居城東静修僧舍，以終易簀，神明湛然。詩文脱稿輒棄，門弟子所録，十才三四耳。如《夜坐怡雲閣》云：「明月如良友，黄昏亦肯來。」《早梅》云：「數點香初洩，春風竟不知。」《冬日雨窗述懷》云：「橘「積雨疏朋屐，新寒侮客衣。」《梁溪晚泊》云：「溪水澄沙白，窑煙借樹青。」《送江抱村至閩》云：「橘花蠻洞合，榕樹驛樓陰。」《郭外》云：「草柔黄犢喜，花暖白鳩啼。」《蘭》云：「葉長偏伍草，香遠不因風。」《失題》云：「秋山多刻畫，霜樹益精神。」《慧山泉》云：「龍脊宛延流不息，虎跑甘洌味應同。」皆極精鍊。』

《抱鐺圖》

今武林門内觀橋，立有桑孝子坊。孝子名天顯，字文侯，居城東大樹巷，鬻賫箭爲業。幼喪母，父病翻胃，日必熬肉粥以進。父死，乃日夜抱鐺而泣。其子弢甫水部爲繪《抱鐺圖》，徧乞題詠。丁敬身《七古》云：『人生失怙情難述，况復親存抱奇疾。通腸入胃百不能，除却鐺糜無異術。豚糜羊糜漸謝功，子心如沸一鐺中。明明親在養不得，豈待臯魚撓木風。宛轉親亡腸欲裂，忍見團團煮糜鐵。抱鐺哭絶咽無聲，啾啾有耳鐺應泣。』詩爲當日傳誦。水部名調元，雍正癸丑召試，通知性理，賜進士，官屯田司主事。薦試博學鴻詞。以幼受業于勞餘山先生，闢餘山書屋于東臯别業。論交講學，盛比河汾，著有《論語躬行實踐録》。如錢宗伯籜石、盧學士抱經皆出其門，而學士又其館甥也。好游，日能步行百里，徧涉五岳，自署『獨往生』。《詩》曰：『孝子不匱，永錫爾類。』未始不肇端于抱鐺屑涕時也。

景菊公

桑弢甫水部調元傳曰：『先生姓景，名星杓，字亭北，仁和人。父邦鼒，字三岳。豐于財，性任俠。出貲爲人排大難三，人呼爲「景三俠」。先生生而磊落，不拘小節，常集畫艦數十，招詩人、酒徒、劍客遨遊禾之鴛鴦湖。故通音律，方洪飲，援箋作數弄，隔湖人傴耳嘹亮。有奴曰青猨，最趫捷，酒酣耳熱，起射林薄間，命青猨疾取箭爲樂。赴友難，白晝刃人都市中，散萬金如流水，難得紓家業洗如，意頗侈以爲豪。已而幡然折節讀書，葺屋城之東臯，花木叢竹環蔽之，不見廬舍，屏妻子，獨居三十年，名曰拗堂，自爲之記：「詆世事多失直，吾拗之。」畸人騷士，叩扉劇談，茗飲終日。顧壯志不能遏，謂豪傑非天生。乘時得志，便見奇節。論世事成敗，輒奇中。慷慨吐論，聲如洪鐘。精心種菊，秋光瓌麗，爛如華蓋流蘇。花時，達官貴人、孌童豔妾，趾相錯纇，不見主人而去，因自號曰菊公。尋厭其喧，遂弗種。散菊種數百於東城，數年後人猶呼爲「景氏菊」。賣文爲活，連遇歉歲，奇窮，義不苟取。元日盎無粒，粟屑薯蕷爲食而已。不問晴雨，恣游湖上諸山，憑弔古今。詩成自歌，震蕩林木。所著有《菊公詩》五十卷、《拗堂詩》十卷、《醉翁詩》二卷、《拗堂詞》一卷、《松風詞》一卷、《拗堂文》十六卷、《文羹》一卷、《山齋客譚》十卷、《蜨史》三卷，俱手録，書法絶類黄山谷。晚器後進桑調元慨然許託焉。庚子秋疾作，故妻王孺人已下世。子二，留次子侍疾。易簣前一日，命檢詩文稿授調元，屬：「他日編存吾集，甯簡無繁。」枕上咏《别同好》詩，浩然而逝。其日爲重陽日，壽六十有九，葬方家峪。』水部有《方家峪上菊公先生塚》云：『玄廬護雲嵐[四]，宿草秋更緑。風流渺山河，清淚一溼目。杰士蹇不遇，老死葬厓谷。餘事作詩人，竹素留清馥。天空澹孤月，露白疏羣木。魂來我不知，靈風吹肅肅。今秋南屏棲，荒峪近往復。古歡不可追，寒泉薦芳菊。』集中尚有《讀景菊公先生詩集賦贈》《過菊公先生拗堂避雨》《菊公先生枉過山齋》《奉唁先生悼亡》《答先生以〈拗堂詩集〉見託之作》《輓菊公先生》諸詩，卒爲刊其遺詩，爲《拗堂詩集》八卷。序之曰：『先生之詩，絶空依傍，直吐性靈。潛居蝸廬，獨吟自豪。絶不與人競名，抱知希我貴之意。殁後二十三年，厲樊榭過調元所，雒誦之。目其五言，出屈翁山上。睠慕風節，以平生不識景文爲恨。嗚呼！先生殁不多年，已得一揚子雲矣，後世之揚子雲豈少哉！然先生俯仰寄意，吾寫吾真，今後世之子雲有無固弗之計矣。原稾分《菊公》《拗堂》《醉翁》三集，今統標曰《拗堂》。嗟！先生之志也，集故富，先略爲撰次八卷。』足以見水部之敦古誼矣。菊公有《城東草堂夏興》云：『竹樹栽差久，蕭蕭漸有情。筍穿閒地出，花傍短檐明。已覺遮蟾影，還應助雨聲。草堂無九夏，爲汝密陰生。』

《憶樗園賦》

錢塘汪韓門先生師韓《上湖文編》云：

康熙五十五年，師韓年十歲，隨先君僦居城東蒲場巷，即古菖蒲巷也。從處士馬樗園先生受句讀。先生手録經書中名數可紀者，若三桓七穆，多至三百六十。日向晦，令强記之，題曰『雜課』。閲兩年，先君卜宅芳潤橋，先生亦移居張卿子巷。逮師韓年十八，補縣學弟子員，衣藍衫拜於先生之堂，顧而色喜。逾年，先生没矣。乾隆五年，師韓居憂旋里，訪先生故宅，已再易主。或曰先生子聖源者，死且數年。一孫爲縣小吏，自傷卑賤，諱匿名居，求之不可得。自兹以後，師韓坎坷憂患，旅無所容。而少小所經，時一夢至其處。忽忽三十年，當其夢游，不自知其既壯且强而將老也。向見先生著《樗園文集》，手鈔約五六寸。樗園者，先生所居草堂，旁臨魚池，編竹籬，莳雜花。屋角老樗一本，半朽而結實纍纍，先生自題其額曰：『樗，不材木也，而吾取以名吾園。』今僅記此二語。其自況績學不見材於世乎？先生體癯瘦，白鬚朱顔，耽禪悦，常僧帽而方袍，終日危坐，從無怒駡。每學童散，閉門落然，亦無朋徒過從。聞其中年，遊迹徧天下，垂老歸爲童蒙師。師韓自七歲延師，家塾爲族叔祖文學越千先生，最後則從同姓郡守滅蕁先生遊。文學有賢子孫登科目，郡守以進士入爲清郎，出守劇郡。而獨先生之身與其子孫，若是之闃寂也，哀哉！先生諱泰來，字亨九，號定山，本俞姓，没時年七十餘云。

南湖之偏有小園兮，方一畝而未足。雜花莳以繽紛兮，游鱗撇波而瀺灂。編疏籬於苔徑兮，搆茆齋而斧木。聽書聲之琳琅兮，有童子凡五六人。哦鄭谷之俚詠兮，諷史游之異文。坐銀髯之一叟兮，手丹墨以冬春。師者所以學爲君兮，童子其猶遂古之民。先生薄榮譽兮，鄙不談乎舉業。核名數於載籍兮，誘靈樝於對帖。罕朋徒以酬酢兮，獨循樗而日涉。貴知希於編集兮，示逃禪於破衲。幸余昔始垂髫兮，得高賢以爲師。日執經於函丈兮，嗟稺騃之無知。遂悠悠以卅載兮，勞夢想於緇帷。儼對夫水木之明瑟兮，從下學而戲嬉。倏自顧其頽落兮，颯斑鬢以離披。痛吾師之末由復見兮，空涕淚之四垂。

柴雲齋

柴步高，字亦之，號雲齋，錢塘人，乾隆庚子副貢。其高祖方伯公，諱望；曾祖御史公，諱謙；祖司馬公，諱載庸；父諱麒生，雍正丁酉孝廉，借補浙江兩淮鹽大使；伯父掌科公，諱潮生。里黨稱祖孫、父子、兄弟世甲科云。雲齋性孤高廉介，善屬文，陳句山先生之高弟也。乾隆庚子，與姪廷亶同榜，已中第八十一名舉人。因《詩經》多中一本，《易經》少中一本，雲齋習《詩經》，遂與副車中《易經》卷互易，因改寘副貢。隨疊遭家難，不復應試，久遊天津、河南、山左、山右諸郡縣。乾隆壬子，以疾卒於曹南館舍，年四十九。柴穆堂先生，其弟也，官萬年閘官時，延雲齋於塾中，得詩百餘篇。卒後録爲一册，題曰《東遊偶存草》。見吳退庵《杭郡詩輯》，所居在趙索麪巷。

東河龍舟

陳春曉，字杏田，號覺庵，錢塘廩貢。生平奉母教弟，備嘗辛苦。初依舅氏，移居城東新橋，著有《晚晴書屋詩》《鈔覺庵續詠》。所詠《東河龍舟詞》，頗爲藝林傳誦。其詞云：

纔過插柳又懸蒲，競渡端陽笑且呼。今日東河真絢爛，銷金不獨是西湖。

東船西舫太居奇，待到來朝買已遲。多少曉妝人出郭，篷窗紅日乍臨時。

傾城人海壓重圍，臨水家家盡啟扉。我愛榴花紅似火，照他一色淡羅衣。

鐃鼓喧天渡口過，鞦韆上下疾於梭。驚紅駭碧如飛燕，險絶還疑墮緑波。

花樣旌旗五色飄，船頭結束健兒超。中流忽掉神龍尾，爲要争先奪錦標。

蘭橈齊泊半山塘，看到龍頭第七行。待入城來剛日午，梨園一部正登場。

吏隱同爲不繫舟，相逢忽訝雪盈頭。豪華我憶孫公子，轉眼滄桑四十秋。

注云：『是日與趙雩門舟中話舊。里門有孫公子，曾創龍舟勝會，事隔四十餘年矣。』

又有《彩虹競渡》詩云：

奪錦誰誇獨占先，黄頭結束健兒便。相傳此地彩虹渡，又見當年畫鷁船。細葛香羅當夏五，驚鴻駭燕墮秋千。紅帬妒殺榴花色，近水人家望若仙。

孝慈庵

余得支那本《孝慈庵集》，孝慈庵，即厲《記》所載半畝居是也。集中如相國張文貞公玉書、錢氏肇修、彭氏兆聲、胡氏埏、陳氏所裕皆有序，張氏玲、吴氏農祥、宋氏士標、宋氏應啟、金氏日彰、金氏鱗、五雲道者浄挺皆有記，周氏西、釋明慈並有讚，釋明源有《放生池節略》，息庵禪師有《緣起》，王氏文光有《傳》，蔡氏承宗、釋超任並有《溪筠禪師語録敘》。蔣氏淑、應氏晉銘、胡氏珽、楊氏承祖、陳氏廷度，釋超芝、超任、明善、普澤、超義、德鍾皆有詩篇。庵有冰檗堂。周氏子，兄爲溪芷，弟爲溪筠，母姓宋氏，稱濟川老人。若士標、應啟，皆其姪也。《集》中文字，多不勝録，惟鄉先輩張缶庵先生玲《記》備列，檀越尤係文獻云：『聖王以孝慈治天下，則赤烏翔，壽星見；仁慈育萬民，則醴泉冽，嘉禾出。《易》稱「善既有應」，《詩》美「求福不回」，雖周孔格言，亦佛氏明訓。誠哉，孝慈之爲義大矣！孝慈庵在城東偏，居有半畝以奉佛，水有一方以放生，乃溪芷、溪筠二大師迎母歸養之所。其母少寡，秉志幽閒，性安樸簡，守柏舟節三十餘載。課二子成就浄行，復命徧禮諸方尊宿及報恩玉林和尚，精心契道，曉夕忘疲，澄慮研思，悟隨機化，歷二十有餘年，始辭歸事母。因構庵，名曰孝慈，厥義深矣。及歸，見母喜，親供母食，其如齊道紀乎？荷擔母行，其如隋敬脱乎？故母一杯菽水，數樹松花，法喜半瓢，有逾禄養。笑噱孺慕，膝畔經行，衣裓縷飛，彩衣宛若。團圞而共話無生，俯仰抑奚容愧怍。以故四衆皈依，一燈炳焰。蓮社勝友，則有如少司徒灝亭嚴公、郡司馬石庵陸公、冬官郎槎儔陶公、少參駿聞彭公、狀元肯堂陸公、明府南池陸公、通守俊伯宋公、閫憲又庵陳公、履上倪公、明威將軍淇園允文孫公、掌卿嚴公、繼銘金公、孝廉鑑彰孫公、玉擘李公及諸子高漢年、鄧奕天、高志淩、戴右文、陶韞玉、錢允生、胡潛九、洪聞遠、高序皇、高鑑侯、陳躬玉、張士貞、高次斌、王采飛、金非池、曹靈孕、徐聖公、陳王升等若而人，檀護居士則有如大中丞文侯徐公、大司成立齋徐公、督部伯臣吴公、中憲起三周公、通守麟長宋公、甸洪吴公、麗符陸公、在泮范公、日可朱公、席公黄公、静山蔣公、敘吾嚴公、斗山莫公及諸子王紳甫、楊于王、鄭開先、孫泗如、陳理緒、李君寵、章雲卿、章羽卿、胡雲客、洪殿音、陸長餘、楊仁趾、陳元公、李遠公、王集生、章季卿、章文卿、胡衛京、王炳榮、章天如、王友琳、竺鳳鳴等若而人，咸以浄土爲業，放生爲事。六時翹勤，禪誦不輟。薰修戒定，廣化有情。抖擻身心，虛空踏破。滿前盡烏翔星見，醴冽禾嘉。無著天親道場，儼然在望，是爲記。時康熙三年孟夏上澣。』後一百二十五載爲嘉慶八年，德清許宗彦復爲重修，記曰：『孝慈庵在杭之東園，本半畝居故址。乾隆五十五年，道源大師從天目來杭，應顧涑園居士之請，開法于此。庵素隘小，未備禪林制度，師始增修。堂序詳太守前記中。師道行醇白，宗風高峻，緇素景仰。主行瑜伽，法事靈驗著聞，學徒日衆。乃于嘉慶六年，創建法堂五楹樓，其上棲念佛侣，闢西偏菜圃爲選佛堂，規宇宏敞。退息之寮，庖湢之所，次第以興，蔚然叢林氣象矣。』餘文在《鑑止水齋集》。

鳳凰亭

艮山門壩址橋上亭子，舊有鳳鳥飛集亭上，因名，見姚春漪《東河櫂歌》，爲一方之蔭。咸豐八年，亭無故自焚。旋有庚申、辛酉之難，絲市機聲蕩焉灰滅，里諺不爲無徵。相傳東城業機，亭形類絲車。

七十二峰閣

王樹，字禮堂，號石交，仁和人，德溥次子。石交隱居北郭，後遷城中頭髮巷。性愛石，有米南宫癖，收藏奇石甚富，選其尤者七十有二，梁山舟侍講書『七十二峰閣』額以貽。後又得倪文貞公《石交圖》，深喜古人遺墨與己字合，懸之閣中，暇即静對以爲樂。有《題七十二峰閣壁詩》：『峰巒七十二，高閣貯雲煙。面目廬山具，精神泰岱全。論交呼石友，題額得名賢。相對數晨夕，因之號米顛。』又《得倪文貞〈石交圖〉，書以誌喜，即次元韻》詩：『輪囷磊落亦吾徒，得似奇礓到石無。珍重前賢遺墨在，儕予骨相不嫌粗。』《頻羅庵遺集》有《爲王石交樹〈題倪文貞公畫石交圖〉跋》：『禮堂王君有愛石癖，嘗以石交自號。今年春偶游吴淞，於友人處見倪文貞公畫《石交圖》立幅，狂喜購以歸，張之壁間。從此七十二峰閣中，又添一品石矣。不特此也，文貞所與交之石，實自其胸中吐出，磊磊落落之石，非凡所謂石也。石交以文貞所交之石爲交，當其静坐一室，形影相對，不啻日與正人君子周旋，誠有如詩中云「交盡世人唯得此」者。其平日滿堂滿室摩挲把翫之具，不過輪扁之所謂糟粕，又其次焉也已。』

小雲棲

丁雙湖燾《小雲棲演法堂記》曰：『小雲棲者，同人慕雲棲放生舊事，從而推廣之。先是籲諸中丞阮公，請于西湖復古制，未果行。嘉慶歲癸亥，廉得東城餘庵，爲余氏所捨，有殿廡寮房，池之大可二三畝，即卜此爲課佛放生所。嗣以牛欄、羊圈、豚柵、雞棲不備具，旋購鄰庵兼買民居，聯絡而拓其阯，更蓋牲廠、魚池，並潔構三楹，奉蓮祖像。落成時，以「小雲棲」名，蓋法五雲舊事，而規模小之也。』榜摹周忠介公順昌書。按錫山計六奇用賓輯《明季北略》：忠介忤逆璫魏忠賢，因被逮。緹騎在門，神色自若。『顧左右，有一素牓，曰：「此龍樹庵僧屬書者，向已許之，今日不了，亦一負心。」乃呼筆題「小雲棲」三字，字大如斗，體法遒勁，復書「周順昌題」，并識年月日，投筆而起，意氣浩然。』世之重公者，輾轉摹勒，茲地尤巧合，阮儀徵于榜題後跋數語。又吴穀人祭酒有《正味齋集》，有《吾杭小雲棲作放生會來索詩，因用坡公岐亭韻寄之》云：『吾慕太常齋，鼎俎謝腥汁。斷齏香自清，掐甲露猶溼。憬彼飛躍姿，所樂生趣得。物物各有情，何苦煎太急。長養鄭國魚，哺飼比鄰鴨。池通活水環，樹積翠陰羃。痌瘝總一體，愛惜如保赤。因推慈悲量，重爲我佛白。殘吏每放手，自謂岸儒幘。可憐一路哭，有甚過河泣。園丁昨挑菜，來補山厨缺。適逢今朝會，作詩寄諸客。福幸不唐捐，有約早來集。』又吴孝廉上尊《城東雜詩》之一云：『鐘聲隱隱隔招提，一路桑麻趁杖藜。拓得放生園幾畝，夕陽人問小雲棲。』又《碧溪詩話》：『吴西林先生游東園馀庵，于僧厨亂書中得白生詩文樂府手稿一册，册端不著姓名，以卷中印章得證爲馬翔麟。《國朝杭郡詩續輯》曾采其詩。然則餘庵之自來已舊矣。』

聽園

戴笠人道亨、菊人道峻居中正巷，高堂廣厦，右有聽園，時花美竹，水石明媚。牡丹時，縱人遊觀園中諸景，久已膾炙人口。今録吾山道人《即景十一詠》。

静中飛躍：
蒼蒼者曰彼，淵淵也如此。此中含性靈，其狀不可指。我欲告世人，亦曰飛躍耳。

濯錦陂：
逼水有平陂，花發爛如錦。本爲富貴花，濯出神仙品。試看春風裏，晴波光瀶瀶。

安字廊：
負手步長廊，盡是眼前景。豈知躑躅間，天涯已馳騁。非關跬步嚴，隻字出奇境。

蟾隱：
舉手懷天香，月窟安可詣。此間一角山，聊作天香計。有時謫蟾蜍，翻爲預所憩。

輭虹橋：
南天斷白虹，化作西山石。琢石跨清泉，快飲空潭碧。輭輭横波間，波寒神脈脈。

髻雲洞：
拳拳復卷卷，玲瓏綰雲髻。窽曲延清風，亦足留雲憩。任爾繡苔紋，不是山中勢。

盈虚自然：
盈虚者爲數，自然得其理。可動不可溢，依然静而止。如何是洗心，常視此環水。

不浮天：
鼓柂臨中流，不知風浪惡。片雲從空來，勢急已難泊。何如不浮天，穩穩安杯酌。

補竹處：
美哉青琅玕，蓋補人間隙。著意養新篁，瑶光分翠席。欲使龍孫飛，莫教風雨窄。

淵爾池：

既得淵爾淵，胡爲塞爾塞。有智不涵容，淵流徒湜湜。餘潤及四圍，四圍被其澤。

散策隅：

喜得留餘地，老人拄長策。徐步覓蒼苔，纍纍嵌白石。坦白無等倫，即此見心迹。

柳棨和詩十一首。

静中飛躍：

高閣淩虛接水天，波痕雲影莫牽連。静中都是鳶魚境，坐覓鳶魚亦枉然。

濯錦陂：

曉窗開處錦池平，映得花枝分外清。織就春風濯春水，可憐一幅錦光明。

安字廊：

惟有推敲大是難，要將凡骨换金丹。長廊踏徧欹欄立，從此詩成字字安。

蟾隱：

豈爲蟾蜍種木樨，高枝争似鄧林齊。招蟾甯少人間屋，不是天香不肯棲。

軟虹橋：

是誰鞭石跨泉腰，擬託飛虹唤小橋。池上一經題軟字，幾回疑带水光摇。

髻雲洞：

昆明池上鬟鬟新，玉女盆中幾滌塵。是石是雲還是髻，能吟方許筆通神。

盈虛自然：

翬飛翼企欲攀雲，倒影何曾欠一分。若使盈虛亦如此，自然之理復何云。

不浮天：

總不浮天不繫椿，半溪半谷半蘭艭。檣帆櫓舵都無用，一任斜風撲小窗。

補竹處：

戛玉聲清縱未聞，軒前已覺掃塵氛。翠分蠏谷千竿雨，緑我書窗一段雲。

淵爾池：

必隨江海歎無涯，一勺何嘗非水耶？如此淵泉苟無本，空歌一曲浪淘沙。

散策隅：

樂在家園興倍佳，一枝筇杖兩芒鞋。逍遥迥與塵囂隔，無限天和屬老懷。

右石刻爲禹杭董卿長雲標書，似爲乩仙之作。款題『吾山道人筆，己丑閏六月二十八日』，吾山道人二印。和詩『七月二日，守元子稿』，『柳棨之印』『守元子』二印。劫後石存蔓草中，晶瑩若玉，年餘過之，已不可蹤蹟矣。急録之。

錢君穎

錢國賓，字君穎，本廣陵人。明萬曆中，寓于武林，以醫名，尤善治奇證。鎮江錢青藜，足跟偶響，逐漸至頭，竟若雷鳴，療治七八年如故。國賓曰：『此骨雷也。』切其脈，五部皆和，惟腎芤大，舉之乃見，蓋腎敗證。夫足少陰之經，起于小指之下，上而貫脊，腎虚則髓空，髓空則鳴響。自足至頭，即雷從地起，響于天上也。以六味丸加紫河車膏、虎骨膠、猪髓、枸杞、杜仲方治之，瘳。武林土橋張林妻，卧病三年，不起于床，醫以爲瘵。國賓診其脈沉大，至骨數十，至中一鼓，或隱或現，形色蒼脱，所居暗室。國賓曰：『此非瘵，乃陰邪所干。』令急徙卧室，檢褥止得白毫數莖，其長寸餘，始知爲狐魅也。張延道士禳之，妖至數反復。求救于國賓，思之良久，因製毒藥授之，令密俾其妻塗于體。是夕，妖斃于床下，則一玄狐也[五]，間生白毫。人皆奇其術。蓋狐以舌交，故中毒輒斃。

萍實滄浪

清泰門内一浴堂，明末有道者至暮進浴。主人辭：『水已濁，盍俟易，姑少待。』道者曰：『無妨。我浴後，水自清矣。』乃許進浴。浴已，曰：『汝此後日易一水可也。』飄然逕去。主人追之，懇留名，答稱萍實道人，非仙也。主人遂牓其堂曰『萍實滄浪』。姚丹甫禮《郭西小誌》述之，蓋本於吴寶崖《曠園雜志》者也。

海蛳溝

田氏《西湖游覽志》云：『東青巷，内有半爿寨、海蛳溝。』諸家志乘均未載『海蛳溝』之命名，不知何所取義。偶讀《夷堅志》云：『臨安薦橋門外，太平橋北，細民張四者，世以海蛳爲業。每浙東舟到，必買而貢於家。計逐日所售，入鹽烹炒，杭人嗜食之，積戕物命百千萬億矣。淳熙十六年二月之夜，蛳在盆者盡緣壁登屋、上床、繞衣，掃去復集，至於黏著肌膚不可脱然。張慨然有悟，遂發誓云：「從今日以往，不復造此惡業。自别尋一營生道路，願諸佛子監察。」言訖，悉墜於地。甫天明，空所蓄投諸江，而貨煎豆腐以贍給。』按今之海蛳溝，實太平橋之北，豈所投者即在溝耶？事關懲勸，與釋氏放生之旨亦合，因類記之。

袁子才舊宅

子才先生築隨園于金陵，名滿天下，人幾不知爲錢唐人矣。然先生舊宅兩，在東園。《小倉山房集》中《過葵巷舊宅》云：『久將桑梓當龍荒，舊宅重過感倍長。夢裏煙波垂釣處，兒時燈火讀書堂。難忘弟妹同嬉戲，欲問鄰翁半死亡。三十三年多少事，幾間茅屋自斜陽。』又《余生東園大樹巷中，周晬遷居，今六十五矣，重過其地》云：『六十衰翁此處生，重來屋宇變柴荆。想同買德尋鄰叟，誰復婆留唤乳名。蓬矢挂時桑已盡，兒帬湔處水猶清。斜陽影裏千回步，老淚淋浪獨自傾。』讀此可見，先生未嘗忘情于故鄉也。

《暮景塘記》

潮鳴寺舊有石刻宋高宗御書蘇詩『家在江南黄葉村』之語，人遂呼其地爲黄葉村。今東園石版巷，皆其址也。胡葑塘濤嘗僦居是地，又與朱朗齋文藻結鄰，既以暮景名其塘，葑塘因爲記曰：『武林城東隅，古所稱黄葉村也。其地卑，故多池，野樹清波，居民疏落，遊乎此者疑涉郊野。癸未夏，余徙居焉。居當村之北，而户南向，户外雙池夾隄，隄南即村，奥如曠如也。朗齋朱子蓄意古學，洞達經濟，日以著書明道爲己任，其文鬱然可觀。余少與論交，歷今二十餘年，多所裨益。今秋以所居別售去，權剖其親屬之宅居之，適當村南，乃謂之南鄰。嗟乎！朗齋不以榮辱累其心，不以妻子累其身，寰區紛紜，舉非所願。其蹤跡如閒雲野鶴，不受籠樊。則今日之冷雨酸風，寺鐘城柝，蕭然環堵，固宜安之晏如。余以嗜好與朗齋同，既卜鄰，得晨夕相討論。每飯後，或招賦小詩一二首，或作詞，或學篆隸，或寫意山水。興既闌，相與步村前沿池小塘絶勝處，徘徊瞻眺。時則夕陽挂林，暮煙凝紫，遥望西南，山色變幻千狀，兒童數輩挾書行歌而歸。少焉，宿鳥驚飛，明月東升矣。朗齋笑顧余曰：「是塘也，可以暮景名乎？」余曰：「可。」余因慨夫朗齋出處之窮，遇合之艱，而潦倒于世也。復信夫朗齋操守之嚴，氣誼之敦，其暮景終非潦倒于世者也。爲進而勗之曰：「君子疾没世而名不稱。時不可失，甯使妻子衣食裁足，甯使經濟學術之足顯名當時歟？朗齋必有以處此矣。余將耕于斯，鑿于斯，以俟子之游也。皤然垂白，扶筇而追暮景之歡，其樂更何如哉！」』又葑塘先生《過暮景塘懷朗齋》詩云：『暮景塘邊向晚過，月光依舊浸寒波。入林沽酒野僧獨，緣岸釣魚村豎多。回首昔遊成夢幻，與君生事各跎蹉。數椽老屋仍無恙，門對寒煙鎖薜蘿。』又按先生《年譜》：癸未，三十歲，六月移居東園石版巷。有詩云：『自喜幽居好，門前水滿坡。徑紆人到少，竹密鳥藏多。野老偏工弈，比鄰倍養鵝。南風吹日夕，散髪出藤蘿。』此詩正作於此時，可想見其水木清華之高致矣。

二隱

二隱，不知何許人，自江南謡逮來浙，寓安樂橋，憲訊有期矣。謂弟子將示寂，諸弟子泣拜曰：『旦日當庭鞫，賴師理解。師撒手，其如弟子何？』乃止。次日，事果得白，歸，命設香湯俟之。凌晨爲弟子聖徹授記已，問：『午未？』曰：『午矣。』説偈曰：『昨日歸家時未至，今日歸家正午時。夢幻空花留不住，此心能有幾人知。』微笑而逝。見康熙《杭州府志》。

浙江始祀先蠶之神碑

江都汪容甫中以校文瀾閣書，没於西湖之葛林園，士論惜之。著《述學》内外篇、别録，有《浙江始祀先蠶之神碑》，文曰：『凡物生天地之間，其功可被於萬民，其精氣著爲列象，則必有聰明睿知之人，竭其心思，變通以盡其利，而後世奉以爲神。社稷五祀，是其官也。生民之業，惟食與衣。祈報由弭，田事爲多。先嗇司嗇，歲不乏享。公桑所禮，則維天駟。意農祥昏覿，適當蠶月。取于同物，比于龍見而雩，而嫘祖之祀無聞。《周官》放散，是有遺典。不然，禮貴反本，功無不報。老婦貪人，猶歆其祭。况神黄帝之妃，西陵氏之女，方雷所出，姬姓是宗，淳化昆蟲，垂衣裳而天下治。弼成内政，其功如是。豈有周人修陰禮而没其先妣者哉！漢決以讖，菀窳、寓氏，名實不經。魏祀軒轅，加牢無配。秩宗不修其職，學士莫考其文。禮失則昏，其來遠矣。宋氏南遷，保聚江湖。吴越之郊，蔚爲桑土。蠶之豐歉，利恒倍于穡事。乾隆五十有九年，寒雨洊至，蠶比不登。皇帝從浙江巡撫侍郎臣某之請，立廟於杭州城東艮山之右，以奉先蠶。人神同嗜，屋而不壇。嘉薦孔時，無俟奉種。於是有熊以降，緜越千紀，始定爲天子命祀，領以祠官。神靈受職，大報冠帶衣被天下之功。創制顯庸，於斯爲至。其年十月，臣中游學是土，欣見嘉會。用敢珥筆，以美形容。其辭曰：洛古生民，衣皮蓁蓁。不田不漁，或裸其身。有物蠕蠕，莫知其利。天牖哲人，曲爲之制。禦我寒威，亦昭行禮。以蔽以章，遂修人紀。凡在能言，自别攸始。外薄四荒，咸遵厥軌。蔽前有知，猶象以韠。矧矣制器，闕焉不食。《禮》亡祭法，《詩》失樂章。民志靡依，神用弗康。百世以俟，惟聖有作。赫赫明命，神具來格。歲秩其常，靈宇式啟。百職駿奔，有牲有醴。慎制國典，三古所逸。刊石海隅，以爲民極。』

許氏科第

陸定圃師以湉《冷廬雜識》云：『嘉慶、道光以來，仁和許氏科第最盛。駕部謹身《闈墨·房評》云：「數來望族，寰中能有幾家？問到科名，榜上視爲故物。」稱許可云允當。』又潘文恭太傅《思補齋筆記》：『錢塘許小范先生學范，乾隆戊子舉人，壬辰進士。子乃來，乾隆癸卯舉人；乃大，嘉慶辛酉舉人；乃濟，嘉慶庚申舉人，己巳翰林；乃穀，道光辛巳舉人；乃普，嘉慶丙子舉人，庚辰榜眼；乃釗，道光戊子舉人，乙未翰林；乃恩，道光癸卯舉人。七子登科，海内所未有。伯兄季弟，先後同年，尤科目中所罕見。』

論《〈褚塘小誌〉帖》

趙誠夫先生一清，號瓊花，街里人，嘗著《褚塘閒史》，著録於《杭州府·藝文志》。鄞全紹衣祖望《鮚埼亭集》有《答趙誠夫論〈褚塘小誌〉帖》云：『讀誠夫所纂《褚塘小誌》，其辨河南公世系甚善。褚塘，在杭城中里社之小者耳。誠夫表章桑梓，使得與益都錦里並傳後代，可喜也。己不揣弇陋，請得牽連書所聞，以爲誠夫疏證之一助。誠夫據趙德甫《金石録》言《元和姓纂》，錢塘別有褚氏，本與河南族系不同。以愚核之，錢塘固別有褚氏，然亦出自陽翟，特南遷有先後之不同。此在《元和姓纂》言之甚析，而德甫攷之不詳耳。褚氏之居陽翟，自後漢之重始，漢末有鹽官長盛徙居由拳。盛生泰，仕吴，封錢塘臨平侯，按臨平當是鄉侯之爵。遂居錢塘。裔孫陽，蕭齊民部尚書、駙馬都尉、錢塘侯。陽生遼民，梁鄱陽王國常侍。遼民生仁宏，陳始興王法曹參軍、暨陽令。仁宏生範，隋豫章郡丞。範生義宗，義宗生無量，唐左散騎常侍兼侍讀，贈禮部尚書、舒國公，謚曰文。此錢塘褚氏自漢南遷之一支。其留居陽翟者，晉初有安東將軍、揚州都督、關内侯招。招孫碧，晉安東將軍，徙居丹陽。碧生洽，晉武昌太守。洽生裒，晉中書令、衛將軍、録尚書事，贈太傅、都鄉侯，謚元穆。裒生歆，晉散騎常侍、祕書監。歆生爽，晉義興太守。爽生秀之，宋太常。秀之生法顯，齊鄱陽太守。法顯生炫，齊散騎常侍，贈太常。炫生澐，梁中書侍郎、湘東王府諮議參軍。澐生濛，梁太子舍人。濛生玠，陳御史中丞。玠生亮，唐左散騎常侍、陽翟侯，謚康，是爲河南公之父，徙居錢塘。此錢塘褚氏自六朝南遷之一支。然愚又攷，舒公自遷錢塘以來，皆居臨平，蓋從其遠祖始封之地。其累世塋域，亦在臨平山中。據《新唐書》記載「湖中龍戲，舒公晏坐讀書」一事，則城中之褚，確爲河南公所居。而晉初有九真太守陶，其末有始平太守含。含之子，征虜參軍逷。逷之子伯玉，爲高士。梁有五經博士仲都，其子武陵王參軍修。其末有褚雅，亦高士。隋有太學博士輝。則皆自漢南遷之裔。舒公三子：廷詢，駕部郎中；廷誨，給事中；廷賓，渭南尉。族姪思光，虞部郎中，子銋，司勛員外。其族實與河南公一支競爽云。愚又讀《唐彥謙集》，言河南公之柩，至咸通中始得蒙恩歸葬陽翟。其時以平徐肆赦，始賜其孫八品官，扶護以歸。而傳中不載此事，表亦不載。所賜八品官之孫爲誰，則《唐書》之罣漏，固有不僅如誠夫所舉者，况《仁和志》又安足據歟？』

報國院

院在慶春門内刀茅巷，宋紹興間建，後燬於兵，遂廢。明天啟初，僧仁慈等十人重建。國朝順治間，僧元佐與其徒山懷開拓鼎新。光緒初，大吏以院近城址，河水環流，議儲軍火，廢爲製造軍裝局。寺僧散去，全址均併入局，巷亦湮塞。錢《有學集·重修報國院記》云：

先是紹覺禪師居土橋之蓮居菴，四方學徒麇至，往往擔簦裹飯，僦邑屋以居。仁慈慧公聽講之暇，喟然歎曰：『武林故都會之地。方袍圓領之流，渡濤江、越南海者，軍持漉囊，往來如織，顧不得一茅蓋頭，風餐露宿，憧憧爲旅人窮子，豈吾儕出世爲人之能事乎？』宋紹興間，故有報國院，介清泰、慶春之間，其遺址去蓮居數里。而近遂發願修復，以爲接衆之地。湛然禪師爲文唱導，諸方響應，浄財雲湧。踰年，佛殿、禪堂告成。又三年，桑園菜畦，飯僧之田，養老之室，無不以次庀治。是役也，不煩鼛鼓，不飾竿牘，僧衆佽助者什九，而善信布施者什一。慧公曰：『吾藉諸佛之力，仗十方之緣，以有斯院也久之。營而自私，長子孫而營利養焉，其可乎？吾聞之佛法付囑國王大臣：「吾得宰官之外護者，爲文證明之，以垂於久遠，其可以無患。」』于是，介嚴子印持款門以請于余。余方有母之喪，逡巡久之。則使其徒曰圓福者，徒步搏顙，祈必得余文乃去。而嚴子助之，請益力。余乃執筆以記之，而復於慧曰：『嗚呼！雲栖逝而浄業微，紹覺亡而講席熸。魔外交作而盲禪盛行，未有盛於此時也。子之作是院也，緣起於紹覺，而淵源于雲棲。其因地，不爲不正矣。其在今日，盍亦思以扶其衰而稽其敝乎？今之禪，非禪也，公案而已，棒喝而已。河東之論密公曰：「禪者六度之一耳，何能總諸法哉？」本非法，不可以法説；本非教，不可以教傳。豈可以軌迹而尋哉？以禪門言之，應微笑而微笑，應面壁而面壁，應棒喝而棒喝，皆所謂非法非教，不可軌迹尋者也。今也隨方比擬，逢人演説，上堂示衆，譬優人之登場；禮拜印可，類侲童之劇戲。貧子數他家之寶，愚人求刻舟之劍，是不可爲一笑乎？東山法門，本無棒喝。五花開後，互顯機權。老僧無法，藉黄葉以止啼；童子何知，效俱胝而斷指。况乎聾瞽交唱，狂易相尊。揚眉瞬目，貶眼宗師。豎拂拈椎，滿前大慧。豈獨戲論未止，抑亦妄語既成，是可不爲之悲愍乎！彼所競相誇詡者，曰徒黨之衆也，聲聞之廣也，利養之厚也。夫日中一餐，桑下一宿，比邱之訓也。架大屋，養閒漢，古德之所訶也。以荷澤之顯，發宗風宏濟國難，知道者猶以固己損法爲譏，而况於他乎？彼之所羶，我之所禁。有識者，禮之如師子蟲，如大火聚可也，其又可褰裳而從之乎？然則將如之何？曰甯守浄無趣禪，守雲棲之真浄無趣。今日之僞禪，甯灰心挫名種浄因於來劫，無呋聲逐響斷慧命于多生，吾所謂扶其衰而稽其敝者，其在斯乎？爲僧徒者，守正法不染邪，法斯不負如來付囑之意，而金湯外護之名，亦可以無愧矣乎！』余之爲末法懼久矣，因慧公之請，而直舉以告之。雖然，不獨爲慧公告而已也。院之創始，在天啓元年。其落成，則天啓三年。又十二年，爲崇禎七年，予爲之記。

趙横山

横山名大鯨，官至左副都御史，所居在批驗所前。袁簡齋撰《墓誌銘》云：

本朝以文學受知今上者，禮部尚書沈公德潛、詹事府正詹張公鵬翀而外，惟副都御史趙公。公名大鯨，字横山，别字學齋。雍正二年進士，入翰林。楷法秀潤，如鋪春雲。詞賦修意修言，得沈隱侯三易法，入試内廷皆稱旨。遷學士，再遷大理寺少卿、左副都御史、提督江西、直隸學政，典雲南、湖南、河南三省鄉試，四校順天鄉會科。以太夫人大耋乞歸。五年卒，年六十九，葬仁和某原，淑人郁氏祔焉。子二，其次升，官庶吉士。公督學時，遇諸生如弟子，每校卷，躬自點勘，觀者相環，拂衣觸几，公勿禁，曰：『取士易，教士難。使諸生觀吾所以取，知吾所以教也。』衡文頷頷，顔澀不展。卧記某卷佳，起再誦，再加墨，擢之如不及待旦者。然性峭急，無威儀，送客輒走客前。客或坐未起，必問：『有餘語乎？趣爲我言。不然，時蹇事遄，可以行矣。』人有誣諉不可者，謝之。已負諾，捫胸苦記，必踐之而后食飲。大中丞永，貴公弟子也，將撫浙來見公。公問：『君往，政將奚先？』曰：『劾貪吏。』公笑曰：『貪吏贓入己者，勿劾也。』永愕然曰：『何謂也？』公曰：『贓入己而不分潤大府，則大府久劾之矣，不待君往也。今巧宦全取之民，而半致之。上已潤其餘，或且全致之。上已遷其官，是暗劫民財納己爵也。不見捕盜者乎？胠篋百萬有所私焉，不敢目懾之。其所勘詰禽獲以上計者，皆竊鈇攘雞者也。君將奚擇焉！』永再拜曰：『微先生，無能言及此者，敬聞命矣。』既抵浙，延公萬松書院教諸生。先是主教者面柔，曲容濫竽。公以爲設書院所以待高才生，非養窶人子。若不以才取，而徒哀其窮故收之，是恤孤，非養士也。於是申良拉枯，無所聽請。及見士又倨，士大不悦，飛言如雨，公不爲動。不數年，所噓揚者，異目視者，九卿三司，茂才高等，均從窮約致。顯貴紛然，麟鳳羣翔。而詬公者，如秋蝨冬蠅，澌滅殆盡，或至今猶堙沈藍縷。嗚呼！公人倫之鑑，果何如也？枚未遇時，袖文質公，公奇賞之。枚乞一授餐所，公唯唯。朝送公出，暮聘已至。即今大宗伯嵇公家也。公卒時，太夫人年九十餘，故遺表曰：『沐聖世，如春之澤，小草長榮；奉慈親，垂暮之年，反哺難遂。』誦者皆爲泣下。銘曰：無冗不中，無過不庸。不惡不仁，而曰好仁。其所好者亦矇朧。黜躄蹇，駕應龍。斬曲樗，扶青松。此豈吾一人之爲。而佻險者，竟鶻鶻僝僽以相攻。彼何人斯，其爲飄風。吾見鏘金腰玉而拜華表者，如萬壑之朝宗。嗚呼！雖予小子之不肖，亦咨嗟涕洟，而執筆以銘公。

慈雲寺八景

《孫宇台集·慈雲寺八景詩》，引曰：

寺建于周顯德，在高陽里之東隅，武林之名刹也。元至正間築城，延寺入内廂，廡基址去者過半。明洪武初，有延禮法師大啟叢林，規模拓于舊。明《故國初歸併册》言院有二、寺有六、庵有八，皆歷歷可數也。永樂閒，少師姚廣孝題《寺中八景詩》，以知當日名勝，在武林城内爲伽藍第一。時移歲久，今所存者，不過殿宇數楹而已。追數八景，不存一二，所謂有其名而無其迹也。寺僧祖源、柏庭，教律精超，爲余方外之勝友。暇日嘗與盤桓訪舊，不勝今昔之感。因各爲五絶一首以貽同志，其敢曰楊衒之記王中之碑耶？

《白雲居》云：背郭結精廬，偏協幽人賞。人世閲古今，白雲自來往。

《娑羅閣》云：西域有名花，祇園建寶閣。百丈冲層霄，千春空城郭。

《甘露泉》云：教義比醍醐，金床玉作綆。不須陸羽題，已勝葛洪井。

《鸚鵡院》云：何來白鸚鵡，翻向院中翔。惜哉禰處士，曾未識空王。

《紫芝堂》云：堂下紫芝秀，堂上白馬馱。云誰東渡僧，不作南山歌。

《赤松亭》云：欲從赤松遊，亭今渺何處。徘徊芳草生，惆悵仙人去。

《翠竹林》云：言有瑶華音，鬱然翠竹林。借問説法者，何如此處尋。

《梧桐街》云：五月桐花飛，花飛覆古道。八月桐葉落，葉落老僧掃。

《機神廟碑》

厲徵君撰《機神廟碑》，已著録《東城雜記》。余友洪張伯給諫曾代大史撰《修廟碑記》，文曰：

欽惟聖天子御宇，垂衣裳而理天下。勤恤百物，懷保小民。每歲農政耕耤，享祀先農。所以上答靈貺，下溥豐澤也。農事以外，惟重織事。以故四海之氓，敦崇本務，莫不化治。絲枲制爲衣服，無一夫或受其寒者。杭郡爲東南財賦淵藪，杼柚之利甲於九州，操是業者，較他郡尤夥。郡城東北隅，有機神廟，中楹奉黄帝像，右祔伯余，向爲里民私祀之所。載在志乘，由來舊矣。嗣於乾隆五十九年，前撫臣吉慶，因蠶月妨雨，禱祈獲應，拜表於朝請列祀典，奉俞旨報可。煌煌乎一代之鉅制，千古之上儀也。且夫織事之興，豈惟是耀錦繡、飾綦組云爾哉？蓋朝廷筐篚之貢於是輸，閭閻袯服之資亦於是出。設非有以妥靈祇而報本始，揆諸有功，則祀之文不免闕如。乃考之載籍，西漢《百官表》有東織、西織之屬，後漢暨隋皆立司織以掌織紝。而秩祀之典，顧寂寂無聞焉。即唐制秋孟祭杼，亦未嘗特立廟貌以示崇奉。今也，斯廟之設，春秋二仲，歲薦太牢，奠幣陳醴，明禋肅然。大吏至期遵行，歷數十年，至於今不替。享祀之盛，一如先農。然則觀禮者於此，既足以補列代祀典之缺，且並見我國家廑心民事，衣被無方，直上與古帝合撰焉。神之所以庇佑吾民者，即皆所以黼黻我后者也。利賴所係，不綦重歟？神之緣起，厲氏鶚辨之確矣。廟之規制，盧氏文弨記之詳矣。茲不復贅，而系以銘曰：

蜚佐啟運，羲農繼繩。民用質樸，蠶織未興。帝軒秉樞，羣工肅穆。俗易衣皮，功先作服。既剏機杼，旋盛織文。禹甸效貢，物力惟勤。杭隸揚州，桑土肥衍。力田之餘，織業交勉。享利謀報，溯源祀先。城東作廟，輪焉奂焉。盛代勤民，遠契前聖。祀典聿頒，肸蠁斯盛。醴琖在户，鐘鼓在堂。畏神服教，穆穆皇皇。仰瞻禮儀，式樹鴻則。嘉貺畢臻，萬方衣德。法紀三古，祀垂千春。銘茲宏製，表厥貞珉。

胡孟紳比部《聽香齋集》亦有擬作，文曰：

粵自清陽穆治，組紃彰玉碱之華；雲紀書官，黺黹耀金枝之采。縣繡文於神女，元命採苞；

佐葩璪於公孫，伯余奉職。幣貢既登乎厥篚，時壇宜並乎先蠶。乃織室東西，漢代則專祠未建；星河重七，唐家則祭杼傳謌。豈竽車縰籆之利饒，轉巖俎山罍之典闕。斯固文明翊運，首宣聖化於垂裳；安燠蒙庥，貴答神功而報本也。吾浙桑麻徧野，衣被寰區；淮海維揚，膏腴沃土。自租庸徵帛，賦盛元和；逮紡績教民，功興褚氏。凡紫紋之縠，白編之綾，鳳文蟬翼之羅，天鹿蒲桃之錦，歲登天府，月貢上方。儉輔澣衣褥，壽年逾乎氊壽；祥呈絺紩染，人賦亞乎縫人。民之以鬻繒起家，漂絮謀食。笎爲收而庱爲履，涑諸井而盝諸欄者：東則溪通浣紗，山近采葛；西則濮院雪練，魏塘錦梭。靡不繅軋相聞，貿絲成市。而織染尚衣之局，實設會城；惟茅山艮阜之隅，舊開神社。晨篝宵絡，手民皆列屋而居；尊酒豚蹏，頭會或醵錢而賽。攷典未崇乎專祀，酬神僅等乎叢祠。洎樊榭山人采淮南遺解，定爲軒佐，特製豐碑。然而黃帝造機，明見於西京載籍；元妃補衮，久垂於古史明文。舍君祀臣，於禮未協；報功崇德，必先所尊。乾隆間，翠輂六巡，柴望畢舉；金倉七貸，麋絲告豐。維時歎玉名駒，易偏諸而互市；歸琛筒布，隨阿錫以承筐。旃裘毳幕者，咸荷垂繒；扈帶鮫函者，羣相佩橐。闢雪山千里，士均挾纊忘寒；襲檀梔十重，書亦承綈進御。地大物博，武緯文經；蕃廡阜昌，鍾毓珍異。神於是日，滋迓天庥。歐絲之野滿絇，扶桑之繭若甕。流黃綦綺，燦貝彩於吴門；皎素冰紈，濯波光於越水。宫錦之坊啟，瓊林之絹盈。九章作會乎虞廷，五服貢珍乎夏甸。天子命秩宗以典禮，飭疆吏以庀材。既肅明禋，允符衆志，爰即東城舊址，拓爲新廟崇基。定含樞紐而位叶中央，冕旒是肖；應須女宿而躔臨吴會，布帛專司。配之以金鏔玉珈，四妃序正；侑之以桓圭蒲璧，六相班同。其地則畛接卦田，耕籍考臨安之志；鄉依枌蔭，迎詔開富景之園。太乙九宫，昔是神壇所在；歸唐東海，本爲瀆祭之方。詔有司以朔望升薌，春秋歆酹，禮也。原夫貞觀崇儒，祀姬公爲先聖；政和立學，祭尚父於武成。赭鞭掣而烈山，歆其牷牢；黄茂蒔而思文，享其雕饔。降至五兵繕庫，報作霧之蚩肩；十匠歸林，軫在房之和矢。有制造前四民之用，皆烝嘗緜百代之經。况神龍躍降，邱蛙彝備。黼六十綜者六十躡，牽挺肈興；寸五鼓者尺五環，繅星示則。利溥乎倍，緵爲繸；制沿乎半，匹爲端。洵堪燾赤土而壝南，媲烈句龍；景黄靈而堂上，來儀巢鳳矣。今者鯨波甫息，雁户幸安。年獲上豐，惠叨靈佑。朝廷方覃文教，易衸服以章縫；黎氓共樂太平，謀簋殞於杼柚。襄七章而足夜，巷同績以分光。一人則念切，宵箴圖耕圖織；百爾則勤思，夕庀絲緎絲紽。暖煦樟亭，瑞呈柘館。欣覩合宫嵩柱，詠鳥翼而翬飛；佇聽棡鼓鐃歌，節麟皮於夔吼。貞珉載勒，黼座均瞻。望雲旓而禹穴朝宗，六百載接姒王寶緒；登日觀而咸池奏樂，億萬年延昭代蘿圖。銘曰：

五帝遞嬗，運鍾循蜚。炎農之世，婚姻儷皮。木實而食，卉衣而衣。代赤熛權，有青陽氏。索縷緂麻，機杼是制。藻火山龍，誕敷文治。西陵佐之，絲車利盛。循環無端，若斗旋柄。以引以繩，作者謂聖。亦有良輔，風牧比肩。成衣立紀，倬漢章天。台鼎峙嶽，樞星朗乾。華蓋煌煌，耀乎北極。帝居其中，百神效職。詄蕩金閶，馨香玉食。熙朝御宇，化首明堂。有功則祀，掌於太常。惟聖議禮，頒諸錢唐。金牛之湖，靈鷲之麓。密石斯礱，丹雘斯斲。翠玲珠琉，重檐複屋。何以報之，八蜡息農。何以祈之，八蠶效功。匪民之力，神罔時恫。麗牲視楹，虔致肸蠁。繡甍峩連，朱户洞敞。萬古千春，廟貌同仰。

寶善橋

橋在東河新橋、壩子橋之中，乾隆二年丁巳創建。首事者爲茅静遠瀚，鄉先達陸㒟川大司馬、宗楷官檢討，時爲記勒諸石。咸豐七年丁巳，橋圮。成、毁適兩甲子，非偶然也。静遠名在《府志・義行傳》，工六法，其書畫足以照耀東城。晚年皈佛，即以實善爲法名云。

小淵明

夏磊人基，徽州人，《府志》入《明隱逸傳》，寓隱西湖，選《西湖覽勝詩》，有無名氏二十四人，詩一卷，蓋月泉吟社之流也。中有云：『西溪隱叟，家種梅花千樹，自號曰小林逋。』其兄處城東隅，種菊百種，自號曰小淵明，又號曰東籬遺老，有《花朋續集》四卷。

雷擊火藥局

馬坡巷舊有火藥局，乾隆五十年建也。道光二十四年二月十五日黎明，震雷擊之，局屋甎土瓦木礫礎一掃而空，不遺纖悉，遠近千里，不聞有寸椽片瓦墮落者，守局人亦無恙。一時傳聞走觀，詫爲異事，疆吏報於朝。仁和章黼有《紀事詩》云：『甲辰二月十五日，黎明忽駭雷車轟。披衣亟起敬天怒，道聽傳説牆藩傾。城東僻處馬坡巷，中有庭宇寬數楹。屯積火料幾滿廨，槍礮嚴備資軍營。是時風雷相激薄，列缺倒景玉虎鳴。震震爚爚光繞屋，橐𩈘不壓心魂驚。東鄰西舍急趨避，燎原烈勢防磕砰。雷公巧試謝仙火，忍令生靈遘飛禍。盤礴力不借六丁，利椎掣右鼓引左。霞輪日轂風疾驅，紫纛彤旃雲亂裹。半空倏忽流金蛇，照徹倉琅門牡鏁。何庸排闥燄熏天，但見拔宅塵揚堁。孤延格鬬力不勝，欒巴術噀測誠叵。傾刻方隅一掃空，柱磶不留瓦不墮。以火制火火不然，轅輈佚豫神其妥。四境居然雞犬安，聚觀咤異如堆垛。我欲上訴軒轅星，中無金科書祕扃，亦無杼鑿騰窈冥。硫硝鉛炭鎔火器，臨衝奮擊若迅霆。前年海氛偶不靖，用此炎赫揚威靈。今仗神勇遠嘘攝，想熠巨舶沈滄溟。鯨集鰐爛海水赤，盡殲餘孽昭天刑。興利除害德浩蕩，合獻旨醴陳肴馨。詩成筆未走精鋭，聊作里曲神絃聽。』

《潘氏後園記》

孫宇台治《潘氏後園記》云：

余始下帷王氏，從諸長老先生遊，而因得窺鄧林先生之學。先生二子象臣、序臣，又從余學爲經生之業，余益習知先生。今先生春秋七十矣，當攬揆之辰，諸弟子環拜于堂下，當世以爲榮。乃先生退然搆數楹于所居之後，于是始竣，顧而言曰：『吾將以此爲菟裘矣。』余請得爲先生記之。蓋先生之居，當横河之南。而所居向北面，有修竹蓊然，被于房廡之間，先生顧而樂。雖室宇湫隘，不以介意也。乃先生後尤有隙地，又買于鄰人益若干尺。地有樹，曰團欒之樹，生二十餘年，今始纍纍焉。結數十果，香聞里許，先生喜而爲團圞之室。客至酌酒其所，談道論業，皆在是焉。室之東曰東廊，藏圖畫其中，投壺、圍棋咸具。建亭于其西，若畫舫焉，曰：『此張思光牽舟于岸上住也。』日月宛然，風波不驚，得非老人所晏息者耶？其亭之東，可以望西山。其南其北，則皆淼莽之區，煙雲杳靄之所出入也。夫杭越五方雜處，連甍接桷，安得有此空曠之宇以娛人者耶？而先生曰：『吾無心而止此，垂老而成之，豈必有所戀戀其間耶？』吾以爲先生不可及也。夫先生之學，若秦越人、華元化，其活人無數，其學者遍江以南。即蚤年爲長統之樂志，石子之思歸，亦何所不可。而懸車之歲，偶一及此，此以知先生之不可及也。後之子孫學先生之學，而無忘勤渠，是則先生之心也，象臣氏學先生之學，而無忘勤渠者也。吾故爲書之以遺其後，使其子孫無忘稔。

《東河櫂歌》序

胡書農學士《姚春漪〈東河櫂歌〉》序曰：『東河貫會城，數里地耳，而北通潞水之帆，南集漢陽之估。百貨捆載，直達幽燕；三板篷抽，徧走荆楚。唐匯江瀨，潮汐患其浸淫；宋界城闉，濠塹鞏其基址。團練分寨，則環以旌門焉；德壽築宮，則跨夫輦道焉。占形勝者，七百年之久；溥利濟者，三千里而遥。浩浩乎，與漸江競流、聖湖争長。已爾其艘積鹽筴，千纜翼張；岸排倉儲，萬瓦鱗戢。國息所入，民生所資。憑是轉輸，控爲襟帶。若乃豚圈雞杙、菱角筍苞、月塘販鮮、鼎湖運糴、吴興纖纊、海昌甘瓜、禹航篔簹、魏塘瓴甋，論擔東門之菜，計艙東筧之麻。來魚苗乎九江，下木栰乎三峽。與夫露夕蓮炬，霜晨菊船，水嬉賽神，香市贊佛。以及㡛氏之水湅，草人之物宜，莫不風舉雲摇，星羅棋布。争壩而篙師勇奮，攲閼而津吏威尊。豈直臯亭種桃，因之唤渡；越客行李，於此纜維已也。僕家居河步，地名宿舟，以宋南渡船官設厰于此得名。乃在普安橋西，崇新門北。壞堞留雉，背郭結廬；修梁亘虹，面河啟牖。見夫來檣去檝，飄忽雲煙；擊欜鳴鉦，送迎冠蓋。亦欲仿洛下園圃，秦中歲時，作扣舷之歌，成小海之唱。所奈人事牽掣，年華遞遷。書仰屋而著未成，綱臨淵而結有待。』

昔樊榭序《東城雜記》有云：『「鄰翁野叟，拙樸無可語言。」僕之謂矣。春漪先生，學裕心傳，文嫺掌故。新年著詠，早窺豹斑；遺賦傳鈔，共許麟角。曩曾摭拾瑣語，編排麗詞。所收稗史圖經，自行箋釋，村謡里諺，借助波瀾。例參《桂海虞衡》，備甄物産，義取《襄陽耆舊》，詳述人文。終以剞劂未遑，輶軒遲採。豐獄劍氣，豈久光沈，清臯鶴聲，自然響答。今者令嗣邦憲，重哀先集，來屬弁言。不揣荒蕪，略加訂證。嗟乎！老成徂謝，已枯海上之槎，文彩長存，如倚禾中之櫂。是詩出，將見《都城紀勝》《武林舊事》《客杭日記》諸輯，不得專美于前矣乎！尚有蔣東橋師龠序，不及録。春漪，名思勤，一字汝修，乾隆己酉舉人，家住定香寺前。屋臨東河，中庭桂樹一柯，輪囷連蜷，數百年物也。名其堂曰「桂堂」，自號桂隱。流連觴詠，時見名宿吟集中。』

汪青渠精舍

厲太鴻《樊榭山房詩集》有《汪青渠營土橋精舍，去余二里許，雪中過之，不值題壁》詩云：『近得林中侣，堪爲雪裏行。玉川雙破屋，東郭兩先生。積素微封徑，寒雲半入城。白鷗吾與汝，一笑眼俱明。竟日空亭坐，遲君開版扉。幽禽啄凍雪，風竹發清機。孤趣忽自悦，遠言相與違。昔人翻興盡，容易剡中歸。』

《城東訪友圖》

《樊榭山房集》云：倪穟疇給諫，庚申夏日，在京師曾作《城東訪友圖》，并系以二絶句：『枳籬門逕菜花初，最愛城東水竹居。人立版橋吟興遠，隔林何處響繅車。』『詩人高隱斷幽蹊，菜圃三叉路欲迷。看竹平生緣不淺，叩門隨處踏春泥。』寄金江聲副使志章於上谷，蓋追寫丙申春，同訪余不值事也。江聲亦題二絶句：『桑村藕蕩接城隈，亂竹遮門晝不開。一曲版橋煙水隔，緩尋芳草更褒回。』『十年卻掃謝公車，卜築城東稱隱居。知與俗人行跡斷，菜花香裏自鈔書。』裝潢成册。穟疇癸亥奉使江南，没于太和。今春，江聲歸里，始得見之，感歎不足，如數題後：『存殁人間感有餘，黄門詩畫最清疏。長貧孺子今猶是，當日偏多長者車。』『流光匆匆去難回，訪友圖成事可哀。水竹城東無恙在，喜君頭白早歸來。』迄今百餘年來，猶得想見其幽居之勝、友誼之敦云。

校勘記

〔一〕盤，底本原作『益』，據《四庫全書》本《金文靖集》改。

〔二〕如，底本原作『各』，據《四庫全書》本《金文靖集》改。

〔三〕胤，底本原作『允』，避雍正諱，今正。

〔四〕玄，底本原作『元』，避康熙諱，今正。

〔五〕玄，底本原作『元』，避康熙諱，今正。

東城記餘卷下

應潛齋儒林

國朝里中性理之學必推潛齋。應先生名在國史《儒林傳》，阮文達所擬撰者也。先世居望江門，其爲兄旅平行述則謂撝謙年十六從兩兄讀書孤山，是歲遷居東城。集中又謂嘗設館于城東華藏寺。馮山公傳則謂宅在威乙巷，可爲地以人傳者矣。山公傳曰：

應處士，名撝謙，字嗣寅，杭之仁和人也，明萬曆乙卯十月初四日生。生而有文在掌，曰『八卦』，左耳重耳，右目重瞳。處士天性孝友，生養死葬盡禮。與弟同居，白首無間言。内剛而外和，難惑以非義，好學樂道終其身。弱冠時，同學生欲試其所守，藏妓館舍，夜醉處士而歸之，處士洛誦達旦，卒不染于邪。其早歲操行已如此。崇禎甲申，處士誦《黍離》之詩，絫欷泣下，棄諸生，遂不出。乙酉，避兵北鄉。居亡何，晝有白蛇墮自梁，處士見而驚曰：『兵象也。』即奉母移獨山之東。越日，果有遊騎至，破碎數十家，掠人畜而去。處士授徒，負笈者遠至，成就人材甚多。舉止雅飭，見者不問而知應先生弟子也。直指王元曦舉鄉飲，辭不赴。處士居威乙巷，隘屋短垣，廑蔽風雨，家無僮，自啟閉。太守淮陰嵇宗孟數式閭，不堪其貧，欲有贈，囁嚅未出，及讀處士所作《無悶先生傳》，乃不敢言。康熙戊午，詔徵天下博學鴻儒，内閣學士項景襄、李天馥交章薦處士。下詔徵處士，辭篤癃，獨不起。天子素聞其名，問閣臣曰：『是杭人所稱應先生否耶？』僉曰：『是。』即不許辭。巡撫陳爲言實老病，乃免徵。處士所著，有《孝經語孟集註拾遺》《周易春秋集解》《書傳拾遺》《詩傳翼》《三禮彙編》《古樂書》《性理大中》《教養全書》《考亭集要》《潛齋文集》若干卷，藏于家。處士尤精《易》，晚年遇元旦必卜。至癸亥，處士年六十九，占得《謙》之九三，處士喜曰：『吾有終矣，吉莫如之。』命二子趨辦匠事。及夏，歎曰：『今年兩六月，吾不堪也。』遂病。病中猶輯《周忠毅公傳》。未竟，七月哉生明，移寢東首而卒。遠近聞之悲悼，門人皆心喪，祀于庠。

馮景曰：

處士，有道大儒也，非逸民比。却聘時，客有勸駕者曰：『昔太山孫明復，年四十未娶，宰相李迪以弟之子妻之，明復不肯。石介等請曰：「公卿不下士久矣。今託以女，宜因以成丞相之賢名。」明復乃聽。先生何果哉？』處士正色曰：『我不能以我之不可，學明復之可。』客大慙而去。噫！人雖愚，未有棄家珠而寶人之魚目者。夫其理明故心安，心安故道定，處士可謂大儒矣。

全謝山撰《神道碑》云：

應先生之没六十年，遺書湮没，門徒凋落且盡，同里後進，莫有知其言行之詳者。余每過杭，未嘗不爲之三歎息也。年來杭堇浦稍爲訪葺其遺書，以授之契家子趙一清。歲在戊辰，一清因以先生墓文爲請曰：『微吾丈，莫悉諸老軼事也。』其曷敢辭？應先生諱撝謙，字嗣寅，學者稱爲潛齋先生，杭之仁和縣人也。其父尚倫，故孝子。先生之生也，有文在手，曰『八卦』，左重耳，右重瞳，少即以斯道爲己任。踰冠，作《君子貴自勉論》。偕其同志之士曰虞畯民、曰張伏生、曰蔣與恒爲狷社，取有所不爲也。其時，大江以南社事極盛，杭人所謂讀書社、小築社、登樓社者，不過以文詞相雄長。先生于其中稍後出，而狷社之所相淬厲者，乃別有在。其母病，服勤數年，母憐之曰：『吾爲汝娶婦，以助汝。』先生終不肯入私室。母卒除喪，始成禮。坦白子諒，表裏洞然，于遺經皆實踐而力行之，不以勦說。一筵一席，罔不整肅。其倦而休，則端坐瞑目；其寤而起，則遊息徐行。終日無疾言遽色，所居厪足蔽風雨，簞瓢屢空，晏如也。生平不爲術數之學，一日，見白蛇墮地，曰：『此兵象也。』奉親逃之山中。既遭喪亂，自以故國諸生，絶志進取，歎曰：『今日惟正人心而維世教，庶不負所生耳。』乃益盡力於著書。戊午，閣學合肥李公天馥、同里項公景襄以大科薦，先生輿床以告有司曰：『撝謙非敢却聘，實病不能行耳。』俄而，范公承謨繼至，又欲薦之。先生遂稱廢疾。蓋其和平養晦，深懼夫所謂名高者。海甯令許西山請主講席，造廬者再，不見；致書者再，不赴。既而思曰：『是非君子中庸之道也。』扁舟至其縣報謁，許令大喜：『應先生其許我乎？』先生逡巡對曰：『使君學道，但從事於愛人足矣。彼口説者，適所以長客氣也。』許令嘿然不怡。既出，先生解維疾行。弟子問曰：『許君已戒車騎，且即至，何恝也？』先生笑曰：『使君好事。吾雖不就講席，彼必有束帛之將。拒之則益其愠，受之則非心所安也。行矣，莫更濡遲也。』異日，杭守嵇叔子以志局請，辭之。則曰：『願先生暫下榻郡齋數日，以請益先生，但一報謁而已。蓋不爲踰垣鑿坏以自異，而卒不能奪也。』同里姜御史圖南以視鹺歸，于故舊皆有餽。嘗再致先生，不受。一日，遇于塗中，方盛暑，先生衣木棉之衣，蕉萃躑躅。御史歸，以越葛二端投之：『雅知先生不肯受人一絲，然此區區者聊以消暑，且非自盜跖來也，幸無拒焉。』先生謝曰：『吾尚有絺綌在笥，昨偶感寒疾，欲其鬱蒸耳。感君意良厚，然實不需也。』竟還之。先生弟子甚多，因以樓上樓下爲差，如馬融例。里中一少年使酒，忽叩門來求聽講。同門欲謝之，先生獨許之，曰：『來者不拒，去者不追，是孟子之教也。』其人聽三日，不勝拘苦，不復至，使酒如故。一日，其人醉持刀欲擊人于道上，洶洶莫能阻者。忽有人曰：『應先生來。』其人頓失魄，投刀垂手，汗出浹背。先生至，前撫之曰：『一朝之忿，何至於此？曷歸乎？』其人俛首謝過而去。晚年益以義理無窮、歲月有限，歉然常不足于心。康熙二十六年，病革，尚手輯《周忠毅公傳》，未竟，春秋六十有九。子二。先生不喜陸王之學，所著書二十有八種。其大者，《周易集解》《詩傳翼》《書傳拾遺》《春秋傳考》《禮學彙編》《古樂書》《論孟拾遺》《學庸本義》《孝經辨定》《性理大中》《幼學蒙養編》《朱子集要》《教養全書》《潛齋集》，共如干卷。其《无悶先生傳》，則自述也。一清方將次第鈔而傳之。姚江黃丈晦木嘗曰：『大好潛齋，可謂人中之鳳。惜所論述，未能博學而詳説之。其墨守或太過耳。』其足師表末俗，蓋不在此。以予觀之，昔人或誚伊川『宜向山中讀《通典》十年』，誚象山『宜賜以一監之書』，誚魯齋爲學究，是皆過情之訾。若晦木之言，不可謂非先生之良友。而近日之唯阿論學者，尤當以此語爲藥石。然先生之深造自得，固非隨聲附和者。世但知先生不喜陸王之學，而不知其與朱學亦不盡同。如論《易》，則謂孔子得《易》之乾，老子得《易》之坤。雖未必然，然別自有名理可思，善學者當能知之。要以先生之踐履篤實，涵養冲融，是人師也。其於經師之品，則其次也，况其發明大義固已多矣。先生之門人曰凌嘉印文衡，曰沈士則志可，皆能傳其學；曰姚洪、任敬，恒有篤行。先生葬于龍井山下。今二子皆無後。一抔土固私淑者所當念也。其銘曰：遯世无悶，隱約蓬門。其身彌高，其道彌尊。荒荒劫運，翦其後昆。不朽者學，春木長芚。

趙誠庵《家誡》

潛齋先生集中，述誠庵趙君《家誡》，兹節録其有系東城者，亦足資勸誡云。文曰：

趙君衷玉，同邑積善君子也。余友人柴虎臣、陳際叔爲之傳誌詳矣，余不復言。述其所以訓於家者，後之君子可觀覽焉。君之言曰：『始余卜居忠清里，典林氏屋。主人併隙地一方，彊余售之。余不得已，從焉，非余所樂也。適余貨繒爲人所賺致訟，親友道問者，家攜飲餉之。已舉觴矣，聞其人聚少年，將甘心焉，亟歸。而對巷火發，余恃屋有隙地，竭力前救得免，倉皇不暇他顧。次日，起視，則牆石木門已焚，幸牆外居人蓄水門下，門燒墮水，火遂滅。噫！使當年不獲此餘地，何暇存身力救？是日不遇凶謀，何遂急歸？苟門外無水，火從内焚，何由撲滅？事變之來，處之者無心，而若有默相其事者，一異也。屋後餘地，思構數椽。賈近地廳樓，召工更建。所折甎瓦[二]，堆積樓頭，版壞瓦墜，聲若雷霆。石工六人，一時陷没，舉家惶駭。鋤土出之，則下有横木當版，羣受庇焉，依然無恙。余既喜羣命更生，又免池魚之累，二異也。嗣後數年，有僕進德屢酗酒夜歸，戒諭不悛，不得已笞之。彼乘醉投井，余驚，亟命救之。而羣僕彼此推諉，遲延數時。余大分死矣，及救起，仍無恙。渠云：「方墮時，驟出水面，得踏井甎，遂不死。」岌乎殆哉！三異也。後尚有五異。善惡由人，得喪在天，然未有善而不得、惡而不喪者。余生平所歷多矣。偶取最異數事書之，以示勸懲。蓋幾微之間，生死利害存焉。苟非戒慎立心，以求無罪于天，則事在呼吸，禍患立見矣。余願世之人修德積善以俟命，并傳之家，以爲子孫誡。』此皆趙君之言也。觀此，則趙君之爲人可知矣。

許忠義祠

許氏宗祠，在錢塘縣北良二圖中，祀唐睢陽太守許公遠。武進莊方耕存與《忠義公專祠記》曰：

祠在城東荷花池，祀唐睢陽太守、追贈荆州大都督、忠義公許遠。歷朝以來，偕諸河南諸名臣崇祀旌德先賢堂，未建專祠。己卯春，裔孫郡守承基首捐千金，糾合族人同建。以歙縣唐模一支復遷于杭者，應徵公以下列祀焉。中有復善堂、孝言亭、枕善居、孫竹軒、平輿閣、鏡川書屋、指南樓、四蓮池諸勝。春秋虔祀，收族於此，郡守另輸生息千金，買義田百畝，悉詳邑志。壬午秋，復構地闢園，供奉忠義公像，俾子孫瞻仰其下，凛然如在焉。續置祭田百畝，以綿祀費。不知者，謂建祠何若是之靡也。顧郡守仁孝性成，自奉最儉，而不儉其親，嘗云：『置産厚子孫，不若擴充祠屋以垂永久。』其用意至深遠也。所構尚有世美堂、誦芬樓、不游舟、歸休處及廉讓之間，活水瀠洄，石峰林立。亭前屹然中峙者，爲壽星石。他若栽叢桂、蒔修篁，經營相度，罔非孝敬之思所貫注。昔廬陵作《許氏南園記》，以爲園不足書，特書其孝友之一節，風示鄉里。今郡守義行指不勝僂，大吏欲揭以維薄俗，交章上聞，恩准褒嘉。兹特建亭勒石，以勵後嗣，而勸敦睦。余與許氏誼屬通家，知之最稔。且因其事足爲敦睦者勸，故不恧不文，而遂爲之記。

『孫竹軒』額，丁龍泓書。

『不游舟』，梁山舟學士書，并記云：『按《祭義》「舟而不游」，即孝子不登高、不臨深之謂。推斯義也，則凡踰越規檢而從流忘反者，皆游類耳。默齋于其先人之廬，構舟屋數楹，屬余書以榜其額，其勗後人意深矣哉！』

『枕善居』，孫虛船先生灝書，并記云：『劉勰《新論·慎獨篇》：「枕善而居，不以視之不見而移其心，聽之不聞而變其情也。」事親者，視于無形，聽于無聲。兹室爲宗祠祭畢退居之所，顔以枕善，用昭許氏執事有恪，餘敬不忘云爾。』

『指南樓』，夏晴麓明書額，并跋云：『蜀許文休氏，倜儻瑰瑋，善鑒人物。南陽宋仲子以指南推重。兹高陽宗祠之左，別構一樓，適臨其南，爲子弟家塾。俾道岸誕登而弗迷所往，遂取以顔之。』

『歸休處』，爲徐秋竹堂篆額，汪槐塘、徵君沆跋云：『默齋先生別構一室于祠後西偏，以爲退息之地，顔曰歸休處。余惟古之孝子慈孫，善則歸親。休者，美善之謂也。默齋瞻斯榱桷，不忘先人之美善，亦于斯寓之矣。若白香山所詠「幸有歸休處」僅爲向平事畢而言，詎可同日語哉？』沈椒園廷芳別爲記云：『孝友出於天性，而質行可以無虧，此人情之所難，而君子則處其常。若仁義成于積累，而幽明可以無媿，雖君子猶或難之。吾友許君默齋，仁孝性成，不忍一日闕其親以及其祖。建宗祠于城東隅，即奉始祖唐忠義公。而於其旁復祠其大父蒼峙公，而顔之曰「歸休處」，招羣季讀書其中。乾隆乙酉戊子間，登賢書者累累，皆默齋終始成就之力。于是族弟子争來學，并索余記祠成之本末，以爲宗黨勸。余重默齋孝思之可則，而又歎杜文貞所云：「古敦之義于今，能不虛嘗頷之而未暇爲也。」會客有致疑於命名之義者，且云：「宗廟之威而不可安也。以家祠爲私塾，于古有稽乎？」余揖而進之曰：「子曷不觀夫禮經乎？《特牲饋食禮》：『至，祝東面告列成，徹庶羞，設於西序下。及長兄弟皆坐。主人西面拜，祝曰：養有以也。』疏云：『以先祖有德而享于此，子孫養其餘，亦當以之也。』『迨上養、下養俱受爵，主人拜，祝曰：胤有與也。』疏云：『戒嗣子與長兄弟及衆兄弟相教化，相與以尊先祖之德也。』」此古之人士所以父與父言義，子與子言孝，其事君者言敬，其幼者言悌，少而習焉，其心安焉，不見異物而遷焉。是故其父兄之教不肅，而成其子弟之學不勞。而能教化之行，風俗之成，賢俊出而國昌，子孫才而族大，皆由此道。若默齋者，真能偕其兄弟相與有成，深得禮經之意者也。昔孔奮弟奇爲諸生，奮分禄俸以供其糧用。四時送衣，下至脂燭。每食甘美，輒分以遺奇。《漢記》盛傳其事，至今以爲美談。今默齋意豈有異也？默齋人品高，胸中灑落。每歲時伏臘，風景澄鮮，嘗披襟解帶，率子姓兄弟冠者五六人，躡山亭、坐樹石而休憩焉。則斯名深得《爾雅》「庇、庥，蔭也」之義矣。或曰休之爲言養也，養陰養陽，各適其宜，取祭祀之後，以飲食之禮親宗族兄弟也；或曰休嘉之義，列于珍禕懿鑠美也。人方以連枝之圖、同胞之誼爲默齋美。默齋不自居其美而歸之親云耳。之二説者，余皆善之，故樂爲之記。」

『四蓮池』，盧抱經學士文弨記云：『吾杭許氏建宗祠于城東隅，其地近古荷花池，池衆水匯焉。於是面水闢軒，顏曰「四蓮池」，取王子年記中語，以爲子姓繁衍之徵。抑吾更有説焉。夫蓮之爲物，其莖其葉其本其花其實其根，無不爲人取資焉者。爲人祖父，既望其子孫之衆多，更望其皆賢且才，各有所成就，以自表見而不爲世所棄，亦如蓮然。然則他日許氏合族於斯，覩斯題也，其必思無負斯語也。夫默齋一字長人，嘗集衆輸資，疏濬城河。今棚橋小山，即浚河挑土所累也。乾隆辛未歲飢，購米平糶，復捐千金權子母，以贍育嬰堂之需。倡修郡縣三學。鑿泮池，建碑廊，且捐金取息以資歲修。晚年與顧涑園、成成山、吴鄭公、錢嶼沙、金海住、翟晴江、陳摩村諸公結庚會。所居在金洞橋，今尚稱爲高陽里云。』

《遼史拾遺》

厲徵君《遼史拾遺》二十四卷，乾隆間詔收遺書，採入《四庫》，列正史類，可謂不負所學矣。後道光壬午，汪氏振綺堂壽諸梓，小米右史且爲補輯《紀年表》一卷，書始大顯于世。按徵君緝此書成，在乾隆六年。其《樊榭山房續集·借書》云：『舊史臨潢新注就，不知誰肯比松之。』有詩注可考也。後二年，自爲敘。又九年，徵君没，其家出《遼史拾遺》手稿，要索厚價，久而不售。郁佩宣秀才，名禮，一字潛亭，家在東城駱駝橋，去徵君居不一里，乃以四十金購焉。中間尚缺五十葉，百計求之不得。一日，至青雲街，見拾字僧肩廢紙兩巨簏，檢視之，皆厲氏所棄，徵君平日掌録《遼史拾遺》在焉。亟市以歸，棼如亂絲，一一爲之整理。閉户兩月，綴輯成編，適符所缺。然則佩宣之有裨于此書，匪淺也。小米右史後序未及此，特表而出之。佩宣家世素封，儲書充牣，又能增益所未備。時小山堂藏書已散，尚餘殘帙，猶多異本，悉力購之。藏書之室曰『東嘯軒』，軒額爲董香光書。庭前古桂二株，相傳明萬曆間所植。交柯接葉，清陰覆簷。室中牙籤萬軸，都成碧色。佩宣憑几校録，晨夕不疲，足爲東里之職志也已。

梁構亭

梁肯堂，一字石幢，乾隆丙子舉人，累官刑部尚書、直隸總督，有《石幢居士吟稿》。構亭以咸安宫教習得官，揀發直隸，由邑令歷洊至總督。純廟眷禮優渥，錫賚便蕃，爲同時疆吏之冠。嘉慶元年正月，與千叟宴，有御制御書之賜，鄉里榮之。後守護裕陵，家人惴惴。有周八瘋子者，精壬遁厭勝之術，故爲構亭所敬禮，至是而營度里中居宅曰：『吾必使生尚書入此室也。』未幾，以原品回籍至家，七日而卒。其第在太平橋七龍潭。吴穀人祭酒爲撰《墓志》云：

嘉慶六年，前任漕帥梁公，以尚書守護裕陵，期滿賜還，以疾薨於家。遺疏上聞，聖心軫惻，諭祭如禮。孤子如升，筮藏協吉，值余乞養旋里，請銘於余。按狀，公姓梁氏，諱肯堂，字構亭，號春淙，又號晚香，先世漢弘農之陝縣人[三]。隸錢塘者，自公高祖浙江嚴州府同知秀麓公始。曾祖之材公，諱知材；祖歗園公，諱浩；考璞莊公，諱國琛。仍世隱德，皆以公貴，累贈至榮禄大夫如公官。曾祖妣劉氏、祖妣姜氏、妣沈氏，並贈一品夫人。沈太夫人生子二：長晴沙公，諱鑑邑，庠生；次即公也。少聰穎，甫就外傅，塾師奇之，目爲神童。年二十一，補博士弟子員。明年戊午，中副榜。嗣後屢困場屋。家貧，往來吴楚間，藉館穀爲生計者十有七年。甲戌入都，考充鑲藍旗教習。丙子，舉順天鄉試。會教習期滿引見，以知縣用，挑發直隸，署高邑縣，補欒城縣。丁父憂，服除，補懷來縣。復以沈太夫人喪歸，終制後，仍赴直隸，補寶坻縣。公歷任直省諸劇邑，皆能寬猛相濟，人愛戴之。當官寶坻時，邑大水，廬舍漂没，民居多露處，嗸嗸之聲相聞。公具渡船載糧糒，四散周給，咸賴以濟。總督梁公廷璋廉其能，因薦公。明年，陞薊州知州。歷深州、直隸州知州、保定府知府，擢清河道，洊陞山東按察使。以巡撫國泰案未經劾奏，鐫級發河南候補道。未幾蒙恩，補授直隸通永道，隨調清河道，陞直隸按察使。蓋其賢能之聲，久達天聽，故稍跌即起，起固將大用之也。五十年，轉直隸布政使。順德有大陸澤，即《禹貢》之大陸也。地多積淤，民占種爲利。經府詳請申科，公以地向蓄水，每遇大潦，藉爲宣洩。若任民開墾，是與水争地也。且耕種之後，必高築隄防。既以蓄水之地爲原田，勢必使無水之地爲澤國，其害甚鉅。與制府力争，事得寢。五十四年，陞授河南巡撫。豫省適當河衝，公一到即講求河防要害。值南岸黑岡虞城汛，蘭儀之史村鋪挑水壩，洪流奔注，多有齧蝕。公相度悁勞，躬督搶築，始獲安穩。獨銅瓦一帶，大隄全行塌損，僅藉月隄抵護。衆洶洶，咸慮莫救。公默以身禱，俄頃風浪安息，河不爲患，人以爲有神助云。他如奏請豁免灘地無著糧銀，請封禁許家河山場鐵礦，紓民之困，防民之奸，其爲政之能持大體，類如此。五十六年，純皇帝巡幸天津，公赴直迎駕，即授直隸總督。公官其地久，利弊皆熟知。嘗以直省旱潦不時，民多轉徙，一遇公事，經費無所資，輒左右支絀。奉命日，適夏澤愆期，差務絡繹。前制府欲請狀而不敢言，公曰：『事亟矣，不請而坐視瘡痍與請而有干部議，均罪也。』即面請帑銀二百萬兩，爲直省經費儲跱以待，蒙恩俞允。蓋聖主憂民之心，公能體而行之。聖主亦察公之勤於民也，故於請賑請蠲，朝奏夕可。凡在任八年，辦災賑五次，先後請撥銀六百萬兩，全活生民以億萬計。每召對，猶以爲未能節費，惶恐待罪。蒙純皇帝面諭曰：『汝能爲朕用財恤民如斯之亟亟者也。』嘉慶三年，陞刑部尚書。七月奉旨補授漕運總督，謝恩時，以年老力辭。上曰：『汝去可謂得人。且漕務事簡，亦易爲之。』趨赴新任，凡漕務積弊，釐剔一清。四年春，奉命以尚書守護裕陵。越三年，奉旨以原品回籍。聖恩優渥，終始成全。水程南下，濡滯三閱月，將抵里，感疾，歸甫七日而薨，嗚呼，哀哉！公至性純篤，始仕畿輔，兩遭大故，哀毁骨立，經營窀穸，上妥三代，畚挶之事，皆身親之。至於建祠廟，置祀田，敬宗合族之道，無弗講也。兄晴沙公早世，公撫其孤。孤卒，則撫其孫。孫又卒，復撫其嫠，與兩曾孫合食一堂，教養兼盡。居官數十載，家無餘蓄，廉俸所餘，輒公贍親黨。人以急難告者，無不立應。於公事則克勤克慎，唯恐有負國家付託之重。故生平備荷主知，錫賚便蕃，如寶翰、石刻、福字、珍物、時果、緞匹、藥餌之賜，不可勝紀。其在津淀差次也，則賜御製七律詩一首。其八十生日也，則賜御製匾聯、紅結頂帽等物。以至賞花翎、賞黄馬褂、賞紫禁城騎馬，尤異數也。公生於康熙五十六年十一月初二日，薨於嘉慶六年八月初二日，壽八十五。配桂氏，誥封夫人，晉贈一品夫人，先公十五年卒，葬於西溪楊家牌樓之原。子三人：長如林，充四庫館謄録，候選同知；次如升，候選郎中；次如春，國學生。如林、如春皆先公卒。孫三人，如升出：長甯吉，一品蔭生，嗣如林後；次寅吉、謙吉。以嘉慶七年十一月初十日，啟壽藏合葬焉。銘曰：於哉畿輔先百城，飾以文雅治乃成。始一命逮揚雙旌，動中肯綮刀不更。坐而論之起即行，請蠲請賑巨萬贏。帝曰爲予活蒼生，不言而喻喻者誠。春風一吹物向榮，如公豈爲灼灼名。不朽要與石共貞，辭亦取質無敲鏗。

盧抱經

盧文弨，號磯漁，又號檠齋，先世居餘姚，後遷杭。老屋在批驗所前，所謂數間草堂者也。段玉裁《經韻樓集·盧公墓誌銘》云：

公諱文弨，字紹弓，號抱經，其先自餘姚遷杭州。曾祖承芳，明末建平令，有治績；祖父之翰，有《春柳堂詩》；父存心，恩貢生，召試博學鴻詞，有《白雲詩文集》；母馮太恭人，馮先生景女也。

公生而穎異，濡染庭訓，又漸涵於外王父之緒論，長則桑先生調元壻而師之。馮、桑二公皆浙中懋學之士，故其學具有原本。乾隆戊午，舉順天鄉試。壬戌，考授内閣中書。壬申，以一甲第三人成進士，授翰林院編修。丁丑，命上書房行走。遂由左春坊、左中允洊陞翰林院侍讀學士。爲乙酉廣東正典試，旋提督湖南學政。戊子，以學政言「州縣吏不應杖辱生員」左遷。明年，先生以繼母張太恭人年高，遂請歸養，時年五十有四。

公好校書，終身未嘗廢。在中書十年，及在上書房與歸田後主講四方書院凡二十餘年，雖耄，孳孳無怠。早昧爽而起，繙閲點勘，朱墨並作，几間闐闠，無置茗盌處。日且冥[三]，甫出户散步庭中，俄而篝燈如故，至夜半而後即安，祁寒酷暑不稍間。官俸脯脩所入，不治生産，僅以購書。聞有舊本，必借鈔之；聞有善説，必謹録之。一策之間，分别迻寫諸本之乖異，字細而必工，今抱經堂藏書數萬卷皆是也。校讎之事，自漢劉向、揚雄後，至聖朝極盛。公自以家居，無補於國，而以刊定之書惠學者，亦足以裨益右文之治，出所定《經典釋文》、《孟子音義》、《逸周書》、賈誼《新書》、《春秋繁露》、《方言》、《白虎通》、《荀卿子》、《吕氏春秋》、《韓詩外傳》、《獨斷》諸善本，鏤版行世。又苦鏤版難多，則合經、史、子、集三十八種，如《經典釋文》例，摘字而注之，名曰《羣書拾補》以行世。所自爲書有《文集》三十四卷、《儀禮注疏詳校》十七卷、《鍾山札記》四卷、《龍城札記》三卷、《〈廣雅·釋天〉已下注》二卷，皆使學者諟正積非，蓄疑涣釋。向時棄官歸，天下爲公惜之。然曡摩歲月，衣被將來，功孰大於此者？

公治經有不磨之論，其言曰：『唐人之撰義疏本單行，不與經注合。單行經注，唐以後尚多善本。自宋後附疏於經注，而所附之經注，非必孔賈諸人所據之本也，則兩相鉏鋙矣。南宋後，又附《經典釋文》於注疏間，而陸氏所據之經注，又非孔賈諸人所據也，則鉏鋙更多矣。淺人必比而同之，則彼此互改，多失於真。幸有改之不盡，以滋其鉏鋙，啟人考覈者。故注疏釋文合刻，似便而非古法也。』其讀書特識，類如此。公生於康熙丁酉六月初三日，卒於常州龍城書院，乾隆乙卯十一月二十八日也，年七十有九。生平事親孝謹，年七十三，喪繼母，猶盡禮。與弟韶音友愛，篤於師友之誼，皆鄉邦所共信者。壬申殿試對策，中言直隸差徭之重，純皇帝動容，飭總督方觀承申奏自劾，士論偉之。配桑氏、謝氏、楊氏。子四人：慶詒、武謀，皆太學生。慶詒踵公没，武謀早逝。慶鍾、慶録皆業儒。女四人：適庠生周方岳、江甯府知府李堯棟、舉人陳春華、庠生朱元熼。孫男一人：能庸。孫女二人。公之没也，無以爲家。公之執友有爲謀以抱經堂書數萬卷歸有力佽助其家，待公子孫如約取歸，如南陽井公與晁昭德故事。慶鍾、慶録曰：『先人手澤存焉，雖貧，安忍一日離也。』嗚呼！公可謂有子矣。嘉慶元年十一月二十四日，與桑、謝、楊三恭人合葬仁和芝茅橋之原。公之弟子臧鏞堂，以公與余相知最深，來請銘，不敢辭。銘曰：

先生與余交忘年，一字剖析歡開顔。十年知己情則堅，先生一去余介然。歸於其宫神理緜，其書可讀其澤延。

葉省三

葉道傳，字省三，仁和人。家業鹺，無子，力行善事。宗族中貧窶者待以舉炊，月給薪水之費。道光初，重建靈隱大殿，半藉其力。夏則捨藥，冬則施衣。凡養老、卹孤之事，咸任之。今普安街之葉家衖，以省三居此得名。

關少宗伯

關少宗伯槐，字柱生，號雲巖，一號晉軒，仁和人。父聖涯，名涵。乾隆壬午舉人，刻志勵行，研精經學，所居在杭城東，學者稱東皋先生。少宗伯生時，母夢旭日照鉅槐上，寤即誕東皋先生。因顔其室曰『迎曦堂』，有詩紀事。少即工書，今韜光有隸書『觀海』二大字，蓋九歲時作也。十二歲，《十三經》已讀畢。因得小山堂天文遺書，籌算筆算、奇門遁甲，凡鈔本二百餘種，遂留心句股之學。乾隆丙申，以舉人赴津門應召試，賜内閣中書、軍機處行走。以善畫供奉内廷，時邀御題。庚子，成進士，入詞林。後直南書房，充《四庫全書》提調官兼武英殿提調。典試湖北、河南。督學廣東時，遵惠研溪先生之教，童子有能成誦五經者，爲青其衿，士風丕變。奏覆，試童生加經文一篇，遂爲定例。洎乾隆五十九年，典福建鄉試竣，給假省親。一時，大吏相率稱觥，且爲表宅旌閭建坊門。左顔曰『乘軺錫祜，篤行承恩』，今所稱石牌樓是也。嘉慶元年，遷居艮山門内新第。時已授閣學，旋擢禮部左侍郎。年五十八，卒于宿遷舟次。公子炳，六品蔭生，雲南大理府知府。以宗伯未嘗一日居新第，因肖其像于後圃之樓，神采宛然，且敬勒御書『以實爲之』『桂林一枝』兩額，恭懸廳事。宗伯夫人氏孫，名樹蘭，孫忠烈之後，著有《坤甯妙經註釋》一書。

東里學人

李允升堂《緣庵詩話》曰：『汪明經家禧，號選樓，仁和人，居横河橋北。博聞强識，工詩古文。爲人謙謹，寡言笑，遇微醉後，則辯論鋒起，故知其平日皆鬱而不發也。與許周生、戴金谿、嚴久能最善。所著務求精深，手自存定者頗少，藏友生家，燼于火，所刻《東里生燼餘稿》，僅十之三耳。年四十三没，無子。《哭王木齋》有句云：「竟無兒主祀，賸有婦憑棺。」遂成詩讖。』

又胡孟紳編其《先人年譜》，内云：『姑丈諱家禧，字漢郊。積學淵博，爲杭城乾嘉中之鉅儒。家極寒，遊食四方，困於場屋。嘗鄉試，同考得其卷，亟薦之主司。主司見其竭力推奬，疑有關節，因抹文中「解脱」二字，以爲近禪斥之。揭曉後知爲名士，大悔。親造其門，出素絹索書，並謝過焉。所著書若干卷，及門許玉年、滇生昆季攜去，將謀梓行。許氏遽遭回禄，稿無存者。今僅傳《三祠志》九卷、《東里生燼餘集》三卷。』

許周生宗彦《鑑止水齋・三文學合傳》于汪則曰：『六一泉有神位數百，類皆前明湛族破家之遺老，莫知其蹤跡。家禧一一鉤考得之，撰《六一泉神位考》三篇，閱書積千餘種。其他所著有《意林翼》《東里學人詩文集》。』《六一泉神位考》三篇，即《正氣先覺遺愛三祠志》，汪小米刊成未印，傳極稀。

《燼餘集》中有《杭郡節婦表微録》，雖不盡出東城，而荼苦松貞，微先生不能傳，備録之，見先生之不僅工于文也。其文曰：

嘉慶辛酉夏，仁和錢君泰階過家禧曰：『國家于節婦旌門之典，歲舉。然采訪難周，或無後不及請。蕭山汪大令輝祖，嘗輯《越女表微録》，專著其未及旌者，所以廣聖化、發幽光，甚善也。吾欲行于吾杭，以敍述屬子，并望子之廣詢，俾多其傳。』家禧許之。翌日，訪于儕友中言可信者，葉君之朗、之田，許君鏡乃大，周君誥，遂各語以所見聞。家禧亦記憶所知合之，得數十人，録以報錢君。而錢君沮于他議，復中止。後五年，家禧檢次舊藁，懼所序者之泯滅于後也，更重定之，并序其端曰：『婦人以節自勵，亦得其心之所安，豈計名之傳否耶？然宋伯姬書于《春秋》，衛共姜録于《詩》，則窮閻匹婦，能秉心壹志，不隳其行，其可傳信矣。特其歷險艱，茹辛苦，求不媿于天，而天之報施不可測。有不得從夫，并不得從子者；有生不得飽，死不得祀者。阨愈甚，迹愈湮，而憔悴之況，出于庸行，好奇、能文章之士，又略之泯泯焉。不獲與伯姬、共姜竝傳，可傷已。闡幽顯微，體國家端風化之意，以備志乘采擇，儒者事也。今所録者有數端。生事死葬，子職也。夫死能終夫之職，如沈氏以下諸人；修身俟命，幽静終其身，如汪氏以下諸人；貧賤不移，處卑微能高其節，如錢氏以下諸人。噫！以數人所聞，知可傳者已有此，一郡之大，湮没不彰者，可勝計哉！錢塘章佩玖繼妻沈氏，年十九歸章。期年，珮玖死。家貧，以女工自給，撫前妻子如己子。痛章氏數世未葬，謀資于至戚。不足，自節以補之，常兩日一食。葬畢，舉苦節二十餘年卒。仁和張雲會妻鍾氏，年二十八而寡，無子，依母以居。舅姑伯叔暨夫六棺未葬，鍾曰：「張氏無後，我不及身謀，終暴露矣。」乃自刻苦，積其貲，久之，盡葬焉。不求助于族姻，人尤以爲難。仁和方位三妻葉氏，年十七歸方，歸九年而位三死。葉勤紡績養姑。姑老病，葉晝夜調護無間。葉有子早夭，而方氏族無可後者。葉力爲舅姑及夫營葬，年七十一卒。陳以敦妻馬氏，歸陳甫兩月，以敦以貧遊粤西，旋卒于粤。馬奉姑盡孝，痛夫柩在粤，遇人客粤者，輒哀祈其囊骨返。而人鮮好義者，終不得返也。仁和朱倬雲聘妻鍾氏，未歸而倬雲死。鍾時年二十五，自誓必歸朱。既歸，事姑孝。朱家貧，鍾勤女工養姑，自奉饔飧常不給也，至戚憐之贈以錢，堅辭不受。仁和陳某聘妻舒氏，未歸而陳死。舒乞于父母，斬衰往哭，請留侍舅姑。父以年幼，私許婚盛氏。舒聞自縊，遇救甦。旋盛以婚期告，舒誓死愈決。盛聞，訟諸邑令。令哀舒志，還盛聘，斷爲陳氏婦。陳家貧，勤操作，極困頓，無悔色。年五十四卒。陳族無應嗣者，卒無後。錢塘李氏女，幼字於陳某，未嫁而陳死，守志以終。其鄰明經許奎言，李依父兄居，其饘粥恃十指給，居僅數椽。過其門，未見其在外室或闚人户間也。至老守禮如未笄。其父兄吹葬簫博食，皆憐之敬之，不强其再字。山陰史女，幼字於仁和沈某，未嫁而沈死，女請于父母願歸沈。父母憐之，將許之。而沈氏祖官楚，其家無可謀人。踰年，其祖歸，女父往請之，則謝之。女聞，悲泣數日。詭言就浴，闔户自經死。初，沈僑居嘉興，以就試歸途中暍卒。訃未至，女夜夢人入閨倚户泣。驚詢之，曰：「吾郡試歸來省女。」即出諦視，足微跛。訃至，爲父母言前夢，知沈果跛也。仁和金端士妻汪氏，年二十四，端士死，苦節五十年，乾隆五十一年卒，無子。仁和平開周妻李氏，年二十九，開周死，李晝夜哀號，致喪明。無嗣，依女夫以終。卒之時，嘉慶三年也，年六十一。仁和姚又弓妻闞氏，年二十而又弓卒，誓以身殉，舅姑止之曰：「汝死，如我兩人何？」乃止。孝事舅姑二十餘年。舅姑没，哀毁盡禮。姚家素裕，闞既寡，悉屏羅綺，約髮以鐵簪，茹苦終身，年七十餘卒。錢唐陳賦周妻沈氏，賦周死，沈年二十五。陳氏薄有産，爲季叔所併。沈恐拂姑，勿與較，後叔以耗散致貧。沈勤女工，養姑不足，自損食以爲供。姑病，茹素禱於天。及歿，喪盡禮，歷艱苦四十年如一日。杭諸生張奕光妻戴氏，未嫁，事繼母以孝聞。母病痁，戴刲股以進得愈。嫁奕光，年未三十而寡。戴勤鍼黹，撫孤。孤長以瘵歿。戴年七十餘，困頓而終。仁和闞之溶妻吴氏，年二十五而之溶死，遺孤甫二歲，旋以痘殤。家貧甚，坐卧室中，不出户者五十年，雖親族不得見，嘉慶四年卒，入哭者始見其衣百結，所藉惟敝席也。錢塘蔣毓奇妻朱氏，年二十而嫁，二十六而毓奇死。初毓奇疾，朱禱於天，願以身代，泥首者六晝夜。及寡，事姑三十餘年，盡孝養，教子榮祖，有母道。今年五十九，尚存也。仁和程在庭妻來氏，生十九年嫁，三十歲而在庭死。既寡，事舅孝。舅患末疾，扶持侍養二十九年無倦。嘉慶三年卒，年七十，有子，早喪。梁某妻李氏，嫁甫月而寡。貧甚，日爲人紉鍼，博錢以食。無子，今五十餘，尚存。皋亭山農人應某妻錢氏，嫁應生一子。而應爲猘犬齧，得狂疾。錢走百里求醫藥，卒罔效也。應既死，人咸勸改適，錢不從。攜子出爲人傭，蓬首垢面，操作勿懈者三十年，積傭值爲子娶婦。子又死，年六十，尚爲人傭作，畜其幼孫。初，錢五歲時病瘵，有黄冠過，目之曰：「若長不可量。」兹有疾，緩治不可爲。」以匕首破指間，出腐肉如魚子，瘵尋愈。人知此者以詰錢，錢曰：「女子立志不二，當昂昂有丈夫氣。今澳淴以活，又何足數耶？」年七十餘卒，時乾隆四十年也。仁和朱雲衢妾沈氏，年二十九而衢死，家貧甚，且無子。沈日夜勤女工自養，請於族，爲雲衢立族子爲後。教養之有法度，朱氏賴不絶。仁和衣工王某妻岳氏，年二十餘而寡，其叔利兄有，以惡言凌之。岳知不能敵，避去依母，傭於人，嘗泫然曰：「留面目見亡人，餓死不及計也。」性介，人與言稍不莊，輒自涕泣。以故咸畏敬之。嘉慶五年卒，年六十餘。無子。』

救命王廟

廟在南城巷，今名蕭王衖。王以禱雨得名，父老相傳，爲營弁所奉馬王。嘉慶甲戌，旱魃爲虐，祈禱罔應。衆乃奉王出，甘霖立沛，羣黎咸呼曰『救命王』。歸途積潦難行，姑以菜市橋西蕭王廟爲暫憩之所。翌晨，奉歸，輿重不克舉，舉輒槓折。里老陸姓別塑王像歸營，而以營像奉廟後殿。今神靈顯赫，求禱立應，而因雨救命之説轉勿稱道，但呼爲『清虚道德真君』。七月七日爲神誕辰，傾城士女鮮不崇奉香帛云。

白衣寺

寺本西江禪院，在王馬巷内。好木禪師棲隱於此，故一名好木庵。道光初，佛頂山定宗上人果禪因事詣杭，念普陀諸僧頂禮三天竺者，附郭有海潮、昭慶諸叢林，城以内獨無挂單之所，心甚歉焉。即其地結茅爲廬，易其名曰白衣寺。持魚行募寒暑，再更規建殿宇，有儼其居。吴錫熊《東門草堂詩鈔》有《白衣寺呈定宗方丈詩》云：『好木叢林接社枌，大師應許我同羣。東城新闢三摩地，南海輕攜一片雲。共願寰中休戰伐，且依方外證聲聞。不須棒喝當頭悟，掃地焚香苦習勤。』又謙谷上人真默，本理安僧，工詩書琴，主理安有年，歸老金陵，後值粵匪之擾，復來杭駐錫白衣寺。辛酉冬，城圍兩月，援糧並絶，道殣相望。十一月二十八日，上人猶扶杖出寺，時餓已三日，然神色堅定，作《絶命詩》二章，即於是晚縊死。

東里兩先生

胡書農學士序朱朗齋先生《碧溪草堂詩集》曰：『甲辰夏，編纂外舅詩既畢，商與《碧溪草堂詩》合刊焉，題曰《東里兩先生遺集》。或謂：「君外舅詩，豪邁有俠氣；朗齋先生詩，醇樸有宋儒風。畦徑各不同，何取乎合？」應曰：「兩先生少時同居東園，相友善。晚復申以婚姻，且皆敬從業師。詩不同而出處交契同，是宜合也。」』其傳外舅施澹珍先生曰：『先生姓施氏，諱炌，字涵若，號澹珍，晚號今瘦。先世自豫遷會稽，明末遷錢塘。再傳至高祖爾達公，諱光大，始築室東城之醋坊巷，老屋歷今幾二百年。曾祖範圍公，諱鎔，太學生；祖七帆公，諱瀛，康熙戊子舉人，官福建建陽知縣；父紅亭公，諱檠，以所居在南宋時爲紅亭醋庫，故以自號。母吴孺人，生先生於雍正己酉年。幼沈默詩書，外無他好。乾隆辛酉，年十三，以舅氏兼山公官粤，隨母赴舅氏任。癸亥，吴孺人歿於高州茂名署中，遂依舅氏讀書，歷戊辰未獲歸。時大母鄭太孺人猶在堂，先生以遠游不能佐老父營旨甘，又不能博取功名以慰慈母地下，因抑鬱遘心疾，移寓僧舍。僧定力者，善觀人，戒先生曰：「子妄念多，須屏除，可勿藥瘳，否且益深。」如其言，疾漸愈。然自此肝胃間患氣逆，時止時作。是秋歸里，囊無長物，授徒養親，與同里嚴古緣、鐵橋弟昆爲莫逆交，而魏柳洲、沈桐谿、朱朗齋諸丈亦時同游相倡和。己卯客雉皋，假館石氏，主人蘭皋甚風雅，又與妹壻吴中吉居相近，得晨夕過從。詩酒盤桓，勝粤署之寂處荒山遠甚。辛巳，祖太孺人鄭氏卒。越歲，遂渡江南還。自是不復遠游，扁舟往來近在吴興、四明間，以紅亭公年邁故也。甲午，舉於鄉，年已四十有六。禮闈報罷，歸仍教授。丁酉，紅亭公棄養，殯葬如禮。先生博覽經史，不屑役志於章句。書宗法晉賢，真、行、章草靡不工絶，山舟學士至稱爲近日之《廣陵散》。詩多少作，中年以後不更措意。制藝守先正法，卓然有大家榘矱。名既重，里中右族以不克延致爲悵。凡經口講指畫者，先後皆掇科第以去。若朱根石上林、蔡浣霞鸞揚、許藕舲乃賡、吴子律衡照，其選也。軀幹短小，抑然如不勝衣，而眉宇間有英氣。於高州遇異人，授以拳勇之術，兩臂力可舉數百觔。防身一銅杵，寶之不啻金玉。嘗館魏氏宅，值賽社，主人延師及賓客企於門旁，一門則幃，眷屬觀之。羣不逞競來窺，出謔語，禁之不可。先生往善諭，不聽，怒麾以肱，數十輩皆顛踣道上。泛湖，值來船有相識者，招與語，風駛過疾，以手攀船柱，船止不得進。語畢釋手，去如飛。一日，湖上歸，手執花，途值强悍而醉者欲奪之。勿予，醉者奮拳，以右臂格之仆地，復蹶起，呼其黨相助。但近身，無不仆者，且格且走，其黨氣懾，不敢前。抵家，花猶在手。晚年以家累，雖抱疴不能無藉館穀。課讀暇，臨二王帖自消遣。歸則堅卧小樓，畏聞米鹽凌雜事。先生行誼既超卓絶等倫，即夢亦屢著靈異。記酒後語敬曰：「年二十時，在粤夢所遇異人，授以刃。挾之行空中，至一山，見羣魔相與，斬刈無算。比寤，腕痛者累日。」年六十時，在方宅。齋外荒圃多雜樹，牆角青棠一本，老不作花，主人議薪之。是夜，夢一叟痀僂，髪鬅鬙，跽而愬曰：「我馬纓花，乞垂救。」旦以告主人，得勿伐。聞者笑爲妄，予意不慊。乃持杯酒酬祝其下，來歲著花滿樹。七旬外，舊患良已，腰脚增健，興轉豪，愛游湖山，飲輒盡醉。所寶銅杵失已久，忽於市上見之，謀贖歸。再往，迷所在。詩稿嬾自收拾，至是倩人録出，未及校，稿多草書焉。烏盈紙，前數頁又蠹蝕不可讀。今姑就辨識而完整者，略加釐正付梓焉。嘉慶乙丑夏，猝中風，口噤不能言。逾旬，遂不起，年七十有七。敬爲先生壻，從受制舉業十餘載。繼配張孺人生吾婦，性柔順，母絶愛憐之。壬戌，厄於産難歿。逾年，先生來，請見吾母曰：「壻纔中年，子幼母老，中饋不可無人。予舊從學朱根石之甥女吴氏，少孤，育於朱。聞甚賢，堪代吾女事姑撫子。」敬以婦喪未久，且將赴計偕，欲婉詞謝。吾母遽諾之，諭敬曰：「親家肯來爲汝謀續姻，此人情所難，何可拂其盛意？」遂聘定。未幾而吴氏疾殁於室。當敬之捷南宫也，先生尚寄書相勗。方擬仲秋假歸，拜先生床下，謝教誨成就之德，不意未匝月而赴音至。張孺人後八年卒，亦在京聞耗，均未能憑棺一慟，可悲也已。子一：桂森，錢塘歲貢生。女一。孫一：寅。』

梁山舟侍講傳文學朗齋朱君曰：『君諱文藻，字映漘，號朗齋，姓朱氏，系出福建之建甯縣白眉村。麓有泉，曰碧溪。村有祠，祀白眉公，即君始祖也。高祖諱萬鑾，字君輿；曾祖諱奇萊，字憲殷，建甯庠生；祖諱大臨，字裕公，生四子；其叔諱明試，字登元，爲君考。登元公年十一，遭父喪，奉母至孝。業鐵冶於浦城，娶張孺人，生子德銘，始遷杭，卜居東城之花兜巷。張先卒，繼娶蔣孺人而生君。君性穎異，弱不好弄，讀書能自刻苦，手不釋卷。登元公棄養，卜葬皋亭小横山。乃與仲兄買宅巷南數十武居之，娶沈氏。年二十四，始受知於諸城竇公，補仁邑弟子員。屢赴鄉舉，無所遇，唯食餼以終其身。家貧不能多聚書，輒假之友朋，手自鈔録。於書無所不讀。己卯，自浦城還，授徒里中。館振綺堂汪氏，任校讐之役。汪氏富藏書，主人魚亭比部，風雅好客，方倡吟社，耆宿踵至，君亦得藉兹發揮藴蓄。自是學益富，文名日盛。賃東街一廛，與業師沈翁耕寸共居。翁夫婦年老衰疾，困頓床蓐，一子謀食四方，君躬湯藥視寒煖者十有餘年。及卒，爲營喪葬。方之漢代尊師，儒弟子有爲師執厮養役者，君之高誼殆不多讓。時遭母喪，君椎心泣血，哀毁盡禮。戊戌，入都，應王文端公之聘。文端適視學浙中，君偕之歸，遷居艮山門外。鄰人不戒，西林吴先生讓祖宅俾居之。吴，故君姻黨。吴之宅廣可二十畝，南繞一水，桑畦麥隴，荷池柏林，地極幽勝，環池竹木桃李蔬卉雜蒔，可游可釣。君則名之曰碧溪草堂，且以自號，蓋不忘先世祠墓之義也。每念閩中祖塋，自遷杭後七十餘載，不獲一展。辛亥，治裝由江西入閩，自首塗以及返櫂，凡八十五日。見聞所及，皆有紀載。既歸，則輯近派自白眉公至遷杭凡十二世事蹟之可考者，蒐成一册，爲世系攷。癸丑春，舊友黄小松司馬招游山左，雅好金石。時儀徵阮芸臺督學陽湖，孫淵如觀察皆莅任青齊，俱有金石文字緣。聞君至，各傾篋商攷，且命工將各摩厓穹碑構拓。不兩年間，芸臺先生得拓本數千種，將謀纂輯，適調任浙江，延君歸杭州。明年，以各碑拓本録爲《山左金石志》。時揚州江文叔重君名，延館於其家。君遂偕張椿年攜各搨本應之，寓康山草堂。草堂者，明思孝姚公故宅也，相傳康對山曾讀書於此山。面江依郭，遠眺金焦，如列屏障。故君居此，輒多詩歌。一年，《金石志》成。次年乙巳，更爲芸臺先生輯《兩浙輶軒録》。明年，嘉興太守伊公延輯《府志》。壬戌春，青浦王述庵少司寇招君於三泖漁莊纂輯《金石萃編》《大藏聖教解題》各若干卷。以少司寇下世，不及竟。君筋力素彊，自丙辰以後，得脾胃之疾，精神少減。主少司寇家，疾時作。今年夏，病轉劇，亟歸。抵家一月，遂不起，時嘉慶十一年丙寅八月二十四日也。生於雍正十三年乙卯五月十五日，壽七十有二。君一生績學篤行，著書日以寸計，至老不倦，有《續禮記集説》《碧溪草堂詩文集》《碧溪詩話》《碧溪叢鈔》《東軒隨録》《東城小志》《皋亭小志》《青烏攷原》《金箔攷》《苔譜》《萍譜》，並藏于家。其《説文繫傳攷異》已入《四庫》書中。君外舅沈某，父子相繼没，無嗣，積棺三世，君爲營喪葬，更屬子孫世祀之。張椿年者，君次子之妻弟也，少孤，君飲食教誨，相依二十餘年，俾昆弟各成立，里中人稱君爲長者。子二：長復，次轍，復先二年卒。女一，適杭州府學生施桂森。孫二：長甯，次嘉。女孫二。以某年月日，啟沈孺人之窆而合葬焉。」

莫孝女

《盧抱經文集》：「吾鄉土橋有莫孝女者，兄以吏術佐人，常遠出。女不忍離其母，願代供子職，竟老於家。當雍正間，請旌者數矣，輒爲吏所格。未幾，楚亦有與孝女事相若者，先得旌。遂援以爲比，得報可。今屹然樹闕里中矣。』

金銜莊

福州梁茝鄰章鉅《浪跡叢談》曰：『杭城園林之勝，以金銜莊爲最。初屬章桐門閣老，後爲嚴小農河帥所得。章鉅與河帥官南河時熟，聞河帥盛稱此園之美，謂：「我若保得三年安瀾，定當乞身歸去，營此菟裘。」後果符其願。逮河帥歸道山后，聞此園又將易主。華屋山邱之感，曷其有極？漫記一律云：「杭州第一好園林，我到紛來感舊心。相府潭潭兼曠奥，侯門鼎鼎半蕭森。天成夏木千章繞，地接城濠一水深。三十年來重易主，可堪回首痛人琴。」』

許默齋

默齋居金洞橋皋颾里，雍乾間，羣推善人，長者顧實甫光爲之立傳云：

君名承基，字長人，號默齋。許氏系出唐忠義公遠後，世居江南歙縣之唐模村。自六世祖應徵公始遷浙江，籍隸錢塘。君父梅巖公，績學植德，親病，割臂肉和藥以進，乃卒，終身廬墓，稱孝子。君生有至性，一如其父。居三喪，哀毁骨立，葬祭盡禮。與弟仲昭君友愛，俱以古人名行相矜尚。仲昭死於孝，君睠懷同氣，繪《連枝圖》以寄鞠哀之感。年十九，即持家政，宅心仁厚，務行義於鄉親戚故舊，寒畯之交，待以成立婚嫁者若干家。君念祖塋在唐模村者，於今五世，漸蕪廢。君獨任修治，不以諉族人。於杭鳩族人建專祠祀忠義公於城東四蓮池。聞於官，得春秋致祭，而以還杭一支栗主陪祀其中。前後置祭田二百畝，捐銀千兩，取穀息以奉時事，又以其贏修家譜。贍族人官於外者，得貲以歸，；學於家者，得以仕。乾隆歲壬戌，江北大饑，官司奉文借撥鹽義倉米穀，會倉儲買補未完，又不得善穀。君請以重價購土米若干石，舟運至桃源、宿遷二縣，散給災民。當是時，君年才二十餘，義聲動遠近。辛未，浙省饑，君購米石於里門，平糶與糴者，約户給一票日二升。欲并日糴者，聽自便。極貧民户加一票。力不能糴者，聽轉售或代人。凡用米若干石，逾月而止。丙子，又饑，君又倡捐助官廠煮賑，一時好義者相率争勸，全活人以無算。君嘗謂：『凶歲民饑，救濟之所不及，莫若以工代賑爲良策。』故一遇米貴，即請大興工作。或有以時絀歲贏議者，君不顧也。杭郡、錢塘、仁和三學宫，自雍正五年重修，至乾隆辛卯，逾四十年，大吏議更新之。君則率同志呈請，計經費萬六千七百有零，捐不足者，君獨任之。先是，君嘗輸千金於錢塘學，營什一生息爲歲修費，有餘以供寒士膏火。至是而又修三學，凡竹木之膠葛、瓦石之漎萃、役日之延屬，錯互一埤勞於君。是年冬，中丞富公集羣吏議，以會城大、中、小三河引注湖水達上下兩塘，灌田疇，通舟楫，販運汲爨之所資。歲久，所在湮塞，今宜合原委通濬，使還其舊。衆皆推君爲可任，爰給公捐銀九千五百兩。君乘小舟往來河干，不遑朝夕。三河而外兼濬及東西支流，凡工段七千三百餘丈，君力劬用節，與修三學宫前後並作。不逾年，工竣。大吏嘉其成勞，勒石紀績，皆召慰諭。君固讓，長揖趨出。於戲！君無當事之責，財産僅過中人，使遇事退怯，誰非之者？而君之趨善若渴，功成而不居，財竭而不悔，終其身如一日，其原本天性力於仁義，非夫慷慨好事任俠者比已。君援例得授四品職候選知府，誥授中憲大夫。前撫軍番禺莊公、南昌熊公皆以君行事上聞，得旨褒嘉准部議於補官日加三級，紀録二次。上四次南巡，凡一切迎候供頓，君與地方有司恭敬將事，蒙恩賜貂皮大緞、荷包等物。君因是益感奮遇，地方大小事爲無不力。君體素豐碩，自五十五歲後，常覺左乳下痛楚，至戊戌夏秋間，遂以患乳巖不起。時方司府志局，未蕆事，病革，猶惓惓恨不及見成書。作遺命，自題輓詞，怡然如平常，年六十有三。其生康熙五十五年三月十三日，其殁則乾隆四十三年七月十五日也。配汪恭人，賢而有才，其遺行備見《玉岑樓紀事詩》中。簉室沈孺人。子四：長嗣傳，前任江西吉安府通判、候補同知；次嗣篪，候補布政司理問，出繼弟仲昭君後；次嗣岳，國學生；次嗣寬。孫男四人：立權、立庭、立品、立廉。女三。孫女二。君爲人樂易，海内賢士大夫無不願交君者。雖不以文名，乃其所作小詩及雜著，嚴浄有法。至其敦行孝弟，好善不倦，出舟子之獄，全路人之生，指數之終日不能盡。謹條件其大者以告，於外史氏他日作志乘得所採擇焉。

顧實甫曰：『余晚得交於君，讀君兄弟《連枝圖》詩，謂其行誼尤近古人。方其濬河渠、新庠序、抵掌奮袂，不知者或以干預外事不足於君。今君殁逾二年，公私墳委，吾屬緩急無可恃，然其人之輕重，於世何如也？東漢許文休，人謂其紀綱同類，仁恕惻惻，皆有效事。君真其苗裔，行事亦適相類。於戲，可謂賢已！』

乾隆《府志》入《義行傳》。

《横橋吟館圖》

仁和諸生葛秋生慶曾，醇訥温雅，工詩、古文、詞，久躓場屋，齎志以終，四壁相如，遺稿散佚。向設帳于横河橋治中許小范先生宅，因倩婁東王子若應綬繪《横河吟館圖》，徧徵題詠。劫後圖幸未燬，中如許玉年乃穀題云：『歲乙丑，余與家弟滇生、鄭表甥竹雲從舅氏九橋戴先生讀書積厚軒，秋生來共筆硯，遂相莫逆。逾歲，舅氏館吴門，秋生從游。余亦往來淮浦，蹤跡契闊越十年。甲戌，辱秋生來課兒姪輩，相聚又七稔矣。年來，予兄弟多散處異地，竹雲早世。惟秋生與予聯吟一室，用慰寂寥。苔岑之誼，久而彌篤。秋生謂此十數載情事，不可無以紀之。適子若自婁東來，輒合寫此圖。舊雨今雨，當益珍重鷗盟。』

姚古芬伊憲賦云：『余家北郭，一水之偏。折而南東，横河出焉。緣岸數步，甲第所連。風檣煙艫，鱗萃乎前。上有梧桐，媚彼清漣。適子之館，客雅主賢。方其問字，初來傾筐。乍見戴憑授經，鄭嵎識面。隨肩二難，把臂羣彦。談或一燈，安必雙硯。小橋則丁卯同呼，仙侣而長庚交羡。送子從游，煙波可愁。春風别館，春草芳洲。岑聯苔異，蹤散萍浮。或蘇臺以憑弔，或袁浦以羈留。亭短亭長之驛，江南江北之舟。客歲云徂，歸人乃卜。奉母居閒，有朋來熟。阮修則名士助婚，王氏則諸郎能讀。還予授餐，復此信宿。舊榻花軒，小窗書屋。鴻爪無迷，鷗盟再續。於是論文結社，賭字臨池；尋花隔巷，看竹開籬。夜話見月，山游有詩。座舊雨兮今雨，河朝漪而莫漪。來同不速，去或暫離。十年而後，七載於兹。感爾蘭襟，寄之竹素。圖合王維，人如徐孺。繞郭溪迴，開林山露。流水不言，緑陰在户。懷喆弟于金閨，傷同堂之玉樹。無忘昔歡，願留小住。煙雲既寫，翰墨争披。相與讀畫，各有贈詞。君乃謂僕，爲余賦之。伸紙未盡，綴歌以貽。搴予兮絳帷，從子兮河湄。數椽兮碧玉，君吟兮我思。既以報君，更念許子。兩美必合，一歌未已。横橋兮雙峙，東西兮一水。望韋杜兮城南，畫中天兮尺咫。』

戴九橋安詩《五古》云：『憶昔乙丑春，榻下高陽室。東西兩横橋，流水漾碧色。紛紛媚學子，子實居其一。崢嶸不凡材，匪獨我自出。古心各奮鞭，何嘗間昕夕。有時一藝成，評騭分甲乙。有時風月清，吟恬咏更密。予時年始衰，猶得竭心力。智井泉欲枯，千慮或一得。啟發那敢云，助我洵可悦。

忽忽二十秋，回頭如瞬息。中間歷文戰，得失區以别。達者登蓬萊，窮者猶窟穴。甚或入黄泉，宿草滋淒惻。欣感雜沓來，吾胸多凹凸。今子讀書齋，依舊横橋側。圖成屬我題，我亦何稱述。聊述疇昔情，仍喜衡門泌。梧竹並蕭森，秋風摇瑟瑟。趁此聽鹿鳴，騰驤儻可必。吾亦老已矣，賴子抒鬱結。』

趙秋舲慶熺譜《南北仙吕·入雙角合套》云：

莽天涯何處挂詩瓢，瘦書生鬢絲吟老。江湖尋舊夢，風雨感離巢，十載横河，今日个纔畫出停雲稿。《新水令》

記當初載酒，元亭同傾倒。問字師安道謂戴九橋先生，金蘭簿訂交。硯北花南，一例兒排年少。顧影换青袍，翠生生都似春來草。《步步嬌》

暢好。是嫩年華過眼如潮。秋去春來，柳又千條。百忙中跳上征橈。兩處相思，紅豆燈挑。這壁廂風塵懊惱，那壁廂書札迢遥。故人兒幾個雲霄，幾箇蓬蒿。一霎時賭酒評花，倒做了雨散雲飄。《折桂令》

吴市空彈瑟，秦樓待引簫。念家山忽作思親操。東琴書，試鼓迴波，棹返鄉關，好比投林鳥。一任那雪泥鴻爪，虧得杍下流黄，博得箇萱花微笑。《江兒水》

再休提，蹭名場，劒氣消；説甚麼，困寒氊，心緒槁。你看有的是痛黄壚，玉樹凋；有的是走京華，花插帽。呀，但詩成且倚玉笙調，但酒來且索金樽倒。興來時，齊向白雲嘲；悶來時，共對青天嘯。花朝放明湖，雙槳好；寒宵擁紅爐，合座邀。《雁兒落帶得勝令》

重開新畫閣，再整舊書巢。喜叉手荷衣諸郎少，渾不似感離羣賦寂寥。《僥僥令》。

呀，我也把十年前事語今朝。記風簷立雪訂深交，不多時桃花三月廣陵潮。歎生成蕙泣蘭嘑，料向瀟湘走遭，向瀟湘走遭。苦煞我，一燈秋雨讀《離騷》。《收江南》

盼魚書，長江路，遥憶朋儕，離魂暗銷。依舊的南飛鵲噪。重把臂，飲醇醪；重識面，贈瓊瑶。《園林好》

望横河水一條，望横河水一條。認橋邊，許丁卯，他是裙屐風流甲第高。没些兒塵擾，王摩詰更相招。把悶愁懷，毫端輕掃；離别恨，畫裏句銷。索舊雨題詩須早，倩新知補吟亦妙。你呵，擘名牋烏闌自鈔，爇名香銀爐自燒。呀，這畫圖兒，須索自收藏好。《沽美酒帶太平令》

從今不恨知音少。拚箇爛醉狂歌也，意氣豪。你看那一樹藤花開泛了。《尾聲》

餘如胡書農、邵魚竹、吴小穀、鄒仲虎、粟園、高佩生、梁晉竹、葉小湖、姚小春皆有題墨，不及録也。

古歡書屋崇雅堂

葑唐先生祖居菜市橋東，初移上八界巷，再移柏子巷口，三移東園曹家蕩，即所記暮景塘是也。厥後移安樂橋河壖。朱朗齋《碧溪草堂集》有《葑唐移居詩》云：『倚郭蒿萊少客過，三椽移傍内沙河。開軒較昔山光近，招飲從新酒債多。差喜巷門鄰寓館，按朱先生館于館驛後汪氏。許同吟舫蕩寒波。一枝得所君能擇，偃蹇貧居奈我何。』又移烏龍巷。晚年始買宅宿舟河下，結古歡吟社，有《樹檏堂新居落成倡和詩》。吴西林云：『檢點壺觴新祭竈，分張筆硯共題襟。』汪槐塘云：『東野移家餘卷軸，子荆居室昴雲礽。』余松屏云：『園比子山宜有賦，畫成韓滉合開顔。』何春渚云：『預辦山資甯待乞，懶交朝士不求聞。』朱朗齋云：『晝静不妨居近市，樓高却愛日當窗。』周樹村云：『雅有閒身稱市隱，小留隙地待花農。』奚鐵生云：『延賓不惜傾三雅，稺子分教執一經。林屋近依春水碧，藥闌低護晚煙青。』姚卓亭云：『盈尊酒爲留賓設，插架書因課子鈔。』吟社凡十七集，如《集古歡書屋試龍井明前茶》《春社日同人釀飲古歡書屋》《冬日雨中集古歡書屋，喜槐塘先生病起，同用工部雨過蘇瑞韻》《古歡書屋梅蕊將放》《冬日過古歡書屋，適野人送酒至》諸題詩則散載諸老集中。先生著有《古歡書屋詩集》四卷，有《古歡書屋落成，同人見過，用香山春葺新居韻詩》云：『新營屋東居，意在娱晚時。朝陽最足戀，迎旭開軒墀。無多數弓地，結構工不疲。我謂徑少窄，人言景偏宜。鳥歌梅始花，客造杯可揮。好風吹簾旌，碧水漾硯池。枉蒙瑶華贈，四壁生光輝。具言亟行樂，及此春物熙。婚嫁願未完，身世焉可遺。盡醉判今夕，麴生真吾知。』先生子爲書農學士敬，嘉慶乙丑會元，改庶吉士授編修，典試河南，視學安徽，擢至翰林院侍講學士。乞養歸，掌教崇文書院者二十年，造就不少。凡移正氣、先覺、遺愛三祠木主于詁經精舍，歲饑設粥廠，請增錢武肅王祠朔望行香祀典，於普濟堂側議建義倉，增葺貢院號舍，開濬貢院東橋河，足爲桑梓矜式云。所著有《南薰殿圖像攷》二卷、《西清劄記》四卷、《國朝院畫録》二卷、《唐科目記》十卷、《先友記》一卷、《崇雅堂集》二十卷。學士長君孟紳瑆，道光癸未進士，丙戌殿試改刑部主事，克繼家學，曾編《學士年譜》，中有一條曰：『宿舟河下屋，本爲俞燮堂先生理舊宅，遭回禄後，祖考購其地，營屋二進。屋東向，顔其堂曰「崇雅」、曰「樹樸」。面臨東河，當淳祐、萬安兩橋之間。背負土阜，蓋南宋城基也。堂右爲古歡書屋，先祖葺也。又其右爲思補軒，前爲貽遠堂，則府君葺也。』又一條曰：『宿舟河下地湫隘，人或勸府君徙居爽塏。府君以先業不可棄，有《卜居對》之作，是爲絶筆。』《卜居對》云：『客問主人曰：「子亦知枳棘非鸞鳳所棲，潢潦非蛟螭所萃乎！士君子曠觀宇宙之大，蟬蜕塵埃之外，所當判媺惡於薰蕕，區清濁於涇渭，豈可領羣仙而儕戚施，佩芳澤而雜蕭艾哉？子昔嘗陟清要，登明光，校書天禄之閣，探委宛而挹謨觴；乘輶軒，督膠庠，臚行館于都邑，坐駐節之堂皇。行將歷崇班，膺顯秩，希榮金紫之階，側身槐棘之列，而乃歸田早賦，齒末桑榆，互鄉與語，窮巷是居。不爽塏之徒而湫溢之娱，安神無離垢之園，比蹤有逐臭之夫。後列肆則朽蠹斷爛，冠纓履綦，截袍成襦，指鞹爲皮；前瀕港則鹹瀉疆驟草人物，宜爲句踐所嘗，廉頗所遺。望衡對宇則宗廇櫛比，細逮庋庮，爲子厚所賞，敬宗所譏。徑術闐溢，埃壒紛披，乘軒者過而顰蹙，安步者望而嘔吔。奈何下喬木而入幽谷，豈欲化臭腐以爲神奇？夫百萬買宅，千萬買鄰，此宋季雅之擇仁而處也；書庫池北，琴亭池西，此白居易之適情而賦也。今縱未遑高閈閎，侈牖户，鈞罝舟，射除圃，亦可列別墅于右丞，割小園於開府。冬無峭寒，夏無煩暑，庶幾邯鄲不失其故步也。奚必傲林處士之所不能，犯楚大夫之所深惡哉？」主人曰：「水至清則無魚，人知足則不辱。走者無翼，飛者無角。山澤納汙，聖賢諧俗。老聃同塵，卞和守璞。誠不能市良田，營美禄，同仲長統之恣其所欲。余之居此有年矣。昔丹其顔，今白其顛。考志乘之所載述，耆舊之緒言：其東，宋有船官之廨，時則施知言樞實守是職，故詩以《橫舟》編集焉；其西，明有方伯之里，時則應太室朝玉實營斯第，故衖尚澆花存蹟焉；南則應丈叔雅澧菟裘是守，舊第易主留室如斗，書摹松雪，詩亦富有，乃祖乃父，壽臻耆耇；北則陸丈古漁夢熊遺有舊業，詞雄而肆，源瀉三峽，潛德不曜，干將韜匣，游半天下，近乃苕霅；又北，則張丈訒齋姚成宅相兆祥，連收科第，薇省迴翔，文衡屢司，發舒所長，校士一録，流譽湖湘；又北，則許丈小范學范祖基延慶，作宰清廉，後昆鼎盛，五代堂開，一品集訂，簪纓之華，冠冕全郡。而余是宅，介乎其間。伊昔俞丈理究心簡編，於詩、書、畫三絶擅全，此其恒産，因災而遷。余父營此，愛鄰水邊。及余旁拓，勿華勿妍。起瓜廬於左側，闢蔬畦於右偏。斯誠大騩所鄙而不遊，豪士邈而不眡乎！然而是居固西林吴穎芳、松屏余大觀、春渚何琪、秋子項墉、鐵生奚岡諸老所盤桓而談經評史也，繼又簡松張雲璈、鷗盟嚴杰、壽莽葉之田、闇齋龔麗正、選樓汪家禧、曼生陳鴻壽、琴隖屠倬、小米汪遠孫諸子所過從而敦詩説禮也。六十年來，文采風流萃於是矣，客何獨以地穢相誚邪？噫嘻！哲人雖亡，故居可攷。

敢存鄙夷，時殷則傚。信乎十室之邑，必有忠信；十步之澤，必有香草。承學則家爲儒宗，砥行則人爲師表。方氣洽乎芳荃，何腥聞乎腐鮑。且夫涼軒燠館，連闥洞房，綺疏雕櫳，刮垢磨光，安宅而居者，命也；蓬户早困，蔗田晚收，置身通衢，附名清流，卜宅而居者，運也。運命不可妄干，鬼將子室之瞰，人將子室之尤。是故梓澤之歌舞未歇，而寵姬墜樓矣；平泉之草木方長，而太尉貶崖州矣；南園之賓客正盛，而太師函首傳驛矣。近市不改晏嬰之樂，環堵不增老萊之憂。而傳載表爲高士，功烈顯於諸侯。一彼一此，孰恩孰讐？良由枯與菀之所集各異，田與心之所糞不相侔也。而欲希富貴之儻來，占身名之並泰，不亦悖乎？若夫厠牏滌而家萬石，竹木貯而位三公，其人皆處溷濁，親奥渫，克卑厥功。以視許史之赫盷，嵇阮之高抗，胥無足蔕芥乎胸中？然則彈冠振衣抱潔癖者，非盡名流；胼手胝足趨下風者，或通治具。斲輪陳諫而齊桓納，操鏝進説而昌黎許。未聞因其業，鄙其人，而望望然去之。矧數椽之老屋，乃先人之敝廬。羣從子姓，同巷共閭。黄卷千帙，流輝座隅；青楊一本，分蔭階除。洵無忝芝蘭之室，乃轉以爲辱在泥塗。客殆見夫汶汶者衆，皎皎者汙，愍我身之察察，謀寘我於夏屋之渠渠。是猶强麇鹿而被以文繡，恐爲争道之擔夫所揶揄也。」』孟紳比部繼主崇文講席者亦數年，有《聽香齋詩文集》。比部弟次瑶孝廉琨，長于經學，嘗輯《武林坊巷志》若干卷，庚申殉難。三弟季權琮，諸生，工詞章，辛酉之亂，與比部公哲嗣積甫茂才慶曾及其子耀曾同殉焉。今則琴書散落，老屋荒涼，回首清芬，不勝喬木故家之感云。

沈玉屏菊人

沈玉屏，名紹湘，字冰篁，會稽諸生，僑籍仁和。以先世家越居玉屏山，故自號玉屏。以遷居武林之東青巷，故名其詩集曰《東青草堂》。少與其弟菊人從沈耕寸先生受經，長而客游，無所遇，歸爲童子師。酸齏脱粟，敗屋頹垣，而晨夕吟咏不少輟。嘗贈胡葑唐《移居》云：『杞堪却病應留子，蕉可供書定乞苗。』《客中》云：『三餐魚缺羞彈鋏，一個錢無倦探囊。稚子老妻衣典盡，遥憐此日葛衫涼。』菊人名萌，字遇春，少穎悟，總角能屬文，性落脱，不治生產，以酒成疾，年僅三十。兄玉屏于蠹書塵壁間，輯其遺篇，彙爲一帙。其《送朱朗齋之閩》云：『蓑影一舟江上雨，春寒幾夜夢中身。』《黄葉》云：『前朝寺廢詩猶在，絶塞霜寒怨未埋。』皆可誦也。

庾園

東城庾園，厲徵君《雜記》載之詳矣。數易厥主，最後歸沈蓮叔都轉拱辰。疏葺改築，仍舊者七，易名者三。踵沈氏之宗風，續斯園之嘉話，徵歌紀勝，一時稱盛。金亚伯廷尉應麟《豸華堂文鈔》有《記》云：

萬苔宿露，小峰凹雲。清漪之波，逐魚而度橋趾；翠靄之篁，喧雀而摇屋角。塵滓自遠，無俟邃嶺；暑囂勿生，直擬仙窟。吾友都轉，用此怡志，速朋五六，列肴八九。鸐丹豹元，屏腥空厨；山膚水菹，招香滿几。相與攤長卷，製短章，博咨遺聞，仍曰庾園。奇石玲瓏，識彼北宋；飛樓沃蕩，志夫東城。采香巖之故章，敦吴興之譜誼。百泓疏泉，一笏補卉。完芳庾公，匪特曠達。夫悟齊物者，等有亡於一致；善適情者，夷得失於同時。楚王之弓，致彼哂笑；鄭郊之璞，遂至蒙恥。平泉辛夷，詎厓山之可守；宋公故囿，豈開府之能望？故筍將所到，江湖足據；瞳神之經，水石皆我。興盡而返，不必鑑湖之賜；途窮則止，何待袁渴之券。今之作者，事不師古。築室而垩，直書鏡機。因樹爲巢，冠以冲漠。蠟屐之士，惑其姓名；駒隙之久，爰入糞壤。以視吾友，淵乎雲土。因憶申歲，擊汰雙橋。訪瞻園之紅藕，問包嶺之紫桃。寒石雲耳，杳矣無諮；醫士桑葦，寥焉數什。載酒斯園，用感今昔。』

同時張仲甫舍人應昌，譜《北雙調》：

《新水令》互雙虹縈抱，艮山河把錢塘秀瀾深鎖。門前帆聚，錦花外巷鳴珂。柳岸桃波，更藏著好樓臺，舊樽座。

《駐馬聽》想當日艮石嵯峨，包氏園中峰影墜。林居帖妥。庾公樓畔翠陰多，飛梯複閣錦交梭。蘢紅蘿緑，花圍裏雲片朵。玲瓏擎起芙蓉萼。

《沈醉東風》者一答，亭揖翠金霏月柯；那一答，瀑飛虹玉濺春莎。者一答，向樵城鄭草鋤；那一答，對林雪羲窗卧。更東軒西圃婆娑，縱紀勝雙園，筆管呵寫不盡，琳瑯唱和。

《雁兒落》又幾度田居樂府，哦，不覺的世事滄桑過。消磨了山園負郭寬，冷落了喬木參天大。

《得勝令》呀，到今日松菊舊槃阿，却原是獨寐永言歌。喜得他楚圍弓歸主，又見那陶家逕闢蘿。摩抄指點，是朱夏詞人坐騰挪，疏築個雕橋安樂窩。

《川撥棹》開一道徑逶迤，畫闌干亚字羅。藻棟峩峩，月地雲坡。羽佩傞傞，蝶舞鸎歌。圖畫成青鋪绿瑣，儘嘉客醉顏酡。

《折桂令》入芳園，亭樹陂陀。放進那明月清風，芟除那苔網蓬科。飄颻得松鬣毵毵，栽種些新篁碎瑣，點染的翠石嵾嵯。繞欄毞香霏露朵，拓池塘皺起春波。峰擁青螺，草長金蛾，安箇書窗，結箇詩窠。

《離亭宴带歇拍煞》恁鹽梅鼎，商巖佐，暫煙霞水木東山卧。敞名園，飛蓋重過。瓊筵開月，榭觴銅鉢。擊詞壇令，畫燭秉宵遊火，買村鄰真須百萬將改邱壑。不用千金做舊，琴樽料量園課。從今後，者便是午橋莊，者便是平泉墅，者便是鴟夷舸。鶯從暖谷遷，燕向雕梁賀。唱幾聲《漁父詞》，野老志和。二百年管領故園春，者佳話，補東城記中可。

倪烈婦

烈婦墓在西泠橋之北，標立崇坊曰『節烈』。河清趙次閑之琛題聯云：『碧水泠銀瓶，祠近岳家追孝媛；青山標石碣，墓鄰孫氏聚貞魂。』曹曹村德馨傳曰：『烈婦王氏，仁和通甫女也。年十七，嫁東里倪德昌，三月而寡。謹事舅姑，八年不衰。一夕，舅姑語以年少無子，家且貧，欲嫁之。烈婦泣曰：「夫亡不即死者，以舅姑在也。願晝夜貼錫以養。」既而舅姑陰納聘，行有期矣。先一日，乃告之。烈婦佯諾，即晚檢背子一、耳環二以與姑，曰：是猶足爲數日奉者。夜半門啟，失婦所在。遲明父至，述夫婦同夢女歸，以死告，且謂上帝命爲河神，無苦也。方共駭訝，傳太平橋河有屍覆水，被髮蒙面銜口中，上下衣密縫，視之乃婦也。時道光八年四月十二日事。河清三日，里人具狀至「翁姑逼嫁」字，燈如豆，乃易「逼」作「勸」。九年，詔旌其門。』高古民錫恩贊曰：『猗歟烈婦，千古光昭。身棲蓬户，氣薄雲霄。所天既亡，子職代操。茹苦八載，沈淵一朝。河水爲清，悲風怒號。帝授厥職，神揚素旄。扁表峩峩，葛嶺比高。吴祠孫墓，芳德同標。』

《匣劍集跋》

王喬《嵩年文集·戴斐男匣劍集跋》云：『余初不識斐男，庚午秋，毛子季良讀書古華藏寺，余過訪焉。夜月横河，松陰瑣碎，聞門外剥啄聲，問之，則斐男也。岸幘短衣，軒軒霞舉，各道平日愛慕意，相見恨晚。因與余論詩，大旨以唐爲法，以杜爲宗，遂即事題句曰：「老樹披星立，僧房帶月敲。」蒼老真樸，不異《浣花集》中語。是日訂交，余兩人歡甚，而季良且自誇得斐男之早而笑余之瞠乎後也。繼又攜其《蜀遊草》及家居雜著示余，性靈發越，魄力雄健，非蚓竅蠅聲比。余乃悟作詩之道，當取法乎上，於是以斐男爲師。迨余與季良先後歸鹽官，雲分星散，西望赭山外，輒爲惘惘然。一葉浮來，即舉杯相對，各誦别後新詩。當良友敘闊情致，回憶十年前，泠泠數聲磬，助人清嘯。至夜分燭盡，借琉璃佛火，坐蒲團上，啜茗長話。此時此景，輒復相似。獨恨余學詩二十載，未窺堂奥，而斐男揣摩，漸入老境。斐男雖不余棄，而余之於斐男實滋愧焉。今年春，撮其所作者十之三，梓以行世。屬余爲之序，因書數言於後，以見我兩人之交如此。書畢以告，季良亦曰唯唯。至其詩之神似工部，含鉒發硎，如豐城之氣，上射斗牛，世間不少張華，必有識匣中之劍者。』

杳然深處

錢塘沈大林明經映桂著《香粟齋詩鈔》，有云：『予家東城之偏。其地有南園，多古寺。城根一溪，發源報國寺左，幾經委折而入。祇園疏籬叢竹，映帶左右。當春水初生，細流清駛，落花浮於其上，往往不知所之也。余因取太白詩「别有天地非人間」之意，而名之曰「杳然深處」，並賦詩索和焉：「才倚城根度石杠，四圍旋聽水淙淙。延緣直欲通幽徑，屈曲真宜泛短艭。花落溪頭常傍草，竹穿籬外似遮窗。山林氣味原非俗，車馬休驚隔澗厖。」「杳杳桃源帶佛庵，漁郎初到路難諳。半彎流去紅塵隔，一道分來碧影涵。秋雨細看浮荇藻，春城時聽叫鳩鵨。閒心尚憶青蓮句，天地須從寂處探。」』

《孝義無礙庵記》

蓮池禪師，少與予同業黌校，予登仕，禪師出家，爲嘉靖乙丑。禪師夙志方外，以二尊人在，不敢離。既先後歲雙失怙恃，將力酬所願。而室人湯氏，年纔一十有九，前兒傷亡，憶予輿之規，疑未決。已而念風燈石火，時不我延，遂疾從薙染。湯處室齋戒禪誦，與其母偕，母尋故，孑然煢居。宗人議後以三姪文彬，無何，湯亦脱簪珥爲尼僧，召文彬謂曰：『兹無所事，後不後我固無害，彼生而養，死而服，而殯，而祭，世法也。吾學佛，存資鉢衲，殁歸闍維耳，夫何求哉？』因舉所有田廬，普給羣姪。於文彬，低昂之，而别以居屬文彬也。從隣僦舍，繩樞蓬門，夕燈晨香，閴如也。嘉禾朱公子衷純追厥先大夫銀臺虞葑先生遺意，首事構庵，而予與一時宰官、居士、比邱某某從臾焉，累百金買趙氏故宅。宅苦隘水，文學施旁屋一楹附益之。又歲久，頹圮幾盡，衆相與施材，緇侶之能匠石杇墁畚鍤者，相與施工施力。中爲禪堂，鑿井于左廡，餘垣、軒、厨、湢略備而已。予惟禪師無子，無留資，無素所憑依故舊親戚僚友。湯以年少婦獨御家政，伶仃苦辛，多歷年所如一朝。及其分田割廬，皆出本懷，亦難矣。諸上善人憐而庵之，義舉也。舉於義，則十方常住業也。後清信女展轉相續，焚修於此庵，遠爲二尊人莊嚴報上，又孝思之道也。按《府志》：菜市橋西，有古無礙庵，其後漸没，入於民家。徙而北里之耆氓告予，以此地正庵之舊址。久湮忽興，殆天意非人力。而義以孝不虛，孝以義不泯。若交相成而不相悖，乃沿古證今，合而顔之曰『孝義無礙庵』。沈氏子孫尚其念之、護之，以無忘孝義，永爲人天。福田流慶淵淵，後必有昌大其門閭者。湯法諱袾錦，暨禪師同師關中南五臺性天和尚，遡禪師出家，逾四十稔，蓋行年五十九而庵成。時萬曆三十四年歲次丙午上元日，賜進士出身資善大夫、都察院右都御史、前兵部左侍郎、出征外國加一品服、邑人宋應昌撰。

今碑爲梁文莊補書重刻，且有後記曰：『孝義無礙菴者，明蓮池沈大師之室人湯諱袾錦女師焚修之所也。女師以沖年秉志，白首全歸。其閈躬井臼，奉祭祀，立繼嗣，供庶姑，事寡母，於人世之所謂孝與義，亦云盡矣。其後卒從佛氏法，爲比邱尼。凡沈氏之寸椽尺土，不敢或私焉，盡舉而歸諸沈氏之子姪。當時鄉邑士庶，歆其孝義，爲建庵於舊居之北，世俗所稱「沈庵」者是也。郡人宋應昌爲之記，迄今幾二百年。梵宇金容，晨鐘暮鼓，與雲棲法會剎竿相望也。乾隆十三年五月初七日，庵鄰不戒於火，一時善男信女，咸捨資財鼎新而落成之。以舊刻之剥蝕也，于是石屏長者爲具碑材，復模勒宋記於上，而囑余續書其重建之年月焉。余惟成住空壞，歷劫有然，或絶或續，子孫至不能舉其祖宗者比比矣。獨念佛一門，男宗則有沈師，女宗則有湯師，無著天親，同歸浄土，迄今子子孫孫，咸依正住。要亦龍天之所呵護，而爲在家出家之所宗仰於無窮者也。因爲之贊曰：「三千大千，小劫大劫。一剎那頃，幻住變滅。不動道場，在家出家。孝義俱足，功滿恒沙。惟此浄土，怨親普度。現女人身，自證自悟。雲棲法侶，同一願門。無住而住，圓覺聲聞。海衆皈依，即心即佛。共續勝緣，刊此貞石。」時在乾隆二十八年歲次癸未八月中澣穀旦。賜進士及第、誥授光禄大夫、內廷供奉、經筵日講官起居注、太子少師、東閣大學士兼吏部尚書、翰林院掌院事務加三級、錢塘梁詩正撰。』

廣覺

《雲棲法彙》有《蓮池大師廣覺傳》云：

沙彌尼廣覺，直隸崇明縣龔氏女。父一夔，別號夢萱，鄉之碩德君子也。母施氏，生覺於萬曆己卯。甫年十二，不茹葷，從妹廣曜者相與習經呪，朝夕禮佛唯謹。自誓貞不字，父母諸宗人難之，多方勸諭不能奪。二十八剃染，明年偕其妹隨仲父至庵。先是，夢萱公語及孝義庵之勝，覺大喜躍，遂委身依止焉。曩覺之在室也，事父母如事師。逮其出家也，事孝義庵主如事父母。精持梵行，純一不雜，遠邇瞻慕。崇明之人因而感化發心者，不可數計。然禀質孱弱，刻心苦躬，勞不自惜，俄得疾。久之却醫藥，一心待盡。夢萱公聞女病，偕母來省，則曰：『吾昔落髮於尼師不愜吾願，乃特蓄周羅而告予曰：最後一結，惟師斷之，佛制也。予允諾。』自是無他語，氣懨懨不絕如綫，忽起正面趺坐曰：『願見庵主。』庵主至，合掌稱謝言別。次爲設彌陀接引尊像，則怡然現笑，凝目諦觀合掌歸命。已而索水盥手，著新浄衣，持數珠端身對佛，如入禪定。侍疾者慮或傾仆，以二枕將左右掖之。揮手云：『無用此。』衆環繞助念，復揮手云：『吾自有主在，毋勞衆也。』跏趺不動，凡二晝夜有奇。微聞念佛聲漸盡，泊然而逝。時萬曆辛亥二月七日，出家六夏，世壽三十有三。袾宏曰：『覺疾甚，諸因覺發心者疑貳欲退，曰：「奈何事佛而不壽？」有解之者直以「回仁且夭，關乎昔緣」。覺獨曰：「吾方以速脱娑婆生浄土爲大幸，奚取於長年？」』嗟乎！人居塵世，如困狴犴，早釋而得歸，與久羈而不返，其苦樂何如？智者了焉，非凡愚所知也。覺以女子身，卓然具如是知見。况臨行偉俊赫奕，風動頑懦，雖耆英宿德，胡以加此。假令算獲期頤而不聞道，壽亦何補？諸發心者，當歡喜感歎，轉增修進矣。因次其始末，以爲紀賢首。

年大將軍鐵槍

鎗凡二，長各八尺有奇，精鐵鍊成，作竹節紋，相傳年大將軍責貶杭州時所捨，以奉火神者。道流置架，卓立神龕左右。咸豐辛酉，兵劫顯真道院，既燬鐵槍，亦失所在。

真如寺貓

郎仁寶瑛《七修類稿》云：『杭州城東真如寺，弘治間，有僧景福，畜一貓。日久馴熟，每出誦經，則以鎖匙付之於貓。回時擊門呼其貓，貓乃含匙出洞交主也。或他人擊門，無聲，或聲非其僧，永不應之。此亦甚異也。』

義　犬

順治八年，清泰門内，有趙姓家富，陳姓家貧，比鄰甚久。趙畜一黑犬，甚愛之，飲食悉與己同。陳每云：『畜豈可以人待之乎？』然陳性貪，垂涎趙資，陰買盜誣攀，置趙於獄。陽爲與之料理，席捲其財。犬則日就陳食，夜歸趙室哀吠，如是半載，趙卒斃于獄，而陳亦偶病。犬日伺其榻，作怒視狀。

陳疑之，令人持梃守門，不令犬入。犬乘間突上陳榻，咋陳立死。家人共持刀殺犬，首墮地，猶嚼齒作格格聲，其身復跳躍數次。鄰里咸歎爲義犬。有藍姓者，捨園地葬於弔橋側。今其塚碑石尚在。載東軒主人《述異記》中。

隱修庵

隱修庵近孔雀園，許周生駕部曾爲道一上人作募，疏文見《鑑止水齋集》，云：『蓋聞聚沙作塔，善因植于來生；把茆蓋頭，出世存乎利物。使其口長挂壁，南泉定致訝驢年；儻教食未展輪，大愚亦何心佛法。是則欲宏勝會，宜啟祇林。白牛之乘未宣，青豆之房先設。是遵古轍，用廣福緣。武林道一上人早負僧才，夙承家學。尊甫斗南居士，淹通四教，該貫五宗。吐言垂無盡之燈，舉手抉不傳之眼。上人晨昏研鍊，微細講求。拄斷草鞵，笑傍家而擔佛；拂開龍就，從瞬目以印心。已通向上之機關，將作人間之舟楫。惟兹隱修庵者，故宋遺坊，福城東際。園鄰孔雀，華香之氣遥聞；界是蓮花，鐘梵之聲相答。雖稍蕪穢，尚易修除；略辦資糧，便充供養。事因舊而非創，不煩布地皆金；功集衆而易成，無異如鍼戴刹。精寮小築，不同法秀之癡；退院粗安，併作浄名之室。以無緣慈，説法是契，通修多羅，用不住相。布施請證，檀波羅密。』

汪次顏

《葵巷志》作『癸巷』，汪次顏居是地，與樊榭徵君友善。徵君嘗敘其遺詩曰：『康熙甲午夏，予偕金君壽門訪次顔，相與定交。次顔居在葵巷之東，門逕幽邃，有藤垂紉，有竹合陰。弦琴讀書其中，意澹如也。其爲人抑然如不勝衣，吶然如不出諸口。具上下古今之識，蟠屈于胸中，不屑突梯閃榆，以求合于時，時亦無知之者。少游稗畦洪先生之門，先生故以詞曲擅名，次顔好爲移宫刻羽之學，不爽分寸。有所作，必上薄風雅而閒涉嘲諧隱語。吾杭元時，若曾瑞卿之《詩酒遺音》、喬夢符之《西湖梧葉兒》、吴中立之《本道齋樂府》、張可久之《蘇隄漁唱》，皆以不能俯仰，隱約玩世，自託於檀痕金縷間。使次顔與之並生，頡頏壇坫，誠可無媿。獨未嘗以詩示人，亦無有知其詩之工者。今年四月，次顔病卒。其子埈奉一緘，泣且拜以告曰：「此先人詩，治命求序于先生者。」諦視封題宛然。發而讀之，則詠蘭長句三十首，涕下交頤，循環咀味，而後知次顔之所存也。夫《楚辭》所引之蘭，王逸注以爲澤蘭，至黄魯直、羅端良始以爲即江南之幽蘭。澤蘭，清膏辟蠹，紉佩貯浴，誠爲有用于世；幽蘭，馥然于深林空谷，夷而與衆草伍，不以無人而不芳。次顔所詠，殆即黄、羅所云之幽蘭，有非澤蘭所得比者。其所存不亦窅然遠耶？度次顔平生所作必夥，其藏在篋衍者，僅止此句律之精深華妙，直闖唐宋人之室，又承瀕危殷勤之言，觸秋風敗叢之感。故不辭而爲之序。』

三忠祠

祠在中正巷，本戴氏聽園，今即其屋爲祠，中祀戴文節熙。文節，字醇士，道光壬辰進士，由贊善擢侍講學士，晉兵部左侍郎。以勞疾乞歸，三品服致仕，時年五十也。越二年，粵匪陷金陵，江浙戒嚴，詔公會大府督辦江浙團練，公力疾從事。乙卯設協防局，乃修城濬濠，練民兵演火器，建礮臺於錢江之上及北新關外。丁巳，餘杭胡萬成作亂，撥兵會官軍剿平之。戊午，會解衢州之圍，以功還二品服。庚申春，公年六十，而杭難作。當局斂兵盡入城，十門皆閉。二月二十七日，省城陷。公於二十九日薄暮，題《絶命詩》四句，整衣冠投池水。事聞，贈尚書銜，予謚文節。弟副貢生戴煦、媳金氏、甥候選訓導王朝榮同殉，均附祀。

東祀馮文介培元。文介，字小亭，道光甲辰一甲第三名進士，授編修，擢侍講。壬子，簡任湖北學政。未至官，升侍講學士。時粤賊圍長沙，道路阻梗，乃慷慨就道。比蒞任而岳州陷。竄漢陽，圍武昌。文介本先遣人迎母就養，至是，乃募縋城者，齎書止母行。十二月初四日城陷，與幕客管柱臣訣曰：『歸報吾母。忠孝不能兩全。』赴署後井死之，年僅四十。被圍時，朝命擢光禄寺卿。殉難事聞，贈侍郎，予謚文介，死事地方及本籍建祠。

西祀俞文節焜。文節，字昆上，嘉慶庚辰進士，由翰林補江西道御史出守河南彰德，擢直隸永定河道，旋改湖南衡永郴桂道，權按察使。因案左遷。比歸，粤禍日熾。咸豐三年，奉旨籌團防，以勞績復官。庚申二月，省城不守。賊及公門，公擊以梃，賊駭走。賊至益衆，遂被害。事聞，予謚文節，詔建專祠。莘莘俎豆，共聚一堂。景仰三賢，可想像從容赴義時也。

繆武烈公祠

祠在昭忠祠西，祀前署鹽運使、金衢嚴道繆梓。梓，江蘇溧陽人，道光戊子舉人，大挑以知縣分浙。咸豐二年，署杭州府同知。時豐江決口，浙漕阻運，梓力主海運之議。陳審海道籌船、載定、經費諸法，請於巡撫黄宗漢，遂以運事委之。適粤匪劉麗川陷上海南匯諸縣，浙西戒嚴。宗漢檄梓赴上海助勦，兼通運道。賊負嵎拒守，梓察城西有四明公所，牆垣高峻，令軍士築礮臺於中，穴牆，燃巨炮擊之，斃賊甚夥。賊出城拒戰，復擊敗之。海運向由上海出洋，至是浙運阻隔。梓訪得劉河口爲海運故道，請疏治以濟。四年春，海運蕆事，得旨以知府留浙。七月，補甯波知府，調署杭州知府。五年正月，海運再竣，以道員補用。三月，官軍復上海，江蘇巡撫吉爾杭阿以梓督兵助勦，疊著戰功，奏賞花翎。尋署杭嘉湖道兼署鹽運使。六年，署按察使。時粵逆石達開自江西撫建窺浙，何桂清以梓諳練兵事，奏駐常山防勦。七年，補金衢嚴道。八年，賊大舉犯浙，號數十萬，越廣豐，陷江山，犯衢州府城。梓督軍自常山回救，燬賊卡二、賊營一，斃賊千餘人，急入城治守具。凡賊圍郡城九十餘日，大小數十戰，掘地道者五，卒不得進。賊遁，敘衢州解圍功賞按察使銜。十年二月，賊由廣德陷浙之安吉、孝豐，間道竄杭州，直偪城下。我軍倉卒守禦。兵既少，外援復久不至。值大雨浹旬，火器不得發，再戰不利。梓督軍清波門，連日露宿城上當賊衝。偵知賊掘地道，急令治内濠，雨甚不得就。越日，雨稍止，方傳令集軍，地雷猝發，城崩十餘丈，賊蟻附而上，各軍皆潰退。梓陷陣殺賊，身被數十創，尚屹立罵賊不止，右足爲賊折始仆。同治八年，浙江巡撫李瀚章疏請照按察使陣亡例，議卹並建專祠，從之，贈太常寺卿銜，入祀昭忠祠。並於死事地方暨本籍建立專祠，予謚武烈。附祀者，守備孫遇龍、五品軍功丁春漢。事見《國史》本傳。

張文貞公祠

張錫庚，字星白，江蘇丹徒人，大學士玉書曾孫也。道光丙申進士，以二甲第一入翰林，擢至左副都御史。博通經史，尤工駢文。咸豐元年，上疏請開博學鴻詞科，以求方聞績學之士，報聞。八年，視學浙江，旋授刑部左侍郎。錫庚嘗曰：『吾所取士，欲其爲儒林傳中人，不欲爲科第表中人。吾豈不爲公門桃李計邪？特不忍文章經術之才，自吾失之也。』十一年夏，金華不守，甯、紹繼陷，杭州岌岌危甚。時代者爲國子監祭酒吴保泰，未至。或勸錫庚歸印於巡撫而移疾去，錫庚不可。賊圍城，大吏分門守禦，錫庚亦日夜出巡城，衣不解帶。城中糧匱無所得米，煮豆以食，繼之以土。食土一日，腹大泄，不得出户。候補道某知其困也，饋米一石，米未罄而城陷。或勸曰：『公盍微服出城，間道達上海入都自陳？即獲咎，非守土責，無重譴。』錫庚曰：『吾大臣也，不可以辱國。且吾年逾六十，官階二品，尚何求乎！』遂自縊於聽事。賊入署，歎曰：『忠臣也。』棺斂而出之城外。時咸豐十一年十一月二十八日，年六十一。杭人某，竊其柩至上海，江蘇巡撫薛焕爲易棺。成禮時逾二月，面如生。祠在昭忠祠右。同治十年，奉旨建祠，予諡文貞。其長子直隸候補知縣恩然、妾王氏、媳戴氏、孫女大姑同時隨殉，均附祀。學使丹徒丁公紹周題額曰『節永湖山』，聯曰：『小劫歷紅羊，後十三年視學來游，看兒婦銜哀，薦兹一盞丹漿，拜公祠宇；貞心昭青史，閲二百載易名相襲，歎祖孫濟美，留取千秋碧血，壯我江鄉。』

藏銀徙處

忠清里南，地名醬園衖，有陳紅花者，延一蒙師某，十餘年歲得館資，必藏其半於瓶，埋床下，約三十金。一年，得上半歲館資，發覆藏之，但有空穴而無瓶，憂怖甚切而不敢言。俟夜秉燭照之，見床側一隙，旁穿甚深，不可物色。不得已吐實，主翁發床破壁，尋迹鋤索之，遍二室不得。外爲鄰家，不肯發而止。蒙師竟憂死。事載馮開之《快雪堂漫録》。今醬園衖内，有中城福院神，奉宋殿司小校施公全，俗稱醬園土地云。

曹碧瑛墓

宋光宗宫人曹碧瑛，葬東城報國寺側，許氏壽柏堂古柏之外。咸豐間，嘗降乩云：『丹楓烏柏影蕭蕭，山外晴虹駕綵橋。雲不歸來無夜雨，牆陰閒煞老芭蕉。』後許杏書筆録其詩眎同人。魏滋伯和云：

柏森香葉宿鸞凰，瘞玉幽宫黯夕陽。留此一坏幹浄土，願教終古伴空王。

珠簾輕揭柳風和，縷玉詩牌記手摩。合與水仙同薦菊，寒泉一琖配官哥。

評詩風落紙如飛，臨石經書筆法依。親滌水巖眉子硯，銅蟾淚滴到淬妃。

荏苒春光近采茶，城東詩境最幽遐。仙娥莫起滄桑感，一任冬青自落花。

景隆八發

景隆觀在版兒巷北，厲徵君《雜記》如《劍石銘》《如此江山亭詩卷》，悉藏觀中，已足令人長思。今檢《七修類稿》，嘉靖癸亥，杭因祈雨，府差景隆道士往富陽龍門山取龍。去縣幾百里，山路崎嶇，荆棘叢密，衣體俱爲損傷，至則本地鄉民亦爲求雨澤，潭中已得一蛙，供于廟矣。道士焚牒拜潭，亦得四蝦一蛙，置甕以行。途間辛苦，不免與同事者怨。以爲一蛙而費苦錢糧人役如此，至杭無雨，可煮食之。頃刻雷雨交作，淋漓遍體，咫尺不可辨也。晚視甕中二物，無一存，駭然，只得仍到龍潭拜求。廟僧曰：『勢不可得矣。』復又懼以官法，僧不得已，供蛙與之。至杭，果得雨。將送還潭，視之甕中又無矣。可見當日道士自有異術。郎仁寶居與觀近，曾與王蔭伯讀書觀中，《類稿》載有《景隆八發》，頗資解頤。文曰：

少同王蔭伯讀書景隆。久之，閲事命名，王述其義，遂名『景隆八發』。蓋以可發笑者，八事耳。然其辭隨義抑揚，譏誚道士，以爲戲謔之音，以發其懽愉憤歎之志。客過而笑曰：『君子遊心如是哉！』有勃然色變者曰：『果王者無戲言乎！』王因告其虛車無庸，覆瓿將來。予病時文而假之鳴，豈知召釁起怒、文之害也歟？當投之水火。予則曰：『彼哉笑之者也，癡人前不得説夢。其怒之者乎，所謂不笑，則罵之是矣。且枚生《七發》，以無爲有君之《八發》，假有成無，是皆注玄思於筆端[四]，闡才華於漢藻，所謂文者也。忍棄之耶？』去年過姑蘇，與都南濠論賓戲等文，因誦以質，以告其客尤之情。都曰：『其諸作之苗裔乎？其騷人發憤之言乎？其子雲譎怪之意乎？』復喟曰：『文雖近狎，義則通微。毛穎初成，裴晉公亦以爲不可。以文爲戲，文之妙者也。爲我寄王子。』又曰：『事因戲警，名以文傳，景隆道士之幸也。安知不猶佛印之傳哉？』時道士聞之，請予述其顛末，并録《八發》爲珠庭勸。遂書《無拘殿賦》：

黄冠不浄，寶殿無拘。睠三清之幽境，爲百戲之所都。藏鬮探帖，打馬投壺。博錢者錯處，抹牌者同區。裩兮不冠，拳兮無襦。或歌或舞，或笑或呼。或箕踞於前楹，或尸寢於後厨。斯則平日之所爲也。若夫朱夏司權，溽暑當塗。招摇市井，和以屠沽。抱長席而至止，泛短水之醍醐。爾乃以瓦爲枕，以棺爲鋪。逍遥乎風凉，從容乎日晡。忽聞嘯於梁上，弄傀儡於東隅者也。至於萬物告成，三冬來輸。無門不掩，有牆可踰。官府兮爲堆鹽之所，鄰舍兮爲過米之衢。噫嘻！嗚呼！名雖蕭散，實則污瀦。蓋無傷於道士，空見笑於吾儒。

《大笑堂記》：

《老子》曰：『不笑不足以爲道。』《韓子》曰：『小笑之則小悦，大笑之則大悦。』蓋莫貴於笑，亦莫貴於大笑矣。有道士景隆，居人好謔之。構室焉高而不剩，密而不狹，輕而不露，以娛賓客，故又謂之堂。然至其堂者，莫不有笑焉。啜其茶則破悶，飲其酒則解酲，對其食則噴案。他日，有客持觴過從，尸而祝之，把落其髯。余曰：『此所謂樂然後笑者也。』衆以爲笑。酒酣，縛而笞之，罵曰：『狗道士！』余曰：『以竹鞭犬，真可謂笑矣。』衆乃大笑。遂爲之記。

《銷鉛井銘》：

銀壙之傍，銀壙，厠也，資以用，故名。米樹之下，米樹，桑也，藉以食，故名。有井焉。井之西，隙地丈餘，可容三五道士。嘗具飲，洗番鉛之琖，錫飲器也。列哥窰之盤。碎裂器也。果則蘇州之核，鹽豉也。蔬則楗橋之笱。蘆菔也。客有善爲酒戲者，飲一杯，則下其琖井中以爲樂。郡治西湖，爲杭民之勝賞，故錢帛咸於湖費焉。因號曰『銷金鍋』。余謂茲井曰：『銷鉛，可也。』復銘之曰：『井之泉，清且涼。井上之客，迂且狂。嗚呼，釀井之水兮其毋長。』

《叱石壇誌》：

叱石壇者，牧羊之場也。景隆之觀，有廣除焉，巋然而高，坦然而夷。承殿之址，若壇之形。道士好殖羊，羊之生羣於其地。走而若愛之，聚而若毆之，飽焉而卧以嬉，壯者魁而澤，瘠者瘏而瘦，乳者小而圓，老者昂而峭，尫者俯而伏，望之纍纍然白石之奇塊也，叱而起，則羊焉。道士，初平之流也，故擬而名之。他日客至其廬，見其羹焉，曰：『羊耶！羊耶！而狗口是落耶！』道士曰：『是石也。』客曰：『汝叱石不休，必聞於冥道。且鎔鐵灌汝腸，腸其爛矣，甯石羹乎！』道士懼，明日石盡徙，壇復如故云。

《轉身路辭》：

景隆之路法盤谷，窈而深兮往而復。如行羊腸在平陸，繚繞縈紆穿九曲。長蛇深蟄寒蛟縮，欲走嗟如縛在足。規行矩步如有束，乍向東趨又朝北。一身宛轉回顧多，番使頭圓脚步蹉。黄昏月黑不可過，雙手捫壁空摩挲。又似盤庚《石鼓歌》，一句佶屈牙相磨。道士道士可奈何，願君後世爲田螺。

《警夢樓説》：

無名子夜讀書景隆之岑樓，夢游華胥，瓊宫玉宇，神君仙人遨而嬉焉。忽砉然而悟曰：『是非響屧廊耶，將西子之魂徑行過也？何其聲之砉也？』審而視之，童子執燭而來也。復就寢，夢化蝴蝶，夭桃冶杏，泠豔濃馥，栩而揚焉。忽轟而醒曰：『是非黄鶴樓耶，將謫仙之靈來槌碎也？何其聲之轟也？』諦而觀之，道人煮茶而至也。明日驗其樓，前履則版軒而後，右行則版輊而左。乃砉而歌曰：『咄！斯樓版胡磞砰些，截道人頭有釘些！』道士懼。無名子曰：『古有警枕，是余之願也。勿輯。』

《煉藥鑪贊》：

昔林君復隱於孤山，以梅爲妻，以鶴爲子；道士孑棲於景隆，以酒爲妻，以狗爲子。故其消煩滌妄，能守其教者，凡以酒也。是酒在吾儒，則爲狂藥；在道士，乃長生藥也。名其爐曰煉藥爐，斯爲稱情。贊曰：『其寒不冰，其炎不争，其高不亢，其滿不盈。消磨火性，出入風情。遠而覵之，若仙翁之丹竈；迫而察之，乃障愁之長城。青樓珠箔，能墮於天際；琅函玉笈，能守乎至誠。不知者，以爲陷人之地；知者，以爲葬道士之坑也歟！』

《方便樹頌》：

宫中塗厠，苦而難入。荒穢不治，惟民所止。何陋如之，如惡惡臭。天乃降祥，惟隰有桑。方便之路，黄絹幼婦。繞樹三匝，或得其桶。矢聲鏗鏗，聲在樹間叶中。苟求其故，不見其處。

右九文，惟序余成，餘皆王作也。王名一槐，今爲員外云。

城東三異

《快雪堂漫録》載：虞長孺舊住城東，近長河頭。一日莫行，從河邊過，相去數十步，有黑氣從地滚，長孺適有一急事赴友人約，見此不敢前進。須臾，黑氣從下而上，湧入一樓屋角，方得達友人家，因留宿不歸。明旦，過之，其家夜喪一婦。又長孺舍後，有一空樓，夏月，卧簟看書，時正停午，見梯壁間，有一婦人影，短髮婆娑，佇立不動。初疑爲家婢，往梯上探之，寂然無人。復卧，影如故。始悟爲鬼物，執卷擊之，影應聲滅。自後登樓，不復見矣。又長孺家一僕，名永富，持齋數年。乙酉歲，從入京，將至宿遷，忽想開葷，謂同寢僕曰：『吾聞比邱有病，許食石首魚四兩。吾今病，欲得比例可乎？』僕畏因果，再三語之，終不應。其明日買疏菜飽食，謂諸人曰：『辭素。』忽出官倉篷，轉脚墮水。諸僕聞其語曰：『我不識水。』又曰：『我是喫素的。』水急，竟不救。船至張家灣前，同寢僕忽病，夢永富索葷食甚，遂欲死。買肉設祭，勿藥而愈。丙戌春，長孺聞艱歸，過其墮水處，四顧無人，忽有犬赴水，欲上船。家人以版接之，摇尾相向，甚熟。同寢僕呼：『永富，我與爾同寢。』遂夜夜就之，惟食肉與骨。至家，月餘死。

《鶴巢讌集·琴臺賞雨》

庚寅八月二十六日，春漪招集鶴巢，周覽園亭之勝，各賦五言律詩二首。

杭世駿：

小築依城迴，佳尋擇地寬。入門花照眼，浴澗鶴梳翰。飛翠沾衣袂，清陰罩石壇。杖藜隨步遠，幸不到秋殘。

石磴疏寮接，登樓碧漢迢。竹深無俗響，岫近露清標。雲洞安琴薦，山榼挂酒瓢。衰年耽野興，涼夢落今宵。

翟灝：

珍重尋詩約，良園整屐從。閉門延野趣，照檻出秋容。石格枯槎瘦，花香暗麝濃。莎坪欹坐暖，吟思浩吾胸。

記昔牽曹至，櫻桃花正鮮。風光驚暗易，霜信又新傳。杖履逢前輩，琴樽入暮年。殷勤主人意，有酒且陶然。

倪一擎：

不亚平泉勝，清游侍杖藜。花繁陰照檻，石古客留題。野趣延秋爽，風聲雜鳥嗁。幽人勤剥啄，雅足稱幽棲。

尺咫居方近，招邀記亦曾。每耽文字飲，不厭往來朋。市隱甘初服，詩才得上乘。一時成好會，二老合重稱。

黄模：

煙蘿半掩扉，簾閣坐清輝。日氣花交午，秋聲樹合圍。扶闌容鶴步，壘石待雲歸。只合逃名士，流觀長道機。

先生隱東郭，老子過南樓。茶竈筆床外，小山叢桂秋。一尊開笑語，羣季接風流。獨至留賓在，幽情倡復酬。

黄基：

兄也多佳客，招之來别廬。入門所見换，闢徑有誰如。花葉李公圃，林泉輞口居。秋芳隨桂後，一笑錦屏舒。

二老風流劇，羣賢少長并。衣冠成小隊，觴詠敘幽情。蠹走叢書檢，鴉歸暮靄生。茱萸重九會，許我再隨行。

姚思勤：

清曠雲卿閣，蕭閒蜨叟齋。敢云佳境埒，差有素心諧。索句憑花檻，銜杯坐石厓。秋風塵不到，詩酒豁襟懷。

俊賞推前輩，騷壇足雅型。如何雙鶴杳，時雪廬、筠洲不至。遠望數峰青。談麈欣同握，吟笻肯再停。幽禽解留客，喧語下莎汀。

陳嵇：

庾信小園賦，杜陵秋興詩。清才容跌宕，勝地失追隨。香靄庭應滿，筠廊席自移。平生有幽意，惆悵好花期。

每憶名園好，曾攜俊侣過。雜花開幾許，野竹瘦如何。素壁詩牌换，涼秋酒户多。塵勞誰似我，幽賞笑蹉跎。

宋永：

折簡煩君召，攜尊笑我慳。竟遲雙屐到，難得一秋閒。秀倚窗前竹，晴堆郭外山。似聞恣眺賞，日夕未曾還。

松吹有清響，棠郇多美陰。風流今鮑謝，唱和此園林。坐愛烏皮擁，詩工白雪吟。他時高會續，預擬暢追尋。

竹嶼姚翁結廬於東園之東，而規其旁以爲圃，名曰鶴巢。翁之從孫春漪，讀書其中。杭丈堇浦、翟君晴江嘗過之觴吟焉。一時諸君，斐然有作，遂成雅集。余與春漪無半面識，因介友人丁松老持册示余，乞書長卷入石。余惟近時帬屐少年，自命風雅，以蚍蜉撼樹者，往往而是。獨諸君於老輩風流，景企不置，雖一日之集，有餘慕焉，其用意良厚矣。余故樂副其請。乾隆甲午上巳，山舟梁同書書并記。石刻至今尚存。

又見平湖黄鶴樓金臺《琴臺賞雨序》云：『琴臺者，在武林艮山門内，蓋姚春漪孝廉之墅，嘗與吴穀人祭酒談藝於此者也。當日者，地闢三弓，廊迴十步。一拳石古，半壁池清。蘭芳逼人，竹曉催鳥。紅飛蕉鼠，绿戲荷魚。棋聲敲雪屋之鐙，詩興發風樓之笛。博山睡鴨，香爐繞煙；芳草鬬雞，酒缸滴露。此林亭之勝槩，可想像而知焉。壬辰秋仲，余與顧子榕屏同寓斯園時，則梧葉墜階，棗花堆屋，槐青月淡，藕白風香。羣螢夜流，一蝶朝舞，頭飄黄霰，脚跂绿雲。顧子乃集良朋，設芳讌，揮玉如意，浮金屈卮。幾費杖頭，嘉肴適口；勿勞屐齒，好景盈眸。絶無孟祖之叫囂，饒有深源之談詠。尤奇者，旱經一月，田坼千疇，適當北海筵開，忽爾西山雨至。驪龍睡醒，鼓大地之風雷；孤鶩飛還，带漫天之雲霧。銀湍亂灑，珠沫横衝，樹停蟬聲，牆滿蚓跡。脱帽而十分秋意，披襟而一味涼情。把盞高歌，却喜魚鱗盡活；停杯遥盼，尚驚馬鬛騰空。此足以興傲七賢，歡踰四美者矣。然而聚散靡常，合離無定。回憶春漪、穀人諸君，花邊握臂，松下掀髯，倚闌聽雲，傍牖讀月。去泛西湖之艇，閒共鷗盟；歸攜北郭之樽，醉尋鶯語。燭刻三寸，鉢催一聲。序王裴輞水之詩，成皮陸松陵之集。乃未幾而庭空燕泣，砌斷蛩悲，薇瘦紅欹，柳低碧軃。酒壚重過，嗣宗已作古人；琴曲乍終，子期久爲異物。宋祁客去，不見名流；杜佑亭存，復來我輩。惟秋興最宜客子，況甘霖欣謝天公。盍灑狼毫，述斯佳話；再須鷺絹，繪厥良游。顧子曰：「然。」於是同人各撰一詩，方子春作記，而推余爲之序。』

周南卿

周三燮，字南卿，號笑生，錢唐人。道光庚寅，郡歲貢，有《抱玉堂集》。少年跌宕，屢躓棘闈，齎素懷鉛，翱游幕府，最爲蔣相國攸銛、曾中丞燠所賞。性喜彝鼎字畫，嗜好所觸，不惜豐價求之。所蓄前明書家金箋聚頭扇，亦多至二百柄。修羊所入，半耗于是，故以貧終其身。問其家人，言死後魂魄，尚戀戀不忘，至見夢於其子，可謂文人結習矣。南卿居馬婆巷，其《移居倡和詩》云：

秋水堂空八景殘，曾王父鐵士先生住東青巷，有《秋水堂八景》詩。書生家世本清寒。神從墮地當門苦，仙未昇天拔宅難。將恐打頭無可卧，但求容膝已爲安。連雲甲第多豪貴，不值圬傭冷眼看。

何處能容骯髒身，三重茅足庇勞人。琴書雖少終爲富，花草無多却稱貧。頗媿焦先能露處，祇愁杜老又風塵。年年如願呼難得，初備黄羊祭竈神。

五架三間兩版門，馬婆舊巷傍城根。展來金碧徵圖畫，看到姚黄慮子孫。石丈貌奇宜拜笏，雪兒歌近好開尊。西泠柴老思先雅，對宇何期屋尚存。對門即柴省軒先生故居。

家住錢塘東復東，柳雲梨雪想春風。休猜我入鳴珂里，龔闇齋觀察、程伊湄編修住址相近，人每舉以問訊。暫免人嘲鍜錫公。司馬園方營獨樂，屋右即皋園，時章丈桐門相國將營別業。元龍樓却倚高空。與陳六秋宇同居。草堂貲感諸君寄，畢竟三遷抵一窮。余自打豬巷，復張紗衕，至此已三易其居矣。

一時，和者有吴仲雲、殳積堂、章桐門、蘇子齋、周芸臯、沈聽篁、屠琴塢、吴滋伯、黄薌泉、費新橋、邵魚竹、吴西穀十九人。今真跡尚存，余曾獲覩。往復披吟，足爲城東職掌也已。

啞僧忽言

錢唐吴寶崖陳玹《曠園雜志》：『杭城長明寺啞僧，苦行食力，日擔經箱，隨寺僧至人家作佛事。每值法師施食，啞僧輒禮佛，竟夜不倦。不數年，忽能言，且識字。朗誦佛經，若夙習者。然實至誠所感也。』

青雨

孝慈庵，順治初創於周氏，《東城雜記》言之詳矣。自俍亭禪師而後，首推青雨，一時文人學士如夏松如、章次白、張仲甫，咸結納焉。松如《留餘堂詩鈔·青雨上人達宣招集城東半畝居》云：『半畝居真傲澗槃，阿師招我共清歡。幾番高詠到白社，二月春風開玉蘭。堞抱艮山新築翠，池涵定水自凝寒。慈悲漫指身千億，未詣奢摩古佛壇。』次白《梅竹山房集·孝慈庵訪青雨上人，用俍亭禪師夜半過半畝居韻》云：『散策尋幽林，斜陽照村屋。荆扉水瀠洄，中有一僧獨。焚香面虚壁，蘸筆寫枯墨。風定息聞塵，雲閒棲退谷。偶來契静緣，安能息白足。同參米汁佛，醉眼天一粟。』仲甫《彝壽軒詩鈔·訪青雨上人，用俍亭韻奉贈》云：『半畝屋倚城，三分水繞屋。桑隴槿花籬，敲扉老僧獨。朱魚躍清池，翠陰交衆木。憑欄思濠梁，近市儼空谷。詩畫灑煙雲，高人幽趣足。開徑訪鄰老，閒閒自鋤粟。』

四閒別墅

全椒薛慰農先生，守杭多惠政。不二載，退閒爲崇文院長，士風振起，著有《藤香館詩鈔》，中有《皋園行爲四閒主人作》最爲詳盡。蓋別墅改僅二年，主人已有閒雲出岫者。中間又議售與駐防，作八旗會館。嗣歸浙省忠義總祠，園亦賴之永保。恐別墅之名，飄風即過，因録其詩云：『四閒主人者，萬篪軒啟琛、吴曉帆煦兩方伯，濮少霞詒孫、許緣仲道身兩觀察也。四君同居武林，購得皋園舊址，改爲四閒別墅，屬予留題。予適有金陵之行，同人飲餞兹園，幾無虚日，爲賦長歌言別：「城東名勝金衙莊，後之主者嚴侍郎。山林城市足幽隱，水木明靚花竹芳。憶昔中丞仕勝國，其時執政江陵張。奪情抗論致忤觸，蕭然落職歸錢塘。林泉養望寓經濟，邱壑位置殊尋常。國初嚴公亦卓卓，清風軼事留詞場。皋園卜築仍舊貫，大開壇坫供翱翔。南施北宋此觴詠，愚山佳什傳堂堂。梅村書法世罕見，臨池特爲題滄浪。樊榭老人補志乘，城東故事言之詳。兩家人事各代謝，居停此後誰闡揚。歷年三百蹟已古，其中况復經滄桑。我初蒞浙愛流覽，公餘往往來徜徉。闗中都督方運甓，桐城大令時飛觴。余蒞浙時，主是園者爲師庚山都督，旋歸葉季華大令。六年眼見兩易主，人生傳舍洵堪傷。歌哭聚族那易得，茫茫浩劫悲紅羊。城東萬户付一炬，兹園猶幸存堵牆。老兵炊飯爨庭桂，健兒削樹修斧斨。荆榛櫛比花石壞，闌干倒落亭臺荒。飢鴞嘯風立古木，野狐拜月蹲虚廊。勝游衰歇結搆在，天生佳境必表彰。四閒主人今豪貴，各從江海攜歸裝。宦成名立無不足，支笻倚杖時相望。卜鄰難得共珂里，買山猶恐非仙鄉。名園舊址昔游釣，捐金集腋貲同償。鳩工經始在歲晏，落成之日剛春陽。穿城鑿塹引流水，負土疊石成高岡。小橋略彴得野趣，迴谿曲折摇波光。嘉樹茂竹各顯露，芝楣藻井重煇煌。歛春筵啟冠蓋集，公卿酬酢鳴笙簧。新正四度預雅讌，推襟送抱方未央。衣裳之會僕所苦，科頭灑落形骸忘。大呼楊孔作兒輩，狂招伶籍相抗行。酒酣客倦日倒景，沁心清送古梅香。主人知我雅好事，要我素壁留詩章。我時筆墨久鈐束，戒途將泛長江航。平生詩酒債怕擱，倚裝重復展吟囊。長歌未畢轉棖觸，主人毋乃嗤疏狂。東園樓閣盛南宋，標題富景流風長。龍舟鳳輦每臨幸，翠華掩映青垂楊。理度之世已湮廢，花果僅足供上方。百花池畔茂野草，昇仙橋下嘶寒螿。玆園基地最密邇，懷古憑弔心徬徨。方今大亂獲戡定，東南日漸臻蕃昌。葆養元氣首省會，世家大族民表坊。平泉花木足怡悦，亦有蔀屋飢無糧。東山絲竹足陶寫，亦有比户寒無裳。古人贈言重質實，藻繪風月言非臧。善頌善禱學張老，四君明德永衍祥。歌成離緒耿寤寐，城東春漲催帆檣。」』

《梅溪書屋記》

丁君洛耆，其第在保甯巷，有堂曰『正修』，堂東之屋五楹，榜曰『梅溪書屋』。君嘗延予課其二子，絃誦於斯，歷有年矣。予爲之作記曰：『錢塘丁掌六先生，先世居山陰之梅山。順治初，由越之福巖遷杭，五傳至先生。勤學好問，於書無所不讀，嘗作小樓於梅東里。慕先德名顗者，藏書八千卷，有言曰：「吾聚書多矣，必有能讀書者爲吾子孫。」遂乞梁山舟學士題其額曰「八千卷樓」。樓之東有屋三楹，學士又書「梅溪書屋」四字以榜之，蓋不忘故里之意也。其地據中河之勝，左盤右紆，水清如鏡。環其廬植梅數十株，方春始陽，羣葩競發。先生讀書其下，芬芳襲人，詩興油然而生。吟哦竟日，恍置身於竹徑茶塢間，上希子真之高風。先生之子洛耆君，遷居於保甯巷，即移此額以張之。其子曰申、曰丙，從余遊，相與絃誦於斯，客來輒曰：「甚矣，丁君之紿人也。」大山長谷，鬱而爲溪，水泉清遠，石徑崎嶇。其兩岸古梅萬億枝，若屈鐵之交錯，花若紅雲之燦爛，所謂梅溪也。今丁君之爲屋，非在大山長谷之間也。規模不廣，制度不華，庭無花木，所謂古梅萬億無有也。非梅溪而曰梅溪，何耶？余唯唯否否。余知丁氏先世，越産也。按《嘉泰會稽志》：「梅山在縣北一十八里。」陸農師適《南亭記》云：「昔子真之所居也。」其少西有里曰梅市，元戴剡源、陳剛中均有題詠。梅市之西南，有子真泉，味極甘寒。上發源于梅山，匯而爲溪，居人呼曰梅溪。溪上聚有村落，皆爲濟陽族望。掌六先生承世澤之懿，居梅東之里，此梅溪書屋之所以名也。洛耆君不忘所自，名之亦奚不可，豈紿人哉？客謝曰：「余誠見其小而遺其大，然後知命名之義之不虚也。」遂爲之記。」

校勘記

〔一〕拆，底本原誤作「折」，據文意改。
〔二〕弘，底本原作「宏」，避乾隆諱，今正。
〔三〕日且冥，底本原作「日入一冥」，據《經韻樓集》改。
〔四〕玄，底本原作「元」，避康熙諱，今正。

附録

韓澄跋

弱冠時有志東里文獻，家無藏書，又寡交游，無通人可訪。後稍稍得見樊榭、晴江、春漪諸老先生遺著，藉以攷證前事。然自庚辛兩次城陷後，遺蹟半被摧燬，即項氏可羨園，最爲近世所著名，齒稍長者猶及見之，已湮滅不可復識，況其佗哉！竊謂東園一隅，地最幽僻，代有名人。近雖風流間歇，安知無與余同志搜遐采逸，繼樊榭諸老而輯成一編者？今年秋，丁君和甫出是編囑爲斠讎，檢閲一過，余向所欲爲蒐輯有志而未逮者，具存其間。嗚虖！可不謂幸歟？近時，通人目覽五洲之圖，手披萬國之史，高掌遠蹠，固無取乎是戔戔者。然生長是地，釣游之鄉，桑梓之誼，固不可忽也。丁氏曩刻《武林掌故叢編》，搜採遺藳至數百種，可謂盛矣。今又將以是編付栞，予望博雅君子各出所藏，俾壽諸梨棗，以餉世居是邦者，庶亦《小雅》詩人之誼也夫。

己亥九月，城東小隱韓澄靖盦氏謹跋

孫灝跋

祆祠之建於中國者，以杜預《左傳》『次睢之社』註爲創見，其次則《景教流行碑》，博雅好古之士類能道諸。然祆神一教，説者即指爲景教。通款以後，羣又以景教爲天主耶穌之説，祆神則指爲回回。習焉不察，語之不詳，由於未審其源流故也。元興漠北，其兵力能及裏海以西、地中海以東，凡今海西諸國疆域，厥未能踐，惟其教主所由出之耶路撒冷城，實嘗至焉。耶路撒冷城所出之教，漢以前無主名。彼教傳有《摩西十誡》，敬事上帝之言，或即所謂祆神教也。自漢以後，耶穌其人者出，始有『天主教』之目。自唐以後，謨罕蓦德其人者出，始有『回教』之目。自明以後路德其人者出，始有『耶穌教』之目。然回教之旨，實附會於天主。謨罕蓦德，蓋欲篡耶穌之統不成而别出者。彼教經旨近經西洋人譯出，有七重天之説，與此記《大普興寺碑》『七重天門』之説相合，蓋回回奉教之寺也。元時，甚崇回教，建寺以綏其衆，理所宜有。回教沿源天主，初亦佩十字爲教。謨罕蓦德自附耶穌，或亦理所宜有也。先生未歸道山時，敦品植學，爲世矜式。中土異端之説，斥絶惟嚴，矧其爲異域異端也哉？曲園師欲彌其憾，而不能實指何教，特揭此條，以爲之序。識固卓矣，然彼國之人往往乘隙抵閒，以逞其欲而張厥喙。爰爲考訂源流而跋其後，屬和甫同年并付剞劂。

同里後學孫灝識

清故孝廉方正楊君墓誌銘（袁昶）

嗚呼！欲致天下於有道之世，則必使士皆尚實行，而不使徒尚浮僞詐僿、琱絺詭瓌之言，人心其庶有瘳乎！若仁和楊君者，其素行殆可以教授於一鄉一州，使一鄉一州之人僉然、靦然、綴綴然、訾訾然，簡静端慤而不使侈然自放於非禮義之域。如君之所成就，宜若可以風世，而今已矣！

君諱文杰，字廷英，枌園其號也。世爲仁和縣人。曾祖父鼎達、祖父爾振、考勝凱。君自爲學官弟子，少孤貧，佐質庫治經物簿以生。間則治五經章句漢宋箋傳疏誼，闇誦而默識之，久之兼通於解故、音均、字形偏旁之學。未嘗立意箸文，偶筆之爲經説，則博以達。持身廉潔寡欲。與人語，諄諄若恐傷之。終日穳然，不見崖岸。然遇交親，雖樸陋鄙夫，必爲之盡，死則於君乎琀殯，未嘗矯志厲俗，而其積行則慤以和。嘗丁同治辛壬間之變，家産蕩盡，妻孥餧殍，而先生氣完然，若無所傷。亂既定，自歸於杭，納婦，生丈夫子二，時年已六十餘矣。前督學、吏部侍郎泰興吴公聞其賢而稱之。凡行省科舉，優行以貢太學，俗例多拔善書或年少爲功令文華美者。吴公獨首辟君曰：『吾以爲多士勸也。』君之持守，殆遇水火陰陽盜賊，有時而不能爲沴。然則今世之士，覿於君，亦何憚而不爲善邪！光緒元年，府縣學官辟君孝廉方正，君以疾辭，不應召試，不服其冠。四年七月，遘疾殚，年七十有一。孺人胡氏、程氏，前殚徐氏。殉難子二，長鈞生，次泳生。以後其兄皆繼室馬氏出。以庚辰六年庚辰三月庚辰十有三日庚辰時葬茅家埠之原。其孤以狀數千里走京師，乞祖銘。銘曰：

惪之玄同[二]，而返其宫。在約不窮，永甯厥躬。

光緒《杭州府志·文苑傳》

楊文傑，字廷英，號枌園，仁和人。同治六年優貢，光緒元年舉孝廉方正。少孤貧，依甬東外家。嘗爲人飯牛，或佐市肆會計。刻苦自厲，借書夜讀，通四書五經章句漢宋箋傳，闇誦默識，遂精解故，爲一時冠。旁及卜筮星命、青烏家言，皆有心得。其教誨生徒文字之外，尤重立品，時舉惠吉逆凶之語相勉戒。四年七月卒，年七十一。桐廬袁昶誌其墓。著有《續經稗》十二卷，《羣經札記》十四卷，《大學古本訂》一卷，《説文重文考》《闕文考》《逸文考》各一卷，《東城記餘》二卷，《堪輿雜説》四卷。

《續修四庫全書總目·地理類》

東城記餘二卷　武掌本

仁和楊文傑撰。文傑字廷英，同治中優貢，所撰有《續經稗》《羣經札記》等書。此記則繼厲鶚之《東城雜記》而作也。厲氏《雜記》已爲《四庫全書》著録，其書凡八十五條，是編又得九十五條。記地、記事、記人，體例悉依厲作，而詳贍似復過之。若其叙述典雅，考核精審，亦足繼軌前哲。其記大普興寺一條，即大秦景教流行中國之源。所云十字者，取像人身，揭於屋，繪於殿，冠於首，佩於胸，四方上下以是爲準云云，略同今耶教，而其説通達，乃較耶教之但言十字架殉教者爲有本矣。俞曲園序謂此亦杭城一大古蹟，而樊榭之書，竟未之及，亦見拾遺補闕之功云。

校勘記

〔一〕玄，底本原作『元』，避康熙諱，今正。

北郭詩帳

〔清〕丁丙 撰

李顯根 點校

前　言

《北郭詩帳》二卷，清丁丙撰。

丁丙（一八三二至一八九九），字嘉魚，别字松生，號松存，浙江錢塘（今杭州）人。清代後期四大藏書家之一，同治三年以左宗棠奏薦以知縣發往江蘇用，六年複賞加同知銜，但皆不就。一生以搜集、刊行圖書及經辦地方事務爲事。太平軍進攻東南時，曾在戰火中搶救出杭州文瀾閣所藏《四庫全書》一萬多卷，後又負責重修文瀾閣。私人藏書甚多，家有『嘉惠堂』，藏書數萬卷。撰、輯、刊書籍達數百種，詳見俞樾所撰《丁君松生家傳》。其子丁立中撰有《先考松生府君年譜》四卷。

杭州湖墅一地，傍京杭大運河，人煙稠密，交通便捷，然自宋迄明，未有定名，丁丙娶湖墅珠潭凌氏爲妻，自謂湖墅之婿，因湖墅在杭城之北，因以『北郭』名其地。

魏標曾著《湖墅志》四卷，然僅存雜詩百首。光緒二十四年（一八九八），丁丙爲留存文獻，撰成《北郭詩帳》二卷。其體例以詩述湖墅一地掌故，並雜引諸書作注，借用蘇軾『詩帳』之稱，定名《北郭詩帳》。雖其詩非佳作，然就保存湖墅之歷代掌故、風俗、民情來説，極俱史料價值。

本書有光緒二十四年（一八九八）《武林掌故叢編》本，此次點校，即以此爲底本。避諱字『萬歷』皆已回改爲『萬曆』。

目録

序

王慶霖序

通都大邑，必有魁人碩士，乘方輿之運，以清辭鉅筆，紀數百年之掌故。使四海如一室，千載如一時。然後見詩之爲用，非末技也。嗚呼！有志於此者，疲神於載籍之中，焦思於委巷之閒，其勞蓋亦甚矣。夫其所以爲此者，抑豈徒爲歌詠而已哉？亦將備他日志乘之採，不使湮没無聞，而惜乎得此者，鮮也。若今松存丁公之《北郭詩帳》，其得此者歟！公姿性過人，才高學博，識見卓且遠，故其爲詩，下筆立就，不見有艱難意。北郭爲杭之一隅，人文之蔚起，科第之聯緜，代不勝書。公少娶於北郭凌氏。德配凌宜人，素工詠哦，著《翠螺閣詩稿》。畫眉餘閒，時相倡和，多寫景詠物之作。惜乎琴亡境過，中更兵燹，北郭爲戎馬之場，前稿亦燬，有難以尋鴻泥之印者。國家中興，大吏知公才，以杭城振撫善後事畀公。公有高尚之志，而具兼善之量，不敢固讓，出而應命，爲善於鄉者，三十餘年。若興社學以端士習，濬墅河以衛農田，設富義倉以裕民食，建拱辰橋以便行旅，即北郭之受公惠者亦非一端，其他可知。公又不僅以詩名也，雅好掌故之學，曾刊魏氏書青《湖墅雜詩》，收之《掌故叢編》。暇復搜羅載籍，繫以韻語，自註出處，一依魏氏之舊。傳古人之軼事，備史家之採摭，其浩博遠過魏書。余蚤嘗有志兹事，向以與公有同里之好，數嘗從論著之末。蒙公不棄，盡出八千卷樓所藏，作饋貧之糧。余因輯《下湖小墅述聞》四卷，就正於公。詎意公不我留，忽歸道山。今哲嗣和甫孝廉，攜公所爲詩見示，且徵言以弁其端。余遂爲之論次，後之誦此詩者，當知余言之不詭也。光緒二十五年夏五月，錢塘王慶霖壽莊氏序。

自序

余兄弟並娶于珠潭凌氏，湖墅實壻鄉也。嘗讀王侍講《夾城八景》詞及厲徵君《北郭紀游》詩，心竊豔之。謂湖墅地雖一隅，而舳艫千里，煙火萬家，豈無模範表章以紀掌故者？叩之翠浮閣主，則云魏氏書青曾著《湖墅志》四卷未梓已燬，其僅存者雜詩百首耳，顧印本亦未之見也。駒隙易馳，鶴警忽迫。庚辛兩劫，浙河塵昏。湖墅戎馬出没，蹂躪慘烈更不待言。甲子運轉，鎮市鏡清。王子松谿思輯舊聞，勞於吏役，初未成書；高子海圫新編小志，詳近略遠，引證無多。余年來衰病日侵，舊游如夢，偶一追憶，覺卌年情景，恍在目前。因就魏詩之外，旁稽羣籍，信口成吟。即間與魏詩複出，要皆別有補綴，未敢分津拾慧，取盈篇什。惟湖墅自宋迄明，終鮮定名，統之曰『北郭』，較近古初。詩類簿録，殊乏風雅。特假坡公『詩帳』之稱，聊續漫叟鄉謡之舊云。光緒戊戌冬月，東里丁丙松存氏自序。

北郭詩帳卷上

穹碑萬壽祝無疆，茵草無塵舞蹈揚。迎送御舟齊跪道，荆街如砥枕河傍。

《萬壽盛典初集》：康熙五十二年三月十八日，萬壽覃恩，以天下地丁錢糧，已經輪免一周，其京城及各省房地租稅五十三年額征，併歷年逋欠，亦予豁免。護理浙江巡撫布政使臣徐欐謹爲聖主愛養彌宏，臣民受恩無既，籲懇代題恭謝天恩事；據杭、處等十一府屬紳衿徐潮等合詞呈稱爲聖澤同天，皇仁廣被，特請代題恭謝天恩事；又據合屬耆民王國瑞等呈爲聖恩浩蕩如天，萬姓歡呼動地，謹抒下情，籲請代題恭謝天恩事；又據杭州前右紹甯台温處等八衛、嘉湖衢嚴海五所呈請，據各衛所屯運伍老兵丁趙恩、潘美等呈稱，惟我皇上特旨，念切軍民，將五十年額賦敕賜全蠲，歷年舊欠又復免徵，備瀝下情頂謝，伏乞據情轉詳題達等情到臣。據此，該臣看得浙省康熙四十八年錢糧曾蒙蠲免，今又蠲免五十年錢糧。三載之中，兩載被澤。康熙四十五六七年舊欠分年帶征，今又免徵歷年舊欠，一歲之内，數歲霑恩，有司省催科，必勞心於撫字；萬姓皆温飽，甯致慮乎飢寒？是以十一府之紳衿士民、八衛五所之運丁屯伍，莫不歡聲震天，咸仰一人有慶；頓首動地，共祝萬壽無疆。兹據布政使徐欐、掌印都司繆肇祺詳請，代謝天恩前來。臣謹會同署福浙總督事務福州將軍臣祖良璧合詞具題，伏乞皇上睿鑒施行。

王麟書《湖墅舊聞》：萬壽無疆碑在荆街旃壇寺前，左右有小字二行云『康熙五十二年三月十八日，浙江紳士、耆民、商賈、兵丁公立』，凡二十三字。相傳仁廟六旬萬壽，徐文穆公率紳民、兵丁於此建亭恭祝。其地寬廣平坦，嗣後純廟南巡，杭之士民均於此跪道迎送焉。

洪瞻祖《清遠山人稿·荆街行》：武林周道夷如掌，肩摩轂擊紛來往。逶迤十里舊康莊，裘馬翩翩珂珮響。

詔停關税杜侵欺，商賈船頭樂且嬉。橋柵津亭重位置，黄旗高揭奉抽釐。

淩璋森《梓里叢談》：湖墅北新關，征税煩苛。關胥巡役等向來視爲利藪，藉端需索，肆意誅求，商民視爲畏途。同治三年十二月，左文襄巡撫吾浙，奏請暫停，奉上諭，『左宗棠奏請將北新關暫緩開設，按月由釐捐酌撥，以抵關税一摺，據稱「浙省迭遭兵燹，彫敝不堪，市肆蕭條，小民未能復業。即設法招歸，瘡痍猶難遽復。若再竭澤而漁，不但百貨騰貴，商賈餬口無資，即此孑遺之民，生計益形窮促。北新關試辦已逾三月，徵數寥寥。實因關胥巡役等，向來視爲利藪。一經設關，故態復萌，藉端刁索，以致商民視爲畏途，裹足不前。請將關税暫停，以順輿情」等語，所奏切中地方利弊。浙省蹂躪已深，正宜休養生息，以培元氣。若任令關胥巡役人等擅作威福，肆意誅求，於國課毫無裨益，而閭閻苦累甚深，殊非體恤商賈之道。著恒延將北新關暫緩開設，關口各税一概暫停抽收，毋得任聽關書等慫恿，别生枝節。並著照左宗棠所擬，於浙江各屬釐捐項下，按月劃撥錢一萬串，解交織造，爲採辦一切工料之需；另撥銀一千兩，津貼織造司庫庫司等辦公，及該衙門書吏匠役紙張飯食各項用費。餘著照所議辦理。俟軍需一律告竣，釐捐停止，再行循照舊章辦理。該部知道。欽此』。詔旨既下，遠近歡聲雷動焉。

仁和積歲患區荒，地瘠錢塘數四鄉。兩路輸糧無耗折，斗升直達便民倉。

《浙江通志》：仁和縣便民倉在墅河舊馬頭，錢塘倉在調露鄉北新橋南河、西水次。

劉孟安嘗鎮北關，謀危吴越犯王顔。若非成及胡床制，腰鼓城霑戰血殷。

錢儼《吴越備史》：節度使、檢校太尉兼侍中成及，字宏濟，錢塘人也。祖克評，嘉王府長史；父貞，國子博士。及性淳厚，爲鄉里所重。咸通中，捍山中賊，逐齊寇，聲名遂振。及八都寖盛，復分十三都，遂以富春鎮爲靖江都將屬。劉漢宏作亂，與王同事攻討。漢宏平，北關鎮將劉孟安謀亂，即席奮劍將犯王，及舉胡床制之。偏將盛造因執孟安就戮，以功奏遷散騎常侍，復爲靖江鎮將。

身老詩窮意轉閒，影行垂柳望中山。臨安只志趙循道，一首新詩出北關。

《咸淳臨安志》：趙循道《汎舟晚出北關》詩：『舟泛寒塘静，人歸一葉閒。影疏行處柳，青遠望中山。道在身從老，詩窮意覺閒。到家秋斂足，有謂掩柴關。』

隴西信乃汴兒醫，耄賜安輪入禁墀。八世孫瑢遷北郭，槐門裝點李車兒。

萬曆《錢塘志》：李信，汴人，小兒醫也，官院判。從高宗南渡，家臨安。高宗危疾，詔信入侍。因年耄，賜安車入禁，時號李車兒。八世孫瑢，明永樂時亦召入禁，官御醫。

康熙《錢塘志》：李信八世孫瑢，明永樂時官御醫。始移居北郭，植槐於門。門前雕香嬰，衣繡褓，坐竹車，以爲標致。數典忘祖，可笑也。

處士周公德配陳，青莎老屋守清貧。彭城遭溺家回禄，慈孝天全進士君。

馬三才《松里文選·居竹周公暨配陳孺人墓誌銘》：處士居竹周公者，進士詩之父。公諱文冕，字子中，號居竹，錢塘人。八世祖純，居青莎左橋；祖祺，以齒德賓郡鄉飲。生子，長，春原公霖；次，東谷公震。春原娶吴氏，生子三：長文鼎，福山教諭；次文鼐；次即公。是時坦峰陳公諱衡，生女有閨德，爲擇配，與周公世鄰，數奇公，因以歸之，即配陳孺人是也。東谷公出贅張給諫晟之從妹，無子，以諸子中公最賢，遂後公。公幼習舉子業，授《尚書》於母弟、鄉進士吴宗武氏，及出後東谷，乃將學悉棄，而代綜家政，遺東谷以逸老焉。東谷没，公哭盡哀，治喪如禮。先是，公嘗代東谷挽賦彭城，遭漂溼，繼罹回禄之變，家日落。而公又蚤世，孺人煢煢，復當大故，顧謂進士君曰：『苟殯葬諸儀，一不如女父待女祖，時人謂我何？』殫力襄事甚備，人以爲難。方回禄時，談入進士君寢所，幾剥膚。孺人倉卒挾從樓中出，墜地以免。時墜地者，類觸石折股，而孺人母子無恙。進士君嘗曰：『吾母蓋一天。』

宣德徵船正德商，圖分四境慎提防。六關七務歸鈐轄，不外心存公恕堂。

許夢閎《北新關志·建置志》：明始設七税課司局，於杭州征商税。而北新鈔關之立，則自宣德四年始。成化四年，廢，尋復設。其初，止收船料。而兼收商税，則始於正德之年。按《志》首有《北新關四境圖》。

又《鈐轄志》：六關，一東新關，一打鐵關，一觀音關，一板橋關，一良畎關，一良馬關。爲務者七，一杭州府中務，一江漲務，一城北務，一城南務，一横塘臨平務，一西溪務，一安溪奉口務。

又《公署志》：許天贈曰『北關』，官署建不知何年，有堂以發號，有廳以寅賓，而扁曰忠恕，曰存心，曰獨知。

孔家靈産慕冥鴻，北郭舟參杜子恭。乞繕上清經籙語，洵宜有子紹仙蹤。

陳文述《西泠懷古集·錢塘北郭懷孔靈産》：靈産，名默，會稽山陰人。泰始中，罷晉安太守，有隱遁之懷，於禹井立館，事道精篤。東出，過錢塘北郭，於舟中遥拜杜子恭墓，並從許黄民求楊許真書，令郡吏王興繕寫。見《真誥》及《雲笈七籤》。子稚圭，即撰《北山移文》諷周彦倫者。

識字耕夫客永康，忽從兵火夢還鄉。甘泉坊近羊角埂，喜與故人話草堂。

羅以智《武林經籍志》：《草閣集》六卷，明錢塘李昱撰。昱，字宗表，號草閣。洪武中，官國子助教。元季，避地永康、東陽間，館於胡氏，故集中與胡伯宏兄弟贈答之什最多。按集中有自撰《識字耕夫傳》，又有《庚子春三月，夢與梁生建中回故居》云：『春宵苦夢短，合眼在故鄉。今宵復何爲，歷歷所見詳。天風吹我巾，明月照我裳。手持緑玉笻，衿佩同翱翔。路從北郭門，徑指先塋傍。五年缺灑埽，青草如人長。不忍遽去之，徘徊流涕滂。迂行羊角埂，載出甘泉坊。河西與河東，人煙渺相望。屋廬閒新舊，田園半榛荒。故友四五人，相逢訴衷腸。翦韭烹枯魚，款坐陳酒觴。喜極仍自疑，兵戈正紛攘。人生無羽翮，何以逾津梁。囑指驗所經，恐爲覆蕉隍。雞鳴聲喈喈，惆悵身在床。山川限吴越，依舊天一方。輾轉久不寐，鬱紆祇自傷。披衣起待旦，聊以成短章。』

《北關八詠》目空存，詩墨伊誰補闕文。輸與友莊庵十景，後先題筆滿煙雲。

黄宫臻《北關志》：《北關八詠》，舊有詩，今僅存其目：《户部開司》《芳林即景》《化度紺園》《明景琳館》《康橋曉市》《龍舌清流》《北新泛鷁》《南石垂虹》。

吴灝《杭郡詩輯·柴望〈題友莊庵十景〉》：

《繞屋梅花》：梅花愈作花，花開白於玉。密密復斜斜，無枝不繞屋。

《倚樓臨水》：空潭浄無塵，與天同一色。脈脈倚樓人，於兹若有得。

《遠樹柔藍》：參差遠樹枝，春光見來早。篳路舊時衣，休詩颜色好。

《乾溪雨漲》：尋常無斗水，沙石明可數。緑漲何由生，多緣昨來雨。
《夏木垂陰》：古木立四周，交柯密無罅。六月敞亭臺，翛然不知夏。
《疏雨梧桐》：碧樹金井頭，高枝攀莫及。漫説坐題詩，葉葉尚霑溼。
《三秋丹桂》：八月叢桂開，飄風朝及夕。何必白侍郎，人皆識佳客。
《古寺鳴鐘》：或逐晨風飄，或帶夕陽度。一杵響空山，白雲籠不住。
《秋深紅葉》：一夜著嚴霜，紅霞映簾幙。矯首望秋空，庶幾不寂寞。
《遠山雪霽》：雪霽起看山，開簾氣凜慄。安得飛白手，傳此數峰出。

魯畤臨安送所親，質衣庫見舊時人。北關朱子文相述，前乞緣奇得甕銀。

《咸淳臨安志》：京師人魯畤，紹興十一年，在臨安送所親於北閘下，忘攜錢，行解衣質於庫。見主人如舊熟識者，思之而未得。退訪北關税官朱子文言及之，蓋數年前所常見丐者也。其人本豪民，遭亂家破，與妻行乞於市，使三子拾楊梅核，椎取其實以賣。少子嘗見一白鼠在聚核下，歸語父，父戒曰：『明日往捕之，得而貨於禽戲者，必直數百文，勿失也。』迨旦，母與偕行至故處，果見鼠，逐之。及湧金門牆下，入穴中而藏。母立不去，遣子歸取鍤，斸地深可三尺，望鼠尾猶可見，俄得一青石，揭去之，下有大甕，白金滿中。遽奔告其父，父至，不敢取，亟詣府，自列願以半與官，而乞廂吏護取。府主從其言，得銀凡五千兩，持所得即日鬻之，買屋以居，而用其錢爲子本，遂成富家，即庫中主人也。

萬曆春逢丁酉年，清明大火慘風煙。金家衕起草營止，一旦災沿户四千。

《明史·五行志》：萬曆二十五年二月壬午，杭州火燒官民房一千三百餘間。
康熙《錢塘縣志》：二月二十一日清明，忽起大風，湖墅北關外金家衕口，糧船失火，燼北關官廳，延燒東、西兩岸，至牙灣巷、江漲橋、混堂巷、草營巷南數千家，運船十五隻。諸生李中華父子兄弟三人相救，焚死。
孫之騄《二申野録》：二月二十一日清明，湖墅大火，仁和縣燒二千九百家，錢塘縣燒一千二百家。

孫夫人仰配姚江，楊氏難忘父母邦。教法三遷臻百壽，豈惟北墅重無雙。

孫以榮《湖墅詩鈔》：楊文儷，仁和部郎兩峰女，餘姚孫宗伯文恪繼室，封夫人。文恪初娶韓，生鑨、鋌；後娶夫人，生鎴、鑛、鑨。五子皆夫人教之。鑨、鋌、鎴、鑛，俱成進士，列九卿；鑨，諸生，其《示鑛》有云：『何待三遷教，傳經有父兄。』蓋謙詞也。鑛會試後，録文呈母，夫人笑曰：『淡墨書雖第一，未免齧筆似魚，非文之絶品也。』夫人壽過百齡。《廣輿志·杭州列女》載。四德渾圓，五福咸備，近代稱大家者，無以尚焉。詩稿附《文恪集》。

馮羣玉女孝而賢，褵結毛人慶二年。若祖若姑難奪志，山公節傳淚如泉。

馮景《解春集·毛節婦傳》：節婦者，馮氏，毛人慶妻，景族父羣玉公女也。羣玉公負北郭讀書，老，好奇，家貧，無甔石儲。顧性嗜圖書、古琴、研之屬，常奏記，幕府諸公皆有所遺。晚益困，常語吾父：『生男不若女[二]。孝且慧，女得所，吾獲死如甘寢矣。』吾父素才毛子，爲之媒，遂婚焉。越一旦，而羣玉公死。是時節婦年十九，歸毛子，相對甚莊。後二年，毛子夭，無後，一女繈褓，毛子屬纊，目不瞑。婦大慟曰：『吾不從而更二者，有如日。』乃瞑。其祖八十餘歲，貧無業，欲嫁節婦。婦孝，故難於發口，而屬媚娅微言其意，婦不答。毛子之姑陳同居，利其嫁乃得財，數爲甘言誘之。婦怒曰：『是何言，不宜入吾耳！』陳亦怒，絶不予飲食，冀婦改志，婦卒不改。自是日給一餐，而命行汲於路。問曰：『若能乎？』婦毅然應曰：『能。』未明，道無人跡，乃提甕之井所，舒綆而汲，兩手抱甕歸。一再往，水濺帬襦自若也。祖臥床頓足曰：『何苦！荷荷！』陳卒無如何。節婦自此病矣[三]，毛子没後三年，康熙乙丑冬十月，節婦竟餓死。

田居走訪石坪兄，履響鐙移無限情。白蕩風晴煙柳蓋，醉魂深悔别離輕。

龔翔麟《田居詩稿·舟抵北關訪家兄石坪》：『幾日梅前别，風光轉蕙叢。兩江春雨隔，一艇暗潮通。屐響柴門下，鐙移竹屋中。爲言宵不寐，候我五更終。』又《寄湖墅諸子》：『白蕩晴風柳蓋谿，醉魂長在藥欄西。而今真悔成輕别，閒煞秋園摘橘奚。』

榷署留餘有後堂，更疏曲沼引流長。小亭題額花君子，從此荷香接桂香。

《北關志》：關據杭之北，去會城十里而遥，當三吴上游，其地即仁和芳林鄉也。附關有橋曰『北新』，故以名關。入門爲前廳，廳左爲居室，近建以樓。樓之北爲拱辰樓，樓下有亭，亭遶以池。嘉靖庚寅，主事葉公瑞用價買居民地三畝六分爲蔬圃，其中鑿小沼，沼上構小亭，環以花卉，四週小橋通徑。主事周公詩扁曰『君子亭』『會心處』。

正德宸頒寶鏡圓，觀音鏤象院名傳。一從榷使重題記，大覺何人解悟禪。

蔣光彥《大覺禪院記》：杭州北新關治之陰，有叢林號曰『大覺禪院』，相傳爲勝國時弘簪法師僧世愚所建也，歷年數百，佛地猶存。正德間，敕賜大圓寶鏡，鏤觀音大士像供養其中，院亦名『觀音』。以此，余承乏譏關，公餘之暇，時或一至。桑林在望，菁蔥滿目，雖地逼市囂，猶存幽野之趣，亦江關一寶刹也。

趙家十四相公府，側傍殿前司坐船。軍士於船造紅醞，和沽獨免吏牽纏。

吴自牧《夢粱録》：北新橋外趙十四相公府側，有殿前司紅坐船於水次。管船軍士專造紅醞在船和沽，官司寬大，並無捉捕之憂。

荆街東住陸廷評，三善稱揚記石貞。貞甫更增西路記，頌公治術比途平。

《北關志》：萬曆戊午，關南北河壖可十里，璞嚴荆公念行旅顛躓，鳩工甃石，坦如康莊，人稱荆街。

又仁和大理評事陸元錫記：敝廬託處街側，託足公途，公之此舉有三善焉：不私，其有廉也；與民共，由公也；崇真，黜幻智也。

又仁和江西參議黄汝亨記：自關之東，從江漲而北，至摇椿亭，董事里民已乞陸廷評碑紀其實。而關以西，自北新橋而南康家橋至喻家橋，董其事者爲諸生吴道南、羅大昌、丘麗明，里人王國賓、趙敏學、王肇瑞、汪光國賡爲勸助，宣力居多。而終始善緣、宏濟商民者，則使君之澤。異日者，持是以光輔三五之業，平人心以平世路，如平治斯途也。

火衖虞防榷署偏，地偏略有小林泉。正誠斗閣精嚴甚，野鶴飛來駕吕仙。

《梓里叢談》：北新關右明德生街，俗稱大火街，溝水涓涓，林木森蔚。舊有千勝廟、東嶽廟，劫後蕪廢。今惟正誠斗閣在焉，閣奉吕祖，頗著靈異。

參寥覺路妙忘言，松雪高題十可軒。更有東坡遺古鼎，寶齊大覺佛三尊。

李日華《六硯齋筆記》：杭州關大覺寺，有東坡鼎、趙松雪書『十可軒』、參寥書『覺路』二大字。

長春橋本德生橋，港路縈洄水一條。橋上蓋亭祠土穀，僅容如葉小舟摇。

《北關志》：長春橋原名德生橋，以跨德生港而得名也。橋上建有土穀祠，不知創自何年。

擁立甯王赤手援，趙忠定意屬平原。果從賜第北關外，黨禁何由起慶元。

葉紹翁《四朝聞見録》：甯王之立，趙忠定不用吴琚，乃召韓侂冑而囑之。韓本不得通慈福宫籍，乃介内侍關禮入白慈福，至涕泣固請。慈福召韓入，遣諭忠定，其議始定。韓自以爲有定册之功，欲去忠定而未果。文公自長沙召入，聞之，即惕然以爲憂，因奏牘示微意，及陳對，指陳再三，又約吏部侍郎彭龜年白發其姦。彭護金使以出，韓益得志。時忠定方議召知名之士，海内引領，以觀新政，而事已多出於韓氏。文公既言於上，又數以手書遺其徒白忠定，欲處韓以節鉞，賜第於北關之外，以謝其勤，漸以禮疏之。忠定不能用。

登雲橋號本青雲，大理當年此發身。一自僦居歸錦里，釣游初地轉沈淪。

成化《杭州府志》：青雲橋，舊名豆腐橋，里人大理寺卿夏時正登進士，更今名。成化二年，里人夏孟儒重建。

京觀將封東海鯨，千人保障練鄉兵。祭壇西向邀神助，甲胄雲中旗幟明。

《梓里叢談》：出北關外，有斷碑臥道旁，曰『封鯨觀』，字大尺有咫，題款莫辨。蓋前明胡宗憲殲倭處。

田藝蘅《留青日札》：嘉靖乙卯，東海寇作，直撲會城。方山鳩集鄉兵千人，爲保障計，築壇西郊，以順金方肅殺之氣，爲文告天求助。寇見神將形甚長大，旗幟分明，是以不敢交戰而去。

鑲紅旗督浙都司，督漕潘公覆翼施。見日披雲頌公德，馬家橋外讀祠碑。

《欽差鑲紅旗浙江都使司督理浙東漕運簽書潘公祠碑記》：公諱丹枝，號新栽。江南之供，浙東居瘠。夙號煩頻，挽輸孔亟。幸逢我公，福星建極。如屏如藩，是覆是翼。積弊肅清，載歌畫一。馴覆□□，披雲見日。激揚精明，信賞罰必。惟公之勳，太府書册。惟公之德，浙民表式。爰布頌聲，永銘金石。□□披雲，今之召奭。猗歟我公，千載不易。簽書成良弼、江南幫糧千總孫應元、戴聖銘等率各幫屯丁，甯波衛率屯丁民人等，大清順治九年正月吉立。

按：祠在大關外馬家橋側，今改大王廟。

吴家石橋樹經霜，王氏青年苦守孀。霜葉因風墜流水，不流紅片到門牆。

嘉靖《仁和志》：王氏淑堅，仁和人，祖居吴家石橋。十九歲，歸里人蔣華。越三年，華以疾故，止遺一女赤立，每視之，輒哀痛不勝，涕泗交注。妯娌有至厚者，乃潛問曰：『汝終身守乎？』王氏正色對曰：『吾勿守，吾死何顔以見吾夫於地下！』妯娌聞而賢之。翁雖不學無術，而於人倫大義，所性固存焉。嘗竊念曰：『吾子情有所鍾，而其死不瞑目者，爲其妻若女也。』於是體其情而勤恤之，無俾他有所顧。王氏賴有此翁，則上有所依；賴有此女，則下有所侣。及女稍長，慎擇所配，幸得名族潘子鍇，以爲之壻。則付託得人，而王氏爲夫之志願畢矣。壽雖止於五十八，而其清白之操，雖百年猶未斬也。

王德溥《賓日軒詩集・晚立吴家橋望遠處紅葉》：霜後溪橋試一尋，染成紅葉與秋深。霞光彷彿常凝樹，日影依稀尚在林。笑比探春朝薄醉，誰因流水動微吟。晚來不厭風淒切，更繞荒村聽水禽。

卅丈環橋首拱宸，追懷摸石動酸呻。叮嚀去楫來橈客，慎守金緘效吉人。

《圖書集成・杭州橋梁考》：拱宸橋，明末商人夏木江施銀三千倡募建，尋圮，今惟橋地石尚存。

王晫《霞舉堂日記》：九月廿七日，出北關，經拱宸橋，憶先君子募人没水取石處，愴然久之。

陳文述《春游日記》：拱宸橋，一稱啞吧橋，相傳過橋不宜啟口。

陳錦藻《北關雜記》：杭州北關外拱宸橋，剏造於前明舉人祝華封。國朝建修者，浙江布政司段公□、浙閩總督敏達李公衛；請修者，吏部尚書文穆徐公潮、御史龔公翔麟；重修者，庶吉士章公藻功、里人孔公巨卿、王公采臣；再重修者，五品大夫茅公瀚；捐資募修，方外諦大師、浮木大師。

鱓鰌黿鼉蛤兼螺，盛氣牛知觳觫過。橋復拱宸全地脈，茅翁善行滿關河。

梁文泓《籜園詩文鈔・茅静遠家傳》：茅瀚，字静遠，仁和人，本姓陳，性慈和，勇於爲善。好觀書作畫，畫入能品。江淮燕趙間，得尺幅珍若夜光。喜放生，歲活鰌鱓龜鼈蠃蛤以億計。一夕出，遭牽牛者，若知瀚能活之，觳觫殊甚。詢之，將就屠，遂贖舍之。嘗重建城北拱宸橋，主辦京師全浙會館。總制李敏達公器之，見則呼爲善人。敏達欲鑿横渠城中，瀚爲殘地脈，固争乃止。積行上聞，恩敘五品大夫。

吉祥蘭若導諸生，敬叟無如此樂清。寺憶曾游橋再渡，吟將杜句用平聲。

丁敬《硯林詩集·游吉祥寺詩序》：吉祥寺，去拱宸橋不里許。辛巳九月之晦，北墅嚴可亭、包采南、何東甫、陳象昭諸子請予同往，盤桓流憩，移晷始還。老夫自抱病以來，未有此樂也。諸子用杜少陵『寺憶曾游處，橋憐再渡時』句韻其平聲，各賦五字近體。

重成緣約記堪徵，陳與余施梵海僧。指日太平先應兆，永安橋合冠中興。

《咸淳臨安志》：馮檝《北關中興永安橋記》：『錢塘大都，甲於二浙，中有兩河，架橋數百所。府北十餘里，號北關鎮，商賈駢集，物貨輻萃，公私出納，與城中相若。車馳轂擊，無間晝夜，而河流阻乎其間。舊有三石橋，行者賴以獲濟，居北而最大者，曰「永安」，建中靖國初，僧舜欽募緣成之。積有歲年，日就墮損，經由不敢俯視，慮其覆墜，人人寒心。鎮民耆艾陳德誠數往觀焉，遂萌濟衆念。一日，齋沐禱諸天，願同興修。與同儕余慶、施宗有等命僧梵海結約募緣，共成其事，見聞皆助之。自紹興丁巳仲秋鳩工聚材，至次年戊午初春告成，皆躬自督役。比舊橋尤堅厚雄壯，可以經久。觀者稱歎，仍以新舊橋餘材，於橋之東建一小閣屋，二厦，上安諸天聖像，下接待雲遊僧道，計用錢四千餘緡。德誠、慶、宗有出其半。於是年中秋日，設大會供應真五百阿羅漢以慶其成。是日，香雲芬馥，梵唄交泰，一會勝集，兵火之後歎未曾有。會中有客曰：「觀天時地利，指日可太平矣，宜加中興二字。」言訖，莫知所之。至冬，金國果遣使議和。越己未春，遂復三京五路故地諸路。父老稱賀，皆由此橋。趨闕事之吉祥，有開必先。兹橋之成，若有兆乎今日之事者焉！故如客之言，號曰中興永安橋。僧梵海與諸父老乞紀其歲月，因爲書，以貽後人。』

朱狀元坊耀北新，受知理廟尚微塵。龍光鳳輦呈婚啟，參政除官洵有因。

《咸淳臨安志》：城北右廂狀元坊，北新橋南，端平二年，爲武舉狀元朱熠立。

《行營雜録》：朱熠本武臣，常爲内夫人妹、内官弟婚啟。理廟見之，大加賞異，特旨授官，至參知政事。具啟有『令弟從長奕世近龍光，月殿斯霑於湛露，舍妹夫人十年陪鳳輦，霓裳猶燦於朝霞』云云。按：朱乃武舉狀元，温州人，理廟微時識之。

上關門接下關門，分祀關王殿各營。顯赫威靈無弗届，祠雖卑隘貴通誠。

萬曆《錢塘志》：武林門外抵北新關橋，其東爲永清巷，通陸家場、清湖閘巷、關門巷、下關門巷、枯樹灣巷。按：明時里中均有關王廟附於社。

上船亭子接高橋，趙府河干碧刺篙。商略春游何處近，艮山新緑半山桃。

《咸淳臨安志》：北壁，北至北新橋趙府上船亭，高橋爲界。

《南宋雜事詩》注：艮山爲南宋宸游看新緑處。

黄佛兒家至行孫，負骸血淚畫圖存。上湖詩墨傳松石，百載猶稱夙好敦。

《杭郡詩輯》：黄樹穀，字培之，號松石，仁和人，有《楷瘦齋稿》，爲明參議寓林先生七世孫。父景林，殁於保定。松石泝江渡河至棗林，遇大水泛濫，行旅斷絶，跣足行泥淖中至河閒，覓舟不可得，附蟹舟行，遭大風幾覆溺者再，始達保定瘞棺所在。水齧露前和，起之已朽，乃號泣函骨以歸，冒雨跣行七晝夜至德州，始獲附舟南返。繪《涉水負骸圖》，以志痛。方景林殁時，寄顔未寫，乃刺血書父生平，每薦享懸之堂中，哭祀之。自題《負骸圖》云：『負骸孤走保陽城，日日愁霖淚雨傾。衹有父魂兒命在，夜來同夢晝同行。』

又萬峰房《示永明後人》詩云：『爲展松楸到梵村，墓門華表百年存。白頭山嫗遥相指，黄佛兒家七世孫。』按：參議公，人呼黄佛兒。

汪師韓《上湖紀歲詩編·題故友黄松石〈負骸圖〉》：『先子昔以園名船，築臺更起青梧巔。滄浪道人我先友，園牓宜忌臺題楄。風流銷歇踰百年，獨敦夙好五世沿。孫枝秀出松石閒，奇才尤有至性傳。憶自賢尊客右輔，君侍北堂奉大姥。凶秏驚從嘗藥聞，奔喪痛忍愆期舉。僅免桑林縛草求，略如滲骨經旬取。血指流離跣足瘡，行役負骸墳負土。同時競説翁道州，尋親萬里新塘洲。君與浙東西比跡，或出或處皆千秋。我思合傳兩孝行，道州忘來考失訂。此圖都門早見之，未敢輕題目空瞪。哲嗣緘圖此再經，戊堠豈殊前保定。滿幅波爲滿地塵，相對淒其朔風勁。轉頭卅載老摧穨，擎涕成吟繼七哀。斯事斯人嗟不見，白雲望斷小蓬萊。」

吴竹堂傳經行修，名山講席主優游。無聲詩與有聲畫，合寫豐神晚翠樓。

吴振棫《杭郡詩續輯》：吴霽，字倬雲，號竹堂，錢塘人，乾隆癸未進士。貫穿羣籍，體大思精。嘗讀書南屏，長老讓山深相款洽。時吾杭名宿丁、吴、杭、厲諸老，結茶果之社於萬峰，月凡數集。而天台齊侍郎來主敷文講席，茶香塵影，盡付淵源。迨學使諸城竇公按臨浙西，遂有國士之目。乾隆癸未，會試中式，盛名滿都下。旋失意南還，四方名山大席，望其主持風雅。初住太平翠螺，後住金閶平江，終老講席。工書善畫，平生最耽幽勝。筆底挾江山奇秀之氣，高挹塵寰。小奄有晉唐，丰神絶世。嘗自題其《竹石》云：『二分水竹一樓書，便是倪迂小隱居。爲學觀心先鳥起，滿林風露共清虚。』可以想見風流矣。没後，羣從掇其殘稿，爲《晚翠樓集》。

乘輿鹵簿繪圖全，詭把兒童滅罪愆。纔出北關謀逆遂，焚香鵡首拜蒼天。

《四朝聞見録》：逆曦既用賂蘇師旦，遂舉全蜀以授之。其在殿巖也，嘗命工圖畫，上乘輿鹵簿，卷軸甚詳。人問曰：『太尉何用此？』曦紿之曰：『把歸去，教孩兒男女看了消災滅罪。』及出北關，遂焚香拜天於鵡首云：『且得脱身歸去。』其反狀已萌於此矣。

城北幽人張彦常，自安耕讀八旬强。三餘齋記垂餘澤，傳信人推後學王。

王洪《毅齋集·三餘齋記》：錢塘張先生彦常，隱居城北十里，有田數十畮，屋數楹，書數百卷，務農讀書，而名其齋曰『三餘』。今年餘八十，問學益力。顧自以少遭亂離，莫克遂其志。及逢聖明，幸有以自奮。而且老矣，懼終無以自見，以傳示子孫。乃因其子婿朱廷煇氏求予爲記。按：《記》末署後學王洪撰。

景物錢塘賦十章，柘軒歸美到鄱陽。北關夜市推侯惠，想見紗籠夾道旁。

凌雲翰《柘軒集》：杭爲郡，冠乎東南。唐宋以來，多稱賢守，而白、蘇爲最，蔡襄、李及次之，流風遺韻可考也。鄱陽王侯必先來守是郡，因覽形勝，有懷昔賢，於是大夫士以十題獻，俾作者賦之。一章曰『東海朝暾』，言侯忠愛之在君也；二章曰『西湖夜月』，言侯清明之在躬也；三章曰『浙江秋濤』，言侯威信之孚也；四章曰『北關夜市』，言侯惠利之周也；五章曰『孤山霽雪』，言侯之光輝潔白也；六章曰『兩峰白雲』，言侯之孝友慈祥也；七章曰『九里雲松』，言侯持之以操也；八章曰『六橋煙柳』，言侯容之以德也；九章曰『靈石樵歌』，言民得其所樂也；十章曰『冷泉猿嘯』，言物得其所樂也。此詩人之意，豈徒賦詠而已哉！予以末疾，不能從侯之遊。感德弗忘，輒效楊仲宏爲本齋王侯東湖之作，歌以頌侯，庶知民之愛侯，亦猶侯之愛民也。又《北關夜市》云：『羅綺明春數里餘，郊關迆邐接民居。須知北郭夜爲市，不似南州人趁墟。景類元宵堪入畫，家殊周易豈同書。使君五馬歸來晚，夾道紗籠照隼旟。』

夔堂宮保督畿疆，津海修衢地勘荒。賜壽歸來餘老屋，歲經七十七斜陽。

高鵬年《湖墅小志》：周元理，字秉中，乾隆戊午舉人，官直隸總督、工部尚書，家湖墅舊馬頭。咸豐初，老屋猶存，嗣毁於庚辛之劫。後人詠之明經，徙居吳江黎里。

施朝幹《武林人物續志》：周夔堂元理，仁和人。初授蠡縣令，調清苑，遷霸州，擢守宣化、廣平、天津、保定四府，由清河道秉臬開藩，奉勘減河濬治得法。開府山東，疏請滸山、清河二泊濬深開廣，以弭水患。總制直隸，修天津之海河疊道，及大宛、良鄉、房山等二十餘州縣通京衢途，並茨尾、雅河、盧僧河諸隄岸，民多利賴。又勘八旗在官荒地四百餘頃，召佃墾種。乾隆四十年，壽七十，御賜匄封『綏壽』扁額，命紫禁城騎馬，兩賜詩章。詔改熱河爲承德府條陳事宜，均允行。四十六年，乞休。次年，卒於家。

板橋塹客號新亭，邀月看山禮梵經。九畹芳蘭榮四朵，設科會狀振芳馨。

《武林人物續志》：金德馨，字沚湑，號樸堂，又號新亭塹客，錢塘人，家故饒。其父名星瑞者，官直隸、雲南二十年，以廉故，家乃日落。樸堂棄城中馬市屋，徙居湖墅邱園養素，不樂功名。父歿時，日跽靈前，誦《金剛經》不輟。樓上供大士銅像，焚香誦經，晨夕膜拜，如枯禪老衲。生子九人，成立者四。而長孺，應鴻博大科；雨叔會、狀兩元，位至通顯，尤以文章風采震曜當時。

金少參祠在北關，漕倉移祀藉追攀。東林一幟標南國，清惠同貽桑梓間。

薛時雨《藤香館小品·題杭州金少參公祠聯》云：樹東林幟，蜚西臺聲，公爲椒邑名賢，考獻徵文，戚里稔知清惠澤；植南國棠，掌北門管，我亦杭州守土，酌泉薦菊，湖山莫罄溯洄情。

按：祠在北新關，劫後移祀仁和漕倉。公諱九陛，全椒人，家有清惠堂。

明真宫裹賸明碑，沈秀巖來淚暗垂。九死一生方脱險，洪崖肩拍偶題詩。

沈紹姬《寒石詩鈔·由吉祥寺徙明真道院》：昨日寒山寺，今朝古洞天。一身幾九死，五日計三遷。彌勒才攜手，洪崖又拍肩。凡夫有定業，仙佛恐徒然。

潘永因《宋裨類鈔》：九宫山道嫗王妙堅，以符咒術游兩山間。一日，過西泠橋茶肆，有陳生者，隸職御酒庫，其妻叩以頭脏之方。嫗命市麻油，燒竹瀝投之，妄爲持咒，俾之沐髮應梳而解。時楊后方誅韓，而心有所疑，髮脏不解，謂有物祟。陳妻以油進用之，驗后頗神之。后召妙堅入宫，封爲真人，且創道宇，賜名明真，居之。

《梓里叢談》：明真宫在北新橋南，有明碑二，一爲大理寺少卿、錢塘周詩撰，一爲督理杭州北新關、南京户部主事吴文企撰。其歲月均磨滅不可考矣。

皋園清德有文孫，作令能安建始民。廉吏莫傷寒餓死，聰明正直果爲神。

何琪《小山居稿·定番州知州嚴君傳》：君姓嚴氏，字度昭，先籍餘杭，後遷仁和。年二十餘，移家北郭。成進士，選授湖北建始縣令，建始號難治，富豪巨猾，官府莫敢誰何。君甫下車，恩威並施，探丸之徒，悉皆斂迹，民賴以甯。未幾，挂吏議削職還里。既歸無家，賃屋以居，妻孥十口，饘粥不給。聞君没之日，建始百姓夢迎新土地神到任，審示之，乃君也。遂建祠、立主、豎杆，旗上書『民之父母』四字。至今令斯邑者，首先謁君，以爲常。

史公召米治頑殘，巨秀躊躇覓藥難。不泊北關船買飯，安能天地得真丹。

《四朝聞見録》：米南宫五世孫巨秀，亦善醫，嘗診史相脈。語未發，史謂之曰：『可服紅丸子否？』米對以『欲用此，未即愈』。史病手足不能舉，朝謁遂廢。中書要務，運之帷榻。米謂『必得天地丹而後可，丹頭偶失去，歷年莫可訪』，尋史病甚，召米於常州。至北關，登舟買飯，偶見有售拳石於肆者頗異，米即而玩之，即天地丹頭也。米以三千酬直持歸，調劑以供史，史疑而未敢嘗。適有閹者亦病瘻，試服即能坐起，又以起步司田帥之疾，史始信而餌，身即輕，遂内引。

周公曾把惠泉參，的的明珠水上涵。妝點瀉春園一角，空留雁影落寒潭。

《咸淳臨安志》：周公惠泉在湖州市下閘。乾道三年，周安撫淙重修，邦人德之，遂以名扁。

《湖墅舊聞》：惠泉疑即今珠潭。

按：今以《臨安志》校之，恐非是。

凌祚《玉照堂吟稿·瀉春園詩》：四叔瀉春園，在湖墅珠兒潭，劫後重過，荒蕪滿目，舊跡全迷。潭水塞源，巨石尚立。撫今追昔，不能忘情。即景各記一絶。别有感託，不僅平泉花木之懷也。

《珠潭》：空潭吐明珠，幻化若泡影。涓涓無盡流，幽咽語如哽。

《玉照堂》：萬樹香雪酣，花光照如玉。亭亭珠樹三，先後漸零落。

《覓句廊》：佳句偶然成，苦覓本不得。締造艱難心，詩法現身説。

《我我周旋亭》：是我亦非我，蒙莊妙旨詮。百年身後計，入世小周旋。

《露香樓》：冷露無聲溼，天香有子飄。至今一輪月，來照可憐宵。

《燕艇》：臨流有戒心，迴風旋花片。不見天上舟，曾見波上燕。

《初照閣》：百尺梧桐月，千絲楊柳風。夕陽已西下，不減舊時紅。

《仙掌峰》：一峰巨靈掌，劫餘猶嶒嶸。空作擎天勢，不知大廈傾。

《梓里叢談》：湖墅舊居，改爲糶糴之場。應敏齋、丁竹舟、松生三姑丈，就珠潭上築屋三楹，祠先祖達夫公、先叔祖燕庭公，乞孫子授丈颜曰『寒潭雁影』。松生姑丈撰聯云：『古蹟喜猶存，盈盈半畝方塘，曾伴他二老生前，都在鏡中留笑貌；婿鄉愁再認，惓惓一庭嘉樹，誰識我三人心事，還思日後起樓臺。』又云：『香火續前因，溯二老冰清，同慙玉潤；劫灰尋故宅，賸一渠川媚，空切珠懷。』不特爲先德留馨，抑亦爲北郭增掌故也。

大兜儂近起妝樓，阿妹從郎住小兜。兜得喜神方不散，兩家吉語卜年頭。

王晫《北墅竹枝詞》：上園下園齊種花，大兜小兜瓜果嘉。

王慶霖《下湖小墅述聞》：大兜小兜，在香積寺南。竊疑『兜』爲『陡』字之誤。其地近江漲橋，想是陡門舊址。今作陡門口，俗稱兜門口。

幅闊棉柔布半肩，教郎關上貿青錢。雞豚社罷留餘肉，乾蕩魚肥好過年。

張鉽《北郭雜記》：大關布，幅闊棉柔，多就關市而貿易者。每届臘月祀竈之時，鄉人多肩鄉豬肉，抱家養雞及乾蕩魚求市者。其值較廉，亦年景之一端云。

壁畫忠天陸少微，文孫妙績亦稱奇。野航何止自來度，北墅曾傳三老詩。

《竹寮夜話》：陸少微瀚，居北郭青莎里，以丹青著名，山水絶似雲林。

陸飛筱《飲齋稿·和丁丈敬身觀忠天廟畫壁歌》：龍泓先生老嗜古，梁劉彦齋眼無匹。走尋北墅觀壁畫，竟日摩挲暗塵撥。故人重示畫壁詩，再拜讀之心惙惙。吁嗟我祖值喪亂，避地來依山水窟。空將鬱勃寫丹青，平判年華銷麴蘖。裹金致帛奚足多，斷素餘縑爭歎絶。俗師耳食續圖繪，敢用雌黄插牙舌。傅濤竊筆亂真贋，客主不分乃淆列。可憐紛紛論雅俗，六品誰能辨神逸。今看此壁佛畫在，上溯探微差未没。記余畫癖自髫齡，衝雨來看年十七。神天颯沓辨黯黮，丹粉淺深留凹凸。龍頭菌蠢象轔軞，幢蓋飛揚衣秀發。森或鑾君獰鬼伯，形缺神全意猶活。白毫光裏現真如，殘暈重輪互明滅。長廊無人竄蒼鼠，古木號風盤老鶻。坐疑白晝弄荒怪，行觸飛埃動毛髪。是時剥蝕猶未深，欲補但愁庸史拙。洎今狼藉更廿年，佛火巫香自薰爇。饑驅顧我少家居，枌榆舊社久蕭瑟。先人遺蹟寄靈祠，詎比雲煙眼虚瞥。好事如翁世所希，珍重長歌稿新脱。古來好手何時無，零落空傷人代閲。石馬銅駝盡劫灰，玉軸金題遭割截。君不見，廟前流水抱桑田，十圍櫟樹猶蓊蔚。』又《畫自度航圖，寄唐獲鹿友弟兼以留别》：『出處有定分，立志當不移。吾生衣食謀，在視力所宜。日余甫弱冠，黽勉攻文辭。師友過見許，一發當搴旗。蹭蹬二十載，日軌風飈馳。吴頭與楚尾，旅泊差免飢。無書應科目，有若雞憚犧。人事偶相撥，見獵心復熹。居然領秋解，公車一再脂。塵埃日奔走，面目成老羆。本非清華士，何術工詩癡。憶昔慕閒静，浮家羡天隨。招招自度航，此意終栖遲。三肋竟何有，一悔不可追。空余相公筆，墨瀋猶淋漓。懷哉從此去，指水以誓之。盛年子爲宰，勳業於此基。我行日衰謝，身世長相遺。卅年復一别，後會知何時。爲圖寄歸思，微尚庶在兹。停橈看青山，不復憂晨炊。永言鷗鷺宅，中有老畫師。』又《北墅三老詩・金麹農淳》：『河塍有金丈，斷炊不言飢。飄零走秦趙，骯髒爲歌詩。晚脱將軍幕，少奉高士師。往往談狗屠，四座停酒巵。金秫田顧裴，秫田耽閒居。足疾道自尊，嘉遯遠城市。擊蒙依里門，詩律有獨詣。畫筆參無痕，遺編手刪寫，窮老無子孫。』《王茨檐曾祥》：『王君外形骸，爬搔時捫蝨。敝衣曾不恥，無食或可乞。痛飲已達生，學佛更禪説。心正筆乃端，理約文自潔。』

石倉書籍比曹倉，閣圮犁雲畫捲廊。幾卷《武林耆舊録》，何時重輯補遺亡？

朱文藻《碧谿詩話》：石倉先生爲湖墅耆宿，嗜學好古，殁後，故書散落人閒。予在汪氏振綺堂見其手鈔書，可數百册，楷法醇古，毫無俗燄，望而知爲有道之士。其他散去者，更不知凡幾。嘗輯《武林耆舊集》，自漢迄明，其稿在吴甌亭家，予借録一過，編定爲二十卷。又嘗手輯《錢塘縣誌補》，皆魏《志》所未備者。予每與何春渚、陳二西談其餘韻，訪其後人，均不甚深知。後客任城，訪知令嗣文思、孫漢隄同客山左，皆業儒。文思曾中副車，掌教山左。

盛起《湖墅人物考》：吴允嘉，字志上，又字石倉，錢塘人。性孝友，雅好吟詠，爲文原本《六經》，旁通《史》《漢》，而章法頓挫，刻意撫規蘇歐。於經世之學，尤所殫心。生平愛藏書，丹鉛點勘，晨書暝寫，凡山經、地志、墓碣、家乘，下逮百家小説、叢殘之書，搜討不遺餘力，晚年嗜好尤篤。有《四古堂文鈔》《石甑山房集》《石倉存稿》《石倉牋奏》《武林文獻志》藏於家。世居北郭之梳䑔橋。

難得人家號讀書，昭然天語式鄉閭。畫圖聞脱紅羊劫，翘首邗江虹月居。

吴嵩梁《香蘇山館詩鈔》：《讀書人家》第二圖，爲魏春松先生作。先生由刑部出守楊州，承召對，詢及家世，奏稱累葉俱入庠序，上曰：『讀書人家也。』出而榮之，繪圖以紀。今將乞歸，作第二圖：『古稱三不朽，其一爲立言。所言在經世，匪以文字論。與其惠來學，曷若用及身。一書洞民瘼，四海銷煩冤。先生改農部，職掌司錢緡。獨憂吏爲姦，擾累矜吾民。朝命擢臺諫，夕疏排天閽。保赤滌其蠹，治獄清其源。帝曰達政體，庶幾風化敦。遂使著爲令，中外推皇仁。紀綱有由立，案牘毋滋繁。此非經術懋，安識吾道尊。』

弘治七年秋九末[三]，華光賽會鬬新奇。游觀人衆關橋壞，官罷民傷足涕洟。

嘉靖《仁和縣志》：迎神賽會，肇於褚堂，次之以華光廟，在江漲橋東。弘治七年九月二十六日，復舉華光神會，自各色社夥擡閣之外，仍喚睢陽戲兒升上危竿，百般舞躍，常擲身空中，宛若翼生兩腋。人已驚異，迎至鈔關分司門首，適直吴主事瀛好事，欲觀奇巧，乃出夫人諸公子同看，許以重賞，使極技能。人以先知，各占北新橋上，庶便觀見。豈料人衆橋不能容，驀然擠脱橋欄。人遂驚曰：『橋崩矣！』聞者驚惶，東西奔走，奈何前後路塞，踐踏死者三十餘人，擠水者亦多。彼時巡土官憫其無辜，查究作倡者，責治擬罪，俗始廢，吴主事亦因此謫官。

幼記師門返外家，述來里諺笑無差。華光橋上天如水，華老登臨看月華。

楊文杰《井東隨筆》：余贅於湖墅程叶彭先生，先生一日舉里諺云『華老頭兒立在華光橋上看月華』，命對，至今數十年，時以告人，仍無對者。與『孫行者挑行李上太行山』同一，絕無僅有之句也。

滑氏樓承仙露香，空潭大小漾珠光。一門朗照露盤玉，掌現明珠惜不常。

《湖墅人物考》：滑彬，字又彬，號魯齋，仁和人。康熙壬子拔貢，官河南温縣知縣，有循聲。年祲傾産，代民輸糧。又滑吉登，字誕先，號帀庵，仁和人。康熙年例貢，慷慨好施，有露香亭別業，日與北墅諸前輩吟詠其閒，樂道不仕。從子楷，字駿雯，號逸齋，康熙年歲貢。楷弟汝謀，字夏占，號定庵，仁和貢生。

陳文述《西泠閨詠·珠潭懷滑蘭芳》：蘭芳，瘦鶴少府女，年十四未嫁而夭。趺坐合掌，口氣滿室，作妙蓮花香，殆有夙根者。

吹簫芳氣麗娟年，日午槐陰解簸錢。嬌勝綺羅花戚里，慧參香雪佛因緣。煙霞静玩三生石，水月閒栽九品蓮。
應是垂髫小龍女，乘風歸去四禪天。

賈家古衖主難詳，五十年前托壻鄉。月色舊時都不改，劫塵吹散紫藤香。

應賓時《射雕山館筆記》：賈家衖去珠潭不半里，或謂秋壑別業，然無籍可按也，外舅凌燕庭先生故居在焉。外舅之兄達夫先生，習法家言，通知時政，謹守禮法。館節署者二十年，大府倚重，吏不敢欺。進署歸家，皆在昧爽，人罕識面。家事一委朱安人主之，操持勤儉，扶濟艱難，三黨稱賢。生兩女，均歸錢塘丁氏。晚纔得子，名祚。因亂廢學，捐職布理問。孫一，名璋森，光緒戊子舉人。外舅屋宇精潔，小有樹石，擷芳軒前，藤花如幕，不減繡谷。劫後蕩爲煙雲，重過爲之慨然。

張公文節近珠潭，咳唾成歌采筆涵。誓向白雲堆裏歿，杜鵑飛北不飛南。

李榕《杭州忠義傳》：張洵，字肖梅，錢塘人。咸豐壬子進士，官編修，謚文節。居湖墅，經明行修，少有志節。庚申春，方直南書房，聞杭州城陷，遽乞假，徒步南歸。妻子俱殉，幸母無恙，奉之避塘棲，母亦旋没。辛酉，省垣再陷。公賦《絶命詞》三章，投池死。事聞，賜謚建專祠，異數也。《珠潭歌》曰：『武林山水天下奇，神淵涵孕萬象滋。泉流百道湧地出，噴珠濺沫西山陲。虎跑龍井詩絶勝，冷泉玉泉名交馳。白衣山人來典郡，更鑿六井通湖湄。斥鹵萬頃得甘谷，開闢巖竇應無遺。那料別有靈泉一脈在，北郭韜精蘊采人未知。瑲源閟遏幾千載，一朝湧現鋪琉璃。大珠何纍纍，小珠何離離。珠跳若雨點，珠散隨風漪。青蛤赤蜯想變化，木難火齊俄紛披。人言斯潭下定通瀛海，不然胡乃明珠錯落如探驪。我家於此閱三世，兒時釣弋情在兹。魚橋南望最密邇，關津北達殊逶迤。比年廬井益蕃庶，甘泉一勺欣分炊。北來米舶似雲集，市廛雜沓昏朝曦。獨有斯潭朗如鑒，照徹萬類呈妍媸。注之不盈挹不竭，悠然濠濮神爲移。江湖散髮客歸去，林泉嘯傲良足怡。湖上泉多隱山腹，斯潭特出臨康逵。始知坤輿鍾靈不在大，即此方塘數尺非人爲。我來臨流策藜杖，百年桑梓常追隨。狂歌一曲醉題石，愧無九天咳唾隨風吹。』其《絶命詞》曰：『血戰孤城力已窮，席前借箸竟無功。白雲堆裏吾將去，前輩風流有戴公。往事追思淚泫然，妻孥三命赴清淵。而今收拾全家去，地下重教骨肉圓。篋内猶存御賜衣，澄懷風景已全非。微臣雖死心猶在，化作杜鵑向北飛。』

慧花庵宇繞修廊，流水橋通界短牆。纔拂生臺施鳥罷，又篩佛米散魚糧。

《梓里叢談》：慧花庵在賈家衖，祀金龍四大王。乾隆初，業米者創建別祠於此旁，爲佛殿寺僧守之。舊有文昌閣，今廢。前有九連蕩，環橋屈曲，小築隄埂，界以短垣，繞以迴廊，游魚活潑，深得濠上之趣，俗稱放生池。

沈心韶比水潭清，把卷教兒讀代耕。白斑遺詩登四庫，不幸偏輯景梁名。

鮑廷博《知不足齋集·湛淵遺稿跋》：《湛淵先生集》，今傳世僅顧氏《元詩選》中數十篇耳。錢塘沈君菘町特愛其詩，乃偏搜羣集，掇拾叢殘，稍稍附益之。《四庫全書》所搜，即其所手輯也。菘町，名景梁，字敬履，貧居北郭，性嗜異書，所傳祕册至數百册。

《杭郡詩輯》：沈濬，字心韶，號晴山，仁和人，有《晴山詩草》。居北郭，足不入城市。縛茆作屋，把卷長吟，或當風日清美，則芒鞵布襪，遨遊佳山水閒。

嵩之淳祐復還朝，疏懼宣和厄再遭。文獻淵源馮抱甕，行窩曾傍喻家橋。

方回《桐江集·跋馮抱甕詩》：尚論人物者，不貴崛起於一時，而必取夫文獻淵源之有所自。蓋功名可以偶然致，而學問文章雖曰性固有之，亦必濡染薰陶得於父兄、師友之教，則易爲力也。抱甕馮君夢龜仲錫，普州安固縣人。父棻，嘉熙二年以知湄州、攝夔漕。一日罷，僑居錢塘之北關喻家橋。淳祐四年，歲在甲辰九月，右丞相嵩之起復，即上書叩閽，謂宣和六年甲辰九月初五日，李邦彦起復少宰，越一年有靖康之禍。今嵩之又以甲辰九月初五日起復，於厄運恐未便。書上，降一官，池州居住。其年十二月，改相范鍾、杜範，太學生張彊、蔡德潤等四百餘人伏闕，爲訟其冤。即日赦使還，差知賀州。以母老丐祠除諸司計院。六年丙午十月孟饗，除司農寺丞。報至，而丁母憂。尋亦以時事拂時相意，卒。經畈先生徐公霖銘其墓云。

青莎張氏世清門，家爲施貧已亦貧。傳有後賢常德守，銅陵泣請賑哀民。

《杭郡詩輯》：張開士，字軼倫，號古香，錢塘人。乾隆壬戌進士，官湖南常德知府，世居北郭青莎里。先人好施，貧其家。古香九歲而孤，讀書窮晝夜，雖除夕、元辰不輟。成進士後，選銅陵，移知桐城、宿州，擢常德知府。未之官，奉諱歸，遂不起，年裁五十九。知銅陵時，歲祲請賑，不獲見巡撫，泣曰：『民無鳩矣。苟藴孽而壅利，安用官爲！』言畢，袖印置几上，再拜求去。巡撫改容謝之，聽其請。

利人利物溯名醫，貧病招邀不計貲。濟世養生經驗集，毛楓山與趙培之。

朱文藻《碧溪居士集》：武林毛楓山，幼業儒，長攻醫，心存濟世。家居湖墅，年垂八十，遠近延診者，大率耕桑蠶織之家。祁寒暑雨，凌晨徒步而往，十里五里，未嘗命肩輿、索重貲，亦未嘗延時刻以誤人守候。力不足者，或施藥以濟之。計數十年中，人活無算。哀集生平親試有效之方，分《濟世養生》《便易經驗》二集。蓋養生者，防患於未然；而經驗者，則徵信於已然也。不以自祕，刻以傳人，仁人之術，不是過矣。

《湖墅小志》：毛世洪，字達可，號楓山，乾隆間爲湖墅名醫。趙樹基，字培之，家居大兜，以行醫好善終其身。

鍾世培《壽趙培之詩》：培之居湖墅大兜，少習醫家言。人有乞診者，雖寒門遠道，必急應之，未嘗責其厚酬也。中年更習導引術，夜恒不寐。遇亂，出入干戈間，專以利人爲心，無所怖畏。年垂八十，行步如飛。

趙公耄老如少年，飛行陸地真神仙。自言壯歲好游戲，讀劍俠傳通劍器。奔走江湖僅一身，無讐可報醫活人。忽丁烽火紅羊劫，軍且不從況從賊。不聞治亂即桃源，八十一難窮根原。内經至理本内景，餘事龍虎調丹鼎。刀圭一奏若有神，鄉人驚呼祁孔賓。長眉漸白方瞳碧，老有童心守真訣。笑謂我醫不求名，有緣相遇機相生。若我醫人人不死，造化之權歸我使。枸杞夜吠菖蒲花，胸中我獨養黄芽。朝菌大椿論齊物，仙不必求醫無術。

三寶地居虞孝子，《錢塘志》惜佚其名。徧稽孝友邑中傳，可是虞鈖虞舜卿。

康熙《錢塘志》：賈家巷西通三寶地，有孝子虞某舊宅。又《孝友傳》：『虞鈖，字畯民，邑諸生。少孤，事母至孝。家貧，教授供母，務得歡心。母病，醫藥不效，鈖割臂肉以進，病遂愈。後母卒，廬墓側，無力庀材，僅築小舍，中設六尺卧具，不容起立。早出授學，暮宿廬中。常夜深雪數尺，迷失道，陷大澤中，止露肩頂，呼號曠野，杳無人跡，自分必死。忽守墳者持燈出門，聞鈖聲，趨救之。詢其故，曰：「頃因卧不安席，一似有迫予起者，初不知孝子落坎也。」因歎息以爲神。又虞舜卿，字國賢，少爲諸生。薄舉子業，竟棄去，日以古文詩歌自娱。其於技藝、方術、書畫皆通。而尤篤於孝友，養母，及其母所愛子。代兄漕，濱死不怨。酬以沃田，轉授諸姪。一日，哭父墓，聞空中語曰「有虎」，言至再。甫及山下，而家有躡蹟。夜奔視母疾，雙燈自移引路，人以爲孝感所致云。』

王沈清門樂望衡，千金難買結鄰情。一從詩卷遭胠篋，空聽清潭梵唱聲。

沈濬《晴山詩草》：僻居荒野，老矣無聞。庚午仲春，茨檐王君，移家郭外，與爲鄰並，差不寂寞。

老不諳時務，蕭然久索居。家都無長物，架只有殘書。上壁苔痕滿，遮窗竹影疏。是閒容嬾惰，荒僻稱吾廬。素心誰與共，是地起南村。日涉亦成趣，端居聊避喧。爲鄰分薜徑，列屋共柴門。行誼知無忝，看君古道存。閲世如棋局，爲生有釣筒。移家來郭北，寄跡自牆東。書法顔公妙，詩稱謝朓工。十年曾夢想，頑鈍待磨礱。拙性真堪笑，耽吟亦自娱。幾曾詩格調，吾亦問師資。幽圃花開日，疏林上月時。興來容唱和，幸與討論之。

建廟修橋陳德誠，紹興兩碣表功成。夾城繼有陳聲遠，耆善芳流百世名。

《咸淳臨安志》：靈惠廟在城北江漲橋鎮界。鮑贇《廟記》曰：『皇帝駐蹕於臨安之十有二年冬，臨安府耆老陳德誠等狀於有司，請建神祠。有司以聞，明年秋，詔用奉常議以「靈惠」名其廟。』又馮檝《中興永安橋記》曰：『鎮民耆艾陳德誠萌濟衆念，願同興修，共成其事。紹興丁巳仲秋鳩工，次年戊午初春告成。』

嘉靖《仁和縣志》：陳震，字聲遠，仁和夾城里人。幼從事舉子業，以家清寒且父衰身孑，改服賈。鋭意經營，疏遠紛華聲色，惟知逸其親而悦之，餘皆無益。族有悍弟，量其所欲，委曲俯從，使不失好。素性沈静厭趨附。鄰有强狠陰欲肆毒者，常先事消沮，卒無所加。終身罕見喜怒之色，亦無讎憾之人。

周美成填瑞鶴仙，忽然避寇境如前。斜陽殘臘郊原路，春酌流鶯勸醉眠。

王明清《揮麈餘話》：周美成以待制提舉南京鴻慶宫，自杭徙居睦州，夢中作長短句《瑞鶴仙》一闋，既覺猶全記，了不詳其所謂也。未幾，青溪賊方臘起，逮其鴟張，方還杭州舊居，而道路兵戈已滿。始入錢塘門，但見杭人倉皇奔避，視落日半在鼓角樓簷間，即詞所謂『斜陽映山落斂，餘霞猶戀孤欄角』者應矣。當是時狂寇嘯聚，徑自睦，將直擣蘇杭，聲言遂據二浙。浙人傳言内外響應，求死不暇。美成舊居不可往。是日，無處得食，飢甚，忽於稠人中有呼『待制何往者』，視之，鄉人之侍兒，素所識者也，且曰：『日昃未食，能捨車過酒家乎？』美成從之。驚遽間，連飲數杯散去，腹枵頓解，乃詞中所謂『凌波步弱，過短亭何用素約。有流鶯勸我，重解繡鞍，緩引春酌』之句驗矣。飲罷覺微醉，便耳目惶惑，不敢少留，徑出城北。江漲橋諸寺，士女已盈滿，不能駐足，獨一小寺經閣偶無人，遂宿其上，即詞中所謂『上馬誰扶醒，眠朱閣』者應矣。既見兩浙，處處奔避，遂絶江居揚州。未及息肩，而傳聞方賊已盡據二浙，將涉江之淮泗。因自計，方領南京鴻慶宫，有齋廳可居，乃挈家往焉，則詞中所謂『念西園已是，花深無地，東風又惡』之語應矣。至鴻慶，未幾以疾卒，則『任流光過了，歸來洞天自樂』，又應於身後矣。美成生平好作樂府，夢中得句，而字字俱驗，卒章又應於身後，豈偶然哉！

二司殿更三官殿，五界同燒發脚香。相約七賢穿水街，老東嶽會共登航。

《梓里叢談》：二司殿、三官殿，俱在拱辰橋西。

田汝成《西湖游覽志餘》：五界廟在歸錦西，洪武三年建。

魏標《湖墅雜詩》：許三省，錢塘人，嘉靖戊午舉人，官夔州知府，居歸錦橋南。三省九世祖潤，闢己居爲義衖，俗稱許衖街，今名七賢街。按：今法華山進香之船，率集於此。

倉庚鳴聽值春陽，江漲橋邊泊野航。株直二鼇長八尺，東風吹緑買條桑。

《蠶書》：條桑出於杭之臨平。其鬻之地，以北關之江漲橋。株以二鼇，其長八尺。

玉窗春夢散雲霞，三寶何如向釋迦。橋度香花寺香積，心香一縷懺吴家。

吴曾《能改齋漫録》：近時有士人，嘗於錢塘江漲橋爲狹斜之游，作樂府名《玉璁瓏》云：『城南路，橋南樹，玉鉤簾捲香横霧。新相識，舊相識，淺顰低笑，嫩紅輕碧，惜惜惜。劉郎去，阮郎住，爲雲爲雨朝還暮。心相憶，空相憶，露荷心性，柳花蹤跡，得得得。』其後朝廷收復河南，士人者陷而不返。其友作詩寄之，且附以《龍涎香》詩云：『江漲橋邊花發時，故人曾共著征衣。請君莫唱橋南曲，花已飄零人不歸。』士人在河南得詩，酬之云：『記得吴家心字香，玉窗春夢紫羅囊。餘薰未歇人何許，洗破征衣更斷腸。』

《咸淳臨安志》：香花橋在接待寺前。

乾隆《杭州府志》：香積寺在江漲橋北。太平興國三年，柯氏捨宅爲寺，舊名『興福』。大中祥符間，改今名。元末，燬。明洪武辛亥，重建爲叢林。

江漲黄家嗜鼈羹，厨人放鼈主人瞋。撻傷鼈竟含泥護，感悟將廬捨出塵。

施彦執《北窗炙輠録》：杭州江漲橋有富人黄氏，性嗜鼈，日羹數鼈。一日，其庖者炮鼈，以爲熟也，揭釜蓋，有一大鼈仰伏於蓋頂，乃復入於釜中。須臾揭之，其鼈又仰伏焉。庖人憐之。其厨適臨河，乃縱諸河，羞其餘鼈以進。主翁爲訝其少，以爲盜之也，鞭之兩髀流血。庖人痛甚，卧竈下。既覺，頓覺痛止，視兩髀，則青泥封其創，訝之。俄而見鼈自河負泥而上，庖人大怪之，具以實告主翁。感其事，遂不食鼈。其後遂捨其廬爲寺，即今黄家寺是也。

文義棋書太不廉，卅年權貴召兵鈐。梟安捨宅如同泰，難洗蕭梁敗國嫌。

《西泠懷古集·化度寺懷朱彥和》：《梁書》：『朱异，字彥和，錢塘人。父巽，有義烈。沈約謂异曰：「天下惟有文義棋書，卿一時將去，何太不廉。」言多藝也。』天監中，捨宅爲寺，在江漲橋，名『衆安』，隋改『衆善』，唐改『重雲』，再改『承雲』，今名化度寺。异官侍中，居權要三十餘年，阿諛承旨。侯景反，以討异爲名。太清之亂，實异之由。延寇敗國，雖捨宅爲寺，亦無取焉。

魚市人歸魚鑰懸，水煙秋月映行船。表民晚宿江橋畔，擬榻僧房思悄然。

《咸淳臨安志》：許表民《晚宿江漲橋》詩：『鳥徑青山外，人家苦竹邊。江城懸夜鎖，魚市散空船。岸静涵秋月，林昏宿水煙。又尋僧榻臥，夜冷欲無眠。』

蘭陔萱壽沐褒題，軒蓋生徵抱送奇。一卷漁塘留野唱，最憐感悼禹平詩。

《井東隨筆》：錢琦，字相人，號璵沙，仁和人。乾隆丁巳進士，歷官福建布政使。家在江漲橋。鄰婦劉氏，一日夢有大官張軒蓋，抱送一兒傳呼入室，喈曰：『誤矣，尚在左壁。』人喧馬騰，都往錢氏屋。及旦，婦來告夢異。語未畢，而方伯生。

錢琦《澄碧齋詩鈔·漁塘野唱序》：漁塘，余所居之里也。塘附郭，有山水橋梁，有邨落廛舍。每花晨月夕，輒與里中帬屐即景拈題。少年樂事，於斯爲最。顧舊稿都散佚，偶檢得若干首，名曰野唱者，比之牧吹、樵歌無當風雅，不知聲律爲何物也。

又《哭汪禹平妹婿治》：『匆匆折柳悵離羣，一別何堪生死分。靈若有知應記我，世偏無地可容君。夾城夜冷空秋月，湘水春殘祇暮雲。腸斷論文樽裏酒，竟教移酹到荒墳。』自注：禹平住夾城巷，客夏自楚旋里。

又《采蘭集序》：甲午秋，入覲。仰荷聖慈垂念母老，寵賜『蘭陔萱壽』御書。戊戌秋，復奉特旨，准予在籍終養。

江漲橋頭税務臨，北關醋庫動沈吟。桃花颜色梅花味，一樣花姿兩樣心。

《咸淳臨安志》：北郭税務，在餘杭門外，淳祐六年，趙安撫與𥲅重建。江漲橋税務，在江漲橋鎮市，淳祐三年重建。

江漲橋醋庫，在城北鄉醋坊巷橋河東岸。

歲直趨黄慰問勞，醬紅荔白餉迢迢。故人情重如風月，魂夢應飛江漲橋。

蘇軾《東坡詩集·杭州故人信至齊安》：昨夜風月清，夢到西湖上。朝來聞好語，扣户得吴餉。輕圓白曬荔，脆釅紅螺醬。更將西庵茶，勸我洗江瘴。故人情義重，説我必西向。一年兩僕夫，千里問無恙。相期結書社，未怕供詩帳。還將夢魂去，一夜到江漲。

《九域志》：仁和縣有江漲橋鎮。

《咸淳臨安志》：江漲橋在餘杭門外，江漲税務東。

臯亭神夢衆安僧，捨屋捐腥乞戒乘。赫赫武功忠且孝，七娘子廟可同增。

《咸淳臨安志》：靈惠廟在城北江漲橋鎮界。神姓陳，名項，字行嵩，會稽人，葬於臯亭山，因廟焉。鮑賫《記》云：「皇帝駐蹕於臨安之十有二年冬，臨安府耆老陳德誠等狀於有司曰：「化度寺有臯亭神祠，自隋以來事之，至今不絶。旱乾水溢，有禱必應。郡民事無鉅細，皆請於神，應若影響。朝廷歲時降香祈請，不異他祠。而封爵無加，廟額未立，蓋闕典也。」有司以聞，明年秋，詔用奉常議以「靈惠」名其廟，遠近鼓舞。願刻諸石，侈大神休，以昭天子之寵。命寺僧行藴以其記來請，某不得辭。謹按：神姓陳氏，諱某，字行嵩，會稽人也。事東晉，歷青、揚、荆、廣四州刺史，以武功，食錢塘、海鹽、鹽官三邑。見於李宗諤之《圖經》者如此。梁大同二年，敕封興善王，後改封崇善王，而失其時代歲月，見於桑衍之《圖經》者如此。隋僧真觀講經衆安寺，夜夢神求受浄戒，仍舍廟屋五間爲佛殿，見於《高僧傳》者又如此。爾後遂寢血食，專供伊蒲塞饌，見於白居易之《祝辭》者又如此。神嘗使虜，留三年，乃斷左臂求還，遂以胡服報命，居喪哀毁過制，既卒，人嘉其忠且孝，立廟於臯亭山之西南而祠之，聞於耆舊之傳者如此。神既事僧真觀，願護伽藍，始建廟寺中，惟化度寺在唐爲「重雲」，更曰「承雲」，本朝皇祐中，始改今名，疑即隋之衆安寺也，聞於舊耆之傳者又如此。考之《禮經》，聖人之制祭祀，非有功烈於民者，不在祀典。而神生則勤於國，死則爲國家民物禦捍災患，其功烈宜祭祀。故當中興盡毁淫祠之際，獨以衆請，廟得賜額，載在祀典，與百神受職。嗚呼！天子之所以愛民而禮神者至矣！神之所以承天子之寵命而福斯民者宜何如哉！抑嘗聞漢朱邑，故爲桐鄉吏，其民愛之，死葬桐鄉西郭外，民共爲立祠，歲時祀祭。夫邑特縣小吏，民且不忘，況神有武功忠孝昭著，宜其舉邑祠之至四十餘所。又聞蜀將關某，廟食玉泉山，嘗受戒於僧智顗。後祭絶葷茹，福及荆南，神之依嚮，釋氏亦無以異也。雖然碑版載神之事爲多，而怪誕不經，適足以誣神。今特摭其可書者，以信於天下後世云。」

朱文藻《東皋小志》：半山七娘子廟，在皋亭半山。舊傳崇善王妹也。

江漲西南歸錦橋，臨安志未賣魚雕。如何二百年前蹟，借把歸田大理標。

《咸淳臨安志》：歸錦橋在江漲橋西南。按舊《志》並無『賣魚橋』之名，而『歸錦』則已見宋《志》。夏大理時正歸田，在明正統、成化閒，時橋名由來已久，安得以所居在橋右，遽以歸錦屬之哉！

歸錦橋棲夏克誠，扈從北狩殉煙昏。官聲壽考連文學，天亦酬忠報子孫。

康熙《錢塘志》：夏誠，字克誠，宣德乙酉舉人。正統初，任沙縣教諭，清慎有志操。都使者上其賢，擢監察御史。己巳，車駕北征，誠扈從至土木，乘輿陷敵中，誠死於難。後朝廷追録死事忠勤，官其子，繼先至撫州知府。六世孫國賓，操行醇謹，壽至九十有五。八世孫驫，力學能文，屢薦不售，士林惜之。

符九鄔公志行貞，備兵羅定寇難平。全家五十七人殉，死事酬忠光禄卿。

張潔堂《鄔忠臣詩注》：忠臣名象鼎，字符九，仁和人。順治己丑進士，授廣東布政司參議。備兵羅定時，粵寇未靖，欲以計平之，兵敗被縛，不屈死。事聞，贈光禄卿。子元裸、姪聯珠並家屬五十七皆遇害。

梁文濂《桐乳齋詩集·鄔符九一門殉難詩》：知公忠勇屬天成，釋褐旋看出備兵。藉手招攜初復國，驚心禦寇又登城。突圍李敢生非望，罵賊常山死有名。慷慨從容俱不忝，朝家恤典稱崢嶸。」

異事流傳世所稀，草營巷裏運偏漓。孿生未判形骸具，閭里喧觀兩面兒。

萬曆《錢塘志》：湖市賣魚橋草營巷，有生兒一頭、兩面、雙耳、四足，男、女形皆具，其家棄市河中。行丐者收之，求觀者索錢一文。此未判孿子也。

秀才虞四巷輕嘲，異羽人偏指怪毛。死與周官懌同事，紫衣約帶職陰曹。

《杭郡詩輯》：虞汝翼，字異羽，仁和諸生，讀書多大略，好與人談忠孝，意所不可，輒面數之。羣目曰『虞四秀才』，居賣魚橋巷，亦因異羽得名，曰『虞四秀才巷』。誚之者，又故謬『異羽』之音義，稱曰『怪毛』，然異羽卒不顧也。里有周官懌者，年七十餘老儒，素不識異羽。一日，語其子曰：『我必死。我夢爲上帝所推，與虞君名汝翼者同事。我名在第八，九即虞也。』因遍訪虞君爲誰。衆怪其誕，不之信。無何，而異羽死。死之日，去周官懌死不一二日，年四十四。死後郡人孫姓者，以疾卒。一夕而蘇，言異羽紫衣約帶，治文書爲冥官。

吴樂閒摧子若孫，張潘兩代婦存存。冰清玉潔垂百載，綽楔峩峩雙節門。

孫樹禮《杭郡節孝録》：張秀英，仁和歸錦橋人，年十六，歸同邑吴以學，德性温存，恪盡婦道。翁瓚，號樂閒，以州守謝政家居，志存游樂。凡酒殽蔬果，悉張氏置辦，靡不精潔。翁尤愛重。至二十一歲，不幸夫以學死非其辜，哀痛幾殞。念有赤子瀾在，忍死保身，矢心固守。瀾方周歲，人皆危之。張氏竭力撫摩，曲爲調攝。稍長，延師授以經學。俟壯，爲擇潘州同女惟婉爲婦。張氏知瀾學有進益，遣游邑庠，以圖光賁，不料羸弱疾身故，潘氏時二十一歲矣。姑婦相依，冰清玉潔。姑年五十八歲，完節終身。婦自十五歸瀾，今五十矣，祗承姑志，霜雪自持，事母克盡孝道，人稱雙節。見嘉靖《仁和志》。

賣魚橋接餘杭塘，十畝清池鑒草堂。一柏破空亭一笠，醉歌不負玉谿觴。

余大觀《菘塍齋遺稿·玉谿園居落成，招同人小集》：賣魚橋接餘杭塘，南湖源引谿流長。主人官罷來相宅，回波環碧同清漳。經營十載始斷手，入門喬木風煙蒼。不施丹粉務樸素，方池十畝臨虚堂。其東高阜土帶石，孤亭如笠松陰藏。破空一株老柏立，蔦蘿附帶隨飄揚。徑迴北折得岸舫，憑檻便可釣鯉魴。危樓巀嶪出樹杪，飛甍斜桷鳥翼張。梯桄獨上縱遠目，決眥遠接西南鄉。秦亭山色落几案，寶所塔影窺微茫。穿林隱見牛彳亍，行道絡繹人扶將。婆桑幾本繞屋後，修竹百萬遮鄰牆。下樓循廊轉詰曲，紅薔十丈開披猖。櫻桃傍簷垂滿樹，木香縛架并一廂。過橋路盡安小屋，十笏儼似青豆房。中庭磐石列茶器，瓶笙初沸蟹眼湯。故人招邀何與魏，隔籬更喚吴家郎。家藏越釀一千日，紅泥印折開罌香。貓頭之筍白如玉，王墳豆筴傾滿筐。江鄉節物隨時有，人生會合安可常。駒隙過陰歲月忙，惟有一醉爲樂方。古來不飲嘲惡客，千鍾百榼賢聖當。更闌燭跋未能起，望後圓月微虧光。我詩薄劣敢擅場，興到直書聊自適，佇待諸公有報章。

余鍔《松塍齋稿序》：族兄柏屏先生，諱大觀，字容若，登乾隆丙子科副榜。不求仕進，私淑周徵君穆門，故詩品絶似之。年八十餘，歸隱湖山，興致不減少時。

塘認餘杭學士廬，吾生墮地愧充閭。塘邊白水猶如昨，白髮重來豈故吾。

鄒志初《墨稼穡齋詩稿·過餘杭塘舊居》：老屋當年住，吾身墮地初。即今成落魄，慚愧説充閭。白水官塘路，青山學士廬。重來覓鄰叟，懷舊益欷歔。

按：舊居爲梁山舟學士别業。

亭子門無風月關，青山白水影回環。一羣鴨鴨隨船引，早識蘆灘第幾灣。

張鉽《杭郡雜詠詩》注：放鴨亭，在湖墅枯樹灣，何東甫先生琪故宅之臨水小亭也。咸豐庚辛劫前，亭上有聯云：『青山横北郭，白水繞東城。』爲春渚先生書。

鐵巖教諭祖文僖，琴律參同注費思。愛女蕉卿適梁氏，一雙宰相舊門楣。

《湖墅小志》：黄鐵巖先生超，官金華教諭，品端學粹，課士以實行，身先表率，大有胡安定吴興設教風，洵無愧文僖之後。著有《太歲考》《琴律淺説》《牋譜》《黄庭經注》《參同契注》《羣仙傳》，卒年七十三，居湖墅枯樹灣。廳額曰『居家安静，天下第一』，乃聖祖御書，賜文僖者也。

梁紹壬《兩般秋雨盦隨筆》：亡室黄巽，字順之，號蕉卿，訓導黄公超女，文僖相國七世孫女也。年十九年歸余，醇謹恭儉。丁亥冬，余侍家大人入粤，孺人以母病不能從。次年冬，余忽患咯血證，孺人聞而心驚，閒關度嶺。乃未及半年，猝得風疾，沈緜床笫，一載有餘，竟爾不起。余作輓聯云：『四千里累爾遠來，父在家，母在殯，翁姑在堂，屬纊定知難瞑目；廿三年棄余永訣，拜無兒，哭無女，繼承無姪，蓋棺未免太傷心。』孺人受外姑雷夫人教，解吟詠，著《聽月樓稿》。

枯樹灣南水木娱，何春渚結小山居。新詩十絶寫幽趣，如卻孝廉方正書。

《小山居稿》：僻居北郭，在枯樹灣南，饒有水木之趣。風日清淑，每一眺望，遂得七絶十首，蓋亦天隨子震澤自遣諸作之意耳。

生花坊外山如黛，枯樹灣南水似銀。敢比風流吾竹素，可知同是陸沈人。

青粉牆高井邑連，臯亭山色夕陽邊。年年二月桃紅候，門外常停載酒船。

數叢買得蝶相隨，半是花園埂上枝。今日馬塍無一樹，尚疑嘅損小紅時。

瀌瀌谿田水自鳴，芹芽采趁午風輕。活東纔見生無數，幾日陂塘便有聲。

水亭坐看躍銀鱗，殘雨初收月上遲。荷葉香中涼世界，絶無人跡我來時。

肝遺邑令殷勤少，羊賜官家禮數殊。争似周禺山舍住，晚菘早韭味清腴。

蕭條蔣徑長青莎，只有比鄰二仲過。不是昔賢朋輩少，人生知己本無多。

晨夕相親樂有餘，同懷老去惜居諸。何如家住檀橋側，老屋三間共讀書。

傍舍瓜疇與豆塍，農書閉户手鈔曾。饁耕只恐孤君意，一隴年來辦未能。

嵇阮亡來劇可憐，招邀文酒記當年。黄公壚畔今誰在，逢著歡場一惘然。

按：集中又有《嘉慶元年九月，上阮學使芸臺辭舉孝廉方正》詩四首。李堂《緣庵詩話》：仁和布衣何東甫琪，號春渚，居北郭枯樹灣，工詩文。被酒輒發灌嬰之狂，觸阮籍之痛，故吴穀人祭酒《寄懷》詩有『古來涕淚酒人多』之句。客維揚最久。嘉慶丙辰，與宋青湖師同徵舉孝廉方正，不就。年七十餘，賦詩而逝。著《小山居稿》。

龍泓弟子數陳包，修竹梅花壓北郊。二顧陸嚴何又沈，同聲八子協笙匏。

《杭郡詩續輯》：陳燦，字象昭，一字二西，號曙峰，錢塘布衣，有《師竹齋稿》，爲丁龍泓入室弟子。工爲篆隸書，或畫山水古松、野梅叢竹之屬，輒淋漓滿屏幛。居北郭枯樹灣，與何東甫家最近，故交亦最久。土牆茅屋，簾外修竹數竿，青照几榻。二西吟誦自適，雖樵蘇不爨，無戚戚之容。嘗應黄小松司馬之招，客任城三載。小松死，歸居家巷，爲童子師。歿時，年已八十餘矣。當時北墅詩人，有顧懷雪、顧書臺、嚴可亭、沈菘町、陸筱飲、包梅垞、何春渚與二西，稱八子。陸、何有集，顧詩無傳，包詩僅見一二。可亭有遺詩五十首，二西手録之爲鐫《秋竹館小稿》。又，包芬，字采南，號梅垞，仁和人，有《梅花吟屋詩草》。性喜梅，書屋前後，罔不植梅。當花放時，輒累月不出。

《湖墅舊聞》：嚴筠，字可亭，錢塘人，有《秋竹館小稿》。善鼓琴，好爲詩。所居在北郭，水木明瑟。

鯉鯽鯿鰦鰻鱔鯧，餘杭門外販魚行。水冰橋喚水濱街，侵曉牙郎趨市忙。

《咸淳臨安志》：水冰橋魚行裏。按：水冰橋，今呼爲水濱街。

静軒學士得天全，孫子無過智勝賢。接待聞鐘心頓悟，不婚不宦似逋仙。

《湖墅人物考》：張鑒，字星朗，號静軒，仁和人。嘉慶辛酉進士，官内閣侍讀學士。孫維嘉，字孚吉，號穎仲，候選光禄寺署正，有《智勝居士詩鈔》。幼有至性，事母孝。讀書接待寺，聞鐘聲，忽悟，終身不娶。詩宗漁洋。書法得唐人三昧，臨摹漢隸，別有逸趣。晚年尤殫心理學，深自韜晦，獨行傳中人也。

吴妹歸孫命不辰，魚行橋宇役躬親。小樓日影晨炊絶，誌墓胞兄最慘神。

吴鼎《皋亭集·孫氏妹墓誌銘》：弘治十六年十月十五日，生吾弟於錢塘城北隅魚行橋之故宇，字之曰珩玉，年十八而妻仁和孫鸞，縣學生。其翁曰憲，姑沈氏。弟嫁十年而病瘵，四年而死，葬其邑東山街，從孫氏之先兆焉。初歸孫氏也，頗得其舅姑歡心。居數年，竟以其夫無成名，俾夫婦別食，而無一隴之分、一金之産。弟徒易所佩用爲田爲舟，以謀朝夕，且給其夫從學，屢至絶糧。既病時，乃指晡日語予曰：『曩時日景至是，我尚未克晨炊，惟飲泣塊處一樓。』咎其盍不以告予，則曰：『恐重爲兄累爾。』嗚呼！疾所由來，固矣。吾不能周吾同氣，使不能餬口窮蹙以死，尚誰咎哉！

豐儲西廪剏淳熙，五十餘敖賸一基。還有介然臨水榭，端平倉址更難稽。

《咸淳臨安志》：豐儲西倉，在餘杭門外左家橋北，淳熙七年剏，爲敖五十有九。端平倉，在餘杭門外德勝橋東，端平元年，浙漕趙與懃創以儲漕糴。嘉熙三年，歸之大農，涖以京局官而領於宰士，如他倉。淳祐十二年、咸淳五年，皆重修。有水榭，扁曰『介然』，蓋取《太倉箴語》，而併箴刻石，其中爲敖五十有六。

琉球敕使去如飛，萬里長風一品衣。天錫右旋螺渡海，螺舟嘉號得先幾。

汪學曾《振綺堂詩話》：高人鑑，字螺舟，錢塘人，道光壬辰翰林，家湖墅左家橋，後徙城中。道光閒，奉命册封琉球王，林文忠手撰楹貼以贈曰：『披一品衣，破萬里浪。』歸賦《紀恩詩》有云：『二百年來頒詔七，八千里外駕帆雙。』一時傳誦。閩督署藏有右旋螺，凡使臣泛海，詔許鎮船以定風波，高之號螺舟，若有先兆云。陳觀酉《琉球雜詩》：『四寸神螺小若拳，神香供奉使星船。平安如願乘風去，不使鯨濤横拍天。』乾隆閒，班禪額爾德呢進右旋白螺，形如拳，徑四寸二分，號定風螺。前大將軍福康安征臺灣，高宗命大内移出。蕆事後，留福建督署。封舟渡海，亦載以行，匣上有『護佑渡江海，平安如願』語。

城北高棲孫彦莊，庭前蘭蕙發清香。康强好德光垂裕，不負甘泉一草堂。

《穀齋集·甘泉草堂記》：孫公彦莊，家錢塘城北十里。里中有泉焉，平地仰出，泓瑩而甘冽，舊傳飲者多壽，故名其里爲『甘泉』。孫公擇其旁，尤爽地爲草堂，居之外，山水明秀，田疇膏沃，林泉池沼之幽闃，禽魚之游泳，竹樹、芙蓉、菱芡、四時花卉之映蔚，足以出塵氛而遠湫隘。俯仰左右，無不可樂。公當是時，有二子。長曰孟博，以詩書餘力廢舉，亦既累百金之業；仲約以，進士，授禮部員外郎，煜然爲五品清官，名動朝著。公方且脱去塵事，遊神遠跡於名利之外，林泉爲鄉，雲物爲朋，逍遥無爲，而享夫優游之樂。家食者，訓以民生不易，禔身宜敦；在官者，訓以爵禄之維持，而夙夜之不可怠也。豈非賢哉！予自幼游公之門，與其二子善。於斯堂也，見公之德，不獨善其身，且有以裕子孫而警世俗也。故樂爲道焉。

勝國維成陳太常，姚江舊籍徙錢塘。和來董氏百篇詠，記引湖山勝概詳。

夏時《湖山勝概詩文後序》：予解組歸，因足疾不能舉，謝絶人事於南窗下。忽傳太常清卿陳公，以新刊董嗣杲所唱，并公所和《錢塘西湖百詠》長律惠觀。予拭目敬誦，詩皆雅正而清新。然郢曲有和，遂揮毫落紙，得《湖山勝概》一記，誠愧辭之不工耳。

萬曆《錢塘志》：陳贄，字維成，餘姚人，徙錢塘。洪武閒，薦授杭州府學訓導官，至太常少卿。有《自怡》《容臺》諸稿。時武林詩社宏開，耆英雲集，或張宴家園，或攜榼湖上。贄有別墅在城北甘泉里，時拉里中搢紳及處士郭文敏、劉辰、孔諾、盛民、夏純、周正、蔡安、徐恕同往。郭、劉並年九十有餘，少者不下六十，因名其會曰『朋壽』。諸人皆布衣，而頡頏搢紳，求忮咸泯，風致堪思。

赬肩赤脚苦勞形，烈日蒸炎汗雨零。幸有楊枝施一滴，道旁甘露起茶亭。

《下湖小墅述聞》：甘露茶亭，舊志不載。按：陳贇、孫適、鍾銳諸君，均居甘泉里。而鍾衙衖，今尚可指，在甘露茶亭之西，去亭址不數武。意者其地曾有甘泉，故建亭以施茶歟？

香羅深巷妾家居，不羨香羅疊雪裾。香爇蟾宫勞織記，紅羅姓氏卜郎書。

康熙《仁和志》：由通市橋自南抵北新橋，爲衙灣巷。内有香羅巷。

慣習檣桅卅尺强，讓他瓦白足舂糧。商量轉運臨河便，預備新增富義倉。

應寶時《射雕山館集·富義倉記》：杭爲東南一大都會，歲計入城之米，多至數百萬斛。粤寇未擾以前，里人嘗設坊置囤，爲備儲計，今惟會城永濟倉義倉頗有積。民朝夕求諸市，無一篙一笆之藏，賴江南皖北諸商絡繹浮米艘來，給其糴以無缺。光緒己卯冬，茶陵譚公來撫吾浙，察吏之次，孳孳以峙糧爲急，以是歲防海方殷，非積粟無以持其固也。於是急籌官項，令紳士出購穀十萬石，分儲舊有兩倉。廒不足，則增之；仍不足，則購衙灣民地，庀材而創建之。衙灣之有富義倉，自此始。凡地十畝，爲廒八十，容穀可四、五萬石。其東築樓三楹，屬司事者爲居室；其西列屋一區，爲礱場，架烏犍以轉環之；向南葺屋七間，爲碓房，則舂揄簸揉之所在也；復峙一亭於其前，則舟楫之所艤，而負戴者之所休息也。經始於六年庚辰十二月，落成於七年辛巳七月，糜白金一萬一千兩。已而上其事於朝，使後之涖是邦者，散而積之，無虧其數，以爲民憂。

鮎魚腹下手雙開，異物居然不見災。小小螺螄南巷尾，惜無説法濟顛來。

《西湖游覽志餘》：北關鮎魚，色黑，腹下出人手於兩傍，各有五指。

嘉靖《仁和志》：武林門外大街，南抵北新橋。其街東，螺螄小巷、夾城巷，轉東直抵石灰橋壩；其街北，螺螄南巷。

際祥《净慈寺志》：濟，字湖隱，天台李茂春子，母王氏夢吞日光而生。年十八，就靈隱瞎堂遠落髮。風狂，嗜酒肉，寺衆訐之。瞎云：『佛門廣大，豈不容一顛僧？』自是人稱『濟顛』。瀕湖居民食螺，已斷尾矣，濟乞放水中，活而無尾。

田彦升居半道紅，蘇湖市蟹熟囊中。挈囊負母奔山谷，不與途人犯寇鋒。

傳肱《蟹譜》：初，杭俗嗜蟗，而鄙食蟹。時有農夫田彦升者，家於半道紅，性至孝，其母嗜蟹。彦升慮其鄰比鬨笑，常遠市於蘇湖閒，熟之，以布囊負歸。俄而楊行密將田頵兵暴至，鄉人皆竄避於山谷。糧道不接，或多餒死，獨彦升挈囊負母，竟以蟹免。時人以爲純孝之報焉。

校勘記

〔一〕『女』字下，底本原有『孝』字，據《解春集文鈔》删。

〔二〕『自此』二字，底本原無，句不可通，据《解春集文鈔》補。

〔三〕弘治，底本原作『宏治』，避乾隆諱，今正。下凡『弘治』皆同。

北郭詩帳卷下

出城小市號湖州，宋刻《臨安志》久收。湖墅果然詳《爾雅》，倪翁何必改湖洲？

陸游《劍南詩稿·送客至湖州市詩》：偶駕雞棲送客行，迢迢十里出關城。誰知小市蕭條處，賸有豐年笑語聲。聊借野風吹醉頰，更憑陂水濯塵纓。故廬想見春回近，鄰曲家家已徧耕。

《咸淳臨安志》：湖州市，去錢塘縣五里。

乾隆《杭州志》：湖州市，按倪璠《神州古史攷》作『湖洲墅』，云：『昔此地三面皆湖，西南則金牛湖，東北則臨平湖、詔息湖。西北至餘杭，有上、下二湖。《爾雅》：「水中可居曰洲。」墅者，田廬村圃之名，如古稱別墅也。今杭多循述其說。』攷《宋史》《元史》，紀巴延進軍地及《臨安志》《劍南集》《夢粱録》，郭氏《客杭日記》，俱作湖州市。汪元量感宋事，作《湖州歌》九十八首，亦以此爲題。至洲墅之稱，概不見於明以前之記録。倪氏說，未可信也。

弔橋坦坦月城邊，野草生濠滯不宣。多謝松毛蓋茶屋，行人試啜白沙泉。

康熙《錢塘志》：嘉靖三十五年，武林、錢塘二門外，各浚濠甃閘，上搆弔橋，環城皆深池。是年四月，霖雨，湖水泛溢，錢塘門北城衝圮三十餘丈，乃塞濠并毁橋閘。後有勢家築埂植荷，以爲利者。三十六年，令聶心湯悉剗毁之。

《湖墅舊聞》：北關越城有茶肆，榜題『白沙泉』，外蓋松棚，緑陰甚敞。中設泥鑪瓦缶，然松蘿子。雖茗材不甚細，而泉味實甘。據主人云：『每日供人飲，夏則百擔，冬亦半之。』按楊蟠詩云：『不見泉來穴，沙平落細聲。夜高寒月漾，銀漢太分明。泉在石筍峰，下嬾石居東。』其泉出自沙中，余每進城，必啜之。

祠山生日近花朝，雨雨風風怕寂寥。廣德米商團社約，更增行殿瓣香燒。

《梓里叢談》：廣德州米商至杭，率就湖墅越城米行出售，因立廣建會館於武林門外大街，以敦鄉誼。中祀祠山張王，爲行殿奉香火焉。劫後越城市散，祠亦荒廢。

青松陰裏護紅牆，社稷神壇歲奉香。祈報詩留阮文達，自慚無德感句芒。

康熙《錢塘志》：社稷壇在錢塘門外，明洪武六年建，歲以春秋仲月上戊日致祭。

阮元《揅經室詩録・曉至西溪祭社稷壇》：路轉西湖曲，松陰散曉涼。五更山雨歇，八月稻花香。流水開天影，積雲壓電光。儘多祈報意，無德感句芒。

餘杭門外驛亭孤，署改吳山洪武初。分轄仁錢急遞鋪，壞槽疲馬齧殘芻。

《咸淳臨安志》：北郭驛亭，舊在餘杭門外北郭税務側。淳祐六年，趙安撫與𥲅重建。

《西湖游覽志》：吳山驛在武林門外，其西有駐節廳。江漲税課司在霍山坊，原在北關駐節基，洪武二十五年移建於此。

乾隆《杭州志》：錢塘縣急遞鋪，武林門外爲鋪者六，西爲鋪者三，南爲鋪者六。仁和縣急遞鋪，武林門外八，慶春門外五。

官牙貿易孔公銓，柏忽遭災客淚漣。貨既券成原納值，生兒應客祝蒼天。

萬曆《杭州志》：吳定遠，錢塘人。嘗於湖州墅孔公銓家，買客柏油五十擔，計直當百金。立券三日發油，半月歸直。券成次日，客寓火，吳率人往救之，至則油室已在燄矣。客哭曰：『油故假於人，今何以償之，有死耳。』踴躍欲赴火，吳急抱止之曰：『油既有成券，即我貨矣。半月後來取直耳。』客猶未信，吳因與俱歸，數日即措銀如券歸之。客拜祝曰：『願公生貴子，以報德。』泣謝而去。吳後生子瓚，登弘治庚戌進士，官至通州守。

沈甸華嘗居北墅，生平孝弟課雛男。師劉友應敦儒行，絶粒階前摘馬藍。

《杭郡詩輯》：沈昀，字朗思，初名蘭先，字甸華，仁和人，有《粤遊草》。年十六，入郡庠。甲申，年二十七，棄舉業，攻詩古文，與弟蘭成自相師友，以考究性命爲務，嘗執經於劉念臺先生之門。事父博山與母秦氏至孝，以束脯爲養。誨子毅中、純中弗令干禄，室無容榻，桁無懸衣，披帙覽書，凝坐終日。嘗絶粒，采階前馬藍食之，或饋米數斗不受。其人固請，則固辭，方宛轉避謝間，遂餓仆於地，其人惶駭而去。良久始蘇，笑曰：『其意可感，然適以困老子耳。』康熙丁巳，年六十三卒。無以爲斂，應潛齋經紀其喪，曰：『吾不敢輕受賻襚，以玷先生。』應門人姚宏任趨前曰：『如宏任可以斂先生乎？』潛齋曰：『子篤行，可也。』

至元元禩館承恩，至正紅巾燬不存。爲重皇華重建立，楊維禎記筆尤尊。

楊維禎《鐵崖文集·迎恩館記》：杭爲宋行在所，宋既内附，以其地置行中書省、行宣政院、財賦、都府、肅政府、轉運、儒學、醫、金帛、雜造諸司，鱗比棊布。歲時，朝廷遣使者頒詔旨，宣賜命，金幣、斧鉞、裘貂，上尊與夫名山大川、古宫刹祠廟御香寶器，不絶於道。使至之日，省憲而下，百司庶府之官，無不奔走。戒金革儀仗、聲伎部曲，導前擁後，以爲郊迎之禮。蓋偪以迎，官寺則失諸慢；曠以迎，上舍一驛之外，則過於勞。故酌其地於郊關之外，以爲迎送之次。此北門之館所由立也。館創於至元元年，『承恩』之額，書於右丞圖魯公。至正十二年秋七月，紅巾寇杭，毁館。寇退，越三月，而監郡觀閭氏倡捐己俸，命仁和縣屬吏首起其廢，爲屋凡若干楹，堂室廳軒，洎垣墉門著、更衣之亭、治餁之厨，凡坐臥飲食器用之什，無不完整，且更書其額爲『迎恩』，尊皇華之出也。興工於是年十一月某日，告成，公遣仁和丞某來請記。余謂《周官》之法，凶禮無力政。杭城不幸罹朱鬟氏兵燹之餘，而力政是舉，非所謂時屈而舉贏者乎！抑論之，力政有緩急，緩不得舉，急不得廢，迎恩之館，爲皇華使者之賓送，以奉王制而尊天使，臣子之敬也。朝覲貢賦，送往而迎來，又臣子之忠也。執忠與敬，臣道在兹，而可以一日廢乎？宜不得與時屈舉贏者律之也。其費緡錢若干不書，書其廢興始末以爲記。然公之爲政，知所先後，其興弊於城郭殘破之餘者，蓋不止是。出風教者，先聖大成之宫；砥礪死節者，忠臣血食之廟。及倉庫關梁之要害，固已陸續而舉。予又當附《春秋》義筆削焉，以爲民力重云。

白石仙留水磨頭，緑楊風雨思悠悠。葛翁來訪不相值，燕子無人自入樓。

朱彭《南宋古蹟攷》：姜石帚寓在水磨頭。石帚名夔，字堯章，號白石道人，嘗館於水磨頭方氏。

《姜白石詩集·臨安旅邸答蘇虞叟絶句》：垂楊風雨小樓寒，宋玉秋詞不忍看。萬里青山無處隱，可憐投老客長安。

陳起《江湖小集·葛天民清明訪白石不值》：花薺懸燈柳插簷，老懷那得似餳甜。畫船已載先生去，燕子無人自入簾。

吴家十葉霍山居，柏老香微槐獨餘。東壁儒林承舊蔭，白頭三禮校遺書。

王德溥《養素園介壽詩存·吴廷華詩》云：吾家十葉居霍山，柏香一樹森小園。清華水木借鄰苑，友莊池館容躋攀。頻年睽隔此重過，却喜摩詰住輞川。到門鄰鐘正報午，黄梅雨漲溪潺潺。水明樓處影遠樹，千章夏木緑蔭繁。楓梧叢桂抱秋意，想見梅雪淩春寒。亭林勝賞喜如昨，薰風一道披長筵。先生清德本高世，山林鐘鼎隨其天。浦珠崑玉寶作樹，義種仁穫情爲田。駐年有道在養素，樂全堂上蓬瀛仙。安得洽比舊里閈，舒長化日時追歡。年年壽酒會真率，扶醉唱徹池上篇。

《杭郡詩輯》：吴廷華，字中林，號東壁，仁和人。康熙甲午舉人，榜名蘭芳，官福建興化同知，有《東壁詩鈔》。嘗遊津門時，查氏方以風雅號召海内。吾鄉厲樊榭、汪槐堂、陳授衣對鷗諸名士皆在焉。東壁刻燭聯吟，咸共推服。其詩具見《沽上題襟集》中。倅興化日，以事罣誤，用薦入三禮館分修。既歸，主崇文講席。生平學醇論高，含咀諸經，精洽貫穿所著。有《儀禮章句》十七卷，於喪禮尤爲精審。又著《三禮疑義》，未經刊行。《府志》入《儒林傳》。

《篠歆齋稿·柏香園盤槐，吴雨蒼同作》：柏香園中柏已無，參天鴨脚餘十圍。海棠一樹最繁豔，歲久蝕盡摧薪柴。老槐閲世長於人，臃腫似處才不才。枝柯屈曲僅盈丈，千態萬狀呈怪奇。鬖髿被面鬼髮緑，菌蠢縮頸龍胡垂。鳥窠不到於其頂，蟻穴或食乎其皮。電鞭雷斧不敢下，雨淋日炙徒爾爲。是中空洞復何有，生氣盤鬱不可思。春來凡卉鬧蜂蝶，蹣跚朽質誰愛之。但惜畫手畫不得，不爾破壁亦應飛。君不見，當年鬬酒連日夕，婆娑對爾非昔時。可憐去索長安米，又踏黄花逐隊馳。

王家橋院試重新，解額旋增廿二人。鳳咮堂空鵠袍散，月圓光賸燭如銀。

《咸淳臨安志》：王家橋在本府試院前。

成化《杭州府志》：宋貢院在錢塘門外王家橋，試一郡之士，謂之方州貢士。

翟灝《湖山便覽》：宋試院，淳熙十二年守張杓因北宋舊址重建。舊制三歲解十四人。紹興時，增西北流寓解額三人，共十七人。至景定時，增至二十二人。引蘇軾《催試官考較》詩：『八月十五夜，月色隨處好。不擇茅檐與市樓，況我官居似蓬島。鳳咮堂前野菊香，劍潭池畔秋荷老。八月十八潮，壯觀天下無。鵾鵬水擊三千里，組練長驅十萬夫。紅旗青蓋互明滅，黑沙白浪相吞屠。人生會合古難必，此景此行那兩得。願君聞此添蠟燭，門外白袍如鵠立。』按：院近寶石山，舊有來鳳亭。鳳咮之顏，豈因此耶？

五國城吞羶骼漿，羔兒跪乳視慚惶。一從德祐牽羊後，猶賸坊橋記滁羊。

《湖山便覽》：羊坊橋在霍山大路口，宋時滁羊之所，有酒庫瓦子在焉。其西，即古柳林；北，爲溜水橋。

餘杭門外路無塵，寂寂哀歌薤露聞。近變高三房漏澤，更封朱八相公墳。

成化《杭州志》：杭州舊有十三門，惟餘杭門北，不得出居人之櫬。《南宋雜事詩·趙信詩》云：至竟餘杭門外路，居人不識薤歌聲。

鄒在寅《湖壖續記》：高善士芝檢鳳墀，道光初，施捨棺木，隨掩義冢，三十年未嘗間斷。人皆指謂曰『高三房』。鳳墀嘗自詠云：『北郭購地四百畝，已葬屍棺六萬餘。平生畏作造物蠹，勉力行善完太虛。』並於廣德埸之右，別立一埸。萬侍郎青黎記其事。埸爲清明祭所，有聯云：『逝者如斯夫，雲白山青誰作主；掩之誠是也，夕陽衰草共含恩。』

張爾嘉《德延堂筆記》：廣德埸中，有朱八相公之墓。墓碑卓立，而無名號，并無歲月。細考之，乃康熙間善士朱上舍家森也。

寶石峰陰感夕陽，霍山廟下破梅香。源村老與既咸子，樊榭詩中識二王。

徐任師《有涯集·王源邨先生詩序》：王子源邨者，喜友朋，愛謳吟。家於寶石山之陰，去西湖不數武。花辰月夕，時攜二三知己，徙倚山橋，徘徊煙水，或因時感興，或託物言情，分韻聯吟，更唱迭和。數年之間，篇章日富。余聞源邨之爲詩也，調必風華，句必典雅，而後即安。未慊，雖數易其稿不知置。友人有善此者，復與講論切磨，虛懷集益。昔宓不齊能取友，宣尼稱爲君子，源邨殆私淑其人與？嘗竊慨天下滔滔，無往而非驕人也。巧者驕其能，勇者驕其力，富者驕其財，貴者驕其勢。其淡情於富貴者，又不免於貧賤驕人之態。求其虛心平志者，或於風雅中得之。乃尋章摘句之儒，風雲月露之士，人人自以爲詩伯。詡詡然矜己之長，而責人之短，若源邨欿然自視者，誠不概見。

厲鶚《樊榭山房集·哭王源邨》：『平生師友十年間，雪月花時記往還。原季長貧成白首，應劉俱逝託青山。篋多遺稿從人取，室少孤兒信命慳。北郭西橋同此恨，笛中先後淚潺湲。』《歲暮答王既咸》：『北郭幽棲一水涯，松毛蓋屋蘚侵階。詩來慰我不稱意，歲晏憐君獨寡諧。臘鼓無端喧委巷，春燈取次翦閒街。疏梅半樹展書卷，賸欲此中尋好懷。』《西溪歸訪王既咸》：『牆東君公清且賢，留客纜我西溪船。霍山廟前看殘雪，溜水橋下添新泉。梅開香破缸面酒，日出暖射床頭氈。春濃更當挈伴過，菜花繡偏村村田。』

寶峰樓外寓公汪，鉏月山人搆可莊。游屐吟襟參畫理，梅花初白味茶香。

《杭郡詩輯》：汪鳴佩，字玉岑，號鉏月山人，仁和人，郡貢生，有《鉏月山房吟稿》。素抱沖和，雅善山水，其別業曰『可莊』，在寶石山麓，有初白亭、梅花舫、煮茶坪、聽雨廊諸勝。同時如顧涑園、陳寶所諸公，時與往還，遊屐吟襟此焉最盛也。

松木場邊柳乍青，衆朝三竺叩真靈。香船隊隊排香蕩，約禮彌陀石壁經。

《湖山便覽》：松木場一作『㮶毛場』。凡吴郡士女，春時進謁靈竺，停船於此。

《小山居稿·香市詩》：春風淡沱春日長，三竺絡繹人進香。香船彌望不可紀，一一銜尾松毛場。

《湖壖續記》：成方上人於霍山之陰創建彌陀道場，乞善士沈善登書《彌陀經》，鐫石壁上，築閣供奉，地近松木場。凡吴郡士女，春時進謁三竺，必頂禮焉。

李公司榷性仁慈，税不加增杜漏私。響水閘流清惠澤，崇祠足當峴山碑。

萬曆《錢塘志》：李公祠在錢塘門外響水閘，崇禎十年建。太史曹勳《記》：『公諱思敬，號隗臺，揚州興化人。初令永豐，有善政。榷北關，清惠愛商，不奉詔增税，第清漏匿而常課足。公餘，輒屏騶從低徊兩峰六橋閒。及守括蒼，罷採鑄，嚴保甲，建麗譙，興文學。諸所創舉，皆可不朽。身歿之日，杭與括謳思不已，具呈學臺，崇祀名宦。仍肖像西湖，以當峴山之碑云。』

新河坊口祀張王，周密椿萱肅奉香。兩地得籤籤合讖，三頭遇蠱免兒殃。

《西湖游覽志》：霍山坊過河橋路，入西山橋下，爲新河坊口，乃張士誠所開者。舊有廣惠廟，宋康定元年建，以祀廣德王張渤者，遞代襃封。二月八日，傾城士女集焉。周公謹云：『余世祀祠山張王，動止必禱，應如蓍龜。先子需澄江次，爲有力者攘去。先妣時留霅，禱於南關之祠山，有「水邊消息的非遥」之語。先君霍山所祈，亦得此籤。越日，臨江之命下矣。戊辰年，鑄子甫五歲，病骨蒸，勢殆甚，凡藥皆弗效。禱籤得《蠱》之上九云：「蠱有三頭，紛紛擾擾。如蟲在皿，執一則了。」退謀之醫，試投逐蟲之劑。凡去蚘蛔三，其色如丹，即日良愈。』

鴨寒雞暖待烘蠶，上下泥橋一水探。翠袖生涯倚修竹，玲瓏製賣馬頭籃。

《田藝蘅詩集・上泥橋曉行》：湖西落日曉蒼蒼，緑樹盤旋苎服涼。五月椶毛場上路，蒲葵風細藕花香。

張丹《秦亭集・下泥橋》：居人兩岸住，流水一橋通。竹器爲恒業，茅簷自古風。鴨寒入蘆裏，雞暖叫桑中。脱帽還頻過，椒花處處紅。

《湖山便覽》：泥橋有上、下二橋，皆下湖水所經。上泥橋在方公橋西，近古塘里。下泥橋在西塍八字橋東。

《夢粱録》：春光將莫，百花盡開。賣花者以馬頭竹籃盛之，歌叫於市。

方回《秋崖小藁・湖上詩》：今歲春風特地寒，百花無賴已摧殘。馬塍曉雨如塵細，處處筠籃賣牡丹。

《紫陽小課・張炳馬頭籃小樂府》云：東馬塍，花信早。西馬塍，花事好。韶華付一籃，點綴朝廷小錦城。桃李正鮮新，撲到皋亭馬足塵。稺柳嬌黄齊賣却，換成别是一家春。

福昌舍利與安平，勝象清修院各營。半屬淳熙乾道建，東西塍徧木魚聲。

《咸淳臨安志》：福昌院，在東馬塍北，湖州市西。舍利院，在東馬塍，乾道七年建。安平院，在東馬塍，淳熙中建，元爲寶月庵，紹熙閒移請今額。勝象院，在西馬塍，紹熙三年，沈氏捨宅建，移請今額。清修院，在西馬塍，淳熙十四年建。

菌閣吴興手榜題，止堂餘壤閣爲移。多情記出陳安雅，霜露伸恩歲一歸。

成化《杭州志》：菌閣在西馬塍。句曲外史張雨，以故人朱明字『止堂』餘壤，爲閣四楹。

《湖山便覽》：初，雨居菌山，有菌閣，吴興趙子昂篆榜。迨結廬馬塍，移以署新閣焉。

陳旅《安雅堂集・菌閣記》：至元丙子，句曲外史來棲馬塍。外史，杭人，入華陽洞學道廿餘年。世慮消盡，獨歲一還里展墓。覽春木，踟躕不能去。乃二月來歸，得一候言笑於是閣，因徵記刻於溪石云。

馬塍新社衆推崇，故院誰爲訪歲豐。雄武二王忠迹古，幸留一碣記居隆。

居隆《馬塍廟記》：城北有隅曰馬塍，句曲外史稱爲散花灘處。乾德間，僧雪巖建歲豐禪院。治平，改寶覺豐樂寺。後爲劫灰，僅存雄武二王祠。概而名之馬塍廟，以虔土穀香火。其基亦盈畝而止，名山没爲荒草，寶幢華蓋之謂何乎？及考二王，爲馬公雄、馬公武，有忠謀於宋。而七尺同湛，里氓婦豎，無不稱説二王云。而宇亦將傾，主僧寂學計其傾也，覆念道場未勝。壬寅歲，罄鉢枌社，賴兹諸父老喜襄成之也。擴其畝者三，庀工治材爲營豐樂古刹。且金表岳岳，備盡莊嚴。尋葺兩王廟，一時並新。淒涼荒郊，今日鐘磬參響於是焉。虔其香火者，瞻拜兩公，則懔思忠誼；進禮三寶，則皈依正法。豔耕畝之奇蹤，登果位於大覺。黍稷與與，原埜棫棫，永鎮方隅，長鳴佛福，不乃在斯乎！蓋諸父老、主僧重新意也。廟貌既顔，禪地既闢，不可以不記。槖筆記之。

飛飛白雁下巖阿，聲歇湖州笑語多。九十八章亡宋淚，何心重讀《水雲》歌。

《南宋書》：汪元量，字大有，錢唐人。以善琴，出入宋宮。臨安不守，太后嬪御北遷，汪從之。有《水雲詩》一卷。

最愛苕川宋伯仁，京城遭爇卜居新。閒來自著《西塍集》，還寫梅花譜喜神。

吴焯《繡谷熏習録》：《西塍集》一卷，宋宋伯仁撰。伯仁，字器之，湖州人。嘉熙中，爲鹽運司屬官，多與高九萬、孫季蕃唱和，亦江湖派中人也。是編卷首題『雪巖吟草』，下註『西塍集』。又《寓西馬塍詩》題下註云：『嘉熙丁酉五月二十一日，寓京遭爇，僑居西馬塍。』其曰西塍，蓋由於是。

阮亨《瀛洲筆談》：《梅花喜神譜》二卷，宋宋伯仁撰。寫梅花百圖，上卷分五類，一蓓蕾四枝、二小蕊十六枝、三大蕊八枝、四欲開八枝、五大開十四枝；下卷分三類，一爛漫十八枝、二欲謝十六枝、三就實六枝。每圖各綴五言絶句。曰喜神者，殆寫生之意。

彦明小隱託西塍，慈節堂輝室夢椿。名畫法書梅竹石，絶無闠闠狹邪塵。

張甯《方洲集·西塍小隱記》：古杭有東、西馬塍，故多畎畝，因畦埒得名，居民至今猶巧於栽植。境界河而中分，東、西之塍尤爲静勝。路隘曲度略彴，不可以聯騎並趨，從容緩散，行蒙翳叢薄之中。而回環以入，始有佳處。朱君彦明所居在焉，初涉蹊徑，循垣籬望見其舍宇，雖蕭爽殊前行，尚與村落無大迴異。入門而流憩，幽葩茂卉，古梅奇石，法書名畫，交羅於慈節堂、夢椿室、耕讀軒、挹翠亭，左右前後，暑涼燠寒，皆得所。便時態良適出入縱觀，徹其區四顧秀遠，通流旁達。田有秔稻，池有魚鼈，場圃有桃、李、竹、橘、杏、桂、茗、櫻桃、楊柳、石榴、枇杷，可以供祭養賓客之務。舉趾可以及湖山，而游汎之客不至；盡日可以再往返城市，而闤闠之聲不聞。清談雅集，座常不虚。而狹邪俗陋之人，無留迹於階庭者。君子以其地互邑野，事均顯晦，人兼質文。彦明又方在求志達道之交，不可謂之隱，亦不可謂之非隱，故名之曰『西塍小隱』。予因爲之記。

南山禪伯探清明，興發游招袁静春。醉賞馬塍偏墜馬，青鞵從此任天真。

袁易《静春堂集·寒食日南山招飲馬塍，醉爲馬墜》：錢塘西湖天下奇，寒食清明風日美。山開錦繡身入畫，舟近絲簧春滿耳。上人興發流俗表，攜客看花古塍裏。委蛇微逕出荒蕪，繚繞重巒當燕几。遠尋桃萼失紅霞，稍覺風光在流水。賞心尚友答芳辰，傾蓋何期遇知己。晉人禊事得同然，介子高風嗟已矣。山懸落日爲人歡，酒盡清尊遮客起。墮馬昔吟杜甫辭，墜車今悟莊周旨。養生被戕幾自解，以酒得全探妙理。今我不樂復何爲，人生如斯良有幾。鷲峰蒼翠尚招邀，已分青鞵從此始。

旗鼓鐙鞍合策勳，漫言尊俎只論文。教場二寨東西在，神勇分屯馬步軍。

《咸淳臨安志》：神勇馬軍二寨在北關門外新街，西馬塍教場在西馬塍。神勇步軍二寨在湖州市米市橋一帶，教場在東馬塍。

左史馬城吕氏居，道於時相不相孚。有兒力諫公田害，閒侍椿庭十載餘。

《桐江集·左史吕公家傳》：公諱午，字伯可，徽州歙縣人，世居巖鎮。紹定二年，差知常德府龍陽縣。公本無家，長女壻爲營屋於杭北關門外之西馬塍，始寓居焉。身後除右文殿修撰，知漳州。東南一隅，秦檜、韓侂胄、史彌遠、史嵩之皆陰與臺諫爲一，以去其所害，而擅權固位者也。獨左史公兩爲御史，出於理廟親擢。前與喬行簡不合，後與李宗勉、嵩之亦不合。

又《監簿吕公家傳》：公諱沆，字叔朝，左史先生子也。特差充行在檢點、贍軍激賞酒庫、護浙西安撫使印。癸亥，行公田。初欲行之東南諸路，謂可免和糴，魏臨安克愚當奉行。陰疏七不可，遭重劾。乃僅行之浙西六郡。甲子七月，彗星出，公稟似道札，乞罷公田還。元主丁母祝氏夫人憂，尋改知臨安府於潛縣。壬子，父子同閒居九年矣，乃迎左史至於潛。

翠滴秦亭從野堂，百年三徑未全荒。西軒想見聯床夢，伯仲之閒隱德長。

《秦亭集》：予居從野堂，在馬塍之西。入門藤蘿滿户，謂之蘿徑；到階有竹百餘竿，謂之竹徑；上階有古合歡槐一株，夭矯如龍，數百年物也，謂之槐徑。乃作《三徑》詩。《槐徑》：『聞説先公手植，百年翠老參差。當日諸生講藝，此時弟子傳詩。』《竹徑》：『四季風來色舞，三冬雪後聲乾。已能張雋逃入，何用王猷笑看。』《蘿徑》：『鳥雀去來不避，衣冠出入常捎。花開白白秋素，蔓老青青夏交。』又《草屋落成，喜同祖定弟》：『蘿垣新搆有階除，兄弟連朝步自如。可是袁宏潛士室，豈惟伯約處茅廬。青山樓閣常梯几，白鳥池塘故作書。向夕郊原遥矚望，馬塍雲樹未蕭疏。』

張振孫《兩峰樓集·祖望兄自姑蘇歸，過予館中，因同歸從野堂，宿西軒》：向夕同延眺，疏星掛碧蘿。墮階知果熟，照水覺螢多。濁酒臨池醉，新詩按節歌。偶歸一夜宿，翻似客中過。

《杭郡詩續輯》：張振孫，字祖定，錢唐人，丹弟，有《兩峰樓集》《江行草》，爲前明孝廉維誠先生孫。維誠講學馬塍，崇勵實德。祖定世其先業，貧而好學。其兄祖望贈詩云：『盛明作者何信陽，二十詩名滿大梁。我弟十四足與敵，伯仲之閒自同行。』其傾倒如此。

馬塍土潤敏花枝，宋許元張各紀詩。白髮翁還白頭母，盛衰真僞總如斯。

《西湖遊覽志》：東西馬塍在溜水橋北。土細敏樹，四時花卉於此出焉。

許棐《梅屋集·馬塍種花翁詩》：東塍白髮翁，勤樸種花户。盆賣有根花，價重無人顧。西塍年少郎，荒嬉度朝暮。貧賣無根花，價廉争取去。年少傳語翁，同業勿相妒。賣假不賣真，何獨是花樹。

張憲《玉笥集·白頭母次徐孟岳韻》：道旁哀哀白頭母，西馬塍上花翁婦。數莖短髮不勝簪，百結鶉衣常露股。自言夫本業種樹，一朝棄業從戎伍。荷戈南征竟不歸，不知被殺還被虜。屈指十年音信斷，獨宿孤房誰共語。家在錢塘古蕩東，門前正壓官橋路。却憶夫在種花時，春來桃李下成蹊。自從夫死花樹折，錦繡園林成馬埒。縱餘梨杏與梅茶，無力入城供富家。富家遭兵亦銷歇，金錢誰復收名花。何況邇來新將相，一體好儉不好奢。兵餘城市化村隖，亂後名園作軍府。年年寒食杜鵑啼，人家上冢西湖西。時光荏苒易飄忽，可憐誰拾花翁骨。君不見，海棠風，楊柳雨，牢落錦紋箏，彫零金雁柱。黄四娘家花漸稀，蛺蝶飛來過牆去。

供奉東頭董宋臣，逢迎媚巧見心神。馬塍移得盆荷去，内苑清池一夕新。

《梓里叢談》：董宋臣始爲小黄門，稍進東頭供奉官，極善逢迎。如賞荷花，即於西馬塍取盆荷置之大池中，雲錦炯然，明日復還之。

宣聖文孫五十傳，西湖院長溯前賢。鈍夫著就西塍稿，鄉飲推賓孰敢先。

嘉靖《仁和志》：孔克愚，字鈍夫，仁和人，宣聖五十世孫。父文學，任西湖書院山長，授建德總管府知事，遂家焉。克愚喜讀書，隱居夾城，有《西塍吟稿》。歲舉鄉飲，郡守請爲大賓。年八十二卒。學士曾棨，銘其墓。

陳宦花南卜退棲，騎驢行迹動長思。梅莊一片閒春草，新爲蘄王起祀祠。

陳韶《花南詩集·梅莊雜詠紀略》：梅莊，宋韓蘄王園。《咸淳臨安志》：在西馬塍，廣一百三十畝，有水閣、梅坡、芙蓉堆諸勝。余乙未、己亥閒，二至六橋，與諸名士題襟選勝，欲訪未果。丙午，攝別駕於杭，職司水利，每問渡西泠，循寶石山而北，歷宋滁羊所，過溜水橋，謁靈衛廟，見長隄花柳掩映，顧而樂之。居人語曰：『地名梅莊。故老得斷碣，知是蘄王廢園。』予因思重建水閣、梅坡，以誌古蹟。越六、七年，莫能遂。比來養疴湖上，重尋舊游，僦老屋數椽，粗立神龕，以奉蘄王祀事。更編竹籬，蓋茅舍，作陽羨買田之計。夫以蘄王之勳業，不數百載，其遺址手植，已無可據。更百年而後，又誰問後之寓於梅莊者乎！然我一日獲寓於此梅莊，即爲我今日之所有。而百年如過客，又遑計後日之有梅莊，與梅莊之予乎？《梅莊雜詠》：『春漲桃花港口煙，花開花落自年年。春光流盡無人管，暮雨空波冷釣船。驢背無人宦迹銷，馬塍池館没蒿腰。山青水緑成千載，懷古重尋溜水橋。』

南渡流風未杳冥，栽培宰樹課柴扃。花園亭接花園埂，桃李輸他松柏青。

魏標《湖墅志略》：花園亭在西馬塍。

《北墅竹枝詞註》：有上花園、下花園，土人多藝花爲活。

張岱《陶庵雜記》：泊舟北關，舟人私攜越釀，關吏執法，繫船不能行。無事步至花園埂看花，購寶珠山茶二盎歸。篷窗静對，庶不孤寂。

按：花園在羊角埂，俗稱花園埂。近時均栽石楠松柏，移植墳蔭。嘉湖船販獲利，較花事尤盛。

不就人謀就鬼謀，奇才傲骨儘風流。王郎夫婦聰明怪，占斷煙霞萬古樓。

《湖墅小志》：王曇，號仲瞿，嘉興人，以名孝廉游京師，名公卿均折節下交。生平博學精技術，愛湖山之勝，移家杭州，築室馬塍，曰『紅柏山莊』。自譔門聯云：『全家居賸水殘山，妻太聰明夫太怪；此地有青燐白火，人何寥落鬼何多。』莊後改爲王庵。

王曇《煙霞萬古樓文集・繼室金氏五雲墓誌銘》：會稽金氏長女禮嬴，字五雲者，以乾隆五十九年十一月四日，婚於山陰。紅柏山莊，爲南宋種花之地，雲樂而誓之曰：『我之歌哭，殆在是矣。』以嘉慶十年九月養疴杭州。卒之日，年三十有六，殯於湖墅馬塍之散花樓下。

草營卅畝史公家，永慶僧求鄧伯牙。棨戟峩峩易鐘鼓，法輪轉處夢繁華。

鄧牧《伯牙琴・永慶院記》：歲丙戌夏，余游杭永慶院，主僧勤肅來請云：『某平日勤瘁，不以營吾私，罄所儲，得史氏故宅。闢兹道場，所以酬四恩，潤三有，非徒游居寢飯而已。將匄諸當世大手筆，必子毋讓。』爲識之曰：『由杭北郭外驛道行七八里西折，走羊角埂達草營巷，是爲院。凡屋百二十有七楹，地三十畝有奇。相舊制，或因或革，經始甲申良月，越歲有八月，成於是殿。其陽以奉佛堂，其奥以演法。貝葉晨唱，木魚晝鳴，左香積，右雲會。丈室巍然，壓其後。』

倒戈徐綰掠郊闉，武肅難歸北郭城。寂寞狐貍馬塍路，陳通苗傅再稱兵。

吴任臣《十國春秋》：天復二年秋七月，王親巡衣錦城，治溝洫。八月丙戌，將還府城，親饗將校。武勇右都指揮使徐綰謀爲不利，辭以疾。王惡之，命綰先還。次日王發自衣錦城，綰還作亂。武勇左都指揮使許再思，以兵迎綰同叛，將及内城。王子傳瑛與三城都指揮使馬綽、牙將陳爲等發懸門以御之。王次龍泉，聞變，疾驅至城北。時牙將潘長與綰遇，斬首二百餘級，綰退營於龍興寺。王微服至德勝門，牙將周肅遣鍾審以舟迎王。王遂沿江至内城東北，踰城而入，人莫有知者。北門直更卒憑鼓而寐，王親斬之，隨命都監使吴璋、三城都指揮使馬綽守北門，内城都指揮使王榮、武安都指揮使杜建徽守南門，又命指揮使顧全武率兵衛屯東府。

葉適《水心集·同趙振文遊馬塍》：『陳通苗傅昔弄兵，此地寂寞狐貍行。聖人有道賁草木，我輩栽花樂太平。』

長版橋西王瑞虹，祖慈挺救赤熛中。訒齋何特詩爲壽，千歲桃花顔色紅。

王晫《南窗文略·先考瑞虹公行述》：先君諱湛，字澄之，號瑞虹，仁和人，聚族居長版巷。崇禎丙子，曾叔祖南溟公出守漢州，趣裝赴任。舟已發而盜不知，夜入吾家，恨無所獲，遂縱火。當火猝起，族人争取簿券，獨祖母沈年老不及行，倉皇無措。火愈熾，先君方欲大聲疾呼，忽見祖母在煙燄中，挺身負之以出，餘悉無所攜。時不孝晫方在母娠，將彌厥月，聽其匍匐，不顧也。

《何訒齋詩集·王瑞虹壽》：春風宜燕喜，玉樹發新枝。卮酒登堂奉，嘉賓争致詞。羨君矍鑠稱難老，丹書幾卷能談道。九節菖蒲氣味馨，千歲桃花顔色好。幽居酬唱樂事偏，散髮行吟儼若仙。慇懃誨子真令器，會見致身青雲顛。明光殿中靈壽杖，還應載錫大椿前。

十誦歸營小小寮，巷依長版接平橋。稠桑幾畝竹千挺，不負兄漁并弟樵。

周南《小十誦寮集·移居詩》：

長版橋頭小結廬，半村半郭野人居。無心倩得房山筆，圖出清溪漁隱如。

衡茆門巷性情真，樵弟漁兄話轉親。十畝稠桑一園竹，安心今作太平民。

周澍《歸田集跋》：先父諱南，字二南，少孤。力學治經外，尤耽吟詠。自乾隆丁未公車留北，遨游齊魯燕趙間。迨筮仕迄歸里，在外垂三十年。閲歷既深，醖釀益厚。雖抑塞磊落，盡發爲詩，而忠厚悱惻，不失詩人遺旨。

風清月白結吟魂，名氏雖湮道自存。賴有知交留集序，沈芹田與卜薌門。

《小山居續稾》：同里沈君芹田與其弟臛民得尊甫晴山先生之傳，深於詩學，杜門清課，人罕知之。而王丈茨檐移家北郭，與先生並屋而居，詩筒往復，人始聞而慕之。君既没，臛民録其遺詩，欸門來謂余曰：『願得一言以弁其首。』余不敢辭。追維疇曩，不獨君兄弟情好，久而彌篤，王丈亦忝忘年之愛，譚詩静夜，坐月閒窗，酒冷鐙昏，留而不去，抑何樂也。

魏謙升《望三益齋文集》：道光十有三年，卜君薌門以疾卒於家。余從兄月廬明經，刊其遺詩，而謀所以表君者，命謙升爲之傳。君諱爾昌，號薌門，錢塘人。

方坦《薌門遺稾序》：卜君操履純白，秉性沖夷，倜儻有古人風。自七歲解吟詠，長益工。能自出機杼，不落前人窠臼。静夜更闌，猶時聞吟詠之聲。既歸道山，謀欲梓之而未有力。會魏君出貲鏤版，於是愴然握筆，書數語以復魏君。

野圃春鶯囀曉風，散花灘外水雲中。斜揎雙袖湔裙處，照影何人似小紅。

周天度《十誦齋集·北郭聯吟》：散花灘畔水氤氲，滿樹嚦鶯極浦雲。出樣自梳蟬翼鬢，朝來約伴試湔裙。

也足山房沈兩莪，幼從舅氏學吟哦。不知鼎鼎園何在，但記天龍種白荷。

《湖墅人物考》：沈鳳梧，字兩莪，號蓬壺，仁和人，有《也足山房吟草》。家湖墅。集中有《魏春松舅氏惠鮮荔端硯》諸詩，又《夜宿鼎鼎園小樓》詩，又《鼎鼎園白荷花爲陳天龍所栽，家君乞其半，移種小園》詩。是鼎鼎園者，爲北墅之佳構，今亦不可考矣。

萬馬三軍雲亦飛，高疑鷺躍下魚隨。孔肩一記聲如繪，始識清河壩水奇。

鄭圭《孔肩文集》：嘉靖十三年七月十七日，驟雨終日及夕，河高於岸，湖與隄平。越三日，不佞居寶石山，自謂居濠梁之上矣。有客來言清河壩水狀甚奇，曳履往觀。始至，則未睹水之形也，其聲琅琅然，潺潺然，已躍然而令人趨矣。壩注湖北流，兩涯積石中作級，水從級下注也，如飛雲，如奔萬馬，如三軍介馳而争先，若隱若現，若趨若留，瞪視便眩，如欲墮水者。級窮躍而起，如鷺之翔，如羣珠迸綻，如亂縠綺，如白雲四合，有魚隨水躍，高可五六尺。壯哉！

漫謂龍頭屬老成，而云狗頸利雲程。一條溝竇涇閒水，轉被污名得美名。

《梓里叢談》：魏士龍，原名然乙，字芸閣，錢塘人，道光甲辰解元。初芸閣夢觀天榜，榜首爲錢塘魏士龍，旁一人告曰：『此即君也。』醒而易名，乃毷氉，幾三十秋。六旬餘，始得領解，一時有『龍頭老成』之頌。所居在清湖壩。

《湖墅小志》：寶慶橋在新馬頭横街，河港甚隘，俗名狗頭頸，言其水易涸也。有『狗頭頸通，湖墅登科者衆』之諺。大比之年，往往有驗。

莫公遠隱上關門，訪友情推光禄敦。高枕青春吟白雪，始知當日寓公尊。

康熙《錢塘志》：上關門巷，詩人莫公遠寓此。卓明卿有《上關門訪遠公》詩云：『詩多驕白雪，高枕臥青春。』其風致可槩見矣。

香涎著手著神功，阿太巖坳竟摸龍。世澤流傳人壽考，錦屏文祝德門中。

《杭郡詩輯》：姚三辰，字舜揚，號聖湖，仁和人。康熙癸巳進士，歷官吏部左侍郎。聖湖故傅氏，其曾祖應鳳，字繼元，始從姑姓爲姚。繼元游齊雲，受異人祕方，以神醫稱。又嘗采藥山中，冥晦失道，據一大木，覺有異，俄而雷雨大作，所據木騰空去，始知爲龍。後治疾，手至立愈。其家稱『摸龍阿太』云。聖湖四歲而孤，母氏楊撫教之。性孝友，篤友誼，入館閣後，典試者二，督學者一，爲會試總裁者一。丙午山西主考，已掣籤得某人矣，憲廟置之，取空籤書聖湖姓名付禮臣，蓋異數也。後以奏對忤旨，命往將軍阿爾泰軍前觀本朝營制，出歸化四閲月，方抵大營。塞外早寒，夏至遇雪。將軍置酒高會，令賦瑞雪詩，援筆立就。將軍復舉酒屬曰：『吾轅門未有佳對，若爲我題之。』軍吏伸紙磨墨，睽睽環視，於是引滿揮寫聯語，多或至數十字，三大營皆備，人皆服其速藻。未幾，賜環洊，躋卿貳，以端謹聞。卒年六十五。《府志》入《名臣傳》。

忠定崇祠祀阮公，叩關先有虎山翁。生全萬衆逃烽鏑，應祔馨香一報功。

康熙《錢塘志》：阮公祠在武林門外，祀明都御史阮鶚，匾額『忠定』，隆慶六年建，李春芳記。

《浙江通志》：嘉靖乙卯，寇掠塘棲。鶚主守武林門，奮議納郊關之民於郭内，多所全活。是歲夏，賊屯湖墅縱掠，秉鉞者惟主城守計，鶚憤之。命諸生林某率所練兵百餘人擊賊於混堂橋，壯士湯十八奮矛而前，賊衆始退。

《武林文獻·余有丁〈宋虎山墓誌銘〉》：長公，諱儒，字子醇，世系出會稽郡。高皇帝時，始祖有以義從軍者，遂占籍於杭之仁和里。里中閭右義之，稱義門宋氏。公以文起家，爲博士弟子員，下帷講誦，修夫子之業而潤色之。所學當於功令，使者輒試異等，由是名藉藉甲。諸弟子欲有所舉事，必相謂『奚不告義門虎山先生』。虎山，長公號也。長公蓋立義，不輕爲然諾者。諸弟子誦長公義不忘，爭得長公一諾云。嘉靖乙卯，倭奴掠湖墅，民無老幼提攜瑣尾，爭走城下呼門。而門者乘陴，閉不得入，嗷嗷將藉枕死矣。長公曰：『是民且赴湯鑊，何可不一舉手，坐視其灰燼，而復推内之也？』則首議白所司，令門者入之，民生活以萬數。

觀音渡落天狗星，塵沙風捲金陵兵。當日伯温猶未遇，悲歌一曲北關城。

劉基《誠意伯集·悲杭城歌》：觀音渡口天狗落，北關門外塵沙惡。健兒披髮走如風，女哭男嘑撼城郭。憶昔江頭十五州，錢塘財富稱第一。高門畫戟擁雄藩，豔舞清歌樂終日。割臚進酒皆俊郎，呵叱閒人氣驕逸。一朝奔迸各西東，玉斝金杯散蓬蓽。清都太微天聽高，虎略龍韜緘石室。長夜風吹血腥入，吴山浙河慘蕭瑟。城上陣雲凝不飛，獨客無聲淚交溢。

《元史》：金陵游軍斬關而入，突至城下。城門閉三月餘，糧道不通，米價甚貴，一斗直十五緡。越數日，米盡，糟糠與米同價。有貲力人則得食，貧者不能也。又數日，糟糠亦盡，乃以油餅搗屑餤之。老幼婦女羣乞於市，至有合家結袂接臂，共沈於水者。饑死凡十之六七。軍既退去，吴淞之米船方始輳集，聊藉之以活命，而又大半病疫死。

左廟明時尚被誣，鄉賢黜位太荒愚。夏公神道碑銘在，俎肉何爭一冷豬。

周詩《土穀左侯祠修復記》：城北土穀左侯祠者，創自北宋蘇長公刺杭時，爲題門扁，守祠僧以祠名『土穀』，宜勿毁，乃不賂胥吏。輒上議曰：『左侯祠不經，宜毁。』報曰亟毁，里中父老羣噪公庭弗已。考功郎嘉禾毛君故嘗寓止祠下，則令守僧輸金於官，詭曰佃，然後免焉。

《湖墅志略》：歸錦橋罷歸衖、夏罷衖，皆以夏公儆屋而得名。嘉慶五年，正鄉賢位，有大理寺卿夏時正。俗學無知，指爲夏時之譌，而黜其位。

楊守阯《文憲集·夏時正神道碑銘》：公諱時正，字季爵，姓夏氏，杭州人。正統乙丑進士，刑部主事。成化五年，陞大理寺卿。八年，以疾乞致仕，得旨俞允。公歸杭，布政使張公瓚等重建西湖書院於孤山，以處公。久之，書院火，公去，歸慈谿。弘治十二年二月，布政使楊公峻遣人迎公，遷杭舍於歸錦坊。日著書屬文，猶作細字。至臘八日，忽覺體疲。明日午卒，壽八十有八。

題榜依稀蘇長公，重書八字董思翁。丁居士謁左侯廟，碧沼槐龍詩筆工。

《硯林集·左侯廟四詠》：

《碧沼》云：『瑩淨古碧沼，人呼清水潭。時拂靈旗影，恍惚雲鬟鬖。』

《槐龍》云：『老槐勢盤拏，因以槐龍名。架月如抱珠，喜無貪虯爭。』

蘇文忠公書『當境土穀左侯神祠』八字，扁云：『前身五祖戒，後身蘇玉局。遺牓歷紅羊，曾免毀祠辱。』

董華亭書扁云：『華亭書中僊，舉體實遒媚。扁字繼眉陽，遥遥壘堪對。』

寶慶橋連德勝橋，石灰江漲北新遥。夾城巷口尤繁盛，市鎮同誇節物饒。

嘉靖《仁和志》：寶慶橋市鎮，去城五里有餘；德勝橋市鎮，去城六里；石灰壩市鎮，去城八里；江漲橋市鎮，去城八里；北新橋市鎮，去城十里；夾城巷市鎮，去城五里。

沈翁七秩始衿青，臨殁鐫詩乞比鄰。百六十家詩採録，可堂不愧有心人。

孫以榮《湖墅詩鈔序》：余家由半道紅遷錦里，交游盡湖墅。其中望衡對宇，白髮蕭蕭，賣卜垂簾，酷嗜吟詠，則有根亭沈先生。煢獨一身，年七十一，方受知於鄧東長文宗。越五年，疾作，當垂危時，余候之。淒涼臥榻，手出詩稿一編，叩首枕上，灑淚屬余曰：『爲我刻之。』余應云：『有力定當如命。』言雖若此，此心竊許之矣。詎意二十餘年，余竟窮愁以老。先人窀穸，兒女婚嫁畢，舊約思酬，獨此爲未了事。冥冥中恐負所託，商之老友文江與諸同學，選《根亭集》中古風、近體、絶句各一。特慮吉光片羽，難於久傳，刻猶不刻也。

左家橋畔數高家，太史同堂弟姪誇。十二采芹十六桂，富年惜不富年華。

《湖墅人物考》：高富年月笙，錢塘人，光緒乙亥舉人，有《擁翠廬詩草》。生具夙慧。承祖（名鎔，明經）父（名人鳳，丙子孝廉）之訓[二]，未嘗一日就外傅。年十二，已青其衿。越四載，即領鄉薦。成名綺歲，豔稱一時。尋以攻苦，咯血而卒，撤瑟之年[二]，才二十有三。

南宋河西聚米艘，歲豐市盛便招邀。儂心清白如流水，不許郎船泊黑橋。

《西湖游覽志》：米市巷，宋時舊名也。其東爲寶慶橋，舊名黑橋，洪武初建。

潭上梅花訪魏家，梅村寫竹翠橫斜。沈園水勝吴園石，同付山邱華屋嗟。

王文誥《韻山堂集·喜晤姚寶田進士，即送還武林，兼詢湖墅諸同好詩》：養素園中竹，珠兒潭上梅。梅村兼有竹，曾逐暗香來。水闊迷湖舫，松陰罩石臺。還思池上約，樽酒共徘徊。

自註云：王氏昆仲居養素園，嘗同沈青士過之。魏雲木居珠兒潭，嘗同姚春漪過賞園中梅花。余梅村亦居珠兒潭，曾爲余寫《竹墅吟秋圖》。沈園以水勝，吴園以樹石勝，俱在珠兒潭，每同魏雲木嘯詠其地。俞澹人移寓湖墅，約余及田湛斯飲池上。

白黄楮料産閩中，賈客同伸桑梓恭。德勝壩前祀天后，通衢新又啟神宮。

嘉靖《仁和志》：天妃宫在德勝壩北，以奉順濟聖妃。神本興化莆田林氏都巡君之季女，幼悟玄理，逆知休咎，處室三十年，默與神契。没後顯靈於江湖，非只運漕賴之以濟，而商旅舟楫亦保無虞。此宫創於洪武壬子，歲久寖敝，勢不可支。成化辛丑，鎮守内臣張慶知爲江河所仰，乃捐資重建。延三茅觀陳福明住持，其徒朱源明時加修葺，宫宇如舊完好。嘉靖十八年，鄰火不戒，延燎一空，賴有其徒鄭景隆復建。

《梓里叢談》：建甯會館在甘泉里，湖墅紙業公建，以祀順濟聖妃。規模宏敞，甲於墅河。

姚門湖墅數閨貞，作婦虞家四德并。晚得雲棲導師法，鄭圭行狀述分明。

《孔肩文集·虞母姚孺人行狀》：姚孺人者，圭婦虞氏母也。母系姚氏，字素貞，故湖墅名族，生端穎。小塘公迎爲婦，翁任吾先生，小塘公豪爽好結客[三]，貲恒不給，則解步摇、跳脱貿子錢；又不給，則以嫁時衣裳叩質庫；又不給，則手製女紅，辟纑蠶繅無虚晷。而翁業儒，又數奇，不能競，以是終悒悒。圭進曰：『否泰時也，母能與時争哉！』母大悟，問竺乾氏之説，俾圭往乞度於雲棲導師，長齋斗室，奉戒精嚴如律師。又十年而殁，嘉靖己巳秋七月，壽六十七。

魏家夢玉産英姑，生小堅貞玉不渝。一字李郎郎玉殞，引刀截指誓捐軀。

章黼《梅竹山莊詩鈔》：貞女英姑，吾友魏倉伯學博女也，字李氏子升元，未娶夭亡，聞之斷指以堅志。旋以吞物獲病而卒，時道光壬辰八月四日，年十有七。升元父李雪溪司馬悲其志，迎櫬以歸，與子合窆於西溪安樂山，終成婦禮。上其事於朝，得旌如例。

魏君我畏友，凛然尚氣節。心迹勵雙清，家誡紹前哲。生女字曰英，聰慧承歡悦。七歲隨兄讀，孝經能通徹。端操溯遺蹤，賢女傳中列。慨然思古人，問爺勤講説。十歲習女紅，鍼黹擅精絶。專静戒嬉娱，恩義早明決。同里李司馬，問名介鄉耋。堂上喜開顔，選壻相傾頡。詎料童烏齡，芳蘭遽摧折。音耗達門楣，家人誡辭泄。竊恐深閨知，未免情幽咽。涼月照羅幃，噩夢怨嗁鴂。彷彿若有人，相見言切切。生未入壻門，死當同壻穴。共結夙姻緣，勿傷永離别。義激神不驚，一諾肝膽裂。女心如冰清，女身如玉潔。有違夫子志，請視三尺鐵。夢醒且勿悲，向空瓣香爇。誓願從李門，浮生泡影滅。右手佩刀抽，左手食指齧。刀横指獨伸，指斷刀尚掣。淋淋指上創，滴滴心頭血。阿母忽驚顧，慰女毋鬱噎。愛護防喪身，更虞形影孑。八月秋風生，女怨心凛冽。形容日以損，飲食日以撤。一病胡倉皇，有物潛吞齧。呼母前致詞，今夕成永訣。父母鞠育恩，欲報無窮竭。侍養幸有兄，可以振閥閲。女今若再字，有如此指截。爲父母貽罹，孝道更有缺。女生未孝養，女死勿憂惙。魂今歸李家，死生同一轍。阿爺暨陽歸，哭女淚眼纈。輕生惜女愚，孝義重女烈。李家哀其志，迎櫬同奠醊。九原成婦道，無嫌與禮别。下葬西溪西，流泉寒且澈。墓門合窆成，松柏連柯結。上事煩大吏，請旌榮綽楔。哀誄俟采風，幽名益昭雪。空山萬古春，屹立女貞碣。

米山别墅賸頽垣，後有將軍改息園。今日重尋十二景，桃花何處問津源？

陳文述《頤道堂詩集・湖墅米山堂贈家筱初公子墫》：玉帳高堂夢，通侯萬里行。小園依北郭，遠道賦西征。春老花飛幕，江空雨洗兵。詞場休盪決，努力事功名。

朱文治《繞竹山房詩藁・息園十二詠爲陳樹齋軍門作，時軍門用兵關中十年》：

《讀書處》：讀書等閒事，坐臥水邊屋。不惜十年陰，難銷十年福。問心有所得，過眼何須熟。嚼字如蠹魚，怕中書中毒。
《小滄浪》：清濁太分明，我嘗笑孺子。臨流照人影，水曰爾爲爾。不如兩相忘，歌聲偶然起。除却貪泉水，到處堪洗耳。
《望湖第一樓》：湖在霍山南，樓居霍山北。萬頃碧琉璃，環繞山之側。驅山不同鞭，一樓勢奇特。坐客雙眼青，湖光浄如拭。
《索詩廊》：詩人不耐静，詩意足下多。有如織雲錦，難免時拋梭。長廊百步外，夕照初沈波。脱口得佳句，此樂當如何。
《筠徑》：一徑入蒼翠，滿園吹好風。千竿萬竿玉，深掩紅日紅。腰圍日以減，此君將無同。生無食肉相，畢竟心玲瓏。
《桃花水南舍》：舍南春水多，讓與桃花住。花笑客思鄉，落紅塞歸路。誰栽百丈錦，風前爲遮護。出山重問津，恐被漁郎誤。
《鳴玉澗》：春澗夾山出，注不屬水經。非竹亦非絲，高下泉自鳴。雨過佇涼月，環佩聲瓏玲。山人夜不寐，隔花傾耳聽。
《雙桐廬》：結廬得吾愛，階下梧桐生。一雙緑玉杖，仙骨當空撑。有時暗飄葉，四野皆秋聲。秋聲翕然寂，老鳳雛鳳鳴。
《補蘿軒》：秋風昨夜至，屋漏向空落。白雲補不完，牽蘿作綯索。老屋獨何幸，片瓦免飄泊。豈但結構精，柔條得所託。
《聽雨山房》：隔窗有梧竹，不雨聲蕭騷。待得舊雨來，此夜真迢迢。孤枕静無夢，一鐙青未消。蒼生長在意，洒見東山高。
《來爽亭》：亭在秋山巔，望之如戴笠。高不逾十丈，諸峰向前揖。西望極寒空，曉色侵衣溼。樹杪風轉輪，萬里來呼吸。
《香雪隖》：臥我晴雪中，萬花作幃帳。杈枒數不清，都是春風釀。寒輕夢無賴，月墮笑相向。客擕雙鶴來，衢花一齊放。

椒花爆竹賀新年，德勝焚如古壩連。隆慶二年元月旦，船燒四十户盈千。

萬曆《錢塘志》：隆慶二年正月元旦，德勝壩火，延燒民居一千餘家，船四十餘隻。

堰橋討臘助王淵，更擊苗劉握將權。人遂呼橋爲得勝，神碑郡志各流傳。

趙雄《韓蘄王神道碑》：詔王討方臘，王遇别將王淵於杭之北關堰橋，賊掩至，淵惶怖。王説淵當以智勝，淵怒。王選敢勇二十餘人伏堰橋，伏發，賊亂，師遂大克。淵乃嘆服曰：『真萬人敵。』盡以所隨白金器賞焉，遂定交。至今杭人呼堰橋爲得勝橋云。

《咸淳臨安志》：德勝橋在夾城巷東，韓世忠於此掩擊苗劉。一作『得勝』。

楊完者本洞溪苗，鄜隝深營德勝橋。强委平章慶童女，貫盈一旦骨俱銷。

陶九成《輟耕録》：楊完者，字彦英，武岡綏寧之赤水人。爲人陰鷙酷烈，嗜斬殺。羣無賴嘯聚溪洞，推以爲長。王事日棘，湖廣陶夢禎氏舉師勤王，聞苗有衆習鬬擊，遣使往招之，由千户累階至元帥。夢禎死，樞密院判阿魯恢總兵駐淮西，仍用招納。既得旁緣入中國，不復可控制。至正十六年春二月朔，淮人陷平江。時江浙行中書省丞相塔失帖木兒有旨，得便宜從事。嘉興北連平江，南去杭州無二百里，爲藩鎮喉舌。有司告援，急於星火，驛使交道中不絶。丞相兵少，策無所出，以完者來守之。完者至杭，以兵劫丞相，陞本省參知政事。募民入粟，填空名告身，予之即拜，添設左丞。築德勝堰周圍三四里，子女玉帛皆在焉，且以爲鄜隝計。用法刻深，任勢立威。而鄧子文、金希尹、王彦良之徒，又邪佞輕佻，左右交煽，氣燄翕忽。時左丞李伯昇、行樞密同知史文炳、行樞密同僉吕珍等，皆先寇淮旅而降順者，丞相以其衆攻殺之。既受圍，遣吏致牲酒於文炳，爲可憐之意曰：『願少須臾毋死，得以底裹上路。』報不可。完者乘噪力戰，敗，盡殺所有婦女，自經以死。獨平章慶童女，以先往在富陽，得免。平章女已嘗許嫁親王，爲完者强委禽焉。至是未及三月，故數其罪者此居首。諸軍開門納欵，惟恐弗先。文炳解衣裹屍瘞之，祭哭盡哀。

上下中分三斗門，閘橋界判水清渾。一宵春雨漲八尺，甃底雷聲萬斛奔。

《咸淳臨安志》：上斗門橋，上閘南；中斗門橋，上閘南；下斗門橋，德勝橋北。郎瑛《七修類稿》：斗門春漲，爲湖墅八景之一。

金剛庵近半爿橋，蜀衲圓融忽自燒。一偈口騰三昧火，徧身金色不曾焦。

陸次雲《湖壖雜記》：蜀僧圓融，順治十五年行脚至杭，止於湖墅金剛庵内，未有知其修者。居久之，忽備龕薪，請回首於半爿橋畔，僧衆觀者數千人。圓融入龕，口宣一偈曰：『雙劍峰頭古，廟堂乾坤大。地没遮藏，填溝塞壑。憑伊智要，與諸人笑一場。』偈畢念佛一聲，火自口出，燄光燭射，徧體皆金，衆咸禮拜。三昧初熏空四大，而端然逝矣。

夾城潛志久登名，至正張揚對結營。只有城頭一輪月，隋唐照徹宋元明。

《咸淳臨安志》：惠民鄉管里六一，曰夾城。

《兩湖塵談》：今湖州市有夾城，其舊時基址尚存。相傳其一爲僞吴張士誠所築，其一元楊鄂勒哲營也。

《西湖游覽志餘》：夾城巷，故老皆言元有總兵楊完者，與張士誠築壘相距，此其遺基。然當錢氏築城時云：『自秦望山由夾城東，亘江干，泊錢塘湖，凡七十里。』則夾城之名，唐末五代已有之，似非起於楊完者也。豈以其傍羅城，若杜詩所稱『花萼夾城通御氣』之談歟？國初有爲《夾城八景卷》者，名流題詠甚多。今掇其著者曰『夾城夜月』。

《毅齋集》：夾城者，在郡城之北。其一僞張所築，其一故元將楊完者營也，今廢。地值二城之間，故曰夾城。丙午歲，天兵自昱嶺關下餘杭，守將以城内附。郡邑數十萬之衆，始得脱去。

夾城凌溯敬興翁，悦禮敦詩有義風。黄虎何來據樓閣，婦嬰幾被咥人凶。

嘉靖《仁和志》：凌宗戴，字敬輿，夾城里人，凌雲翰之孫。早游鄉校張伯耕之門，喜吟詠。南塘有别業，去家二里，攜其友步遊，或載酒殽以隨。依樹陰草坐，欲飲則飲，否則止。興至賦詩，期以自適。天順改元，綏德郝公淵之來按浙宇，知其賢，命郡守正南張公隆禮爲鄉飲亚賓，儀度甚恭，守爲改容。生平篤於孝友，兄卒哭之慟，一時感動鄉閭。四明祝彦廣雅，與宗戴情好，忽以疾客死於杭，捐資殯殮，盡力以資歸櫬。家有木工竊其倉鑰，負米潛出，爲家童覺，出執見宗戴。宗戴恐玷其人，諭曰：『吾所與也。』竟釋之，人多不知。其尚義施惠如此。卒年五十七。

吴允嘉《武林耆舊集》：夾城巷北，知州凌煜家，前臨街，後近南河。成化二十一年九月二十四日，雞鳴後有黄斑虎，軀體雄偉，自南河游至，竟投凌之後巷。巷有脚夫謝四，與虎交肩過，被虎爪傷左肩。凌之諸門不閉，虎入，據立廳上，大吼一聲，凌衆亦破壁避去。既而虎遂登樓。凌之孫婦，臥抱嬰兒未起。虎偶挨壁，壁倒適覆婦身，不遭傷害。

項翁智用數儒宗，博學耆年古道崇。館闢夾城宏教授，孫王二夏沐春風。

嘉靖《仁和志》：項伯藏，字智用，仁和人，居夾城東。博學多識，闢館授徒。若翰林侍講王洪、刑部員外孫迪、壽州同知夏節、節弟筠，皆出其門。壽九十餘。

二王三陸古歡敦，四子文章刻北門。想見西泠風雅盛，别從十子振靈根。

《杭郡詩輯》：陸進，字藎思，仁和人。餘杭歲貢，官温州訓導。篤嗜爲詩，與西泠十子皆有酬唱，同弟升贇居夾城巷。時王仲昭居羊角埂，王丹麓亦家北墅。有《北門四子》合刻。而人之稱藎思曰『北門大陸子』，以别於升贇也。

書堂清愛著清芬，遺韻流風到古文。一角西山樓讀畫，況饒八詠賦凌雲。

《杭郡詩續輯》：魏成憲，字寶臣，號春松，仁和人。乾隆甲辰進士，官山東道御史，有《清愛堂集》。

《湖墅人物考》：魏謙升，字雨人，號滋伯。廩貢生，官仙居縣訓導。家居北郭外，面山枕湖，號『春山堂』者。中有紫藤石館、春草廬、延緑軒、半廊、西山讀畫樓、書三味齋、真如舫、浴鷗亭諸勝。

胡珵《聽香齋集·春山堂八詠爲魏滋伯作》：

《紫藤石館》：君家壽者石，絡以千歲藤。丈人頗矍鑠，借作藜床凴。

《春草廬》：生機盎窗前，栽花不除草。淡緑春濛濛，東風到偏早。

《延緑軒》：梅霖潤積日，萬緑已齊秀。樹罅黏溼雲，一綫蜀天漏。

《半廊》：看月夜循廊，長廊恐遮月。一半暫句留，箖箊爲補闕。

《書三味齋》：羅列書百城，富有小四海。醖釀成文章，蜂脾百花采。

《真如舫》：無事此静坐，我復觀我性。汎汎不繫舟，置身在明鏡。

《浴鷗亭》：海鳥本忘機，浴波時兩三。知白慎守黑，吾其師老聃。

《西山讀畫樓》：湖山如美人，亭亭盡西面。背後看雲鬟，風標時一見。按：俞興瑞《寥莫子集》、沈兆霖《文忠集》均有《西山讀畫樓賦》，又張雲璈《簡松草堂文集》有《西山讀畫樓記》。

績語堂懷節母兒，鹺宫勉就總心違。平生至契惟金石，不讓諸家論印詩。

翁壽《景行録》：魏錫曾，字鶴廬，號稼孫，官福建漳洲浦南場大使。有兩節母，皆氏王。一其母、一其本生。母均賢明，稼孫左右侍奉，兩竭其誠，人多稱之。遭寇亂避閩，勉就鹺官，非其好也。服官餘暇，一意金石之學，辨證考核，至老不倦。以青浦王氏《金石萃編》疏漏百出，撰《刊誤》若干卷。别撰《績語堂碑録》，以補其遺。又有《論印詩》廿四首。其博雅精核，足探丁、蔣、奚、黄之奥。

侍講推崇王毅齋，夾城八景譜詞來。臨江仙續臨川聶，二妙齊稱絶妙才。

《七修類稿》：吾杭市井，夾城巷口其一也。永樂閒，其地有翰林侍講王希范洪，號毅齋，一時學士推重之，朝廷亦尊寵焉，疾也賜藥，卒也賜棺，惜四十二而終。嘗以其地爲八景，作《卜算子》八章。成化閒，仁和教諭臨川聶大年，亦有聲當時者，又每題作《臨江仙》一章，皆工緻也。

仁和王洪詞云：

《夾城夜月》：孤月泛江秋，露下高城静。期約佳人夜不來，坐轉霜梧影。吹徹紫鸞簫，寶篆煙消鼎。桂子飄香下廣寒，銀漢秋波冷。

《陡門春漲》：驚雪噴高崖，雷響青天曉。剛道吴胥駕海來，勢壓滄溟小。兩岸是漁舟，潑亂飛春鳥。須信神魚去不留，五色祥雲繞。

《半道春紅》：宿雨漲春流，曉日紅千樹。幾度尋芳載酒來，自與春風遇。弱水與桃源，有路從教去。不見西湖柳萬絲，滿地飛風絮。

《西山晚翠》：斜日照疏簾，雨歇青山暮。白鳥鳴邊一半開，香靄和煙度。樓上見平湖，影隔青林霧。吹斷鸞簫興未闌，月照芙蓉露。

《花圃嗁鶯》：旭日照花林，鶯囀春風早。一片紅雲暖不開，無奈春聲攪。乘興且閒遊，莫待韶華老。隨意飛紅點緑苔，休著家僮埽。

《皋亭積雪》：積玉映空青，蓬島人閒近。珠樹瑶花滿眼開，縹緲仙臺影。便欲跨青鸞，直上三山頂。鶴氅披雲看下方，月白銀河冷。

《江橋暮雨》：淅瀝帶秋坰，兩岸蒹葭響。何處漁舟暝未還，隔浦聞清唱。撩亂下枯槎，一夜苕溪漲。天目應添翠色重，回首看晴嶂。

《白蕩煙村》：緑竹繞清流，草舍人家遠。幾處牛羊晚下來，煙外聞雞犬。禾稼滿秋原，路向桑麻轉。簫鼓從教樂社神，歲歲長相見。

臨川聶大年詞云：

《夾城夜月》：萬里碧霄雲散盡，長天孤月流輝。城陰空闊柝聲稀。試登高處望，露溼五銖衣。不見遼東華表鶴，人民昔是今非。驚烏三帀正南飛。銀河風露冷，騎得彩鸞歸。

《陡門春漲》：西北城關如鐵甕，夜來春漲崩奔。驚濤拍岸撼崑崙。桃花三級浪，何處覓桃源。仿佛鴟夷乘白馬，潮頭日落雲昏。瀆祇川后亦銷魂。琴高騎赤鯉，隨水到龍門。

《半道春紅》：記得武林門外路，雨餘芳草蒙茸。杏花深巷酒旗風。紫騮嘶過處，隨意數殘紅。有約玉人同載酒，夕陽歸路西東。舞彩歌扇繡簾櫳。昔游成一夢，仍問賣花翁。

《西山晚翠》：一抹夕陽低遠樹，分明翠斂西山。蒼蒼松檜鎖禪關。疏鐘殘磬裏，倦鳥亦知還。谷日樵蘇歸路晚，六橋流水潺潺。行人指點有無閒。天風吹散盡，露出豹文斑。

《花圃聞鶯》：芳圃萬花圍繞處，嫩紅晴點香泥。金衣公子羽毛齊。爲憐春色好，終日往來嗁。記得早朝花底散，金河草色萋萋。聲聲只在御橋西。東風回首處，香霧滿長隄。

《皋亭積雪》：昨夜孤峰如潑翠，今朝玉立巑岏。瓊林琪樹閒琅玕。蓬萊塵世隔，弱水竟漫漫。玉宇瓊臺千仞表，羣仙飛佩驂鸞。不知何處倚闌干。洞簫吹一曲，鶴氅不勝寒。

《江橋暮雨》：一葉漁舟吞暮景，夜來江漲平橋。蒹葭兩岸響蕭蕭。水村煙郭外，隱隱見歸樵。鴻雁欲歸愁翅涇，誰憐萬里雲霄。空濛山色望中遥。鐘聲何處寺，白鳥没林腰。

《白蕩煙村》：北郭秋風禾黍熟，牛羊晚食平田。一村落拓起寒煙。田翁邀社飲，擊鼓晚燒錢。　處處雞豚泥飲罷，瓦盆濁酒如泉。往來東陌與西阡。雖然淳朴俗，自有一山川。

甘泉坊畔草堂開，圖史風流付酒杯。與聶東軒屢游賞，妙行寺裏聽鐘來。

聶大年《東軒集·和劉邦彦病起言懷之作》：病起不妨頻見面，春來惟覺不勝衣。詞高郢曲難爲和，酒薄邯鄲已受圍。林蝶豈知花事晚，水禽還傍夕陽飛。草堂聞在甘泉裏，未得相從采藥歸。

又《同劉邦彦遊妙行寺，期蔡宗翊不至》：妙行禪寺夾城隈，穀雨乾時偶獨來。一榻白雲松子落，滿園黄蝶菜花開。閒看物態陰晴變，老被鐘聲旦暮催。客有可人期不至，步隨斜日下蒼苔。

《西湖游覽志》：劉英，字邦彦，居北郭夾城里。善詩翰，隱居不仕。天順中，欲以明經起用，以母老固辭。其别業在甘泉里，多竹，榜其室曰『竹東』。晚號賓山，皆終隱之意也。卒年七十二。

沈三吾就夾城居，梓里遺聞採不虚。纂輯仁和《嘉靖志》，八年一手獨成書。

《武林經籍志》：嘉靖《仁和縣志》，明沈朝宣撰。朝宣，字三吾，仁和人，世居湖墅之夾城，官江陵知縣。

江曉《仁和縣志序》：惟仁和，杭郡首邑也。郡昔有志，而諸邑彙載，未有專志斯邑者。三吾沈子，曷爲志之。沈子籍斯邑，每以闕志爲念。第賓於京，董於涿，尚未遑也。迨涉尹江陵，即引恬而歸，日惟邑志是圖。博稽郡志，旁采稗官，徧歷坊隅，廣詢故老，越八載而會萃成編。其諸田賦户役，則有司存，爰質於邑令成齋王侯，悉録以畀。郡守玉山嚴公武嘉厥成，而沈子之志於是乎慰矣。乃鳩工鏤梓以傳。

王丹麓築罄宜園，十景評量位置寬。樹記樓櫚泉記隘，與今世説證清歡。

王晫《霞舉堂集·罄宜園雜詠》：

《牆東草堂》：築室遠城市，偶爾傍牆東。自知爲世棄，豈是學君公。

《敦好齋》：富貴不可求，吾自從吾好。架上足詩書，開函還獨笑。

《丹樓》：看雲常獨倚，下榻爲徐君。無事此高臥，塵囂遠不聞。
《迴廊》：咫尺牆東路，紆迴望不窮。湘簾新月上，花影又濛濛。
《桂山》：褰衣涉山磴，叢桂發清香。莫謾歌招隱，淹留興自長。
《芙蓉池》：池水一何清，岸花娟娟好。好花映清池，莫歎秋色老。
《藥欄》：名花來上苑，光彩絢朝霞。日倚雕闌看，春藏處士家。
《蘭崖》：惠風被香草，芳意滿幽林。欲結如蘭友，同心何處尋。
《芳草坡》：春色偏池塘，緣坡翠如幔。履跡少人侵，只憐愁不斷。
《苔徑》：一徑穿林入，青膚雨後新。足音門外至，知有破苔人。

又《椶櫚樹記》云：予宅西北隅有椶櫚樹一株，爲先大人手植云。大人素愛此樹，屢購之不得。一日，道經花園埂，見土人有此，遂以錢易歸，植之屋後，躬親畚鍤，日往視之。嗟乎，可謂愛之至矣！

又《隘泉記》曰：牆東草堂既成，去堂十餘步，將累石爲山。就傍墾土，其坎纔二三尺，有泉上涌，汩汩不絶。泉水瑩澈，可鑑萬類。予性隘不能容物，日杜門坐堂中，俯視羣魚游泳荇藻爲樂，與泉殆將終身矣。

又《丹樓詩》註云：予字丹麓，故云丹樓，亦本《世説》『丹樓如霞』之義。宜興徐竹逸先生偶宿於此，改爲高臥樓，手書扁額見贈。

《西泠閨詠》：桃花港錢曇如，名林嶼，沙方伯季女，汪海樹室，夢年大將軍而生。與諸兄謝庵、金粟、松壺以文學相尚。金粟初名福林，後改名林，入翰林也。

年將軍夢協蛇祥，名字移兄署玉堂。試比桃花潭上水，汪倫相較更情長。

《湖墅小志》：道光間，元和陳厚甫觀察鍾麟，以杭嘉湖道致仕，掌教敷文書院，僑居倉基。其子茹香太守泰來，任嚴州知府二十年，亦寓於此。

棠蔭紅移松影蒼，清華雅集接鄰堂。地行仙與天隨子，吏隱相輝大隱坊。

《梓里叢談》：陸醇熙，字循莊，號圓泖，仁和人，郡增貢生，有《清華堂稿》。家湖墅倉基。詩書敦好，琴樽嘯歌，致足樂也。享年八十餘。

雲漢牌輝兩繡衣，世賢世顯盛坊題。清朝侍御人猶道，柱石巍巍迹盡迷。

嘉靖《仁和志》：雲漢牌，在下闉南，爲景泰丙子科鄉進士施昴立。繡衣牌，在下闉南，爲宣德丙午科鄉進士沈衡立。繡衣牌，在歸錦橋南，爲弘治壬子科鄉進士周謨立。世賢牌，在宋豐儲西倉北，爲永樂辛卯科進士周建、成化丙午科鄉進士周彝立。世顯牌，在夾城巷北，爲元末鄉進士凌雲翰、景泰庚午科鄉進士凌煜立。

《湖墅小志》：清朝侍御牌坊，在夾城巷口，相傳嘉慶庚午年里人不戒於火，坊被焚。余早歲時，但聞名而不見其坊。

橋呼望佛水瀜瀜，橋畔文星祀桂宫。莫慨菁莪易衰朽，一枝玉樹尚凌風。

《湖墅詩鈔・對望佛橋文昌閣中玉蘭有感》：老樹半無枝，猶開花數朵。花光照眼明，惟恐飄飄墮。摇曳在枝頭，化工默示我。皎皎方盛時，風雨生坎坷。而況衰朽形，觸處無一可。雜於紅紫中，鮮不棄道左。比玉又比蘭，稱名曷負荷。晤對起悲思，太息齋頭坐。

秋峴閒來闢峴園，方塘矮屋槿爲垣。小山叢桂香才滿，動地偏驚鼙鼓喧。

《湖市人物考》：錢延薰，原名衘，字品階，號秋峴，仁和人。道光甲午舉人，官會稽教諭、候選知府，有《峴園詩草》。宏才卓犖，明敏過人。少時習算術，復究心天文、輿地、奇門、兵家諸書及醫卜、術數之學，靡不通曉。辛卯以優行貢成均。甲午舉於鄉，屢上春官不第。里中義舉多藉其力。湖墅萬佛橋西偏有園曰『西峴』，中有池十餘畝，曰『峴湖』。湖南水閣曰『峴樹』，西有小山曰『峴山』，其北曰『見山樓』，望見西湖諸山。樓下松竹交翠，桑麻垂蔭。秋峴時時集同人觴詠其中。

北郊王氏又松谿，窺賊昕宵屋頂棲。出宰西江辭禄早，更誰湖墅舊聞稽。

《梓里叢談》：錢塘王麟書，字松谿，同治甲戌進士，有《慕陔堂乙稿》《湖墅舊聞》。幼孤，家貧苦，性極孝。庚申，寇至，自館奔家，母已走避北鄉之荒庵。四無居人，松溪登屋頂張蓋蔽雨，俯瞰賊蹤七晝夜，目不交睫。賊幸退，母得全。既成進士，歷宰廣豐、廬陵、萬安，悃愊無華，循聲卓然。解組歸田，旋殁。僅刻《湖墅叢書》數種，《舊聞》卒未成也。

金龍行殿建康熙，萬舳千家禱祝齊。四十四言封號焕，北關香火盛安溪。

仲學輅《金龍四大王祠墓録》：金龍四大王，順治二年封『顯佑通濟』，康熙三十九年加封『昭靈效順』，乾隆二十二年加封『廣利安民』。自嘉慶迄於光緒五年，疊加『惠孚普運護國孚澤綏疆敷仁深康贊翊宣誠靈感輔化襄猷溥靖德庇錫祐溥佑』，凡四十四字。

敖福合《修建金龍四大王祠墓募疏》：金龍四大王祠墓，屬在錢塘邑下墟。僻處山陬，瞻禮非易。今諸紳士同其後裔，更擇於北關水口創建行殿。則煙火萬家，舳艫千里，漕艘行商，咸得以時申虔禱而加禮焉。

楊梁范各具婆心，濟衆同持念力深。爲近糴場改糧泊，范楊或不取同音。

《咸淳臨安志》：楊婆橋在糴場後，梁婆橋在下界倉後，范婆橋在莫家場前，元係小石橋，咸淳五年重建。

驃騎將軍東晉蘇，肇元錢氏建神廬。得非裏外蘇家廟，不昧真靈或在諸。

《咸淳臨安志》：蘇將軍廟在肇元鄉，錢氏建。神爲東晉驃騎將軍蘇氏，崇善王之麾下。按：今之蘇家廟在芳林鄉，神亦失諱。此雖在肇元鄉，而亦無神諱，疑後來分建也。

蘇家廟或本蘇門，文節公偕兩縣君。何幸詞仙聯眷屬，清風閣許一籩分。

《小山居續稿·黄文節公祠記》：仁和芳林鄉，有曰外蘇家廟者，祀宋黄文節公。今年七月朔，走拜公像。公於吾杭宦游所不及，乃血食於斯，儻所謂聰明正直而爲神，神則無乎不在，廟而祀之亦無所不可耶。建廟之始莫可考，今日就傾圮，不葺將廢。余友嚴上舍德生，與里人築而新之，且搆清風閣於前之隙地，仍州之舊也，顏爲浙學使者少宗伯儀徵阮公芸臺書。工未竣，君謂余曰：『廟缺碑記久矣，修志乘者俱不載，盍爲文鐫於石，後之人庶幾有所徵信云。』廟有二，稍進不里許曰裏蘇家廟，並祀公。曷以蘇家名？或云里中蘇姓者所建，或云公爲蘇門四學士之一，其説近是。

王昶《湖海詩傳》：樊榭下世，葬於杭州西溪王家隖，因無子嗣，不久化爲榛莽。後四十餘年，何君春渚琪游西溪田舍，見草堆中樊榭及姬人月上粟主在焉，取歸。偕同人送武林門外牙灣黄山谷祠，掃灑一室以供之。予爲撰『丈室花同天女散，摩圍詩共老人參』之句，以題其楹。李光甫方湛、蔣蔣村炯、陶鳧香梁諸子，皆有詩詞記之。樊榭生於康熙三十一年九月十一日辰時，月上姓朱氏，名滿孃，烏程人，生康熙五十八年三月二十四日辰時，歿於乾隆七年正月初三日戌時。並屬蔣村及項金門墉、許周生宗彦各於忌日，奉酒脯薦焉。

廟傍蘇家卜隱棲，弟兄文字習機宜。紫陽家禮常遵守，門對青山漾碧漪。

《井東隨筆》：錢塘朱公桐友，居蘇家廟側。長子城，字秋子；次子壎，字寄霞。治法家言，名重幕府。孝親友，愛里黨，無閒言。門臨遠山，谿鑒流水，有春聯云：『門對谿山古圖畫，世承詩禮舊家風。』

昭化唐松幹久彫，潮王宋蹟未全消。芳林鄉賴相維繫，寺廟何須畛域標。

嘉靖《仁和志》：潮王廟在芳林鄉，又名石姥祠。舊《志》：神姓石，諱瑰，生於唐長慶三年，生時靈異。逮後江水洶湧，强弩未射之先，沙漲無節。或風怒湍急，自城東步行，彌望皆海，民苦潮害，日不安生。神奮力築隄，以捍水勢。雖祈寒暑雨不輟，功未就竟死於潮，後爲神。咸通中，官爲立廟，封潮王。宋宣和閒，睦寇犯順，朝廷以韓世忠禦敵。時則陰雲四合，聞空中叱咤聲，仰見旌幟，書『石姥潮王』之號，軍士奮勇，大破寇兵。嘉熙閒，潮水潰隄觸岸，漂蕩居民，人力不能禦。京尹趙公與懃躬禱祠下，潮復故道。有司上其事，加封顯德忠惠王。然則『石姥潮王』四字，因見空中旌幟所書，世遂稱之。然卒未考，何以謂之『姥』也。僧誠道原撰《昭化寺潮王廟記》。

康熙《仁和志》：昭化寺在德勝橋東，唐名龍龕，在芳林鄉，紹興閒遷於兹地。殿後存唐朝松柏三株。

魏標《湖墅志略》：唐朝松柏，乾隆閒惟存其一，嘉慶丙寅夏連根拔起。

陸里譌緣柳廟湮，村氓奚取語之新。千金豈豔歸裝富，有道生財故媚神。

鄭烜《執玉堂隨筆》：芳林鄉陸柳潮王，誤呼六里潮王，殆因柳惲遷祀也。惟專祀陸賈，不知緣起。或云類祀財神耳。

新馬頭多泊巨舟，舊馬頭外水如油。離情那許分新舊，一樣楊枝蘸馬頭。

《白石詩集·出北關》：吴兒臨水宅，四面見行舟。蒲葉侵鵝項，楊枝蘸馬頭。年年人去國，夜夜月窺樓。傳語城中客，功名半是愁。

《湖墅志略》：新馬頭在寶慶橋，舊馬頭在河塍。

蔡小霞曾任陝藩，代償虧吏衈艱難。十年後恍重來謁，冥報春風夢毓蘭。

汪道鼎《坐花誌果》：蔡小霞廷衡，乾隆戊戌榜眼。官陝藩時，屬令有挪虧庫項三千金，爲後任所揭，罪至死。令居官廉介，寡交游，無可通緩急者，待斃而已。蔡公憐之，召謂之曰：『君所虧者，知君無力繳完。可具解批，當爲君掣批完案。』令愕然曰：『不敢。』公曰：『我憐君廉介，因公被累。欲以應得養廉，爲君彌補。』令感極不能言，即具批呈送公，填註收訖月日，鈐印歸之。令具朝服入謝曰：『某荷公再造恩，死後當乞生公家，以報大德。』遂歸。後十餘年，蔡公亦致政歸，居黑橋。朦朧閒，忽見某令徑趨入内，公驚喚而寤，則内室報生子矣。公曰：『是當振吾家。』因名曰振武，字麟洲。未冠即冠童子軍，以丙申進士入詞館，觀察粵東有政聲。

隆慶戊辰穀日新，謠傳繡女點民軍。北關誤聽軍船礮，竟夕倉皇嫁娶紛。

田藝蘅《留青日札》：隆慶二年正月元旦，大風走石飛沙，天地昏黑，錢塘湖市新馬頭，官船火起，沿燒民居，死者無數。至初八、九日，民閒謠言朝廷點選繡女，自湖州而來。人家女子，七八歲已上二十歲已下，無不婚嫁。不及擇配，東送西迎，街市接踵，勢如鈔奪。甚則畏官府之禁，黑夜潛行，惟恐失曉。歌笑哭泣之聲，喧嚷達旦。千里鼎沸，無問大小長幼，美恶貧富，以出門得偶，即爲大幸。雖山谷村落之僻，士夫詩禮之家，亦皆不免。時遇一大將官抵北關，放礮三聲，民閒愈慌，驚走曰：『朝使太監至矣。』倉忙急變，幾至於亂。至十三日，上司出榜嚴禁，猶不能止。真人閒之大變也。

唐塑觀音斷眼看，喻彌陀畫與碑殘。弓刀小隊團軍散，寂寂山門秋草寒。

郭畀《客杭日記》：出北關門，湖州市妙行寺中尋伏維那，已於昨日登天目山矣，徒有悵怏。寺僧宗允供紙留數字而退。觀正殿佛三尊，偉甚；中設毗盧遮那佛象；前殿止有藏一座次。入法堂，有碑石數本，云喻彌陀神筆。所畫佛象傍刻本末，不暇記也。次禮古觀音像，相傳唐朝塑者。兩邊畫壁，以屋暗不可細鑒。門有放生池。俗云接待寺者，即此院也。

凌德初《懷珠堂稿·游接待寺詩》：我懷喻彌陀，三世鑿山石。大佛功圓成，宛若一手出。色相有可參，斧斤幸無迹。更結雲水緣，於此叢林闢。古樹落葉黄，香臺繡蘚碧。毘盧閣凌霄，鐘聲遠煙没。清淨境無常，旛幢換戈戟。小隊耀戎行，姓名隸官籍。古者兵寓農，田夫即軍卒。守望衛鄉里，循名誰覈實。可憐八口家，養恃百夫特。婆留有遺胄，八軍家法説。不愆六七步，日上二三策。一方倚長城，萬家頌生佛。下令若流水，棘門詎作劇。金剛努目觀，是具大神力。問佛佛無言，拈花笑兀兀。

接待名垂妙行真，牟陵陽記筆超塵。古緣志雅堂尤備，千載無逾賜聖因。

《咸淳臨安志》：接待寺在左家橋西，宋大觀間，喻彌陀開山。

丁敬《武林金石記》：《重修妙行院記》，元牟巘譔。

周密《志雅堂雜鈔》：北關接待寺寺額，乃吴傅朋書『敕賜妙行之院』。初扁甚小，其後展而大之，頗失書體。其右廡有古觀音殿，亦傅朋書。觀音銅像高丈餘，唐物也。其高壁一堵，作水波，頗有洶湧意，蓋毘陵太平寺之類。其前殿即藏殿，亦舊物。外有給衆庫石碑立於側，其文乃銛扑翁撰，姜堯章書。伽藍神佑相公，不知何神也。此寺乃淳熙間道者喻彌陀開山，嘗施水飯僧於此地。有大石井見在，其深六丈，泉極清冽。喻有塔頭在法堂之左，題云『齋三十萬僧喻彌陀塔頭』，此余所未至。辛卯春，因送沈府判實至焉。

《浙江通志》：接待寺即舊妙行寺，彌陀飯僧至三萬衆，故名接待院。元季燬。明宣德間建，崇禎九年復鼎新焉。康熙二十六年，僧性統重修。四十二年，聖祖仁皇帝南巡，御書『聖因』二字，復賜御書《心經》一部，心經塔一軸。

雍公應召至行都，病暑依僧妙行居。忽夢仙官示方藥，雄黄甘草疾旋除。

洪邁《夷堅志》：虞雍公自渠州守，召至行在，憩北郭外接待院。因道中冒暑得疾，瀉痢連月。重九日，夢至一處，類神仙居。一人被服如仙官，延坐。視壁間有韻語藥方，讀之，其詞曰：『暑毒在脾，溼氣連脚。不泄則痢，不痢則瘧。獨鍊雄黄，蒸餅和藥。甘草作湯，服之安樂。別法治之，醫家大錯。』如方服之，遂愈。世南在蜀中，遍訪林下人，求獨鍊法，鮮有能者。忽一日，得青城山道友傳授云：『《丹經》謂捉龍伏得雄黄。言雄黄見火則飛走，爲煙燄最難伏也。其法用雄黄不拘多少，研細，拑鍋火内鍛，令通紅取出。擸雄黄末，燄硝末，急用桃枝攪轉，即成水矣，急傾出瓦碟，微側碟子，則清者一邊。俟凝取出，去粗者，研以宿蒸餅，爲丸，如菉豆大，每服三丸至七丸。如前法，服雄黄末一兩，大約用燄硝一錢。此乃丹竈家祕法，得之甚難。』古人云：『施藥不如施方。』故詳記之。

洪永之餘萬曆前，殷勤郡乘纂成編。志書泉潤毫端墨，人地鍾靈豈偶然。

夏時正成化《杭州府志序》：杭爲郡，列壤千餘里。郡有舊《志》，洪武中，郡學教授徐一夔所修。永樂間有《續志》，景泰間又續之，而今官府皆亡矣。前年，巡撫浙江都憲劉公敷欲修弗果。去年，巡按浙江監察御史建甯吴公文元、姑蘇夏公璣，浙江布按二司方伯祁陽甯公良、昌黎杜公謙，大參嘉應李公田，憲使沔池戴公琪，憲副豐城楊公瑄、當塗端公宏，咸謂當修而不可，終不果也。以余老間於家，枉過見屬，淺薄難堪，辭再至三，僉問其人，乃以南京刑部郎中仁和項君麒士、嘉禾周君鼎洎錢塘劉英、仁和陸瑆薦。遂以今年二月十七日，開局於城北妙行寺，志書泉上萬佛寶閣。是日，甯、杜二公特枉爲勸，甯公躬爲發凡言例，授已而還。於時，項君以奉親不暇，辭弗至。無何，周君歸不再來，而終其事者，劉、陸二子爾。既而監察御史湖湘方公昇入閩，陳公紀咸巡按涖杭，前後過臨。方公其代吴公者也。每爲論列，示其指歸。夏公偕來，又復無時存省。而郡守淮陰陳侯讓下車，重詢兹事，獎勸惟勤。於是二子知奮，不懈益虔，自朝日昃至夜之分，朱批墨勘，心口相讐。是冬孟月書成，總計六十三卷。而目録、凡例、纂圖別爲一卷，亦癉瘁矣。

郭髯秋九趁航行，遠泊杭州恰四更。霜月滿天寒氣逼，北關静待曉鐘聲。

《客杭日記》：至大戊申九月廿二日四更，到杭州，城外霜月滿天，寒氣逼人。候北關門接待寺鐘動，換舟入城。拂明，潘伯起，送予歇於施水坊橋梳頭沈待詔之樓。遇金壇尹子源，同寓。

大夫張巷表豪曹，礦約寬平盜靖巢。三百年推魏侍御，廉强伉直合論交。

董其昌《容臺集·福建布政右參議雲臺張公墓誌》：張鳴鶚，字薦甫，號雲臺，萬曆己丑進士。由司空尚書郎積秩出守吉安府，擢河南按察副使，再補備兵維揚，晉參閩藩以歸。守吉時，礦稅貂虎横甚，鶚置酒與約，以單詞定額，吉人賴焉。備兵維揚，擒盜魁，脱其死，令窮他盜窟穴，盡得。閭里輕俠，銖兩之姦，亦不能隱，江淮肅然。論者謂：趙子都之治潁川，虞升卿之治朝歌，不是過云。

《湖墅志略》：大夫坊巷在草營巷南，西通接待寺。

魏成憲仁庵自訂《年譜》：乾隆二十一年秋九月二十六日丑時，仁庵生於錢塘北郭米市巷之老屋。

《杭郡詩續輯》：魏成憲，號春松，仁和人，乾隆甲辰進士。由比部授揚州守，擢江安觀察。丁憂再起，爲兖沂觀察。以乞養歸。復入爲户曹，進御史，遂引疾歸，不復出。生平博綜藝略，嘗校四庫書於文瀾閣。居官有廉强之名，在諫垣時，數上疏言事。性伉直，勇於爲義，不爲禍福所撓。與人交，文行切劘，任真推分，意所不可，輒齗齗辨論，大聲疾呼。然狹中鮮容，頗爲時所詬病。

雷道橋西接復明，倪郎中著舊時名。橋邊父老何從問，彷佛西天望佛情。

《咸淳臨安志》：雷道橋，復明橋東。復明橋一名倪郎中橋，望佛橋西。望佛橋，接待寺南。

連畦金粉蝶雌雄，漫笑齊東過耳風。滿地菜花都浄盡，杏花果占一枝紅。

《杭郡雜詠》：菜花衖，在武林門外混堂橋西，衖爲冶遊之地。故老相傳，此地若無一椽片瓦，當出大魁。咸豐庚申，賊陷郡城，湖墅燒毁殆盡，果有鍾雨辰殿撰駿聲之應。

王金銛《湖墅雜詠》：春風小衖菜花香，野語齊東未盡荒。定有麻姑説滄海，果然此地應奎光。

炙鵝味壓賣魚橋，破脇身亡報乜燒。何以新羅圖寶日，浴鵝寫出浪花摇。

《上湖紀歲詩編》：鵝炙，世希有。

注：《南宋市肆記》：『作坊有爊炕鵝鴨，市食有炙雞鴨。』按《詩傳》：『炕火曰炙。』今杭北郭，燒鵝天下所無。

馮夢禎《快雪堂漫録》：杭城北郭乜燒鵝者，脇下忽生水窠一帶，癢甚，搔破水流不止，臟腑潰出而死。蓋屠鵝必破其脇，此其報也。

王德溥《寶日軒附存詩·華巖浴鵝圖詩》：戊辰三月望時，天氣明潔，風日和暢。偶思友人王子容大，遂買舟達湖墅，登岸北行，穿梅竹松桂之閒，詣其廬焉。而王子快然躍出，讓之寶日軒中，雖晤言一室，頗獲塵外之樂。適見几上短箋，墨蹟淋漓，乃王子詠鵝佳製。清新雅調，迴越凡響。僕歸草屋，猶憶『翩身穿翠荇，側翅拂清波』之句。因爲點筆并詩索笑：

圓池媚幽泛，撥浪摇輕煙。羣游戲新碧，單影翻空淵。長項含歌舉，素毛折風妍。側睇略不審，恣意誠有搴。緑萍試一唼，荇帶青欲纏。依依清檻下，時獲右軍憐。

菜美東門米北門，門分小北菜畦鄰。晚菘終遜青門種，壩過東新販北新。

《北郭雜記》：北郊雖曠，居民多不藝菜。武林門内小北門所産，遠不及東城之美。豈東菜北米，自有界定耶？每屆春韭秋菘必販，小舟過東新關，以達於北墅云。

校勘記

〔一〕承祖名鎔明經父名人鳳丙子孝廉之訓，底本皆爲單行大字，其中『名鎔明經』『名人鳳丙子孝廉』應爲雙行小字夾註，否則無法讀通，今施以括弧。

〔二〕撤，底本原誤作『撒』，『撒瑟』是死亡的代稱，語本《儀禮·既夕禮》，今據以改正。

〔三〕小塘公豪爽好結客，底本『小塘公』前原有『婦』字，應是衍文，今删。

附録

丁君松生家傳（俞樾）

丁君諱丙，字嘉魚，别字松生，晚年自稱松存，浙江錢塘人。其先世居山陰福巖村，有諱瑞南者，當順治初，土寇蠭起，瑞南妻周挈二子，行遇寇，揮二子去，自投水死，世稱丁烈婦，事見曾文正公所撰墓表。嗣後遂遷居杭州，蓋距君七世矣。

曾祖諱軾，祖諱國典，皆以君父官封中議大夫。父諱英，字洛耆，候選同知，加道銜。道光二十九年，浙西大水，爲粥以食餓者。巡撫吴文節公書『任卹可風』四字表其門。生二子，長諱申，字竹舟。次即君也。初入塾，即爲塾師奇賞，曰：『此子後必有成。』年二十三，入杭州府學。其時粤賊已據金陵，江浙大聳，洛耆公避居新城，俄而病，母姚恭人同日病，皆痁也。君封臂肉羹以進，姚恭人愈而洛耆公竟不起。逾二年，姚恭人又病，再封臂則無效矣。君連丁大故，哀感行路。嘉興張子祥爲繪《風木盦圖》。

十年春，粤寇犯杭，君與兄竹舟君糾合城中錫箔之工，得千餘人助戰守，城陷，猶與巷戰。杭城舊有上下之分，上城焚掠甚酷，而下城稍安帖，箔工之力也。君避亂轉徙松江、青浦、南匯、上海諸處，時蘇之難民雲集於松滬，君集同志出貲財，施糜粥及藥餌。亂民中有童子七八百人，皆分别安頓，使無失所。松之陷也，竹舟君先以眷屬行，君以施粥事後之。與賊遇，賊三發火槍，皆不中，騎而追之，馬忽蹶，君得以免，蓋有神祐焉。明年，仍回杭州，創崇義祠，纂《崇義録》，以表章死事之烈。又以賊之攻城，每取攢厝之柩爲築壘填濠之用，與舅氏陸君設三學局，凡學中貧士死而未葬者，購地爲之葬。然其時蘇省淪陷，杭勢益孤，寇日深而食且盡。君獻議，刮醬坊之麪以濟民食，卒以食盡不能守。君渡江至蕭山，時渡者如蟻，舟子索錢，不滿其欲者，投之江，皆大號，君代給之，乃畢渡。出城時，與竹舟君相失，至陶堰，見其題壁字，始知其在留下，乃往從之。即於留下設肆鬻米，訪求親串之自城出者。留下市中賣物，率以字紙包裹，取視，皆《四庫》書也，驚曰：『文瀾閣書得無零落在此乎？』隨地檢拾得救十大册，君之蒐輯文瀾遺書，實始此矣。於其間偕竹舟君至福巖村拜埽祖墓，因自紹興至定海，而上海，而如皋，倉皇奔走，猶託書賈周姓者間道至杭州購求書籍，其裝訂成本者十之一，餘則束以巨緪，每束高二尺許，共得八百束。皆載之至滬。又自滬至普陀禮觀世音，聚千僧誦佛號，以明處士崔青蚓所畫應真十五尊施惠濟寺，冀銷劫運，存者亡者皆得安樂。

同治三年杭城復，君自滬歸杭，浙撫左文襄公素知君賢，即召入見，語之曰：『君輿論甚美，必有材智。地方應爲之事具爲我籌之。』自是而君所設施皆在杭矣。最君一生之事，大端有二：曰存文獻，曰籌教養。

君既於灰燼中掇拾得文瀾遺書，乃奉歸庋之尊經閣。請陸君（⿱米⿰口口）珊繪《書庫抱殘圖》紀之。其時文瀾閣毁於兵，未復也。光緒六年，巡撫譚公建復文瀾閣，爰有鈔補閣書之議。君悉出其家藏書，集人迻寫。又於天一閣、抱經樓、振綺堂、壽松堂諸藏書家按籍徵求，歷七年之久，得三千三百九十六種，求而未得者僅九十餘種。譚公疏陳其事，言丁申、丁丙兄弟於兵戈擾攘之際，何能搜求遺書，購覓底本，俾後進得窺内府遺編，其識迥越尋常，所費亦難以數計，可謂篤行敦本之士。於是天語褒揚，士林歎誦，兩丁君之名，赫然聞於天下。君又以尊經閣亦不可無書，乃於家藏中重出之本得如干種，又乞諸朋舊購之市肆，得如干種，藏庋閣中焉。君先世本富藏書，君祖掌六公，有八千卷樓。至君又益以二樓，曰後八千卷，曰小八千卷，然辜較君所藏，固不止三八千也。君以天語有『嘉惠士林』之獎，因總名藏書之所曰『嘉惠堂』。乃擇士林所罕見者刻以傳播，取其有涉杭郡掌故者都爲一編，曰《武林掌故叢編》，凡一百餘種。君又以武林爲南宋故都，城中坊巷之名由來久遠，居其地者口不能言，因創爲《杭城坊巷志》數十卷，編纂觕定，曰：『吾精力日衰，恐不足了此。』屬其友孫峻字康侯者踵成之。至今年春，寫定可刻。君易簀前又語康侯曰：『吾生前必不見其成矣，子姑徐之。取吾嘉惠堂書宋元以後詩文諸集，再一繙閱，以三年爲期，當益精美。』嗚呼！君一生用心不苟，即此可見矣。

城内外古蹟如蘇祠、白祠、錢武肅祠、岳忠武祠、于忠肅祠、林處士祠、宋校尉施全祠、楊侯再興祠、徐巨翁忠節祠、王項二公揚清祠、宋行人朱弁墓、胡公則龍井祠墓、陳忠肅墓、張楊園先生墓、陸清獻公墓、郭孝童墓、孫花翁墓，或言於官，或出己貲，一律修葺。又如修交蘆庵，而以高邁庵、奚鐵生、戴文節諸先生名蹟置其中。建玉照堂，並爲補種梅花。得元大德年編鐘，而建元音亭。得宋咸平年貝葉經文，歸之雲林寺。得錢忠懿王金塗塔，歸之靈隱、昭慶諸寺。一時韻事，杭人尤豔之。自君之亡，而故書雅訓無所咨訪，名山勝地日就淪落，所謂存文獻者此也。

杭爲東南大都會，人文甲天下，大亂之後，學校荒蕪。君與同人創設丁祭局，集諸生供灑埽，治祭器，考訂禮器樂器，創修府仁錢三學志。又建道統石室，以宋理宗御製《道統贊》碑石排列室中，缺文王一贊，集他石字補之，無則以偏旁配合而成字。乃至光緒十八年，於尊經閣後圃土中掘得一石，則《文王贊》也。浙中盛傳，皆歎爲文治光昌之兆。

君自左文襄以善後事見屬，即設立振撫局、難民局、掩埋局、施材局、醫藥局、牛痘局、錢江義渡局、救生局，凡各局無慮數十處，皆以君總之。杭故有普濟堂，始於阮文達公，成之者蔣撫軍攸銛、高撫軍杞、李觀察坦與里人高宗元、丁燾。至是復建，官則蔣果敏公、高都轉卿培、李司馬國賢，而紳士則君也。先後六十四年，四姓符合，人皆異焉。同善堂者，光緒閒左文襄所創，其時普濟堂未復，故創設此堂。嗣是普濟、同善與育嬰三堂並建，皆君主之。而善舉益備，推廣其意，隨宜施設，以杭多火災而置卹災所，以杭多游惰之民而置遷善所，以庚申之亂死難者衆而築義烈遺阡，以亂後民閒子弟無力延師而設正蒙義塾，以吏胥於命案多需索而置報驗所，以民閒緩急無所資而置借錢局。以民閒節婦不能概至清節堂而倡爲穗遺集，以補所不及；以育嬰堂所顧乳媼有限而廣爲寄養，以濟其窮。又於城内外設粥廠七所，使貧民冬日無枵腹之虞；設丐廠，使行乞之流不致溝壑之患。何其用意之周歟？

浙西所重尤在水利，城中開新橫河，築新霸，城外濬北河、南湖，修仁和至海甯上河堤壩，修奉口陡門。君皆與焉。西湖常年設濬湖局，余每宿湖樓，平旦必聞其鳴鑼集衆也。

義倉之事，主之尤久。世俗以私意窺測，疑倉穀不無虧耗。及己丑之秋，浙西霖雨爲災，中丞崧公委君散振平糶，盡發其粟。越九年，戊戌春，米價翔貴，發粟平糶，糶至三萬餘石，而倉穀未及其半，浮言爲之頓息。

所在橋梁如慶春、寶善、龍光、拱宸，所在祠宇如李敏達、阮文達、左文襄、蔣果敏，經君之手，無不完固。

杭自收復以來，士風振起，民力寬紓，皆君力也。袁君爽秋紀其大者，凡二十八事，所謂籌教養者此也。

君淡於榮利，在同治閒，左文襄特薦於朝，有鉅細咸宜之目，得旨，以知縣發往江蘇。後又敘功加同知銜。江蘇諸大吏皆敦勸出山，而君不顧也。然以受恩深，不敢膜視時艱。遇直隸、山東、山西、河南各行省偏災，浙省設局籌振，君必力任之。戊戌歲元旦日食，君以天子且有減膳之詔，況在民庶！乃屏葷血不御，諸子以有妨頤養，力勸不從。居恒與寒素無異，惟以圖籍自娱。所著有《讀禮私記》《禮經集解》《松夢寮詩初集》，皆毁於兵火。餘若《九思居經説》《説文部目詳考》《説文篆韻譜集注》《二十四史刻本同異考》《樂善録》《于忠肅公祠墓録》《善本書室藏書志》《武林金石志》《皋亭山志》《宜堂小記》《松夢寮集》《北郭詩帳》《西溪詩集》皆藏於家，其已刊行者，《西泠四家印存》一卷、《師讓盦漢銅印存》一卷、《北隅贅録、續録》各二卷、《續東河櫂歌》一卷、《三塘漁唱》三卷、《庚辛泣杭録》十六卷，又《菊邊吟》一卷，則去年病中作也。吴退盦先生爲武林老輩，有《國朝杭郡詩輯》，其孫仲雲制府又有《續輯》，君廣其未備而爲《三輯》，推之前代，而爲《歷朝杭郡詩輯》。又因吴志上先生《武林文獻》殘本，重加增補爲内外二編，杭人之文爲内編，文之爲杭地、杭人作者爲外編，皆行於時。

君天性篤厚，與兄竹舟君白首無閒，其卒也淒然不勝人琴之感。先是洛耆公擬建宗祠未果，君與竹舟君成之；舊譜毁，重輯之；杭紹先隴頽圮者，修之；亂後親族中未葬之棺以數十計，悉爲葬之。宗祠之右設家塾課子弟，群從昆弟皆視如同産。前巡撫譚公稱君爲『敦本篤行』之士，洵不虚矣。六十五歲時得痰眩之疾，時劇時差。逾二年，又患脾泄，光緒二十五年三月丙辰卒於家，年六十有八。凡三娶：曰沈，曰凌，曰陸。側室三：曰王，曰孫，曰王。子三人：長立中，光緒十七年舉人；次立方，次立亢，殤。女四人：延適仁和陸氏；恒適仁和顧氏；苓適錢塘陳氏；祺未嫁，字仁和陸氏。孫一人，天佑。孫女一。

余既爲君立家傳，乃論其後曰：

杭城克復以來三十餘年，湖山歌舞粗復其舊，固由諸大吏振興於上，賢有司經畫於下，而拮据撖㨖，心口交瘁，黽没從事，使公私交受其益者，則君一人也。君有官不赴，伏處鄉里，而惠澤被乎四方，聲名動乎朝野，求之古人，未可多得。微論劉勝寒蟬不堪比擬，即王烈陽城輩，徒以德化其鄉者，亦不能尸居龍見若斯也。君臨終有詩云：『分應獨善心兼善，家守清貧書不貧。』夫子自道，得其實矣。

繆荃孫《續碑傳集》卷八十一

《續修四庫全書總目·地理類》

北郭詩帳二卷　丁氏原刊本

錢唐丁丙撰。北郭者，杭之北門外也。其地爲湖墅，雖屬偏隅，然爲水道衝要，煙户甚繁，而獨無掌故紀載之書。前有魏書青者作《湖墅小志》，未梓而燬於火，僅存雜詩百首。丁氏此編，蓋踵魏作，而假東坡『詩帳』之稱云。其體前爲七絶，後坿以注，詩之體韻甚佳，注尤翔實。每條必先舉其出處，尤見詳慎，此掌故詩之佳者。

龍井見聞録

〔清〕汪孟鋗　著
李顯根　點校

前言

《龍井見聞録》十卷，清汪孟鋗（一七二二至一七七〇）撰。孟鋗，字康古，號厚石，秀水（今浙江嘉興）人。乾隆三十一年進士，官至禮部主事。能詩文，兼通數術，有《厚石齋集》十六卷、《龍井見聞録》十卷。

乾隆二十七年（一七六二），乾隆帝三巡江南，孟鋗爲進御覽，彙集前人記載與當地採訪材料而成此書，記述西湖龍井及其四周景物和見聞，間加考辨。卷首有圖説一篇，敘其載述範圍。正文分記山水、寺内外古跡、名僧、鄉寓人物、物産、碑刻書畫、詩文、軼聞等，餘論則多爲作者對異説之考辨。全書記載翔實，徵引典籍達二百餘部，因而具有多方面參考價值。

《清史稿》誤此書爲六卷，作者亦誤作『汪志鋗』；《嘉興府志》則誤爲十四卷。

今以乾隆二十七年（一七六二）刊本爲底本，以光緒十年（一八八四）《武林掌故叢編》本爲校本。

目録

龍井見聞録凡例[一]

一　杭州龍井，北宋始著。乾隆辛未丁丑，恭逢聖駕南巡，龍井未經臨幸。伏讀御製《觀採茶歌》二首，敬謹録登卷首，以爲山靈佛法之慶。

一　語關祖宗、皇上、國家者，謹分別跳行書。標題頂格者，跳行書，分別出格。

一　南山之北，輒稱龍井。山水一門，期於貫串源委，旁及嶺左右山水。要不敢闌入他處，以混界域焉。寺則不在此例。

一　浙西士民，望幸誠切。龍井名勝所在，佇邀宸顧，並乞璇題。即如疋練、插劍二瀑布，皆在昔未經開闢之勝。《録》名『見聞』，不敢曰『志』。新增勝境，概未詳列。誠以翠華南來，山川競秀，從此標新領異，非草莽小臣所敢次第也。

一　《録》爲寺作，故先名僧，後鄉寓入物。諸卷先後，並準此。

一　郡邑志書，名賢接踵，則有『人物』一門。龍井地處僻仄，惟關繫寺院興廢者載之。而以祠墓諸賢繫人物，塔繫僧，仍省去『祠墓』一門，亦稍變成例者也。

一　詩文各附註標題之下。詩之爲遊觀、贈答作者，文之無題可繫者，並各自爲卷。

一　詩文見本集者，不註。有本集不載，而見地志及他書者，必註明。

一　參考同異，以『謹案』別之，附於諸家之後。

一　地志前列『小敘』，其例舊矣。今所傳宋人志，如宋敏求《長安志》、羅願《新安志》、潛説友《咸淳臨安志》、史能之《咸淳毗陵志》、張元成《嘉禾志》、陳耆卿《赤城志》，皆同。康熙中，儀徵縣知縣陸師撰縣志，用《山海經》郭璞註『贊』例，每卷後附『贊』一首，而卷前仍列『小敘』。茲《録》謹删去『小敘』，易『贊』爲『題後』，蓋酌用其例焉。

一　採登書籍，每條必冠以本書之名。既不敢没所自來，亦因以著歷代先後諸家異同之故。有未見原書者，則必註明某書徵引字樣。其次第，則先地志，次諸家，仍各以時代爲先後。

一　龍井，以元淨興創得名。其有事關元淨、不涉龍井者，割棄之，則未免舊聞放失。别爲《元淨外傳》，附《見聞録》之後。

臣汪孟鋗恭識

校勘記

〔二〕『凡例』底本置於『龍井圖説』之後，今據掌故本移置本書之首。

恭録御製詩二首

乾隆十六年辛未，聖駕南巡，幸天竺，覽鄉民採茶製焙之法，御製《觀採茶作歌》：

火前嫩，火後老，惟有騎火品最好。西湖龍井舊擅名，適來試一觀其道。村男接踵下層椒，傾筐雀舌還鷹爪。地爐文火續續添，乾釜柔風旋旋炒。漫炒細焙有次第，辛苦功夫殊不少。王肅酪奴惜不知，陸羽茶經太精討。我雖貢茗未求佳，防微猶恐開奇巧。防微猶恐開奇巧，採茶竭覽民艱曉。

二十二年丁丑，聖駕南巡，幸雲棲，御製《觀採茶作歌》：

前日採茶我不喜，率緣供覽官經理。今日採茶我愛觀，吴民生計勤自然。雲棲取近跋山路，都非吏備清蹕處。無事迴避出採茶，相將男婦實勞劬叶。嫩莢新芽細撥挑，趁忙穀雨臨明朝。雨前價貴雨後賤，民間觸目陳鳴鑣。由來貴誠不貴僞，嗟哉老幼赴時意。敝衣糲食曾不敷，龍團鳳餅真無味。

臣孟錤恭稽南巡盛典，伏讀乾隆十六年御製《觀採茶作歌》，詩中語及龍井。又伏讀二十二年御製《觀採茶作歌》，詩中有『雲棲取近跋山路』之句。臣聞皇上再巡之歲，雖未幸龍井，而駕幸雲棲，由風篁嶺南下，經九谿十八澗。御製詩云『雲棲取近跋山路』，以此臣孟錤既敬謹録登卷首，乃復拜手稽首集經語，而系以頌曰：

帝省其山《詩·大雅》，自南自北《詩·大雅》。幽幽南山《詩·小雅》，井渫不食《易》下經。是興神物《易》上《繫辭》，龍見而雩《春秋左氏傳·桓公五年》。陟則在巘《詩·大雅》，馬不契需《周禮·冬官》。有嘉樹焉《春秋左氏傳·昭公二年》，爲蒼筤竹《易·説卦傳》。庶草蕃廡《書·洪範》，終朝采緑《詩·小雅》。維葉萋萋《詩·周南》，女執懿筐《詩·豳風》。帝庸作歌《書·益稷》，黼黻文章《禮記·月令》。高山仰止《詩·小雅》，山夾水澗《爾雅·釋山》。繩其祖武《詩·大雅》，倬彼雲漢《詩·大雅》。謹案：御覽《西湖志纂》，五雲山雲棲寺，聖祖仁皇帝凡四幸焉。率西水滸《詩·大雅》，南入於江《書·禹貢》。視遠如邇《春秋左氏傳·昭公元年》，至於海邦《詩·魯頌》。政在養民《書·大禹謨》，無射亦保《詩·大雅》。觀乎天文《易》上經，光被四表《書·堯典》。

浙江嘉興府秀水縣舉人揀選知縣臣汪孟鋗恭進

龍井圖説

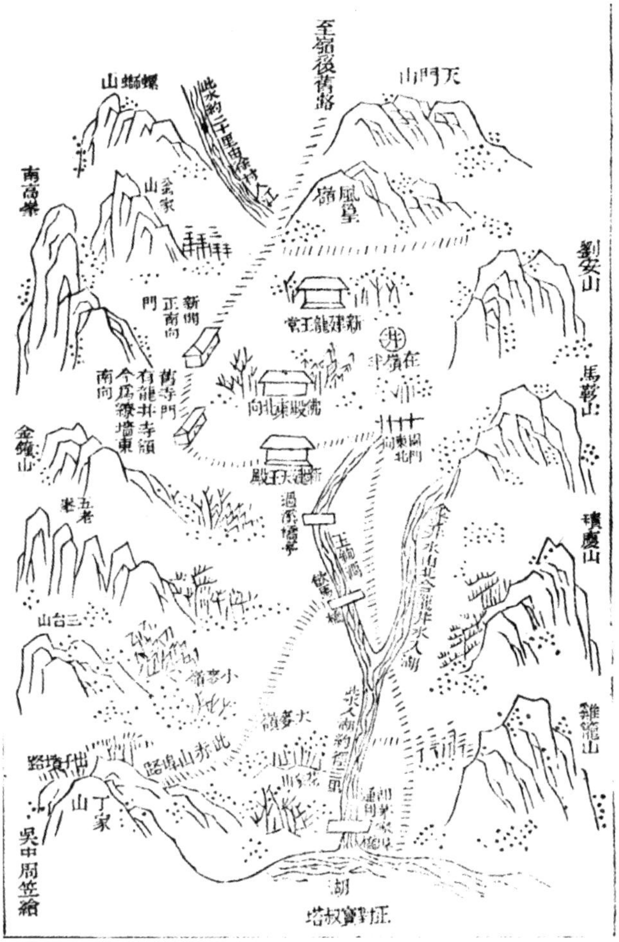
至宿後舊路
天門山
螺螄山
南高峯
風篁嶺
劉安山
馬鞍山
積慶山
雞籠山
金鐘山
三台山
五老峯
新建龍王堂
佛殿東北向
新建天王殿
新開正南向門
舊寺門有龍井寺額今爲牆東南向
過溪橋
小麥嶺
大麥嶺
此赤山埠路
丁家山
湖
正對寶叔塔
吴中周笠繪

謹案：龍井在南山之北，其嶺曰風篁。自風篁嶺以上，爲獅子峰，更上爲天門山。天門山，在北高峰後，爲南北兩山之祖。自龍井論，則嶺居寺之西北。圖於南列南高峰、於北不列北高峰者，以天門山見之。嶺南之煙霞、石屋不列，則以翁家山統之也。大小麥嶺、丁家山，本在西北。花家山，亦近茆家步。而圖稍南者，限於尺幅，爲澗、橋留餘地也。馬鞍山，從舊志，名螺螄山，不從舊志，名碧螺峰者，以螺獅之爲碧螺，志無實證也，劉安《山地志》不具。積慶山，在僊姑西南，蓋皆靈、竺之後山也。不詳茆家步一路者，龍井屬南山，故詳南而略北也。其上嶺、出山大小徑路，大略附見。餘詳卷一山水、卷十餘論。

龍井見聞録徵引書目

梁蕭子顯《南齊書》
唐姚思廉《梁書》
姚思廉《陳書》
房喬《晉書》
李吉甫《元和郡縣志》
釋道宣《續高僧傳》
柳宗元《河東集》
陸羽《茶經》
歐陽修、宋祁《新唐書》
歐陽修《新五代史》
司馬光《資治通鑑》
樂史《太平寰宇記》
潛説友《咸淳臨安志》
周密《武林舊事》

吴自牧《夢粱録》
祝穆《方輿勝覽》
釋贊寧《宋高僧傳》
釋道源《景德傳燈録》
釋惟白《續傳燈録》
釋元敬、元復《武林西湖高僧事略》
釋惠洪《林間録》
傅牧《西湖古蹟事實》
周必大《二老堂雜志》
釋道潛《參寥子集》
釋居簡《北磵集》
林逋《和靖集》
范仲淹《文正集》
蘇軾《東坡集》
施元之《蘇詩註》
蘇轍《欒城集》
王安石《臨川集》
韋驤《錢塘集》
曾鞏《元豐類藁》

秦觀《淮海集》
晁公遡《嵩山居士集》
郭祥正《青山集》
周紫芝《太倉稊米集》
姜夔《白石詩集》
鄒浩《道鄉集》
程珌《洺水集》
敖陶孫《臞翁詩集》
周必大《平園集》
葉紹翁《靖逸小藁》
樓鑰《攻媿集》
蘇籀《雙谿集》
鄭清之《安晚堂集》
周文璞《方泉集》
周弼《汶陽端平詩雋》
謝翺《晞髮集》
董嗣杲《西湖百詠》
葛天民《無懷小集》
姚鉉《唐文粹》

陳起《聖宋高僧詩選》
沈括《夢谿筆談》
趙葵《葦杭紀談》
元托克托《宋史》
釋念常《佛祖通載》
釋覺岸《釋氏稽古略》
虞集《道園學古録》
柳貫《待制集》
王惲《秋澗集》
黄溍《文獻集》
蘇天爵《滋谿文藁》
鄧文原《素履齋藁》
張昱《可閒老人集》
張雨《句曲外史集》
成廷珪《居竹軒集》
張翥《蜕庵集》
王逢《梧谿集》
楊維楨等《西湖竹枝詞》
釋善住《谷響集》

釋圓至《筠谿牧潛集》
馬臻《霞外詩集》
陳世隆《宋詩補遺》
夏文彦《圖繪寶鑑》
鄧椿《畫繼》
湯垕《畫鑑》
李衎《竹譜詳録》
明宋濂《元史》
李賢等《明一統志》
夏時正《杭州府志》
薛應旂《浙江通志》
田汝成《西湖遊覽志》
陳善《杭州府志》
聶心湯《錢塘縣志》
馬汝礪《盱眙縣志》
吴瓚《武林紀事》
袁宏道《石公集》
張京元《西湖小記》
沈儀《兩湖麈談録》

吴之鯨《武林梵志》
吴本泰《西谿梵隱志》
白琳《靈隱寺志》
釋大壑《净慈寺志》
釋傳燈《天臺山方外志》
宋濂《學士集》
林右《公輔集》
徐一夔《始豐藁》
王圻《續文獻通考》
唐之淳《萍居藁》
夏時《湖山勝概記》
孫一元《太白山人藁》
姚綬《穀菴集》
方九敘《十洲集》
祝時泰等《西湖八社詩帖》
吴寬《家藏集》
夏錫祚《雪鴻堂詩草》
賀燦然《五欲軒集》
王穉登《客越志》

馮夢禎《快雪堂集》
屠隆《緯真詩集》
譚元春《嶽歸堂集》
傅巖《花巢詩》
《武林怡老會詩集》
李流芳《檀園集》
田藝蘅《煮泉小品》
董其昌《畫禪室隨筆》
文震亨《長物志》
安世鳳《墨林快事》
郎瑛《七修類藁》
徐𤊹《榕陰新檢》
孫克宏《碑目》
吴應箕《復社姓氏録》
《歷朝浙江題名録》
國朝御定《廣群芳譜》康熙四十七年
敕修《浙江通志》雍正十三年
康熙督撫臣彙修《浙江通志》二十一年
御覽《西湖志纂》乾隆十六年

李衛《西湖志》
魏嵲《錢塘縣志》
趙世安《仁和縣志》
趙之珩《於潛縣志》
唐如璉《餘姚縣志》
胡承謀《湖州府志》
鮑復泰《台州府志》
吴之器《婺書》
孫治《靈隱寺志》
釋廣賓《上天竺山志》
張遂辰《湖上編》
陸次雲《湖壖雜記》
吴任臣《十國春秋》
徐象梅《兩浙名賢録》
謝旻《江西通志》
顧祖禹《方輿紀要》
朱彝尊《曝書亭集》
查慎行《敬業堂集》
厲鶚《樊榭山房詩集》

朱彝尊《明詩綜》
馮景《蘇詩續補遺》
查慎行《補注東坡編年詩》
谷應泰《博物要覽》
吴銘道《明復社姓氏補録》

龍井見聞録卷一　山水

總敘

陳善《杭州府志》，杭之山紀首，昌化竹嶺至於潛白沙關爲首節，豪千關爲第二節，臨安泥隝爲第三節，新城青牛爲第四節，富陽埸石嶺爲第五節，餘杭由拳爲第六節，錢塘分金嶺爲第七節。自分金嶺徂東而北，而東五里，五朝山；三里，龍門山；二里，牛軜嶺；三里，黄山；三里，焦山；三里，水山；五里，天柱塢；五里，五雲山；二里，郎當嶺；三里，風篁嶺；四里，南高峰；一里，玉岑山；一里，學士嶺；一里，九曜山；一里，梯子嶺；一里，鍋子山；一里，慈雲嶺；一里，教場山；又一里，積里六十，交仁和之鳳凰山，爲第八節。其泉，爲龍門、青山、白沙、天柱、九谿、甘谿、天真，凡七，直達乎江。北源，則爲龍門、西谿、冷泉、天竺、龍井、黄泥、程公、方家峪，凡八，北向錢塘。

謹案：陳善《杭州府志》以里紀山，極爲明白易曉。其北源之泉，北向錢塘者，猶之曰入湖也。

山脈

天目山

李吉甫《元和郡縣志》：天目山有兩峰，峰頂各一池，左右相對如目。左屬臨安，右屬於潛。

田汝成《西湖遊覽志》：西湖諸山，皆宗天目。西去府治一百七十里，高三千九百丈，周廣五百五十里。蜿蟺東來，舒岡布麓，若翔若舞，萃於錢塘，而峭崒於天竺。從此而南而東，則爲龍井、爲大慈、爲玉岑、爲積慶、爲南屏、爲龍、爲鳳、爲吴，皆謂之南山；從此而北而東，則爲靈隱、爲仙姑、爲履泰、爲寶雲、爲巨石，皆謂之北山。

主山

風篁嶺 潛説友《咸淳臨安志》：「釋元浄詩：「風篁蔭修嶺，挺節含虚心。悠悠往還客，孰不聆清音。」楊傑詩：「微風摇琅玗，蕭瑟嶺一道。萬帚掃晴空，纖塵不可到。」」

《咸淳臨安志》：在錢塘門外，放馬場西。路通龍井，嶺最高峻。元豐中，僧辯才師淬治修篁怪石，風韻蕭爽，因名曰『風篁』。東坡《探梅》詩有『問訊風篁嶺下梅』、《介亭》詩有『丹青明滅風篁嶺』之句。嶺之巔，有龍井。

《西湖遊覽志》：林壑深沈，迥出塵表。流泉活活，自龍井而下，四時不絶。

陳善《杭州府志》：在南山，飲馬橋西。龍井在其下。嶺之西，可達江滸。

謹案：風篁嶺，在今龍井寺後東北面。

近嶺諸山

雞籠山

《咸淳臨安志》：在龍井風篁嶺側，高而圓，若雞籠然。

《西湖遊覽志》：獅子峰西有稽留峰，俗訛雞籠。

陳善《杭州府志》：遠樹亭亭，望若車蓋。四山闃寂，虎豹窟藏，以是遊者特罕。

謹案：雞籠山，今在龍井寺南。

沙盆塢

魏峴《錢塘縣志》：在風篁嶺下，有金沙井，回泉鍾液。

謹案：《咸淳臨安志》：「龍井山沙盆塢。」周密《武林舊事》云：「風篁嶺沙盆塢。」《西湖遊覽志》則云「嶺下」，與魏峴《錢塘縣志》同。金沙井，《西湖遊覽志》繫「演福」，而魏峴《錢塘縣志》「演福」下亦有此七字，次「夕佳樓諸勝」之列，必有一誤。

碧螺峰

聶心湯《錢塘縣志》：自龍井達煙霞，可三里許。兩旁悉皆奇石森峭，其崒者，爲碧螺峰。

魏峴《錢塘縣志》：在風篁嶺側。

謹案：碧螺峰，今無之。土人稱寺南之山曰螺螄巖，疑即此。

鵾雞峰

《咸淳臨安志》：在西山崇因報德院，有怪石，狀似鵾雞。

魏㟲《錢塘縣志》：在靈石山前。

金鐘峰

魏㟲《錢塘縣志》：在丫髻峰側。

謹案：丫髻峰，即鵓雞峰之異名。金鐘峰，在龍井寺東南，而《武林舊事》繫『雞籠山』下。存考。

獅子峰 《咸淳臨安志》：釋元浄詩：『獨爾羣山裏，人稱獅子峰。無心自哮吼，顯晦煙雲中。』楊傑詩：『巖峰壯威猛，晴雷隱哮吼。無心露爪牙，百獸自奔走。』

《西湖遊覽志》：高出羣岫，可瞰江滸。北望天竺諸峰，疊秀如畫。

魏㟲《錢塘縣志》：在天門山側，勢若蹲獅，最爲高峻。靈、竺諸峰，皆拜其下。山徑孤峭，草樹蒙茸，爲南山最深處。

釋廣賓《上天竺山志》：在乳竇峰之右。翊大師經行，忽聞獅吼，故名。

又，天門山，兩峰對峙如門，其西南曰栗山。栗山北擁，爲天竺諸峰，獅子其一也。從上竺而南，則爲龍井。

謹案：獅子峰，在風篁嶺西北。其名不列《咸淳臨安志》，而當日題詠，即多及之。山高，則四望皆見。此靈隱、上竺所以亦採入志也。袁宏道《石公集》『西湖雜記』稱爲獅子石，未是。《武林舊事》『寺』下云：山有獅子峰。

楊梅塢

傅牧《西湖古蹟事實》：在南山，近瑞峰石塢。

《上天竺山志》：在獅子峰麓。

又，明劉康祉《興福院記》：乳竇、獅子兩峰間，即楊梅塢。

魏㟲《錢塘縣志》：在上天竺後。

謹案：《西湖遊覽志》以楊梅塢敘於片雲石、獅子峰之間。今由龍井至天竺，新開小路，必經楊梅塢。

南山禪關

《武林舊事》：舊名龍井路，今又改南天竺。

片雲石李衛《西湖志》：張丹詩：『荒塗趨沙塢，斷崖得石壁。鳥足不可棲，猿臂豈相借。冰核實夏涷，露珠信晝滴。蘭草倒叢生，藤根互盤越。仰視巧玲瓏，眉宇皆翠色。側聞薜蘿人，駐此曾洗滌。我題聊與賞，早閟白雲迹。』

《西湖遊覽志》：在風篁嶺上。高可丈許，青潤玲瓏，巧若鏤刻，松磴盤屈。草莽間有石洞，堆砌工致，巉巖可賞。

片雲亭

《西湖志》引《名勝志》：風篁嶺上有石，俗呼『一片雲』。

《西湖遊覽志》：片雲亭，司禮孫東瀛所構。設石枰於前，上鐫『興來臨水敲殘月，談罷吟風倚片雲』之句。

謹案：魏㟲《錢塘縣志》云『石上刻字多漫』，故卷六碑刻削之。又國朝厲鶚《遊龍井》詩註：『片雲石已仆，今已重立寺内矣。』

神運石

《西湖遊覽志》：龍井神運石，高可六丈許。奇怪突兀，特立簷下。有木香一架，穿繞竅竇，宛若蛇蟠。正統十三年，中貴李德駐龍井。屬旱，令力士淘之。初得鐵牌二十面，玉佛一枚，金、銀各一錠，鑿大宋元豐年號。次得兹石，以八十人搜出之，上有『神運』二字，旁多款識，漶漫不可讀，不知何代所鐫也。繼得鐵牌十五面，銀二條，上鑿吴赤烏年號。蓋皆投龍以祈雨者。其日，黑雲四匝，泉頭洶湧，德懼而止。

《西湖志》：在龍井寺。

謹案：神運石，《西湖遊覽志》止云兩字，《西湖志》云十字。今考，石上字甚多，詳卷六。

風篁嶺四至

夏時《湖山勝概記》：南高峰麓四出。一由前洋嶺、大慈山，南出龍山，抵六和塔，當江而止。一過慈雲嶺，出包家山、鳳凰山、秦望山。一落石塢、煙霞二嶺，嶺有楊梅塢，下有玉岑山，山對高麗寺。一落西湖，過大、小二麥嶺，西下飲馬橋，南至風篁嶺；上有龍井，今創龍井寺於山之陽，西接演福寺，路轉而北，過胭脂嶺，出九里松。

《西湖遊覽志》『南山勝蹟』：出清波門，折而南，爲南屏山。山西爲九曜山，與赤山聯屬。又西，爲玉岑山，對赤山。由湖而陟此者，爲赤山步。赤山北，爲三台山。自此而北，爲小麥嶺。蓋積慶山之陂陁迤邐者，有永福橋。又西，爲大麥嶺，旁爲花家山。瀕湖而登，爲茆家步。自永福橋，西北爲積慶山，即靈石山。又西北，爲雞籠山、風篁嶺、一片雲石、楊梅塢、獅子峰，延恩衍慶寺、龍井、神運石。嶺下，沙盆塢。嶺畔，有崇恩、衍福諸寺。嶺北，有碁盤山。登其巔，則江湖之勝，皆可環眺矣。

謹案：近嶺諸山，不必皆以風篁嶺爲主山。然不立主山，則界域不明。故由載記所列，薈萃考之。赤山、三台山、小麥嶺、花家山、大麥嶺、積慶山，山前鵶雞峰，並在嶺之東南。南則爲翁家山、煙霞嶺、石屋洞、水樂洞、獅子峰、楊梅塢。在嶺之西北，北則爲碁盤山。其靈、竺諸峰，又在獅子峰西北。惟金鐘峰，今在嶺南，而地志或繫雞籠山，或繫鵶雞峰，疑皆約略之詞耳。今敘次諸山，雞籠山、沙盆塢、碧螺峰，從風篁嶺次列。又，崇因報德寺，在鵶雞峰。褚莊，在金鐘峰。《咸淳臨安志》於崇因，《武林舊事》於褚莊，並冠以『龍井』二字。《武林舊事》又次金鐘峰於雞籠山下，故鵶雞峰、金鐘峰，又從雞籠山次列。獅子峰，則以老龍井録之。楊梅塢，又從獅子峰次列，而以南山禪關及二石附焉。夏時所記過二麥嶺、飲馬橋，而不言積慶山，疑必別由支徑越小麥嶺，並疑不經大麥嶺。云二麥嶺，非也。《西湖遊覽志》乃正由赤山步至龍井路，故並載之，詳卷十。參以圖説，形勢大略可觀矣。

水　源

老龍井

《西湖遊覽志》：龍井之上，爲老龍井。有水一泓，寒碧異常，泯泯叢薄間，幽僻清奥。杳出塵寰，岫壑縈迴，西湖已不可復覩矣。再上爲天門，可通靈竺。徑術崎巇，草樹蓊鬱，人烟曠絶，幽悄不禁。

魏㟲《錢塘縣志》：天門山側，爲獅子峰。獅子峰下，爲老龍井。

張遂辰《湖山編》：越風篁嶺，爲老龍井。

謹案：今龍井，在嶺前面。考宋蘇軾、秦觀、楊傑、程珌、周必大紀遊及敖陶孫詩，無有不先過嶺，然後至井，至井然後至寺者。明張京元《西湖小記》、夏錫祚詩猶然。故《西湖遊覽志》『老龍井』即馮夢禎記舊龍井，皆宋時龍井也，詳卷十。

龍井 秦觀《遊龍井記》，見卷六。程珌《遊龍井記》，見卷八。《咸淳臨安志》：『楊傑詩「巖下一泓泉，窈奥莫可測。有時靈氣生，散作人間澤。」』蘇軾《東坡集》『次葉教授韻紀龍井之遊』：『先生魯諸儒，飲食清不溷。空腸出秀句，吟嚼五味足。華堂鬧絲管，睟子漲春緑。先生疾走避，面冷毒在腹。歸來煑瓠葉，弟子歌《旱麓》。聲淫及《靈臺》，中有麀鹿伏。功名一走兔，何用千人逐。故應容我輩，清座時閉目。高停石排衙，木杪挂飛屋。我來無時節，客亦不待速。似聞雪髯叟，西嶺訪遺躅。朝陽入潭洞，金碧涵冰玉[二]。泉扉夜不扃，雲袂本無幅。慈皇付寶偈，神侣得幽讀。訥庵有老人，宴坐天魔哭。時來獻瓔珞，法供燈相續。吾儕詩酒汙，欲往無乃觸。齋厨費辰炊，車騎滿山谷。願聞第一義，鉢飯非所欲。便投切雲冠，余幼好奇服。』

《咸淳臨安志》：本名龍泓。吴赤烏中，葛洪鍊丹於此。近西湖南山。登風篁嶺，澗泉泱泱，與幽花野草，延緣山磴。更上嶺背，巖壑林樾皆老蒼，而西湖已蔽掩不可見，氣象愈清古。巖骨稜瘦，泉流停涵，一泓清澈，即之淒然。相傳有龍在焉，觸石爲雲，禱者輒應，因建龍祠。咸淳五年，安撫潛説友重建門，古篆『龍井』二大字爲扁。

祝穆《方輿勝覽》：龍井，去城十五里。

《武林舊事》：在風篁嶺上。巖壑林樾幽古，石竇一泓，清澈翠寒，甘美可愛，雖久旱不涸。石上流水處，其色如丹。遊者視久，水輒溢，人去即減，其深不可測。相傳與江海通，有龍居之，每禱雨必應。或見小蟹、斑魚、蜥蜴之類。

《西湖遊覽志》：水經飲馬橋，合黄泥嶺，東出茅家步入湖。

謹案：宋人志龍井，蓋皆今日老龍井也，姑繫於此。黄泥嶺，在行春橋外，見夏時正《杭州府志》。《武林舊事》繫『南山』末，今《西湖志》繫『北山』，是也。

井旁惠濟祠　《咸淳臨安志》：寧宗加封嘉應廣濟孚惠王敕：『昔我高宗，千乘萬騎。嘗登南山，之風篁嶺。駐蹕龍湫，酌泉於上。一草一木，咸被昭回之光。時維明神，實見敬禮。涓滴分派，通海浹湖。寸雲出岑，潤吴澤越。揆以祭式，宜有寵褒。而封爵未加，是爲缺典。朕今以徽侯美稱，加寵於爾有神。珠宫貝闕，莫窮其源。華衮輪臺，其永有耀。奠我都邑，振爾光靈。可特封嘉應靈潤普廣濟王。』

《咸淳臨安志》：在風篁嶺上。紹興十八年，賜廟額，累封爲嘉應廣濟孚惠王。咸淳五年，安撫潛説友更創祠宇。旁有德威亭，即舊龍井亭，東坡書額。

《武林舊事》：龍井旁，有龍王祠。

《西湖遊覽志》：井上覆以樓，爲惠濟龍王祠。

謹案：地名龍井，則龍之神靈著焉，故附井下。敕末『嘉應靈潤普廣濟』七字，《西湖志》作『嘉應廣濟孚惠』，誤也。陳善《杭州府志》封號七字，恐誤，存考。

龍井　一名龍泓

見秦觀遊記，詳卷六。

謹案：靈隱，有龍泓洞。《咸淳臨安志》引晏元獻説，亦云：『吴赤烏二年，葛仙翁於此得道。故龍井之名龍泓，不顯於世。』

龍井　一名龍泉

司馬光《資治通鑑》：天復二年，鏐如衣錦軍，命右武勇都指揮使徐綰帥衆治溝洫。鎮海節度副使成及聞士卒怨言，白鏐請罷役，不從。鏐臨饗諸將，綰稱疾，先出。鏐怪之，命綰將所部先還杭州，及外城，縱兵焚掠。左武勇都指揮使許再思以迎候兵與之合[三]，進逼牙城。鏐子傳瑛閉門拒之，牙將潘長擊綰，綰退屯龍興寺。鏐還，及龍泉，聞變，疾驅至城北，使成及建鏐旗鼓與綰戰。鏐微服乘小舟夜抵牙城東北隅[三]，踰城而入。

胡三省註：『龍泉即龍井，在杭州城西南風篁嶺上，去城十五里。』又『宋自高宗駐蹕杭州，以杭州牙城爲宫城。東北隅，則今之和寧門外也。』

顧祖禹《方輿紀要》：風篁嶺，龍井在其上，亦曰龍泉。錢鏐自衣錦軍還至龍泉，聞其部將叛據羅城，微服兼行，踰城夜入，是也。

謹案：歐陽修《五代史》：『歸，至北郭門，不得入。』吴任臣《十國春秋》：『微服至德勝門，牙將周肅以舟迎王，遂沿江至内城東北。』互有詳略。據此，知當日由臨安入城，亦經龍井。後以兵阻，然後由城北而爲沿江之行。其往來路徑，甚爲明悉，故詳載之。

近井諸水

沖　泉

見楊傑《延恩衍慶院記》，詳卷二。

玉鉤澗

聶心湯《錢塘縣志》：在風篁嶺下。

謹案：龍井水，初由過谿橋，經飲馬橋，迆東北，循茅家步路，出通利橋以入湖。約行四里，疑即玉鉤澗，然土人無知者。訪諸寺僧，但云是虎谿。蓋以過嶺事襲訛，而不知爲玉鉤澗。今新增插劒、疋練二瀑布，即在澗下流。但瀑布水自風篁嶺後雲共庵，用竹筧屈曲承引，不獨恃龍井水。以馮夢禎記考之，在嶺背者，或即老龍井也。

金沙泉

聶心湯《錢塘縣志》：金沙泉，與龍井滙，從飲馬橋入湖。

謹案：《咸淳臨安志》：金沙泉，在仁和縣永和鄉。金沙井，在孤山廣化寺。俱非此金沙。又，金沙澗，在靈隱寺側。魏嶼《錢塘縣志》引《十三洲記》：『靈隱寺，東西灢二水。東源横過寺前[四]，名龍谿。西曰錢源。』龍谿之名，諸志所無，疑以此致誤。但澗在極北，自由今關帝廟金沙橋入湖，即所謂金沙港，並不與龍井滙。細訪土人，云天馬山有金沙井，其水自天馬山來。龍井，水過飲馬橋，與此井水下流合滙，而出通利橋。考《西湖遊覽志》『演福寺』下，魏嶼《錢塘縣志》『沙盆塢』下，並有金沙井，蓋即此井。惟天馬山，諸郡邑志、諸寺志無之。土人則指靈隱後山，爲天馬山。考魏嶼《錢塘縣志》，馬鞍山，在靈石山側。今其地爲天馬山，蓋以地志馬鞍，實天馬之俗稱，當即其地。

插劒池

浣花池

浴麟池

《西湖遊覽志》：李德疏神運石旁三池。

陳善《杭州府志》：三池，並在龍井。

鉢　池

吴之鯨《武林梵志》：鉢池庵，有洗鉢泉，德周果師棲隱處。

魏𡹲《錢塘縣志》：鉢泉，在風篁嶺上，泉出石間，其形如鉢，又稱鉢池。《西湖遊覽志》：『龍井旁有沖泉，舊邑志云在老龍井，甚清洌。今訪其處不可得。而鉢泉，則又舊志所無。時代未遥，泉之興廢若此。』

《西湖志》：《田志》：龍井旁，有沖泉。今訪其處不可得。而鉢泉，則《田志》所無也。

謹案：鉢池庵，在今螺螄巖下。稱鉢池，從庵名也。《西湖記》從魏𡹲《錢塘縣志》[五]，似欲實爲沖泉，殆不然。

雜地名

善安橋

永安橋

永福橋

飲馬橋

《咸淳臨安志》：並在麥嶺至龍井路。

《武林舊事》：地名，放馬場。

《西湖遊覽志》：永福橋，俗稱飲馬橋。吴越、宋時，皆牧馬於此。

謹案：《西湖志》永福橋、飲馬橋並列，仍考注其下云：『《咸淳志》載永福，《武林舊事》載飲馬，而《西湖遊覽志》謂飲馬即永福。因宋志所有，並存之。』今依其舊。

孝義橋

《咸淳臨安志》：在麥嶺西，太清宫前。

新河橋

《咸淳臨安志》：在麥嶺口寨前。

小水樂

《武林舊事》：風篁嶺小水樂，福邸園。

謹案：《咸淳臨安志》：『福王府北園，在天水院橋。』橋在城中，非此園也。

褚家坆

《武林舊事》：金鐘峰褚家坆，漢末褚盛族舊有居此者。

褚　莊

魏嵲《錢塘縣志》：在金鐘峰下。

謹案：《咸淳臨安志》：『褚家塘，在蒲橋左軍寨之北。褚家故居蒲橋鹽橋東，不通舟楫。』《西湖遊覽志》：『忠清里，本名昇平巷，北褚家堂。』又載胡世寧書云：『居近褚堂，以遂良故里得名。』塘作堂，蓋陽翟褚氏之寓居城中者，與金鐘峰褚家坆、褚莊不同。

步司左軍寨

《咸淳臨安志》：左軍步軍三寨[六]，在麥嶺，行春橋二。

謹案：三寨，一在麥嶺，二在行春橋。

放馬場

見《咸淳臨安志》並《武林舊事》，詳上。

陳善《杭州府志》：崇恩演福寺，在小麥嶺。宋渡江初，斥爲放馬場。

履泰鄉

《咸淳臨安志》：錢塘縣，管十二鄉。履泰南鄉，管里三，曰放馬、胭脂、皇妃；履泰北鄉，管里六，曰黄山、石塘、掃帚、石堰、師姑、青枝。

山水題後

志杭之名勝者，分路敘次。龍井，爲南山路，今御覽《西湖志纂》又别之爲南山西路，蓋瞭如指掌矣。昔人或曰南山，或曰西山，實則一也。其地磽磝犖确，凸凹上下。而水泉正出、懸出、穴出，循山與俱。山不在高，有仙則名；水不在深，有龍則靈。以之舉似西湖，不若舉似龍井爲尤近。

校勘記

〔一〕冰，掌故本作『冷』。

〔二〕迎候，底本『候』字原作『侯』，掌故本亦作『侯』，《資治通鑑》卷二百六十三《唐紀·昭宗天復二年》胡三省注云：『迎候兵者，許再思以錢鏐將還，領兵迎候。』今據以改。

〔三〕東北隅，底本原無『東』字，掌故本亦無『東』字，《資治通鑑》卷二百六十三《唐紀·昭宗天復二年》胡三省注云：『宋自高宗駐蹕杭州，以杭州牙城爲宫城。東北隅，則今之和寧門外也。』今據以改。

〔四〕東源，掌故本作『東流』。

〔五〕西湖記，當是上文『西湖志』之誤。

〔六〕左軍步軍，底本、掌故本均作『左步軍』，誤。今據《咸淳臨安志》卷之十四改。

龍井見聞録卷二　寺内外古蹟

歷代興建

龍井寺　《咸淳臨安志》：楊傑《延恩衍慶院記》：『天台宗師辯才浄老坐道場者四十年，指空假中以接人，其心契於聖智；具戒定慧以行己，其德動於幽潛。真有道之士也。初住錢塘法惠院之寶閣，次住上、下二天竺，又住南屏山之興教寺。往來學徒，蓋踰萬人。分傳教觀，多能演其所聞，開悟學者。師平生未嘗輒有求於人，然所至，必爲四衆依嚮，莫不興盛，蓋其有所致也。余在都下，時見清獻公與師倡酬偈頌，已知師之所存矣。及觀蘇子瞻與師詩，言其兒幼弱不能行。因禱師加護，即壯而能行。然後知師功行至矣。師一日謂諸徒曰：「吾筋力衰疲，勞於應接，安得幽僻處一庵地，以養餘年。」檀越聞之曰：「辯才師有退居之意，吾輩蒙其德不爲不久，盍往擇可居之地？」乃於龍井山，得壽聖院。敝屋數楹，主者不堪其居，願人爲代以捨去。於是請師徒弟懷益，主奉香火。汲巾侍缾，甲乙相承，以嚴佛事。其院，即吴越王所創、國朝賜今額也。檀越爲師鼎新棟宇，不日而成。中建尊殿，嚴聖像也。前有三門，示三解脱也。鐘鼓有閣，警晦明也。堂曰潮音，信羣聽也。齋曰訥，欲無言也。室曰寂，寂而常照也。閣曰照，照而寂也。泉曰沖，用不窮也。又堂曰閒，趙公致政，訪師退居，二閒人也。庵曰方圓，不執一也。橋曰歸隱，退以樂也。沼曰滌心，滌清澈也。羣居有寮，安其徒也。衆山環遶，景象會合，斷崖泓澄，神物攸宅，龍井巖也。勢將奮迅，百獸竄懾，獅子峰也。昔人飼虎，以度有情，薩埵石也。修竹森然，蒼翠夾道，風篁嶺也。元豐八年秋，余被命陪高麗國王子祐世僧統訪道吴越，嘗謁師於山中。乃度風篁嶺，窺龍井，過歸隱橋，鑑滌心沼，觀獅子峰，望薩埵石，升潮音堂，憩訥齋，酌沖泉，入寂室，登照閣，臨閈堂，會方圓庵，從容論議，久而復還。師異日遣其徒，丐文以紀其本末。余既與之記，又繫之以詩十三章云。詩見後。」

《咸淳臨安志》：龍井延恩衍慶院在風篁嶺，乾祐二年，居民淩霄募緣建造。舊額『報國看經院』，熙寧中改『壽聖院』。紹興三十一年，改『廣福院』。淳祐六年，改今額，有『龍井』。元豐二年，辯才大師元凈自天竺退休兹山，始鼎新棟宇。及遊覽之所，山川勝槩，一時呈露。而二蘇、趙、秦諸賢，皆與辯才爲方外交。名章大篇，照暎泉石。龍井古荒刹，由是振顯，豈非以其人乎！

《西湖遊覽志》：延恩衍慶講寺，俗稱龍井寺。

見林右《公輔集·龍井志敘》，詳卷八。

謹案：傑作記時在元祐中，當曰《壽聖院記》。若延恩衍慶後來更名，何得題曰《延恩衍慶院記》耶？《咸淳臨安志》蓋誤。

魏嵀《錢塘縣志》：龍井寺，明弘治中洪水氾溢，遂廢。

《武林梵志》：萬曆二十三年，司禮孫隆命僧真果重修。

《浙江通志》：康熙間，僧一泓重葺。

謹案：蘇轍《辯才碑》：『沈遘請師以教易禪，此講寺之所由稱也。』又龍井名寺之始，不可考，以《西湖遊覽志》臆之，當在明之中葉。迄今寺門扁曰『龍井』，遊人不知宋時院名者多矣，詳卷六『謝輔碑』下。

附 寺址所在

見秦觀遊記，詳卷六。

沈儀《兩湖麈談録》：地勢幽僻，峰巒迴合，迥絶塵凡。余童時，猶見小庵及辯才塔，俗呼爲老龍井。秦少游題名記所謂『夜二鼓至潮音堂訪辯才』，即其地也。今之寺，則井之所在耳，非院也。

張京元《西湖小記》：寺北向，井在殿左。

謹案：秦觀遊記諸書，知宋時寺址與井相遠。又知遊者先至井旁，然後至寺。而寺之北向，蓋其來久矣。今寺内，殿宇並向東北，與寶俶塔正對。舊寺門向南，扁曰『龍井寺』者，即此門也。今去門扁，爲繚垣。而於御道所經，開建新門，則與寺内殿宇，同向東北。又舊寺門之旁，別有小新門，向正南。

古蹟見《咸淳臨安志》者十七

歸隱橋　《咸淳臨安志》：『釋元浄詩：「謝講竺峰寺，歸隱新此橋。院幽結林表，身老寄烟霄。」楊傑詩：「道人從此歸，影不入廛市。端坐笑浮雲，往來太多事。」』

《咸淳臨安志》：在龍井。因東坡，易名曰過谿。

《武林舊事》：寺前有過谿橋，又名歸隱橋，又名二老橋。

吴自牧《夢粱録》：龍井路口曰歸隱橋，蓋東坡欲易於過谿，建此橋也。

過谿亭

《咸淳臨安志》：東坡嘗詣辯才師，師送至嶺上。因舉遠公過虎谿事，師笑曰：『杜子美不云乎：「與子成二老，來往亦風流。」』遂作亭嶺上，名曰過谿，亦曰二老。東坡賦詩紀之。

德威亭

《咸淳臨安志》：即舊龍井亭，東坡書扁。

《武林舊事》：二老亭，後改德威。舊在風篁嶺頭，今移於龍井祠下。

謹案：《武林舊事》以德威爲過谿，四名而志兩列院下，或者移祠下，時因借德威名耶？

方圓庵《上天竺山志・釋守一記》：『天竺辯才法師，以智者教傳四十年。學者如歸，四方風靡。於是晦者明，窒者通，大小之機無不遂者。不居其功，不宿於名，乃辭其交游，去其弟子，而求于寂寞之濱，得龍井之居以隱焉。南山守一往見之，過龍泓，登風篁嶺，引目周覽，以索其居。岌然羣峰密圍漝，□□不蔽翳，四顧若失，莫知其鄉。逡巡下危磴，行深林，得之于烟雲髣髴之間，遂造而揖之。法師引予並席而坐，相視而笑，徐曰：「子胡來？」予曰：「願有觀焉。」法師曰：「子固觀矣，而又將奚觀？」予笑曰：「然。」法師命予入，由照閣，經寂室，指其庵而言曰：「此吾佛亦如之。使吾黨祝髮以圓其頂，壞色以方其袍，乃欲其煩惱盡而理體圓，定慧修而德相顯也。蓋溺於理而不達於事，迷於事而不明於理者，皆不可謂之沙門。以制禮樂爲衣裳，至於舟車、器械、宮室之爲，皆則而象之。故儒者冠圓冠，以知天時；履句屨，以知地形。蓋蔽於天而不知人，蔽於人而不知天者，皆不可謂之真儒矣。唯能通天、地、人者，真儒矣。唯能理事一如向無異觀者，其真沙門歟？噫！人之處乎覆載之内，陶乎教化之中，具其形，服其服，用其器，而於其居也。特不然哉？吾所以爲是庵也，然則吾直以是爲蘧廬爾。若夫以法性之圓，事相之方，而規矩一切，則之所以休息乎此也。」窺其制，則圓蓋而方址。予謁之曰：「夫釋子之寢，或爲方丈，或爲圓廬，而是庵也，胡爲而然哉？」法師曰：「子既得之矣。雖然，試爲子言之。夫形而上者，渾淪周徧，非方非圓，而能成方圓者也；形而下者，或得於方，或得於圓，或兼斯二者，而不能無悖者也。大至於天地，近止乎一身，無不然。故天得之，則運而無積；地得之，則静而無變。是以天圓而地方，人位乎天地之間，則首足具二者之形矣。蓋宇宙雖大，不離其内；秋毫雖小，待之成體。故凡有貌象聲色者，無巨細，無古今，皆不能出於方圓之内也，所以古先哲王因之也。雖然，此遊方之内者也。至於諸法同體而無自位，萬物各得而不相知，皆藏乎不深之度，而游乎無端之紀。則是庵也，爲無相之庵，而吾亦將以無所住而住焉。當是時也，子奚往而觀乎？」嗚呼！理圓也，語方也。吾當忘言，與之以無所觀而觀之。於是嗒然隱几。予出，以法師之説授其門弟子，使記焉。』《咸淳臨安志》：『楊傑詩：「地方不中矩，天圓不中規。方圓庵裏叟，高趣有誰知？」』

寂室《咸淳臨安志》：『釋元淨詩：「心寂寂自絶，此意焉思説。寒雲散空庭，獨有月照雪。」楊傑詩：「白雲隔塵喧，虚室太岑寂。寒盡春自來，鶯啼報消息。」』

照閣《咸淳臨安志》：『釋元淨詩：「高峰銜皎月，深壑瀉飛湍。誰來白雲裏，與汝凭欄看。」楊傑詩：「幽人無適莫，乘興登高閣。夜月鎖雲林，春花繡巖壑。」秦觀《淮海集》：「獮猴鏡裏三身現，龍女珠中萬象開。未若此軒人散後，水光清泛月華來。」』

閒堂《咸淳臨安志》：『楊傑詩：「趙公歸休年，訪師翠微間。始知浮世上，白日兩人閒。」』

《咸淳臨安志》註：在方圓庵東。趙清獻公既挂冠，而辯才法師亦退居此山，因以命名。

謹案：《西湖志》以過谿亭、閒堂入古蹟，而寂室、照閣仍列本寺下，不以類敘，易之。

訥齋 蘇轍《欒城集·記》：『錢塘有大法師，曰辯才。初住上天竺山，以天台法化吳越。吳越人，歸之如佛出世，事之如養父母，金帛之施，不求而至。居天竺十四年。有利其富者，迫而逐之。師忻然舍去，不以爲恨。吳越之人，涕泣而從之者，如歸市。天竺之衆，分散四去。事聞於朝，明年，俾復其舊。師黽勉而還，如不得已。吳越之人，争出其力，以成就廢缺，衆復大集。無幾何，師告其衆曰：「吾雖未嘗争也，不幸而立於争地。久居而不去，使人以己是非彼，非沙門也。天竺之南山，山深而木茂，泉甘而石峻。汝舍我，我將老於是。」言已，策杖而往，以茅竹自覆。聲動吳越，人復致其所有，鑱嶮堙圮，築室而奉之。不期年，而荒榛巖石之間，臺觀飛湧，丹堊炳焕，如天帝釋宫。師自是謝事，不復出入。高郵秦觀太虚名其所居，曰「訥齋」。道潛師參寥，屬余爲記。余聞之，師始以法教人，叩之必鳴，如千石鐘；來不失時，如滄海潮。故人以「辯」名之。及其退居此山，閉門晏坐，寂默終日，葉落根榮，如冬枯木；風止浪静，如古澗水。故人以「訥」名之。雖然，此非師之大全也。彼其全者，不大不小，不長不短，不垢不浄，不辯不訥，而又何以名之？雖然，樂其出而高其退，喜其辯而貴其訥。此衆人意也，則其以名齋也亦宜。繫之以詞，曰：「以辯見我，既非見我。以訥見我，亦幾於妄。有叩而應，時止而止。非辯非訥，如如不動。諸佛既然，我亦如是。」』《咸淳臨安志》：『釋元浄詩：「憶昔毗耶老，杜口有誰聽。還聞寂寂裏，其辯過雷霆。」楊傑詩：「天道竟何言，四序自流轉。迺知毗耶離，默然真大辯。」』

謹案：蘇軾《次葉教授》詩『訥庵有老人』，即此訥齋。

潮音堂《咸淳臨安志》：『釋元浄詩：「真説無所示，真聽無所聞。海潮山外過，妙響入深雲。」楊傑詩：「潮來音普聞，潮平音亦歇。孰若此山堂，潮音未嘗絶。」』

滌心沼《咸淳臨安志》：『楊傑詩：「縱有狂風生，未嘗險浪起。何當招世人，來此鑒清泚。」』

薩埵石《咸淳臨安志》：『釋元浄詩：「巨石如掌平，兀然半青嶂。欽哉昔道人，飼虎茲巖上。」楊傑詩：「解虎錫常閒，飼虎石常在。忘軀度有情，清風幾千載。」』

謹案：《咸淳臨安志》又有獅子峰，元浄、楊傑俱有詩。今考獅子峰，係山名，且非龍井所可獨擅，與詩並附卷一，茲不列。

月林堂

巖　齋

風玉軒

《咸淳臨安志》註：見舊記，不知何人所創。

謹案：程珌《遊記》：『月林，辯才所廬也。』即此。

龍井亭《咸淳臨安志》：『釋元浄詩：「虛亭亂石間，中有潛虬府。澄湛源莫窮，旱歲爲霖雨。」』

謹案：元浄所詠，疑即過谿亭。存考。

沖泉《咸淳臨安志》：『釋元浄詩：「物外老餘生，泉發幽巖裏。自可給缾盂，不羨滄溟水。」楊傑詩：「不汲泉不盈，愈汲泉愈清。湛然有常德，隨氣利羣生。」』

見楊傑院記，詳上。

魏源《錢塘縣志》：舊志云在老龍井，甚清冽。

謹案：元浄十詠，楊傑十三詠。其方圓庵、閒堂、滌心沼三詠，元浄無之。又元浄曰『龍井亭』，而楊傑則直曰『龍井』而已。故楊傑詩，別附『龍井』下。

龍泓亭《咸淳臨安志》：『趙抃詩并敘：「余元豐己未仲春甲寅，以守杭得請歸田。出遊南山，宿龍井佛祠。今歲甲子六月朔旦復來，六年於茲矣。老僧辯才登龍泓亭，烹小龍團以迓余。因作四句云：湖山深處梵王家，半紀重來兩鬢華。珍重老師迎意厚，龍泓亭上點龍茶。」釋元浄和詩：「南極星臨釋子家，杳然十里祝青華。公年自爾增仙籙，幾度龍泓詠貢茶。」』

謹案：龍泓亭，亦疑即過谿亭。

古蹟雜見傳記者十二

鐘鼓閣

見楊傑院記，詳上。

鐘　樓

見鄭清之《秦觀龍井題名跋》，詳卷八。

謹案：鄭作此跋時，當紹定中，蓋重建也，與鐘鼓閣不嫌並列。

藏經閣　鄧文原《素履齋藁・記》：『寺肇始於吴越，錢氏曰報國看經院。宋熙寧初，賜名壽聖。紹興間，又更曰廣福。其曰延恩衍慶者，淳祐六年賜額也。壽聖故圮陋，莫能庇風雨。時辯才師謝事天竺，來居之。咄嗟而檀施響臻，棟宇雲搆。搢紳士大夫慕望而與之遊者，迹接乎兹山之内。由是人境之勝，甲於西湖。余嘗過龍井，訪方圓庵，登潮音堂。高風逸韻，灑然心目，若見其人。信知一念所攝，即清净妙圓覺境，亦古今之常理也。一日，寺僧居奕來謁曰：「元貞初，比邱德祐嗣兹法席，崇敞像，設廬居。丹堊楞墳之工，咸增舊觀。又買上腴一頃有半，以飯僧。復捐己田爲畝者百，以重追遠。居奕纘承其志，購四大部及《華嚴合論》、《宗鏡録》、耆德時演時集。居億等悉聚力[二]，具大寳藏。襲以髹函，庋以飛閣。觀者挹其亢爽，可以扶幽闡微，於是寺有成績。今住山者，德泉也。」記之，以諗來者。』

聽泉軒　張昱《可閒老人集・聽泉軒爲龍井智法師賦詩》：『山僧聽得泉聲好，每夜坐忘清夜深。松上落來驚鶴夢，潭中瀉下雜龍吟。觀身已浄平生垢，到耳能空現在心。此去涓流如不息，沛然難禦海鯨音。』

鏡清堂

諸天閣

並見《武林舊事》。諸天閣，亦見《西湖遊覽志》。

觀音殿

見馮夢禎《快雪堂集·龍井寺新建白衣觀音殿勸緣述》文，詳卷八。

謹案：此當在寺内。

與偕亭

見張京元《西湖小記》，詳卷五。

與衆亭

《西湖遊覽志》：與衆亭，司禮孫東瀛所構。鑿花池于前，以復古蹟。

秋月堂

與時亭

並見魏嵻《錢塘縣志》。

謹案：此一堂一亭，不見他書。惟魏嵻《錢塘縣志》有之，録以備考。『與時』，疑即『與偕』或『與衆』之誤。别有『鏡心堂』，必『鏡清堂』之誤。鉢池庵，則誤入他寺。辟塵爐，則非古蹟，且亦别見《六通論》，詳卷十。又查慎行註東坡《白雲堂》詩，引《咸淳臨安志》在龍井壽聖院。今無其文，而堂自在天竺。查註誤，詳《元浄外傳》。

古蹟不屬僧寺者三

霖雨閣

陳善《杭州府志》：在龍井。嘉靖間，總督胡宗憲建。相傳井中有龍，每大旱，禱之輒雨，故名。《武林梵志》：僧智果重修霖雨閣。

龍井山齋 譚元春《嶽歸堂集·同李長蘅尋聞子將龍井山齋詩》：『楓色紅難已，黄從翠處分。偶然亂葉下，風雨似同聞。谷鳥臨寒路，籬花間遠雲。逢幽無一語，心眼自氤氳。十里蒼蒼路，非深亦覺遐。陰晴淡山氣，雞犬静人家。閣迥生谿水，萍香過蕣花。紅黄光莫豔，羣動豈無涯。』《西湖志》：明孝廉聞啟祥别業，是宋人方圓庵遺址。

蓀壁山房

夏時正《杭州府志》：金應桂入元，隱居風篁嶺。吴瓚《武林紀事》：應桂，字一之。標度風雅，居西湖南山，築蓀壁山房。左絃右壺，設圖史古器。客至，撫摩諦玩，清談不休。每肩輿入城，幅巾氅衣，望之若神仙然。

地志諸書所未詳者二

準提庵

謹案：今風篁嶺上有庵，寺僧曰『準提庵』也。祀神胡姓，南渡時著應者。然則即舊顯應廟址也，土人稱爲土地廟。

雲共庵

謹案：今風篁嶺背一庵，額曰『雲共』。傳爲國朝初年建，惜無碑記、歲月可考。以上二庵，不關龍井寺，以其近嶺，存之。

寺内外古蹟題後

潛説友稱南北兩山僧寺，大小合三百六十一院，何論焉。屬有功成身退，從者歸市，施集大檀，品蓋萬衲，於是後來踵繼，益搜剔奇最，故三宿之戀，非所語於遊方之内者也。

校勘記

[一] 居億，掌故本同，『億』疑爲『奕』之音誤。

龍井見聞録卷三　名僧

開山僧

隋

真觀法師　釋道宣《續高僧傳》：「字聖達，吴郡錢塘人，俗姓范氏。」

道安禪師

頭陀石室

《續高僧傳》：隋開皇十四年，真觀法師共道安禪師、頭陀石室、檀越陳仲賓率諸同侣，開藏拓基，搆立精舍，號南天竺。

《西湖遊覽志》：風篁嶺畔崇恩演福寺，俗稱南天竺，隋法師真觀居之。

釋元敬、元復《武林西湖高僧事略》：觀字聖達，錢塘范氏子，世本顯仕。師生有奇相，出家，通經律論。尋謁天台智者，請受禪觀。智者以師齊年，止爲法兄弟。開皇十五年，於靈隱山頭陀石室宴坐，衆建南天竺寺，請師居焉，是爲開山始祖。常講《法華》，以心爲要。感皋亭神請講，捨祠宇爲佛殿。每盥洗餘，滴地不爲濡，人尤異之。師有雅操，文帝三徵，秦王兩延，皆以疾辭。大業中，因山行，自標葬地。夢與智者同輦，翼佛還山。覺而歎曰：『吾六十二應終，以講《法華》力延一紀。今七十四，生期畢矣。』中夜入寂，塔在東岡。

謹案：《西湖高僧事略》謂師於靈隱山頭陀石室宴坐，詳《續高僧傳》。頭陀石室，次『道安』之下，『陳仲寶』之上。人名，非地名也。

説法僧

唐

通禪師

處棲上座

釋道源《景德傳燈録》：杭州龍井通禪師，處棲上座問：『如何是龍井？』師曰：『意氣天然别，人工畫不成。』曰：『爲什麽畫不成？』師曰：『出羣不戴角，不與類中同。』曰：『還解行雨也無？』師曰：『普潤無邊際，處處皆結粒。』曰：『還有宗門中事也無？』師曰：『有。』曰：『如何是宗門中事？』師曰：『從來無形段，應物不曾虧。』問：『如何是吹毛劍？』師曰：『拽出著。』

謹案：《景德傳燈録》：『通禪師，爲吉州青原山行思禪師第六世慧能大鑑禪師之法嗣。行思禪師，實福州雪峰義存禪師法嗣也。大鑑禪師，即世所稱六祖。柳宗元《河東集》有大鑑禪師碑文。

住山僧

宋

元浄法師

《咸淳臨安志》：元浄，本姓徐，字無象，於潛人。十歲出家，受業於慈雲。慈雲没，復事明智。年二十五，賜紫衣及辯才號。知杭州吕溱，請住大悲寶閣。居十年，沈文通遘治杭，命住上天竺，乃以教易禪。師增室至萬礎，重樓傑閣，冠於浙西，學者數倍。居十七年，有奪之者，遂還於潛。逾年，復歸天竺。留三年，謝去。老於南山龍井之上。精修行業，行成力具，著應非一。元祐八年示寂，壽八十一。門下侍郎蘇轍撰碑，翰林學士蘇軾書，集賢校理歐陽棐書額。

《西湖高僧事略》：師名元浄，字無象，於潛徐氏。生而左肩肉起，如袈裟條，八十一日乃滅。父嘆曰：『是宿世沙門也。』自幼出家，受業於慈雲，日夜精勤。慈雲没後，復事明智。年二十五，賜紫衣及辯才號。居天竺十七年，有利而奪之者。逾年，奪者敗，復以畀師。越二年，謝去，老於南山龍井之上。元祐八年示寂，壽八十一，果符初生肩痕之徵。塔成，東坡誌其行事，潁濱爲銘，贊曰：『法苑將興，棟梁攸屬。揮麈白雲，雨花飄馥。維趙與蘇，式是高躅。龍井風清，過者必肅。』

釋念常《佛祖通載》：法師幼生，其伯父異之，曰：『必使事佛。』十歲出家，十二就學於慈雲。將示寂，乃入方圓庵。七日，出偈示衆，即右脅而化。東坡命子由爲之銘。

《武林梵志》：元祐八年示寂，塔成，東坡銘其事。

王圻《續文獻通考》：元浄，杭州龍井法師。始生，伯祖異之。

謹案：諸傳敘事，大抵皆同，並從删節。以蘇轍《辯才碑》考之，十年出家，十八學於慈雲。則《咸淳臨安志》十歲出家受業於慈雲，《佛祖通載》十二就學慈雲，俱誤。又伯祖父歎爲『宿世沙門』，則《西湖高僧事略》之以爲父，亦誤。又元祐六年示寂，而《咸淳臨安志》及《西湖高僧事略》《武林梵志》俱云八年，亦誤。至《武林梵志》謂東坡銘其事，蓋承《西湖高僧事略》東坡誌其行事、潁濱爲銘之誤，而加誤焉，尤不待辨。

弟子懷楚

見蘇轍《辯才碑》，詳卷八。

見秦觀《元浄十詩跋》，詳卷八。

逵上人

見蘇軾《楚逵二上人書經跋》，詳卷八。

謹案：楚、逵並稱，亦弟子也。

徒弟懷益

見楊傑院記，詳卷二。

見辯才《心師銘》，詳卷八。

散老 鄒浩《道鄉集·送散老歸龍井》：『長安冥冥砂礫飛，道人跰足來何爲。師恩浹髓來未報，誓求卿相成其碑。卿相盈朝成者誰，尚書妙墨侍郎詞。二公奔走天下士，士獲一面猶幾希。道人願力豈不滿，文字乃今兼得之。龍井神龍應護持，杖頭星斗東南垂。過門别我自色喜，我愧儒冠多背師。』

謹案：《道鄉集》『尚書妙墨侍郎詞』下註云：『二蘇公。』考蘇轍《辯才碑》，求碑者，乃弟子懷楚。即此散老耶，又一人耶？不可知矣。』詳『儒冠』『背師』語，其爲弟子，無疑也。

居簡禪師 白琳《靈隱寺志》：『敬叟居簡禪師，臨濟宗，潼川龍氏，世業儒。依邑之廣福院圓澄得度，參别峰、塗毒於徑山，往育王見佛照、機契，出世台之般若，遷報恩。真西山爲江東部使者，虚東林命之，以疾辭。乃於飛來峰北磵掃一室，居之十年，人不敢以字稱，以北磵稱之。趙節齋奏請補靈隱，師笑曰：「吾日迫矣。」淳祐丙辰春示寂。三月二十八日，索紙書偈，於紙尾復書「五月一日珍重」六字。至期，昧爽索浴，浴罷，若假寐然。視之，已示寂矣，壽八十三，臘六十二。有《北磵集》十九卷，張子序其集曰：「讀其文，宗密未知其伯仲；誦其詩，合參寥覺範爲一人。」

撰《龍井法堂榜》文，見卷八。

住山宗炳

見鄭清之《跋秦觀龍井題名》，詳卷八。

僧全《咸淳臨安志》：『主僧可全。』蘇籀《雙谿集·龍井僧全示寄庵樞密程公累篇季文弟新什求余繼其末一首》：『程蘇中興什，同庵有後前。前朝沙門首，辯净超卓然。耆宿失聞聰，飫參餘小全。龍泓風篁巘，荏苒二十年。緇儔幾換易，巖嶨豈變遷。亭亭百歲杉，泠泠九淵泉。梵音擾龍性，元解忘魚筌。有容輦瓌詭，無情施繒錢。佛法佇隆興，般若須人傳。更令觀刹麗，但俾子孫賢。三空正覺路，一踰實相圓。不替人天師，重新演教禪。』姜夔《白石集·嘉泰壬戌上元日訪全老於此，觀沈傳詩碑隆茂宗畫贈詩二首》：『深夜跨羸驂，杳杳春山路。入寺君未知，閒看桂移樹。』『沈碑含秀潤，隆畫出神奇。道人那得此，老子乃耽之。』又《齋後與全老、銛樸翁、聰自聞酌龍井而歸，賦詩二絶》：『四人松下共盤桓，筆硯花壺石上安。今昔興懷同此味，老仙留字在孱顔。』『年時六月海揚塵，遥見青山起白雲。聞有高僧來誦咒，巖前抛珓問龍君。』

謹案：姜夔四詩，《咸淳臨安志》載於『净林廣福』下。《白石集》有註，亦以全爲净林廣福主僧。而蘇籀直云龍井僧，益証演福爲龍井之説不謬。不獨詩有『辯净』、『風篁』句也，《咸淳臨安志》稱全於净林創松關、南泉、芳桂爲留憩之地。葛天民初爲僧，名義銛，字樸翁。

聰師《白石集》詩題『聰自聞』，詳上。周紫芝《太倉稊米集·酌龍井泉書聰師房》二首：『十里泉聲咽斷巖，繡衣元衮閉朱龕。老翁不要千山雨，只乞龍君一勺甘。』『八十霜髭不出門，老師猶是辯才孫。高人已復如雲散，舊事那堪與客論。』

謹案：《東坡集・思聰名説》云：『法惠圓師，小童彭九，自言未有法名。而同師皆聯思字，遂與名「思聰」。庶幾他日因聲以得法。』又《送錢塘僧思聰歸孤山敘》云：『聰七歲善彈琴，十二舍琴而學書，十五舍書而學詩。又不已，遂讀《華嚴》諸經，入法界海慧。今年二十九，老師宿儒皆敬愛之。少游取《楞嚴》文殊語，字之曰「聞復」。使聰日進不止，自聞思脩，以至於道。則華嚴法界海慧，盡爲蘧廬。』據此，則聰師似即其人。然『自聞』『聞復』，其字不同，而白石詩作於寧宗嘉泰時，距元净之寂一百餘年。詎以『紫芝八十辯才孫』句，知又一『聰聞』也。又軾《記服生薑法》：『净慈寺有僧，號聰藥王。』

依公 敖陶孫《臞翁詩集》：『僕以紹熙壬子中夏二十五日始，躋風篁，討龍井，遂至廣福，謁三賢像，閱舊碑，追觀一代風流，爲賦此詩。適月林依公留設茗供，因書以遺之，他日能爲我揭詩板於壁間，使示來者，亦山中之一助也。奇石斕横道，兹山信多姿。江湖灩兩股，一泓乃孤危。相傳龍所象，或恐神護持。腥風轉霔霸，陰崖立淋漓。山僧作屋意，慘淡生幽思。胡爲金繆影，顛倒眩俗兒。生來百念失，蒼官導前馳。招提果深登，屐痕恍前期。咄哉少肉山，看此高顴師。端能致遨頭，絶唱相娱嬉。過谿亦何事，相送了不疑。渠能縛禪律，因來數鬚眉。我愛秦郎記，字壓頭陀碑。月林只夜夜，人物自一時。賢愚盡蟻封，來者吾得知。』

元

澄公 《上天竺山志》：『佛澄法師，名性澄，號湛堂，會稽孫氏子。』虞集《道園學古録・次韻鄧文原遊龍井詩》：『杖藜入南山，却立賞奇秀。所懷玉局翁，來往絢履舊。空餘松在澗，仍作琴筑奏。徘徊龍井上，雲氣起晴晝。入門避霑灑，脱屐亂苔甃。陽岡扣雲石，陰房絶遺搆。澄公愛客至，取水挹幽竇。坐我薝蔔中，餘香不聞嗅。但見瓢中清，翠影落羣岫。烹煎黄金芽，不取穀雨後。同來二三子，三咽不忍嗽。講堂集羣彦，千磴坐吟究。浪浪雜飛雨，沈沈度清漏。令我懷幼學，何爲裹章綬。』

謹案：柳貫有《送南竺澄講主》詩，即此詩之澄公也。宋濂《學士集・天竺圓照若公塔銘》：『佛海大師主南天竺崇恩演福教寺。』《上天竺山志》：『澄公至順壬申效辯才故事，拂衣歸南竺之雲外齋。』澄公蓋演福僧，今以虞詩存之。詳卷十。

僧蒙潤

《浙江通志》引《稽古續集》：字玉崗，海鹽人。生時，母感異夢。禮伽藍，土偶皆仆。居風篁嶺，專精念佛。修法華、光明、大悲、浄土，以七七爲期。後示弟子，止觀安心之法。稱佛而逝。

智法師

《學士集·故文明慧海法師塔銘》：南天竺，素稱教海。湛堂遷上竺，玉崗潤公來補其處。

見張昱詩題，詳卷二。

德　祐

居　弈

時　演

時　集

居　億

住山德泉

並見鄧文原閣記，詳卷二。

謹案：記稱『元貞初，比邱德祐嗣兹法席』。元貞，元成宗年號[一]。記蓋爲住山德泉作。

明

大　彰

《學士集·故文明海慧法師塔銘》：弟子廣福大彰演福如玘。

謹案：壽聖院，紹興中更名廣福，詳卷十。

天巖

《上天竺山志》：竺隱存翁法師宏道傳秀之天巖，耀公退寂，廣福請師自代。

曦南仲上人 王逢《梧谿集·奉覽龍井倡和什爲曦南仲上人題》：『竺源龍象國，齊州鳳麟苑。千齡始彙應，匪惟晉陶遠。惟杭萃秀靈，梅柳並清婉。湖飲六綵虹，磬殷疊翠巘。悠然泳飛外，瓶錫簉軒冕。藻章婉蘇秦，泉思湧參辯。間含棘林香，勝味御厨雋。遺珠信僧寶，了不見兵燹。蒼寒境四寂，手之忍釋卷。藤花墜來深，松巢白雲偃。』

以仁

見《公輔集·龍井志敘》，詳卷八。

僧真志

見《快雪堂集·送果上人敘》，詳卷八。

僧真果

見《武林梵志》，詳卷一、卷二。

見《快雪堂集·龍井復賜田記》，詳卷八。又《日記》，詳卷九。

國朝

僧一泓

《西湖志》：龍井延恩衍慶院，康熙年間，僧一泓重葺。亦見《浙江通志》，詳卷二。

僧慧輅 張彙塔銘，詳卷八。

白琳《靈隱寺志》：諦暉歷住興福、妙濟、師林、天竺、龍井諸寺。

謹案：地志諸書，龍井甚略，住僧莫考。要亦住斯寺者，大抵靈竺退院，故不若名山大剎之可以世次也。掇拾遺文，疏其名字如右。若蘇軾辯才尺牘之法孫、程珌記出觀辯才像之主僧、周必大記遊之龍井僧、馬臻詩題之南竺詩僧、張京元《西湖小記》之山僧者，惜俱失其名矣。

僧塔可考者

宋

僧贊寧　《佛祖通載》：『贊寧，隨錢王歸朝，姓高氏。其先，渤海人。唐天祐中，生於吴興之德清金鵝别墅。出家杭之祥符，習南山律。武肅諸王公族，咸慕重之。署爲兩浙僧統，贈號明義。宋太平興國三年，太宗召對，改賜通惠。至道二年，示寂。』

《十國春秋》本傳：本姓高氏，爲兩浙僧統。太平興國三年，召對資福殿，賜紫方袍，尋賜號曰通慧。命充翰林史館編脩，纂《高僧傳》三十卷，《内典集》一百五十卷，《外學集》四十九卷。歸杭州，卒，謚圓明，葬龍井。

孫治《靈隱寺志》：贊寧侍者塔龍井。

謹案：《咸淳臨安志》：『在放馬場棲真院前。』《武林舊事》『小麥嶺贊寧塔』註：『天聖間葬此。』今依《十國春秋》等書，存之。

僧元浄　詳上。

《咸淳臨安志》：在龍井。

《夢粱録》：龍井壽聖寺，辯才和尚塔。

謹案：《西湖遊覽志》：『在演福院内。』《上天竺山志》《邵氏七識》亦云。今依《咸淳臨安志》，存之。

明

僧原璞

見《學士集·原璞法師璋公圓冢碑銘》[三]，詳卷八。

謹案：《宋高僧傳·遺身篇》：『杭州真身院寶塔寺紹巖，俗姓劉，雍州人。於錢塘水心寺挂錫，恒諷持《法華經》。俄感陸地生寶蓮，續召於杭塔寺，造上方浄院以居之。開寶四年，跏趺坐亡，荼毗於龍井山。收合作石函，置於影堂。』孫承祐爲碑，詳文義，蓋未造塔，故不列。

名僧題後

蘇軾云：「靈隱、天竺，和尚退院後，却住一个小村院子。竊意正如閑散之人，託處别業，又豈禪教兩院五山十刹甲乙住持者所可比論？然而，元浄居上竺，自謂立於争地，以歸老爲樂。則茲之引蔓布條，誠不可以無述。

校勘記

[二] 年，底本原誤作『紀』，掌故本作『年』，據以改。

[三] 冢，底本原無，據掌故本補。

龍井見聞録卷四　鄉寓人物

人物以山水以寺著者

晉

葛洪 房喬《晉書》本傳：『葛洪，字稚川，丹陽句容人也。祖系，吴大鴻臚。父悌，吴平後入晉，爲邵陵太守。洪少好學，尤好神仙導養之法。從祖玄[一]，吴時學道得仙，號葛仙公，以其錬丹術授弟子鄭隱，洪就學[二]，悉得其法。後師事南海太守上黨鮑玄[三]，玄以女妻洪。洪傳玄業，兼綜醫術。吴興太守顧秘討石冰，檄洪爲將兵都尉，破之。冰平，洪不論功賞，徑至洛陽，欲搜求異書以廣其學。避地南土，參廣州刺史嵇含軍事。後還鄉里，禮辟皆不赴。元帝爲丞相，辟爲掾。以平賊功，賜爵關内侯。咸和初，補州主簿，轉司徒掾，遷諮議參軍。干寶深相親友，薦洪才堪國史，選爲散騎常侍，領大著作。洪固辭不就，以年老求爲句漏令。帝以洪資高，不許。洪曰：「非欲爲榮，以有丹耳。」帝從之。洪遂將子姪俱行。至廣州，刺史鄧嶽留，不聽，去，洪乃至羅浮山錬丹。嶽表補東官太守[四]，又辭不就。嶽乃以洪兄子望爲記室參軍。在山積年，優遊閑養，著述不輟。自號抱樸子，因以名書。其餘所著碑誄詩賦百卷，移檄章表三十卷，神仙、良吏、隱逸、集異等傳各十卷，又抄五經、《史》、《漢》、百家之言、方技雜事三百一十卷，《金匱藥方》一百卷，《肘後要急方》四卷。後忽與嶽疏云：「當遠行尋師，剋期便發。」嶽得疏，狼狽往别。而洪坐至日中，兀然若睡。嶽至，遂不及見。時年八十一。視其顏色如生，世以爲得仙云。』

見《咸淳臨安志》，詳卷一。

謹案：葛洪鍊丹，相傳如此，依志載入，詳卷十。

隋

檀越陳仲寶

見《續高僧傳》，詳卷三。

五代

吴越王錢俶《五代史·世家》：『俶，字文德，胡進思廢倧迎俶立之。歷漢、周，襲封吴越國王。宋興，荆楚相次歸命，俶孤[五]。太平興國三年，詔俶來朝。』《十國春秋·吴越世家》：『俶，文穆王第九子，母吴氏。乾祐元年，即王位。端拱元年，追封秦國王，謚曰忠懿。王任太師、尚書令兼中書令、國王凡四十年，爲元帥三十五年。位極富貴，善始善終。好吟詠，有詩曰《政本集》。崇信釋氏，前後造寺無算。』

見楊傑院記，詳卷一。

見鄧文原閣記，詳卷二。

謹案：俶以乾祐元年嗣位。《咸淳臨安志》稱院以乾祐二年造，即在俶嗣位之二年。惟是志稱居民淩霄，而楊傑院記、鄧文原閣記俱係吴越。考《十國春秋》，顯德元年，建慧日永明院。五年，重創靈隱寺。乾德五年，建淨心院。開寶五年，建總持寺。獨無此院。又顯德二年，俶詔寺院，非敕額者，悉廢之。疑淩霄實創始於乾祐，而『報國看經』則後來所請之敕額也。存考。

居民湊霄　見《咸淳臨安志》，詳卷二。

元

金應桂　詳卷三。

夏文彦《圖繪寶鑑》：應桂之號蓀壁[六]，錢塘人。在宋爲縣令，歸附後，隱風篁嶺。書法歐陽率更，畫學李龍眠。嘗作巖居上真、出塵觀音刻石。

周仁榮　薛應旂《浙江通志》：『仁榮，字本心，臨海人。治《易》《春秋》《禮》，而工爲文章。用薦署美化書院山長，士俗爲變。泰定初，召拜國子博士，遷翰林修撰。其所教弟子多爲名人，而泰不華實爲進士第一。』

周仔肩　薛應旂《浙江通志》：『仔肩，字本道，臨海人。以《春秋》登延祐五年進士。與其兄仁榮，俱以文學名。』《浙江通志》：『仔肩，元延祐五年戊午霍希賢榜進士，婺州録事。』

達溥化　蘇天爵《滋谿文藁》有《答達兼善郎中書》。

夏時正《杭州府志》：元至大、延祐間，翰林待制周仁榮本心，弟進士仔肩本道，門人、右榜進士及第達溥化兼善[七]，兄弟師友，皆講學龍井山中。

明

聞啟祥　魏顺《錢塘縣志》：『啟祥，字子將，博綜羣書。武林東南都會，江閩越之士登賢書者，公車至武林，必質義於啟祥，品題甲乙，命梨棗，曰行卷。制義之有行卷，自啟祥始。萬曆壬子，舉於南雍。嘗與吴郡李流芳偕計吏入京師，已至，忽意不自得，徑趣車返。後以薦被徵，不赴。性好延納，每庀舟車，飭廚傳，宴會客，若置驛然。所著有《自娛齋藁》。子談明，亦有聲。』

見譚元春詩，詳卷二一。

孫治《靈隱寺志》：聞子將孝廉，絶志仕進，築阿西山，其言語妙天下。馮夢禎、黄汝亨一流人也。

朱彝尊《明詩綜》引劉孝則云：子將靈心慧解，迥絶古今，有不可一世之意。早與名場，非其好也。

又《静志居詩話》：杭州先有讀書社，倡自子將。張天生、馮千秋、餘杭三嚴，乃入於復社，而登樓繼之。文必六朝，詩必三唐，彬彬盛矣。

李流芳《檀園集》題畫跋：吾友聞子將，嘗言湖上兩浮圖：『雷峰如老衲，寶俶如美人。』余極賞之。

吴銘道《明復社姓氏補録》：杭州四十三人，首聞啟祥。

謹案：吴應箕《復社姓氏録》有聞啟禎子有，蓋啟祥昆弟。《浙江通志》啟祥列《文苑傳》。

人物以氏著者

吴

褚泰《咸淳臨安志》：『泰，吴封錢塘臨平侯，褚氏遂爲錢塘郡姓。歷六朝及唐，代有顯人，皆其後裔。』

晉

褚陶《晉書·文苑傳》：『陶，字季雅，吴郡錢塘人。』

宋

褚含 詳下《褚伯玉傳》。

齊

褚伯玉 蕭子顯《南齊書·高逸傳》：『伯玉，字元璩，吴郡錢塘人。高祖含，父逷。往剡，居瀑布山三十餘年，隔絶人物。』

梁

褚仲都

褚修 姚思廉《梁書·孝行傳》：『修，吴郡錢塘人。父仲都，善《周易》。修傳父業，性至孝。』

謹案：褚家坎、褚莊，詳見卷一。據稱，漢末聚族居此，因取。《咸淳臨安志·古今人表》，錢塘褚氏，去漢未遠者。自泰至修，凡七人列之表。又列褚玠以下七人。考歐陽修、宋祁《新唐書·宰相世系表》，褚氏爲漢褚少孫後裔。孫重居河南陽翟，其孫㫚徙居丹陽[八]。姚思廉《陳書·褚玠傳》：『河南陽翟人，玠子亮。』《新唐書·褚亮傳》：『杭州錢塘人。』以非土著之褚，故不列。《咸淳臨安志》：『蒲橋褚家塘，褚氏故居是也。』表又有褚無量，註：鹽官人。且志别有褚無量故居，亦不列。至右科進士表，又有褚南仲、虎臣、大防，俱錢塘人，然無可考。

人物以文著者

宋

趙抃 托克托《宋史》本傳：『抃，字閱道，衢州西安人。進士及第，爲武安軍節度推官。曾公亮薦爲殿中侍御史，彈劾不避權倖。以龍圖閣直學士知成都。神宗立，召知諫院。及謝，帝曰：「聞卿匹馬入蜀，以一琴一鶴自隨，爲政簡易，亦稱是乎？」知越州，盡救荒之術。復徙杭，以太子少保致仕，而官其子屼提舉兩浙常平，以便養。屼奉抃徧遊諸名山，吴人以爲榮。謚清獻。』

與元凈倡和詩，見卷二。

蘇軾《趙抃神道碑》：公少孤且貧，刻意力學，中景祐元年進士。元豐二年，加太子少保。致仕時，年七十二。子屼侍公遊杭。始，公自杭致仕，杭人留公不得行，公曰：『六年當復來。』至是適六歲矣。杭人德公，逆者如見父母。

釋惟白《續傳燈録》：趙抃居士，繫心宗教。典青州，多晏坐。忽大雷震驚，即契悟作偈，曰：『默坐公堂虚隱几，心源不動湛若水。一聲霹靂頂門開，唤起從前自家底。』

錢勰 《宋史》附傳：『勰，字穆甫，彦遠子。五歲，日誦千言。十三歲，制舉之業成。熙寧三年，以廕知尉氏縣。授流内銓主簿，以龍圖閣直學士兩知開封。吏導人訴牒至七百，勰隨即剖決。蘇軾乘其據案時，遺之詩，操筆立就以報。軾曰：「電掃廷訟，響答詩筒，近所未見也。」』

與元凈倡和詩，見卷七。

蘇軾 《宋史》本傳：『軾，字子瞻，眉州眉山人。嘉祐二年，試禮部，歐陽修擢冠多士。熙寧中，通判杭州。元祐三年，拜龍圖閣學士，知杭州，請免本路上供米，浚茅山、鹽橋二河以通漕，以餘力復完六井。又取葑田爲長堤，以便行者，名爲蘇公堤。軾二十年間，再莅杭。有德於民，家有畫像，飲食必祝。謚文忠。』

與元浄交善，詳見各卷。

蘇轍《宋史》本傳：『轍，字子由。年十九，與兄軾同登進士科，又同策制舉。元祐六年，拜尚書右丞，進門下侍郎。崇寧中，蔡京當國，罷祠致仕，築室於許，號潁濱遺老。謚文定。』

撰辯才塔碑，見卷八。

楊傑《宋史·文苑傳》：『傑，字次公，無爲人。舉進士。元豐中，官太常。元祐中，爲禮部員外郎。出知潤州，除兩浙提點刑獄。自號無爲子。有文集二十餘卷、《樂記》五卷。』

撰《延恩衍慶院記》及十三詩、辯才真贊，詳見各卷。

《上天竺山志·宋齊玉法師四十八願後序》：孫莘老云：『四方言禪者，黄蘗、慧林爲最盛。黄蘗之道，次公實傳之。』

謹案：傑《記》以元豐八年伴高麗僧至院，傑官太常時也。《蘇軾集》有送傑詩，序謂以王事而從方外之樂，亦指其事。

秦觀《宋史·文苑傳》：『觀，字少游，一字太虚，揚州高郵人。登第，調定海主簿。蘇軾以賢良方正薦於朝。紹聖初，出通判杭州。御史劉拯論其增損實録，貶監處州酒税。又以謁告寫佛書爲罪，削秩徙雷州。徽宗立，放還。有《淮海集》四十卷。』

撰《遊龍井記》《龍井題名》，詳見各卷。

米芾《宋史·文苑傳》：『芾，字元章，吴人。以母侍宣仁后舊恩，補含光尉。歷太常博士，知無爲軍，召爲書畫學博士。妙於翰墨，得王獻之筆意。山水、人物，自名一家。好潔成癖，所爲譎異。無爲州治，有石奇醜，具衣冠拜之。』

書秦觀《遊龍井記》、釋守一《方圓菴記》，見卷六。

程珌《宋史》本傳：『珌，字懷古，徽州休寧人。紹熙四年進士。授昌化主簿，改知富陽縣。寧宗時，遷浙西提舉常平。歷官端明殿學士致仕。』

撰《遊龍井記》，見卷八。

謹案：珌《洺水集》撰寺院記極多，載之《咸淳臨安志》者，又有《勝相院記》《報恩光孝寺記》《孤山三賢堂記》。

鄭清之《宋史》本傳：『清之，字德源，慶元之鄞人。初名燮，字文叔。嘉泰進士，峽州教授。紹定元年，遷翰林學士知制誥，簽書樞密院事。六年，繼史彌遠爲右丞相。淳祐五年，賜第於西湖之漁莊。九年，拜太師左丞相兼樞密使。十一年，進封齊國公致仕。有《安晚堂集》六十卷。清之與彌遠立理宗，驟至宰輔。然端平間召用正人，清之之力也。』

撰《秦觀龍井題名跋》，見卷八。

謹案：跋稱紹定己丑，蓋紹定之二年，清之簽書樞密院時也。

趙立夫《宋史·宗室世系表》，魏王廷美子廣平郡王房下彥堪子。《咸淳臨安志·郡守表》，温州人。

見鄭清之《跋秦觀龍井題名》，詳卷八。

謹案：清之跋，紹定己丑，京尹趙公刻秦觀記。據《咸淳臨安志》，紹定元年，趙立夫以朝請大夫尚書右司郎中除太府少師，兼知杭州。三年，易以袁韶。則爲立夫無疑。

元

鄧文原 宋濂《元史》本傳：『文原，字善之，一字匪石，綿州人。父漳，徙錢塘。在宋時，以流寓試浙西，魁四川士。至元中，行中書省辟爲杭州路儒學正。皇慶中，爲國子司業。首建白更學校之政，歷翰林侍講學士。』

撰《藏經閣記》，見卷二。

明

林右 鮑復泰《台州府志》：『右，字公輔，與方希直、王原采爲友。洪武初，任王府教授。爲文章，善馳騁，且喜談古今豪傑事以自況。許給事廷慎嘗贈之詩云：「握手步雲闕，示我高世文。渾融脱凡近，要妙幾道真。」公輔笑曰：「吾豈文士耶？」廷慎曰：「子非文士，豈有經濟才如古豪傑者乎？」公輔曰：「吾非豪傑，亦不願爲文人也。」嘗代父軍役，聲譽並著。」

撰《龍井志敘》，見卷八。

馮夢禎　□□□□□南國子祭酒馮公誌銘》：『夢禎，字開之。其先，高郵人，徙嘉興之秀水。隆慶庚午，舉於鄉。萬曆丁丑，會試第一，選庶吉士。』

撰《龍井寺復賜田記》《送果上人敘》《觀音殿勸緣述》，見卷八。

人物以祠著者

宋

胡則　《宋史》本傳：『則，字子正，婺州永康人。果敢，有才氣。以進士起家，補許田縣尉，調憲州録事參軍。靈、夏用兵，轉運使索湘命則部送芻糧，爲一月計。則曰：「爲百日備，尚恐不支，奈何爲一月耶？」湘懼無以給，遣則遂入奏。太宗因問以近策，對稱旨，顧左右曰：「州縣豈乏人？」命記姓名中書。後李繼隆討賊，久不解，湘語則曰：「微子幾敗我事。」一日，繼隆移文轉運使曰：「兵且深入，糧有繼乎？」則告湘曰：「彼師老將歸，欲以糧乏爲辭耳，姑以有餘報之。」已而果爲則所料。初，丁謂舉進士，客許田，則厚遇之。謂貴顯，故則驟進用。至是，謂罷政事，出則爲京西轉運使，遷禮部郎中。部内民訛言相驚，至遣安撫乃定。坐是，徙廣西路轉運使。又按宜州，重辟十九人，爲辯活者九人。累遷太常少卿。乾興初，坐丁謂黨，降知信州，徙福州，以右諫議大夫知杭州。初，則在河北，殿中侍御史王沿嘗就則假官舟販鹽。至是，張宗海摘發之，按驗得實，出知陳州。踰月，授工部侍郎、集賢院學士。劉隨上疏言：「則奸邪濫聞天下，比命知池州，不肯行。以罷去，遂加美職，何以風勸在位？」後徙杭州，再遷兵部侍郎致仕，卒。則無廉名，喜交結，尚風義。丁謂貶崖，賓客隨散落，則間遣人至海上，饋問如平日。在福州時，前守陳絳嘗延蜀人龍昌期爲衆人講《易》，得錢十萬。絳既坐罪，遂自成都械昌期至。則破械，館以賓禮，出俸錢爲償之。」

《咸淳臨安志》：顯應廟在風篁嶺龍井衍慶寺側。神姓胡，名則，婺之永康人。天聖丙寅、明道癸酉，嘗再守杭，有惠政。在郡時，獨無湖患。以兵部侍郎致仕，葬錢塘龍井山中。建炎間，方寇猖獗，聚永康方巖山。賊夜夢紫袍金帶神人現赤幟於空中，隨就勦滅。朝廷褒嘉，爲建廟，封顯應侯，自後累加封。其龍井賜墳、賜顯應墓，神之赫宣著於方巖，此不悉載。

謹案：《夢粱録》：『在郡，無江潮之患。』小異。又以『顯應廟』爲『顯慶廟』，字誤。

《武林舊事》：廟在墓前。

《浙江通志》：雍正九年，李衛重修。

吴之器《婺書・名臣傳》：累知州郡，皆以惠理稱。又嘗奏減衢、婺二州丁身錢，鄉人懷其德，立祠祀之。其在方巖者，故其讀書地也，肸蠁甚盛。宣和中，巨盜方臘寇永康，民避地於此。賊顧絶澗，緣大藤欲度。忽有赤蛇嚙藤，中斷，賊皆墮死。又有千人坑者，兩石並起百仞，相去不盈尺，絶頂有泉可汲。賊緣間道據之，其魁夢神人策白馬飲泉。次日，泉遂涸。大懼，遂降。守臣以聞於朝，賜祠額曰『赫靈』。至本朝，遂遍於郡境，不啻千百區焉。

謹案：《西湖遊覽志》稱『寶元中，命則長子楷通守杭州，以便養』。考則墓誌，楷通判杭州，又六年而則終，正當寶元二年。寶元紀號誤。

趙抃　蘇軾　釋元浄　趙抃、蘇軾，詳上；釋元浄，詳卷三。

《西湖遊覽志》：辯才與蘇子瞻、趙閲道友善，後人因建三賢祠祀之。

謹案：《咸淳臨安志》：花家山下，稱爲三賢堂。

人物以墓著者

宋

胡則 詳上。志銘，見卷八。

《咸淳臨安志》：在西湖龍井廣福院之麓。

陳剛中

《咸淳臨安志》：在龍井山風篁嶺沙盆塢。公，福州福清人。慷慨挺特，有志事功。建炎二年，李易榜登第。紹興戊午，任太府寺丞，應詔上封事，主議恢復，忤秦檜意。同年，編修官胡銓以鯁切得罪，貶新州，作啟賀其行，有云：『屈膝請和，知廟堂御侮之無策；張膽論事，喜樞廷經遠之有人。』遂與張九成等七人同謫，送吏部差知虔州安遠。士論惜之，有詩云：『同日七人俱去國，何時萬里許還家。』公至縣，適有嶺寇之擾。究心招撫，感瘴而没。其妻子扶柩至臨安，得地葬焉。其後湘中著《紹興正論》，載公出處甚詳。朱文公、周益公皆跋語。

楊翺 王安石《臨川集·太常博士錢塘楊君夫人吴氏志銘》：『楊君翺，字翰之。其子蟠問銘。』

《西湖志》：在龍井。

吴天秩 夏時正《杭州府志》：『天秩，字平甫，杭州人。杜門著書，不嗜榮利。以郊恩授大庾尉，調浮梁。有文集十五卷。』

《武林舊事》：在龍井。

《西湖志》：平甫集不傳。其題名見於南屏石屋摩崖，今尚存。

元

方茂榮 詳卷九。

《西湖志》：在龍井方山。

明

陳贄 唐如璉《餘姚縣志》：『贄，字惟成，薦爲儒學訓導。纂修實録，兩浙事蹟，皆贄採摭，稱良史才。任翰林待詔，陞廣東參議，遷太常少卿致仕。投老西湖，與騷人墨客爲詩酒會。』程敏政《篁墩集·西湖百詠倡和詩敘》：『太常會稽陳惟成，博學多才，尤長於詩。其致政而歸也，樂錢塘山水之勝，日與名公碩彦，往來西湖之上。得宋季董静傳《西湖百詠》和之，好事者争相傳誦焉。』

夏時正《杭州府志》：在風篁嶺龍井山。子右通政嘉猷祔。

陳善《杭州府志》：贄本餘姚人，愛錢塘山水之勝，構別業於武林城北。及卒，特賜酒以榮之。所著有《自怡》《容臺》諸稿。

吴誠 徐象梅《兩浙名賢録》：『誠，字尚忠，錢塘人。景泰辛未進士。』

《西湖志》：張弼『吴公志銘』：交趾弄兵，公巡撫雲南，奮擊賊衆。卒於官。黔國公遣官，歸櫬於鄉。賜祭葬如禮，在龍井山之風篁嶺。

謹案：陳善《杭州府志》：『在五子嶺。成化二十三年諭葬。』志銘足正其訛。

李昂 《浙江通志》：『昂，字文舉，仁和人。景泰甲戌進士。成化間，出知青州。屬歲饑，發廩以濟，活民二十餘萬。民列其治行三十四事，立祠表海亭。歷官都察院副都御史。兩廣、江右、湖湘、閩浙羣盜竊發，親入賊巢，斬獲萬計。改督漕運，開河濬源。卒，賜祭葬，大司馬華容劉大夏表其墓。』

陳善《杭州府志》：在風篁嶺下。

汪諧《浙江通志》：『諧，字伯諧，仁和人。天順庚辰進士，授編修。以禮部右侍郎兼學士乞休，贈尚書。』

陳善《杭州府志》：在龍井，弘治十三年諭葬[九]。子太常卿舉祔，嘉靖六年諭葬。

沈鋭《浙江通志》：『鋭，字文進，仁和人。成化己丑進士，授刑部主事。以南京刑部右侍郎乞歸，值劉瑾摘往事，以誣士大夫之不附己者，遂落職。嘉靖初，乃復。』

魏嫄《錢塘縣志》：在龍井。

陳珂《浙江通志》：『珂，字希白，錢塘人。弘治庚戌進士[一〇]，授刑部主事。歷都察院副都御史。巡撫河南，剿平流賊徐郁等。正德十年，爲大理寺正卿。』

陳善《杭州府志》：在龍井。嘉靖十一年諭葬。

謹案：《浙江通志》以『珂』爲『琦』，誤。

許嶽《武林怡老會詩集》：『嶽，字子峻。仕爲南京工部主事，歷員外、郎中，直隸、常州、廣西柳州、梧州知府，以副使致仕。』

《西湖志》：在風篁嶺。

沈瑞臨《浙江通志》：『瑞臨，字夢錫。萬曆丁丑進士，授行人司正。奉命册封，餽遺悉絶。由南京工部郎中備兵川東，時楊應龍煽動，瑞臨練兵訓武終任，應龍不敢叛。以母老終養，杜門斂迹。精研濂洛關閩之書，著《易義》十卷、《經解》二十卷，學者稱曰約齋先生。』

魏嫄《錢塘縣志》：在龍井劉安山。

謹案：地志無劉安山之名。冠以龍井，必與龍井相近之山也，疑以劉庵致誤。《武林舊事》『劉婉容攢所』，可証。今風篁嶺西，有劉安山。

錢夢龍

魏㟲《錢塘縣志》：在風篁嶺。邳州同知。

費鏞《浙江通志》：『邵經邦《處士費西村志銘》：「鏞，字鳴遠。」』《西湖志》：在龍井。

張伯元《浙江通志》：『處士伯元，七月孤。事母孝，好學守禮。』

魏㟲《錢塘縣志》：在老龍井。

謹案：《浙江通志》，吴誠，介節傳；沈鋭、陳珂，名臣傳；沈瑞臨，儒林傳。『陳贇』下註『傳見文苑』，而傳無之。費鏞、張伯元，並題曰『處士』。

國朝

沈堯章《浙江通志》：『堯章，字佩彝，仁和人。瑞臨曾孫。崇禎丙子，舉於鄉。正身端拱，嘗慕范希文，著《先憂後樂論》以見志。』趙世安《仁和縣志》：『順治中，選臨海縣教諭。兄堯年，亦善文。』

魏㟲《錢塘縣志》：在錢塘龍井。

謹案：《歷朝浙江題名録》：『崇禎九年，中式八十三名。沈堯章，錢塘縣附學生，習《易經》。』《浙江通志》『仁和人』，非是。

關大生

魏㟲《錢塘縣志》：在龍井風篁嶺。鍵父，贈知縣。

王一奇

魏㟲《錢塘縣志》：在雞籠山。

夏德昌

魏嵲《錢塘縣志》：在龍井金鐘山。

謹案：魏嵲《錢塘縣志》，王一奇、夏德昌並題處士。

王起彪

《西湖志》：『李之芳《表忠録集》：「王虎子，名起彪。以《春秋》成進士，授德興令。三月化行而鄰封寇起，討之不克，罵賊而死。」』

魏嵲《錢塘縣志》：在龍井風篁嶺。學使王掞題曰『異烈孤忠』。

謹案：謝旻《江西通志》：『王起彪，錢塘人。順治丁亥進士，戊子授德興縣。值金逆變起，彪隨營次半載。己丑，江西平，就任。時餘蘖鄰邑董三等賊，擁衆猝至，起彪率民兵守之。寡不敵衆，被執於天君廟。脅降不屈，遂遇害。雍正六年，詔賜廟祀。』附識於此。

鄉寓人物題後

地以人而傳，假其名焉爾。釋子以士夫而傳，資其力焉爾。自吳晉迄今，姓氏、爵里、事蹟詳具羣籍，洵夫山靈佛法與有光榮者也。

校勘記

〔一〕玄，底本原作『元』，避康熙諱，今據《晉書》正。

〔二〕洪就學，底本、掌故本皆同，《晉書》卷七十二作『洪就隱學』。

〔三〕玄，底本原作『元』，避康熙諱，今據《晉書》正。下兩句之『玄』字同。

〔四〕官，底本原作『宫』，據《晉書》改。

〔五〕俶孤，底本、掌故本皆同。歐陽修《新五代史》卷六十七作『俶勢益孤』。

〔六〕應桂，底本原無，據掌故本補。
〔七〕達溥化兼善，「達溥化」與上文提及之「泰不華」，實爲一人。兼善係達溥化之字。
〔八〕晝，底本原誤作「碧」，據《新唐書·宰相世系表》改。
〔九〕弘治，底本原作「宏治」，避乾隆諱，今改正。
〔一〇〕弘治，底本原作「宏治」，避乾隆諱，今改正。

龍井見聞録卷五　物産

泉品二

龍井水

見《咸淳臨安志》，詳卷一。

又，煙霞嶺下水樂洞，四望林巒聳秀，巖石蟠峙。有洞虚窈，渟涵如淵。泉味清甘，與龍井埒。

老龍井水

見《西湖遊覽志》，詳卷一。

聶心湯《錢塘縣志》：田子藝品泉，以龍泓武林第一。

田藝蘅《煮泉小品》：武林諸泉，惟龍泓入品。而茶，亦惟龍泓山爲最。其上，爲老龍泓，寒碧倍之。其地産茶，爲南北山絶品。

謹案：陸羽《茶經》論水『山水上，江水次，井水下』。又云：『山水、乳泉、石池，漫流者上。瀑湧湍漱，勿食。』歐陽修謂『羽論水，恶渟漫而喜泉源』，則龍井之水是已。

竹品一

風篁嶺竹 楊維楨等《西湖竹枝詞・別里沙詞》『風篁嶺下月色涼，無數竹枝官道旁。東家爲愛青青節，截得參差吹鳳凰。』

《西湖遊覽志》：地多蒼筤篠簜，風韻淒清。

謹案：《咸淳臨安志》：『竹有八種，曰碧玉間黄金竹、篁竹、淡竹、紫竹、斑竹、金竹、鶴膝竹、苦竹。惟鶴膝竹據元時息齋道人李衎《竹譜詳録》，謂生杭州西湖靈隱山中，節密而内實，略如天壇籐，間有突起如鶴膝，人取爲拄杖。』又引葉世程《閩中記》，謂古田縣亦有之，不言出風篁嶺也。

花品二

風篁嶺梅

《東坡集・探梅詩》：問訊風篁嶺下梅。

魏㟲《錢塘縣志》：雞籠山，在嶺下。舊多梅花，土人稱梅花嶺。

老龍井素蘭

魏㟲《錢塘縣志》：老龍井産素蘭，品絶一郡。

謹案：《咸淳臨安志・蕙蘭》引蘇軾題楊傑蕙蘭二詩：『南山深處，宜其品絶也。』

茶品一

老龍井茶《西湖志》：『劉瑛詩《謝龍井僧寄茶》：「春茗初收穀雨前，老僧分惠意殷虔。也知顧渚無雙品，煩試吴山第一泉。竹裏細烹清睡思，風前小啜悟談禪。相酬擬作長歌贈，淺薄何能繼玉川。」王寅《十岳山人集·龍井試茶》：「昔嘗顧渚茗，鑿得金沙泉。舊遊懷莫置，幽事復依然。緑染龍波上，香寒穀雨前。況於山寺裏，藉此可談禪。」于若瀛《弗告堂集·龍井茶歌》：「西湖之西開龍井，煙霞近接南山嶺。飛流密汩寫幽壑，石磴紆曲片雲冷。拄杖尋源到上方，松枝半落澄潭静。銅缾試取烹新茶，濤起龍團沸穀芽。中頂無須憂獸迹，湖山豈懼涸金沙。漫道白芽雙井嫩，未必紅泥方印嘉。世人品茶未嘗見，但説天池與陽羨。豈知新茗煮新泉，團黄分列浮甌面。二槍浪自附三篇，一串應輸錢五萬。」』

《西湖遊覽志》：其地産茶，爲兩山絶品。郡志稱寶雲、香林、白雲諸茶，乃在靈竺、葛嶺之間，未若龍井之清馥雋永也。

《浙江通志》：錢塘龍井，富陽及餘杭徑山多産之。

魏峴《錢塘縣志》：此地産茶，歲不過數斤，在寶雲、香林、白雲諸品之上。

附 茶真贋優劣

谷應泰《博物要覽》：浙江省杭州有龍井茶、垂雲茶、天目茶、徑山茶、昌化茶，凡六品。

《快雪堂集·漫録》：昨同徐茂吴至老龍井買茶，小民十數家，各出茶。茂吴以次點試，皆以爲贋。曰：『真者，甘香而不冽。稍冽，便爲諸山贋品。』得一二兩，以爲真物。試之，果甘香若蘭。而山人及寺僧反以茂吴爲非，吾亦不能置辨。僞物亂真如此。子晉云：『本山茶，微帶黑，不甚清翠。點之，色白如玉，而作寒豆香。宋人呼爲白雲茶。稍緑，便爲天池物。』天池、龍井，爲茶中臣種。

謹案：唐宋尚建茶。《元和郡縣志》、樂史《太平寰宇記》杭之土貢，俱不及茶。至《咸淳臨安志》，而茶滋詳矣。據志云，臨安歲貢茶。錢塘寶雲産者，名寶雲茶。下天竺香林洞産者，名香林茶。上天竺白雲峰産者，名白雲茶。又寶嚴院垂雲亭，亦産茶。白雲、垂雲，並見東坡詩。又東坡遊諸佛舍，一日飲釅茶七盞，戲書云：『且盡盧仝七椀茶。』蓋南北兩山及七邑，大抵皆産茶。近日，徑山寺僧採穀雨前者，以小缶貯送，而獨未聞龍井茶之名。以趙抃《龍泓亭詩敘》『老僧烹小龍團迓余』考之，山之未有茶可知。龍井茶，始見《西湖遊覽志》，自後品鬬遂多。據志，蓋老龍井側，特未詳何年著稱。然讀虞集《次鄧文原遊龍井詩》，有『烹煎黄金芽，不取穀雨後』之句。度龍井茶，元時已有之矣。今寺内外，徧植茶樹，要以近老龍井者爲佳。

又，柴老餉龍井茶一斤。試茶，安樂山香勝，龍泉味勝。豈炒製不如法，損其香耶？

又，石城山産，茶品在天池、龍井之上。

《廣羣芳譜》引《茶箋》：龍井茶不過數十畝。外此有茶，皆不及天目，爲天池、龍井之次。

又，《西吴枝乘》：湖人於茗，不數顧渚而數羅岕。然顧渚之佳者，其風味已遠出龍井。下岕稍清雋，然葉麤而作草氣。丁長孺嘗以半角見餉，且教余烹煎之法。迨試之，殊類羊公鶴。此余有解有未解也。余嘗品茗，以武夷、虎邱第一，淡而遠也。松羅、龍井次之，香而豔也。天池又次之，常而不厭也。餘子瑣瑣，勿置齒喙。

《石公集·天目山記》：頭茶之香者，遠勝龍井。

《浙江通志》：杭郡諸茶，總不及龍井之産。而雨前細芽，取其一旗一槍，尤爲珍品。第所産不多，宜其矜貴也。

文震亨《長物志》：龍井、天目，山中早寒，冬來多雪。故茶之萌芽較晚，採焙得法，亦可與天池並。

魏嵲《錢塘縣志》：茶出龍井者，作豆花香，名龍井茶，色青味甘。又翁家山亦産茶。最下者，法華山石人塢茶，而龍井法相僧收以語人曰本山。

果品一

龍井楊梅

《咸淳臨安志》：舊載楊梅石塢，今在煙霞嶺瑞峰寺側。東墓嶺、十八澗亦盛。臯亭山産者，尤甜。

又，楊梅塢，在南山，近瑞峰。石塢内，有一老嫗，姓金。其家楊梅甚盛，俗稱楊梅塢，所謂『金婆楊梅』是也。

《西湖遊覽志》：宋時有金嫗者，所栽楊梅甚美，因以起名。蘇子瞻答參寥惠楊梅詩：『新居未换一根椽，只有楊梅不值錢。莫共金家鬭甘苦，參寥不是老婆禪。』蓋謂此也。至今其地楊梅，異於他産。

施元之蘇詩註：《杭州圖經》：『楊梅塢，在山南，近瑞峰。楊梅尤盛，有紅白二種。今杭人呼白者，爲聖僧梅。』

魏嵲《錢塘縣志》：龍井法華山産者，爲天下冠。

謹案：杭産楊梅不一。蘇軾詩自註：『杭州梵天寺，有月廊數百間。寺中，多白楊梅、盧橘。』而陳善《杭州府志》又有徐村楊梅、兩山楊梅。有早色、晚色、燻色、喫色數種。北山多早，南山多晚。故近龍井、楊梅塢、法華山，俱以此著。楊梅塢，詳卷一。《咸淳臨安志》：『法華塢，在西谿。』《西湖遊覽志》：『青芝塢，又北爲法華山。去靈隱山後可里許，過北十里爲西谿。』吴本泰《西谿梵隱志》：『西湖北山一支，其陽爲竺國靈鷲。其陰爲法華，有晉法華僧靈蹟，因以名山。』亦近龍井，故依魏嵻《錢塘縣志》，存之。又案：魏嵻《錢塘縣志》：『蘭花，紫白者名蓀，出法華山。又法華山筍最盛，有烏哺雞、白哺雞之名。』附識於此。

藥品二

龍井貫衆

《咸淳臨安志》：生龍井口。

龍井益母草

《咸淳臨安志》：生龍井山谷，亦名草天麻。

謹案：《浙江通志》引此文，誤增『最佳』二字。

鱗屬一

龍井魚

見《武林舊事》，詳卷一。

張京元《西湖小記》：過風篁嶺，是爲龍井，即蘇端明、米南宫與辯才往來處。寺北向，門内外，修竹琅琅。井在殿左，泉出石罅。甃小圓池，下復爲方池承之。池中各有巨魚，而水無腥氣。池淙淙下瀉，繞寺門而出。小坐與偕亭，翫一片雲石。山僧汲水供茗，泉味色俱清。僧容亦枯寂，視諸山迥異。

物産題後

龍井，爲南山總名。杭郡邑志，物産凡近龍井者，率冠以『龍井』。不必以嶺、以寺限也。矧乃泉甘茶香，品絶諸山者乎？

龍井見聞録卷六　碑刻書畫

碑之重刻者三

宋

秦觀《遊龍井記》在寺内。明董其昌爲方伯，斗垣周公臨。龍井，舊名龍泓，距錢塘十里。吴赤烏中，方士葛洪嘗鍊丹於此，事見《圖記》。其地當西湖之西，浙江之北，風篁嶺之上，實深山亂石中之水泉也。每歲旱，禱雨輒應，故老相傳，以爲有龍居之。然泉者，山之精氣所發也。西湖深靚空潤，納光景而涵煙霏。菱芡荷花之所附麗，龜魚鳥蟲之所依憑。漫衍而不迫，紆餘以成文。陰晴之中，各有奇態，而不可以言盡也。故岸湖之山，多爲所誘，而不克以爲泉。浙江，介於吴越之間，一晝一夜，濤頭自海而上者，再疾擊而遠馳。兕虎駭而風雨怒，遇者摧，當者壞。乘高而望之，使人毛髮盡立，心掉而不禁。故岸江之山，多爲所脇，而不暇以爲泉。惟此地蟠幽而踞阻，内無靡曼之誘，以散越其精；外無豪悍之脇，以虧疏其氣。故嶺之左右，大率多泉，龍井其尤者也。夫蓄之深者發之遠，其養也不苟，則其施也無窮。龍井之德，蓋有至於是者，則其爲神物之託也，亦奚疑哉！元豐二年，辯才法師元浄自天竺謝講事，退休於此山之壽聖院。院去龍井一里。凡山中之人有事於錢塘，與遊客之將至壽聖者，皆取道井旁。法師乃即其處爲亭，又率其徒，以浮屠法環而咒之。庶幾，有慰夫所謂龍者。俄有大魚自泉中躍出，觀者異焉。然後知井之有龍不謬，而其名由此益大聞於時。是歲，余自淮南如越省親，過錢塘，訪法師於山中。法師策杖送余，於風篁嶺之上，指龍井曰：『此泉之德，至矣。美如西湖，不能淫之使遷；壯如浙江，不能威之使屈。受天地之中，資陰陽之和以養其源，推其緒餘以澤於萬物。雖古有道之士，又何以加於此。爲我記之。』余曰：『唯唯。』跋云：『此文見《淮海集》。龍井有此碑，乃米元章書。今已不復存，但有《方圓庵記》。余倣米法以補之。壬戌元正晦秉燭記。其昌。錢塘門人金嘉會摹勒上石。』

董其昌《畫禪室隨筆·補龍井記書後》云：秦太虛《龍井記》，直稱蘇家勝友。元章此碑，絶得李括州三昧。惜多殘缺，余爲補之。然聞趙吴興曾欲補米書數行，一再易之，皆不相似，曰：『今人去古遠矣。』則余其有續貂之愧也夫。

《家藏集·集宋米芾書龍井記石本跋》云：天水尹希賓，嘗蓄米老所書秦太虛《龍井記》石本，字畫雄放，但其文多缺處。其子寬因録全文於前，以便讀者。託吾友史明古，求余題之。尹君之意，雖爲故物重，然亦重乎米書，而又不無不重乎太虛之文也。君如重其文，則太虛又嘗有《龍井題名記》及東坡跋語，更録以附於後。則不獨全龍井之文，且并龍井之事全矣。余方與明古約同遊杭，豫期日月。而龍井者，杭之勝處也。至則當案記文所載，次第登覽，亦將爲數語以續古人。歸其爲君再書以附之。

又《遊龍井記》横碑 在寺内，文見上。

謹案：此碑不知何人重摹，前則大碑也。鄭清之跋，備述刻記始末。二碑並失之。見下。

釋守一《方圓庵記》 在寺内。文見卷二。元豐癸亥四月九日，慧日峰守一記。米芾書跋，云：『不二作此文成，過余，愛之，因書。鹿門居士米芾元章。』又跋云：『辯才故與蘇子瞻伯仲洎趙閱道、秦少游爲方外交，其人可知已。太守請住名刹，晚年自天竺歸老龍井之山，結廬曰方圓。夫生人圓顱方趾所本來也，其用萬端幻化而不窮。率歸於邉邉不吾寂，斯方圓義畢至。吾人寄身蜉蝣，而襟期宇宙，善用方圓者也。泥之則不善，將爲方乎？將爲圓乎？善乎，師與守一之説，守一記之。而米南宮善其文，手書於石，並稱奇絶。龍井，昔傳神物所託，故祠龍君於此。遇夏不雨，有司爲百姓請命，而禱輒應。今年余以不雨，禱於祠下。問之遊人，石已斷仆榛莽中久矣。余覓有舊刻，采石重□一過，樹於故蹟。噫！天地之靈物，未嘗終祕，師之蔽廬，幾於道九九行完而率復，人賢之，□而祀焉。南宮書法，超邁入神。幸見之，可洗瘴毒。均□山靈，神氣所鍾。此余重刻意也，書以紀之。萬曆丁酉仲夏，知仁和縣事晉陵胡□跋。』

謹案：《仁和縣志》：『萬曆二十一年，知縣胡澄，武進人。壬辰進士。任四年。』

安世鳳《墨林快事》：方圓石刻，此米之最有聲合作者。乃以庵之增修，好事者適得米老舊搨以補亡。而恰遇一顛倒裝潢者錯其先，後遂據之入石。虎林遊人如織，莫有爲之是政者。余早得此本，亦以爲裝家誤。旋入杭，摩挲石下，依然誤也。因另搨一紙，爲之改裝，則文從理順。不致誚一公爲傖父，顛士爲糊目矣。欲再一正其石，而匆匆北歸。當睠此恨，因識於此。嗟乎！余所手正之本，或未必傳，而此段儻不泯泯，則後來見者，豈遂乏一慧心之彥，爲了吾恨者。余之汲汲老而爲此者，半欲爲後人一二眼耳，用寄示此一寸於永永，豈區區誇蠹魚之架哉！天啟乙丑九月三日。

魏嵋《錢塘縣志》：章撫功跋：『案今古石刻雖存，而文理舛錯，略無倫次，不知何人僞刻。其真刻，亦不知何時易去。余志學之年初學執筆，購南宮法書。愛其奇變，種種不一。獨《龍井記》瀟灑俊逸，有晉人風度。惜其前後倒置，因爲訂正。臨摹數紙，稍具形似。安得片石易其僞刻，庶廬山面目不失舊觀，冀有識者鑒之乎？

謹案：孫克宏《碑目》有此碑，不知斷石何往。此記見録於《上天竺山志》，其文正與胡令重刻石本同。文從理順，惟石本有數缺字而已。安世鳳、章撫功俱云顛倒舛錯，豈又一碑耶？

原碑存者十一

明

謝輔《龍井感應碑記》在寺內。錢塘西行一舍許，有勝地曰龍井。羣山環護，奇石行立。如奔如仆，如趨如伏。如龍翔，如鳳舞，扶輿磅礴而鬱積。世傳謂有龍宅其中，故名曰龍井。前鎮守浙江太監李公，創佛寺於其上。由是東行百步，則公之佳城也，然公物故已十有二載矣。欽差御馬監太監覃公禮以公幹來莅兩浙，欽差鎮守浙江都知監少監盧公永慨惟李公前輩碩德，乃於癸未之秋七月丙午，相率謁公之墓，以覽龍井之勝。惟時逾旬不雨，沿途田疇乾涸，稼將槁。二公顧瞻嗟嘆，謂『農之依田，猶魚之依水，木之依土。魚無水則腐，木無土則枯。民非稼穡，則無以爲生。昔蘇文忠公謂「十日不雨則無禾」，今不雨將及半月，無禾則歲且歉矣。其如吾民何』？爰相與默禱龍井之神，其降甘雨，以澤吾民。則神亦享祀玆土，而無愧矣。井東面鑿石爲龍首，引水從口而出。久爲泥滓所湮，覃公以手濬導，水隨汩汩而流，須臾有物如龍狀，浮於水上。二公欣然曰：『此感應之兆也。』於是與羣公觴詠於寺之東閣。酒闌，各乘輿之西湖。爲間，油然雲興，龍見於天。雨下如注，溝澮皆盈，禾苗改色。行旅悦於塗，士夫慶於市，農民樂於野，何其感應之速哉！蓋以二公惟忠惟孝，敷仁施惠，盛典足以動天地，至誠足以感鬼神，豈偶然哉！《書》曰：『惟德動天，無遠不届。』又曰：『至誠感神，其斯之謂。』與時相從者，則鎮守浙江都指揮同知王公，布政使司左布政使秦敬，按察使副使張岐，僉事王鎬，都司都指揮僉事陳文、劉鼎，咸謂古人得禾得鼎，則名之於書，名之於年。二公以精誠而得雨，宜特書以示不忘，使後人覩斯文，則知二公愛民之心也。井上有龍王廟，二公又□秦方伯從而修理一新，僉謂余宜記之，肆忘其固陋。爰摭其實而勒諸石，以垂永久云。天順七年，龍集昭陽協洽秋九月既望立石，通奉大夫、浙江等處承宣布政使司右布政使臨川謝輔撰文，通奉大夫、浙江等處承宣布政使司左布政使涿郡秦敬篆額，亞中大夫、浙江等處承宣布政使司左參政鳳陽王敞書丹。

謹案：太監李公創寺井上，謂李德也。夏時《湖山勝概記》『創寺山陽』，殆即其時嶺前寺始此，龍井名寺亦始此。

王守仁《風篁山龍井記》 在寺内。新出土，已斷爲數塊，不可搨。『風篁』字模糊，或傳爲『鳳凰』，蓋非。

黄克纘李承勳倡和詩 在寺内。《龍井》二首：『蘇公曾訪辯才處，夜半空山人定時。千古風流難再續，徘徊泉上得歸遲。』『千株翠栢半垂藤，路繞清谿興自增。安事辯公來説法，青山何處不逢僧。』又六言二首：『廢興新舊龍井，高低大小泉亭。石似龍騰鳳舞，鳥知日落山暝。』『坐上明滅翠岫，望中表裏西湖。渴飲山僧茶茗，醉看大將昆吾。』李大將軍同遊，壬子夏日，泉南黄克纘題。奉和黄大司馬韻：『衝炎徙倚龍泓上，何異坡公訪辯時。喜有黄芽烹石髓，清風習習欲歸遲。』『偶隨元老共扶藤，古井雲蒸景倍增。怪石垂頭渾不語，前身疑是缽龍僧。』『路入方圓禪窟，泉飛新舊山亭。龍卧雲封寂寂，客歸月破暝暝。』『洞口兩分丘壑，嶺頭雙見江湖。坐擁幾篇珠玉，顧慚三尺昆吾。』括蒼李承勳書。

謹案：《浙江通志·名宦傳》引《名臣言行略》：『承勳，字立卿，嘉魚人。弘治進士[二]。爲浙江按察使，事持大體，風紀肅然。仕至兵部尚書。』又陳善《杭州府志》：『成化中，爲浙江右布政。謚康惠。』

朱卿如《遊龍井》詩 在寺内。《遊龍井》：『山寺逢秋木葉丹，漫從飛閣見浮湍。分開亂石一泓淺，流到片雲千丈寒。龍出洞邊朝雨集，鳥歸峰外夕陽殘。悠然已自忘歸去，更有雲腴可當餐。』萬曆癸丑秋日，郡人朱卿如題。

屠隆《龍井茶歌》 在寺内。《龍井茶歌》與李念江開府公同遊作：『山通海眼蟠龍脈，神物蜿蟺此真宅。飛泉歎沫走白虹，萬古靈源長不息。琮琤時諧琴筑聲，澄泓泠浸玻璃色。令人對此清心魂，一漱如飲甘露液。吾聞龍女參靈山，豈是如來八功德。此山秀結復産茶，穀雨霡霂抽仙芽。香勝旃檀華嚴界，味同沆瀣上清家。雀舌龍團亦浪説，顧渚陽羨詎須誇。摘來片片通靈竅，啜處泠泠馨齒牙。玉川何妨盡七盌，趙州借此演三車。采取龍井茶，還念龍井水。文武每將火候傳，調停暗合金丹理。茶經水品兩足佳，可惜陸羽未知此。山人酒後酣氍毹，陶然萬事歸虚空。一杯入口宿酲解，耳畔颯颯來松風。即此便是清涼國，誰同飲者隴西公。』萬曆甲午秋七月，赤水洞天居士屠緯真書。

神運石題字

謹案：《西湖志·山水》載神運石，引陳善《杭州府志》文，與《西湖遊覽志》同。惟鐵牌『二十面』作『二十四面』、銀『二條』作『一條』，小異。而於碑碣，又稱南山道人李德遺五丁神運此石就立。在石上，有『巀嵲神運石下有玉泓池』十字。且云『運』『池』二字獨大，幾尺餘，絶類米書，其説不可合。竊嘗從石下細加搜剔，然後得實焉。石前一面真書『永鎮大安』四大字，另又真書『巀嵲神運石』五大字，而略帶隸法。『石』字左行，又五行：『甎瓦□工粂米等用不敢□□財助緣共造□，淘得金銀牌買木石，欽差管浙江市舶司陳添保捨中常大夫内官阮，隨發心捨財造殿，□差鎮□處州兼總戎事』，小字極劣。又石側有『下有玉泓池』真書五大字，略帶行法。後一面真書『南山道人李德遺五丁神運此石就立』十五大字。又小字可辯者六行：一『□□二面見在』，二『□□又淘得鐵牌』，三『□□武□□見□』，四『造佛殿用諸不可取此一人之下又淘得玉石□』，五『兩上寫元豐年待東方姓就』，六『□□淘□池得乾得金一鎰銀五十』。末有『犂』字。又石側，上有『景泰二年歲在辛未仲秋子日此辰霧霾行者不見』，下有『榮禄大夫柱國中臣都太監日南李□書』。乃知德既出石，託言五丁以神其事，乃於石上增刻文字如上云云。然則《西湖志》十字之説，固未識其詳矣。

國朝

谷應泰《遊龍井》詩 在寺内。《春日同諸公遊龍井寺》二首：『誰念荒山裏，還留一片雲。經臺花自落，曲苑鹿爲羣。暗壁泉流注，斜陽鳥背分。臨風聊盥漱，差可散微醺。』『嘉會稱難遘，玆遊未寂寥。風前招白鶴，雨後發青苕。丹竈埋雲冷，豐碑積蘚敲。升沈陵谷路，於此悟逍遥。』古燕谷應泰。

盧高《遊龍井》詩 在寺内。『泉石生來原有癖，每逢公暇到名山。茂林自可坡仙坐，絶壁猶懸米氏顔。牧豎谿行敲法相，高僧露宿寺潺湲。古人陳迹嗟誰起，遍語諸公慎莫慳。』武昌盧高。

謹案：《浙江通志》：『高，湖廣興國州人。順治十三年，任浙江驛道。』

張縉彦五言古詩 在寺内。『峩峩一片雲，翻翥如鶖鵠。淅淅龍泓水，繞砌鳴寒玉。綺林通曲徑，飛蓋相追逐。石竇迷煙霄，清音沸泉谷。歷歷幾何時，悉以供樵牧。三賢遺往蹟，千載懷高躅。彈指廢與興，日月何太速。』中州張縉彦。後學潘輿書，馬龍友立。

又七律二首 在寺内。《題龍井寺》：『風篁夾道響颼飅，博得公餘一日遊。秉笏何人呼石丈，藉茅我欲拜山侯。匡牀留月僧初定，古栢藏龍樹已秋。惟有片雲飛不去，玲瓏長嵌老龍湫。』《方圓庵》：『方圓庵下草初長，丈室相傳莽棘場。短拂空留寒篠緑，遺碑猶帶紫茸香。共尋二老當年路，欲祀三賢何處堂。片石停雲猶足記，戲鴻遊鶴出襄陽。』天中張縉彥。

謹案：《浙江通志》：『縉彥，字坦公，河南新鄉人。前辛未進士。順治十一年，任浙江布政使。』

張士偉《禱雨記》 在寺内。康熙癸酉五月中旱，所在設壇禱雨。至六月初一日，撫憲諭各處行香。余往龍井虔禱，擊神運石而雲生。回至湖中，雷聲隱隱，遥望塘棲一帶下雨。既至萬松書院魁星樓，見雨自北關至昭慶，約下一二時。初二日，杭城又雨，甚喜而誌。杭府經歷錦州張士偉記。

謹案：此附刻秦觀遊記横碑後。

碑文見《咸淳臨安志》者八

釋元浄《龍井十題》詩并秦觀跋 詩見各卷。跋見卷八。

趙抃《辯才法師真贊》 文見《元浄外傳》。

謹案：《咸淳臨安志》載在『延恩衍慶院』下，未言刻石。夏時正《杭州府志》註：『元豐元年，資政殿學士右諫議大夫知杭州趙抃撰。』疑必有見。

蘇軾題名 《咸淳臨安志》：『蘇軾、錢勰、江公著、柳雍同謁龍井辯才，元祐六年正月七日。』

又 《咸淳臨安志》：『元祐庚午，辯才老師年始八十，道俗相慶。施千袈裟，飯千僧，七日而罷。眉山蘇軾子瞻、洛陽王瑜中玉、安陸張璹全翁、九江周燾次元來餽茆茗。二月晦日書。

秦觀題名 文見卷八。

陳善《杭州府志》：舊在龍井寺。

鄭清之跋秦觀題名 文見卷八。

陳善《杭州府志》：舊在龍井寺。

賈似道題名《咸淳臨安志》：『静庵、邱郊、賈似道，乙未臘月二日來遊，復亨泰侍。』

又《咸淳臨安志》：『後三十一年夏閏，大丞相魏國公再登揆席，少駐湖曲賜第，因謁演福來此。客廖瑩中、陳詩川從，子德生侍。』

《西湖志》：此段題名，今已不見。

碑文見《西湖志》者二

葛采詩《西湖志》：『千年靈洞幾人看，洞裏丹青畫未乾。當是神仙棲止處，石懸龍迹噴陰寒。』□巢葛采留題，住山善慶摩刻。

《西湖志》：在龍井。正書，摩崖。

乾道題名《西湖志》：『林景度、韓無咎、李無咎、李秀叔、司馬季思、崔子霖、韓子師，乾道辛卯八月晦自龍井來。』

《西湖志》：在龍井。正書，字徑四寸，摩崖。

碑文見《東坡集》者一

蘇軾《辯才法師真贊》文見《元浄外傳》。

碑文見《快雪堂集》者一

馮夢禎《龍井寺復先朝賜田記》文見卷八。

謹案：魏𡵀《錢塘縣志》又有《禱雨記》，以無撰人姓氏，不録。

碑見《文獻集》文缺者一

趙子昂題名

見黄溍《南山題名記》，詳卷八。

碑見府志文缺者二

蘇轍《辯才法師行業記》

夏時正《杭州府志》：在龍井寺。元祐癸酉中大夫守門下侍郎蘇轍撰。

謹案：《欒城集》無此記文。

楊傑《壽聖院訥齋記》

夏時正《杭州府志》：在龍井寺。元祐元年三月，朝奉大夫主客□郎楊傑撰。

謹案：蘇轍撰《訥齋記》，文見《欒城集》，未言刻石。傑作疑誤，姑列於此。陳善《杭州府志》亦有之。

碑見縣志文缺者一

孫沔《龍井普澤院仁法師行業贊》

見魏𡵀《錢塘縣志》。

謹案：普澤院，詳卷十。仁法師，無考。竊疑魏嶟《錢塘縣志》多謬誤。仁法師，或即天台以仁。而孫沔則孫姓，而其名偶誤題者，他無可証，闕之。

書之可考者十一

南唐草書四紙

宋仁宗飛白四大字

並見程珌遊記，詳卷八。

謹案：記不言何字。

寧宗『歲寒亭』三字

『養性』二字

《咸淳臨安志》：並在龍井山路太清宮。

謹案：《咸淳臨安志》：『太清宮，道院也，在錢塘縣履泰鄉龍井山路。又有矩玉亭。』《武林舊事》『歲寒亭』作『歲寒軒』。

蘇軾書壽聖院額

《武林舊事》：延恩衍慶院，後改壽聖院。東坡書額，猶存。

跋舊與辯才書 跋與書，並見《元浄外傳》。

楚逵二上人書經跋 文見卷八。

静坐帖 文見卷八。

《西湖古蹟事實》：在寺中。

釋元浄《心師銘》 文見卷八。

謹案：銘末有『書與懷益』語，寺當有真蹟也。

周必大等題字

周必大《二老堂雜志》：乙亥二月，與張德莊、周孟覺同遊題字。

郭祥正題名

見郭祥正《青山集》，有和公擇題名詩。詳卷七。

畫之可考者五

蘇軾竹石畫壁

《武林舊事》：在延恩衍慶寺。

范仲淹 蘇軾 蘇轍 釋道潛 元浄遺像

見程珌遊記，詳卷八。

五賢二開士像

見張雨《句曲外史集》詩題，詳卷七。

謹案：題云《遊龍井方圓庵閲宋五賢二開士像》。胡則、趙抃、蘇軾、轍、秦觀，五賢也。道潛、元浄，二開士也。

水墨羅漢八軸

見程珌遊記，詳卷八。

廉布枯木畫壁

《武林舊事》：在龍井寺。

《圖繪寶鑑》：廉布，字宣仲，山陽人，自號射澤老農。畫山水，尤工枯木、叢竹、奇石、松栢。本學東坡，青出於藍。官至武學博士。以張邦昌壻，負才不得用。

鄧椿《畫繼》：後居紹興，有畫軸傳於世。

謹案：《武林舊事》但云廉布枯木，而《西湖志》云枯木竹石，且但云蘇軾、廉宣仲留題。而《西湖志》云畫壁，俱未詳。又湯垕《畫鑑》：『布，自號射澤老人。』亦互異。

碑刻書畫題後

石壽世最長，風霜剥落爲矼爲礎。則不得不有賴乎裒集著録，非石壽不敵梨棗之壽，聚於一而流播者廣也。一龍井而所得如是，意荒崖斷澗之旁，埋泐者多矣。若夫雲煙過眼，放失尤易，是宜附之。

校勘記

〔一〕弘治，底本原作『宏治』，避乾隆諱，今改正。

龍井見聞録卷七　古今體詩

名僧詩

宋

釋元浄詳卷三。詩見《咸淳臨安志》。

龍井新亭初成詩呈府帥蘇翰林

政暇去旌旆，策杖訪林邱。人惟尚求舊，況悲蒲柳秋。雲谷一臨照，聲光千載留。軒眉獅子峰，洗眼蒼龍湫。路穿亂石脚，亭蔽重岡頭。湖山一目盡，萬象掌中浮。煮茗款道論，奠爵致龍優。過谿雖犯戒，兹意亦風流。自惟日老病，當期安養遊。願公歸廟堂，用慰天下憂。

和蘇子由

春去春來冬復冬，幾思虚論未縁逢。歙谿道賞兄遺蹟，勿少龍泓一老龍。

次韻參寥四照閣夜坐懷秦少游學士七律

巖棲木食已皤然，交舊何人慰眼前。素與晝公心印合，每思秦子意珠圓。當時步月來幽谷，拄杖穿雲冒夕煙。臺閣山林本無異，故應文字未離禪。

和佛印

久仰真風揚四海，今朝邂逅欲生蓮。法燈晃耀皆蒙照，佛印靈光孰可傳。諸子叢林禪裏老，十層塵刹上中天。爍迦羅眼同三際，豁破羣疑量擴然。

釋道潛 詳《元浄外傳》。有《參寥子集》。

夏日龍井書事呈辯才法師兼寄吴興蘇太守并秦少游四首少游時在越

翠櫪高蘿結晝陰，驕陽無地迫吾身。石崖細聽紅泉落，林果初嘗碧柰新。揮麈已欣從惠遠，談經終恨少遺民。何時暫著登山屐，來岸烏紗漉酒巾。

雨過千巖爽氣新，孤懷日夜與誰鄰。風蟬故故頻移樹，山月時時自近人。禮樂汝其攻我短，形骸吾已付天真。露華漸冷飛蚊息，窗裏吟燈亦可親。

自憐多病畏炎曦，長夏投蹤此最宜。青石白沙含淺瀨，碧梧翠竹聒涼飈。雲中雞犬聽難辨，谷口漁樵問不知。斑杖芒鞵隨步遠，歸來幽火認茅茨。

朅來人外慰棲遲，郭遠山長萬事遺。好鳥未嘗吟俗韻，白雲還解弄清姿。藤花冉冉青當户，竹色娟娟碧過籬。不羨故人探禹穴，短橈孤榜逐漣漪。

龍井辯才法師新亭初成有詩呈府帥蘇翰林俾余繼和輒次原韻

遠公吾家傑，道妙非壺邱。德傾龍象侶，貌蓋江湖秋。平生經綸學，不爲名相留。滔滔若懸瀑，下注萬丈湫。昔年謝講事，衆挽不轉頭。刳心老巖穴，百念本不浮。東南多望士，惟見此老優。翰林天下公，方外實輩流。旌旗虎谿路，竟日泉石遊。衆生病未已，師竟可忘憂。

寄龍井辯才法師

法師安遠徒，我見常罄折。頹綱製象運，基構甚宏達。煌煌四十載，說法傾吴越。人天會方丈，萬趾常雜遝。藹然如邱山，四座羞蟻蛭。投老倦揮麈，毅然辭且決。飢鷹得秋風，轉盼俄一掣。結茅南山陲，雲蘿占幽絶。昔我海上還，相尋訪林樾。夜闌叩微要，猿鳥寂不聒。慧風灑幽襟，法雨濯枯枿。别來經四載，寒暑驚屢閲。相望如晨星，杳杳各天末。何當從杖藜，一笑龍泓月。

四照閣奉陪辯才師夜坐懷少遊學士

猿鳥投林已寂然，芭蕉過雨小樓前。雲依絶壁中間破，月自遥峰缺處圓。照坐不須紅蠟炬，可人惟有蕙爐煙。校讐御府圖書客，疇昔還同此夜禪。

辯才生日

像末真風恐不傳，故生豪傑爲人天。慈航横截三千界，法雨均霑四十年。獨鶴精神秋始健，長松根節老彌堅。莫將有物觀無象，唾霧冰輪處處圓。

次韻文饒同自龍井出資國寺汎舟以歸北山

踞虎奔犀列萬形，奇觀直已逼南屏。縈雲細路杳無盡，落石飛泉静有聲。十里平湖初卷葑，一天秋色共揚舲。停橈共過孤山寺，寂寂林僧半掩扃。

釋了元 詳《元浄外傳》。詩見《咸淳臨安志》。

七律

願海談訶五十年，舌根功德綻紅蓮。身歸龍井庵中老，法是天台意外傳。珠網支羅真浄土，香雲馚馥似諸天。因思永遠東林社，未復相逢豈惘然。

元

釋圓至 字天隱，别號牧潛。高安姚氏子。有《筠谿牧潛集》。

寄思以仁

風柳青青條葉新，别愁江畔又逢春。交情似我如君少，一度相逢勝故人。

釋善住 字無住，别號雲屋，吴郡僧。有《谷響集》。

遊龍井

江郊雨初霽，野興入孤筇。白道行時盡，青山到處逢。冷泉鳴遠澗，旭日照高松。陰井空猶在，如何不見龍。

名賢詩

宋

蘇軾 詳卷四。有《東坡集》。

辯才法師退居龍井，不復出入，余往見之。嘗出，至風篁嶺，左右驚曰：『遠公復過虎谿矣。』辯才笑曰：『杜子美不云乎：「與子成二老，來往亦風流。」』因作亭嶺上，名曰過谿，亦曰二老。謹次辯才韻

日月轉雙轂，古今同一邱。惟此鶴骨老，凜然不知秋。去住兩無礙，天人争挽留。去如龍出山，雷雨卷潭湫。來如珠還浦，魚鼈争昂頭。此生暫寄寓，常恐名實浮。我比陶令愧，師爲遠公優。送我還過谿，谿水當逆流。聊使此山人，永記二老遊。大千在掌握，寧有離别憂。

贈上竺辯才師

南北一山門，上下兩天竺。中有老法師，瘦長如鸛鵠。不知修何行，碧眼照山谷。見之自清涼，洗盡煩惱毒。坐令一都會，男女禮白足。我有長頭兒，角頰峙犀玉。四歲不知行，抱負煩背腹。師來爲摩頂，起走趁奔鹿。乃知戒律中，妙用謝羈束。何必言法華，佯狂啖魚肉。

謹案：施元之註，此詩載密州卷中。查慎行補註稱，蘇軾倅杭，元淨正住天竺，贈詩必於此時。是也。

偶於龍井辯才處得歙硯奇作小詩

蘇轍 詳卷四。有《欒城集》。

羅細無文角浪平，半丸犀璧浦雲泓。午窗睡起人初静，時聽西風拉瑟聲。

寄龍井辯才法師三絶 有敘

轍自績谿蒙恩召還，將自宣城沿大江以歸。家兄子瞻以書告曰：『不如道歙谿，過錢塘，一觀老兄遺蹟。』轍用其言。既至吴中，迫於水涸，不能久留。十月八日遊上天竺，子瞻昔與辯才師相好，今隔南山不得見，乃作三小詩以寄之。

我兄教我過東吴，遺墨山間無處無。忽報冬潮催出堰，俗緣深重道心麤。

山色青冥葉未紅，湖光凝碧曉無風。行窮上下兩天竺，望斷南山龍井龍。

井水中藏東海魚，側盆翻雨洗凡夫。隔山欲共公相見，莫道從來一滴無。

錢勰 詳卷四。詩見《咸淳臨安志》。

和辯才

幻泡昧空色，真夢迷黄邱。宦學類狂走，爾來四十秋。齒髮非他時，歲月不我留。古刹插亂石，蟄龍蟠霞湫。天人大導師，駐錫今白頭。安住善護念，晚節非沈浮。昔嘗謂出處，未用相劣優。權貴分二乘，股肱均九流。今知擾擾者，詎得逍遥遊。從兹許禮足，尚可治幽憂。

龍泓亭贈辯才

辯才天人師，一意演説法。猶如一雨傾，藥草皆萌達。甕盎及湖海，各現天一月。以是度衆生，報身隨數滅。舊龕留香燈，想像瞻華髪。應供無時窮，龍淵莫之竭。

米芾 詳卷四。詩見《咸淳臨安志》。

五 絶

竹徑隨泉上，山雲觸石生。竇樓彈指處，的的是分明。

秦觀 詳卷四。

辯才法師嘗以詩見寄繼聞示寂追次其韻

遥聞隻履去翛然，詩翰纔收數月前。滄海盡頭人滅度，亂山深處塔孤圓。憶登夜閣天連雁，同看秋崖月破煙。尚有衆生未成佛，肯超欲界入諸禪。

郭祥正 字功父，太平當塗人。舉進士，至殿中丞。後隱於縣之青山。有《青山集》。

和公擇遊壽聖院啜茶題名

使君尚清浄，攜客無杯肴。茗酌披佛經，塵緣頓沈抛。疎雲墮簷際，微風汎林梢。吾心已皎皎，吾學豈譊譊。濡毫題名姓，識此逍遥交。

葉紹翁 龍泉人。南宋時著《四朝聞見録》《靖逸小藁》。

秋日遊龍井詩

引道煩雙鶴，攜囊倩一童。竹光杯影裏，人語水聲中。不雨雲常濕，無霜葉自紅。我來何所事，端爲聽松風。

訪龍井山中村叟

雨打荒籬豆莢垂，柴門未啟立多時。客來自掘蹲鴟煮，旋拾枯松三四枝。

周文璞 字晉仙。有《方泉集》。

憶辯才

讀了碑文讀祭詩，冷看遺像立多時。郎當嶺上生雲處，山鳥山花憶老師。坡使參寥滴奠茶，定將老淚濕雲霞。誰知走入靈山隊，又對閒人説法華。

鄭清之 詳卷四。

到龍井寺

竹門斜倚酒家帘，石路高低記水簾。炙背老翁驚傴僂，乘肩癡女笑窺覘。數瓶人立攀籬落，一蝶兒嬉掠繖簷。款約朋從歸去路，馬頭應有月纖纖。

山圍古寺緑周遭，一閣軒騰面勢高。爐篆得薌抽露穟，石泉借茗作雲濤。風流二老歸靈鷲，筆墨千年續楚騷。拙語留題罥珠璧，暗中摸索媿劉曹。

底忙不肯訪禪林，山寺何曾避客深。奇石韻高非令色，老松皮脱見真心。簷牙徇鐸闢幽事，谿曲無弦出妙音。拂拭少游碑好在，姓名曾記落碑陰。

十里輕軒憩佛廬，夢身差記蝶蘧蘧。伊蒲巧作魚蝦樣，矮筍新饞繭栗殊。暫到欲陪僧處静，等閒生怕俗塵污。計然老去翻多事，空挽西施向五湖。

謹案：秦觀遊記原碑，今不可見。據此第三首落句，知鄭跋即在秦記碑陰。

樓鑰 字大防，鄞縣人。隆興元年，試南宫未等，仕至參知政事。有《攻媿集》。

頃遊龍井得一聯王伯齊同兒輩遊因足成之

路入風篁上翠微，老龍蟠井四山圍。水真緑浄不可唾，魚若空行無所依。勝處雖多終莫及，舊遊雖在事皆非。祇今匏繫何由到，徒羡聯鑣帶月歸。

周弼 字百弜，文璞子。有《汶陽端平詩雋》。

龍井道中雜記

白髮宫人頻笑謔，羅衣昔對君王著。夜驚春雨洗桃花，夢魂猶掛秋千索。

老僧病久聲嘶喝，屢説紫衣勝短褐。莫嫌兩手漸拘攣，曾把御前供奉鈸。

謝翶 字臯羽，福之長谿人。至元甲午來家西湖。有《晞髮集》。

中秋龍井翫月

逢秋月再圓，不與復休眠。腦滿魚龍夜，精藏樹石年。嗅衣腥在水，窺户影疑禪。長嘯望參伐，行來精舍邊。

葛天民 字無懷。初爲僧，後返初服，居西湖。有《無懷小集》。

龍井

龍護深潭草木昏，斷碑元祐典型存。蜀仙已去吴僧少，嶺上松篁亦斷魂。

董嗣杲 字德明，又字静傳，杭州人。居西瑚，著道士服，嘗以内醮至燕都。有《西湖百詠》。

龍井

横陳翠葆列煙屏，聯步蒼林想典型。二老相分龍井嶺，一時如過虎谿亭。風吹貼石叢篁碧，雨剥題名暈蘚青。更有澗流朝暮落，此聲不厭客來聽。

元

虞集 字伯生，號邵庵，蜀郡人。以薦仕至祭酒、奎章閣侍書學士，謚文靖。有《道園學古録》。

寄澄湛堂法師

月宫桂子落巖阿，想在人間閲貝多。禮足地神衣拂石，獻珠天女襪淩波。香因結願留龍受，水爲烹茶唤虎馱。寄到竹西無孔笛，吹成動地太平歌。

柳貫 字道傳，浦江人。以察舉仕至翰林待制兼國史院編修。有《待制集》。

送南竺澄講主校經後却還杭州

鹿苑開鴻妙，龍宫閟象玄。間關來幾譯，披發露雙詮。梵學傳皆正，華文潤乃全。義深含窈眇，道廣極淵泉。論自諸師造，言因半偈宣。何曾離性相，間亦示機權。述鈔心同悟，分科緒各牽。函盛方秩秩，棗剥益緜緜。剞劂寧無舛，研磨或更偏。遂令迷亥豕，不復辨夔蚿。佛耀昌齡啟，皇明正晝懸。五城銀色界，三殿寶花筵。重見崇經日，如逢出震年。詔徵皆宿德，御講盡真筌。此士孤山隱，前身華頂眠。野雲生静慧，江月湛空圓。天上青猊座，人間白馬韉。徽君能引重，與世孰昭先。晦魄風簾燭，頽陰雪屋氊。聲將爲律吕，眼豈混珠鉛。疑句多多證，蕪詞一一鐫。法珠終照乘，宗鏡已當銓。焕爛金泥字，牽聯玉簡編。指河符聖壽，穿石畢僧緣。竣事纔敷奏，疏榮亟勞還。萬回袍錦麗，大覺鉢盂鮮。尚食來珍供，司農輟禁錢。寵恩流濊濊，鷁影去翩翩。昨夢寧非蝶，遲歸誤信鵑。望京猶緑樹，入寺始紅蓮。雨外排千耦，煙中聽兩舷。屨盈南竺户，櫂集北湖船。巖觀應增聳，川容若載蠲。應求隨燥濕，鑽仰喻高堅。夏懺朝朝禮，秋燈夜夜然。固知融至理，直可寄單傳。客袂難爲別，朝簪未放捐。愛閒思結社，食力待治田。苦笑昌黎贛，深懷惠遠賢。獻花憑一詠，安有筆如椽。

王惲　字仲謀，衛州汲縣人。以宣撫辟仕至翰林院學士，謚文定。有《秋澗集》。

題西湖圖

東南形勢繞餘杭，誰辨山谿作國防。踏雪欲尋龍井去，表忠祠下謁錢王。

張雨　字伯雨，一字天雨，别號貞居子，錢塘人。年二十，棄家爲道士。有《句曲外史集》。

遊龍井方圓庵閲宋五賢二開士像詩

獨尋招提遊，果得世外歡。昔賢所棲集，畫像藏屋端。山僧啟鎖魚，不待啜茗乾。修廣各異製，精采俱生完。堂堂蘇長公，英氣邈難干。笻杖紫道服，天風吹袖寬。清獻薄鬢眉，示我鐵肺肝。尚餘所施物，片石橢而寒。侍郎胡金華，高括侍中冠。眉間可容掌，手版出中單。潁濱與淮海，秋色亞層巒。參寥獨緇衣，頷髭茁茅菅。最後辯才師，文茵高座安。空山一室内，舉目皆龍鸞。再拜傾挈壺，喜極重悲酸。去之三百載，歸路何漫漫。斯人爲列星，下視蟲沙繁。寧不念學子，道術救凋殘。抵舍亟摹貌，微哉難控摶。夢中儻未遇，展詩時一觀。

成廷珪 字原常，一字元章，又字禮執，蕪城人。有《居竹軒集》。

遊龍井過天竺登二老亭

二老題詩處，風流不再逢。客歸紅葉雨，僧住白蓮峰。誰謂山無鳳，人傳井有龍。白頭江海上，今夕寄行蹤。

張翥 字仲舉，晉寧人。以隱逸薦，仕至河南行省平章政事、翰林學士承旨。有《蜕庵集》。

南山蓮社偕韓友直伯清昆季遊龍井寺

長憶東林遠法師，三生張野有前期。經書貝葉繙重譯，漏刻蓮花禮六時。長老布金多滿地，高僧卓錫自成池。不妨隨喜諸天上，扶得風篁玉一枝。

陪劉侍中遊風篁嶺

山行貴徜徉，緩轡不可驅。天竺已幽阻，風篁更盤紆。前瞻乳竇峰，錯立石筍株。洩雲相虧蔽，蒼翠變態殊。層梯俯山巔，中豁見西湖。晴旻散遠雁，秋色連平蕪。陰厓湛坳泓，直下龍所都。森突人上慄，雷水止斯須。泉流緊活活，魚出閒于于。飛霜未著樹，緑陰尚紛敷。兹晨正佳節，況得暄暖扶。雙亭俯澗谷，列座陳酒壺。松風吹桂花，香韻世所無。奉常老博士，幾載賜茱萸。歸來北山南，同此寂寞娱。我友二三子，文采珊瑚珠。懽然隨所適，形迹安能拘。窮探望前期，欲罷重踟躕。浮嵐收不上，屐底青模糊。炊煙忽生暝，落日棲啼烏。終當借上方，雲臥蘿月孤。勿盡兹遊興，與君爲後圖。

馬臻 字志道，别號虚中。著道士服，隱於西湖。有《霞外詩集》。

陪葛元白、仇仁近訪南竺詩僧分韻得影字

花開空山春，窮幽到絶頂。入寺逢遠公，頓覺塵慮屏。遂作蓮社遊，把酒酹龍井。萬生各有態，得意還自領。此樂殊未極，落日倒林影。明朝下山去，笑别風篁嶺。

明

唐之淳 字愚士，山陰人。建文初，薦爲翰林侍讀。有《萍居藁》。

感龍井懷講師以仁

近作長干別，旋聞只履歸。影留身後相，齋施日前衣。龍井空秋水，風篁自夕暉。辯才祠下路，青草没泉扉。

方九敘 字禹績，錢塘人。承天知府。有《十洲集》。

衍慶院試茶

南山新雨後，隨興入泉林。春茗搴初秀，寒泉汲静深。悠然憩孤石，端以滌煩襟。何事文園令，經年渴病侵。

孫一元 字太初，秦人。居南山淨慈最久。有《太白山人集》。

飲龍井

眼底閒雲亂不開，偶隨麋鹿入林來。平生於物元無取，消受山中水一杯。

馮夢禎 詳卷四。有《快雪堂集》。

乙未仲月廿五日，曉汎任其所之，因山行，歷龍井諸處，還步桃隄，沿孤山湖。是日，物色加濃，遊情曼衍，不覺盡日

清旦踐夙期，汎舟益新侶。和風薰肌骨，初旭媚空水。水窮山色親，徑仄樹容美。龍泓晝常陰，竹閣晴亦雨。返策循廣隄，沿流越孤嶼。落日纈通川，紅芳爍羅綺。青帝未迴鑣，春物寧淹晷。濃淡

準疇昔，羽觴奮靡止。

夏錫祚 字元寵，長洲人。有《雪鴻堂詩草》。

度風篁嶺至龍井

不知何年代，人家猶太古。叢篁高百尺，深密掩村塢。寂寥絶人聲，濃緑滴環堵。徑轉下坡陀，丁丁響樵斧。道旁萬松樹，落落清可數。叩門墮山翠，竹裹開僧户。呼童汲新泉，泉自石穴吐。烹以瀹茗芽，炒焙初出釜。客言香色絶，僧意不自詡。乍與佳勝辭，迴顧失維宇。樹密天常陰，泉吼聲帶雨。忽聞遠村雞，有路出漁浦。

賀燦然 字伯闇，秀水人。有《五欲軒集》。

遊衍慶寺

石磴迴盤盡日過，仙林竇刹迴嵯峨。緣階井溜通泉乳，繞殿花香挂薜蘿。野鶴下時秋色浄，山僧卧處白雲多。南屏選勝無如此，坐對煙霞一笑歌。

屠隆 字緯真，號長卿，鄞縣人。仕至禮部郎中。有《緯真詩集》。

遊龍井寺

藕花菱葉傍輕鷗，路入南山景更幽。赤日未消團扇暑，青蘿先到寺門秋。風前萬樹蟬鳴急，雨後千崖水亂流。好事衹今劉尹在，身慙元度得同遊。

傅巖 字野倩，義烏人。崇禎甲戌進士，除歙縣知縣，擢江西道御史。有《花巢詩》。

龍井寺

嵒嶢精舍據神湫，碧蘚猶封古玉溝。委路輕飃叢竹曉，孤雲片石嶺松秋。寒渟絶壑通靈怪，香潑新芽解拍浮。結搆依巖高下在，至今想像過谿遊。

姚綬 字公綬，嘉善人。天順甲申進士。有《穀庵集》。

龍井

龍井泉頭與客過，計程遠度石嵯峨。菜畦麥隴連山麓，僧寺人家各澗阿。決決暗流霜葉亂，斑斑飛雉夕陽多。品嘗顧渚風斯下，零落茶經奈爾何。

王穉登 字百穀，一字伯固，長洲人。國子監生。有《客越志》。

龍井

深谷盤迴入，靈泉觱沸流。隔林先作雨，到寺不勝秋。古殿龍王在，空林鹿女遊。一樽斜日下，獨爲散人留。

國朝

朱彝尊 字錫鬯，號竹垞，秀水人。以博學宏詞官檢討。有《曝書亭集》。

南山雜詠

斷崖横一嶺，穉竹何娟娟。時有山禽拂，新粉墮我前。欲尋巖下寺，揮我風中絃。風篁嶺
一亭四無鄰，棟壞柱已折。山僧慣迎賓，不忍過谿别。偶語莎草間，夕曛信明滅。過谿亭
一泓渟山坳，過者不敢唾。雖然龍窟宅，亦許鬭茶坐。起摹襄陽碑，惜爲僧所涴。龍井
峰頭石縹緲，豈異一片雲。有時風雨過，獨立雲中君。安得五丁手，移置長水濆。片雲石
竭來給孤園，玩此薩埵石。石上生莓苔，千年暈濃碧。不見飤虎人，且鋪茈草席。薩埵石

竹枝詞

嚴繩孫 字蓀友，無錫人。以博學宏詞官檢討。詩見《西湖志》。

龍井新茶貯滿壺，赤闌干外是西湖。年時還有當壚女，青旆紅燈唱鷓鴣。

竹枝詞

汪光被 字幼闇，休寧人。詩見《西湖志》。

山爲城郭水爲家，風景清和蝶戀花。昨暮老僧龍井出，竹籃分得雨前茶。

查慎行 字悔餘，號初白，海寧人。康熙癸未進士，翰林院編修。有《敬業堂集》。

與靈上人餉龍井雨前茶二首

風篁十里郎當嶺，官焙争收粟粒芽。慚愧老僧親手摘，青紗蠟紙餉山家。

今年穀雨雨廉纖，茶味全勝筍蕨甜。正是不嫌山少肉，肉山無此好毛尖。

魏𡶶 南樂人。康熙中，任錢塘縣知縣。詩見所撰縣志。

沖泉

著屐尋龍井，懸崖石磴長。古苔侵竹色，新雨沐山光。滴瀝廬山雪，分攜顧渚香。泉聲初濺碧，坐酌已生涼。

厲鶚 字泰鴻，錢塘人。康熙庚子舉人。有《樊榭山房詩集》。

遊龍井

惠遠住虎谿，辯才住龍井。坡老獨見訪，送過風篁嶺。亦如虎谿邊，三笑趣自永。遂令龍井名，遠與虎谿併。惜哉過谿亭，迹滅蒼煙冷。而我果斯遊，多年願力猛。穿村拂女桑，度磴落山杏。何時眦嵐風，吹墮石雲影片雲石已仆。安得巨靈手，重扶使之整。寺門萬竹中，蕭蕭翳光景。幽雲擁殿角，諸佛同一靜。僧樸狀野鹿，問事不復省。導我窺井闌，淺可弗用綆。傳聞金鰻鱺，或見游藻荇。豈其青泥蟠，時出應祈請。前年秋大雨，水立勢欲騁。神物終斂形，取足供瓢癭是日僧所述如此。摩挲秦郎碑，陳義臻奧境。泉德類有道，片語默已領。酌泉爲徘徊，殘陽閃鴉頸。羨彼樵牧流，終日事幽屏。

聖幾餉龍井新茗一器

松風出竹爐，夢成水火戰。新芽適開封，昏睡不待遣。爲子手瀹嘗，三嗅復三嚥。中有參寥禪，風味得正見。

吴巖茂 詩見魏嵻《錢塘縣志》。

龍井

甫出蠶叢另一天，羣峰秀擁畫圖圜。閒閒古樹餘秋態，冉冉孤村正午煙。巧石玲瓏雲作譜，修篁排宕嶺如絃。辯才故蹟堪尋訪，頓使塵心欲化禪。

古今體詩題後

唐人杭州題詠不少，而莫富於白居易。顧無一南山詩，何與？潛説友稱二蘇、趙、秦與辯才交，名章大篇，照暎泉石，是宜斷自諸賢始。今首元浄而次二蘇者，以《録》爲寺作，趙抃詩附註卷二故也。

龍井見聞録卷八　文

名僧文

宋

釋元浄　詳卷三。文見《咸淳臨安志》。

心師銘

咄哉此身，爾生何爲。資之以食，覆之以衣。處之以室，病之以醫。百事將養，一時不虧。殊不知恩，反生怨違。四大互惱，五藏相欺。此身無常，一息别離。此身不浄，九孔常垂。百千癰疽，一片薄皮。此身可惡，無貪惜之。當使此身，依法脩持。三種浄慈，十六思維。一行不退，安養西歸。成無上智，是爲心師。元祐六年中秋，寂室書與懷益。

釋居簡　詳卷三。

龍井法堂榜

二士共談，必説妙法。際元豐元祐昌明之時，三人同行必有我師；駕難弟難兄賢良之選，蜀仙去後吴僧寂寞。華表歸來，塵世淒涼。要見一堂冷淡，千古分明；還他百世楷模，六種成就。法空爲座，可無高廣之床；道直如弦，亦有恢宏之地。青眼皆逢北阮，未稱全提；一瓣竟爲南豐，休尋別調。

名賢文

宋

蘇軾 詳卷四、卷七。

跋楚逵二上人書經

懷楚比德，示我若逵所書二經。經爲幾品，品爲幾偈，偈爲幾句，句爲幾字，字爲幾畫，其數無量。而此字畫，平等若一，無有高下，輕重大小。云何能一？以忘我故。若不忘我，一畫之中，即見二相，而況多畫。如海上沙，是誰磋磨，自然平匀，無有麤細。如空中雨，是誰麾灑，自然蕭散，無有疎密。咨爾楚逵，若能一念，了是法門，於刹那頃，轉八十藏，無有忘失，一句一偈。東坡居士，是説法已〔二〕，復還其經。元祐七年四月二十五日。

静坐帖

無事静坐，便覺一日似兩日。若能處置，此生常似今日。得生七十，便是百四十歲。人世間何藥能有此效[三]？既無反惡，又省藥錢，此方人人收得，但苦無好湯使，多嚥不下。

蘇轍 詳卷四、卷七。

辯才法師塔碑

浙江之西，有大法師，號辯才。以佛法化人，心具定慧，學具禪律。人無賢不肖，見之者知尊其道，奉其教。居上天竺，説法齋衆者二十年。退居龍井，燕居行道者十年。元祐六年歲在辛未九月乙卯晦，無疾而滅。吴越之人，失其所歸依，奔走號慕如佛滅度。乃使其弟子懷楚赴於淮南，請於揚州太守蘇公子瞻，以志其塔。公曰：『吾固知師矣。余弟子由，雖未嘗識師，然其知師，不在我後。我爲汝請。』轍以公命不敢辭。師，姓徐氏，名元浄，字無象，杭之於潛人。家世喜爲善。師之生也，客有過其鄉者，指其居以語人曰：『是有佳氣鬱鬱上騰，當生奇男子。』師生而左肩肉起如袈裟絛，八十一日乃滅。其伯祖父嘆曰：『是宿世沙門也，慎無奪其願，長使事佛，八十一者，殆其算也。』及師之終，實八十有一。師生十年，從其邑僧法雨出家，口不茹葷血。每見講堂，坐輒嘆曰：『吾願登此，説法度人。』年十六，落髮受具足戒。十八，就學於天竺慈雲師。雲門人方盛，厭衆，欲却之，雲曰：『疇昔吾夢甚異，此子殆法器也，勿却。』師日夜勤力，學與行進，不數年而齒其高弟。雲没，復事明智韶師。韶嘗講《摩訶止觀》，至方便五緣，曰：『《浄名》所謂以一食於一切供養諸佛及諸賢聖，然後可以食，此一方便也。』師聞之，悟曰：『今乃知色聲香味皆具第一義諦。』因涕下如雨。由此遇物，中無疑矣。嘗夢與其同門友元素入一寺，曰妙樂。有僧出，師問之曰：『此非荆谿尊者製《法華文句記》處耶？』曰：『然。』師訪以尊者遺像，相與至東閣，見一梵僧趺坐不動，容貌甚偉，謂師曰：『我，汝過去師也。當爲我作禮。』師拜，已而覺，忽若有得。年二十五，恩賜紫衣及辯才號，蓋代詔爲衆講説者凡十五年。知杭州吕公溱始請師住大悲寳閣院。師嚴設紀律，犯者秋毫皆斥去，其徒畏敬之。居十年，沈公遘治杭，以爲上天竺本觀音大士道場，以聲音懺悔爲佛事，非禪那居也。乃請師以教易禪。師至，吴越人争以檀施歸之。遂鑿山增室，幾至萬礎。重樓傑觀，冠於浙西，學者數倍其故。有禱於大士者，亦鮮弗答。詔名其院曰『靈感觀音』。熙寧初，龍圖祖公無擇在杭，言者或不説其政，遽起制獄，師以鑄鐘事預逮。居其間泰然，擬《金剛篦》，撰《圓事理説》。居十七年，有僧文捷者，利其富，倚權貴人以動轉運使，奪而有之。遷師於下天竺，師恬不爲忤。捷猶不厭，使者復爲逐師於潛。逾年而捷敗，事聞朝廷，復以上天竺畀師。捷之在天竺也，吴人不説，施者不至，巖石草木爲之索然。及師之復，士女不督而集，山中百物皆若有喜色。清獻趙公抃，與師爲方外交，親見而贊之曰：『師去天竺，山空鬼哭。天竺師歸，道場光輝。』然師復留三年，終欲捨去，謂其徒曰：『吾祖智者，聖人也，猶以急於化人，害於行己，位本鐵輪而證止五品，況吾凡夫也哉！』固謝去，老於南山龍井之上，以茅竹自覆。吴越聞之，争爲之築室廬，具像設，甓瓦金碧，咄嗟而就。三年，復爲太守鄧公温伯請，居南屏。一年，鄧公去，乃歸龍井終焉。師於講説，不擇晝夜，嘗曰：『鬼神威德不具，多畏人，晝説或不得至。比夜人静，庶幾能聽。』嘗焚指以供佛，左三右二，僅能以執。其徒有欲效之者，輒禁之曰：『如我乃可。』平生修西方净業，未嘗以須臾廢。行成力具，能以其餘見於外者非一也。余兄子瞻中子迨生，四年不能行，請師爲落髮，摩頂祝之，不數日能行如他兒。布衣季生者，習禪觀，甚辯而無行，欲從師出家。子瞻憐之，爲請於師。未言其名，師拒不許，若知其爲人者。秀州嘉興令陶彖，有子得魅疾，巫醫莫能治，師咒之而愈。越州諸暨陳氏女子得心疾，漫不知人。父母以見，師警以微言，醒然而悟。嘗與僧熙仲會食，仲視師眉間有光如螢，遽起攬之，得舍利。師曰：『慎毋以告人，不知者將以妄疑我。』自是，常有於其卧起得之者。及其將化，入室晏坐，謝賓客，止言語飲食。召其常所往來僧道潛，告之曰：『吾西方業成，如是七日無魔，橫右脅吉祥而逝，吾願足矣。』至五日，出偈告衆。七日，奄然而寂。皆如其言。師度弟子五十人，四方學者不可以數計。頗能以其道，教化吴越。至十月庚午，塔成。頌曰：

如來昔在世，心禪語爲教。譬如四大海，惟是一溼性。於其溼性中，變化千萬億。風來爲濤瀾，風去爲湛然。魚龍所遊戲，鬼神所出没。船筏借其力，網罟取其利。其上爲洲渚，諸國所生育。其下爲淵谷，百怪所藏伏。東西出日月，上下屬河漢。觀者不能了，睨眙何暇説。如來知迷悶，隨變爲解釋。因變所説者，是則名爲教。彼善聞教人，當知是幻爾。既已知是幻，則當識真實。我觀世教師，皆謂教是實。由謂教實故，則爲禪所訶。禪雖訶教乎，終以教致禪。禪若不取教，是杜所入門。教而不知禪，是不識家也。辯才真法師，於教得禪那。口舌如瀾翻，而不失道根。心湛如止水，得風輒粲然。以是於東南，普服禪教師。士女常奔走，金帛常圍繞。師惟不取故，物來不得拒。道成數有盡，西方一瞬息。西方亦非實，要有真實處。

范仲淹 字希文，吴縣人。大中祥符八年進士，仕至樞密副使、參知政事。謚文正。有《文正集》。

兵部侍郎致仕胡公志銘

寶元二年六月十八日，尚書兵部侍郎致仕胡公薨於餘杭郡之私第。明年二月十有一日，葬於杭之錢塘縣南山履泰鄉龍井原，以夫人潁川郡君陳氏祔焉，禮也。孤子楷言於友人范某：『《禮經》謂稱揚先祖之美，以明著於後世，此孝子孝孫之心也。然而言之不文，行而不遠。處喪之言，烏乎能文？

今得浙東簽書寺丞俞君狀先人之事，而敢請誌焉。』某曰：『孔子見齊衰者必作，重其孝於親也。敢不唯命。』公諱則，字子正，婺之永康人也。某聞虞舜之後有胡公，武王封於陳，蓋族望之來遠矣。皇考諱彭，王考諱瀫，皆隱於唐季，其道不顯。考諱承師，在鄉閭間，以積善稱。因公而貴，官至尚書比部員外郎，贈吏部郎中。妣應氏，封永樂縣太君，贈普寧郡太君。公少而倜儻，負氣格。錢氏爲國百年，士用補蔭，不設貢舉，吴越間儒風幾息。公能購經史，屬文辭。及歸皇朝，端拱二年，御前登進士第，釋褐，爲許州許田尉，以幹自聞。補蘄州廣濟宰，又補憲州録曹。以本道計使諫大夫索公湘之舉，改秘書省著作佐郎，簽署貝州節度觀察判官公事。升本省丞，知潯州，拜太常博士，提舉二浙榷茶事兼知桐廬郡。丁太夫人憂，服除，以本官知永嘉郡。遷屯田員外郎，提舉江南路銀銅場鑄錢監。擢任江淮制置發運使，轉户部員外郎。入爲三司度支副使，賜金紫。除禮部郎中，京西轉運使。又移廣南西路轉運使。以户部郎中復充江淮制置法運使，轉吏部郎中，改太常少卿。丁先君憂，終制，知玉山郡。移福唐郡，拜右諫議大夫，知杭州。入判流内銓。以舉官累責，受少常，知池州。未行，復諫議大夫，知永興軍，領河北都轉運使，給事中。入權三司使，拜工部侍郎、集賢院學士，知陳州。進刑部，再牧餘杭郡。踐更中外，凡四十七年，得請加兵部侍郎致仕。朝廷命長子通判錢塘以就養。又六年而終，享齡七十有七。天子聞而悼之，進一子官。初，至道中，公在憲州時，西寇梗邊，朝廷命師五路入討，詔具三十日糧以從之。索公方引公督隨軍糧草事，公曰：『爲百日計，猶或不支，奈何？』索公乃遣公入奏，召對逾刻，公陳邊事如指之掌。上顧左右曰：『州縣中有如此人。』遂可其奏，具示甄拔之意。後大帥李繼隆果與寇遇，十旬不解。索公曰：『微子，幾敗吾事。』一日，其帥移文曰：『兵將深入，糧可繼乎？』公曰：『師老矣，矯問我糧，爲歸師之名耳。請以有備報之。』索從其議，彼即自還，無以咎我。其先見如此。及索公主河北計，又奏辟之，遂以貝州之行。朝廷遣使省天下冗役，就命公行河北道，凡去籍者僅十萬數，民用休息。在潯州，人有虎患，公齋戒禱城隍神，翌朝得死虎於廟中，其誠之效與？案池州永豐監得匿銅數萬斤，吏懼當罪，公思之曰：『昔馬伏波哀重囚而縱之，前史義焉，今銅尚在，吾忍重其貨而輕數人之生耶？』咸以羨餘籍之，不復爲坐。在江淮制置日，會真宗皇帝奉祀景亳，公實主其供，億千乘萬騎，至於禮成，無一毫之闕。帝深愛其才，面加獎勞，遂進秩登於計相之貳。在廣南西路，有大舶困風於遠海，食匱資竭，久不能進。其人告窮於公，公命瓊州出公帑錢三百萬以貸之。吏曰：『彼本忘信，又海舶乘風，無所不之。』公曰：『遠人之來，不恤其窮，豈國家之意耶？』後其人卒至，輸上之貨，十倍其貸，朝廷省奏而嘉焉。又宜州繫重辟十九人，時有大水，公不慮患而特往辨之，活者九人焉。在福唐，有官田數百頃，民輸租食利舊矣。至是計臣上言，請就鬻之，責其估二十萬貫，民不勝弊。公奏之，未報，章三上，且曰：『百姓疾苦，刺史當言之。而弗從，刺史可廢矣。』乃有俞詔，減其直之半，而民始安。公領三司使，寬於財利，不以刻下爲功。時上方以兩京、陝西官鹽歲久，民鮮得食，而日以犯法，命通商有司重其改作。公首請奉詔，其事遂行。公性至孝，自曲臺丁太夫人憂，廬於墓側，以終喪紀，有草木之祥，本郡表之。及京西之行，以家君朱紱爲請，上曰：『胡某爲孝，雖非其例，與以明勸也。』搢紳先生榮之。又天禧中，尚居郎署，朝廷擬公諫議大夫知廣州，公以家君八十歲，懇辭於政府，乃復有制置之行。尋以哀去職，得盡心於喪葬。公富宇量，篤風義。往往臨事，得文法外意。人或譏之，公亦無悔焉。其輕財尚施，不爲私積，士大夫交稱之。福唐前郡將被訟去官，嘗延蜀儒龍昌期，與郡人講《易》，率錢十萬遺之以歸，事在訟中。及公下車，昌期自益部械至，公曰：『斯何罪耶？』遽命釋之，見以賓禮。法當償其所遺，公代以俸金，仍厚遺而還。又濟陽丁公爲舉子時，與孫漢公客許田，公待之甚厚。及其執政，而雅故之情不絕。若休戚士人，而未嘗預。暨丁有朱厓之行，昔之賓客無敢顧其家。公實被議出玉山郡，尚屢遺介夫，不遠萬里而往遺焉。此又人之難矣。及退居西湖，乘畫船，擊清波，深樽雅絃，左子右孫，與交親笑歌於時歲之間，浩如也。人不謂之賢乎？夫人潁川郡君，有慈和之德，先以壽終。令子四人。長曰楷，都官員外郎，前知睦州。祥符七年秋，登服勤詞學科。所至政能有先君風度。次曰湘，好學有志識[三]，朋友多之。次曰桂，俊異，居喪而亡。次曰淮，孝謹有成人風。二女。長適泉州德化縣尉蘇蟠，次適御史臺主簿華參而亡。其閨門之範，見其潁州之誌。某非特爲重齊衰之情，嘗倅宛邱郡，會公爲二千石，以國士見遇，且與都官布素之遊，誠可代孝子而言焉。銘曰：

進以功，退以壽。義可書，石不朽。百年之爲兮，千載後。

韋驤 字子駿，錢塘人。皇祐五年進士，累官尚書主客郎中、夔州路提刑獄。有《錢塘集》。

吴平甫志銘

吴平甫之喪，還自浮梁。將葬，伯兄少卿以某知平甫之素，乃以其行狀見屬以銘。某義不得辭，謹爲之敘次。平甫生而聰悟，幼不好弄。及就師學，則夙夜勤苦以自勵。弱冠，術業大成，爲鄉里推重。耽味經史，平居未嘗釋卷。聖賢去取之理，古今因革之緒，博通強記，無不該洽。加之德性謹厚，造道深遠，以誠接物，以謙待人，故學者多從焉。天資恬退，不嗜榮利。公卿大夫之門，不喜曳屨於其間。三預鄉薦，惟一試禮部，蓋亦親朋之所強也。其後，絶意進取，杜門著書。捽茹以自食者，幾二十年。熙寧七年冬，郊祀霈恩，伯兄當薦子弟。乃密以平甫爲請，奪其志而莫之告也。未幾，補太廟齋郎。久之，不赴調。及伯兄還朝，乃迫之偕行。入銓，授將仕郎，出爲南安軍大庾縣尉。既而，辭疾不往。居數歲，伯兄復以義趣之，乃幡然悔曰：『仕非爲貧也，而有時乎爲貧。吾兄以友愛禄我，而我獨不勉，是誠何心哉！不幾乎於陵之哇也，人將以蚓視余矣。』於是再調饒州浮梁尉。到官逾年，感疾而没。問至，鄉之賢士大夫，皆歔欷嘆息，曰：『平甫之所享止如是，其命矣夫！』平甫，其字也，諱天秩，世爲杭人。曾祖嗣，祖贊，皆不仕。父肅，贈工部尚書。初娶邵氏，生三男，俱早世。次娶邵氏，生一男，曰師明，以疾不克嗣；一尚幼。有文集十五卷，藏於家。享年六十二。卒以元豐三年五月之壬申，葬以是年九月之乙酉。縣曰錢塘，鄉曰履泰，原曰龍井，塋域於是而合乎邵氏之室也。銘曰：

位不稱德壽不遐，子以疾廢孰克家。天乎與善宜無差，至此莫詰其何嗟。

秦觀 詳卷四、卷七。

龍井題名

元豐二年中秋後一日，余自吳興道杭，東還會稽。龍井辯才法師，以書邀余入山。比出郭，日已夕。航湖至普寧，遇道人參寥，問龍井所遣籃輿，則曰：『以不時至，去矣。』是夕，天宇開霽，林間月明，可數毛髮。遂棄舟從參寥，杖策並湖而行。出雷峰，度南屏，濯足於惠因澗。入靈石塢，得支徑上風篁嶺。憇於龍井亭，酌泉據石而飲之。自普寧經佛寺十五，皆寂不聞人聲。道旁廬舍，或燈火隱顯，草木深鬱，流水激激悲鳴，殆非人間境也。行二鼓，始至壽聖院，謁辯才於潮音堂。明日，乃還高郵。秦觀題。

跋元净十題詩

辯才法師謝天竺講事，退休於龍井山壽聖院。凡堂室齋閣，山峰水泉，皆名以新意。復作詩繼之，號《龍井十題》。其言清警，發人之妙思，信非世間音也。元豐二年八月，高郵秦觀爲寫，遺其徒懷楚刻於石。

跋秦少游龍井題名

鄭清之 詳卷四、卷七。

坡仙至錢塘，特與辯才師爲世外交。師歸龍井，坡公爲作《二老亭》詩，一時名勝多與之遊。瑰詞藻翰，衣被泉石。至今枯槎斷壁間，奕奕飛動。獨少游記文，得元章書，二妙相輝，宜耀不朽。而寺失其傳，好事者闕然不滿。紹定己丑，得真蹟於户書胡公，摫印以他米書，不謬。每念鑱之寺中，以苴放軼。一日，語京尹趙公，公歙袵曰：『前賢之勝韻不續，實遺吾邦羞。寺於何有？』亟訪堅珉刻之，且損錢百萬，畀住山宗炳，建樓植鐘，新緇宇之弊。於是，龍井之勝，若前賢之美，如創見然。余每愛少游支笻步月，敲辯才門，夜半清語，殆非人間世。今留題中寫澗谷經行，登危愬寂之境，衝煙破暝之態，谽谺林影，斷續隱見，雖善畫不能及。題識猶爾，況記乎？雖然，微趙公好古博雅，則斯記未必遇。雖遇，未必遽赫然在人耳目間。余幸記之，遇顯之速也。於是借石，尼書其顛末如此。

程珌 詳卷四。有《洺水集》。

遊龍井記

余舊讀秦太虛記，想其事，甚欲一追故步者，不知幾年矣。辛巳歲，出清波門，經浄慈寺，過白蓮院，上風篁嶺，謁龍祠，酌龍井，遂至辯才塔。飯於月林。月林，辯才所廬也。主僧出范文正、東坡、欒城、參寥、辯才遺像及坡遺辯才水墨羅漢八軸，軸皆二像，仁皇飛白四字，與南唐草字四紙。已而酌泉瀹茗，復汲二盎以歸。徑旁佛舍，多不知名，獨白蓮爲近，晚不暇入。四山多怪石，如亂雲，如虎豹。下視西湖如盤，狹處僅若帶。沿路居民，視昔不加密，炊煙斷續相望，澗泉則潨潨如故。但太虛乃宵征所不見者，怪石與西澗及炊煙耳。元豐距今百三十七年矣，人事幾變，而景物則宛然當時，可爲太息。辯才結廬，今爲廣福寺。一山屹然内向，故備録以告來遊者。

元

黄溍 字晉卿，義烏人。延祐進士，仕至侍講學士、同知經筵，謚文獻。有《文獻集》。

南山題名記

婺之宦學於杭者，每歲暮春，必相率之南山，展謁鄉先達故宋兵部侍郎胡公墓，仍即其廟食之所致祭焉。竣事，遂飲於西湖舟中，以敘州里之好。大德八年春三月癸亥，會者四十有四人。魏國趙文敏公時方以集賢直學士領儒臺，溍幸獲從先生長者之後，而趨走於公履屐之末。逮今三十有九年，乃以非才補公故處。暇日，從鄉僧遊龍井，覩公舊題，而與道其故事。咸謂不可久，廢而莫之舉。亟以白於宣政副使王公，合同郡大夫、士暨方外交四十有一人，以至正二年春二月癸亥，復會於南山。雨，弗克前，艤舟望拜，而追數向之四十有四人，存者殆無幾。或顯榮於中朝，或隨牒調補於遠方，或已倦遊歸休於家林，惟溍忝有禄食於此，而得齒兹盛集。未知後三十有九年，今之四十有一人重會者，誰歟？古人云：『後之視今，亦猶今之視昔。』此題名之所爲作也。諸公謂溍宜題識其首，是用弗讓，而直書其歲月，以俟後之覽者焉。

跋東坡書秦少游龍井題名

元豐元年，東坡先生謫黄州。少游，以二年秋至龍井。三年秋，先生乃爲書此題名，而記其後。

言與兒子邁，棹小舟至赤壁，西望武昌山谷，喬木蒼然，雲濤際天。而先生作《赤壁賦》，則五年之秋冬也。滑兒時即能誦少游題名，不意垂老獲見先生真蹟，因考其歲月，而謹志之。

謹案：蘇軾書題名以寄參寥，不必藏龍井，故不入書畫。

王逢 字原吉，江陰人。薦不仕。自號席帽山人，所居曰梧谿精舍。有《梧谿集》。

題遊龍井卷

右鄧匪石、虞道園二司業，俞觀光先輩，與澄湛堂、無極元、濟天岸、若季衡四法師，及匪石子衍，同遊龍井倡酬之什。後和者張晉公仲舉，時爲布衣未起，實出山村仇先生門。徐則芝、石虛谷，方先生弟子也。劉師魯則鄮王後，月心先生之子。顧仁甫、陳守忠、王性存，並石塘胡先生之門人。余聞之前進士錢塘思復云，因附見焉。俾來者知當時朝野人物之盛，蓋不減蘇、黄、參、辯諸公追從之樂也。夫湖山，自吴越迨宋、元，數百年形勝，今鞠爲墟莽。緇素文墨，淪棄何限？曦尚寶是卷哉！曦，湛堂曾孫裔。

明

林右 詳卷四。有《公輔集》。

龍井志敘

龍井，距錢塘十餘里，山水靚深，宋辯才法師行道處也。法師主席天竺，所與遊皆名公巨人。如趙清獻、蘇文忠公，相往來，叩答尤密，用是名滿天下。其徒戴之如師，小民仰之如佛。一日，自天竺謝事，退於龍井，依崖壑縛草以覆身。錢塘之民聞之，相與出力創其居。殿塔臺宇，隱映於疎林古木間，至於一泉一石，皆爲文士所記詠。錢塘雖多勝剎，至語清蹟，必曰龍井。凡東西遊者，不之龍井，必以爲恨。蓋三百餘年矣。元末時，燬於兵，所存者唯數楹而已。顧左右，荊棘没人脛，猨猱晝棲暮出，叫於風日之下。回思昔日，鐘鼓之音爲何如耶！天台懷思以仁自少受業於是山，身與其盛，而及其衰，嘆曰：『吾老矣，不能復也。』遂拾是山故實及詩文爲一集，名曰《龍井志》。使後人據是志，興復祖宗之盛可也。以仁之心亦悲矣。夫盛衰相爲倚伏，如晝夜寒暑之必至。炎炎之隆，固生於窮冬沍寒之所；冥冥之昏，實起於太陽亭午之際。君子推微而知著，測始而知終，有知其必然者矣。故遺心放形，獨立於萬象之表，以觀夫盛衰之運爲何如。而世之人，汩於盛衰之中。因其盛也，自謂可傳百代而無泯。故凡可以爲者，無不率先爲之。但恐爲之者不廣，廣之者不堅耳。殊不知其衰之機，駸駸乎已隨其後矣。余少時，猶及見豪家大族，恣不度於閭里，高楣飛棟，儼如封君之第。無幾何時，形消影歇，求其彷彿而不可得，況三百年至盛之久乎！則其衰也，亦數之所宜然也。雖然數之所拘，惟人力之爲者爾。人力之所不能爲，數亦不能如之何也。如法師之道，清獻公之德，文忠公之操行，固將回薄霄漢，寄造物於無窮，豈與是山俱盛俱衰者哉！以是知道之不脩，德之不立，區區恃夫人力之末，宜其爲盛衰所戲侮也。以仁嗣法師之道，甚至人之事。以仁者無異於法師，則法師之道雖有盛衰，而其中之不可以盛衰者，以仁固得之矣。

宋濂 字景濂，浦江人。仕至翰林學士承旨。有《學士集》。

杭州集慶教寺原璞法師璋公圓冢碑銘[四]

洪武元年夏六月二十七日，杭之顯慈集慶教寺原璞法師滅度於京城大天界寺。父母所生四十六年，在菩提位中二十八夏。其上首弟子住持圓覺、一印、昇元、克勤等，以某年月日奉舍利靈骨，歸窆於郡之龍井辯才塔南，遵像法也。後七年，克勤奉詔往使日本，上嘉其不辱命，俾返初服，列官於朝。濂時待罪禁林，克勤數以法師塔銘爲屬。未幾，克勤出鎮方嶽，承宣山西，瀕行又復諄諄言之。繼而一印結集白業，成書千餘言，遣使者申言之。夫惟台衡之學，佛法之大宗，有若法師乃中流之舟楫，觀化而往，銘其可不造耶？不造何以爲訓耶？法師，諱士璋，原璞，其字也。受生於海寧王氏，伏犀貫頂，目光炯炯射人。自幼即決去羶葷弗御[五]，即御輒嘔逆不能勝。唯日取天竺書，習讀之。鄰寺僧伽競曰：『此釋氏種也，盍以乞我？』其父某怒曰：『吾兒非若倫也。』俾投城東太平興國傳法寺，服五戒服。其師某與翰林待制柳公貫遊，公嘗憩止寺中，親授法師儒家羣經，爲正句投，敷繹旨要。法師聞之，有如破竹。數節之後，皆迎刃而解。年一十九，始除鬚髮，著僧伽梨。尋稟持犯於某師。時佛護宣覺憲慈匡道大師，自四明延慶遷主武林上天竺觀音教寺。大師諱本無，字我庵，佛海法師湛堂澄公之嫡子。令譽隆洽，一時名浮圖，爭擁輪下。法師將擔簦趨之，忽夢遊寶所。大乘菩薩教之，互跪作禮，口唱懺辭。覺而思之，乃普賢浄行品偶文也，法師以爲祥徵。佛護見，果刮目相視。凡天台大小部書，以次環授之。志慮專一。飢則親狎釜鬵，以事烹飪，一飽而止。寒暑晝夜，若不知切身。佛護如三吴，俾法師還丈室之西，以便飲食。逮還，見白煙一抹，起其寢所，則自爨猶故也。佛護陰鑒其勤，以遠大期之。佛護之門人曰：『天心瑩素，高亢不服人。』亦欣豔法師之行，約共燈火，磨切詰難，極於毫絲。餘子皆望風而畏，稱爲『雙璧』。佛護既示寂，東溟日公來補其處，大演《摩訶止觀》，陶冶生徒。夏中集讀，選法師爲之開科。譬陟彼山巓，阡陌溝遂。雖詰曲鉤聯，粲然辨數。聽者心地朗融，如飲甘露。東溟性嚴毅而寡許可，爲之喜動顔色。遂命其司賓，繼陞領懺摩事。纓緌之士，皆願與法師交，聲華由此日重。元至正十三年，江南行宣政院命主州之棲真教寺。棲真與南天竺、演福鄰，古稱教海，而大用才公、絶宗繼公二三大長老皆在焉。法師猶以學之未足，時往叩其所未至。凡部味教觀之奥、偏圓本迹之微、疇昔有疑而未徹者，二老無不條分縷析以喻之。法師彈指嘆曰：『佛法教藏，渺如煙海，固非獨善偏長所能究。使吾自畫而不加進，其能免於專門寡陋乎？』二十年，移住旌德教寺。元季兵亂，人多爲自藏計。法師專心寺事，不以世相爲累。彰善癉惡，風采爲之改觀。日納清浄之衆，共講諸經玄疏。銷文入相，洪纖弗遺。才辯清發，言與理冥。往往推爲義中之虎，大方自是益斂衽矣。皇明龍興，當建元洪武之初，三宗以今寺主席尚虚，白於李曹公文忠。公時戍杭，遂從所請。法師提唱接引如旌德時，有過無弗及焉。未幾，中書被旨，俾浙水西五府浮屠道流，共甓京城，立『善世院』，以統僧尼。同將作監交董其役，時方内附相視，莫知所爲。法師獨出方略，具有條序。十萬之衆，多倣之以集事。不幸報緣已盡，竟入涅槃，緇素翕然嗟惜之。法師器局瀟灑，論議慷慨，據直道行，不樂俯狥流俗。意氣脗合，即出肺腑相示，否則白眼怒視。俊乂來依，推食解衣以遇之，不計蓋藏有無。然精練世故，勇於有爲。棲賢湫陋，殿堂門序，爲之一新。旌德籍券久不白，乃爲稽鉤欺隱，使有文可覆。暴横之徒，束手待命，始免捧漏沃焦之患。每懲諸剎樹徒植黨，而爲怨尤之府。誓不薙度弟子，私建退休之室，終身踐其言弗渝。初法師受經佛護，歷職東溟。佛護既没，或者微以爲諷，法師笑曰：『丈夫制行，當以義爲斷，豈可隨世浮沈哉！』終嗣佛護。法師所著書，多未脱藁。詩文，有别録若干卷。嗣法而出世者，昇元、圓覺之外曰某曰某，共若干人云。夫惟圓頓法門，實般若之樞機，奈何傳失其宗。指真心而名境，認理性以爲總論，心有具造而遺於色，似此之類，紊亂真乘。法智一起而麾之，然後天台之道復盛。曾未六傳，習者流於知解之説，務新騁奇，頗駸駸近於山外，慈辯再起而正之，然後法智之教益明。擔負大法之任者，其所繫蓋甚重也。近代以來，佛海以純慤之質，一以法智爲師，最號能守家法者。故其授受真切，出其門者，咸赫然發聞於世。法師乃其嫡孫，其行解似無讓於前人，孰不望其大振元風？而世壽僅僅若此。銘以昭之，一以傷斯道，一以勉來裔云。銘曰：

天台之學空假中，一心三觀乃其宗。如大火聚光彤彤，五金遇之無不鎔。渣滓渾化内外紅，佛海拔起建寶幢。摩尼徧照天南東，入其室者膽力雄。披精進鎧手挾弓，一戰欲使魔軍降。誰爲嫡嗣躡孤縱，伏犀貫腦冰翦瞳。震旦羣書貯心胸，一朝易轍梵夾攻。日狎井竈劬厥躬，白煙上出横晴虹。五章四釋照厥矇，事理即具靡弗同。肯綮一中萬里融，行解雙至方建功。三鎮名山黑白從，龍興致雲虎嘯風。輪下缾錫無地容，法水灌頂障孰通。亭亭浄植青芙蓉，似此良師不易逢。火風分散報緣終，水月鏡像索還空。作銘者濂碑則豐，千百億劫鎮幽宫。

馮夢禎 詳卷四、卷七。

龍井寺復先朝賜田記

武林之龍井有二。舊龍井，在封篁嶺之西。泉石幽奇，迴絶人境，蓋辯才老人退院所闢。山頂産茶特佳。相傳，盛時曾居千衆。東坡、少游先後訪辯才於此，而坡公蹤迹尤數。辯才送客，例不出寺門。一日送坡公，閒談信步，遂過封篁嶺。坡公笑曰：『遠公復過虎谿耶？』後人仰其風流，作過谿亭。其處，今俱堙廢矣。新龍井，則今寺是也。正踞封篁嶺，疑亦辯才别院。寺左奇石如林，有宋人題識十餘處。俱小篆八分書，特精妙而不留款。余每徘徊其間，不能捨去。惜以屋蔽之，至寶不盡露也。寺有賜田十餘頃。嘉、隆間，寺中廢田没於佃户，而僧食貧。僧真果，蓋中興此山者。篤實精悍，能於荆榛瓦礫間起爲寶坊。余甚嘉之。又能訪求賜田之在海寧三十二都十圖之方家圩、十一圖之唐家湖者，凡一百六十四畒。久爲佃户陸喬、朱仕等所據，訟之官而還之。官斷，畒除糧差外，歲給租二斗，以爲常。自萬曆十二年爲始，歲得三十二石零，可贍十僧。此諸護法宰官之寵靈，而果之力也。嘗憶壬午秋，果重繭如京師，謁余邸中。乞當道書，精神如此，欲勿興得乎？顧寺田迷失者尚多，今日所還一成一旅耳，然非果則不能復。使果之後，有果繼之，祀夏配天，不失舊物，齋魚轟轟，千衆聚飯，以進其道業，而復辯才之舊，亦可待也。果恐無記，將遂湮没，再三懇余。余亦再三諾之，而竟不及償者凡數年。此日，果遣其徒詣白下守催，乃援筆敘其顛末如此，以告夫世守者。是爲記。

送果上人住玄同敘

果上人住玄同，過居士乞護。居士曰：『二氏主釋，與晌兩家焉，如水與火。玄同，道者居也，佛者入焉，無乃傷教而敗族乎？且上人已住龍井矣，有此何爲？』上人曰：『果之先，有僧真志者居之，果爲第二世。佛菩薩普入一切，度苦衆生。道者之居，不賢於三惡道乎？果十九在山，十一在城，有此以憇可也。且果有上方而棄之，去住惟緣，豈戀此哉。』居士曰：『然。子以無心而居，余以無言而護。』遂書此送上人入院。時萬曆己丑六月二十一日也。

龍井寺新建白衣觀音殿勸緣述

儒者嘗論求矣，軻書曰：『求則得之，舍則失之。』是求有益於得，求在我者也。求之有道，得之有命。』是求無益於得，求在外者也。在我之求，爲仁義忠信之求；在外之求，爲公卿大夫之求。一可一否，豈不較著？而佛者之論，則不然。《普門品》曰：『若有心願求男，禮拜恭敬觀世音菩薩，便生福德智慧之男。心願求女，便有端正有相之女。』夫男女之有無、多寡及賢與愚，儒者所謂制於天，成於命，而不可易者。公卿大夫既不可求，而男女獨可求。公卿大夫之求，爲在外而無益。而男女之求，獨在我而有益。誠以儒律佛，何其相左之甚而不可信歟。乃世之持白衣觀音咒者，往往生子有白衣重包之異。自唐迄今，信持獲驗不減百千萬億。以其事印《普門》之説，佛豈有誑語？而束教薄福之徒，往往生謗造罪。如入寶山而抉眼截手，甘心覆宗滅煙之禍而不悔，可憐也。或曰：『佛語誠可信，白衣大士咒，誠歷歷可驗。某豈敢纖毫置疑。然所以可信而多驗者，其義何居？願吾子快爲一切衆生演説，令諸闡提隳彌戾車可乎？』搖手曰：『難哉。』因爲之詩曰：『脱却天衣换白衣，婆心巧逐世人機。手中孩子分明箇，付與時人仔細疑。』子能洗眼，静坐三年，猛參觀音大士，當現身與汝説破。丁亥三月上巳日，真實居士書。

國朝

張彙 字□□，華亭人。

諦暉和尚塔銘

達磨西來，不立文字，廓然無聖，脱屣去來。其來也，無法爲法；其去也，不宜有銘。雖然不宜有銘，法也無法爲法，則亦可銘。和尚諱慧輅，以明天啟七年丁卯十月初八日，得四大於吴興金田沈氏。父濟，母李。以雍正三年乙巳三月二十日，舍四大於錢塘雲林古靈隱寺，春秋九十有九，僧臘七十有四。余與和尚濬遠之契垂三十年。乙巳三月十一日夜示夢，余從京師走書江南，告弟弈山曰：『和尚將入涅槃地矣。』果以是日示寂。豫指二十日午時爲報年之限，及期命鳴鐘，自升繩床，趺坐點首三而滅。遺命坐三日入龕。門人智廣等以佛法斂，丙午九月十三日於飛來峰側起塔安神。和尚秀眉大耳，步律音鐘。六歲而孤，家碎於役。及母李終，乃檀那身命，自拔人間。偏參諸方，以求止。洎順治己丑二月，遊學至靈隱，禮具德和尚。一日，拜直指堂下，仰見『直指』二字，憬然曰：『彼以直指，我以直會。』又聞户外鳥啼聲，一時大千俱直。時具德和尚弟子五千人，碩德圓戒，林植山宮。而師以年少依位而立，寶身突兀，常住不遷，乃嗣法焉。歷住興福、妙濟、師林、天竺、龍井諸寺，終於靈隱。初，聖祖仁皇帝賜寺額曰『雲林』，因爲雲林寺。後南巡，輒舉賜和尚御書曰『禪門法紀』，又别賜御書、黄金、佛像、白金等物。和尚三身八勝而六時一真，露地白牛，無得無捨。常造余竺西草堂，行梅花下。花千餘樹如雪，香動心魂，和尚行，未嘗一仰視。至草堂坐，謂寺僧曰：『聞梅花香乎？』曰：『聞。』曰：『爾等看花去。』及返，終亦不視。九十後，便不酬不對，一以師子音接十方佛。當機者不喻，則曰：『和尚耋矣，語不可曉。』偶落六通，則曰：『和尚昔云然，今果然。』銘曰：

醍醐味醨，薝蔔香衰。斑其相紛，羊啞狐咍。和尚智度，七十四年。縣解尻首，草腐人天。一佛既無，千佛乃有。演暢宗極，下足撒手。峰昔飛來，師今飛去。無去無來，導師常住。雍正四年歲次丙午九月朔日。

文題後

韓愈、歐陽修闢佛，猶作文暢高閑、惟儼、秘演等敘，但不説佛法而已。蘇軾始闌入法界語，嗣是名家大家别集，僧寺記敍，恒居十之三四。殆不過借題以發揮論議，而山門之興廢，衣鉢之授受，舍是莫詳。開堂大師，嗣法上首，不憚間關重趼，謁吾徒而來請，良有以夫。首元浄者，例同詩。鄉寓人物、志銘，先後附見。

校勘記

〔一〕是，底本原無，掌故本亦無，據《蘇軾文集》補。

〔二〕底本『藥』字原作『樂』，掌故本亦作『樂』，『樂』当爲『藥』之形誤。《蘇軾文集·雜記·記子由言修身》『樂』字作『藥』，今據以改。

〔三〕識，掌故本作『誠』。

〔四〕豖，底本原無，據掌故本補。

〔五〕葷，底本原誤作『暈』，據掌故本改。

龍井見聞録卷九　軼聞

孝宗行幸

乾道二年春二月戊寅，幸玉津園宴射，遂幸龍井。《宋史·孝宗本紀》。

謹案：孝宗屢幸玉津園，見《咸淳臨安志》，而不言至龍井，賴有正史可據。又寧宗加封惠濟龍王，敕有『昔我高宗，嘗登南山風篁，夜駐蹕龍湫，酌泉於上』，則高宗亦嘗幸龍井，而史闕之。

咸澤機鋒

杭州靈隱山廣嚴院咸澤禪師，初參保福展和尚。問曰：『如何是廣嚴家風？』師曰：『獅子石前雲水響，雞籠山上白猿啼。』《景德傳燈録》

謹案：《武林舊事》：『資聖寺開山咸澤禪師。』《咸淳臨安志》亦名北資聖院。録此以見雞籠、獅子，南北山皆可見也。

元浄道潛優劣

辯才、參寥，皆蘇子瞻友也。其贊辯才云：『即之浮雲無窮，去之明月皆同。欲知明月所在，在汝唾霧之中。』其贊參寥云：『身寒，而道富；辯於文，而訥於口；外尫柔，而中健武；與人無競，而好刺譏朋友之過，枯形灰心，而喜爲感時翫物不能忘情之語。此余所謂參寥子有不可曉者五也。』觀此，則二僧之優劣可見矣。子瞻謫齊安，參寥不遠二千里相從。朞年，子瞻謫南海。參寥欲泛海訪之，子瞻以書戒止。會當路亦摘其詩有譏刺語，遂反初服。建中靖國初，曾肇言其非辜，復祝髮。觀其友善如此，亦幾於近道者。《西湖遊覽志餘》[二]

兩參寥兩辯才

宋有杭州僧參寥。唐亦有道士參寥，見《孟浩然集》。唐有藏蘭亭僧辯才。宋亦有高僧辯才隱天竺，見《淮海集》。郎瑛《七脩類稿》

智月

宋皇祐五年，孫沔以直閣學士給事知杭州，延禪師幻旻住持上天竺。繼以禪師智月開堂，提唱宗風凡十年。又智月機緣、法嗣及氏里無考。《上天竺山志》

文捷

吴僧文捷，戒律精苦。奇迹甚多，能知宿命，然罕與人言。余羣從爲知制誥知杭州，禮爲上客。文通嘗學誦《揭帝咒》，都未有人知[三]。捷一日相見，曰：『舍人誦咒，何故闕一句？』既而，思其所誦，果少一句。浙人多言文通不壽。一日，齋心往問捷，捷曰：『公更三年爲翰林學士，壽四十歲。後當爲地下職任事，權不減生時。與楊樂道待制聯曹，然公此時當衣衰絰視事。』文通聞之，大駭，曰：『數十日前，曾夢楊樂道相過，云受命與公同職事。所居甚樂，慎勿辭也。』後數年，果爲學士，而丁母喪，年三十九矣。明年秋，捷忽與文通訣别。時文通在姑蘇，急往錢塘見之。捷驚曰：『公大期在此月，何用更來，宜即速還。』屈指計之，曰：『急行，尚可到家。』文通如其言，馳還。徧别骨肉，是夜無疾而終。捷與人言，多如此，不能悉記。此吾家事耳。捷嘗持如意輪咒，靈變尤多。缾中水咒之則湧立。畜一舍利，晝夜轉於琉璃缾中，捷行道遶之。捷行速，則舍利亦速；行緩，則舍利亦緩。士人郎忠厚事之，至謹就捷，乞以舍利。捷遂與之，封護甚嚴。一日，忽失所在，但空缾耳。忠厚齋戒，延捷加持。少頃，見觀音像衣上一物蠢蠢而動，疑其蟲也。試取，乃所亡舍利。如此者非一。忠厚以余愛之，特以見歸。余家至今嚴奉，蓋神物也。沈括《夢谿筆談》

孫莘老知湖州日，問文捷曰：『吕吉甫如何？』捷曰：『只三年，便在官家。左右更有一人白皙而肥，一人美髯而長。』後三年，甫果參大政，同列韓子華、馮當世，皆如其言。《上天竺山志》

宋吕惠卿與吴精進寺僧善。時辯才主上天竺，頗有人緣。惠卿入相，使文捷主上竺，逐辯才。邵古菴山人曰：『文捷乃一奇僧，故吕敬而主之。然辯才又正而奇者，捷不得掩之也。辯才復天竺未幾，不欲與人相形，退避龍井，則去捷遠矣。』《上天竺山志》

謹案：智月、文捷，《上天竺山志》在别傳，並與元浄，天竺爲代者。據蘇轍《辯才碑》稱，捷倚權貴人，不言姓名。考《上天竺山志》，乃知爲吕惠卿。要亦宗門争勝傾軋常事，故不礙爲高僧，如邵重生言也。故詳録之。

胡則

工部胡侍郎則爲邑日，丁晉公爲遊客。見之，胡待之甚厚，丁因投詩索米。胡延晉公，常日所用樽罍悉屏去，但陶器而已。丁失望，以爲厭己，遂辭去。胡往見之，出銀一篋遺丁曰：『家素貧，惟此飲器，願以贐行。』丁始喻設陶器之因，甚愧，德之。後晉公驟達，極力攜挽，卒至顯位。慶曆中，諫官李兟坐言事，謫湖南物務。内殿承制范亢爲黄蔡郎都監，以言事官坐謫。後多至顯官，乃悉傾家物與兟辨行。兟至湖南，少日遂卒。前輩有言，人不可有意，有意即差。事固不可前料也。《夢谿筆談》

胡則永康方巖廟記

廷直四世從祖、尚書兵部侍郎保定公，於婺州爲鄉里。婺之人廟公於方巖，歲時奉祭甚謹。紹興三十一年，廷直爲建安縣丞，請於上，賜廟額曰『赫靈』。明年二月命下，廷直跪拜，伏讀至於感泣，謹齋祓稽首而記之。先保定公由儒學登顯仕，八典藩郡，爲良二千石；七按錢穀，爲能刺史；出入禁闥，爲名從臣。開國建功，生有榮焉。始，公被天子知遇，申命進秩，乃奏免衢婺民身丁錢，到於今受其賜。自公之薨，謀報無從，即絃誦之所，廟而食之，没有靈焉，公於平生之志可謂盡矣。宣和中，盗起清谿，保險方巖，弄兵踰月，王師不能下。首惡夜夢神人飲馬於巖之池。是池，盗實怙之，以濟朝夕。平明往視，已涸矣。其徒駭亂，大兵一臨，即日平蕩。由是，邦人事公有加。於他日，若水若旱，若疫若癘，有求無不應，有禱無不答。赫靈之賜，於義爲大。公蒙報祀之典，可謂至矣。先是，賊平，廉訪使王導以聞，封佑順侯。倉卒不審，止用方巖神奏，而逸其名氏。衢婺之人，凡厥祀事，板祝旗幟，皆實公爲佑順侯，從舊也。繼而闔邑之士狀於有司，廷直於公爲孫也，詎宜緘默？於是詳述始末，力請正名。自天發號，繄公之神，載祈載禱享顧。廷直才不卲，不敢自任論譔，亦庶幾由此以明其善之萬一也。《浙江通志》胡廷直《赫靈廟記》

胡公仕宋，爲時名卿。婺之永康，實公鄉邑。公嘗讀書方巖山中，没而爲神，發祥其處。宣和間封佑順侯，紹興末乃賜廟額曰『赫靈』者，初封誥命中語也。佑順之號，既累加以『嘉應福澤靈顯極於』八字。淳祐間，遂進爵爲公，更號顯應，尋加正惠。寶祐初，再加忠祐。杭之南山龍井原公墓，次有顯應廟，敕命在焉。廟不書賜額，而以顯應名者，因初進封之號也。公本以助王師殄巨寇，廟食於一鄉，而其光靈無遠勿被。能出雲爲風雨，農人咸以望歲者望於公。凡郡墟里社必爲祈報之所，故公之别廟布滿於郡境，不啻數十百區。其在吾烏傷之裯巖者，里人方氏倡衆爲之也。宋初，婺之第進士者，自公始。至其季年，方氏有大治丞應龍，以進士起家，而族日益大。其子孫相率致力於祠事彌久弗懈者，蓋亦視公爲鄉先達而知所敬慕，不徒效俚俗徼福於公而已。廟之創造以至元二十六年，重興以至正九年。新廟告成，以記來謁於溍，曰：『公之陰祐乎斯民而變化不測，有以驚動其耳目者，庸夫孺子皆能言之。至於公之奮，由一第逮事三朝，十握州符，六持使節，選曹計省，歷踐要途，晚以從官全身而退，其有德於人、有功於國，與夫出處之大致，非搢紳先生莫能言也。願備著之。』溍竊惟公之官伐治行，有傳在魏國韓公所修《宋實録》。而文正范公所撰公墓銘，論次尤悉。謹書而俾之，使刻諸石，且爲之記。其作廟之顛末，附見於石背。若郡志言公嘗奏免衢婺身丁錢，民被其賜而爲之立廟，則傳與墓誌皆無所登載，姑俟博洽之君子而考質焉。黄溍《文獻集·胡侍郎廟碑陰記》

虞集題陳述古詩

陳文惠公述古守杭州，題詠絶句二首：『綽約新嬌生眼底，侵尋舊事上眉尖。問君别後愁多少，好似春潮夜夜添。』又云：『長垂玉筯殘妝臉，肯爲金釵露指尖。萬斛閒愁何日盡，一分真態爲誰添。』蓋爲佳人敘幽思也。蘇子瞻書此詩，并周、胡、龍三妓詩作一卷。元時柯敬仲得之，虞邵菴伯生題其後云：『祇今誰是錢塘守，頗解湖中宿畫船。曉起鬬茶龍井畔，花開陌上載嬋娟。』又云：『三生石上舊精魂，邂逅相逢莫重論。縱有繡囊留别恨，已無明鏡著啼痕。』又云：『能言學得妙蓮華，贏得春風對客誇。乞食衲衣渾未老，爲誰靈塔向金沙。』徐㶿《榕陰新檢》引《西湖志》

三賢堂

錢塘西湖三賢堂兩處，皆有東坡先生。其一在孤山竹閣。乃香山居士白樂天、和靖先生林君復、東坡先生蘇子瞻三賢像。中興建都，孤山爲延祥觀，而閣與像俱廢。乾道五年，郡守周琮建於水仙王廟之東廡。其一在龍井壽聖院方圓庵東。即趙清獻公閒堂而爲三賢堂，乃清獻公閲道、蘇東坡、辯才法師若訥像。而寺在龍井之西北數里羣山中，寺門有歸隱橋，下有滌心沼。遊人多不到彼，是以少有語及者。趙葵《輦杭紀談》

碁盤石

戊子九月初六辰刻，出湧金門，渡湖至龍井。諸君已進老龍井，方迎之數十步而相遇。讓肩輿老丈，而與存吾、子晉、沈祖均登碁盤石。初問途，登歷甚艱。逾四五峰，復下而至。一石甚巨，左有石筍四五，屋居石上。僧扃户而出，索火烹泉，不得。坐石上良久，尋别路而下。路亦甚澀，賴林而行，至大路坐草間。德周上人索民家茶爲供，乃别。《快雪堂集·日記》

暎　山

己丑六月初二早，詣海會寺。謁天竺大士，爲禱雨拈香。出清波門，入龍井。薄暮，同師之暎山，觀一片雲、巧石山、獅子石。《快雪堂集·日記》

片雲石

武林山水，奇勝處頗多。若普光庵之吴坡泉[三]、永壽寺之芝巖、甘露寺之頓足泉、龍井寺之片雲石、法相寺之錫杖泉，皆郡志野史之所未載。登臨訪古，所當窮其勝概者也。《兩湖麈談録》

龍口瀉水

龍井，泉從龍口瀉出。水在池内，其氣恬然。若遊人注視久之，忽爾波瀾湧起。其地産茶，作荳花香，與香林、寶雲、石人嶋、乘雲亭者絶異。採於穀雨前者尤佳，啜之淡然，似乎無味。飲過後，覺有一種太和之氣，瀰淪乎齒頰之間。此無味之味，乃至味也。爲益於人不淺，故能療疾。其貴如珍，不可多得。陸次雲《湖壖雜記》

徐村翁家山

壬寅閏二月初十，陰，午後微雨、冰雹。同章紹陽入山，先看龍井外演福地。辛龍卯向，正應左旗右鼓地鈐。至龍井，飯於德周山居。周申甫以昨約，如期至，同至翁家山而别。余從十八澗出徐邨，一路李花盛開如雪。《快雪堂集·日記》

葛井水與龍井伯仲

己丑六月初十，晴而熱。早至龍井，翻山至天竺。看二地，内優於外，憇長生房。白先生返龍井，而余入城。飲葛井水，甚甘冷，當與龍井伯仲。《快雪堂集·日記》

記西湖登覽

壬午三月己亥，晴。與芮國器、程泰之、蔣子禮出暗門，上風篁嶺，酌龍井。入壽聖寺，拜趙清獻公、蘇翰林、僧辯才畫像，觀乙亥二月與張德莊、周孟覺同遊時題字。寺有海棠一株，蓋蘇公手植。僧頗有乾道、元祐間諸公談論，自言得於其師云。午飯後，過長耳相院，泰之讀書處也。與國器弈於山亭，小酌而去。道旁有六通院，無足觀。遂由支徑，叩鄧氏時思庵。庵僧導至石屋，嵌空可愛。進尋水樂洞，聲如琴筑，音節天成。以路僻，人罕知者。捨馬，上煙霞嶺。國器、子禮至中道，憚其險。余乃與泰之自往，至寺亦憊矣。少休，秉燭入洞。深十二丈，上下平濶。近城郭，不易得也。歸飲净慈，食雞甚美。徵事戲爲聯句數十韻，如日膳、雙月、攘一之類，語甚工。《二老堂雜志》

謹案：《周必大年譜》：『紹興二十五年乙亥，監行在太平和劑局。三十二年壬午，除監察御史。』

南山遊約

張伯雨有《春遊南山約》手書一卷，題至正三年四月廿二日。詞致字法，可稱奇品。略云：『鷲峰猿洞，衆人何莫由斯；雲石龍泓，賢者而後樂此。風篁蕭爽，瞻德威二老之亭；蟬冕煇煌，拜元祐諸賢之像。豈沙門，不得稱高士；而濁醪，亦足名賢人。盤飧爲具，酌必真率會中；車騎後時，罰依金谷酒數。』釋大壑《净慈寺志》

遊龍井烹茶

龍井，泉既甘澄，石復秀潤。流淙從石澗中出，泠泠可愛。入僧房，爽塏可棲。余嘗與石簣、道元、子公汲泉烹茶於此，石簣因問龍井茶與天池孰佳。余謂龍井亦佳，但茶少則水氣不盡，茶多則滋味蠱出。天池殊不爾。大約龍井頭茶雖香，尚作草氣。天池作荳氣，虎邱作花氣。唯岕非花非木，稍類金石氣，又若無氣，所以可貴。岕茶葉粗大真者，每斤至二千餘錢。余覓之數年，僅得數兩許。近日，徽有送松蘿茶者，味在龍井之上，天池之下。龍井之嶺爲風篁，峰爲獅子，石爲一片雲、神運石，皆可觀。秦少游舊有《龍井記》，文字亦爽健，未免酸腐。《石公集·西湖雜記》

遊老龍井得茶

辛卯三月二十八，晴，陰熱不能勝袷。甲子，與曹林師兄行，出湧金。茂吴已先往，至老龍井相及。茂吴與閩人莊生者，俱得茶數斤，以不持卧具，别去。余與林兄宿龍井。《快雪堂集·日記》

玉岑詩社

西湖八社，其一玉岑詩社。高麗、法相、煙霞洞、石屋洞、水樂洞、龍井、碁盤山、九谿十八澗諸勝屬焉。祝時泰等《西湖八社詩帖》

水漲

弘治三年六月，杭州大雨，龍井、鳳凰兩山水暴漲。陳善《杭州府志》

謹案：魏嵲《錢塘縣志》係五年，傳聞之異。

萬曆三十年五月，杭州大雨，龍井山水出，頃刻高四尺。陳善《杭州府志》

陳剛中

杭州西湖風篁嶺下沙盆塢，宋陳剛中墓，謫知安遠，歸葬於此。余嘗至嶺，詢剛中墓。榛蕪日甚，無有識者。《榕陰新檢》引《竹窗雜録》

張伯雨

元高蹈張伯雨墓，在南高峰左麓。張號句曲外史，吾郡姚公綬爲營脩其墓，穹碑在焉。余昨到龍井，過其處，讀姚文，欲尋張埋骨處。草樹蓊鬱，竟不可得，徘徊太息久之。陳季象云：『曾見李洙山封翁，説正德年間有山民鋤地。深數尺，遂犯張墓。見一人盤膝坐，爪髮俱長。偶傷其腦，漿忽迸出，良久復合。其人驚懼，急瘞之。墓中有書二册，攜其一出。至鄭栗菴公諱環家，鄭願以一金易之。其人云，當至墓中再取其一。至途中，忽風雷大作，失書所在。』向以張風流詩翰欽之，不知其有道術也。《快雪堂集·漫録》

謹案：《西湖遊覽志》『地名玉鉤橋，在積慶山』。而此云龍井，可知龍井爲諸山通稱也。

瑞芝

德玉之先扈高宗家臨安，其六世祖茂榮，昭慶軍承宣使。生椿年，榮州防禦使。生待舉，恩州防禦使。生好問，殿前都指揮使，判太醫局。生中，廣東提刑，亦判醫。生壽孫，仕元，廣平路醫學教授。咸葬龍井之方山，其地負金鐘、靈石。至正二十三年夏四月，芝一本産指揮墓上。余因敘之，并爲詩紀其事。《梧谿集·題方德玉先隴瑞芝卷》

孫隆施捨

己亥三月初一，晴和。昨夕與金小竹約，拉宋宇菴爲龍井之行。早出湧金門，過湖。浄慈南庫房訪蓮筠泉，病略愈。慧日一脈之爲華嚴閣基，鼎建之費，當二千金。此閣成，湖南像法亦宏壯矣。到龍井，宋、金二君已至。龍井賴孫中貴施捨，改作一新。遊人如螘，頗傷雅道。德周上人邀過新起浄室，具齋相款。秦冰玉寓此，與同追覓龍井正結。得之於風篁嶺，爲茅氏山。左右山，俱玲瓏秀巧，重重圍抱，真佳城也。在坐有孫里長，即爲余治佃湖灘者。歸途，步看演福寺址張氏墳，後爲正結，即蒼龍戲子形，惜機緣未便可得耳。《快雪堂集·日記》

謹案：《快雪堂集》自言於萬曆十五年丁亥遊天目徑山。自此以後，並有日記。至三十三年乙巳止，凡十九年。中間三十二年甲辰八月十五日，始落成快雪堂，日遊南北兩山。故日記中及龍井者，不下數十則，大抵品茶、相地居多。今采其有關考証者，分別載之如右，餘不録。

演福寺

崇恩演福禪寺，在小麥嶺積慶山。淳祐八年，充惠順貴妃賈氏攢所，賜今額爲教院。景定三年，周漢國端孝公主祔焉。咸淳四年，有旨改禪院，太傅平章魏公施資增造。五年，聖上御書六大字爲扁，且益賜平江田爲畝五千，除其科役。苾蒭來駐多堅苦有梵行。《咸淳臨安志》

演福，俗稱南天竺。隋開皇中，有法師真觀居之。元至元後，復爲教院。學徒甚衆，號爲教海。至元中燬，至正初重修。後有無垢院，已併入寺。有白蓮華院，在玉几峰側。有安養寺，本澤雲夢塔院。有樓曰夕佳，至正燬。惟院與樓存。《西湖遊覽志》

謹案：龍井、演福，互爲興廢。其址相去極邇，詳録以備參考。三記附見。

餘杭徑山，錢塘靈隱、浄慈，寧波天童、育王等寺，爲禪院五山。錢塘中竺，湖州道場，温州江心，金華雙林，寧波雪竇，台州國清，福州雪峰，建康靈谷，蘇州萬壽、虎邱，爲禪院十刹。錢塘上竺、下竺，温州能仁，寧波白蓮等寺，爲教院五山。錢塘集慶、演福、普福，湖州慈感，寧波寶陀，紹興湖心，蘇州大善、北寺，松江延慶，建康瓦棺，爲教院十刹。《七脩類藁》

謹案：宋濂《德公塔銘》：『宋季史衛王奏立五山十刹，使之拾級而升。』據郎瑛説，知演福在教院十刹之列，宜其傳教之盛過於龍井已。此敘教院五山，止四山，有缺。

馮夢得寺記：恭惟皇上聖性仁孝，思皇繼述。粤先皇帝在宥，以戊申年六月，詔有司備禮，葬惠順貴妃賈氏於積慶山之原。蓋是山自天目蜿蜒邐迤，清淑盤礴，面金鐘，腋龍井，並湖諸峰勢若拱揖，迺建寶坊，賜名崇恩演福教寺。越十四年壬戌，周漢國端孝公主祔右，妃所出也。若稽舊刻，資薦惠順甚備，惟端孝未果輟賜。及是，益以吴門田五十畝，蠲其科徭。以崇先帝割愛遺育之意，始改教爲禪。時平章魏國公建無量福海薝蔔林，易丈室，而東堂廡寮位，内外焕列，命僧可湘主寺事。《咸淳臨安志》

黄溍寺記：杭之南山，由雷峰訖龍井，其間浮屠之居四十二。而傳天台學者，惟崇恩演福寺爲最盛。寺在小麥嶺積慶山之靈石塢，今所謂南天竺也。宋渡江初未有寺，嘗斥爲牧地。淳祐戊申，葬貴妃賈氏山左。建坊錫額，命天台宗師圓庵果爲開山，率衆居之。尋復給田以充食飲，降錢以資土木。景定壬戌，葬周漢國公主山右。嗣領教事者，初巖、鑑石、庭生，並賜紫衣，加右鑑議。咸淳戊辰，賈魏公大發私帑，俾禪僧絶岸增新棟宇。至元丁丑燬，行宣政院求能負荷其事者，得今才公。至正癸未，涖事伊始，僧俗信嚮，凡可以致力者無不爲。惟是兹山支於天目，至是適當風氣之會。清淑所鍾，鬱而不洩。岡巒迴復，窈然靚深。泉甘土肥，林木茂邃。誠宇宙間奥壤也。才公，名必才，字大用，嗣法於湛堂云。《文獻集》

謹案：黄溍寺記見《西湖志》引《文獻集》，今集中不載。

徐一夔《夕佳樓記》：演福寺明静塔院，佛海之徒窆其師爪髮之所。院東西二樓，夕佳，西樓也。右瞰澄湖，左挹高峰，二麥嶺在其前。至正中，海慧居兹樓。黄文獻公、張外史至，輒相攜登樓，鬻茶賦詩。歐陽文公元持節過杭，造訪海慧，爲書『夕佳』二字，而名始著。徐一夔《始豐稿》

軼聞題後

田汝成《西湖遊覽志》雜采小説家爲《志餘》，當全書強半，差云美備。今以深山荒刹遊迹罕到之境，執筆而記者，蓋寥寥矣。卮言剩語，亦有他無可附者，依《志餘》例存之。

校勘記

〔一〕底本原無『餘』字，掌故本亦同。查該軼聞出之田汝成《西湖遊覽志餘》卷十四《方外玄蹤》，故據以增。

〔二〕人，底本、掌故本原誤作『八』，據文意改。

〔三〕庵，底本原誤作『巷』，據掌故本改。

龍井見聞録卷十　餘論

南天竺當屬龍井一路

南天竺之名，始見唐陸羽《靈隱寺記》。記文不傳，雜見地志所引。有南天竺、北靈隱之文。《咸淳臨安志》：『下竺靈山教寺，隋開皇十五年，僧真觀法師與道安禪師建，號南天竺。』《西湖遊覽志》襲用其文，增一『寺』字於南天竺之下。是下竺，爲南天竺也。然歷考元明以來名流詩文，如元成廷珪有《過南竺登二老亭》詩、柳貫有《送南竺澄講主》詩、黄溍有《南天竺崇恩寺記》，云寺在小麥嶺積慶山之靈石塢，今所謂南天竺也，皆謂龍井一路。以是，《西湖遊覽志·演福寺》下，亦曰俗稱南天竺，且繫以法師真觀，是龍井、演福一路爲南天竺也。竊思龍井、演福在南山一路，下竺在北山一路。南北雖分，而龍井、演福當南山之極北，下竺當北山之極南，其地密邇。案：魏𠳐《錢塘縣志》：『天門山在北高峰後，爲南北兩山之祖。』《上天竺山志》：『天門山在上竺捫壁嶺之上。即郎當嶺。北擁上竺、獅子、乳竇諸峰，從此東南是爲龍井。』《西湖遊覽志》：『中天竺之對爲永清塢，永清塢之背即龍井。永清塢者，乳竇峰之支也。』亦見聶心湯《錢塘縣志》。然則南天竺者，大概上竺以南諸山之通稱，不必屬下竺矣。且下竺，隋慧理法師首先建寺，地志甚明。而《武林舊事》於『真觀塔』下註爲下竺開山祖師，非是。若南山，則至真觀始闢，《高僧傳》所載實有開山興創之象，其不在下竺可知。今《録》敘僧，首列隋真觀師，誠以《高僧傳》不言下竺，《咸淳臨安志》所載胡宿、强至二記俱不言南竺。其説惟見《咸淳臨安志》，周密、田汝成因之。而汝成作志，仍以南竺真觀兼繫演福，固已顯然。及再參之元明以來詩文，於是南天竺定屬龍井一帶無疑。

宋時寺在嶺背今老龍井即當日龍井

老龍井，宋人紀載未聞，始見《西湖遊覽志》。《咸淳臨安志》於龍井，稱更上嶺背。《武林舊事》以下，並稱在嶺之上。而今日龍井僅在山半，則昔之龍井，非今日之龍井也。據秦觀遊記，院去龍井一里。遊客至壽聖者，皆取道井旁。而張京元《西湖小記》井在殿左，其説不合。《兩湖麈談録》因童時所見老龍井、辯才塔及小庵不在今寺左右，遂疑今寺所在，爲昔日井之所在，非寺故址，此不深考之故也。山泉能洑地潛行，忽隱忽見。即一風篁嶺左右前後察之，水泉不一，要皆恃老龍井以源源不竭。觀《西湖遊覽志》敘老龍井，即用《咸淳臨安志》敘龍井語，無所更易。安知非今日龍井，在昔猶未著上出之功，而今日之老龍井正昔日之龍井乎？馮夢禎《復賜田記》龍井有二，舊龍井在嶺西辯才退院，新龍井則今寺是也，尤爲明白可據。又詳宋人秦觀、程珌、周必大所記，並先過嶺，次至井，然後至院。則井與院址並在嶺背，所以有過嶺、越嶺之文，其説確不可易。滄桑更易，固不必專屬伽藍矣。魏嵻《錢塘縣志》：『天門山側爲獅子峰，獅子峰下爲老龍井。』則老龍井蓋屬獅子峰。然龍井遊人，罕有至老龍井者。

小龍井

今人知有老龍井，不知更有小龍井。《武林舊事》南高峰塔『小龍井』註云：『井側有龍王祠。』魏嵊《錢塘縣志》：『南高峰塔下有小龍井。』據《咸淳臨安志》，龍王祠在榮國寺後鉢盂潭，未有此名。要其去龍井則遠矣。

徑山龍井

世傳龍井水可洗眼。案《東坡集·徑山詩》『問龍乞水歸洗眼，欲看細字終殘年』，自註『龍井水洗病眼有效』，乃徑山龍井也，集中又有《次韻楊次公惠徑山龍井水》詩。

浙江龍井不一

龍之神靈，能屈能伸，往往託迹幽隱，凡稱龍潭、龍湫、龍池、龍井，職此之故。龍井，亦名龍泓。《咸淳臨安志》載王隨《寄慈雲詩》『丹井經臺接巖洞』，或曰龍泓即壽聖院龍井，非也。知當時龍井之名，已專屬靈隱矣。龍泓之外，案《咸淳臨安志》：『方家峪寶藏庵有古井，俗名烏龍井。』《西湖遊覽志》：『令泉峪有龍王井，及南高峰塔下小龍井。』又《咸淳臨安志》：『鹽官縣，有烏龍井。新城縣，有折桂鄉龍井。昌化縣，凡邑禱祈處在龍井院者名龍湫，在龍興寺者名龍潭，在峒坑山大鵠頭山者名龍湫。而昌化之院，紹興中亦賜廣福額。』又案《浙江通志》：『紹興府餘姚縣龍泉山有龍泉，宋高祖飲之甘，取十甕以去。』考《東坡集·送劉寺丞詩》『餘姚古縣亦何有，龍井白泉甘勝乳』，疑即指此。又台州府巾子山有龍井，葛谿山有龍湫。明陶望齡《遊五泄》詩，諸暨縣五泄有二龍井，一黑龍井，一白龍井。又《浙江通志》：『寧波府鄞縣有龍井七，金華府金華縣有龍井，處州府龍泉縣九漈有龍井九。』浙稱澤國，而祈請雨澤，所恃在龍，無怪比比皆是。惟杭郡雨暘，自宋以來多請之天竺觀音。《東坡集》祈雨文甚多，可見。故雖有龍井，而不甚著。

葛洪鍊丹處不足信

胡承謀《湖州府志》引《吴興掌故》：『葛洪鍊丹處，天下凡十三。』今案《咸淳臨安志》，靈隱龍泓洞，葛仙於此得道。又有葛嶺葛塢、天竺山丹井、治平寺雙井。《西湖遊覽志》：『智果寺葛井，上方下圓。』陳善《杭州府志》有葛谿。聶心湯《錢塘縣志》：『翁家山有葛井，水樂洞後有丹井，並以洪著。』兼風篁龍井，是錢塘已居其十。又案《咸淳臨安志》：『臨安縣九仙山，新城縣寶勝院，亦以洪著。新城，又別有丹井。』又案《浙江通志》：『寧波府定海縣葛仙峰在金塘山，有丹井。上虞縣龍頭山有洪坐石，西莊山有洗藥谿。金華府金華縣，葛公山一名葛仙峰，三峰山有鍊丹所。義烏縣有鍊丹石。紹興府會稽縣有諸葛山，又有葛仙巖、丹井。湖州府烏程縣有葛仙山。並以洪著。』是在浙江所屬，又居其十四。又陳善《杭州府志》：『昌化縣，有武隆山丹井。海寧縣，有紫薇山丹井。』他如江南丹徒之丹井、江西袁州之洪陽洞、贛州府興國縣之洗藥池、廣東惠州之蓬萊閣，載之地志，不可悉數。而《湖州府志》謂烏程居其一，殆不然也。竊詳本傳，洪，丹陽句容人。生平僑寓廣州最久，得仙亦在羅浮。僅一至吴興，一至洛陽，仕於金陵，如此而已。何緣浙東西棲隱之所，至二十餘處耶？或謂此皆得仙後，隨處顯著靈蹟，則不可得而知矣。

封篁

《咸淳臨安志》：『辯才淬治脩篁怪石，風韻蕭爽，名曰「風篁」。』而《快雪堂集》概作『封篁』，初非寫刻之誤，未詳。

與龍井聯屬諸山水寺院

赤山，北連麥嶺，東接湖濱。下爲赤山步，有惠因寺，即高麗寺。寺側有澗，秦觀遊記『濯足於惠因澗』是也。案《西湖遊覽志》：『澗出自赤山，經寺前以入湖。』陳善《杭州府志》又有筲箕泉，在赤山之陰流出，合於惠因澗。其北爲法相寺，即長耳相寺，周必大記遊『午飯後過長耳相院』是也。其西靈光庵，有靈光泉，見《咸淳臨安志》，《西湖遊覽志》謂之錫杖泉。六通寺，在長耳巷。更北爲大麥嶺。《咸淳臨安志》：『嶺與步司左軍寨相連，路通放馬場。』《西湖遊覽志》又有小麥嶺西支，徑通大麥嶺，則《咸淳臨安志》所無也。嶺有積慶教忠寺、旌德顯慶寺、慶安院。《咸淳臨安志》：『積慶寺有君子泉、天一泉。』慶安院，即水陸庵，充旌德廨院。又大麥嶺山後，有花家山，三賢堂後相對，亦見《咸淳臨安志》。更北爲靈石山，即積慶山，有靈石寺、崇報顯慶院、崇因報德院。《咸淳臨安志》：『山在西山放馬場側。』而靈石山、靈石塢、靈石凡三見，可爲複冗。又崇報院在放馬場，即舊棲真院，獨不著崇因，惟『歲寒泉』下云在龍井山崇因院。《武林舊事》：『靈石山崇因報德院，有靈石泉，又名歲寒泉。』《西湖遊覽志》繫院於雞籠山側，足補《咸淳臨安志》之闕。廟一，靈應廟，祀宋蔣通，在小麥嶺下飲馬橋邊，見夏時正《杭州府志》。道觀一，太清宫，《咸淳臨安志》所謂在履泰鄉龍井山路者也。靈隱觀，據《武林舊事》，改仁壽院矣。以上寺觀，惠因、法相而外，《西湖志》並云久圮。又法空寺，《咸淳臨安志》不言何地，《西湖志》繫麥嶺，亦云久圮。

九谿十八澗通江不滙龍井

九谿，《咸淳臨安志》云在赤山煙霞嶺西。南通徐村，出大江，北達龍井十八澗。《咸淳臨安志》

云在龍井之西，步司左軍寨後，路通龍井。《西湖遊覽志》：『在龍井西，路通六和塔。』李賢等《明一統志》云在龍井山西，東出錢塘江。所謂達龍井、通龍井者，謂循谿而行，有路可至龍井，非谿澗之水與龍井滙也。《西湖遊覽志》又云龍井之南爲九谿，其西爲十八澗，蓋亦指路而言。

三獅子峰複一

龍井獅子峰，以辯才《十詠》存之。此峰極峻，四望皆見，在天竺乳竇峰之右，以是靈竺諸志亦皆采列。然志西湖者，不可以此爲例。《西湖遊覽志》於南北兩山，並列獅子峰。《西湖志》從之，複矣。又魏峴《錢塘縣志》：『獅子峰在寶石山。』以形似名，繫北山，則非此獅子峰也。故今《西湖志》有三獅子峰。

三茯苓泉誤

南泉、噴月泉、僧録泉，本在浄林廣福院。茯苓泉，本在無垢院。《西湖志·山水》以噴月泉、僧録泉繫暗竹園，以南泉、茯苓泉繫廣福寺，似未知暗竹園之即爲廣福寺者。雖浄林、無垢後皆爲廣福寺，要已參錯不倫。而前此『鵶雞峰』下，又據魏峴《錢塘縣志》列無垢院之茯苓泉，是一而爲二矣。後此『北山路』，又據《西湖遊覽志》列靈隱後山之茯苓泉，是又一而爲三矣。北山之誤，沿《西湖遊覽志》之舊。案《武林舊事》：『無垢院，舊在石人嶺。慶元中，韓平原移寺於此。』故後來脩《靈隱志》者，並載無垢院。不詳更改之由，宜其誤也。石人嶺，《咸淳臨安志》在靈隱寺西。《武林舊事》無垢院次『演福寺』之上。《西湖遊覽志》亦繫之風篁嶺畔，今《西湖志》從之，可見。

兩君子泉

南山積慶教忠寺有君子泉，北山定業院亦有君子泉，見《武林舊事》。案《兩湖塵談録》鳳林寺有乳泉石，上刻君子泉。鳳林，本宋喜鵲寺，寺與院俱烏窠禪師道場。當時二地相去不遠，意者年歲既久，其一已亡，故指院以爲寺與。

兩噴月泉

南山廣福院有噴月泉，六和塔亦有噴月泉，見《西湖遊覽志》。

一地兩名

地志諸書，訛複不可枚數。《咸淳臨安志》無垢院之鵶雞巖，即鵶雞峰，《西湖志》亦名丫髻峰。《咸淳臨安志》之靈石塢，即靈石山。魏嶧《錢塘縣志》之鉢泉，即《武林梵志》之鉢池庵。聶心湯《錢塘縣志》之金沙泉，即天馬山之金沙井。趙抃詩之龍泓亭，即元浄詩之龍井亭。《武林舊事》之飲馬橋，即《咸淳臨安志》之永福橋。《咸淳臨安志》之德威亭，即過谿亭。《武林舊事》之寂照閣，即《咸淳臨安志》之寂室照閣。魏嶧《錢塘縣志》之鏡心堂，即《武林舊事》之鏡清堂。魏嶧《錢塘縣志》之浣沙池，即《西湖遊覽志》之浣花池。或舛易其名，或兩名並列。良以書成非出一手，遂致傳疑。兹録類多，削而不登。附辨於此。

寺名先後重出

龍井寺，宋淳祐六年改延恩衍慶額。其名壽聖者，在衍慶之前。并在廣福之前，其實即此寺也。魏峴《錢塘縣志》列龍井寺於『寺觀』，列壽聖院於『古蹟』。《西湖志》『南山路』列衍慶院，於『衍慶』下又列壽聖院。俱複，誤。與《西湖遊覽志》麥嶺列『浄林廣福院』、風篁嶺亦列『浄林廣福院』，正同。

龍井演福爲一

宋元以來，龍井、演福並嘗被燬。然演福屢興，而龍井無聞焉。觀林右志敘，荒涼在目。演福盛則龍井衰，以是名流詩文多演福僧。而及其紀遊，則直以龍井之名加之演福。大抵龍井，寺址與演福本相鄰並，又或元明之交，併歸演福。若所謂下院、子院者，亦未可定。如僧澄湛堂住演福，見黄溍寺記，又見宋濂圓照若公塔銘。而虞集龍井詩有『澄公愛客至』句，則又似當爲龍井僧。又王逢遊龍井詩，爲曦上人作。而跋遊龍井卷，亦以曦爲湛堂孫裔。蓋無分彼此也。田汝成作《西湖遊覽志》時，演福久廢，《西湖志》亦云燬於元末。其址，《咸淳臨安志》謂在小麥嶺積慶山，而《西湖遊覽志》附之風篁嶺畔。今《西湖志》從《西湖遊覽志》，疑亦約略之詞。案馮夢禎《日記》頗多道演福寺者，亦不言舊址何所。然則明末當尚有知者。

他寺併歸演福亦稱龍井

不獨演福也，他寺亦有焉。如浄林廣福院，《咸淳臨安志》不言所在，而下有主僧可全語。附姜白石四詩，詩題有全老。又有銛樸翁、聰自聞二僧，其爲浄林之僧何疑。而蘇籀有《龍井僧全一》詩，中歷敘辯才浄、自聞聰以及全，則亦爲龍井僧。考其實，蓋浄林廣福院後爲演福寺，而浄林廣福遂廢，具載《武林舊事》及《西湖遊覽志》。演福，以龍井著。而併歸演福之浄林廣福院，亦以龍井著矣。又考程珌遊記，月林，辯才所廬，今爲廣福寺。廣福，乃衍慶，以前額証以《西湖遊覽志》，知後來復爲廣福寺。然則其始也，衍慶爲廣福。其繼也，衍慶、廣福並歸演福。此亦衍慶衰而演福盛之一証也。他若《咸淳臨安志》之無垢院，亦不言所在。而《武林舊事》亦云後爲演福寺，遂廢。《西湖遊覽志》云與廣福院俱併爲廣福寺。《武林舊事》之劉庵，註云今歸龍井寺。《武林舊事》之白蓮院，《北礀集・白蓮院翻蓋法堂榜》註云在風篁嶺下。程珌遊記云：『傍佛舍，獨白蓮爲近。』俱此浄林廣福院、無垢院、白蓮院，與《武林梵志》之鉢池庵，歷來地志並云在風篁嶺。又靈隱西無垢院，半山古松婆娑，下有甘泉，見《咸淳臨安志》。《武林舊事》：『松下有茯苓，因名茯苓泉。』魏𡶴《錢塘縣志》：『院在鵶雞峰下浄林廣福院，有南泉。噴月、僧録二泉，在南山暗竹園廣福院。』《咸淳臨安志》『寺』下、『泉』下互見。《西湖遊覽志》則云，噴月、僧録二泉在浄林廣福院暗竹園下。是皆考龍井故實者所當知也。

普澤院

宋孫沔有《龍井普澤院仁法師行業記》，惟見魏𡶴《錢塘縣志》。據《咸淳臨安志》，嘉會門、龍山、六和塔沿江一路，有普澤院。舊名靈源，治平改額。似不得屬之龍井，疑當時以普澤爲龍井之下院，如《武林舊事》劉庵併入龍井，又如《快雪堂集》海寧三十二都有龍井田之類。

演福僧

演福與龍井爲一，此以寺言也，僧則不在此例。見《咸淳臨安志》者一，堂僧紹祖環薪自焚。見馮夢得寺記者一，僧可湘主寺事。見黃溍寺記者二，淳祐戊申天台圓庵果開山，才公，名必才，字大用，嗣法於湛堂，至元丁丑住山。見徐一夔《夕佳樓記》者一，至正中佛海弟子海慧與黃文獻[二]、張外史交，海慧即繼絕宗。亦見宋濂《學士集》。見宋濂《學士集》者十，圓照若、方巖則、愛山静、玉岡蒙潤、天岸濟、大山仲齡、瞽菴顯示、東溟慧日、良謹、如玘，或住演福，或爲上座。玘，亦見一夔詩。見《西湖遊覽志》者二[三]，元僧清古、源澤、雲夢叠主寺事。見《上天竺山志》者一，我庵本無見湛堂於演福。今録所列，非鑿然龍井僧不入，附此備考，亦因以見元明間演福徒衆之盛。

禪教互易

上天竺靈感觀音院，至元浄始以教易禪，龍井爲教寺。以此，演福初建，實爲教寺。越十四年，易教爲禪。馮夢得寺記可考。而據《西湖遊覽志》，則元至元中復爲教院。

魏嵮錢塘縣志舛複

魏嵮《錢塘縣志》成於康熙五十七年，其書舛複極多，不可勝舉。即以龍井論，『山川門』列『龍泓』，『龍泓』下列歸隱橋、寂室、照閣、閒堂、訥齋、潮音堂、秋月堂、滌心沼、鏡心堂、薩埵石、諸天閣、方圓庵諸勝蹟。而『寺觀門』列『龍井寺』，寺下又複列諸名。又去秋月堂、鏡心堂，增鉢池庵、辟塵爐、片雲亭、與時亭。『古蹟門』列『壽聖院』，院下又複列諸名。又去『寺觀門』之鉢池庵、與時亭，增三賢祠、神運石、插劍池、浣沙池、浴麟池、與衆亭。至諸天閣，本出《武林舊事》，今於龍井既已三見，而於『演福寺』下，又見諸天閣。又秦觀遊記題名、鄭清之跋題名，『山川』、『寺觀』兩載全文，一何重複舛謬至此。

夢粱録因襲

吴自牧《夢粱録》二十卷，向少足本，近多有之。其所載山谷、谿井、寺塔、坊橋之類，大概抄録《咸淳臨安志》原文，毫無增益删潤。每段末自註云依《咸淳志》敘之，殊爲不解。即如《咸淳臨安志》：『噴月泉在南山暗竹園廣福院，僧録泉在南山暗竹園福聖院。』暗竹園無兩院，福聖乃廣福，此《咸淳臨安志》刻字之誤。而《夢粱録》亦依之不改，仍作『福聖』，其他可知也。《西湖遊覽志》亦作『福聖』，誤同。而朱存理、朱彝尊極稱其書，殆未深考。

詩文編録之誤

蘇轍《訥齋記》，見《欒城集》[三]，而《咸淳臨安志》誤作『蘇軾』，《西湖志》及《上天竺山志》從之。楊傑《院記》、陳善《杭州府志》誤稱爲《訥齋記》。又傑《訥齋》《寂室》《照閣》三詩，魏嵻《錢塘縣志》誤以爲趙抃詩。又傑《風篁嶺》詩，誤以爲楊蟠詩。至我聖祖仁皇帝五巡浙西，未至龍井，魏嵻《錢塘縣志》卷首天章一卷稱，龍井御書一聯云『禪心澄水月，法鼓聚魚龍』。

謹案：《西湖志·雲林寺》載，康熙三十八年，聖駕再幸，御題一聯，正此十字。疑當時住持僧人，後來或有退院歸龍井，摹刻以往，遂傳本寺。魏嵻不知，載入雲林寺，而繫之龍井，極爲疎略，是皆不可不辨。

趙抃詩不見本集

趙抃《龍泓亭》詩并敘，見《咸淳臨安志》。其事當時緇俗咸樂稱道之，然今《清獻集》不載。而《西湖志》云見清獻、辯才諸集，非也。

元浄著述

陳起聖《宋高僧詩》選四十三人，續選十九人，陳世隆《宋詩》補遺三十二人，不録元浄詩。《續文獻通考》釋老門，元浄在名釋傳，不與道潛同在詩僧傳，知不以文詞見也。元浄詩，見《咸淳臨安志》及《上天竺山志》者，五古一首，七律二首，五絶十首，七絶二首。文，則《心師銘》一首。又《上天竺山志》詩散句十七字，更無遺者。《圓事理説》，見塔碑及釋傳燈《天台山方外志》。魏嵲《錢塘縣志·經籍》有釋元浄，字無象，著《辯才集》，今亦不傳，疑不必果有其書。

元浄詩入蘇軾集

《上天竺山志》，元浄有《次韻參寥子寄秦少游三絶》。時少游舉進士不得，蓋道潛原倡，秦觀亦有次韻。而施元之註蘇詩，以元浄詩繫蘇軾，莫可考。然詳詩格，知非蘇也。詩云：『秦郎文字固超然，漢武憑虚意欲仙。底事秋來不得解，定中試爲問諸天。』『一尾追風抹萬蹄，崑崙元圃謂朝躋。回看世上無伯樂，却道鹽車勝月題。』『得失秋毫久已明，不須聞此氣崢嶸。何妨却伴參寥子，無數新詩咳唾成。』道潛《參寥子集·彭門書事寄少游三首》云：『我思君處君思我，此語由來自謫仙。欲借野人傳紙尾，詩憑新鴈寄遼天。』『戲馬臺邊駐馬蹄，迴廊曲院總攀躋。秦郎前日曾來否，試拂凝塵覓舊題。』『百尺黄樓拂杳冥，樓前風物極崢嶸。東州詞客渾争詠，獨怪相如賦未成。』秦觀《淮海集·次韻參寥》云：『武林漁子入花源，但見秦人不得仙。會有黄鸝鳴翠柳，何妨白眼望青天。』『長安仕路與雲齊，倦僕羸驂不可躋。但得元暉曾折簡，何妨平子更安題。』『且折花枝醉復醒，人閒時節易崢嶸。大瓠肯自羞無用，畫虎從人笑不成。』

元浄詩誤入蘇軾集

元浄《次韻參寥四照閣》七律一首，蘇軾嘗書之，而跋其後，其跋見《元浄外傳》。今刻本猶列元浄詩於跋前，馮景《蘇詩續補遺》以此詩爲軾作，此因軾書而誤者也。

名媛詩

《西湖志》，用《西湖遊覽志》香匲一卷，録閨秀詩一卷。遊龍井者，得二人焉。張瓊如，字赤玉，杭州人，《龍井》七律一首：『縹緲旛幢緑樹低，山門斜路夕陽西。古壇危磴千層嶂，細路遥通九曲谿。松際谷聲清磬合，竹間雲氣小樓迷。禪心已與塵緣斷，不礙孤猿午夜啼。』見《名媛詩歸》。徐媛，字小淑，姑蘇人，《遊龍井殢雨漫成七絶》三首：『玉液泠泠走碧沙，芳池碎璧散冰霞。花深古徑啼鶯澀，黛溼雲寒染露華。』『珊珊奇樹亂棲鴉，龍窟遊鱗嬉淺沙。繚繞青莎浮幾點，憑流怪石似靈槎。』『細霧輕煙小徑斜，半空寒雨洗亭花。山厨不作伊蒲饌，拾得松丸自煮茶。』見《林下詞選》。

婦人中官附著

今《録》既以祠墓諸賢繫人物，惟婦人、中官别無可附。婦人可考者三：一吴越王妃仰氏。《咸淳臨安志》：『在龍井放馬場。』案《十國春秋》：『仰氏，湖州人，父仁詮。以牙將事文穆王，有功績，官至寧國軍節度使。天福八年，忠獻王納爲元妃。』一宋劉婉容攢所。《武林舊事》：『劉庵，孝宗朝劉婉容攢所。』今歸龍井寺。案《宋史》有劉婉儀傳，無劉婉容傳。《婉儀傳》稱，婉儀與婉容俱高宗妃，同被寵。此云孝宗，疑誤。一宋主簿闞君妻曾氏。曾鞏撰表云：『在錢塘縣履泰鄉龍井之原。』表見《元豐類藁》。

中官可考者一，明德。《西湖遊覽志》：『德，高麗人。幼警悟，讀書一目下數行。洪武間，黎王以獻。高皇喜之，俾事左右。歷事五朝，頗著勞績。鎮守兩浙，卒，敕葬風篁嶺下。』又稱正統中，嘗駐龍井云。

三賢祠塑像

龍井故有元凈畫像，見蘇軾《書贈劉浙僧》。程珌遊記，則增范仲淹、蘇軾、蘇轍、道潛，凡五人。張雨詩，則增胡則、趙抃、秦觀，而無仲淹，凡七人。而敖陶孫《臞翁詩集》註云，龍井寺有辯才師、趙清獻、蘇文忠塑像，疑即三賢祠中所祀也。

海　棠

元凈海棠，見《咸淳臨安志》，『塔前有海棠二株，乃師手植』是也。蘇軾海棠，見《二老堂雜志》，『寺有海棠一株，蘇公手植』是也。

顯應廟有二

顯應廟，祀宋胡則。案《咸淳臨安志》：『府治又有顯應廟。』乃凈因寺土地也。

於潛三賢祠

西湖有兩三賢堂，既載入『軼聞』矣。案趙之珩《於潛縣志》亦有三賢祠，祀蘇軾及於潛令刁璹、毛國華。刁、毛有德政。蘇軾倅杭，行縣至潛，皆爲賦詩。《東坡集·於潛令刁同年野翁亭詩》有云『我來觀政問風謠，皆云吠犬足生氂』，《捕蝗至潛戲令毛國華》詩有云『羨君封境稻如雲，自識人人不識君』，其人之賢可知。

兩元淨

兩辯才已見『軼聞』。案《上天竺山志》：『元皇慶二年，住持竹屋元淨。』是又有兩元淨也。

四辯才

《宋高僧傳·明律篇》：『唐朔方龍興寺辯才，姓李氏，襄陽人。』是又有三辯才也。《東坡集》有《龜山辯才師》七古，又有潁川龜山長老四書。王註：『龜山，在泗州盱眙縣。』同時又有一辯才，是有四辯才也。案馬汝礪《盱眙縣志》：『龜山有二。一在縣西南，名上龜山。一在縣東北，臨淮河。』而仙釋止載宋二僧自性、廣辯，豈即此辯才耶。《東坡集·海月碑》：『海月，名慧辯。』又有南華辯公，住曹谿，亦稱重辯長老。又《釋氏稽古略》有南山法師慧才。皆同時人。《續文獻通考》有泗州山水陸院，曉津禪師，臨濟宗。

蘇軾戲問辯才師墨蹟

蘇軾《問辯才法師復歸上天竺以詩戲問》真蹟，舊藏海寧某翰林家，有南宋緝熙殿印及元虞集草書跋。翰林後彫落，鬻歸他姓，今不知輾轉何所矣。

辟塵爐不藏龍井

《西湖遊覽志》：『六通律寺，有辟塵爐，非木非石，叩之錚然，纖塵不染。』魏嵲《錢塘縣志》既載入『六通』，而於『古蹟』，復次入龍井名勝之列，殊屬不倫。其誤則不待考也。

入山之路

西湖泊舟入山之所，類稱曰步。其一茆家步。見《咸淳臨安志》『丁家山橋』下。《武林舊事》茆家步繫『大麥嶺』下。《輟耕録》作『毛家步』，今作『茆家步』。《西湖遊覽志》：『花家山瀕湖而登，爲茆家步。』陳善《杭州府志》：『在飲馬橋北。』其一赤山步。見《西湖遊覽志》：『赤山由湖而陟此者，近定香橋，爲赤山步。』陳善《杭州府志》：『在赤山路口。』其一則見陳善《杭州府志》：『在茅家步北。』且稱俗皆曰埠。又《武林舊事》：『第六橋，通耿家步港。』當在棲霞嶺下，然不著，陳善《杭州府志》亦無之。此上三步，則入山所必經矣。凡遊者，航湖登陸，以至龍井，有赤山步、茅家步二道。而赤山步又有二道。一由支徑過小麥嶺飲馬橋，與茅家步路會。蓋自東而西，折而西北，不經大麥嶺積慶山。一則經大麥嶺積慶山，如卷一田汝成所記。則亦自東而西，又折而北，然後迤西北行茅家步。路過九里松、臙脂嶺，則先自北而南，然後自東南迤西北行，與赤山支徑會。當其未西北行，稍折而北，則至天竺路也。由赤山步爲南山，由茆家步爲北山，入山之路，大略如此。考昔人紀，秦觀則云：『出雷峰，度南屏，濯足惠因澗，入靈石塢，得支徑上風篁嶺。』周必大則云：『出暗門，上風篁嶺，午飯後過長耳相院。由支徑至石屋、水樂洞，上煙霞嶺，歸休浄慈。』程珌則云：『出清波門，經浄慈寺，過白蓮院，上風篁嶺。正皆赤山步路。』然諸賢不由北山而南山，且不由南山赤山埠入而必經南屏浄慈者，蓋因出清波門陸行不及航湖。若秦觀則既航湖矣，又因過南山約道潛同行，是以亦由此路。要之，北山茆家步大路也，較赤山爲近。此路當日已有特遊者，偶無記述耳。如馮夢禎《歷龍井還孤山》詩，則必由茅家步出入無疑也。然周必大既至嶺寺，又稱午飯後過長耳相院。則當其入山，初未經法相。分赤山大路，必經法相，而與茅家步會之，支徑則不經法相。又知必大亦由今赤山支徑至嶺也。然此支徑，又非秦觀所由之支徑。蓋秦觀既入靈石塢，然後得之，此則不經靈石，靈石即積慶也。昔人遊歷，合之於今，大略如此。若乃寺門之外，亦有二道。一過東北，則南北兩山入寺大路。一稍南，益上至風篁嶺巔，自巔南下，近江矣。此路中間，未及嶺巔，過寺右新舊小門。不一里又分一路，繞今寺牆外，迤西北。其路在嶺巔，經楊梅塢，抵天竺，極崎嶔。今士人謂之新開路，疑天門獅子峰在焉。又今由茆家步入山，未至寺門，嶺東又有一路。從此而南，則爲翁家山、煙霞嶺、石屋諸勝。此正周必大到寺以後，出山之支徑矣。蓋大路之外，其近嶺旁達支徑可知者，又如此。

餘論題後

一卷之書，不勝異議。志家爲甚，何則？其地滄海成田，則今昔遷改；其書成不一手，則彼此參差。考其異同得失而論述之，匪以云『辯』也，蓋或庶幾愚者千慮之一得。

校勘記

〔一〕黄文獻，掌故本作『王文獻』。

〔二〕二，當『三』字之誤，下文云：『元僧清古、源澤、雲夢叠主寺事。』《西湖遊覽志·南山勝蹟·崇恩演福寺》云：『元初名僧清古、源泽、云梦等叠主之，号称教海。』僧當为三人。

〔三〕見，底本原誤作『自』，據掌故本改。

附録

汪孟鋗跋

臣孟鋗草莽微末，知聞短淺，於乾隆十五年叨與本省鄉解。十六年辛未、二十二年丁丑，兩逢皇上巡幸兩浙。臣以計偕春官，不獲。隨士民後，恭迎聖駕。洎居里肄業，備聞我皇上恭奉大安，由江入浙，童叟扶攜，謡頌載路。於時大澤溥洋，與江海俱長，温言稠疊，視家人父子加暱。臣每以未得與觀聽自憾。二十六年，皇上軫念南民，特諭二十七年正月三舉南巡典禮。浙之士民忭舞騰躍，而臣以初未與觀聽之列，今得仰覲天顔，欣喜尤倍。伏聞補助之餘，不廢瞻眺。惟浙江杭州龍井者，以龍神著稱，其地山水幽邃。在宋爲壽聖院，經高僧元浄住持，交遊名賢，如趙抃、蘇軾輩，風流照暎，於今未泯。守土臣工，躬率居民訪稽勝蹟，冀留宸賞。臣竊考元僧以仁撰《龍井志》，林右敘之。志久失傳，故實遺闕。臣因詳覈地志，旁及諸家，編輯《龍井見聞録》十卷，敬謹繕寫，進呈御覽。自今以往，天章炳焕，泉石增光。萬一敕脩寺志，臣書雖牿淺褊略，或得比於小説家之雜識叢編，聊備採擇，則臣之榮幸實甚。

浙江嘉興府秀水縣舉人、揀選知縣臣汪孟鋗恭跋

奉直大夫吏部文選司主事汪君墓誌銘

君諱孟鋗，字康古，姓汪氏。先世自休寧遷桐鄉，至君考又遷秀水，遂占籍焉。曾祖諱森，户部郎中，階中憲大夫，富著述，世稱碧巢先生者是也。以弟内閣中書諱文桂次子爲後，諱繼燝，由鄉舉，歷官吏科給事中，巡臺灣，君祖也。考諱上堉，大理府知府。兩世階皆奉直大夫。大理生四子，君爲長。幼穎悟，善屬文。自其年十五六時，從宦至京師，先達見其文，已奇之。既益好古文辭，家有裘杼樓藏書，多先代善本，歸里盡發篋讀之，務爲博綜，又益購所未備，或鈔寫以足之。君之弟仲鈖，才名與君相上下，好學與君同。又得同志友二三人，朝夕相與鏃礪，所爲詩若文，駸駸及古作者，名譽大起。又好訂金石文字，得古泉纍纍，時復攜行笈中，備考核。大理卒於雲南，奔往扶櫬歸，母祝宜人已前卒，遂合葬焉。

乾隆十五年，與仲弟同舉於鄉，人咸以得二俊爲主司慶。二十七年，天子三舉南巡之典，君獻詩并所著《龍井見聞録》十二卷，得旨留覽，賜緞二匹。試入高等，特授内閣中書。大臣重君，凡上有所纂輯，輒以君攝其事，精核爲一館最。三十一年，中禮部試，奉廷對，賜進士出身，不改官。又三年，遷典籍，以貲深，旋改授吏部文選司主事，精勤能舉其職。以君才，御史、郡守可計日而至，乃任吏部未一年，年始登五十而遽殞矣。其卒之日，乾隆三十五年五月二十八日也。以修書勞，加一級。後一年，遇覃恩，以子官贈奉直大夫。所著有《厚石齋詩文襍著》凡若干卷，皆可傳。

君嘗欲盡梓曾大父碧巢遺書而力不逮。仲弟亡，不忍其無傳，爲梓其遺詩數卷。又梓亡友萬徵君光泰詩，萬垂歿，盡以所著託君，君亦將爲次第刊佈，而不虞其不及爲也。然君於兄弟朋友之道則至矣。

初娶舅氏海寧祝氏，今贈宜人，生子如藻、如澈。宜人父維詰，内閣典籍。繼娶仁和金氏，封宜人，生如洋、治猷。三女，長字朱某，次字錢某，其幼未字。宜人父牲，今禮部左侍郎。側室范氏，生承澤。君仲弟無後，命如澈後之，年十七殤，又命如洋爲之後，今爲縣學生。如藻，舉人，官國子監學正。

予與君舅氏同官，習君才名久，及相見，歡甚。君中第之歲，予分校禮闈，聞唱君名，滿堂皆大快。朝廷第羣臣所上歌頌，凡君代他人作者率在選。君卒之前月，予來候君，不得見，予無位於朝，訃者不及，予不得哭君柩前，意常慊慊。今孤如藻將以某年某月日子葬君於某縣某鄉之原，來請銘，其曷可辭！銘曰：

瀛州華選，以待俊彦，胡獨遺兮。材則輪囷，而貌逡遁，世皆知兮。無援於人，又阨於天，年止斯兮。視仲非促，祝萬有禄，又佳兒兮。欲乞君文，今反銘君，詒此辭兮。玄石深刻，藏之不泐，期無期兮。

盧文弨《抱经堂文集》卷三十四

誥授奉直大夫吏部文選司主事晉贈朝議大夫康古汪君墓誌銘

君之殁二十二年矣，予今八十四歲乃爲誌墓。人生百年，何予之于朋友一倫流涕無盡也？傷哉！君家故饒，至于君獨貧。君才早慧，讀書最多，謂當大有用于世。晚甫一第而不壽，嗚呼！君旁通陰陽數術之學，孔子罕言命，又曰『不知命，無以爲君子』，孟子謂『得之有命』；孔子曰『有命』，孟子謂『得之不得有命』。聖賢輒言命，豈有外于君所推之珞琭術邪？予于里中君前一輩人，哭朱明府沛然、陳明經向中、祝典籍惟誥，則君之舅氏而外舅也；同君一輩人，則哭王比部又曾，萬孝廉光泰，君弟孝廉仲鈖、明經又辰，此豈予之命也邪？自君身後，諸郎科第、仕宦皆不若君之身艱難。今葬之日，子男四、孫男十七、曾孫男四、女三、女八、女五，此固君之命然哉！

君姓汪氏，諱孟鋗，字康古，號厚石，浙江秀水人。先世休寧，國初來遷桐鄉。曾祖考森，桂林府通判，户部江西司郎中，誥授中憲大夫，有《小方壺存稾》《粤西通載》若干卷；妣黄氏，封恭人。本生曾祖考文桂，内閣中書，四舉鄉飲賓，誥封奉直大夫，有《鷗亭集》；妣黄氏，封宜人。祖考繼熤，鷗亭次子，後于弟森，康熙戊子舉人，歷官吏科給事中，巡視台灣；妣張氏。考上埥，歷官大理府知府；妣祝氏。皆誥授奉直大夫，封宜人。大理四子，君其長也。大理教子嚴，宋儒理學之書，皆自授之。雍正乙卯，爲娶婦，即祝宜人之女姪，蓋大理惟及爲冢子娶婦，其諸子女皆君于父殁後爲弟昏而嫁其妹者也。

乾隆元年丙辰，君年十六，侍母從父官盛京，入官京師。辛酉，母殁，君扶匶攜弟歸里，卜壤，葬母于海鹽山茶花漾之原。乙丑，大理出守，遣家歸。丙寅，大理卒于官，君奔迎匶歸，合葬于新阡。休寧之汪，皆祖唐越國公華遷桐鄉者。至君始以進士起家，既官中書，謂身已食禄，所受産悉以畀兩弟又辰、彝銘。君之于父母弟妹不能不謂其孝友也。桂林裘杼樓藏書甚富，皆借鈔于江南故家同里則倦圃曹氏、竹垞朱氏。予嘗共君言：『書且無論其聚，見即可矣。君之于書，豈止見也哉？』壬戌、癸亥、甲子閒，君及弟仲鈖字豐玉，同余于小方壺萬卷之儲，豈止觀其大略？丁卯，余客京師。庚午，君與豐玉同舉于鄉，而豐玉年未三十，以癸酉殁。嗚呼！才與命相妨，蘭摧玉折，其奈之何哉？自後君爲酕毷舉子，蹭蹬名場，中閒支離藥餌者且十年。嗚呼！讀書之有命也，又誰謂不然哉？所著古文辭、經術、金石雜稾未整理，其已刻者《厚石齋詩集》十二卷。豐玉《桐石草堂集》《萬孝廉集》，君序而刻之。嗚呼！嘗謂吾黨諸子皆不壽，其詩之已刻者，若王比部《丁辛老屋集》，萬孝廉《柘坡集》，君及弟《豐玉集》，陳明經《毓恬匏村集》，雖莫信其必傳，然異日采乾隆閒詩，不能舍此數家不收也，則其可傳者信在是已。

君以乾隆庚午舉人，壬午春恭遇聖天子三舉南巡，趨赴常州，恭進迎鑾詩、《龍井見聞録》十二卷，得旨留覽，賜緞二匹，召試入選授内閣中書。丙戌成進士，仍官中書，轉典籍，升吏部文選司主事。恭遇慈壽，覃恩誥授奉直大夫。後以子如藻官，恭遇萬壽，覃恩誥贈朝議大夫。生康熙六十年九月十四日，卒乾隆三十五年閏五月二十八日，享年五十。君之舌如蓮蘂，微有痕，若將分瓣然，吾未見有二也，其來蓋有自哉。

君辦事内閣，即充方略館纂修，又《御批通鑑輯覽》《平定整噶爾方略》《大清一統志》皆身兼其事。君約身以儉，同儕譏其儉不中禮，則固兩失于偏矣。君之得于天者，未嘗不厚，然亦未嘗不薄也。使不若加折挫，然而稍申之壽，則所出入敷布儒者之效，豈不遠且大哉？

元配祝氏，秀水内閣典籍候補主事維誥女，誥贈宜人，晉贈恭人。孝于舅姑，動識大體。祝自明虚齋先生萃歸田講學，輩出聞人。女子而有舊家風範，若恭人者，惜其無年耳。生康熙五十六年十月十八日，卒乾隆九年八月十七日，年二十八。繼室金氏，仁和乾隆壬戌會狀禮部侍郎甡女，誥封宜人，晉封太恭人，其稱未亡人也。二十二年閒成就諸子，大有造于家。生雍正八年四月十三日，卒乾隆五十六年八月二十四日，享年六十有二。今以乾隆五十七年十一月七日合葬于桐鄉縣永新圩之原。子四：如藻，祝氏出，乾隆乙未進士，翰林院編修，出守撫州，升興泉永道，未赴，丁繼母憂。如洋，金氏出，乾隆庚子恩科會試第一名，殿試第一甲第一名，賜進士及第，翰林院修撰，上書房行走，爲仲紛後，君先以如澈後仲釢，殤，復以如洋也。如潮，妾范氏出，直隸武清縣丞。范氏生雍正十三年七月初十日，卒乾隆二十六年七月二十八日，年二十七。如淵，金氏出，嘉興府學生。其合葬也，元配、繼室、妾祔，一穴四兆。銘曰：

曠野無山兮水流東，千秋白日兮長掩封。

錢載《蘀石齋文集》卷二十二

《續修四庫全書總目·地理類》

龍井見聞録十卷　光緒甲申嘉惠堂刊本

汪孟鋗撰。孟鋗，秀水縣舉人，是録之目曰：山水卷一，寺内外古蹟卷二，名僧卷三，鄉寓人物卷四，物産卷五，碑刻書畫卷六，古今體詩卷七，文卷八，軼聞卷九，餘論卷十。

案乾隆再幸西湖，過九溪十八澗而不到龍井。茲編殆山僧瞻雲望切，故求文士作此録以進呈焉。然其體裁蒐集，殊非草草，徵引書籍，至百五十餘種，可謂博矣。首録乾隆辛未丁丑《觀採茶》二歌，尊天章也。古蹟次之，然以名僧列人物之前，雖曰録由寺作，而發端之機可見矣。每卷首列小叙，後坿以後題，並見作意，亦山水志録中之佳者。

杭郡庠得《表忠觀碑》紀事

〔清〕余懋棅　著
李顯根　點校

前言

《杭郡庠得〈表忠觀碑〉紀事》，清余懋棅著。懋棅，字舟伊，號蘿村，浙江諸暨人。雍正己酉（一七二九）舉人，庚戌科進士，任杭州府學教授。

蘇軾曾兩次任官杭州，宋元豐元年（一〇七八）第二次知杭州時曾爲錢王祠撰《表忠觀記》，表彰五代吴越國王錢氏治杭之功績，刻石立碑。明正德年間，石碑移置杭州府學後佚失。余懋棅任杭州府學教授時，有一次其友趙石函在府學齋旁隙地亂石中發現了《表忠觀碑》殘石兩塊，確爲蘇軾原書宋碑。此事遠近傳播，一時名流如鄭羽逵、桑調元等均題詠。懋棅遂於乾隆十八年（一七五三）匯刻諸詩，並撰記以述此事之始末。

本書有清光緒十年（一八八四）《武林掌故叢編》本，此次點校，即以此爲底本。

目録

附録……（四一一）

魯曾煜序

《表忠觀記》，其東坡手碑，前明求之已不可得。思其次者，乃正德十二年御史宋廷佐與宋高宗《石經》同遷于郡庠者，抑二百年來，亦無求而得之者矣。陳柯所書，自云易石摹刻，則非東坡之舊可知。今謁表忠觀，觀柯所書，益愛重東坡之文與字，況又能遘其舊刻耶！蓋右軍《蘭亭》書，得薛家本，固勝定武矣。諸暨余蘿村先生以名進士官杭郡教授，訓士有式，士翕然宗仰之。暇則循視壞墻之下，微露石稜，若有所求。掘其土，獲斷碑二，諦視之，蓋即《表忠觀記》。前與《石經》俱遷來者，屢求之不可得。今一旦得之，豈舊物之出果有時歟？抑東坡之文與字，其精神所寄，非其人不輕授歟？遠邇傳播，索摸爲勞，勝柯所刻遠甚，愈益寶翫不能已。各紀以詩，以美先生之復古，先生亦喜所得之非偶而詩之工。因彙而梓之，而屬曾煜序之。曾煜亦重其事之有關於金石文字也，遂書其緣起如此。抑吾聞東坡手碑今埋于闤闠之下，未盡泐也，先生能更求而得之歟？時乾隆歲次癸酉仲冬上浣年家眷世姪魯曾煜拜撰。

記

余懋棅

蘇文忠再官于杭，其翰墨傳刻武林禹航者至多。輝映湖山，錯落相照。若瓌瑋獨絶，尤極神妙，則以吴越武肅王祠堂碑爲最。公于書，蓋得之天授。少常學徐浩，晚年出入李北海、顔平原。故書是碑，其精神意度與形體結搆，亦往往相類。石凡四，歲久竟失所在。今之庋于湖濱表忠觀中者，特後人惜其既失，摹而補之耳。其原碑，據田汝成《西湖志》云：『正德間，徙置杭州府學。今《石經》諸刻備存，此碑獨不可得。前司教於此者，莫過而問焉。』余秉鐸有年，頗知是説，慨然常思求得之，亦竟未果。己未秋，同年友趙君石函訪予學舍中。趙君，博雅好古士也。寓浹旬，稍暇，輒往荒榛宿莽中，捫蘿剔蘚，不少休。一日，步齋傍隙地，積土若阜者舊矣。而犖确隱伏有石，若方礎，僅露圭角。趙君顧而歎曰：『表忠之碑，得無在于此乎？』明日，偕予往視，少刷其土，見石如碑狀，且刻字微露。趙君益踴躍，呼傭者力發之，果獲二石。濯之以水，剔其沙土之封淤者，而其文釐然，則公之所書，而勒在宋時者也。于是兩人皆大喜，以爲公之精神，雖千百年未嘗没，而物之顯晦，亦各有時。方斯碑之失也，如九鼎淪於泗淵，好古之徒致歎于求之而莫從。兹一旦出焉，山甫之銘還自塞外，雖金玉重寶，無以過之。然非趙君之勇于搜抉，亦何能及此，則其功殆爲不可少也。觀夫元暉書石，厨人取以鎮肉；永興妙跡，戍卒用之覆窗。文章藝數，既已不朽，其遇于世，蓋尚有幸不幸焉。然而雲麾之碑，斷且復合；安福之寺，夜必放光。古人所謂神物守護而爲呵者，于公不益信哉？其二石尚不可得，或云昔甃泮池，工人無知，舁以鋪池底。方當謀而出之，使如陳倉之鼓，稱完石焉。而先爲之記。

詩

鄭羽逵 雪崖

表忠觀碑得真蹟，擬憑栗尾作長歌。正愁寸莛撞宏鐘，語鄙辭慳奈若何。憶昔唐宗愛習書，時倩世南爲補戈。昭陵玉匣貯《蘭亭》，佳妙謂足傳不磨。蛟龍自此稱盤拏，柳骨顔筋史駢羅。不知右軍止俗書語本昌黎，涉江未溯岷與峨。古來六文及八體，貽留不乏山之阿。夏禹《峋嶁碑》尚存，似有鬼神相護呵。石鼓一百七十字，毫髮可辯無謬訛。斯邈既死法不傳，便訝其文類蚪蝌。顧即俗書相推論，莫食鯤鮞忘蛟鼉。宋代書法祖唐人，譬猶松栢繁枝柯。就中屈指長公賢，不學幽窗度寒梭。究心點畫與偏旁，能以剛健兼委蛇。文章雄俊世莫敵，經天不異羲與娥。曾爲杭人思錢氏，歲時雙淚灑滂沱。清獻伐石公作記，厥辭大放安以和。備言吴越知天命，劉漢李唐不同科。文成兼作金薤書，六丁窺伺時已多。四石碑刻四石並矗錢王祠，夔龍篆就贔屭馱。無何宋社忽邱墟，果有雷電相經過。羣仙飛空下攝取，攜向元都相切磋。傳聞假彼妖僧手《通志》内載，揚璉真伽欲取碑石築六和塔，斲取兩石填滄波。尚有兩石未輦去，世間莫辯正與頗。明時太守陳柯曾易石，其形雖似雜以佗。此中源流久莫考，徒隨兒女共媕娿。我嘗入廟問遺蹟，銅人三歎空摩挲。不謂石埋廢圃中，糞宮歲歲伴吟哦。忽然掘得是誰人，山陰縣裏舊籠鵝蘿村近住山陰。此石埋没數百載，一朝復出理則那。應爲聖主能右文，柄任儒術崇邱軻。神物逢時自一現，語信而徵非江河。文縱不全字可寶，相期傳述勿蹉跎。

傅王露 玉笥

眉山蘇文忠，墨妙超徐李。自云法平原，藏稜力透紙。所書表忠碑，遒媚頗相似。在宋石已泐，展轉費摹擬。或嵌太學壁，或刻靈芝寺。兩者俱失真，舊本差可喜。世更歲月多，并此都亡矣。一清記豈誣，辰玉跋異爾。池荒庭草交，膠庠石又圮。僅存陳柯刻，宜來弇州詆。廣文余先生，好古今無比。鑿土出堅珉，墨搨遺鄉里。縱非龍山石，未遭楊璉毁。陳刻尚足珍，況此更完美。如觀唐蘭亭，臨摹匪一指。如觀宋禊帖，肥瘦匪一軌。但求形神全，奚必論彼此。我聞膠庠中，尚多碑碣址。九經近百片，像贊復絫絫。昔日朱新安，曾請石本庋。今埋而廡下，斑駁蘚花紫。好語余先生，次第須料理。

王杜 悟堂

苎蘿才子西湖客，嗜奇好古搜古迹。錢鏐功德載豐碑，剥落摧殘埋金碧。靈光咫尺渺千里，棄擲多年肉食子。五丁椎鑿出宫墻，不數寶鼎浮江水。翰墨有神文有道，風流直契峨眉老。一百三十夜珠圓，摩抄愛玩星光小。

魯曾煜 秋塍

余丈雅有嗜古癖，顔筋柳骨能精覈。掘土得石諦視之，表忠觀碑發舊跡。曩者髯蘇繫職司，濡染銀鉤與鐵畫。文彷昌黎破體辭，字追子敬古肥格。誰與識者楊文襄，沈埋至今年逾百。余丈官杭官獨泠，瀟灑渾疑坡仙謫。不然此碑胡爲來，如經忽發孔子宅。神物鄭重不苟合，孰云此事會逢適。噫嘻！我住鳳凰山山鄰敷文書院，壬戌歲暫主講，傳是錢王舊宫掖。玉鈎斜畔鬼火青，愁煞閒花開舊陌。表忠穹觀尚翼然，卷幔相看只咫尺。我聞錢王墓碑纂自皮光業，文則闒茸字亦瘠。神道碑成楊氏手，張也書丹郭篆額。兩碑殘蝕不完好，獨有此碑光奕奕。余丈睬我凡四紙，日夜摩挲如珙璧。古香零落誰與言，惟有韓陵一片石。

胡國楷 鏡舫

蘿村先生今鄭虔，技兼三絶名喧闐。金石遺文有癖嗜，千搜萬索羅几筵。邇者遠寄表忠帖，神采不類世所傳。君家仲容爲醜縷，此事顯晦蓋由天。惟昔錢王霸吴越，錦衣玉带光山川。縱横割據幾十國，東南一角無戈鋋。嗣王見幾早納土，洛陽遷族瓜緜緜。故都墳廟漸荒圮，父老流涕何漣漣。守土臣抃昧死請，歸然賜額新宫懸。東坡時佐軍州事，撰碑且復揮如椽。金陵相公劇嗟賞，謂其筆埒司馬遷。想見當年紙墨貴，一本奚翅酬千錢。於今西湖立四石，波礫無損文章全。誰知屭贔蟠贗鼎，梁上别貯《蘭亭》篇。唐碑漢碣往往在，兹文底用重雕鐫。或疑矗砂磨大石，韓碑拽倒無人憐。或疑疾雷轟薦福，書生窮命相波連。我稽舊志自元代，龍山故觀成灰煙。明之中葉始移建，陳柯太守曾記旃。中云坡碑稍剥蝕，摹勒别石新祠前。因思舊物必見寶，豈肯棄置埋荒阡。移來頖宫良有以，歲久湮没同瓴甎。後人那復見古本，但見光氣沖星躔。先生攜客玩芹茆，怦怦心動頻周旋。甃間微覺現頭角，亟爲發露碑存焉。昔年九鼎淪泗水，今若蕤賓躍清淵。爬羅刮垢搨以墨，坡公精爽重新鮮。廼知楚相倘再活，優孟豈得摹媸妍。豈無雲霧隱缺月，不礙獵碣存貞堅。應似鴻都《石經》出，橋門車馬紛來填。錢王忠孝託贊序，蘿村文筆追坡仙。千秋直以意相感，得此嘉話添青編。我爲作歌猶有望，終當會合雙龍泉。

范咸　浣浦

表忠觀碑已數易石。其在觀者，嘉靖間杭郡守陳柯重爲模刻。其在郡學者，則正德間巡按宋廷佐自仁和縣學移至。楊少師一清記之云：『表忠觀諸碑，十有四徙於櫺星門北之兩偏。』疑此刻尚是舊本。向時學宫兩偏，皆有周廊以覆《石經》及諸碑。年久廊宇頽壞，而表忠觀碑遂埋塵土中矣。諸暨余先生掌教是邦，治地得斷碑二，其所存字皆完好，搨而視之，遠勝於觀中之新鐫者。善乎！少師之言曰：『物之興廢有數，然振厲修舉每存乎其人，必有儒者之心，然後能及此。其他非唯不暇爲，亦固有不肯爲者矣。』鄉人作詩以紀其事，因爲長歌以貽先生。

金石有遺文，考古重淵雅。灰劫日銷沈，誰歟好事者。吾鄉溯霸圖，功德被原野。龍山新宫存，故物非石馬。憶昔先王封圖籍，視去其國如傳舍。表忠觀碑銘其功，赤文緑字真無價。嘉靖中葉重磨礱，其形雖存神不同。當時斷碑半零落，呵護久在膠庠中。形消物化竟埋没，贋者流傳精氣歇。世人學識苦不充，誰信畫肉不畫骨。廣文先生風雅宗，別裁僞體嘘笙鏞。搜剔斑駁不餘力，百年忽發塵埃封。碑殘碣斷猶有字，其石則二碑則四。墨氣淋漓搨硬黄，不數輕綃數半臂。古來興廢徒紛紛，牛羊蔓草荒秋墳。金銅仙人尚辭去，摩挲片石同烟雲。好學深思賴儒者，鼎鐘拂拭書功勳。君不見千年王氣今何在？自古英雄同一慨。髯乎髯乎走筆成龍蛇，至今生氣猶向人間誇。吁嗟衣錦城邊路，閒殺年年陌上花。

桑調元 弢甫

杭州學廨土花碧，博士閒園數弓闢。一時銛舉紛如雲，忽得崚嶒兩碑石。如昇古鼎出畲淪，邪許豗轟震霹靂。洗剔識是表忠文，元氣蒼茫爛奇迹。是碑肇勒元豐年，爛煤破楮人間傳。淋漓玉局筆如椽，礱來山骨四段堅。面面灑翰銀鉤連，高蹲贔屭新宫前。何年轉徙頖池側，蛟龍鱗缺埋荒烟。其一左方綴小字，神物重摹存欸識。懸知波磔歷紅羊，斷文零落前塵事。只今遺廟枕湖湑，舊觀典型森位置。穹碑完好字較肥，此本神明迥遒異。亦知傳刻各不同，古本未可追元豐。穠纖態度辨苗髮，老眼不受塵沙蒙。坡公論書左瘦硬，翻謂杜陵評未工。試觀此本却骨立，意所不期神爲通。我感斯文顔一憮，五代十國喧戰鼓。婆留城下起異人，堂堂開門作節度。電掃羅平無剩聲，猶發濤頭萬枝弩。錦衣大樹倏已秋，鐵券一方浩無主。宋家忠厚昭遺勳，烟蕪歸矗祠與墳。東南保障自千載，燭天紫氣来龍文。残碑亦復出深土，望之疑帶龍山雲。比諸岐陽獵碣十，再看發露光氤氳。

張映斗 雪子

五季割方輿，婆留起販負。隻手障東南，生民致寧阜。天水真人出，絡繹授符紐。累傳異姓王，納土覲元后。當時斌翰輩，力戰清九有。此獨免兵戈，孳乳到雞狗。子孫冠朝列，奕奕綰章綬。詎意元豐間，荒墳絶祠守。趙公拜表前，蘇公濡筆後。奉詔樹穹碑，鴻文燦星斗。滄桑變陵谷，理難辭擊掊。伐石重鈎摹，依然壓螭首。至今感遺民，錢王時在口。昨聞苜蓿園，平開蘭蕙畝。忽見青芙蓉，突作蛟龍吼。懸絙出片璧，再索而得偶。沈淪土花斑，蝕齧墨光黝。文字半没腰，筆法全運肘。講堂會簷裾，畫肚勞指拇。好事競流傳，珍重逾蝌蚪。吾思物精靈，誰如金石壽。嶧碑竟遭焚，岐鼓或作臼。潛光豈有待，埋照差可久。斯文終不磨，端幸托林藪。錢氏世忠勳，宋政亦忠厚。文忠偉詞翰，囊括三不朽。湖山悵久别，摩挲未親手。更恐翹關人，夜半負而走。奇懷愜幽討，盛事歸我友。請編《集古録》，爲繼六一叟。

厲鶚 樊榭

唐政不綱四海淆，朱三作賊過於巢。鬬雞牧馬盡黄屋，羣雄並起争咆哮。錢王兩浙爲保障，職貢世守橘柚包。百年運去識真主，自攜圖籍歸汴郊。歐九思公幕下客，何事作史相譏嘲。竊觀私誌簸錢謗，酧以尺喙非呶呶。表忠賴有坡翁筆，文如月表楚漢交。大書突兀扶屋極，餘力入石蟠生蛟。誰知楊璉築白塔，塔材蒐索填深坳。淮南張氏又拆毁，新城摩雲防寇鈔。是時四石僅存二，有人寶惜埋東膠。靈芝荒苑矗祠宇，伐山置棟豁且庨。墨本重摹失遒勁，匹如蹇足追蒲梢今碑爲嘉靖中守陳柯重刻。忽驚故物仍出土，園丁奔告鴉觜抛。學官弟子共太息，苔痕横臥隣齋庖。千金已免柱下辱，野火幸無牧豎敲。報功復古有位責，移置祠廡搴長筊。愷悌君子神所勞，春秋享祀和絃匏。

周京 穆門

五季昏濁遭喪亂，宋出有主民所依。積骸釃血争負固，錢氏請吏先來歸。四王三世靖寇難，臨安一區安無危。熙寧十年臣抃疏，祠墳香火償民思。表忠觀立賜名號，吴越國紀留於斯。碑文銘祠出蘇軾，大書深刻生光輝。初刻張氏甃城脚，四刻完好如躬圭。三刻失亡莫可攷，此惟二刻猶半遺。何年偃臥學舍外，韓陵片石知者誰。蘿村先生好古者，十年館下常相隨。搜剔幽隱及斷碣，爬讀聲響轟金椎。謂此原碑儼然在，直得拱璧張須眉。扶置廊廡俾勿壞，千載生氣同鼎彝。摹搨萬本共傳示，字跡不滅文昭垂。偏旁婀娜裹勁健，揩展病目臨晨曦。三摩挲後三歎息，大江潮落錢王祠。

鮑鈖 辛浦

錢王老子廟，蘇公表忠觀。二碑沉没已歷年，兩君搜剔出一旦。雖然神物有護持，不遇雅人輕擲之。丁大布衣余博士，好古肯爲人不爲。吴山土深竟復掩，一鋪響搨珍琬琰。何異衡山《岣嶁碑》，森森緑樹空餘慊。今幸蘇碑出壁池，千秋墨妙映緗帷。泗水九鼎數不缺，岐陽十鼓完無虧。廣文邀我作詩句，佳話新聞堪類聚。《金薤琳瑯》當續編，《石墨鐫華》誰補注蘿村先生於郡學中搜得表忠觀碑舊石，屬余題句。余媿才薄，勉製一篇，因憶友人丁敬身亦嘗有請，其風雅好事，頗與同焉，故牽連及之。

陈士璠 泉亭

荒草貯雲烟，離披今始發。老筆自縱横，真贋辨毫髮。憶昔蜀岡道，斷碣記蘇公維揚蜀岡山上方寺有坡公殘碣。今日黌宫裏，餘輝千載同。崑山片玉存，亭亭見英爽。寂寞枕斜陽，含光有真賞。吾杭余外史，論古好搜奇。似識髯翁面，題詩一笑時。

沈昌宇 泰叔

表忠碑碣記元豐，零落滄桑轉劫中。神物護持真有處，墨光鬱律忽騰空。變經陵谷文猶闕，筆走蛟蛇字更雄。博士先生嗜奇古，風流直欲繼蘇公。

潘作梅 戒平

錢王三世江山業，一朝歸命驚奔騰。豈惟識時爲俊傑，不使弱肉飽霜鷹。表忠廟貌報功德，碑文煌煌峙觚稜。蘇公下筆稱絶妙，通神瘦硬接斯冰。端莊流麗體兼備，剛健婀娜信足憑。鐫之珉石傳久遠，顔筋柳骨都堪憎。何年翻刻失真意，原碑埋土如裂繒。蘿村先生本好古，學圃搜抉尤先登。豐城劍氣難磨滅，忽然掘石詩簪朋。斷缺獨惜窺半豹，面背烟雲落剡藤。尾識復樹失年月，原委長留暗室燈。惠我數紙增歎息，翻使遺恨拂胸膺。

丁敬 龍泓

圜池湛湛清不淆，池外柏吹鳴居巢。頖宫典禮最嚴毖，行人過此屏囂哮。瓊鐫玖勒遍廊廡，尚遺妙蹟爲土包。表忠舊碑忽掘得，未審何代來南郊表忠觀舊在龍山，爲南宋祀圜邱處。錢王偉績炯可讀，怒濤猶覺回强髇。坡公大筆抉公是，不知六一横訾嘲。五百年來有定論，久令讀史忘紛呶。廣文先生性好古，拭洗亟請金石交。想當衣苔臥江滸，守衛定嚴虎與蛟。不然桑海幾變滅，豈免入刲鋪堂坳。即今重樹非偶爾，因緣自是天使教。走觀遠近歎奇絶，登登打搨費烟膠。較以重刻雖僅半，真龍頭角終磽磽。金戈鐵畫神氣旺，渴驥奔水饑鷹捎。掃墨我待百本祕，布氊孰肯萬事抛。龍山泮水試品量，昔隣佛老今軒庖。大厦深檐與蓋覆，盲風怪雹難侵敲。何當四石更璧合，文連字接如吹筊。作詩紀事吾願又，未敢藏拙同縣匏。

邵祖節 椒石

髯公墨妙真無匹，細者毫髮鉅數尺。就中亦有如盤盂，能以寬綽兼結密。羅池廟下翠珉擘，醉翁亭畔蒼崖勒。參之表忠觀裏碑，形摹搆撰渾如一。第聞嶺嶠與滁陽，猶是當年真手筆。惟兹龍山錢氏祠，地徙湖湄石重刻。舊刻相傳在郡黌，曾共《石經》列殿側。誰昇致之宋廷佐，粤稽時在明正德。

屈指於今二百年，千搜萬索無消息。月黑夜吐奎壁光，雷轟時駭蛟龍叱。豈期寶物此中藏，必待其人乃可得。廣文先生今鴻儒，風流宛若圖屐笠。頹垣斷壍偶經行，兩碑四版忽復出。固知此即爲公書，摹者形存神已失。吁嗟乎！柳侯之靈歐公文，錢氏勳留吴越國。字體維均石鼎立，彙而集之爲一帙，髯公墨妙永作式。

王鏐 高都

蘿村先生博古士，廣文官舍聊棲遲。盤餐苜蓿那足計，托跡勝地可自怡。杭州山水甲天下，白公蘇公舊所治。風流掩映唐與宋，鴛湖隄柳至今垂。香山墨妙罕得見，玉局鉅筆尚淋漓。錢塘門外表忠觀，大書特書峙豐碑。臨摹搨本千萬遍，流傳真贋辨者誰。錢氏功德留吴越，金石文字入肝脾。高岸深谷異今昔，雄祠麗句無蔽虧。揮毫波磔特剩技，後賢好事別澠淄。窮搜博訪迨市俚，傳聞入耳心狐疑。或云舊碑甃池石，沈淪宛在水之湄。從來神物有顯晦，天吴扃祕誰能窺？良朋把臂數晨夕，酒酣耳熱夜何其。是時月色涼如水，斗牛劍氣驚陸離。笑指培塿韞靈怪，不然犖确徒爾爲。蹴踏龍蛇露圭角，啟視金碧晃階墀。文忠遺蹟毛髪動，玉帶毬馬發神姿。三世四王閱五代，識時歸命切歷嚱。未及百載墳廟圮，當年行道空低迷。何況歲久迹易滅，殘碑斷碣埋荒蘼。僂指閱祀餘六百，土花五色謹護持。我朝文治光前代，斯物湧現如有期。菁莪棫樸慶樂育，課士暇日能探奇。會逢其適事不朽，伸紙作記郵筒馳。徧徵歌詠成佳話，喜有阿成官京師。慚余不文强捉筆，挑燈呼酒爲摛辭。何時墨搨寄數紙，夢寐饑渴想見之。君不見，雲麾之碑還復合，歐冶二子常追隨。趙氏完璧倘不遠，精華叠見某在斯。

張守約

李唐之末英雄起，父老猶傳錢鏐王。取娛一方自專制，羈縻臣屬聊相羊。天心厭亂聖人出，攜孥率屬紛趨蹌。羣臣欲留帝不可，無乃欲噲故先張。李煜歸命繼恩縛，王亦布衣游大梁。歌起寧聞緩緩歸，塔高保俶淩空蒼。後嗣零落同周裔，先澤何如比德芳。樵採空巖柳下壟，淮海國度悲湮荒。蘇公此碑有深意，要使忠厚休聲彰。歸美君父得大體，羈留納士稱輸將。文筆渾灝繼西漢，古奥鬱律嗣班楊。噩夢猶聞索土地，斯文已入人肝腸。墨淡行欹非贋古，淋漓元氣難韜藏。先生博古好奇服，天爲收貯發神光。試展老眼摩挲讀，禹碑周碣此兼長。

毛桓 荔園

太上策功德，其次崇文章。以文載厥德，星漢天迴翔。沈霾不可久，掩抑發奇光。偉人錢武肅，强弩勢莫當。奮袂起徒步，四世傳五王。玉帛歸真主，東南免夷創。繁華即銷歇，公論存秋陽。祠宇乍岌峩，豐碑表歆香。六陵迺不祀，城郭易滄桑。今時階下土，半蝕雲錦裳。於越余夫子，嗜古闢杭庠。相知唯趙四石函，搜剔羅幽芳。首發表忠碑，清獻遥相望。趙疏既剴切，蘇銘復精詳。大書鼇鴻辭，巨麗照眼眶。荆公號博洽，在昔已心降。我欲贊一辭，輾轉费稱量。雜販評鼎彝，下語恐舂撞。全體雖不備，竿字縑難償。世豈無完物，龜趺淩道旁。贔屭踏龍文，千尺污穹蒼。

陳士珖　月嵓

表忠遺豐碑，傳是大蘇蹟。巨筆自淋漓，剛柔兩相適。代閱七百年，真贋誰辨覈？暨陽有名宿，秉鐸來杭州。黌宫重整理，古典咨遐搜。徘徊泮池側，蔓草風颼颼。鋤萊披荆棘，殘碑記錢鏐。摩挲識字畫，體勢何堅遒。贔屭多生動，乃見古雕鎪。廬山真面目，於兹豁雙眸。始信觀中跡，形摹神不侔。我聞南宋後，郡學等荒囿。高宗書《石經》，閣圮置廡右。是碑亦附疣，頽落委缺甃。滄桑幾變易，尚探坡公舊。纍纍百餘字，晶瑩同列宿。周宣石鼓存，長懸太學門。蘭亭定本在，玉石貢乾坤。人間留寶貴，片羽世所尊。緬思蘇玉局，風流邁塵俗。論書通其意，精神於此屬。得之良獨難，百僞不能續。無使風雨摧，宜爲後者勗。

陳景鍾　几山

少陽院裏君王泣，妖兒南走烽烟急。英雄崛起臨安山，保禦杭城賊不入。翦除漢宏滅董昌，兩浙東西歸控勒。四世開門作節度，不抗中原有巨識。吴兒老死不知兵，農服先疇士食德。一朝王氣鍾趙家，纳土依然襲侯職。豈知閲世變滄桑，荒墳月黑狐狸集。龍圖學士夜飛章，玉局仙人操史筆。穹碑八尺勒奇文，鐵馬銀鷹字無匹。昔日黌宫宋太學，青珉四片廊東立。何年顛仆臥泥中，剥落龍文苔蘚蝕。夜深時有青毫光，騰空化作琉璃色。蘿村夫子來江東，好古搜奇不遺力。蒿萊叢裏掘殘碑，依稀字露重扶日碑側有小字云『此碑四片』及『整扶重樹』之語，已不全。嗚呼事經數百年，此石何堪遭再踣。祇今一半尚沈埋，草密煙深尋不得。遥山頽淡映宫墻，一撫殘文一太息。鐵鏃埋沙風雨寒，野塘潮過秋蕭瑟。湧金門外荒祠邊，斷碣重磨字失實。長歌揮手弔斜陽，門側寒鴉啼亂棘。

陳恒昌 聖基

大蘇風流照古今，楮煤蠹墨世所欽。表忠豐碑尤寶貴，端莊健筆垂貞珉。滄桑祠廟幾頽廢，典型剥落沙土堙。後人補亡徒摹擬，廬山面目彌失真。暨陽外史好搜剔，曠代相感疑有神。一朝掘自學圃後，巋然古質殊足珍。清泉洗滌祛黝土，剛健婀娜宛若新。想公精靈自呵護，天使真本傳斯人。岐陽石鼓并不朽，千秋墨妙昭星辰。

顧維正 帥堂

五季縱横國十二，販鹽崛起錢鏐王。討巢平昌烈亦偉，保據吴越稱雄强。瓘佐倧俶歷三世，惟忠惟孝扶人綱。功德會須勒諸石，坡公染翰成文章。建以穹碑足千古，非徒廟貌矜輝煌。文既直追馬遷氏，書法兼擅顔徐長。當年摹搨極寶貴，什襲奚翅球琳瑯。元豐迄今數百載，斷碣零落蹁滄桑。或疑蹤跡有處所，伊誰好古搜茫茫。蘿村先生識真贋，蘭亭致慨多云亡。清暇招朋在泮飲，酒酣月上偕相羊。苔階草砌驚瞥見，突兀隱隱斯碑藏。一索再索快得偶，完璧何時慰所望。嗟乎！世間好物不終棄，一遇識者無留良。君不見，豐城劍氣沖牛斗，獄中躍出奇鋒鋩。又不見，清泠淵底方響伏，同聲相感旋飛揚。乃知兩美必當合，多少懷奇翰墨場。如此沈埋難悉數，網羅那得先生狂。羊叔之碑淮南字，從兹永永垂吾杭。

胡大衍 南瑞

右軍蘭亭瘞墨蹟，一片空鎸定武石。不得其真得其似，猶堪與世爲寶惜。岐陽獵碣歸燕中，大興學裏泥土蒙。不遇道園虞教授，誰解搜出置辟雍。自古神物有鬼守，東坡文字燭星斗。況乃錢王忠孝家，碑勒合成三不朽。日月逝邁見缺訛，豈免劍斫生蛟鼉。瀏浪古苔久埋没，紙墨只搨新礱磨。一朝斷碑發畚鍤，呈露髯蘇舊筆法。漫尋絹本説唐臨，已向昭陵開玉匣。蘿村夫子今奎章，土花拂拭生奇光。以坡碑文配石鼓，千秋南北輝宫墻。

王惟桓 森柳

錢王保赤垂千古，玉局書丹列兩廡。龍山舊觀蟣蠓飛，牛湖新碣蛟螭舞。昔年原刻杳難尋，博士搜來碧蘚深。誰云得半非全璧，已見光鋩射泮林。

王汝爲 鵝池

君不見，蘭亭真本棲屋角，貞觀探取非私攫。又不見，索靖碑殘冷石田，好事曾脩一臥緣。古來神物多荒棄，會逢識賞更流傳。武林郡庠環石壁，鱗次遺碑苔蘚碧。表忠觀刻坡公書，咫尺湮埋幾無迹。文明博士起東廂，搜拔泥塗字數行。洗將波磔全生采，揭得煙煤自有光。轟堂子弟胥奔走，磊落奇觀誌不朽。可徵雅奏振琳瑯，亦屬頹歌鳴瓦缶。粤自汴宋熙寧年，守臣趙抃稱才賢。試採吴越前朝事，特倩鴻詞作奏箋。唐季羣雄推錢氏，單寒奮起臨安地。討劉誅董建勳名，左江右湖擅形勢。承家有子文穆王，貽謀忠獻復開疆。忠懿更助中朝順，迎取王師終束裝。三世四王歷五代，保民入貢多遺愛。挈將半壁歸版圖，立德立功標種蠆。未保封塋兩縣區，寢宫享殿近收除。石翁玉馬眠宫路，樵父耕夫認故墟。僉議懿孫作地主，應收租税供祠宇。君王賜額駕彤雲，學士呈篇傾墨雨。長年剥落幾春秋，南渡神京亦此邱。再勒奇文出祕府，獨頒東序鎮皇州。辟雍鐘鼓随家國，改朔移朝數六百自宋歷明六百餘年。莫尋靈碣向荒臺，誰卜神鐫瘞寶篋。余師好古兼好勤，指點園丁發取頻。籀痕驚見螭虬斷，草綫欣看圭璧新。良工摹刷追疇昔，遍示名流許其識。縱逸已超米蔡鋒，端嚴猶入鍾王室。賓朋滿座盡留吟，賦就都推席上珍。芹藻悠閒浮緑字，松篁宛轉覆貞珉。揚扢何妨獨千古，觀光共事摩挲鼓。幾隨開府度紅墻，更藉旬宣植元圃。聞道膠宫勝事宜，豐碑曾致聖湖西。銀鈎玉勒俱排立，龍躍鸞翔盡拜稽。零星碑版堪留誦，寧置市橋争一鬨。敲斷祇隨廢紙輕，豎完還望生金重。余師保護永垂神，陸續旁求鑒別真。漫聯明鏡錢塘石，傾倒曹江黄絹人。

潘煇 照庭

髯蘇下筆本雄放，此文嚴謹實過之。鴻章萬古有祖述，龍門紀傳乃其師。平生食古與古化，得骨得髓非徒而。上言臣抃昧死奏，錢氏功德人猶思。討宏誅昌啟吴越，中朝使命紛來馳。中言不勞兵甲力，束身請命全宗枝。繆瓘倧俶四立王，居忠履孝無瑕疵。下言遺澤堪長世，墳廟荒穢乞整治。天子推恩制曰可，君臣大義重扶持。吁嗟乎！負販乘時作帝王，真人一出俱埽除。社稷之子在晦，豈但得失由小兒。瀛國旋聞納土降，觀碑那禁淚潸滋。剩水殘山不忍看，斜陽芳草同參差。獨留公文在天地，神寒骨重垂雄辭。小子慙非賞鑒家，手胝口沫寧阿私。先生博物辨真贋，掀髯憑几應我嗤。

徐夢元　徐村

異物天所寶，鬼神咸效力。雖經百千年，精氣未嘗息。但恨知者稀，往往形影匿。卓哉松雪孫，雄才馳八極。盼睞藐流輩，奚足介胸臆。與我蘿村師，意氣獨相得。己未九月秋，拏舟武林驛。非徒事遊觀，志在搜古跡。蒙翳荒穢區，慧眼能物色。府庠有廢圃，歲久長荆棘。特命聚火焚，畚侷繼愬闢。人工開混沌，地破露石刻。渭璜衹半規，光華難遏抑。銀缾汲新水，洗浄色猶墨。摩挲仔細看，知是熙寧泐。文表錢氏忠，出自蘇髯軾。大字擘窠書，每筆具法則。嫵媚如簪花，蒼勁若森戟。模糊風雨痕，斑駁土花蝕。稜稜骨尚存，歷歷盡可識。突過追魂碑，髣髴蘭渚墨。譬之先秦器，殘缺愈足惜。一畫並一鈎，價抵南金直。十年學眉山，面目今始即。因思有宋來，世運幾遷革。惟此石半片，展轉尚如昔。造化固愛才，尤賴人拂拭。玉局倘有靈，良爲二公德。世傳多贋本，乞賜作矜式。十紙且嫌少，幸勿笑貪冒。

程南溟 軼青

髯蘇宋代英，作書無其匹。升大及蠅微，精魄具如一。傳聞表忠觀，運管尤法密。學者比時宗，不啻師受律。刼火值元明，遺踪渺難述。痛惜久沉埋，烟深草復茁。好事繼摸稜，形全真盡失。搜覓徒爾爲，遭逢空意必。先生好古流，金石品甲乙。槐舍習蕭閒，服官歷歲七。雨歇步墻陰，碑横負土出。力發不惜勞，洗剔呈妙質。初如趙璧完，旋駭光彩溢。默焉面之笑，喜極心轉慄。因知神物存，造化需良弼。末俗非其珍，棄擲不遑恤。所以投珠人，千載嗤無術。今歸風雅儒，賦畀實陰騭。急搨募良工，奇歡輕萬鎰。移置墨池頭，峨峨差有秩。露立畏苔侵，寶護將築室。講學自公餘，摩挲忘月日。

王堂 笠坡

臨安王氣沖斗牛，垂象石鏡凝冕旒。天吴避弩挾潮走，塘成屹立如山邱。相傳五王七十祀，一方安堵弢戈矛。赤光盪日真人出，望風受吏稱藩侯。清獻趙公上封事，請祠崇報綿千秋。文忠蘇公撰碑記，大書如掌體更遒。敲金戛玉樅鐘吕，聳鸞騫鳳拏螭虬。五百年來陵谷變，祝融焰烈兵車蹂。龍山之宫已灰燼，金牛湖畔工重鳩。重摹剥蝕復補缺，深簷大厦蓋覆週。每惜舊本杳難得，蘭亭傳寫知誰優。不圖郡庠廨舍後，埋没豐草沉深溝。惟吾夫子尤古懽，博物直與張華侔。曳以長繩剔以澆，兩版斷碑勝琳球。吾聞兹地宋大學，妙因廢寺道阻修。豈其建極畀致此，俾爾多士資稽謀。在昔蔡邕刊六經，觀碑鴻都人叠稠。韓愈亦曾告祭酒，請以石鼓移西周。從來成均多祕寶，萃珍集古窮遐陬。矧迺鉅筆孔密邇，用勸忠孝非凡儔。方今郡庠何所有，石徑圖像宋所留。是刻尚缺强半在，安知不在宮墻之側、泮之流，我識干將莫邪終必合，定有榮光寶氣淩空浮。

余懋棅　蘿村

杭序自來多古蹟，金薤琳瑯滿四壁。思陵石經雖缺殘，大學遺規尚奕奕。歷朝翰墨殊紛綸，表忠觀碑尤絶倫。此碑舊樹龍山趾，不知何年移置此。櫺星門北泮池南，立處斑斑存舊史。走也承乏歷數年，訪求遺踪終茫然。吾友趙君負奇癖，嗜好殘碑如拱璧。揭來講舍住浹旬，剔蘚摩苔忘日夕。摩挲瞥見忽驚呼，墻陰似有古碑趺。爬搜微露元豐字，忙呼鍬鍤鳩役夫。邪許千聲出片石，一索再索如連珠。洗磨風骨殊瘦硬，波磔稜稜豈墨猪。錢王功德浹吾土，坡公手筆邁千古。銘功紀績在貞珉，忍使典型翳宿莽。原碑明世已不傳，永陵中葉重撫鐫。世人競寶陳珂筆，形貌雖全神已失。神物顯晦洵有數，萬丈光芒神所護。莫嫌存二猶不足，已見眉山真面目。入地且莫恨沉埋，出土更將憂暴露。整頓疇能復舊規，千尺長廊禦風雨。

余懋檣　荆帆

表忠殘碣出宮墻，保障東南不可忘。金石文章傳學士，鼎鐘功業記錢王。千年自有風雲護，一姓重瞻日月光。好事吾家老教授，土花剔盡墨花香。

余彪 龍池

表忠之碑胡爲乎，忠貞世篤不可誣。保土保民歸聖主，肯使生靈被戮屠。天生文忠好手筆，大書深刻豐碑鋪。滄桑變易近千載，碑發猶昔松楸無。續貂却媿陳珂墨，錢塘門外真贋殊。臣叔好古偕良朋，爬搜釁序及壁隅。一旦光怪露圭角，銀鈎鐵畫齊歡呼。文章功業蘇與錢，不關碑石之有無。區區洗刷不忍釋，無乃情深屋上烏。

余文儀 寶岡

東南吴越長，五季紛兵戎。有客靖羣醜，乃孫效欵忠。可憐數片石，空譜萬夫雄。弩静潮猶咽，僧希塔欲童。莓苔蝕贔屭，土石蟄蛟龍。好事迷真贋，臨摹欺聵聾。何人搜靈祕，臣叔非冬烘。講解月如晝，朋來秋正中。縱横恣冥討，彷彿與神通。學胥荷畚插，館童披棘叢。探奇同發覆，匕首見圖窮。捫摸文多隱，摩抄塵漸空。兩人相視笑，四壁迴英風。爍爍珠還浦，桓桓劍出豐。晦明各有日，物理將毋同。酌酒酹天際，悠然見長公。

余蛟 復齋

吴越星野紀在丑，武功文事誇童叟。李唐末造産偉人，驅除僭逆雷霆走。保障東南綿五季，能使亂離蕃丁口。開國更有納土勳，轉盼松楸無主後。宗臣採風表上聞，廢院重輝宸翰九。教下園户守留侯，不遺樵蘇近展柳。誰作鴻文紀忠孝，翰林名字高北斗。風流蕭灑人中龍，龍門史筆在腕肘。蟠金屈鐵揮大書，絶無點畫雜秕莠。骨力逼真顔中丞，忠義千秋堪尚友。泐斯貞石式來兹，鳳翥鸞騫引雛教。紹興駐驛貯辟雍，列次石經同鳥蚪。沿歷元世及有明，兵燹殘失迷獻耇。黄鐘隳棄瓦釜鳴，共寶蜣丸如狂嗾。蘭亭已無真本存，若圖商彝勒周卣。誰知魯鼎尚依然，長聽鼓鐘伴工瞍。聖主巡行繼禹蹟，天章雲漢齊峋嶁。考古報祀前徽至，德巍巍，坤載厚。蒐葺舊典賁新祠，鳩工庀材屬某某。廡間尚樹陳柯碑，當年原刻歸烏有。規撫形似精神疎，束縛龍蛇就械杻。腊鼠之璞魚目珠，況復闕佚貂續狗。神物豈肯終閉藏，光怪發露應非偶。幽搜冥討識異氣，遂安先生實功首。徘徊墻陰見圭角，亟呼畚挶親擊掊。臣叔嗜古如寢饋，掘土壞壁咨尋取。一朝雙殼起糞壤，綆汲清泉剔泥垢。劍拔弩張復舊觀，彷彿如見髯太守。雖非完璧出秦庭，吉光片羽亦不朽。長歌短什傳四方，韻事還同金石壽。

附録

《續修四庫全書總目·金石類》

杭郡庠得表忠觀碑紀事一卷　武林掌故叢編本

諸暨余懋棅撰[一]。懋棅字蘿村，乾隆進士，官杭郡教諭。按蘇軾《表忠觀碑》，今所存者，嘉靖間杭郡守陳柯重爲模刻，其在郡學者，則正德十二年御史宋廷佐所遷入也。時同遷入者尚有宋高宗書《石經》，今《石經》諸刻備存，而《表忠觀碑》佚不可得。乾隆己未，懋棅與趙石函同訪是碑，得於學舍之齋旁隙地，諸碑共十四石，今所得者僅二石耳。末附鄭羽逵、厲鶚、丁敬諸人詩，凡三十三家，懋棅並爲之記其始末焉。

校勘記

［一］棅，底本原誤作「棟」，據《明清進士題名碑録》改。下諸「棅」字同。

南宋六陵遺事

〔清〕萬斯同 輯
李顯根 點校

前言

《南宋六陵遺事》，清萬斯同輯。

萬斯同（一六三八至一七〇二），字季野，號石園，門生私謚貞文先生，浙江鄞縣人。黄宗羲的弟子。康熙間薦博學鴻詞科，不就。精于史學，清初著名史學家。以布衣參編《明史》，前後十九年，不署銜，不受俸。著有《歷代史表》《紀元彙考》《儒林宗派》《群書辯疑》《石園詩文集》等多種。

南宋高宗、孝宗、光宗、寧宗、理宗、度宗六陵，建於浙江紹興攢宫山。元世祖時，江南總督楊璉真珈與丞相桑哥勾結，大肆發掘皇陵，盜其金寶，棄其屍骨。南宋遺民潛往私收遺骨，葬于紹興南蘭亭山天章寺前，每陵一穴，上種冬青樹以爲標識。但是收骨者是誰？當初無人知曉。由於林德暘有《霽山文集》，内有他與唐珏的唱和詩，隱約提到收骨事。因此，大家一致認爲收骨者爲林、唐兩人。後來明張孟兼認爲應增加王英孫。黄宗羲在《冬青樹引注》中更增加鄭朴翁、謝翱。萬斯同收集歷代各種傳説、考證，輯成《南宋六陵遺事》一書。並在此基礎上進一步發揮，認爲應增加前南宋守陵使羅銑。

本書有清道光二十七年（一八四七）世楷堂刻本，此次點校，即以此爲底本。

目録

附録

序

温睿臨序

記事者，必其事核、其辯晰，使傳者信而不疑。而後人之讀之者，歌泣並至流連、感慕，忠孝、節烈之心油然以生。否則，其事猶在疑信閒，或一事而姓名錯出，彼此互異，令觀者惝恍眩惑，而慕悦之心以怠，則載筆者之過也。余讀楊璉真珈發宋諸陵一事，未嘗不歎息流涕，悲宋之無人。夫宋之亡，非有秦政、楊廣之暴，特以天運已移，勢不兩立。然高、孝寬仁之澤未泯也，乃未及百年，而狼虎横噬，西髡肆餤，震驚幽寢。六代其主，致不能保其遺骸，豈不痛哉！當其時，世祖賢明，法度初立。觀其待德祐幼主也，恩禮有加。賜給三宫，餼牢優渥。而宋之降臣徧立於朝，使嗣古妙高奏請發陵之時，有昌言明諍於世祖之前者，未必不聽從，其酷不至若是烈也。嗟乎！歷代陵寢見残者多矣。漢陵發於赤眉，唐陵發於温韜。此時天下無主，盜賊恣行，然猶未聞毁殘肢體如楊髡之虐者。今世祖即位已十五年，平宋已三年矣。伯顔、希憲之徒，賢臣林立，使果有痛哭陳詞者，朝議必翕然和之，世祖必爲感動。桑哥之矯制，必不得施；西僧之奸惡，必不得肆。而宋之諸臣，環顧而寂無一言，乃使掩骼之舉，僅得之玉潛、霽山諸君子，不知其夷傷亦已甚矣。夫諸君子位卑身微，一匹士耳，猶且感故主之誼，發憤糾衆毁家，不恤出萬死，以收遺蜕於艱苦中。有如諸君子，居得爲之地，覩禍難之烈，必不默默隱忍，聽其猖狂肆毒，致九原抱痛也。故吾諷《冬青》諸什，輒瞑目扼腕於宋之士大夫，而悲其無人。然世之志其事者，或歸之玉潛，或歸之霽山，而周公謹又以爲羅陵使，莫之折衷。四明萬季野先生始彙集其事，定其歲月之紀，闡其隱躍之衷，而總衡之曰：『此必唐、林二人之協謀，而羅陵使又從其後，裒集所未盡。』而後諸書之牴牾涣然冰釋，諸君子之義烈愈昭昭，與日月争光矣。吾以是推之，漢、唐之末諸陵暴骨，寧無義士焉出而掩覆之？而其人其事湮没不傳，則紀事之文有功，世道豈淺鮮哉。先生之輯是編也，非徒核其事也，亦欲使後之人思夫天崩地坼之時，猶有赤手犯虎穴、以自靖于萬難中者。勿徒熟視禍敗，輒諉曰『天運』而不之省也。是則先生覺世之意也夫？康熙庚辰吴興温睿臨謹序。

王源序

予自幼讀謝皋羽《冬青樹引》，未嘗不流涕也。嗟乎！六陵之禍。悲夫！何其痛也！天下義烈忠偉之事，雖由性生，亦往往激發於不容已，激愈甚則發愈奇。而盗賊豺狼之勢，遂有時不得窮極其凶于天地。此唐、林諸義士之爲之所爲烈烈千古也。顧傳珏者不及景熙，傳景熙者不及珏，而其説多齟齬不相合。萬子裒輯諸家之説爲一編，乃知唐、林之外，又有王英孫，英孫之外，又有謝翺、鄭樸翁諸人。皆當日合謀，同力而爲之者。特其事秘而不傳，故世之人各傳其所知，不及其所不知。而守陵使、宦者羅銑，又在諸人之外。苟非博考互證，使其事確然衆著于天下，則湮没者固多，而已傳者亦不能無疑於後世。則是編之功，豈其微與？嘗考陵墓多以盗賊利其有見發，獨霸陵以薄葬全，後之帝王亦可以鑒矣。乃宋之陵寢既被發于金，而六陵又復多藏金玉，抑獨何與？噫！遠法漢文，足以永錮千百世而無虞，則有明之制爲不可易也。庚辰夏五月或庵王源識。

南宋六陵遺事

續通鑑綱目

端宗景炎二年二月元世祖至元十五年，元以番僧楊璉真加總攝江南釋教。

三年十二月，元西僧楊璉真加發宋紹興諸陵。

楊璉真加利宋攢宮金玉，發諸陵在紹興者及大臣塚墓凡一百一所。又欲裒諸陵骨雜牛馬枯骼爲鎮南浮圖。會稽人唐珏獨痛憤，乃貿家具行貸，得白金。爲酒食密召諸惡少，泣曰：『爾曹皆宋人。吾不忍陵骨之暴露，欲以他骨易之。』已造石函六，刻紀年一字爲號，自思陵以下隨號收殯。』衆如其言，夜往取遺骸，葬蘭亭山後。又移宋故宫冬青樹植其上以識。聞者悲之。薛應旂《宋元通鑑》、王宗沐《續資治通鑑》並同。

元史世祖本紀

至元十四年二月，命僧亢吉、楊璉真加、加瓦並爲江南總攝掌教，除僧租賦，禁擾寺院者。

至元二十一年九月丙申，以江南總攝楊璉真加發宋陵寢，所收金銀寶器修天衣寺。

二十二年正月庚辰，毁宋郊天臺。桑哥言楊璉真伽云：『會稽有泰寧寺，宋毁之以建寧宗等攢宫；錢塘有龍華寺，宋毁之以爲南郊。皆勝地也，宜復爲寺，以爲皇上、東宫祈壽。』時寧宗等攢宫已毁建寺，勅毁郊天臺，亦建寺焉。

二十八年五月戊戌，遣脱脱、塔喇、忽辛三人追究僧官、江淮總攝楊璉真伽等盗用官物。

二十八年六月丙戌，宣諭江淮民恃總統楊璉真伽力不輸租者，依例徵輸。

二十九年三月壬戌[二]，給還楊璉真伽土田、人口之隸僧坊者。初，楊璉真伽重賂桑哥，擅發宋諸陵，取寶玉，凡發塚一百有一所，戕人命四，攘盗詐掠諸贓，爲鈔十一萬六千三百錠[三]，田二萬三千畝，金銀、珠玉、寶器稱是。省臺諸臣乞正典刑以示天下，帝猶貸之死，而給還其人口、土田。

唐義士傳（羅有開）

辛亥秋，友人端叟倪君過余溪上，出示《游杭雜稾》，中有《識唐玉潛事》一篇。余讀大驚，頓足起立，曰：『異哉！今世乃有此人有此事，願詳告我。』叟乃言曰：

唐君，名珏，字玉潛，會稽山陰人。家貧，聚徒授經，營滫瀡以養其母。歲戊寅，有總江南浮屠者楊璉真伽怙恩横肆，勢燄爍人，窮驕極淫，不可具狀。十二月十有二日，帥徒役頓蕭山，發趙氏諸陵寢，至斷殘支體，攫珠襦玉匣，焚其胔，棄骨草莽閒。唐時年三十二歲，聞之痛憤，盡貸家具，得白金百星許。執券行貸，得白金又百星許。乃具酒醪，市羊豕，邀里中少年若干輩狎坐轟飲，酒且酣，少年起，請曰：『君儒者，若是將何爲焉？』唐慘然具以告，願收遺骸共瘞之。衆謝曰：『諾！』中一少年曰：『發邱中郎將眈眈虎視，事露奈何？』唐曰：『余固籌之矣。今四郊多暴骨，取竄以易，誰復知之？』乃斵文材爲匱，複黄絹爲囊，各署其表曰某陵某陵，分委而散遺之，蕝地以藏，爲文而告。詰旦，事訖來集，出白金，羨餘酬，戒勿泄。

越七日，總浮屠下令，裒陵骨雜置牛馬枯骼中，築一塔壓之，名曰『鎮南』。杭民悲切，不忍仰視，了不知陵骨之猶存也。禍淫不爽，流傳京師，上達四聰，天怒赫赫，飛風雷號，令捽首禍者北焉。

山陰人始有藉藉傳唐事者，由是唐之義風震動吴越，聲生勢長，若胥江掀八月之濤。名雖高，困固自若。明年己卯後上元兩日，唐出觀燈歸，忽坐瘨息，奄奄若將絶者。良久始蘇，曰：『吾見黄衣吏持文書來，告曰：「王召君。」導我往，觀闕巍峩，宫宇靚麗，殆非人間。有一冕旒坐殿上，數黄衣貴人逡巡降，揖曰：「藉君掩骸，其有以報。」吾乃陞謁，造王前。王謂曰：「汝受命窶且貧，兼無妻若子。今忠義動天帝，命錫汝伉儷子三人，田三頃。」拜謝降出，遂覺罔不知其何也。』

踰時，越有治中袁俊至，始下車爲子求師，有以唐薦者。一見，置賓館。一日，問曰：『吾渡江聞有唐氏瘞宋諸陵骨，子豈其宗邪？』左右指君曰：『此是已。』袁大駭，拱手曰：『君此舉豫讓不能抗也。』曳之坐北面，而納拜焉。禮敬特加，情款益篤。叩知家徒四壁，惻然嗟矜，語左右曰：『唐先生家甚寒，吾當料理，使有妻有田以給。』左右逢迎，爰諏爰度，不數月，二事俱愜：聘婦偶故國之公女，負郭食故國之公田。所費一一自袁出。

人固奇唐之節，而又奇唐之遇。兩高之曰：『二公真義士，義士耳！』後獲三丈夫子，鼎立頎頎。凡夢中神所許，稽其數，無一不合。咄咄怪事乃如此。唐葬骨後，又於宋常朝殿，掘冬青樹，植於所函土堆上。作《冬青行》二首，曰：

馬箠問髐形，南面欲起語。野麕尚純束，何物敢盜取。餘花拾飄蕩，白日哀后土。六合忽怪事，蜕龍掛茅宇。老天鑒區區，千載護風雨。

又曰：

冬青花，不可折，南風吹涼積香雪。遥遥翠蓋萬年枝，上有鳳巢下龍穴。君不見，犬之年羊之月，霹靂一聲天地裂。

復有《夢中》詩四首，曰：

珠亡忽震蛟龍睡，軒敝寧忘犬馬情。親拾寒瓊出幽草，四山風雨鬼神驚。

一坏自築珠邱土，雙匣親傳竺國經。只有春風知此意，年年杜宇哭冬青。

昭陵玉匣走天涯，金粟堆寒起暮鴉。水到蘭亭轉嗚咽，不知真帖落誰家。

珠凫玉鴈又成埃，斑竹臨江首重回。猶憶年時寒食節，天家一騎捧香來。

余客錢塘久，熟悉其事。唐至今無恙，靈卿既具聞始末，謂端叟曰：『江左運窮，天水源涸。宋之亡，非有商辛流毒，爲白旄黄鉞之招也。直以千載河清，六合勢一，大火運移，衣冠道盡，臥榻側難容他人鼾睡耳。聖朝量包覆幬，恩完獝狨，煦育亡國遺允，坦無驚猜。何物異端，無忌憚敢爾！至今言之，可爲痛哭已。抑吾不能無慨，異時會稽近畿，世家林立，雖蓬萊清淺，陵岸變遷，豈無一二慷慨僅存者？卓哉！斯舉乃出閭里一寒士，何歟？豈所養非所用，而民彝物，則獨具于勢卑位下者之資稟與？余又怪世之言命者，窮通禍福，罔不在厥初生，一成而不可變。今忠義所感，定命靡常，六極轉移，易若反掌。乃知元命自作，多福自求，樞機由人。雖天有所不能制，聖言豈欺我哉？一人行，通神明，捷於影響，況力又有大者，其精彌厚，其澤當彌長，又可以概量乎哉？吾謂趙氏，昔者家已破，程嬰、公孫杵臼强育其真孤；今者國已亡，唐君玉潛匱藏其真骨。兩雄力當，無能優劣。以其繫人倫，關世教，有足多尚。援筆以紀，待編野史者采焉。

書林義士事蹟（鄭元祐）

宋太學生林德陽，字景熙，號霽山。當楊髡發諸陵寢時，林故爲杭丐者，背竹籮，手持竹夾，遇物即以夾投籮中，林鑄銀作兩許小牌百十繫腰間，取賄西番僧，曰：『餘不敢望收其骨，得高、孝陵足矣。』番僧左右之，果得高、孝兩朝骨，爲兩函貯之，歸葬於東嘉。其詩有《夢中作》一十首。其一絶曰：『一坏未築珠宫土，雙匣親傳竺國經。只有東風知此意，年年杜宇哭冬青。』又曰：『空山急雨洗巖花，金粟堆寒起莫鴉。水到蘭亭更嗚咽[三]，不知真帖落誰家。』又曰：『喬山弓劍未成灰，玉匣珠襦一夜開。猶記去年寒食日，天家一騎捧香來。』餘七首尤悽怨，則忘之。葬後，林於宋常朝殿掘冬青一株，置於所函土堆上。又有《冬青花》一首，曰：『冬青花，冬青花，花時一日腸九折。隔江風雨清影空，五月深山落微雪。石根雲氣龍所藏，尋常螻螘不敢穴。移來此種非人間，曾識萬年觴底月。蜀魂飛繞百鳥臣，夜半一聲山竹裂。』又一首，有曰：『君不記，羊之年馬之月，霹靂一聲山竹裂。』聞其事甚異，不欲書。若林霽山者，其亦可謂義士也已。

志羅陵使遺事《癸辛雜識》（周密）

至元二十二年乙酉八月[四]，楊髡發陵之事起于天長寺福僧聞號西山者，成于演福寺剡僧澤號雲夢者[五]。初，天長乃魏憲靖王墳寺，聞欲媚楊髡，遂獻其寺[六]，旋又發魏王塚，多得金玉。以此起發陵之想，澤一力贊成之。俾泰寧寺僧宗愷、宗允等詐稱楊侍郎、汪安撫侵占寺地爲名，告詞出給文書，將带河西僧及凶黨如沈照磨之徒，部領人夫發掘。時有中官陵使羅銑者守陵不去，與之竭力争執，爲澤痛箠，脅之以刃，令人逐去，太哭而出。遂先啟寧宗、理宗、度宗、楊后四陵，劫取寶玉極多。惟理宗之陵所藏尤多，啟棺之初有白氣亘天，蓋寶氣也。理宗之屍如生，其下皆藉以錦，錦之下承以竹絲細簟。一小厮攫取，擲地有聲，乃金絲所成。或對云含珠有夜明者，乃倒縣其屍樹間，瀝取水銀。如此三日，竟失其首。或謂西番僧回回，其俗以得帝王髑髏，可以厭勝致富，故盜去耳。事竟，羅陵使買棺製衣收斂，大慟垂絶，鄰里爲之感泣。是夕，聞四山皆有哭聲，幾晝夜不絶。至十一月，復發徽、欽、高、孝、光五帝陵，孟、韋、吴、謝四后陵。

初，徽、欽葬五國城，數遣使祈請於金人，欲歸梓宫凡六七年。而后許以梓宫，還行在。高宗親至臨平奉迎，易緦服，寓於龍德别宫。一時朝野以爲大事，諸公論功受賞，費於官帑者不貲。先是選人楊偉貽書执政，乞奏聞命大臣取神櫬之最下者斲而視之。既而禮官請用安陵故事，梓宫入境，即承之以槨，仍納衮冕翬衣於槨中，不改斂。從之。

至此被掘，欽、徽二陵皆空無一物。徽陵有朽木一段，欽陵有木燈檠一枚而已。蓋當時已料其真僞不可知，不欲逆詐，亦以慰一時之人心耳。而二帝遺骸浮沉沙漠，初未嘗還也。高宗陵骨髮盡化，略無寸餘，止錫器數件，端硯一隻。硯爲澤所得。孝陵亦脱化無餘，止頂骨小片，内有玉瓶罏一副，古銅鬲一隻，亦爲澤所得。昔聞有道之士能蜕骨而僊，未聞并骨蜕者，真天人也。若光、寧與諸后儼然如生，羅陵使亦如前棺斂，後悉從火化，可謂忠且義矣，當與張承業同傳。陵中金錢以萬計，皆爲屍氣所蝕，如銅鐵狀，以故諸兇棄而不收，往往爲村民所得，聞有得猫睛異寶者。一村翁於孟后陵得一髻，其髮長六寸餘，其色紺碧，髻根有短金釵，遂取以歸。以其帝后遺物，庋置佛堂中奉事之，自此家道寖豐。凡得金錢之家，非病即死。翁恐甚，亟送龍洞中，而此翁竟成富家矣。方移理宗屍時，澤在傍以足蹴其首，以示無懼。隨覺奇痛，一點起於足心，自此苦足疾數年，以致潰爛雙股，墮落十指而亡。聞既得志，且富不義之財，復倚楊髡勢，豪奪鄉人產業，後爲鄉夫二十人伺道間屠而臠之。罪不加衆，各不過受杖而已。其宗愷與楊髡分贓不平，已受杖而死。宗允見爲寺主，多蓄寶貨，豪霸一方。

冬青樹引（謝翱）

冬青樹，山南陲，九日靈禽居上枝。知君種年星在尾，根到九泉護龍髓。恒星晝隕夜不見，七度山南與鬼戰。願君此心無所移，此樹終有開花時，山南金粟見離離。白衣人拜樹下起，靈禽啄粟枝上飛。

冬青樹引後（張丁）

予既註臯羽《西臺慟哭記》，又以此詩讀者未易通其詞旨，故爲之疏，以便參考而自質焉。適文獻黄先生之門人傅藻氏以書來，謂聞之文獻者曰：『楊總統利攢宫金玉時，越中王修竹出金帛與衆惡少，謂曰：「爾輩皆宋人也，吾不忍陵寢之暴露，已造石函六，刻紀年一字爲號，自思陵以下欲隨號收殯爾。」衆皆諾，遂乘夜往，收貯遺骨葬之，上種冬青樹爲識。此歌詩之所爲作也。』其説如此。予以舊注頗有異同，未即以舊聞非是，姑録一通寄傅，且書來言于此，以問該洽者，庶幾或可再正也。丙午正月十日張丁識。

又（孔希普）

浦陽張君孟兼取謝翶爲宋丞相文公所作《西臺慟哭記》，詳疏其文。復取其至越中所作《冬青樹引》，併疏之于卷末，且以窆宋遺骸事爲唐珏、王修竹，而疑其異同。予謹按：郡先生霽山林君當宋亡時，忠義耿耿，有《南山有嘉樹》及《商婦怨》等詩見所著集中。嘗與唐珏收宋遺骸於山陰，種冬青樹，其上刻誌有『丙之年，子之月，冬青花，不可説』之句。蓋先生乃王修竹門客，先生與珏所爲，王蓋與知之矣。夫謝翶在文公之門，非張君兹述，殆泯滅不傳。今書珏之事，而林君不與焉，豈非闕乎？予因併識其事，以釋君之疑，且以副君好古之盛心云。明洪武四年二月十九孔希普識。

跋謝翶冬青樹引後（趙汸）

予爲兒童時嘗見文章一篇，記楊璉真伽發宋諸陵，將建塔錢塘舊大内。越中有義士，夜募諸少年别求遺骸，盡易其所暴露者。後雖取去，與牛馬骨雜瘞塔中，悉非真龍所蜕矣。其義士與作傳人，皆不著名氏。自馬相而下，題其後者十數公，亦隱其名。所叙述却甚詳，且言是夕事幾覺，有踰垣折足者。然予後遊錢塘，問於父老，乃無人能言其事。或云是塔凡三經雷震，最後乃焚其金裹浮圖尖之若瓠壺者，使皆無名氏遺骼，何以能動天如此？予無以應之。張孟兼所注謝臯羽爲唐珏玉潛作《冬青樹引》，蓋是暗記此事。向所聞義士者，豈即珏耶？然注中或言是王修竹，又何人也？此大奇事，非季布、劇孟之徒不能辦。數十年間，豈無族人子孫能言其事者乎？孟兼更博訪好事君子，儻得其實，宜詳注謝詩以傳。儻能一過越中，訪問南山陲，求得植冬青故處，封域而表揭之，且記其事，于郡乘又一大奇事也，毋徒曰疑以傳疑而已。

發宋陵寢（陶宗儀）

吴興王筠菴先生國器示余所藏《唐義士傳》，讀之不覺令人泣下，謹録之。

傳曰前羅有開所作傳不重録。此雲溪羅先生有開所撰也，先生德興人。

董石林吉翁題其後曰：釋燄薰天，墨毒殘骨，不啻鞭屍刖骸之慘，勢張威攝，孰攖其鋒？儒流唐進士念世藉陽和，生育雨露，涵濡之恩，忠憤激發。毁室捐貲，仗義集儔，潛遺骼于暴露之後，拔游魂於獸髑之中。身首免異處，支體脱烈燄。視漆身隕鉞者，盡在下風。精誠動天，奇節震世。錫佳麗偶，送麒麟兒，陽施陰報，捷若影響，善者勸矣。

詹厚齋載道復題曰：嘗疑武王伐商劍鉞斬擊事，竊意王者之師未必爾也。紂死矣，既擊之，又斷其首，注太白，不已甚乎？當時舉天下無非之者，而西山餓夫獨非之。昌黎頌之曰：若伯夷者，特立獨行，窮天地亘萬古而不顧者也。會稽諸陵非有商辛之虐，不幸而遭樊崇，當時曾無一人動孟陽之哀者。嗚呼痛哉！唐生，一寒士耳，其勢位非如孤竹君之子，徒以故國遺黎不忍視其上之人之禍之慘，憤激於中，毁家取義，爲人所不敢爲。於不可爲之時，深謀密計，全而歸之。智名勇功，足以驚世絶俗，視伯夷固未易同日語。而一念之烈，行之而不顧，豈非韓子所謂千百年乃一人者與？余讀羅君所爲傳，爲之掩卷泣下。嗚呼！尚忍言哉！天地惟一感應之理，有感必應，其得報，固其理耳。不然，天者有時而難，必神者有時而難，明善者怠矣。厥後越有新治中來，聞其事，異其人，下車首物色，得之亟拜，亟爲禮，羅而致之館下，又從而振德之。唐固義士，治中亦偉人，皆出秉彝好德之真。微唐君不能成治中之義，微治中不能著唐君之忠，是大有功於人倫世教者也。此傳之所以不可不作也。皇慶二年夏五月題。

及見遂昌鄭明德先生元祐所書《林義士事蹟》及所載五詩，與前唐傳所録語句微有不同。詩中有『雙匣』字，則是收兩陵骨之意。得非林義士詩，羅雲溪以傳者之誤而寫入傳中者乎？但曰移宋常朝殿冬青植所函土上，而作冬青詩。吾意會稽去杭止隔一水，或者可以致之。若夫東嘉，相望千餘里，豈能容易持去？縱持去，又豈能不枯瘁？作如此想，則又疑是唐義士詩。且葬骨一事，豈唐方起謀時，林已先得高、孝兩陵骨邪？抑得唐所易之骨邪？蓋各行其所志，不相知會，理固有之。載考之周草窗先生密《癸辛雜識》所記已見前不復録，則雲溪所傳歲月絶不同。蓋嘗論至元丙子，天兵下江南，至己酉，將十載，版圖必已定，法制必已明，安得有此事？然戊寅距丙子不三年，竊恐此时庶事草創，而妖髡得以肆其惡與？妖髡就戮，羣兇接踵隕於非命，天之所以禍淫者，亦嚴矣。但云高宗陵骨髮盡化，孝宗陵止頂骨小片，不知唐義士所易者何骨也，林義士所收者又何骨也？惜余生晚，不及識宋季以來老儒先生以就正其是非，故以待熟兩朝典故之人問焉。

冬青塚篇（楊維楨）

老羝夜射錢塘潮，天山兩乳王氣消。禿妖尚壓龍虎怪，浮圖千尺高岧嶢。文山老客智且勇，夜舟拔山山不動。江南石馬久不嘶，塚上冬青今已拱。百年父老憤填胸，不知奪手巧天工。冬青之外鬱葱葱，六櫝更樹蒲門東。

明太祖實録

洪武三年六月庚辰，遣使葬宋理宗頂骨于紹興永穆陵。先是，上與侍講學士危素論宋元興替，素因言元世祖至元間胡僧嗣古妙高欲毁宋會稽諸陵。時夏人楊輦真伽爲江南總攝，奏請如二僧言，遂發諸陵，取其金寶，以諸帝遺骨瘞于杭之故宫，築浮圖其上以壓之，又截理宗頂骨爲西僧飲器。天下聞之，莫不心酸。上聞，歎息久之，謂素曰：『宋南渡諸君無大失德，與元又非世仇，元既乘其弱併取之，何乃復縱奸人肆酷如是耶？』即命北平守將吴勉訪索頂骨所在，果得之西僧廬中，即送至，命有司厝于京城之南。至是紹興府以永穆陵圖來獻，遂勑葬于故陵。

瘞穆陵遺骼碑《紹興府志》（張士敏）

洪武元年正月戊午，皇帝御札相臣宣國公李善長索宋理宗頂骨于北平，移北平大都督府及守臣吴勉。西僧汝訥、監藏深惠以頂骨來獻，詔付應天府守臣夏思忠。四月癸酉，瘞諸南門高座寺之西北。明年五月壬辰，遣使訪歷代帝王陵寢。六月庚辰，浙江以紹興宋諸陵圖進。復命禮部尚書臣崔亮奉勑以理宗頂骨復諸舊穴。嗚呼！穆陵之發，距今八十有六年，遺骸餘蜕始克復歸于土，豈非天耶？惟我國家，德邁前王，澤被幽壤，是宜刻詞穹碑，昭示永世。臣士敏適守是邦，承命惟謹，敬述歲月，俾後有考焉。

書穆陵遺骼

初，至元二十一年甲申，僧嗣古妙高上言欲毁宋會稽諸陵，江南總攝楊輦真加與丞相桑哥相表裏爲姦。明年乙酉正月，奏請如二僧言，發諸陵寶器，以諸帝遺骨建浮屠塔於杭之故宫，截理宗頂以爲飲器。大明洪武二年戊申正月戊午，皇帝御劄丞相宣國公李善長遣工部主事谷秉彝移北平大都督府及守臣吴勉，索飲器于西僧汝訥、監藏深惠，詔付應天府守臣夏思忠，以四月癸酉瘗諸南門高座寺之西北。明年己酉六月庚辰，上覽浙江行省進宋諸陵圖，遂命藏諸舊穴云。嗚呼！上之德，可謂至矣哉。按洪武二年乃己酉，非戊申。三年則庚戌，非己酉。此皆误。

穆陵行 并序（貝瓊）

至元中，元僧楊璉真伽利宋諸陵寶玉，因倡妖言惑主，盡發攢宫之在會稽者，斷理宗頂骨爲飲器。璉敗，歸内府，九十年矣。洪武二年正月，詔宣國公求之，得於僧汝訥所，乃命葬金陵，聚寶山石以表之，余感而賦詩：

六陵草没迷東西，冬青花落陵上泥。黑龍斷首作飲器，風雨空山魂夜啼。當時直恐金棺腐，鑿石通泉下深固。一聲白雁度江來，寶氣竟逐妖僧去。金屋猶思宫女侍，玉衣無復祠官護。可憐持比月氏王，寧飼烏鳶及狐兔。真人欻見起江東，鐵馬九月踰崆峒。百年枯骨却南返，雨花臺下開幽宫。流鶯夜飛白虎殿，江頭白塔今不見。人間萬事安可期，杜宇聲中淚如霰。

穆陵行（高啟）

樓船載國沉海水，金椎晝入三泉裏。空中玉馬不聞嘶，日落寢園秋色起。魚燈夜滅隧户開，弓劍已出空幽臺。逆髡暗識寶氣盡，六陵松柏悲風來。玉顱深注酡酥酒，誤比戎王月支首。百年帝魄泣穹廬，醉骨飲冤愁不朽。幸逢中國真龍飛，一函雨露江南歸。環珮重遊故山月，冬青樹死遺民非。世傳有士嘗竊諸帝骨埋屏處，樹冬青爲識。千秋誰解錮南山，世運興亡覆掌間。起輦谷前馬蹄散，白草無人澆麥飯。

永穆陵，宋理宗陵也，在會稽。元至元初，西僧楊輦真伽請發宋諸陵，許之。既取其殉寶，復以理宗頂骨爲飲器，後籍入官以賜帝師。天兵克元，詔求得之，命有司歸葬焉。起輦谷，元諸陵所在。

白石樵唱詩註（章祖程）

元兵滅宋，僧人楊璉真伽發諸陵，以其骸骨棄草莽中。適林霽山在越土，痛憤不能已，乃詭爲采藥者，以草囊拾而收之。又聞理宗顱骨爲北軍投湖水中，因以錢購漁者求之，幸一網而得，乃盛一函，託言佛經，葬于越山之北，且種冬青樹識之。又《庢山志》：『元人發宋諸陵，以其骨沉諸水，政和縣人余則亮網之，得理宗顱骨而葬焉。』按《輟耕録》：『元發宋陵，以其骨雜牛馬諸骼，作浮圖壓之，號曰鎮南。有唐玉潛、林景曦者，私以他骨易出之，各爲匣以葬。』初未聞則亮爲此舉也，明洪武命宣國公索于元庫，久之得諸西僧汝訥所，敕有司葬之聚寶山。後越郡以宋七陵圖獻，上覽之惻然，命返舊骨于元穴。

書《輟耕録》後（彭瑋）

《輟耕録》載發宋諸陵事未備。謹按，元世祖二十一年甲申，桑哥爲相，與江南浮屠總攝楊輦真伽相表裏，嗾僧嗣古妙高上言，欲毁宋諸陵。明年乙酉正月，桑哥矯制，可其奏，於是發諸陵，實利其殉寶也。又裒諸帝遺骼建白塔於杭故宫，曰『鎮南』，以厭勝之。截理宗頂以爲飲器，未幾逆髡事敗，飲器亦籍入于官，以賜帝師。發陵時，義士唐珏玉潛雷門先生與尚書省架閣林景熙竊痛之，陰相躬拾不盡，遺骨葬别山中，植冬青爲識，遇寒食則密祭之。珏後獲黄袍引兒報德之夢，果生子珙，爲名儒。羅雲溪爲傳其事，謝翱爲託廋詞，作《冬青引》曰：『冬青樹，山南垂，九日靈禽居上枝。白衣種年星在尾，根到九泉護龍髓。恒星晝隕夜不見，七度山南與鬼戰。願君此心慎勿移，此樹終有開花時，山南金粟光離離。白衣人拜地下起，靈禽啄粟枝上飛。』解者曰：『謂應在庚金竄甲木也。元運絶於甲辰，已開先於貞白之詩；宋鳥啄粟於甲木，又開先於晞髮之句。』此豈偶然之作哉？輿鬼託枯骨之靈，靈禽託宋鳥之子，果天意耶？人事也。又按：元文宗生年甲辰，紀元天曆[七]，當時朝臣有引陶宏景《胡笳曲》『負扆飛天曆[八]，終是甲辰君』之語，以爲受命之符者，甲木之謂也。又，或問宋國祚於邵子，邵子對以五更頭，蓋謂五庚申也。而元讖亦有曰『大元之後有庚申』，而順帝以庚申生纔六庚耳。貞白，宏景號；晞髮道人，謝翱也。珏又有《感雷震白塔》詩曰：『冬青花，不堪折，南風吹涼積香雪。摇摇華蓋萬年枝，上有鳳巢下龍穴。羊兒年，犬兒月，霹靂一聲天地裂。』其後至正十九年乙亥，僞周張士誠遣平章張士信守杭，壞白塔甃城。塔亡，而元亦馴至於亡矣。大明洪武元年戊辰正月戊午，太祖高皇帝遣工部主事谷秉彝即北平索飲器于西僧汝訥、鑒藏深惠，詔應天府尹函而瘞諸鳳臺門高座寺之西北。明年己酉六月，上覽浙省進宋諸陵圖，遂命啟瘞南歸，藏諸舊陵云。嗚呼！数百年之禍，至我朝而蕩滌殆盡。宋帝泉壤之冤，亦隨以雪。而義士忠憤之氣，亦得以伸。高皇帝之功德，巍巍乎冠絶前古，天高而地厚，至矣哉！夷攷其顛末，似亦有數存焉。然是録所載，重複羅傳，年月不同。白塔一節，可據鄭傳。已自與前後不同，無可據，《癸辛》録年月同失。理宗首爲飲器一節，張本可據。唐、林二義士本同事者，《梧溪集》、羅、鄭傳之，乃各立異，不免傳疑。今據史臣宋景濂、高季迪并先儒楊維楨、王逢原諸集，以訂補其未備，觀者詳之。成化己丑中秋日華亭彭瑋識。

雙義祠記（文徵明）

嘉靖廿有六年丁未十月，會稽雙義祠成，祀宋義士唐公珏、林公德暘也。

宋社既屋，毀故宫爲寺，而宋諸陵之在會稽者，悉發而平之。奸僧楊璉真珈實倡率焉，珠玉悉攫取，而投骨榛莽，極其僭慽。璉方貴横，莫敢旁睨。二公先後以他骨竄易而瘞之，植冬青以志。未幾，璉哀遺骸雜枯骼，築爲鎮南浮圖，謂可以澌滅摧盡，而不知雅非蜕玉矣。二公舉事之時，履危探險，艱阻百出，而卒汔於成，其志亦烈矣。顧正史不傳，而其事雜出於紀事之書，其言不皆同而皆有所徵，要爲不誣也。夫開國之君往往以封植陵墓爲首事，而元乃發諸陵以事厭勝，或謂此皆奸僧之爲。按前此以丙子下江南，丁丑二月璉即爲江南總攝，尋以所發宋陵金寳修天衣寺，又以寧宗攢宫故地爲泰寧寺。其後以臺臣言其盜用官物及流毒江南，請正典刑，而赦之不殺。獨怪當時輔佐諸臣、一時名碩，曾無一人抗疏。而奮身仗義，乃出于布衣之士，其事有足慨者。且其時宋已滅亡，時移運改，二公者豈復有所覬乎？説者謂其無所爲而爲，高義卓行，比隆豫讓。夫讓嘗受智伯國士之知，以國士報之，宜矣。二公在宋，曾不沾一命之榮，而慷慨從事，至于變服爲丐，鬻家具以需，間關羈逆以圖即功，其難易厚薄，君子蓋能辨之矣。稽之前史，漢唐易世後，其陵寢亦多被發，不知當是時亦有高義之士，反虆梩而掩之如二公者乎？抑於是有以知宋養士之厚而獲報之無已也。

縣故有祠，在名宦祠之左，歲久且敝。南充張君鑑以甲辰進士来知縣事，謂二公所爲得名，直以陵寢之故，旁故多隙地，依陵植祠，于事爲宜。歲時有事六陵，以次入公祠，與陵相爲終始，亦庶幾二公之志也。於是言於郡守吳江沈公啟，公亟俞其請，相與成之。以書屬徵明記其事，而二公事始末具于鄭元祐、陶宗儀者，不暇詳也。

誅髡賊碑（田汝成）

西湖之飛來峰有石人三：元之總浮屠楊璉真伽、閩僧聞、剡僧澤像也。蓋其生時所自刻畫者，莫爲掊擊。至是陳侯見而叱曰：『髡賊！髡賊！胡爲遺惡蹟，以衊我名山哉？』命斬之，身首異處，聞者莫不霅然稱快。嗟乎！談宋事而至楊浮屠，尚忍言哉！當其發諸陵盜珍寶珠襦，玉匣零落草莽間，真慘心奇禍。雖唐、林兩義士易骨潛瘞，而神魄垢辱，徹于九幽，莫可雪滌已！夫趙氏立國，庶幾存仁，而叔世寖削寖微，覆宗海澨，又不憖借一坏以蓋藏題湊。悲夫！悲夫！或謂藝祖欺嫠孤，竊神器，冥報宜然。嗟乎！天之所壞，不可支也；所興，不可禦也。假令天不祐宋，藝祖能冒昧簒取之乎？如以冥報論，則今古奸雄以窫窳濟事者，或不蒙鞭暴之禍，又將何以通之？然則趙氏遘厄，豈其天乎？元運方張，中華祚歇，殺機橫發，敷毒兩間，即沈淪黃壤，猶不免與不然，胡爲乎荼烈若此也？陵谷遷移，觸目鮮故，而梟髡儼列，留玷茲山，殆非所以令衆庶見也。穆陵顱骨韜匿穹廬，高皇帝籍而返之，惜其時無以賊像事上聞者，乃今竟誅滅于陳侯。宣皇祖之德意，洩異代之幽憤，作義士之雄心，掃名山之氛厲，良足快矣！昔申屠迪毁曹操之祠，薛伯高去鼻君之廟，史氏紀之，以爲奇節，以今方之，不亦並美前修哉？《春秋》之法，翦絶亂賊，雖死曰誅，以明刑也。竊有取焉，系之頌曰：

有宋不競，圖存海陬。胡爲梟憝，犯彼靈邱。株送横分，猶有餘譴。孰以崇容，黷我峻巘。陳侯殛之，義憤所宣。人讐神怒，焂焉偕蠲。生脱明誅，死伏幽戮。何必市朝，遊魂駭觫。烈烈陳侯，爲政有紀。崇正祛邪，規民于禮。陳侯烈烈，秉德靖共。旌善癉惡，教民作忠。澤及枯骴，受天百禄。報爾宿讐，宜隮遐福。黎民述誦，我用是修。名誅三賊，竊取《春秋》。

漫録（馮夢禎）

孫太守遊飛来峰，見楊璉真伽像，怒，命石工截其頭。石工誤截地藏菩薩及侍者頭，置獄中。其頭常轑獄中，遂大疫。命僧作七晝夜道場，而疫不減，乃反其頭於冷泉亭傍，遊人踐踏輒病，寺僧乃函供他處，而楊髠像竟無恙。田叔禾作《戮楊髠文》，亦不知其誤，楊髠像前作天女獻供，併酒缸内置一杓，上刻楊璉真伽云云等字，今亦殘毁，乃竟遺禍于地藏，可笑也。周中父説。

山陰縣志

按《輟耕録》所載唐珏、林景熙收宋諸陵骨事，年月、事實前後不同。有紀事四絶句，唐之傳、林之集中各有載其詞，亦大同而小異。陶九成謂『唐所收者諸陵骨，林所收者但高、孝兩朝。詩中有「雙匣」字，得非林之詩，而傳者誤入於唐傳中者乎』？故今載于林之名下。其《冬青花》歌附于唐傳者二，載于林集中者一，詞皆不同，今則各附于二公名下，俾觀者有所辨也。

會稽縣志（张元忭）

按唐、林二義士事，所樹冬青與所傳詩四首並同，蓋甚惑之。竊疑當時二人本協謀，而傳者失其實耳。李長沙公本乃以收骨事爲唐珏，非林景熙，其注謝翱詩云：『星在尾，謂寅年也。《元史·曆志·授時曆經》[九]：「黄道十二次宿度，尾，三度一分一十五秒，入析木之次，辰在寅。」』謝翱以布衣杖策參文天祥軍事，天祥死于燕。翱徬徨山澤，遇處即哭，卒窮以死。其忠憤如此，故謂收骨爲唐珏事，且知爲戊寅年者，以翱詩爲證耳。然以《冬青樹引》二跋觀之，則如余前所疑，庶幾近之，而王修竹名英孫嘗延致景熙，要亦與聞其謀者也。又嘗覽《霽山集》載《冬青花》諸詩甚明，中與唐玉潛、王修竹往還詩不一，多激烈語，其荅謝臯羽，又有『夜夢繞勾越，落日冬青枝』之句，謂非與聞其事者可乎？當收骨時，事甚秘，故姓氏互傳若此。姑識此，以俟博古者辨之。

杭州府志（陳善）

宋端宗景炎三年十二月，元西僧楊璉真伽發宋諸陵，裒遺骸建塔于杭州。《游杭雜稾》：『唐珏，會稽山陰人。歲戊寅，有總江南浮屠楊璉真伽師徒發趙氏諸陵寢，棄骨草莽間。唐聞之痛憤，亟貨家具行貸，得白金，具酒豕，邀里中少年，飲且酣，慘然具以告，願收遺骸，共瘞之。乃斲木匱，複黄絹囊，各署曰某陵，分委之。菴地以藏，戒弗泄。越七日，總浮屠下令裒陵骨雜置牛馬枯骼中，築一塔壓之，名曰鎮南塔。杭民悲切，不忍仰視，了不知陵骨之猶存也。』華亭彭瑋曰：『江南總浮屠楊璉真伽嗾僧嗣古妙高上言，欲毁諸陵。明年乙酉正月，桑哥矯制，遂發諸陵。又裒遺骼，建白塔于臨安故宫。』按周密與瑋皆以發陵事在二十二年乙酉，《續綱目》以爲十五年事。陶九成辨謂至元初諸髡得以横行，若乙酉則天下已定，疑無此舉。故今從《綱目》之年書之。

南宋諸陵《浙江通志》

南宋諸陵在會稽縣寶山，今名攢宫山。紹興元年四月，哲宗昭慈皇后孟氏遺誥：『殮以常服，不得用金玉寶具，權宜就近擇地攢殯，候軍事寧息，歸葬園陵，所製梓宫取周吾身，勿拘舊制，以爲他日遷奉之便。』朝廷欲建山陵，曾紆議曰：『帝后陵寢今存伊洛，不日歸中原，即歸祔矣，宜以攢宫爲名。』遂從之。攢宫之名，實始于紆。是年，徽宗顯肅皇后鄭氏崩于五國城。五年，徽宗亦崩。七年，何蘚還，始聞帝后訃音，先上陵名曰『永固』。九年，高宗顯節皇后邢氏崩于五國城。十二年八月，金人以三梓宫来還。十月，徽宗、鄭后合攢于昭慈太后攢宫西北，改陵名『永祐』，而邢后攢昭慈攢宫西。二十九年九月，高宗母顯仁皇后韋氏崩，攢永祐陵西。三十一年，金人以欽宗訃聞，遥上陵名曰『永顯』。乾道中，朝廷遣使求陵寢地，金人乃以禮陪葬于鞏縣。欽宗皇后朱氏從北去，不知所崩歲月。高宗攢會稽，上陵名曰『永思』。高宗慈烈皇后吴氏祔永思陵。孝宗攢永思陵西，上陵名曰『永阜』。孝宗成肅皇后謝氏祔永阜陵。光宗攢會稽，上陵名曰『永崇』。寧宗崩，吏部侍郎楊華奏云：『泰寧寺山岡偉特，五峰在前，直以上皇青山之雄，翼以紫金白鹿之秀，以此知先帝弓劍之藏，蓋在于此。』詔遷寺，而以其基定卜，上陵名曰『永茂』。寧宗仁烈皇后楊氏祔永茂陵，其孝宗成穆皇后郭氏、成恭皇后夏氏、光宗慈懿皇后李氏、寧宗恭淑皇后韓氏，攢在山陵之前，並不遷祔。理宗攢會稽，陵名曰『永穆』。度宗陵名曰『永紹』。元至元中，西僧楊璉真珈奏發諸陵，宋遺民山陰唐珏潛易以僞骨，取真者瘞之山陰天章寺。前六陵各爲一函，獨理宗顱巨，恐易之事泄，不敢易。楊璉真珈遂築白塔于錢塘，藉以諸帝骨，而以理宗顱爲飲器。楊髠發塚時，又有太學生林德暘故爲丐者，背一籮，手持竹夾，遇物夾之投籮中。又鑄小銀牌置腰間，賄西僧，求得高、孝兩帝骨。僧左右之，果得骨，歸葬東嘉。與唐珏事略異，今並存之。明洪武二年，詔下北平，返理宗顱歸舊陵。三年，遣官訪歷代帝王陵寢，令各省臣同詣所在，審視陵廟，并圖以進。浙江行省進宋諸陵圖，惟孝、理二陵獻殿三間，繚以周垣，餘僅存封樹。九年，令五百步之内禁人樵採，設陵户二人，有司督近陵之人看守，三年一傳制。遣道士齎香帛，致祭于孝宗、理宗二陵，登極則遣官祭告。理宗陵有頂骨碑亭，其右有義士祠。内外禁山三千七百三十五畝，田三十八畝九分，歲久爲居民所侵。正統間，趙伯泰奏復，弘治元年復命帖[一〇]，縣典史张宏檢勘具册以覆。其後，或以山無守者，雖有厲禁，侵盜無已。時乃割禁山之半，佃爲民業，令民守之，而入其租。然樵採之禁，守衛之夫亦寖疎矣。冬青穴，在府城西南三十里天章寺前，宋唐、林二義士埋宋陵骸骨處也。六陵各爲穴，上植冬青樹六根云。

王英孫傳

王英孫，字才翁，會稽人，歷官將作監簿。宋亡，謝翱、鄭樸翁、林景熙、唐珏皆集其家。楊璉真伽發宋陵寢，收骨之事英孫主之，所著有《修竹集》。

唐珏傳

唐珏，字玉潛，山陰人。歲戊寅，總江南浮屠楊璉真伽發宋諸陵，珏不勝痛憤，貸家資得百餘金，具酒邀里中少年。少年曰：『是將何爲？』珏慘然以告，衆謝曰：『諾！』一少年曰：『事露奈何？』珏曰：『余固籌之矣，要當易以他骨。』乃具木櫃絹囊，各署其表曰『某陵某陵』，遂遺拾遺骸瘞蘭亭山，樹冬青於其上以識。越七日，羣賊裒陵骨雜牛馬枯骼築一塔於杭，名曰『鎮南』。杭民悲惋，不忍仰視，不知陵骨之猶存也。

林景熙傳

林景熙，字德陽，一字霽山，平陽人。由上舍釋褐，歷泉州教授、禮部架閣。元兵入浙，盡發宋帝諸陵，餘骸委棄草莽，人莫敢收。景熙與鄭樸翁等數人相率爲採藥者，至陵上，以草囊拾而收之。又聞理宗顱骨爲北兵投湖水中，復以錢購漁者，幸一網而獲。乃盛以二函，託爲佛經，葬之越山，植冬青樹爲識。賦《冬青行》及《夢中作》，詞旨幽惻，聞者悲之。有《白石稿》《白石樵唱》盛行於世。

鄭樸翁傳

鄭樸翁，字宗仁，平陽人。弱冠入太學，咸淳末賜上舍，釋褐，歷福州教授、國子正。與友人林景熙潛拾宋陵遺骸瘞越州，歸隱薌山瀑下。著有《四書要旨》二十卷、《禮記正義》一卷、《續古雜著》三卷、《厚倫書》一卷。景熙銘之曰：

予與君生同里，學同師，又同出處。君沈毅直方，自許致君澤民，志不獲，遂猶以語言文字扶植綱常。精衛填海，馮霄銜土，重可悲也。

按拾骸事，史載唐珏者，誤。

按三山連文鳳《百正集》有《寄常州簿鄭宗仁》詩，小序曰：『稽山禹穴，莽爲狐兔，神龍遺蜕，散亂榛蕪，孝子仁人一夕悉取而歸之，有人心者能無愧乎？聞之悲泣，寄以詩。』詩曰：『玉立蓬萊問淺深，仙裾不受海塵侵。千年愛護神龍骨，萬里淒涼老鶴心。夜月照愁低草色，秋風吹淚哭松陰。钱唐流水情何限，誰采蘋花學越吟。』詞旨悽惋。文鳳，蓋即月泉吟社中寓名羅公福者也。楊復吉附識。

冬青引註（黄宗羲）

余曾註謝皐羽《西臺慟哭記》，以未得見張孟兼註爲恨。曹叔則出其註示之，則頗疏誕。余之註若未可驟廢也，其註《冬青引》亦然。水閣雨餘因憶舊聞爲之重註，非欲以蓋前人也。

冬青樹，山南陲，

蘭亭山在越城之南，有天章寺，即冬青所識之地。张孟兼云：『遺骸瘞蘭亭山，後種冬青樹爲識。』鄭元祐云：『林霽山得高、孝兩朝骨，爲兩函貯之，歸葬於東嘉。』按霽山詩『水到蘭亭轉嗚咽，不知真帖落誰家』，則已明言葬蘭亭矣。元祐既載其詩，乃不深惟其義，何其粗也。

九日靈禽居上枝。

冬青之上有鳥來巢，以記異也。知者唐玉潛詩『遥遥翠蓋萬年枝，上有鳳巢下龍穴』，其記事同也。謂之鳳，謂之靈禽，不敢以凡鳥斥言之。九日者，臯羽過越臺而哭之時也。

知君種年星在尾，

尾在析木之次，謂葬年是戊寅也。發陵之年，羅靈卿云戊寅十二月十二日，孟兼亦同之。而貝瓊《穆陵行》以爲至元二十一年，周密以爲二十二年八月，則是甲申、乙酉也。陶九成謂元下江南，丙子至乙酉立國十載，法制已明，安得有發陵事。雖辨其非乙酉，然無確據，何不以是詩爲證也？況臯羽作此在丙戌，若是乙酉，則相去不及一年。其事方新，不如此爲追憶之詞矣。

根到九泉護龍髓。

龍髓，即六陵之骨也。王修竹造石函六，刻紀年一字爲號。高、孝兩陵則霽山所收，餘四陵玉潛與諸人分任之。章祖程曰：『餘骸棄草莽中，霽山以草囊拾取。』又聞理宗顱骨爲北軍投湖水中，購之漁者而得之，盛以二函，則是霽山所云『雙匣』，猶傳竺國經者，一匣爲諸陵棄骨，一匣爲理宗之顱。與鄭元祐云高、孝兩朝骨者相背，觀後穆陵之骼得自北平，則祖程之説爲謬。

恒星晝隕夜不見，七度山南與鬼戰。

此言收骨之艱難也。恒星晝隕，言發陵在晝。夜不見者，諸人夜往覓骨，不能即得。七度鬼戰者，凡經七夜或七歷險事也。

願君此心無所移，此樹終有開花時，

開花時，猶鄭思肖望陳宜中從占城至也。

山南金粟見離離。

蘭亭山後葬處，其地多桂。知者霽山詩有『金粟堆前幾吠鴉』，可證九日桂猶未謝，故云『見離離』。杜詩『金粟堆前松柏裏』，謂明皇泰陵在金粟山也，故即以『金粟堆』爲陵寢之名。

白衣人拜樹下起，靈禽啄粟枝上飛。

此臯羽自敘與玉潛同拜陵下之景，拜起而靈禽飛也。宋陵收骨事，山陰王修竹英孫所爲，而唐玉潛、林霽山爲之先後。蓋修竹富而好客，玉潛、霽山皆在其門。張孟兼所謂亭諸少年，造六石函，皆修竹事也。鄭元祐所謂背竹籮爲丐者，章祖程所謂草囊采藥，則玉潛、霽山事也。其後知玉潛者，以其事實之玉潛；知霽山者，以其事實之霽山。因時忌諱，故私記有異同耳。若原其本末，則修竹在霽山、玉潛之上，其時同事不止二人，《霽山集》中有鄭樸翁。而楊維楨云楊璉真伽發陵事，翺有陰移冥轉之功，則臯羽亦在其中也。

至蘭亭尋冬青樹記（黃百家）

康熙丁丑三月朔，百家同兒千子、甥朱大成至越城。再越日，適當上巳之辰，買舟出自南門，泊婁公，行五里許，至蘭亭。

時蘭亭奉旨搆造初落成，朱碧輝煌，游觀稠雜，家乃拜瞻御書禊帖穹碑，謁王右軍像，因歎永和九年右軍與朋輩修禊於此，一時翰墨之寄懷，歷久而彌光也。唐太宗爱蘭亭帖，使褚河南輩倣臨之，世遂傳。真蹟在辨才所，太宗與魏徵謀，遣御史蕭翼行紿，以武德四年歸於秦王府。考是年，正太宗破王世充、竇建德，開天册府之時也。徵尚爲建成謀主，何緣與謀？且時爲秦王，安能敕遣御史哉？此好事之言不中理者。今天子至，自摩其文，創新其地，蓋較太宗而過之遠甚矣！

歷右數百武至天章寺，尋古冬青所。按此冬青一樹，自來傳説絶不一詞。季彭山嘗作辨疑，而猶未盡。至我先夫子所注謝臯羽《冬青引》，而始得其真。楊髠發宋諸陵之歲，羅靈卿、張孟兼以爲至元十五年戊寅，貝清江《穆陵行》以爲二十一年甲申，周公謹《癸辛雜識》以爲乙酉，宋潛溪《書穆陵遺骼》同於公謹。然考《元史》：『至元二十一年九月丙申，以楊璉真伽發宋陵冢所收金玉寶器修天衣寺。』則周、宋之説非也。陶九成《輟耕録》：『元下江南在丙子，至乙酉將十載，法制已明，安得有發陵事？』亦嘗疑之，而無實據。先夫子註『知君種年星在尾』：『尾在析木之次。羅、張之戊寅是也。況皋羽之作此詩在丙戌，若是乙酉，相去不一載，其事方新，不如此作追憶之詞矣。』

所葬之骨，靈卿云：『楊髡發宋諸陵，攫取珠襦玉匣，焚其胔，棄骨草莽間。唐玉潛珏與諸年少取四郊暴骨，潛竄易之，斵文木爲匱，黄絹爲囊，各署其表曰某陵某陵。其後，髡裒陵骨雜置牛馬枯骼中，築「鎮南」塔于錢塘舊大内，殊不知其骨之猶存也。』孟兼云：『珏收貯遺骨瘞蘭亭山後，上種冬青樹爲識，是斯樹根九泉所護之龍髓統諸陵之骨也。』公謹云：『妖髡先發寧、理、度、楊后寧宗后四陵，理宗首爲西僧盜去，繼發徽、欽、高、孝、光五陵，孟哲宗后、韋徽宗后、吴高宗后、謝孝宗后四后陵。徽、欽二陵皆空無一物，徽惟朽木段，欽惟木燈檠而已。高陵骨髮盡化，孝陵亦化，止餘頂骨一小片。是徽、钦、高、孝無骨也。』章祖程云：『楊總統發宋諸陵，取其骨築塔於杭，餘骨棄草莽中，林霽山德暘與鄭樸翁數人草囊拾收之。理宗顱骨爲北軍投湖水，購漁者，網得之。』是收骨之舉在築塔後，而所收乃棄餘之骨，非全骸也。夫祖程之説，江陵毛秀已辨其謬矣，况穆陵遺髑，洪武間還自西僧，則盜去之说，更無可疑。公謹之朽木、燈檠事固有之，但以邢后高宗后，同徽宗梓宫還爲欽宗，誤矣。欽宗遺殖，實未嘗南還也。至于高、孝之蜕化無餘，蓋已先爲霽山所得。鄭元祐謂霽山背竹籮，手持竹夾，賄西番僧，得高、孝兩朝骨，非此證與？况夢中詩『雙匣親傳竺國經』，林又已自明言之矣。

植樹之人，羅、張傳與《通鑑注》獨歸玉潛，謂珏葬骨後，于宋常朝殿掘冬青樹，植于所函土堆上。元祐輩則專屬之霽山。趙子常混言越中有義士，又不知修竹爲何人。

先夫子曰：『宋陵收骨之事，王修竹英孫字才翁，會稽人，宋將作監主簿所爲，而玉潛、霽山爲之先後。蓋修竹富而好客，唐、林皆在其門。孟兼所謂亨諸年少、造六石函，皆修竹事。元祐所謂背竹籮爲匄者，祖程所謂草囊采藥，則玉潛、霽山事也。其後，知玉潛者，以其事實之玉潛；知霽山者，以其事實之霽山。因時忌諱，故私記異同耳。若原其本末，則修竹在玉潛、霽山之上。其時，同事者不止二人，《霽山集》中有鄭樸翁。而楊鐵崖云，翱有陰移冥轉之功，則臯羽亦在其中也。』

若夫所植之地，元祐謂霽山以高、孝骨歸葬東嘉，後人已羣駁之。彭山謂自會稽歸葬于温，其事甚難，況能移常朝殿冬青乎？夫冬青即不必常朝之樹，顧林自詩『水到蘭亭轉嗚咽』已明，云葬蘭亭矣，何元祐録其詩，不明其義也。獨是冬青既在蘭亭，孟兼以爲蘭亭山後。《通鑑注》因之，晞髮以爲山南陲。《郡志》以爲在天章寺前，有冬青穴，六陵各爲穴，上植冬青樹六根。夫六根之説，前人未聞。要之亭寺俱屬山南，寺又在亭之後，則此石根雲氣總不出天章之左近也。家尋覓無蹤，問之寺僧瑞華，漫言答云：『五六百年之事，復何詢耶？』余悶悶，東至玉清道院，問之羽流，云：『昔固有冬青穴，而今已爲天章寺僧淹没矣。』

嗟乎！宋陵之禍，起于天長寺福僧聞、演法寺剡僧澤、泰寧寺僧宗愷、宗勉，成于僧嗣古妙高、楊璉真伽，皆奸髠之所爲也。顧諸奸髠，當時即罹王法，後世談之切齒，何物瑞華而乃擅滅六帝之陵羣，然恬不爲怪耶！試思六帝之在當時一言一動，載筆書之以爲史臣，下奉之以爲制，即今所傳六帝之宋史羣籍，學士大夫有可不觀焉者乎？則此一坏之遺殖，所關不小，而乃竟使靈禽不飛，白衣之人無樹起拜耶！且草莽不孝，嘗謁有明孝陵以及天壽諸陵矣。孝、長二陵，當今天子至，自行三拜九叩之禮，各陵俱爲置陵户祀田，惟定陵缺置，稜思殿亦爲盜木者所燬。即此攢宫故陵處，未嘗不有春秋祭典，特未有以六帝真骸之所上達九重耳。煦日春山，覩此蘭亭之崇麗，一文士之流風逸韻，至煩至尊親表揚之，况六朝之帝王乎？敬告當事大人，或上聞，或自清理封植，願咸加意，毋使杜宇聲中，徒聞寒士之歎也。

書林唐二義士傳後（萬斯同）

或問攢宫改葬之事，或歸之玉潛，或歸之霽山，將何從？答曰：

余考《霽山文集》，言館會稽王修竹家二十載，其與玉潛酬答詩甚多，而玉潛亦修竹之客，則必諸人協謀爲之，非一人事也。再考《紹興府志》，孝宗永阜陵在高宗永思陵西，則二陵必相近。光宗永崇陵但言葬會稽，而不言其處，則去二陵必稍遠。至寧宗永茂陵特遷天章寺爲之，則必高、孝二陵旁無地可葬，故至于毁寺，其去二陵必更遠。若理宗之永穆、度宗之永紹，又遠于永茂可知矣。外更有徽宗之永祐及孟、邢、郭、夏、李、韓六后陵，孟氏，哲宗后；邢氏，高宗后；郭氏、夏氏，並孝宗后；李氏，光宗后；韓氏，寧宗后，俱不遷祔，其地之遼廓可知。寧若卿大夫之塚墓可以尋丈計哉？當諸陵之徧發也，欲盡收其遺骸瘞之，豈一人之力所能及？此二人必分道任之。故霽山但拾高、孝二陵，而玉潛則盡拾諸陵。不然，諸帝皆吾故君也，霽山何不忍于高、孝，而忍于諸帝乎？今觀玉潛詩，有『遥遥翠蓋萬年枝，上有鳳巢下龍穴』句，霽山詩有『移來此種非人間，曾識萬年觴底月』句，皆詠冬青。而霽山之《冬青行》正次玉潛之韻，則两人之協謀，益無可疑。乃季彭山之辨耑，歸其事于玉潛，而撰《温州府志》者謂霽山與鄭樸翁爲之。史稱玉潛者誤，要皆私其鄉人之詞，非公論也，况埋骨之事原不載于史乎？

書林唐二義士詩後（萬斯同）

發陵之事確在戊寅年，羅雲漢所載是也。乃玉潛詩謂『犬之年羊之月』，則是甲戌六月。霽山詩謂『羊之年馬之月』，則是癸未五月。孔希普述霽山詩，又謂『丙之年子之月』，則是丙子十一月。夫元人之入臨安，在德祐二年丙子正月。若甲戌，乃度宗咸淳十年，元軍猶未渡江也，玉潛之詩爲失實。癸未，乃世祖至元二十年，距崖山之事已閲五年，與雲漢所載不合，霽山之詩亦失實。丙子，正元人入臨安之歲，爲至元十三年二月，始遣楊髠爲總統，安得丙子有發陵之事，則孔氏之言亦失實。今以謝皐羽《冬青樹引》『知君種年星在尾』考之，其爲戊寅無疑。戊寅，則至元十五年也。二公身爲之事，而所志有失實者，或時有所忌，故紊其詞，使人疑其僞爾。閲者但取其事，而不拘其歲月，即詞有同異何傷哉？

書《癸辛雜識》後（萬斯同）

攢宫掩骸之事，人皆歸之林、唐二義士矣。乃周公謹《癸辛雜識》獨歸之羅陵使銑，此又何説？今林、唐二公已廟祀千秋，争光日月，而陵使獨無一人言及者，豈以其奄人而輕之乎？夫奄人而不忘故主，始則與之力争捶楚幾死，繼則爲之掩埋，哀號欲絶。此其忠誠尤足矜尚，而諸公何以遺之？夫玉潛之事，首爲之傳者羅雲漢也；霽山之事，首爲之傳者鄭明德也。玉潛之傳，不及霽山一語；霽山之傳，亦不及玉潛一語。若偏信其一，則二公不獲並傳矣。今羅、鄭二人之所志，人莫不信之。公謹之所志，何獨不可信乎？况雲漢江右人，明德嚴陵人，其地去會稽猶遠。公謹，钱塘人，去會稽止百里，其所見聞較羅、鄭必更確，而志中所載多至千餘言，其述發陵之先後，壙中之寶器村民拾遺物之禍福，一一如見，豈盡不可信，而竟無一人稱道之。《温州志·霽山傳》言理宗顱骨爲北兵投湖中，以钱購漁者，幸一網而獲，諸家多從之，獨公謹志謂倒懸理宗屍三日，竟失其首，或言回回俗，以得帝王髑髏可以厭勝致富，故盜去。觀後明太祖返理宗顱骨事，則公謹志爲實，而霽山傳不實矣。然遺骸既爲二公掩埋，何以又有羅陵使事？意陵使爲妖僧所逐，匿迹他方。既返，而二公掩埋已訖，陵使不知其所收斂者特二公所易之僞骨乎？其真僞未可知，只此精誠，可以下見諸帝，無慚矣。正史即不載，野史安得盡没之？載考公謹志謂高宗陵骨髮盡化，略無寸餘；孝宗陵亦蜕化盡，止存頂骨小片。據此，是霽山既埋之後，陵使始爲收斂，益無可疑矣。不然，豈有骨髮盡化之理，而霽山所埋者又何物乎？獨言發陵在至元二十二年，此爲失實。然貝清江《穆陵行》、宋潛溪《書穆陵遺事》亦皆失實，則此何足爲病乎？

校勘記

［一］三月，底本原誤作『四月』，按『四月』無壬戌，據《元史》改。
［二］今本《元史》『三』作『二』。
［三］嗚，底本原誤作『鳴』，據文意改。
［四］酉，底本原誤作『西』，據《癸辛雜識・别集上》『楊髠發陵』條改。
［五］《癸辛雜識・别集上》『楊髠發陵』條『澤』作『允澤』。
［六］寺，底本原誤作『事』，據《癸辛雜識・别集上》『楊髠發陵』條改。
［七］曆，底本原作『歷』，避乾隆諱，今正。
［八］曆，底本原作『歷』，避乾隆諱，今正。
［九］二『曆』字，底本原皆作『歷』，避乾隆諱，今正。
［一〇］弘，底本原作『宏』，避乾隆諱，今正。

附録

萬季野先生斯同墓誌銘（黄百家）

昔吾先遺獻少以籲冤出遊，交滿天下士，而心言性命之友不過數人，於甬上則萬履安先生、陸文虎先生，顧陸死于桑海之交而無子，萬則魁然主吟於汐社月泉，而有才子八人，人比之荀氏八龍焉。

先生諱斯同，字季野，履安先生之季子也。先遺獻誌履安先生之墓曰：『萬氏，定遠人，國珍從明高皇帝起兵，賜名斌，北征戰歿，贈明威將軍。子鍾，世襲寧波衛指揮，遂爲寧波人。遜國之難，死之。子武嗣，從征交趾，又死之。弟文嗣，夜哨，鋸門見兩炬，射之，炬滅而濤作，溺死于海，所見之炬蓋龍目也。七傳而爲曾祖諱表，南京中軍都督府同知，理學名臣也。祖諱達甫，廣東督理防參將。父諱邦孚，鎮守福建總兵官左軍都督僉事。』所云曾祖、祖父，於先生則爲高曾祖也。父諱泰，即履安先生，崇禎丙子舉人。母聞氏。履安先生砥礪名節，素爲物望所歸。金石聲變，長謝公車，息機盛世，盡喪失其家道。兼之避仇匿影，播徙奉化榆林山中。中饋失偶，諸子孤露，三旬九食常不支，無暇計及課子《詩》《書》，所以先生年逾十歲，未嘗入塾也。然而先生志性夙成，居常乞字於諸兄，熟經于默識，芄蘭、角丱則固斐然，潛有文筆矣。而履安先生不知也。少子之愛，隱憂恒戚戚，一日憑几而歎曰：『吾死，諸子猶可，八郎未讀書，其不免爲餓殍乎？』將謀寄託于僧寺，諸兄或曰：『八郎已能文。』履安先生曰：『吁！安有未就外傅而能文者？』爲進文一篇，猶不之信。及呼面試，立就，履安先生始愕然大驚曰：『有是哉！吾過矣，吾過矣。』由是于心始慰，未幾，履安先生即世。先生約諸昆姪咸來黄竹浦問學于先遺獻，歸而爲講經之會。爭各磨礪，奮氣怒生。從是公擇之心學，涵養粹如，充宗之經術，疑義盡墮；允誠、貞一、授一之文彩，才燦國華。先生略足兼之，而尤長于史。自兩漢以來數千年之制度沿革人物出處，洞然腹笥，嘗以《東漢書》《三國志》而下俱無表，用李燾追補宰相年表意以補之，成《史表》若干卷，一覽而歷代王侯世家、將相大臣興廢遷留之歲月，燎然在目，此海内之奇書也。夫古今著述之家何限？其湮没者何限？即今傳而不能保後日之不湮没者何限？若《史表》，則斷斷可保其必傳而不湮没者也。于有明十五朝之實録，幾能成誦，其外邸報、野史、家乘，無不遍覽熟悉，隨舉一人一事問之，即詳述其曲折始終，聽若懸河之瀉。蓋先生出生無他嗜好，侵晨達夜，惟有讀書之一事，而又過目不忘，故其胸中所貯益富，殆記所謂『博聞強識，敦善行而不怠』，先生其無愧于斯語哉！

己未歲，今上有修《明史》之詔，監修徐立齋先生以幣聘先生至京任其事。司寇健菴先生、宫詹果亭先生以及京朝諸大老，無不敬禮雅重，凡有古典故事未諳出處者，質詢于先生，先生以條紙答之，曰在某書某卷某葉，檢書查閱，不爽錙銖，蓋不能使人不心服也。昔余在京時，見立齋先生論一事曰：『萬先生之言如此。』一朝士問曰：『萬先生何人？』答曰：『季野。』又問：『季野何人？』立齋先生怫然他顧曰：『惡！焉有爲薦紳可不識萬季野者？』少司寇鄭山公先生曰：『天生季野，關係明朝一代之人也。』後主講會于京師，每月兩會，至期輿馬駢集，先生布衣敝屣，從容就席，辨析歷代制度，若《通考》《通志》諸書，脱口成文，執筆者手不停録。諸王聞先生名，亦願交請見。於乎！先生少爲孤童，長爲寒士，絶意於科舉榮途，而乃爲王公卿相推重如此！ 人可不自立耶？ 余少遭亂離，播徙略同於先生。 年過成童，未嘗學問。 猶憶順治歲己亥，先生初謁先遺獻于化安山，問余近讀何書，余以無師對。 先生曰：『如名父將誰師？』余曰：『未嘗督課也。』先生曰：『嘻！ 人之樂有賢父兄者，豈必藉其諄諄訓誨乎？ 貴在自己默臭其氣耳。』余時惕然，面頸發赤，自是不甘自棄，稍得立足于《詩》《書》之途者，實由先生此一言發之也。 逮後康熙丙午、丁未閒，余與先生及陳子夔獻讀書于鄞縣外之海會寺，見先生從人借讀二十一史，兩目爲腫。 己酉以後數年，又與先生讀書于越城姜定菴先生家，發其所藏，有明列朝實録，廢寢觀之。 余時注意舉業，頗迂先生所爲。 先生謂富貴有命，今古不可不通也。 向晚縷縷，必爲余詳説一日所觀，某事之顛末，某人之是非，出口入耳，使余得粗知一代之梗概者，亦多自先生教之也。 丁卯以後，則與先生同脩《明史》于立齋先生京邸。 庚午夏仲，立齋先生南還，余亦爲監修張素存先生及諸總裁所留，又與先生同修《明史》於江南會館。 時余以先遺獻年老，不能久留，遂任史志數種歸家成之。 戊寅春，先生南歸，過余，謂曰：『吾學博於汝而筆不及汝，《明史》之事樂得子助。』致司空王儼齋先生之意，約余秋閒同入都。 余以先遺獻遺命宋、元《儒學案》、宋、元《文案》四書未成辭之。 已見先遺獻晚年所著《明三史鈔》，大喜曰：『此一代是非所關也。 我此番了事歸來，將與汝依此底本，另成《明朝大事記》一部何如？』余心甚快之，每依北斗延頸而望先生之來踐此言，豈期竟以訃音聞耶？ 嗟乎！ 修史之事，至明室而愈難矣。 革除之失實，秘陽之醜正，要典之逆言，思陵之墜簡，以至僞書流行，多不勝數，是非通知三百年之首尾條貫于胷中者，未免爲公超之霧所染。 東西易問，惡能斲諂魂、發潛德於筆下乎？ 昔先遺獻嘗怪以某相之喪師誤國，而冬心詩惑於孤兒之詭説，頌其功勞。 近聞復有欲爲險心辣手亡國之某相頌功者，則更可怪矣。 語云：『國可滅，史不可滅。』柱下皇宬原非布衣之事，先生雖死，知當事者自能出定力以主持，必不至使後人有糾繆之舉也。

生於某年月日，以康熙壬午四月初八日卒於京邸，年六十五。配莊氏、傅氏。子二：世楷，蚤卒；世標，府學生，娶董氏。女二：國子學生陳涵璋、謝家祚其壻也。所著有《石園詩文集》《明樂府》《儒林宗派》《歷代史表》《廟制圖考》《石經考》《河渠考》《崑崙河源考》《禘説》《卦變考》《羣書疑義辨》《書學彙編》《石鼓文考》《宋季忠義録》《庚申君遺事》《南宋六陵遺事》《歷代紀元彙考》《歷朝宰輔彙考》《周正彙考》《難難》。猶子貞一、授一，孤世標，俱以先生墓銘見屬，余不得而辭也。銘曰：

茫茫禹跡，寒暑運晷。前者已往，後無窮止。紛紛著述，擾擾姓氏。非甚拔傑，留傳有幾。季野先生，孤童奮起。博聞強識，尤熟諸史。補表歷代，示如掌指。明代典故，貫徹終始。渺然布衣，身關國是。載筆皇宬，王公倒屣。削觚未畢，鏡墮魄死。竊恐詭説，狐鳴厖吠。墨白粉黑，回邪蹠美。惑人聽聞，入耳難洗。然在先生，人書卓爾。天地雖久，必傳可擬。四尺封中，讀書種子。

錢儀吉《碑傳集》卷一百三十一

萬貞文先生傳（全祖望）

貞文先生萬斯同，字季野，學者稱爲石園先生，鄞人也，户部郎泰第八子。少不馴，弗肯帖帖隨諸兄，所過多殘滅，諸兄亦忽之。户部思寄之僧舍，已而以其頑，閉之空室中。先生竊視架上有明史料數十册，讀之甚喜，數日而畢。又見有經學諸書，皆盡之。既出，因時時隨諸兄後，聽其議論。一日，伯兄斯年家課，先生欲豫焉，伯兄笑曰：『汝何知？』先生答曰：『觀諸兄所造，亦易與耳。』伯兄驟聞而駴之，曰：『然則吾將試汝？』因雜出經義目試之，汗漫千言，俄頃而就。伯兄大驚，持之而泣，以告户部曰：『幾失吾弟。』户部亦愕然曰：『幾失吾子。』是日，始爲先生新衣履，送入塾讀書。逾年，遣請業於梨洲先生，則置之絳帳中高坐。先生讀書，五行並下，如決海堤。然嘗守先儒之戒，以爲無益之書不必觀，無益之文不必爲也。故於書無所不讀，而識其大者。

康熙戊午，詔徵博學鴻儒。浙江巡道許鴻勳以先生薦，力辭得免。明年開局修《明史》，崑山徐學士元文延先生往，時史局中徵士許以七品俸，稱翰林院纂修官。學士欲援其例以授之，先生請以布衣參史局，不署銜，不受俸，總裁許之。諸纂修官以稿至，皆送先生覆審。先生閱畢，謂侍者曰：『取某書某卷某葉，有某事當補入；取某書某卷某葉，某事當參校。』侍者如言而至，無爽者。《明史稿》五百卷，皆先生手定。雖其後不盡仍先生之舊，而要其底本，足以自爲一書者也。

先生之初至京也，時議意其專長在史。及崑山徐侍郎乾學居憂，先生與之語《喪禮》，侍郎因請先生纂《讀禮通考》一書，上自國卹，以訖家禮，十四經之箋疏，廿一史之志傳，漢唐宋諸儒之文集、説部，無或遺者。又以其餘爲《喪禮辨疑》四卷、《廟制折衷》二卷，乃知先生之深於經。侍郎因請先生遍成五禮之書二百餘卷，當時京師才彥霧會，各以所長自見，而先生最闇淡。然自王公以至下士，無不呼曰萬先生。而先生與人還往，其自署祇曰『布衣萬斯同』，未嘗有他稱也。

安溪李厚菴最少許可，曰：『吾生平所見，不過數子，顧寧人、萬季野、閻百詩，斯真足以備石渠顧問之選者也。』先生爲人和平大雅，而其中介然。故督師之姻人方居要津，乞史館於督師少爲寬假，先生歷數其罪以告之。有運餉官以棄運走，道死，其孫以賂乞入死事之列，先生斥而退之。錢忠介公嗣子困甚，先生爲之營一衿者累矣，卒不能得，而先生未嘗倦也。父友馮侍郎躋仲諸子没入勳衛家，先生贖而歸之。不矜意氣，不事聲援，尤喜獎引後進，惟恐失之，於講會中惓惓三致意焉，蓋躬行君子也。卒後門人私謚曰貞文。

所著有《補歷代史表》六十四卷、《紀元會考》四卷、《宋季忠義録》十六卷、《南宋六陵遺事》二卷、

《庚申君遺事》一卷、《河源考》四卷、《儒林宗派》八卷、《石鼓文考》四卷、《文集》八卷。而《明史稿》五百卷，《讀禮通考》一百六十卷，別爲書。今其後人式微，多散佚不存者。

先生在京邸，攜書數十萬卷，及卒，旁無親屬。錢翰林名世以子弟故，衰絰爲喪主，取其書去，論者薄之。

予入京師，方侍郎靈皋謂予曰：『萬先生真古人，予所見前輩，諄諄教人爲有用之學者，惟萬先生耳。自先生之卒，蕺山證人之緒不可復振，而吾鄉五百餘年攻媿、厚齋、文獻之傳亦復中絶，是則可爲太息者矣。』

全祖望《鮚埼亭集》卷二十八

萬季野先生行狀（劉坊）

憶坊己巳冬得交明州萬季野先生於崑山相國京邸，同晤者爲劉子繼莊。其時京師鶩名之士風傳二先生博聞爾雅，學無不窺。劉則喜游，每旦興必出，或夕不返。每欲訪者，則必托萬先生致意，然後留身以待。先生則自朝至旰，一編丹鉛不寘。客來會者，或經史制度，或人物得失，閎論崇議，鋒辨四出，娓娓如數家珍。言某人某事如何，某時某官某地建置如何，檢書按之，詞語未嘗少悟。客去復理前業不倦，或數日一往答。來者遇諸塗，問之無異在寓。坊以久放風塵，所交四方知名士不勝屈指，惟先生辯析不窮，數往候之談天，末數百年事一如其素所歷。以是獨服膺先生，稱爲近今學者之冠。

明年，崑山歸里，繼莊以館俸之得鈔史館祕書無算，持歸蘇，之洞庭，將約同志爲一代不朽之業。既歸吳，未幾，身歿，其書散失於門人交友處。予與先生扼腕久之。先生遂爲京江澤州所留，移置江南館。中間二年，先生不自得，抑抑思歸，索予詩爲贈。已而未果，告予曰：『吾之衷，惟君知之。往歲繼莊之言不踐，僕所以濡忍於此。念先世九代，勝國世勳，至先人中崇禎丙子鄉試，於是舊業頓隳。我十一世祖斌從明太祖起兵定天下，太祖賜今名，命長守滁州。十七年，天下已定策，得受三等之封，世襲指揮僉事。洪武五年，從左副將軍文忠征進沙漠，戰死阿魯渾河。十世祖鍾奉命備倭寧波，於是遂爲鄞人，賜第今府學之東。建文元年，禦靖難師，戰死大興之花園。九世伯祖武，年少襲職，罣吏議，不自甘，從黔國征交趾以湔恥，戰死檀舍江，時年廿三，無嗣。於是九世祖文遂復僉事職，年廿一，率舟師備倭，大戰蓮花洋，逐之出牛頭洋。至桂門，夜見二燈懸水上，遥望之以爲賊艘也，引弩中之，燈息而波濤大作，遭覆溺死，所見之炬蓋龍目也。龍怒甚，攪海沈舟，至今桂門有射龍將軍祠。我二祖將材不恒而不得永其年。文祖之死，祖妣有五月遺身，於是祖姑義顯日號於天，求生男嗣萬氏。已而果生八世祖全，姑遂不嫁，爲男子冠裳，佐二嫂寡母，以立萬氏之門。至今滁州南門外有宣武祠。崇禎時，南太僕寺卿馮元飈所建，以祀四忠三節一義者也。全三傳爲鹿園都督表公，以文章德業起世宗朝，與唐應德、羅達夫、王汝止諸公交善，其集與表志皆諸君子所爲，稱爲一代名臣，是爲僕之高祖。至祖邦孚公，以總兵鎮七閩，彈琴雅歌，意氣雍容，未老即引年歸里。吾父棄累代戈矛之傳，以文史代驅馳，崇禎之季，復社所謂萬履安先生者，領袖東南數十年。乙酉之秋，魯監國授爲户部主事，督餉。公則曰：「我何以主事爲哉？至於督餉濟王業，小臣三百年世勳，誼敢辭乎？」及監國不守，素業已殫，攜妻子避亂奉化山中，常忍餓，以食乏者，蓋先人棄僕廿餘年，而僕兄弟之憾至今未釋也。僕兄弟八人，咸各早自樹立，念先人辭世禄，勉思以文德易武功。今鼎遷社改，無可爲力者，惟持此志上告列祖在天耳。僕生平學凡三變，弱冠時爲古文詞詩歌，欲與當世知名士角逐於翰墨之場。既乃薄其所爲無益之言，以惑世盜名，勝國之季可監矣。已乃攻經國有用之學，謂天未厭亂，有膺圖籙者出，舍我其誰？時與諸同人兄弟，自有書契以至今日之制度，無弗考索遺意，論其可行不可行。又思此道迂遠，而典考志諸書所載，有心人按圖布之有餘矣。而塗山二百九十三年之得失，竟無成書。其君相之經營挪建與有司之所奉行、學士大夫之風尚源流，今日失考，後來者何所據乎？昔吾先世四代死王事，今此非王事乎？祖不難以身殉，爲其玄、曾乃不能盡心網羅以備殘略，死尚可以見先人地下乎？故自己未以來，迄今廿年閒，隱忍史局，棄妻子兄弟不顧，誠欲有所冀也。凡此皆僕未白之衷，君深知我，故爲君詳之。他日身後之狀，君豈得委哉？』自此己巳、庚午以迄戊寅，十年之閒，雞鳴風雨，談之往往徹夜不休。予初聞，以爲先生姑妄言耳。孰知戊寅京邸一別，遂成千古耶？

先生生平無他欣慕，惟讀書取友以爲終歲課程。予謂其神王氣鬱天，必留爲龜鑑以惠我同人，乃勞心過甚，精神耗竭，遂棄予逝耶？今日言猶在耳，而音容已不可復追。遺書死後多爲輕薄所竊，其孤世標歉然慮失先生之真，以予從先生京邸談最久，故乞爲狀，其槩如此。若其生平謙退不伐，矜人之長，恤人之急，友愛兄弟子姪，篤於親故，孶孶考索，不知人世復有何者足動其嗜好。蓋古人之行，而非今人之所易有也。因括十年所聞見而筆之，以告當世之知先生者，知予非阿好而爲河漢之言也。

先生諱斯同，字季野，晚號石園。原配莊氏，繼配傅氏。子一，世標。標子二，承祜、人敵。尚生於前明崇禎十一年正月廿四日戌時，卒於康熙四十一年四月初八日京邸王司空儼齋《明史》館中。儼齋命人送柩還寧波，其孤世標迎之不遇，今權厝於西郊祖塋之側。

所著書數十種，有《儒林宗派》八卷、《廟製圖考》四卷、《讀禮通考》九十卷（爲徐司寇乾學所纂，刻於徐氏傳是樓中）、《周正彙考》八卷、《羣書疑辨》十二卷、《石經考》二卷、《明通鑑》若干卷（散失）、《明史列傳》二百卷（存史館中）、《明史表》十三卷、《明歷朝宰輔彙考》八卷、《明史河渠考》十二卷、《補歷代史表》已刻五十三卷（未刻若干卷）、《歷代紀元彙考》八卷、《宋季忠義録》十六卷、《南宋六陵遺事》一卷、《庚申君遺事》一卷、《崑崙河源考》二卷、《石鼓文考》一卷、《書學彙編》二十四卷、《難難》一卷（散失）、《詩文集》八卷、《明樂府》二卷。至於表傳之作，與安魂泉壤，則有待於當世闡微顯幽之君子。

閔爾昌《碑傳集補》卷四十四

萬先生斯同傳（錢大昕）

萬先生斯同，字季野，鄞人。高祖表，明都督同知。父泰，明崇禎丙子舉人，鼎革後以經史分授諸子，各名一家，先生其少子也。生而異敏，讀書過目不忘。八歲在客座中背誦揚子《法言》，終篇不失一字。年十四五，取家所藏書徧讀之，皆得其大意。餘姚黄太沖寓甬上，先生與兄斯大皆師事之，得聞蕺山劉氏之學，以慎獨爲主，以聖賢爲必可及。是時甬上有五經會，先生年最少，遇有疑義，輒片言析之。束發未嘗爲時文，專意古學，博通諸史，尤熟於明代掌故，自洪武至天啟實録，皆能闇誦。尚書徐公乾學聞其名，招致之，其撰《讀禮通考》，先生預參定焉。

會詔修《明史》，大學士徐公元文爲總裁，欲薦入史局，先生力辭，乃延主其家，以刊修委之。元文罷，繼之者大學士張公玉書、陳公廷敬、尚書王公鴻緒，皆延請先生有加禮。先生素以明史自任，又病唐以後設局分修之失，嘗曰：『昔遷、固才既傑出，又承父學，故事信而言文。其後專家之書，才雖不逮，猶未至如官修者之雜亂也。譬如入人之室，始而周其堂寢匽湢，繼而知其蓄産禮俗，久之其男女少長、性質剛柔、輕重、賢愚無不習察，然後可制其家之事。若官修之史，倉卒而成於衆人，不暇擇其材之宜與事之習，是猶招市人而與謀室中之事也。吾所以辭史局而就館總裁所者，唯恐衆人分操割裂，使一代治亂賢奸之跡暗昧而不明耳。』又曰：『史之難言久矣！非事信而言文，其傳不顯。李翺、曾鞏所譏「魏晉以後，賢奸事迹暗昧而不明，由無遷、固之文」是也。而在今則事之信尤難，蓋俗之偷久矣，好惡因心，而毁譽隨之，一家之事，言者三人，而其傳各異矣，況數百年之久乎？言語可曲附而成，事迹可鑿空而搆，其傳而播之者，未必皆直道之行也；其聞而書之者，未必有裁别之識也。非論其世、知其人而具見其表裏，則吾以爲信而人受其枉者多矣。吾少館於某氏，其家有列朝實録，吾讀而詳識之。長游四方，就故家長老求遺書，考問往事，旁及郡志邑乘、雜家誌傳之文，靡不網羅參伍，而要以實録爲指歸。蓋實録者，直載其事與言而無所增飾者也。因其世以攷其事，覈其言而平心察之，則其人之本末，十得其八九矣。然言之發或有所由，事之端或有所起，而其流或有所激，則非他書不能具也。凡實録之難詳者，吾以它書證之；它書之誣且濫者，吾以所得於實録者裁之。雖不敢謂具可信，而是非之枉於人者鮮矣。昔人于《宋史》已病其繁蕪，而吾所述將倍焉，非不知簡之爲貴也，吾恐後之人務博而不知所裁，故先爲之極，使知吾所取者有可損，而所不取者必非其事與言之真而不可益也。』

建文一朝無實録，野史因有遜國出亡之説，後人多信之，先生直斷之曰：『紫禁城無水關，無可出之理，鬼門亦無其地。《成祖實録》稱「建文闔宫自焚，上望見宫中煙起，急遣中使往救，至已不及，中使出其屍於火中，還白上」。所謂中使者，乃成祖之内監也，安肯以后屍誑其主？而清宫之日，中涓嬪御爲建文所屬意者逐一毒考，苟無自焚實據，豈肯不行大索之令耶？且建文登極二三年，削奪親藩，曾無寬假，以至燕王稱兵犯闕，逼迫自殞。即使出亡，亦是勢窮力盡，謂之遜國可乎？』由是建文之書法遂定。

在都門十餘年，士大夫就問無虚日，每月兩三會，聽講者常數十人。於前史體例貫穿精熟，指陳得失，皆中肯綮，劉知幾、鄭樵諸人不能及也。馬、班史皆有表，而《後漢》《三國》以下無之，劉知幾謂『得之不爲益，失之不爲損』，先生則曰：『史之有表，所以通紀傳之窮，有其人已入紀傳而表之者，有未入紀傳而牽連以表之者，表立而後紀傳之文可省，故表不可廢。讀史而不讀表，非深于史者也。』

康熙壬午四月卒，年六十。所著《歷代史表》六十卷、《紀元彙考》四卷、《廟制圖考》四卷、《儒林宗派》八卷、《石經考》二卷，皆刊行。又有《周正彙考》八卷、《歷代宰輔彙考》八卷、《宋季忠義録》十六卷、《六陵遺事》一卷、《庚申君遺事》一卷、《群書疑辨》十二卷、《書學彙編》二十二卷、《崑崙河源考》二卷、《河渠考》十二卷、《石園詩文集》二十卷，予皆未見也。乾隆初，大學士張公廷玉等奉詔刊定《明史》，以王公鴻緒史稿爲本而增損之，王氏稿大半出先生手也。

錢大昕《潛研堂集》卷三十八

萬季野墓表（方苞）

季野姓萬氏，諱斯同，浙江四明人也。其本師曰念臺劉公。公既殁，有弟子曰黄宗羲黎洲，浙人聞公之風而興起者，多師事之，而季野與兄充宗最知名。季野少異敏，自束髪未嘗爲時文，故其學博通，而尤熟于有明一代之事。年近六十，諸公以修《明史》延致京師，士之遊學京師者，爭相從問古儀法。月再三會，録所聞共講肄，惟余不與。而季野獨降齒德而與余交，每曰：『子於古文信有得矣，然願子勿溺也。唐宋號爲文家者八人，其於道粗有明者，韓愈氏而止耳，其餘則資學者以愛玩而已，于世非果有益也。』余輟古文之學，而求經義自此始。

丙子秋，余將南歸，要余信宿其寓齋，曰：『吾老矣，子東西促促，吾身後之事豫以屬子，是吾之私也。抑猶有大者。史之難爲久矣，非事信而言文，其傳不顯。李翺、曾鞏所譏魏晉以後賢姦事迹並暗昧而不明，由無遷、固之文是也。而在今則事之信尤難。蓋俗之偷久矣，好惡因心而毁譽隨之。一室之事，言者三人，而其傳各異矣，况數百年之久乎？故言語可曲附而成，事迹可鑿空而構，其傳而播之者未必皆直道之行也，其聞而書之者未必有裁别之識也。非論其世，知其人，而具見其表裏，則吾以爲信而人受其枉者多矣。吾少館于某氏，其家有列朝實録，吾默識暗誦，未敢有一言一事之遺也。長遊四方，就故家長老求遺書考問往事，旁及郡志邑乘、雜家誌傳之文，靡不網羅參伍，而要以實録爲指歸。蓋實録者，直載其事與言而無可增飾者也。因其世以考其事，覈其言而平心以察之，則其人之本末可八九得矣。然言之發或有所由，事之端或有所起，而其流或有所激，則非他書不能具也。凡實録之難詳者，吾以他書證之。他書之誣且濫者，吾以所得于實録者裁之。雖不敢具謂可信，而是非之枉於人者蓋鮮矣。昔人于《宋史》已病其繁蕪，而吾所述將倍焉。非不知簡之爲貴也，吾恐後之人務博而不知所裁，故先爲之極。使知吾所取者有可損，而不取者必非其事與言之真而不可益也。子誠欲以古文爲事，則願一意于斯，就吾所述，約以義法而經緯其文。他日書成，記其後曰「此四明萬氏所草創也」，則吾死不恨矣。』因指四壁架上書曰：『是吾四十年所收集也，踰歲吾書成，當並歸于子矣。』又曰：『昔遷、固才既傑出，又承父學，故事信而言文。其後專家之書，才雖不逮，猶未至如官修者之雜亂也。譬如入人之室，始而周其堂寢匽湢焉，繼而知其蓄産禮俗焉，久之其男女少長、性質剛柔、輕重、賢愚無不習察，然後可制其家之事也。官修之史，倉卒而成於衆人，不暇擇其材之宜與事之習，是猶招市人而與謀室中之事耳。吾欲子之爲此，非徒自惜其心力，吾恐衆人分操割裂，使一代治亂賢姦之迹暗昧而不明。子若不能，則他日爲吾更擇能者而授之。』季野自志學，即以明史自任。其至京師，蓋以群書有不能自致者，必資有力者以成之，欲竟其事然後歸。及余歸踰年而季野竟客死，無子弟在側，其史藁及羣書遂不知所歸。余迍邅轗軻，於所屬史事之大者，既未獲從事，而傳誌之文亦久而未就。戊戌夏六月，臥疾塞上，追思前言，始表而誌之。距其殁蓋二十有一年矣。

季野行清而氣和，與人交，久而益可愛敬。其殁也，家人未嘗訃余，余每欲赴其家弔問而未得也。故於平生行迹莫由敘列，而獨著其所闡明于史法者。季野所撰本紀、列傳，凡四百六十卷，惟諸志未就。其書具存于華亭王氏。淮陰劉永禎録之過半而未全。後有作者可取正焉。

方苞《望溪文集》卷十二

《清儒學案·鄞縣二萬學案下·萬先生斯同》（徐世昌）

萬斯同字季野，學者稱石園先生。悔菴先生八子，先生其季也。生而異敏，讀書過目不忘。八歲，在客座中背誦揚子《法言》，終篇不失一字。年十四五，取家所藏書遍讀之，皆得其大意。聞蕺山劉氏之學，以慎獨爲主，以聖賢爲必可及，與同志相劘切，月有會講，博通諸史，尤熟明代掌故。康熙十七年，薦鴻博，辭不就。

初，順治二年，詔修《明史》，未幾罷。康熙四年，又詔修之，亦止。十八年，命大學士徐元文爲監修，取彭孫遹等五十人官翰林，與右庶子盧君琦等十六人同爲纂修。先生嘗病唐以後史設局分修之失，以謂專家之書，才雖不逮，猶未至如官修者之雜亂，故辭不膺選。至三十二年，再召王尚書鴻緒於家，偕陳文貞、張文和爲總裁。陳任本紀，張任志，而王延先生於家，委以史事，而錢氏名世佐之。每覆審一傳，曰某書某事當參校，顧小史取其書第幾卷至，無或爽者。士大夫到門諮詢，了辯如嚮。

嘗書抵友人，自言：『少館某所，其家有列朝實録，吾默識暗誦，未敢有一言一事之遺也。長游四方，輒就故家耆老求遺書，考問往事。旁及郡志邑乘，私家撰述，靡不搜討，而要以實録爲指歸。蓋實録者，直載其事與言，而無可增飾者也。因其世以考其事，覈其言而平心察之，則其人本末可八九得矣。然言之發或有所由，事之端或有所起，而其流或有所激，則非他書不能具也。凡實録之難詳者，吾以他書證之；他書之誣且濫者，吾以所得於實録者裁之。雖不敢具謂可信，而是非之枉於人者蓋鮮矣。昔人於《宋史》已病其繁蕪，而吾所述將倍焉。非不知簡之爲貴也，吾恐後之人務博而不知所裁，故先爲之極，使知吾所取者有所捐，而所不取，必非其事與言之真，而不可溢也。』又以『馬、班史皆有表，而《後漢》《三國》以下無之。劉知幾謂「得之不爲益，失之不爲損」。不知史之有表，所以通紀、傳之窮者。有其人已入紀、傳而表之者，有未入紀、傳而牽連以表之者。表立而後紀、傳之文可省，故表不可廢。讀史而不讀表，非深於史者也』。嘗作明開國訖唐、桂功臣將相年表，以備采擇。其後《明史》至乾隆初張文和等奉詔刊定，即取王氏史稿爲本而增損之。王稿大半出先生手也。

嘗補《歷代史表》五十四卷，凡六十篇，益以《明史》表十三篇，東漢有《宦官侯表》，三國仿大事記作《三國大事年表》，則前代所闕，而自造體制者也。又著《紀元彙考》四卷、《廟制圖考》一卷、《儒林宗派》十六卷、《石經考》一卷、《周正彙考》八卷、《歷代宰輔彙考》八卷、《宋季忠義録》十六卷、《南宋六陵遺事》一卷、《庚申君遺事》一卷、《群書疑辨》十二卷、《書學彙編》二十二卷、《崑崙河源考》二卷、《河渠考》十二卷、《石園詩文集》二十卷。卒於京師，年六十四，門人私謚曰貞文。

《清史列傳·儒林传下一·萬斯大附斯同》

斯同，字季野，生而異敏。年十四五，取家藏書徧讀之，皆得其大意。從黃宗羲得聞蕺山劉氏之學，以慎獨爲主，以聖賢爲必可及。寧波有五經會，斯同年最少，遇疑義，輒以片言析之。尚書徐乾學撰《讀禮通考》，斯同與參定焉。博通諸史，尤熟於明代掌故，嘗作《明開國以後至唐桂王功臣將相内外諸大臣年表》，以備采擇。康熙十八年，薦鴻學鴻儒科，辭不就。

會詔修《明史》，大學士徐元文爲總裁，欲薦斯同入館局，斯同復辭，乃延主其家，以刊修委之。元文罷，繼之者大學士張玉書、陳廷敬，尚書王鴻緒，皆延之。乾隆初，大學士張廷玉等奉詔刊定《明史》，依據鴻緒稾本而增損之。鴻緒稾實出斯同手。

嘗病唐以後設局分修之失，謂：『一代治亂賢奸之迹，當具其表裏。吾少館於某氏家，其家有列朝實録，吾讀而詳識之。長游四方，就故家長老求遺書，考問往事，旁及郡志邑乘、雜家誌傳之文，靡不網羅參伍，而要以實録爲指歸。蓋實録者，直載其事與言，而無所增飾者也。凡實録之難詳者，吾以他書證之；他書之誣且濫者，吾以實録裁之。雖不敢自謂可信，而是非之枉於人者鮮矣。昔人於《宋史》已病其繁蕪，而吾所述倍焉。非不知簡之爲貴也，吾恐後之人務博而不知所裁，故先爲之極，使知吾所取者有可損，而所不取者必非其事與言之真而不可益也。』

建文一朝無實録，野史因有遜國出亡之説，斯同斷之曰：『紫禁城無水關，無可出之理，鬼門亦無其地。《成祖實録》稱建文闔宫自焚，上望見宫中煙起，急遣中使往救，至已不及。中使出其屍於火中，還白上。所謂中使者，乃成祖之内監也。安肯以后屍誑其主？而清宫之日，中涓嬪御爲建文所屬意者，逐一刑訊，苟無自焚實據，豈肯不行大索令耶？且建文登極二三年，削奪親藩，曾無寬假，以至燕王稱兵犯闕，逼迫自殞。即使出亡，亦是勢窮力盡，謂之遜國可乎？』由是建文之書法遂定。

斯同性不樂榮利，見人惟以讀書勵名節相切劘。康熙四十一年卒，年六十。所著有《歷代史表》六十卷、《儒林宗派》八卷、《喪禮辨疑》四卷、《廟制折衷》四卷、《廟制圖考》四卷、《石經考》二卷、《周正彙考》八卷、《紀元彙考》四卷、《歷代宰輔彙考》八卷、《宋季忠義録》十六卷、《南宋六陵遺事》一卷、《庚申君遺事》一卷、《羣書疑辨》十二卷、《書學彙編》二十二卷、《崑崙河源考》二卷、《河渠考》十二卷、《石園詩文集》二十卷。其《歷代史表》稽考列朝掌故，端緒釐然，有助史學。又創《宦者侯表》《大事年表》二例，爲列史所無。儒林宗派，自孔子以下，漢後唐前傳經之儒，及兩宋周程朱陸各派，一一具列，其持論獨爲平允焉。

《清史稿·文苑一·万斯同》

萬斯同，字季野，鄞縣人。父泰，生八子，斯同其季也。兄斯大，《儒林》有傳。性彊記，八歲，客坐中能背誦揚子《法言》。後從黄宗羲遊，得聞蕺山劉氏學説，以慎獨爲宗。以讀書勵名節與同志相劘切，月有會講。博通諸史，尤熟明代掌故。康熙十七年，薦鴻博，辭不就。

初，順治二年詔修《明史》，未幾罷。康熙四年，又詔修之，亦止。十八年，命徐元文爲監修，取彭孫遹等五十人官翰林，與右庶子盧君琦等十六人同爲纂修。斯同嘗病唐以後史設局分修之失，以謂專家之書，才雖不逮，猶未至如官修者之雜亂，故辭不膺選。至三十二年，再召王鴻緒於家，命偕陳廷敬、張玉書爲總裁。陳任本紀，張任志，而鴻緒獨任列傳。乃延斯同於家，委以史事，而武進錢名世佐之。每覆審一傳，曰某書某事當參校，顧小史取其書第幾卷至，無或爽者。士大夫到門諮詢，了辯如響。

嘗書抵友人，自言：『少館某所，其家有列朝實録，吾默識暗誦，未敢有一言一事之遺也。長遊四方，輒就故家耆老求遺書，考問往事。旁及郡志邑乘、私家撰述，靡不搜討，而要以實録爲指歸。蓋實録者，直載其事與言，而無可增飾者也。因其世以考其事，覈其言而平心察之，則其人本末可八九得矣。然言之發或有所由，事之端或有所起，而其流或有所激，則非他書不能具也。凡實録之難詳者，吾以他書證之。他書之誣且濫者，吾以所得於實録者裁之。雖不敢具謂可信，而是非之枉於人者蓋鮮矣。昔人於《宋史》已病其繁蕪，而吾所述將倍焉。非不知簡之爲貴也，吾恐後之人務博而不知所裁，故先爲之極，使知吾所取者有所捐，而所不取，必非其事與言之真，而不可溢也。』又以『馬、班史皆有表，而《後漢》《三國》以下無之。劉知幾謂得之不爲益，失之不爲損。不知史之有表，所以通紀、傳之窮者。有其人已入紀、傳而表之者，有未入紀、傳而牽連以表之者。表立而後紀、傳之文可省，故表不可廢。讀史而不讀表，非深於史者也』。嘗作明開國訖唐、桂功臣將相年表，以備采擇。其後《明史》至乾隆初大學士張廷玉等奉詔刊定，即取鴻緒史藁爲本而增損之。鴻緒藁，大半出斯同手也。

平生淡於榮利，脩脯所入，輒以以賙宗黨。故人馮京第死義，其子没入不得歸，爲醵錢贖之。尤喜獎掖後進。自王公以至下士，無不呼曰萬先生。李光地品藻人倫，以謂顧寧人、閻百詩及萬季野，此數子者，真足備石渠顧問之選。而斯同與人往還，其自署則曰『布衣萬某』，未嘗有他稱也。卒年六十。著《歷代史表》，創爲《宦者侯表》《大事年表》二例。又著《儒林宗派》。

南宋六陵遺事跋

有宋云亡，遺民抱黍離之痛、抗采薇之節者，指不勝屈。而六陵瘞骨一事，尤爲悲慘。惟是唐、林諸公行蹟，散見于稗乘志集者，傳聞異辭，詳略互見，幾令覽者莫之適從。今得季野先生裒輯而論定之，覺當時晦夜奇蹤隱躍紙上，千百年後若或見之。然則先生之爲功，于諸公亦不尠矣。丁未孟冬震澤楊復吉識。

《續修四庫全書總目·史部地理類》

南宋六陵遺事一卷　昭代叢書本

明萬斯同輯，斯同有《歷代史表》，已著録。是書記元番僧發宋諸陵，諸義士私瘞遺骸事。首録《續通鑑綱目》及《元史·世祖本紀》，以著茲事之緣起，次録羅有開、鄭元祐、周密、謝翱、張丁、孔希普、趙汸、陶宗儀諸人所記述，而終以自撰《書林唐二義士傳後》《書林唐二義士詩後》《書〈癸辛雜識〉後》三篇。按瘞骸之事，諸書所載不一，或以爲唐玉潛，或以爲林霽山，或又以爲王修竹，斯同據《霽山文集》，言『館會稽王修竹家二十載，其與玉潛酬答之詩甚多，而玉潛亦修竹之客，則必諸人協謀爲之，非一人事』。又唐、林詩中所云『犬之年羊之月』，『羊之年馬之月』，又謂『丙之年子之月』，皆有誤。以謝翱《冬青樹引》『知君種年星在尾』攷之，當爲戊寅，即至元十五年也。又謂周密所稱羅陵使事，亦不可没。卷後有楊復吉跋。

定鄉雜著

〔清〕胡敬 著

李顯根 點校

前言

《定鄉雜著》，清胡敬撰。敬字以莊，號書農，仁和（今浙江杭州）人。生於乾隆三十四年（一七六九），卒於道光二十五年（一八四五）。嘉慶十年進士，歷任翰林院編修、安徽學政、侍講學士等官。曾參加《全唐文》《石渠寶笈三編》《明鑒》等書的纂輯工作。著有《國朝院畫録》二卷、《大元海運記》二卷、《南薰閣圖像考》一卷、《胡氏書畫考三種》、《崇雅堂詩文集》、《文鈔》二卷、《詩鈔》十卷、《駢體文鈔》四卷、《應制存稿》一卷、《删餘詩》一卷、《年譜》一卷、《定鄉雜著》二卷。清胡珵撰有《書農府君年譜》。

定鄉屬錢塘縣（今杭州市），因定山而得名，其區域在六和塔以南，富陽以北。是書兩卷，上卷紀游，下卷雜詠，於定鄉之風土、人情、民俗多所記載。

本書只有清光緒十年（一八八四）《武林掌故叢編》本，此次點校，即以此爲底本。避諱字『萬歷』皆已回改爲『萬曆』。

目録

序

許乃濟序

蓋聞感緣境起，故登高者能悲；文以情生，故懷秋者易怨。辨琴中之曲，志在高山；添頰上之毫，神如秋水。又况横沙隄曲，潮飛虚白之聲；殘照籬邊，峰滴遥青之韻。衣裁荔葉，涇紅露于芙蓉；艇泛瓜皮，訂香盟于鷗鷺。西風寒未，落葉蕭然，有不引奇客之幽懷、動騷人之逸興者乎？吾友書農胡子，乙夜功深，胸羅半豹；丁年名重，目少全牛。輯懷舊之詩，歌殘紅豆；擬感甄之賦，鈔偏烏絲。尚憐爨下琴材，中郎未遇；忽訝山中蠟屐，謝客重來。半挂詩囊，藉奚奴撥開蘆雪；一肩遊榼，共村叟來就菊花。晚飯燈前，買誰家之白墮；曉塍溝畔，刈千頃之黄雲。正看穫稻天忙，漫訝催租客至。地鄰杜曲，曾開東瀼之腴；人似柳州，更訪西山之勝。錦衣有樹，鐵弩無聲，峰轉月輪，嶺紆酒庫。溯陂塘于東渤，絶勝金牛；望宫闕于南朝，傷心白燕。偶孤筇之扶過，詫絶壁之横開。豎七十五丈之奇，煙蘿忽阻；類一百八盤之險，捷徑難攀。青雲渺爾，同登樵風幾里；暮色蒼然，而至明月三人。于是，以遨以遊，再信再宿。既奇觀之不厭，亦韻事之頻傳。則有挾策少年，簪花新婦，抱兔園之册，便詩價重雞林；恥狐媚之工，那免形如鳩拙。或且飾衣冠于優孟，啾等結鶉；效牧字于兒童，力慙馴象。將易觀而相笑，每即境而成愁。嬉笑盡屬文章，咳唾亦成珠玉。豈漆園盡荒唐之論，惟青衫多憔悴之情。然而紅塵道上衮衮羣公，何如白版扉前閒閒一客。物情可見，吾道寧非。偶披冰雪之文，如入煙霞之窟。我之懷矣，尋詩向紅葉村中；子好遊乎，結屋到白雲深處。竹洲許乃濟。

汪家禧序

訂山川之知己，半屬幽人；觸景物之蕭然，時牽别想。蓋清暉照眼，最宜白雪之孤標；而奥境盈前，易振青霞之逸氣。况峰嵐合沓，從酈君注内搜來；浦漵縈迴，似謝傅毫端繪出。感慨者，誰能遣此；蕭瑟兮，未免有情。吾友胡子，品重儒林，詞推文苑。編蒲作簡，夙號經神；綴錦藏詩，雅耽吟癖。吐牢騷之致，織女文成；含楮墨之清，水仙賦就。呵毫咏舊，情依秋水蒼葭；刻燭酬詩，韻繞春山紅樹。才名藉甚，此士無雙。然世重齊鹽，痛捧心於西子；俗珍燕璞，悲刖足於南人。《五噫》爲梁鴻發興之端，《九詠》盡宋玉不平之氣。偶遊村郭，猝就新篇；不棄顓愚，俾觀雅製。巖無蘊趣，直如柳令探幽；文貴傳真，不學莊生善幻。蓋定鄉者，地殊梅冶，俗似桃源，爲先人負郭之餘，偕小史攜裝而至。扶鳩黄髮，欣呼佳客重來；跨犢玄齠，爭詢此君何自。既而橐囊全集，雞黍歡陳。玩兹數頃桑麻，幾忘晼晚；不習九章粟米，遽較贏餘。草堂寫杜叟之天真，僻地動謝公之雅興。其地有定、曇諸山，記車塵於武肅，發妙詠于休文。標峰緑野之間，插嶺綵虹之外。傾崖斜豎，白雲過宿猶屯；絶頂孤圓，碧樹經秋尚茂。然奇容峭蒨，窄徑難登；怪石嵯峨，弱藤易折。列御寇誠難決踵，韓昌黎似欲懸縋。始焉野次迷塗，漢涘止問沮之駕；既焉崖端却足，山陰迴訪戴之舟。夫别蘊奇懷，廬岳且堪夢至；盡袪凡想，天台本可圖觀。何必捷類猱升，俊如鶻健，學左右望，誇盡致於巖嵐；作轉旋升，矜竭情于瞻眺哉！且是時也，老楓作醉，旭日鋪綿。小徑同繩，行踏幾堆落葉；遠天如墨，望窮數點寒鴉。既尋山，畏峻險之容；且問俗，學輶軒之使。新嫁孃歸纔三日，已改羞顔；鄙書生讀未終篇，敢抒狂態。籬前觳觫，依然跋扈將軍；野外闍黎，剩有穹窿古佛。演前朝舊事，聽唱中郎；入才子靈襟，均非烏有。兼以前邨杳杳，故徑昏昏。燭隱中塗，祇林隙星輝爛爍；浦横隔道，聽水濱風響奔騰。石如元獸之相蹲，樹化青人而欲撲。問兹遊險未，匪陰陵失道之軍；覺我興陶然，似赤壁再來之客。凡兹逸事，盡屬游蹤。嗟乎！多攬勝之緣，君真雅士；負好遊之癖，僕本羈人。盧鴻無託足之鄉，身伴春絮；潘岳少閒居之福，淚灑秋風。擬到天池巨浸，豈乘槎可泛；欲登穹嶽遥區，非裹飯能遊。作白眼以看人，未逃世網；向青天而搔首，誰假長風。何地有名山，願著屐扶筇而偕往；兹鄉誠樂土，請攜家築室以爲居。選樓汪家禧。

定鄉雜著卷上

紀游

錢塘之南有定鄉，以定山得名。沈休文《早發定山》詩，蓋指此，余家有饘粥田數畝在其下，歲時徵租，每一過之。曩時，作《定山雜詠》百絶句，紀其風土。蓋余之游是鄉屢矣，而兹游爲最勝云。

孟冬二十日，曉起襆被，從一僕。至江干，過月輪峰，唤烏雅舟。舟小如葉，篷低，坐不能仰，舷旁横小槳，一舟人仰卧，以兩足盪之，迅若飛鳥。沿洄繞江岸行，見岸旁山多爲潮水衝刷，沙石剥落，作赭黄色，人從亂石子中行。有巨艦數十，下碇淺瀨間，多以母蠣飾窗梢，作燕尾形。上梢，婆倚舵笑語，被服華豔，貌冶而淫，想見目挑心招，多錢賈買醉篷窗、纏頭濫拋光景。而花蕊峰臨流矗立，娟秀可人。舟已過，猶戀戀不置。

俄聞雞犬聲喧然，舟人曰至梵村矣，起推篷。遥望五雲山，翠竹丹楓掩映，瑟瑟微風忽至，如聞梵音。村之西有嶺曰牛坊，南渡建酒庫於此。今則茅檐挂望子，止一二老嫗賣酒。其閒勝事不常，江山如昨，可慨也。延攬既久，倦而假寐。須臾，僕起而呼云已至，乃捨舟登岸。

僕以青竹枝擔小行囊在後，遵田間徑，屈曲凡數折，乃至佃農成姓家，有羣兒戲於門，見予譁曰：

『徵租客來矣。』主人出迎，延入茆堂。婦女輩各出問訊，如舊戚屬。予因詢西成熟否，皆曰今年好天公，較去歲多收得數斛穀。乃出草具勸食，食閒相與話農桑耕植勞苦。予內念，以不耕坐獲，殊自媿。晚乃倚壁設竹榻，藉草臥，枕上成《江行》詩一絶。既成，無寐。側耳聽，僕已鼾聲雷動，時時作夢讛語，語沓亂不可辨。諦審之，多道演劇場中事。復聞村犬吠聲如豹，唁唁不絶。朔風吹庭樹，終夜蕭屑有聲。夜過午，方倚枕成睡。比醒，朝曦射檐罅，已光滿榻上矣，遂起。

爲摒擋田事，計升斗，簸糠粃，一切瑣務皆委之僕，而予以端居無事，乃思游山。

鄉有曇山，勝境也，予夙聆之，暇思一登陟。以時方病，脚氣時作時止，憚遠行，意猶豫未果。主人從旁從臾予，謂：『兹山去此不過三五里，客能往，吾願與客偕。』即偕行。

過雙溇，沿石龍山，山竟體皆石，無纖微土壤。居人多採石燒堊，鑿石聲錚錚然。折而西，一清谿當前，上横竹爲略彴，已朽斷。予苦韈不能涉，佃農乃負予而過。復前行，境愈幽邃，多土山緜延夾道。時小春候暖，有草花開若列錦，映山爲赤。計前後行已六七里許，而曇山尚不至。亟問之，曰前塗即是。及至，又前進，如是者再。至一山，佃農指示曰：『此是也。』余睨之，黄土醜惡，一小部婁耳，因曰：『此非是，曇山果何在？』農語塞，吐實曰：『予亦徒耳其名，未嘗身至是地，聞人言在此，實不識此山真面目。』予意沮欲歸，而來此已一由旬，念無空返理。躑躅閒，有樵豎荷薪而至，迎問之，曰：『曇山不遠，轉過小山背，即望見。』復大喜。

既踰小山，土地豁然夷曠。遥望有石山，孤撑突兀，蟠踞烟疇翠隴閒，直上作疊嶂重巒，森森若萬朵芙蕖，挺秀霄漢。既抵山下，捫四圍皆崚峋翠石，無攀援可容足趾處。閒有微徑，又茆塞不通。而峭壁閒，石脈墳起，隱隱若鑱刻。及迫視，多漫漶不可辨。有奇石類伏虎，臥隴側，牛礪角其上，歲久光瑩然。於是繞山一帀，終不能上，而惆悵以歸。

歸，問塗於田父，得捷徑較來時近三之一。歸塗默念，使置是山兩峰三竺間，則騷人逸士歌吟嘯傲、埽苔蘚而題名石上者，殆歲無虛日。而琳宮梵刹，曲欄疏榭，紅裙翠袖，相與高高下下，左右映帶其間，以爲兹山生色者，又不知凡幾。奈何荒煙蔓草，風號雨泣，麋鹿之與處，而樵夫牧豎之與游，好游者百不一二知。予既已知之，而又得其淺而忘其深，取其貌而遺其神，中道棄捐與不知者等，因以歎人世間難爲知己之感，如兹山者，何可勝數？如是輾轉棖觸，覺胸中塊壘槎枒欲出。既抵舍，亟買村醪沃之。是夜酣寢，絶不復措一思慮。

比明，甫盥漱畢，鄰人許姓者過予，盛道風水洞之勝，以爲較雲山尤美，欲攜壺榼，邀予往游。予既病足，蹇於行，復恐蹈昨游故轍，辭不往。而予所止佃農成姓家，故在定山之麓，負山結廬，山若屏幛。定山高數百丈，自踵至脊，藝茶樹殆徧。主人爲予言，每歲春時，村中婦女攜都籃，荷笠採茶。山上銀釵丫髻，唱採茶歌，山前後聲相應。予私念，山雖高，既婦女可上，不至險，復思一登陟，以訪所謂龍門禱雨潭及錢武肅校武臺諸勝景。而主人兒請導予，笑指予敝羊裘，曰：『山上自有黄緜襖，無須此。』乃單著短絜襖子，一領戴氈，渾脱行帣裹兩足。主人復出草屩，令著之，云：『此健步。』予笑曰：『古人且蠟屐登山，予素履何礙？』置不著。

啟屋後户以出，望山徑若修蛇盤草中，乃攘袂登。初甚奮，未及半，草枯葉脱，履蹴之，滑欲傾跌。偶下視，見山勢嶮巇壁立，目眩轉，怳怳欲墮。兩足重不能舉，旁又無樹木可把握，遂遷延蒲伏。至稍平夷處，委身坐草間，流汗，喘不止。而主人兒已聳身健步，直上山巔，連呼曰：『客可上。』予謝以不能。乃大噱，翻身還，扶掖予以下。

下，繞山麓，渡一小石橋，入茅菴。坐佛前蒲團上，有白秃沙彌捧茗甌至。啜茗閒，與主人兒道村中風景，漫語曰：『汝村中何無人修飾庭宇？縱饒富入其室，悉埃壒眯目，令人無容膝處。』兒曰：

『吾儕勤動，何暇事此？且使室中空洞無一物，即貧窶可知。』予因悟夢穢者得錢財，世事類然。惡不潔，而求財之豐、身之榮，可得耶？坐既久，體覺寒，主人兒爲取敝裘來著之。

是時，鄉中爲秋報，多賽神。而田家力作，晝不暇嬉，故迎神作樂恒以夜。白日既匿，聞前村鼓聲鼕鼕然。行人籠燈往來田塍閒，絡繹相繼，星星如螢火。予因挾主人兒往視之。會演琵琶劇，梨園弟子老矣，優孟衣冠襤褸殊甚，乃失笑曰：『蔡中郎固一寒至此，胡太牢公亦爲人撦撏殆盡乃爾。』旁觀呀然，不知予道何語。因復憶，陸劍南『身後是非誰管得，滿街聽唱蔡中郎』句，爲歎息久之。歸，煮薄粥，啜少許，遂擁衾臥。

而明日乃有板橋坂之行。未至板橋，道由定山陰折而北，至袁氏莊。莊有鯨山，相傳唐以前地尚没江湍中，是山兀傲江心。舟觸此，輒覆滅，疑若吞舟然，故曰『鯨』，或曰『琴山』。山有石平若列案，上可布席，坐撫琴，故曰『琴山』。是二説，邑乘皆不載，而琴山爲近。

是村中有鄭姓者，予舊嘗主其家。猶憶去歲時，薄暮躡衣登是山，箕踞坐危石上。南望固陵，西眺富春，直北視五雲、龍泓諸山，見開化寺浮圖尖，隱約露木末，短止扶寸。寒潮瑟縮狀春蛇秋蚓，蜿蜒蠕動於煙波浩淼中。舉頭見西日銜山射林薄，作臙脂色。俄乃蒼然暮靄横空，自海門至，少鮮皓月飛上，儼爛銀盤，光灩灩尚溼，倒影浸江波中。江波盪漾，作萬頃白琉璃，晶熒閃爍不定。頃之，天風颯然，吹毛髮欲立，乃策杖徐步下。蓋兹山高衹數仞，徑平易，登之無慮失墜。而瘦石巉巖峭削，足與曇山相伯仲。以予游之，屢領是山，佳趣獨悉，惜暫游輒舍去，不能若子厚之籠而有也。

今重來，爲延訪鄭姓者。知妻子已没，身寄人廡下，春其從兄，又以臘月燒山被燔死。噫，亦足悲矣！既少留，復偕佃農東度浮山。山形楕而長，緜延至江口，首尾昂然。中稍平，頂若牛背，有樵徑可緣以上。山椒多磐石，嵌空突出，履之，聲琅然清越。下有澄潭，潭清淺有魚。日影透波中，魚鱗鬣纖屑可辨。岸旁多蘆葦，霜寒著花，望若殘雪。野鶩千百，飛鳴逐隊其中。見人來，輒飛起。境致蕭瑟，疑游西谿道中，因歎息如曇山者。久之，而佃農向予言：『是潭春夏閒有蓴，曩時曾採歸食之。漉去涎沫，擇深碧大葉，細切，沃谿水，鑊煮之，味苦辛，遜露葵霜菘遠甚。』予因笑，而授以作羹法，乃閉目摇手曰：『須如是，不如且喫花豬肉矣。』予始笑其不知味，繼思之殊有理。既踰浮山，彌望皆曠野。行炊許，投一小佛龕少憩。龕無廟祝，云：『因饑久遁去，袛木居士在焉。』復迤邐行數里，乃至板橋。

主人某者，年六旬，肅客貌甚恭，家頗贏餘，然時猶躬負米。有老父，年八旬餘，須眉皓然，亦出見。坐甫定，老父遽起，脱青袖衫，衣短裋，履不借，持斧，逕出門，上臨池烏桕樹，斫桕實。予因驚起，固止之，老父但斫不顧。斫已，徐下，笑曰：『客見我老憊，恐致傾跌耶？我慣此，可無慮。』寒天晷短，語閒回視日影，已照屋角上。而是村去止宿處十餘里，恐歸程昏黑，欲辭去。主人者固留，爲烹伏雌、酤白墮，杯盤羅列。二子出侍，意思勤懇，有淳古風。飲已辭出，而日入已三商矣，僕乃執燭首塗。

塗中，佃農爲予言，某歲是村多虎，一月噬四十餘人。過停午，家率閉門不敢出。於是且行且談虎，行一二里，僕偶以指去燭炧，扑燭滅。是時，越望後已八日，黄昏海月未上，仰見明星在天，參斗横斜，燦若碁布。而咫尺自帶以下，即茫昧不復辨。欲乞火，又旁無廬舍，乃牽連扶草循山崖行，山色深黑如墨，崑崙逼人而立。迴風衝盪巖穴，作虎嘯聲。崖邊林木鬅鬙狀奇鬼，獰險可畏。農乃前導，不復談虎，而抗喉唱插秧歌，吴語纏緜，亦諧媚可聽。逡巡乃迷失道，陷入田坂中。時秋潦已涸，農人栽麥畦，地若鏡平，縱横躪之，意京華輭紅塵不是過。遠望見微光燭地，若隱若現，謂是篝火從林薄閒透出者，乃共奔赴。至則臨前大谿，谿波映星光，燏燏浮動。谿既深不可越，而四顧昧南北，農亦皇遽，罔知所從。秧歌聲亦絶，不復作矣。僕素憨，乃從旁鼓掌大笑，遂緣谿行。許久，得魚梁横跨谿上，予懼墮，以足步步捫之，乃得渡。渡則得石子徑，遵之行，稍稍望見定山，遂相率狼狽歸。歸而足痛不可忍，暖水濯之。是夕，困頓甚，思得一覺黑甜鄉。而主人家嬰兒，以畏寒終夜嗁呱呱，達旦聲不絕。

鷄鳴起，主人子婦爲具食。食畢，辭主人，至江口村，傭皆擔米至。遂買舟載米，身踞米囊坐。顧視舟中皆臧獲輩，無可與語。過梵村，舟觸沙磧，水淺不得進。舟人乃脱衣，下推舟，口中作邪許聲。比推舟入深流，而清風泠然自南來，急张帆當之，舟乃驟進。舟人皆袖手坐船尾，篙檝不施，浩歌自得。轉瞬間，乃悲歡不同已。如是至江干，過友人汪蒔藍家，劇談久之。歸至家，日已暮。

嗟夫！予性夙好游，乃如定山者，既峻不克登。曇山，又以偕游不得人，廢然返身。所能至者，獨琴、浮二小山耳。不知古人游匡廬、峨眉、雁蕩、天台，奇險或什伯定山，何勇往無畏乃爾？豈游山亦自有福命耶，抑畏怯固非所以成事耶？然此數山在是鄉得來游如予者，亦僅矣。予因山之遭而并有慨，於予之遭也記山游，遂取數日閒所聞見，牽連書之。

成姓農家畜一老牸牛，鼻穿久破碎，以草繩交午絡之，若馬施銜勒然。一童子朝驅之出，上屋後山，齧枯草飽，則紡崖樹閒，童即與羣兒鬬草游戲相徵逐，暮復騎以歸，旦旦如是。予以爲馴，易狎也。一日步山麓，牛方屈前兩膝蹲石上。予迎視，擬撫其角，距數武，牛忽蹶起，作牴牾撐拒狀。予驚，辟易數十步。牛怒目視，以角觸崖樹，膚盡裂，鼻息聲咻咻然。予心悸，久之，憮然曰：『有是哉！物莫不安於所習，或以力相制，或以巧相勝，或飲食芻豢相悦。服不此之務，而遽思束縛馳驟焉。牛雖瘠，吾知其難矣。龍之變化也，豢龍氏擾之。馬之踶齧也，郵無卹御之。狻猊、白澤、犀、象、虎、豹、麋鹿之恣睢而桀驁也，神仙佛子乘雲升降而控縱之。以至雞騖，村媪握一把粟，口中作朱奚聲，則摇尾帖然至。物莫不安於所習也。桀狗則吠堯，越狗則吠雪，吠所怪耳。嗚呼！獨牛也乎哉！』

村居多暇，飯後捫腹過舍南北，與田父話晴雨、占候。一少年仰面入，昂然據上坐，顧壁閒臥戽水具，注目視之，曰：『是何物？』田父具以告。又曰：『安用是？』田父曰：『盛夏旱熯，資此以溉禾稼。』因言戽水事甚辛苦。少年曰：『苟如是，曷不坐俟雨而務此勞勞焉？』予聞而驚，意謂若人殆有癡疾。及進叩所業，則曰：『業儒家城中，適偕父徵租來此。』予因舉坡老《無錫道賦水車》詩告之，以爲古人體物瀏亮乃爾。少年懵然不知所謂，曰：『予知攻舉子業耳，一切詩賦及子史，父兄戒勿讀，云詩能窮人且賈禍。子史熟，則宜於古，不宜於今，以故未嘗一留意。』予因即所稱『宜於今』者，徐詰之。少年乃娓娓談不倦，其於揣摩簡練，如田父占晴雨事，甚熟。予於所謂今者，故曾肄習之，特以性不近，稍嘗輒棄去。及聞少年所稱道某也文某也文者，予亦懵然不知所謂。然少年已罄然折節坐下，坐相視，爲莫逆矣。既别去，予思少年有類成氏牛者，遂漫筆之，次説牛後。

鄉人有娶婦者，甫三日，田父拉予過其舍，視新嫁孃。坐既定，其壻起贊曰：『新婦出。』予徑前，諦視之，年可十六七許，梳高髻，鬢間插銀釵，梳作鸞鳳狀，製甚古。眉不畫，素面，兩頰微紅。著青紬襖袛，旁露中衣。舊茜色裙，爛爛如紫椹，不曳地。雙趺瘦削，然行步甚安舒，知不事妝飾。見客，斂手立，平視，不作羞澀態。逡巡入室，瀹茗，自户間授壻，出供客。噫！今之世家大族所娶婦，率貴倨，不知縫紝酒食事。日斂手安坐房闥内，施蘭澤，被阿錫，粉白黛黑，環瑜佩玉，籠蒙其視，冶由其笑，以媚所謂夫壻者。壻亦暱愛之，顛倒黑白，縱疥且痔，視之如王嬙、傅予等。此婦雖無過人顏色，使得如戚里稱。時梳裹眉約，翠脣注丹，衣薰衙湮之香，手盥薔薇之露，以邀寵希幸，争妍取憐，未知與世所號稱佳麗者，位置何等？徒以長寒鄉配牧牛兒，作鄉里樵薪，織屨齷齪蓬牖下，不數歲，鮐背雞皮，皤然一老嫗矣。因思西子當日，若長浣紗苧蘿村中，人亦但村婦目之。羅敷採桑，而行者爲之躊躕，徒虚語耳？獨不知談文少年見之，又驚怪何如也？

定鄉雜著卷下

雜詠六十四首[一]

余家有祠祭田數畝，在定山之陽。歲時索租，一至其地，覽其山川，竊謂曠如奥如，足與西溪分擅其勝。顧西溪多前賢吟詠，兹鄉自漁浦潭、風水洞，暨錢思復《江上山十詠》而外，寥寂無聞。善乎思復之言曰：『定山古迹不逮他山，蓋無好事者稱述耳。』舊曾作《定鄉百詠》，自秦望至横山，凡名勝之隸江上道，爲往來所經及，兹鄉風物之美，備誌之。長夏無事，芟其繁蕪，存之故簏。自媿譾劣，攷索多缺，不逮《西溪百詠》，幸覽者匡所不及焉。

碧谿丹澗瀉淙淙，半注澄湖半入江。湖水自清江自濁，本同源却派分雙。《咸淳臨安志》：『九谿，在赤山煙霞嶺西南，通徐村，出大江，北達龍井。』又『十八澗，在龍井山西步司，在軍寨後，路通六和塔。』

清露真珠玉練槌，和豐和樂總堪悲。南都酒庫今何處，茅店西風望子垂。《咸淳志》：『行在贍軍激賞酒庫所，大庫十三。徐村庫，在六和塔以南徐村。』《夢粱録·點檢所酒庫》：『徐村庫[二]，在六和塔南徐村市中。』

詩帖舊曾標八社，當時壁壘想森嚴。潁湖老去風流絶，村酒山歌冷月巖。《西湖八社詩帖》：『月巖詩社，勝果、梵天、鳳凰山、萬松書院、五雲山、六和塔、浙江潮、月巖亭、天真寺、龜田、三一泉、海鮮寺、秦望山諸勝屬焉，潁湖主之。』

休更紅羊慨汴都，殿尋望祭但平蕪。滌宮空傍冬青樹，麥飯何人奠一盂。《夢粱録》：『牛羊司，在榷貨務後，掌御膳及祭之牲。有滌宮，在六和塔之南。』

諸楊千樹壓茅檐，燻喫南山色自兼。漫道法華天下最，較徐村遜十分甜。陳敬亭《萬曆杭州府志》：『楊梅，有早色、晚色、燻色、喫色數種。北山多早，南山多晚，燻色並有之。』《錢塘縣志》：『楊梅，龍井法華山産者爲天下冠。徐村産尤佳美。』

熬波猶記舊場名，村外寒沙已徧耕。父老不知亭户苦，輸糧翻愛有田輕。《泊宅編》：『元豐初，盧秉提點刑獄，會朝廷議鹽法，秉謂自錢塘縣楊村上流接睦、歙等州，與越州錢清場等水勢稍澹，以六分爲額；楊村下接仁和縣湯村，爲七分。』《咸淳志》：『鹽事所錢塘場，在錢塘縣界浮山。』又『魚山渡，在大朱橋鹽場。』《夢粱録・貨之品》：『鹽，湯鎮、仁和村、鹽官、浮山、新興、下管、上管、蜀山、巖門、南路茶槽等場常産之地。』按：楊村、浮山、朱橋鹽場，今其址不可考。惟沿江一帶尚多竈田，其田之征，視民田輕什之六七。蓋場有煎竈、墾竈之别。此田係屬墾竈者，今猶在仁和場輸糧。

石冢追尋已渺茫，揚旗蹟著捍江塘。排山山下叢祠廢，剩有寒潮弔夕阳。《西湖游覽志》：『協順廟，在石冢。其神陸圭，宋宣和中，引兵進攻方臘，敗之，死而爲神。紹興閒，海潮衝激江岸，神檄陰兵却潮。淳祐間，江潮衝激尤甚。神與三女揚旗空中，浮石江面，以顯其靈，岸賴以成。浙西帥臣徐桌以其事聞於朝，賜廟額曰「協順」，封神爲廣陵侯。』按：廣陵侯廟，自在定北之排山里，翟晴江《湖山便覽》次於浙江渡上，誤矣。

曾議河開自石門，古河遺址杳無存。墓田元絳荒蕪盡，南蕩空傳舊日村。《宋史・蘇軾傳》：『軾知杭州，議自浙江上流地名石門並山而東鑿爲漕河，引浙江及谿谷諸水二十餘里，以達於江。又並山爲岸，不能十里，以達龍山大慈浦。自大慈浦北折小嶺，鑿嶺六十五丈，以達嶺東古河。浚古河數里，達於龍山漕河，以避浮山之險。』《杭州府志》：『考錢塘定山北鄉管里四，曰：排山、徐村、牛坊、南蕩。則南蕩自與排山、牛坊嶺，同在定山北鄉。』《東坡文集·乞開石門河狀》云：『前知信州侯臨，因葬生母於杭南蕩，往來江濱，相視地形，建議自石門鑿爲運河。今山名雖改，而里名如舊。據里斷之，凡山之在其里者，皆南蕩山也。』按：石門，諸傳志不詳所在。陸次雲《湖壖雜記》：『進龍浦，下有石門。進此者，每爲伏弩所射，以證坡公《開河狀》，其地正相合云。元少師絳墓，在南蕩山，見《咸淳志》。』

軍政南朝苦不諳，鎮須防北却防南。獨松關上無兵戍，空置臨安砦十三。《宋史·兵志》：『建炎砦兵兩浙西路，臨安府十三砦：外沙、海內、管界、茶槽、南蕩、東梓、上管、赭山、黃灣、砍石、奉口、許村、下塘。』《乾道臨安志》：『諸塞土軍一十三處，南蕩巡檢司寨在錢塘縣界，元額管土軍九十六人。』

僞學羣公姓氏垂，西林雅望孰攀追。賦成才動完顏主，身歿名存黨籍碑。《武林紀事》：『趙鞏，字子固，錢塘人，登乾道進士。嘗使金，問曰：「皇帝清問下民，賦非汝作乎？」歎服之。終祕閣修撰，從游者甚衆，號西林先生。時禁僞學，編入黨籍。』《咸淳志》：『趙都運鞏墓，在徐、范村之間。』

苗劉變起建炎年，睿聖宮中帝夜遷。復辟功推吕元直，不知誰建義旗先。《夢粱録》：『殿撰周杞墓，在徐、范村之間。』《咸淳志》：『杞，建炎三年知常州，值苗劉之變，倡義勤王。洪内翰邁跋其檄書，謂公聞變憤踊，即飛表請反正。邁常恨世徒知忠穆復辟之功爲大，而周公首倡大義，則少有能言者。』

吳越當年此築臺，英風想見射潮迴。祇今惟有山頭月，曾照錢王校武來。《江月松風集》：『將壇，在定山北。每歲春秋，萬夫分翼，帥士卒，習水戰於此。』《縣志》：『吳越時，習水戰於此。』《西湖游覽志》：『定山，高七十五丈。宋時，春秋習水戰於此，有將壇存焉。』按錢思復《定山十詠》，以定山標名，實則所詠非專指定山。如風水二洞，云在定山南；龍門、鳳凰山，云在定山西；朱梁、五雲山、六和塔、將壇，云在定山北。相距近者十餘里，遠者三十餘里。自田氏誤以爲皆屬定山之景，於是合龍門、將壇、浮嶼，皆屬之定山，嗣後各志均沿其誤。據思復詩言，將壇在定山北，與朱梁、五雲、六和塔書法正同，其地應在徐、范村間爾。

長隄改甃石縱横，從此江行路砥平。寂寂新砂進龍鋪，年來無復捍江兵。《四朝聞見録》：『杭州江岸，率多薪土，潮水衝激輒壞。張夏令作石隄一十二里，以防江潮。既成，杭人德之。慶曆中〔三〕，立廟隄上。』按《宋史》載，景祐三年，工部侍郎張夏作石隄。因置捍江兵士五指揮，專採石修塘。《乾道臨安志》載，捍江凡五指揮，共額管二千人。今自萬松公館，歷范村、新砂，凡八鋪，兵止四十餘名。斯則保障功深、江波效順之明驗也。

雪表山僧獻歲闌，高樓百尺禁中看。官家自賞豐年瑞，那問龍沙玉輦寒。《江月松風集》：『五雲山在定山北，梁普覺禪師道場。宋故事，每歲臘前，主僧必奉雪表進，黎明城中，霰猶未集，蓋其地特高寒云。』《乾淳起居注》：『八年元日，太上官家至萼緑堂看梅。未初，雪大下。正是臘前，太上官家甚喜，移至明遠樓，張燈進酒。節使吴琚進《喜雪》詞云：「看來，不是飛花，片片是豐年瑞。」』

秋月春風悔昔非，身香行樹了禪機。而今晴日寒江路，誰記芳名覓草衣。《列朝詩集小傳》：『王微，廣陵人。七歲失父，流落北里。忽有警悟，歸心禪悦，自號草衣道人。有《長至入雲棲》詩：「晴日寒江路，松雲入望深。身香然五分，行樹拔千尋。」』

豈必才輸臥月工，青閨吟伴有黄鴻。如何老懺言情作，齋版禪床號石公。馬見五《杭州府志》：『顧若羣，字不黨，一字超士，爲諸生。縱觀經史百家，以餘閒作詩、古文辭。嘗泝大江，涉洞庭、彭蠡，眺望匡廬，越大庾嶺，汎瓊海。探奇攬勝，文益横恣。後入雲棲，隱於緇流。所著有《石公稿》。』顧超士《卧月軒稿》序略云：『羣不佞，不能讀父书，言情之作，遂獨工於姊氏。而馬先生尤嘖嘖於亡妻黄字鴻氏所爲《閨晚吟》。』

范浦荒寒滿徑苔，市門無復面江開。編茅莫訝村居陋，曾有平章待罪來。《神州古史考》：『范村，在府西南三十里濱江，唐時稱爲范浦。崔國輔有《宿范浦》詩。』《寰宇記》載，錢塘郡三姓：全、范、褚，此則范氏所聚族也。《萬曆府志》：『近年客商物貨多於此居停，漸成巨鎮。』《齊東野語》：『紹熙四年十月戊寅，上始朝重華，都人皆大喜。先是丞相留正以論姜時立待罪范村，凡一百四十日，至此方召還。』

發難功同定難論，墓原今尚護山村。離離黍長康陵偏，更有何人酹一尊。聶纯中《錢塘縣志》：『胡世寧永清，官刑部尚書。弘治中[四]，嘗以預發寧藩奸狀落籍，後柄兵持正議，忠義鯁直，爲時名臣。墓在五雲山岡，萬曆三十五年，心湯修葺。』

清真樂府擅風流，守家孫今幾箇留。寂寞吟魂江上月，竹林應共長官游。《咸淳志》：『周都尉邠墓、周待制邦彦墓，並在南蕩山。子孫今居定山之北鄉。』《聶志》：『都尉周邠、弟待制周邦墓，並在南蕩山。』按周邠，字開祖，錢塘人，嘉祐八年進士，即《東坡集》中所稱周長官者是也。邦彦，乃邠之姪。自《聶志》於『邦』字下落一『彦』字，以『邠』與『邦』俱从邑，乃妄改爲弟周邦。嗣後，各志仍之，而清真居士遂爲周長官之弟矣。

萬年橋夾兩山厓，壓擔青松閒落槐。小艇載將城市去，價高云是貴人柴。《萬曆府志》：『萬年橋，在范村南。萬曆戊子，杭守余良樞建，自爲記。略云：「萬年橋，非舊名也，舊名上諸橋。以濱江潮激，屢圮，乃徙入百餘步。相其地，蓋兩山之麓相夾於道，若有待者。先是改建之日，有敝衣道人乞食工所，與之。食既，道人曰：『此萬年橋也。』忽不見。橋成，里人請以萬年名橋。遂爲記，勒之石。」』《西谿梵隱志》：『朱橋，相傳昔貴人朱清擔柴路也。』

廢址韓家何處尋，陡門高閘峙江潯。通江名合千金唤，一寸江波一寸金。《聂志》：『韩家闸，近废。』《西溪梵隱志》：『朱橋，百丈山墓記，山之中爲朴庵葛公墓。先是朱橋至百丈，田凡千頃。每旱，魃爲災，則河身龜坼。朴庵子東橋公建閘，以匯谿流，而秉耒者優游矣。德厚者澤長，故其曾孫屺瞻先生崛起焉。』按葛氏今猶聚居閘旁之午山。其地以有閘瀦水，多腴田，土人呼爲閘裏田。又名其閘曰千金閘。

心學憑誰嗣浙東，陽明而後道傳公。圓盤村外雙旌返，知己真無媿太沖。柴虎臣《葛寅亮傳》：『葛寅亮，字水鑑，一字參疑，又字屺瞻。爲人風裁峻整，執議莫奪。通籍五十年，難進易退，故彊半家居。先是黃道周負人倫之望，嘗稱浙東劉念臺、浙西葛水鑑。其風操素爲衣冠所宗，類如是。』按寅亮，舉萬曆庚子浙江鄉試第一，辛丑進士，授南禮部儀制司主事，累遷少司農。《西湖志》引舊邑志：『寅亮，北定鄉人。亮，學宗陽明一派，當時弟子著録者，無慮數百。

以母氏不得志於其嫡貴，後爲作《渡親庵》。其號屺瞻，寓蓼莪之意也。南都，因吴太沖之薦，起爲太常。行至浦城圓盤村，聞國變，絶粒以死。繼室胡淑人，奮身殉公，以頭觸棺釘而卒。』孫宇台《祭公子愚古先生文》所稱，司農捐軀以報國，母氏殉身而顛隮者，謂此公與吾鄉三陸爲戚屬，忠烈一家方之，可無媿色矣。

無名畢竟擅才名，地下羅含恨可平。尚有詩人亡爵里，苔磯空表葉唐卿。《舊五代史》：『羅隱，餘杭人。唐廣明中，因亂歸鄉里，節度使錢鏐辟爲從事。年八十餘，終於錢塘。』《潤泉日記》：『唐光啟三年，吴越王表奏爲錢塘令，遷著作郎。梁開平二年，授給事中。三年，遷發運使。是年卒，葬於定山鄉，金部郎中沈崧銘其墓。』《咸淳志》：『吴越給事羅隱墓，在錢塘縣定山鄉，居山里。』《武林舊事・葉苔磯墓》：『元素，字唐卿，詩人。』《萬曆府志》：『葉元素墓，在五雲山。』按世傳羅隱墓所在各不同。今考《舊五代史》，載隱終於錢塘。參之以韓淲、潛説友之言，諸説紛紛，可無置辨矣。

第一清官紀考功，庶僚何僅隸司空。媿佗十九侯門客，也得名參四子中。《孫宇台集・鄭月庵先生傳》：『先生諱尚友，錢塘人。中崇禎辛未進士，起家長樂令，六載考成，授工部主事。懷宗皇帝時，於守令之優異者，往往陛見。先生至上前，口稱知縣，其樸誠如此。帝矜而憐之，然不得異數也。』《縣志》：『尚友爲長樂令，考天下清官第一。』按葛寅亮、鄭尚友、馮來聘、陳之煌，爲定鄉四子。來聘，於萬曆庚子，與寅亮同舉於鄉，天啟二年進士，官山東道御史。之煌，崇禎六年舉人，十年成進士，官常州推官。來聘，與寅亮爲中表通籍，後曾附魏璫，亮乃與之絶。之煌，有女適寅亮子宦成，後以財雄視鄉里，亦爲輿論所輕云。

兩張劉各戰勳存，韓岳功高許並論。四將紛紛多異説，一坏争到謝公墩。《咸淳志》：『劉鄜王錡墓，在定山北鄉，敕賜功德院額，曰「旌忠」。』《萬曆府志》：『鄜王劉光世墓，在定山北鄉。』《府志》：『按《咸淳志》及《成化府志》皆作劉錡，《萬曆志》因鄜王字，誤改作劉光世。』然即宋人『力盡馬蹶穿』一語觀之，光世不肯任國事，史所明，譏豈克當哉？今改正。

人隨鴛牒赴秦關，幾度巫招更不還。小字銀牌好留在，再生來探即金環。《七修類稿》：『錢塘定北鄉大青嶺居民邵士賢，成化間一産三子，皆不育。踰年，復生一子，小字回官。既越月，士賢行於鄰左沙中，見白物隱起。掘之，得一銀牌，上鑿云「陝西蘭縣民人回官本年丙午九月二十二日午時建生」，凡二十二字，與士賢之子相同。牌之背，又有「花籃二十五對」等字，乃婚券也。踰三月，回官亦殀，此不可曉者也。』

怪底甘泉溢夢中，幽人茶癖過盧仝。銘成祇恐山勝笑，一勺無多未是功。《名山勝概》：『海陽黄嘉惠《功山泉銘序》：「功山，在錢塘之定北鄉，古名洋井畈。畈有泉一穴，冬夏湛碧。一日培土三尺，泉亦隨升，如古之趵突。有友人攜岕茗，與虎跑泉並煮。啜之，較香，味尤勝。予性嗜水，弱冠夢舍旁井泉湧溢屢屢，豈意驗於兹乎？乃占得井之上爻，其詞曰井以陽剛爲泉，上出爲功。今泉在山中，乃命其地曰功山。」』

兩代奇勳史策垂，遺阡蕭屑野風吹。蓮花山下修修路，來訪陽明舊墓碑。《王文成公全書・謚襄惠兩峰洪公墓誌銘》：『桓桓襄惠，嶷然人傑。自其始仕，聲聞已揭。於臬於藩，益宏以騫。略於西陲，實屏實垣。既荒南服，圻漕是督。亟命於南，亟召於北。司空司寇，邦憲是肅。帝曰司寇，爾總予師。寇賊奸宄，惟爾予治。既搜既遏，豕甈狐逸。暨其成功，卒以老乞。天子曰俞，可長爾劬。西湖之湄，徉徉于于。聖化維新，聿懷舊臣。公已不作，維時之屯。天子曰咨，謚錫有隮。哀榮終始，其疇則如。穆塢之原，有鬱其阡。詩此貞石，垂千萬年。』吴慶伯《就正稿・明左都御史洪公清遠傳》：『公諱瞻祖，字貽孫，萬曆二十六年進士。天啟七年，巡撫南贛。下車未幾，而閩廣流賊驟起，遂檄諸郡兵，分路合勦，而公提鋭勇以先之。不數月，俘斬賊渠了婆總等一千一百七十餘人，燬員子山等二十餘巢。贛州之賊平，而公遽以勞瘁乞骸骨歸里家居，年七十有九而卒。』《縣志》：『刑部尚書左都御史謚襄惠洪鐘墓，在錢塘定北東穆塢蓮花山，其曾孫左都御史瞻祖祔。』

零落僧寮青豆房，隔林仙梵聽飛揚。重來不遇廣長舌，一佛聲中一放光。《武林梵志》：『光明禪寺，在定山北。唐顯慶元年，高宗勅賜「光明禪寺」，明善導和尚説法開山。馬志師念佛一聲，即有一道光從口中出，自十至百，光亦如之，故名。』《西谿志》：『黄梅山有光明寺。唐貞觀，悟明尊者開山。尊者嘗見此山光明繚繞，故名。』按洪氏之説，與吴氏、陳氏時代既不同，所載名寺之意亦異，俟考。

勝境文通別墅開，鄉音何事費疑猜。黄山有浦休文記，强弩曾經破砦來。江邦玉《黄山草堂記》：『黄山，舊名横山，土人呼「横」爲「黄」，遂譌爲黄山。』《府志》：『按錢塘舊有黄山浦。』《宋書·孔顗傳》：『顗據郡反，强弩將軍任農夫向黄山浦，東軍據岸結砦，農夫等攻破之。』所謂黄山浦者，即此山南麓通江處，如謂『横』爲『黄』，非矣。

社起登樓各策勳，陸家羣從盡機雲。講山遯跡梯霞老，一死蒼黄最痛君。《就正稿·陸行人鯤庭傳》：『鯤庭成進士，未改除秩，而歸江南新立主，乃於甲申九月趨南京謁，選授行人司。行人尋奉使副吏科給事中熊公汝霖，諭祭淮王。將復命，而王師下浙江。君在横山桐塢嶺慟哭，訣其母裘太夫人，乃縊，年二十八。』又《處士陸梯霞先生墓誌銘》：『鯤庭殉節横山，疑不敢斂，君獨往江干營壘，呼曰：「行人司，行人陸某死於横山，未成斂也。敢告。」甲者出，見君之容貌儽然也，問其故而憐之語，曰：「已解。」揮之去，乃斂。』

七尺珊瑚鬪石崇，利吾財爾事成空。煙霞別擅無窮福，不向江南作富翁。《歲寒堂存稿·沈萬七秀公畫像記》：『吾友沈君國元，出始祖萬七秀公像，屬爲記。予展卷肅觀，宋文憲公濂作傳載，萬七秀公避兄禍，始移家錢塘之横山。兄，即萬三秀公，國初以聚寶盆築南京城門者也，卒以財賈禍，編管雲南。七秀公避跡横山，年七十九，以壽終。文憲述其博學多才，慷慨任俠，而未嘗有聞於當世，此何以稱焉？』

高談雄辨到更闌，前輩風流憶道安。游伴不來吟社歇，萬峰煙翠一僧寒。黄梨洲《思舊録》：『江浩，字道安，武林横山人。讀書略見大意，而胸懷洞達，無塵瑣纖毫之累。余與之月夜汎舟，偶争一義則呼聲沸水，至於沾服。後亦從釋氏，改名義月。』又『鄭鉉，字元子。崇禎中，四方文社最盛，而杭有讀書社，以文章氣節相期。張岐然、江浩、虞宗玫、馮悰及鉉，皆與焉。當時稱岐然力學，浩潔清，宗玫孝友，悰深沈，而鉉卓犖。』

秀削芙蓉照眼前，可真留隱有焦先。却看絶頂雙厓劈，始信龍門本在天。《聶志》：『粟山西爲黄山，其最高者曰焦山，周二十里境中山，無出其上者。』《夢粱録》：『龍門山，在長壽鄉大悲山塢。』《萬曆府志》：『焦山南爲龍門山。』

刺水秧鍼夾岸栽，南風六月捲黃埃。礮車雲起雌霓挂，争向龍潭禱雨來。《江月松風集》：『龍門，在定山西。兩峰壁立，上有龍潭，能興雲雨，旱禱之輒應。』《西谿梵隱志》：『龍門山，在西谿西南，山上有寺曰「龍門」。寺前佳勝，曰石關，曰魚石，曰千丈巖，曰顧坪，曰老龍潭，曰黿王殿，曰鸚鵡石，曰盤谷。』《錢塘縣志》：『定山西，有兩峰壁立，名曰「龍門」。上有龍潭，下爲定山浦，通長壽谿。』按龍門山，在焦山南，其潭即江邦玉《黄山草堂記》所稱白龍潭是也。至今歲旱，鄉人每於此禱雨，與定山相距甚遠。魏氏沿《游覽志》之誤，遂實之曰『下爲定山浦』，於是龍門山乃合定山爲一矣。諸山之譌，莫此爲甚。

天目蒼蒼翠靄浮，一支分派落江洲。翻盆雨過峰如洗，鳳髻雙盤玉女頭。《萬曆府志》：『龍門山南爲丫頭山，巔起雙峰如髻，故名。』《江月松風集》：『鳳凰山，在定山西，其頂有雙峰，儼如髻然。』按丫頭山，即鳳山。

近浦田容買十雙，高樓好啟讀書窗。草堂試數三朝跡，南磵横山更曲江。《張光弼集》：『南磵草堂，在九谿，張昱有《題張叔芳參謀南磵草堂》詩。』《西谿梵隱志》：『横山草堂，在浄妙寺東，六松林畔，爲江氏别業。』《樊榭山房集》：『明江元祚邦玉築横山草堂，攜家隱焉。有驢名曰「梭翠」。《除夕山居》詩云：「静隱空山無箇事，祇憐谿水一年忙。」高致可想也。』《南濠詩話》：『元錢思復常赴浙省鄉試，時出《浙江潮賦》。三千人皆不知錢塘江爲曲江者，思復獨用之。考官大喜，寘於前列。思復歸，乃搆曲江草堂，暮年自稱曰「曲江老人」。』按曲江草堂在五雲山下。

貞珉留有誌堪援，好補遺亡屬道元。相國文莊新諭葬，錢塘南邑象山原。杭世駿《道古堂集·大學士贈太保文莊梁公墓誌銘》：『相國錢塘梁公，葬於邑南之象山。』按象山高數十丈，與定山東西對峙，各志俱失載，今據誌銘補入。

老託奇山入眼多，休文出守此經過。五臣舊註分明在，江浦錢塘漫辨譌。《文選》沈休文《早發定山》詩：『夙齡愛遠壑，晚涖見奇山。』注：『《梁書》：「約爲東陽太守。然定山，東陽道之所經也。」』《山堂肆考》：『六合山，在六合縣南。山有六峰，即江浦之定山也。梁沈約有詩。』按《文選》志於謝靈運《富春渚》詩，引《吴郡緣海四縣記》『錢塘有定山』云云，而於沈約詩下不再出，其爲一山無疑。彭氏以江浦之定山當之，誤矣。

前村漁火望中明，茅屋雞催客曉行。畢竟海神還懼婦，早潮經過静無聲。《江月松風集》：「《定山曉行》詩：『漁火夜明經略彴，凋雲秋重負篷篨。篠林虎與人争路，茅屋雞催客趁虚。』」《太平寰宇記》：「定山，在縣西四十七里，突出浙江數百丈。」又按《郡國志》云：「潮至此輒抑，過此便雷吼霆怒，其上有可避潮處，行者賴之，云是海神婦冢。」

淮南諸將各争雄，定亂誰如左衛功。周寶已歸劉浩在，樓船直下海門東。《五代史·吴越世家》：「光啟三年，拜鏐左衛大將軍。是歲，淮南大亂，潤州牙將劉浩逐其帥周寶，推度支催勘官薛朗爲帥。鏐遣都將成及杜稜等攻常州，取周寶以歸。寶病卒，稜等進攻潤州，逐劉浩，執薛朗，剖其心以祭寶。」《讀史方輿紀要》：「唐光啟二年，錢鏐遣將，自定山出海門，討薛朗於潤州，即此山。」

百級浮圖累甓成，當年樵牧怕山行。祇今野廟數楹在，挂塔不聞鈴語聲。《續高僧傳》：「德秀，姓孫氏，富陽人。少棲梵宇，留神律府。嘗哀鬼神乏食，深更施其飲食，浙汭之民傾誠畏服。後終於定山，遷神入塔。天降舍利七顆，門人以瓶盛之，緘於其塔。或發之，見秀齒上生，舍利紛紛而墜。後人遂累甓成浮圖，恒有白蛇蟠屈，樵牧之童無敢近者。」張孝祥《題定山寺》詩：「蹇驢夜入定山寺，古屋貯月松風清。止聞挂塔一鈴語，不見撞鐘千指迎。」按孝祥，字安國，歷陽烏江人。紹興二十四年，廷試第一。據此詩，則塔在南渡時尚存。今止野廟數楹，不蔽風雨。無問撞鐘之千指，即挂塔鈴語亦杳不聞聲矣。

昭武防秋老此都，久紆籌策靖萑苻。即今甌粵通商賈，尚有丸探赤白無。趙寬《昭武將軍浙江都指揮僉事王公墓誌》：「公姓王，諱佐，字廷輔，永平遷安人。弘治改元[五]，赴兩浙備倭。在浙十十年，以久涉風波，感疾而逝，遺命葬定山之原。」

思遠何心老弄兵，定山山下孔奴平。倘同賈客東歸去，足了平生嗜酒情。《宋書·孔顗傳》：「永光元年，出爲尋陽王。子房右軍長史行會稽郡事時，上流反叛。上遣都水使者孔璪入東慰勞。璪至説顗，以擁五郡之鋭招動三吴，顗然其言。正月遣書，要吴郡太守顧琛據郡同反。建武將軍吴喜等至錢塘，遣鎮北將軍沈思仁、彊弩將軍任農夫等，率軍向黄山浦。東軍據岸結砦，農夫等攻破之。乘風舉帆，直趨定山。自定山進向漁浦，斬其軍主孔奴，於是敗散。』《南史》：『思遠，骨鯁有風力。弟道存，嘗請假東還，載輜重十餘船。顗謂曰：「汝輩忝士流，何至還東作賈客耶？」性嗜酒，後以反誅，臨死求酒曰：「此吾平生所好。」』

何處青帘賣酒家，潮回莽莽但平沙。試登泉井山頭望，幾樹風開苦楝花。張翥《浮山道中》詩：『處處人煙有酒旗，楝花開後絮飛時。』《萬曆府志》：『浮山南爲泉井山。』按翥字仲舉，晉寧人，嘗隨父宦杭。據是詩，則元時，兹山之麓爲行李往來孔道。今則茅屋數椽而外，彌望平疇，經行止一二村農。飛絮、酒旗，無復曩日之風景矣。

嵌空磐石峙嵒巉，樵徑彎環草不删。捲地潮來風雨驟，浮山端合號巫山。《方輿勝覽》：『浮山，在舊治東南四十里，峙於江中。』《咸淳志》：『浮山，在錢塘縣東，今號浮山頭最爲險處。』《夢粱録》：『巫山頭，名廟山，又謂之禄山。』按浮山，今土人呼『巫山頭』，蓋『浮』與『巫』一聲之轉。然據《夢粱録》，則定鄉本自有巫山頭耳。

回頭休更惱江波，清淺蓬萊喜再過。兩壁斜分一泓貯，玲瓏潭影聚魚多。《江月松風集》：『浮嶼，在定山側。浮江磐石下，有潭聚魚，玲瓏可觀。潮出海門，中分爲兩派。東派沿越岸向富春，西派直抵兹山而回，諺謂之「回頭浪」。』《西湖游覽志》：『定山下有浮嶼。』按錢思復言『在定山側』者，以較龍門諸山爲近耳。田氏於『定山』條云『定山下有浮嶼』，而又别出浮山，是分『浮嶼』『浮山』爲二矣。今浮山下有潭尚存，廣可數頃，中産蓴。

舉網何人得儁呼，一雙網得玉花鱸。回船晚泊鮎魚口，漁火星星映荻蘆。《咸淳志》：『漁浦潭，晏公《輿地志》在郡西南。』翟晴江《湖山便覽》：『漁浦，在浮山西，今俗稱鮎魚口。』按陶篁村《全浙詩話》辨漁浦爲蕭山地，然潛氏似不應有所誤也。

江上山誰一一攀，界峰何處峙巖孱。千言鄭氏箋從缺，漫把包山當巳山。《元和郡縣志》：『界石山，在州西南四十九里。』《府志》：『考陶翰《至漁浦》、釋皎然《界石守風望天竺靈隱二山》詩，則界石必近於江矣。漢時，凡錢塘之山，統名武林。六朝後，專以靈隱爲武林。唐以北路諸山爲靈隱，南路諸山爲界石。至宋時，南路漸有龍鳳、南屏、大慈、五雲等名，而界石以無專指而晦。』按《水經注》：『縣東有定、巳諸山，皆西臨浙江。』箋云：『巳，疑作包。』趙誠夫注釋徑改从『包』。考『包』通作『浮』。《左傳・隱九年》：『公及莒人盟於浮來。』《公》《穀》作『包來』，蓋『包』與『浮』一聲之轉。又『包』从巳，《説文》：『包，象人裹妊，巳在中。』是則譌『包』作『巳』，轉『包』爲『浮』，本屬一山，六書之形聲足證矣。然《志林》載錢塘江口有浙山，《元豐九域志》載錢塘有長山。今浙山無考，長山在浮山側，土人尚仍其名，而諸傳誌均失載。以此例之，烏知昔日不自有『巳山』之名耶？

名勝舊傳尊聖寺，蜂房高下倚巖開。無緣静對蓮峰坐，輸與山泉得又來。《萬曆錢塘縣志》：『白巖山有尊聖寺，宋釋投子嘗結茅於此。寺極幽勝，有十景，曰：白巖山、蜂房巖、天池、寶鑑池、又來泉、炊香泉、珠峰石、蓮花峰、歸龍橋、思君子徑。自滕村至歸龍橋數里，夾道皆修竹。縣西南山，此爲最勝。』

武林水自匯錢塘，源與金牛各一方。强把西湖號明聖，靈蹤誰訪定南鄉。按趙誠夫《東潛文稿・西湖非明聖湖辨》據《水經注》《咸淳志》，定以武林水爲西湖，而明聖湖別在錢塘定山南鄉，其駁正《成化府志》之謬，卓然可信。然於所著《水經注釋》及《刊誤》均不載此説，豈因駭俗削之歟？

湖步名猶舊里呼，靈泉此日耀靈無。地尋白淼還雙漊，何處渟泓是石湖。《水經注》引劉道真《錢塘記》：『明聖湖在縣南，父老相傳湖中有金牛，古嘗見其映寶雲泉，照耀流精，神化莫測，遂以「明聖」爲名。』《夢粱録》：『定山南鄉有石湖。』按石湖，今無考，惟定南沿山一帶有地名『雙漊』。『雙漊』之西南、近楊村有地名『白淼』，春水時，至沮洳彌望。定鄉恒苦旱，而是里獨病於潦，或即石湖舊址歟？證以趙氏在定山南鄉之説，亦合。

仲晦銘傳石上刊，數行蝕盡蘚斕斑。青山一一天然在，只欠園亭似次山。《聶志》『石龍山』条下引《朱子紀事》：『紹興甲寅閏十月癸未，朱仲晦父南歸，重游鄭君次山園亭，周覽巖泉之勝。徘徊久之，林擇之、余方叔、朱耀卿、吴寶之、趙城父、王伯純、陳秀彦、李良仲、喻可中俱來，仲晦父因題石上：「信手銘巖牆，所願君弗鑿。磧然見茲山，一一皆天作。」』

長路漫漫傍水湄，風流蘇李此追隨。斷橋流水空蕭瑟，繫馬巖花更有誰。《東坡集·往富陽新城李節推先行三日留宿風水洞見待》詩：『路長漫漫傍江浦，此間不可無君語。』又：『谿橋曉溜浮梅萼，知君繫馬巖花落。』

貓頭戢戢長春前，壓擔黃山筍味鮮。別有名呼南路好，慈嚴院側嶽祠邊。《咸淳志》：『筍，南路，出壜山。』又：『壜山，近廟山，在楊村。有慈嚴院，院有小嶽祠。』《夢粱録》：『筍有數名，曰：南路、白象牙、哺雞、貓兒頭、黃鶯、晚篁。又有紫筍、邊筍。』

捨宅曾聞葛稚川，風巖水穴徑彎環。丹砂採得從句漏，未許人間載取還。《咸淳志》：『風水洞，在楊村慈嚴院。有洞極大，流水不竭。頂上又一洞，立夏清風自生，立秋則止，故名。多石子，紅點如丹，持出即隱，置於内如故。』又：『慈嚴院，太康間，葛稚川曾捨宅爲寺。』

寺訪南山地最偏，更無園竹但林煙。鐘魚粥鼓荒寒甚，何處淵堂噴月泉。《咸淳志》：『廣福院，開運三年吳越王建，舊名寶福，舊志有淵堂噴月泉。』《夢粱録》：『噴月泉，在南山晴竹園廣福院。』

錢江分置自錢鏐，那得唐先郡邑收。苦向山尋寒水石，可真杜若産芳洲。《十國春秋》：『吳越割錢塘、鹽官各半，置錢江縣。』《通典》：『錢塘有石膏山。』《太平寰宇記》：『石膏山，在縣西五十七里。』《府志》：『按《通典·州郡部》錢塘縣僅録此一山。自《咸淳志》合錢塘、仁和山川爲卷，以石膏山次列於佛日、黃鶴之間，近志遂誤系仁和。然《咸淳志》亦自標明錢塘縣也，依其道里，當與九里暗山相近。』按錢塘之析爲錢江，在梁龍德二年。錢江之易名仁和，在宋太平興國四年。杜氏作《通典》時未嘗分也。今定鄉諸山，不聞有産石膏者，其山或自在佛日、黃鶴間。潛氏之標明錢塘，當是據《通典》所載縣名，而未深考其分置之故耳。

萬羅山下水淙淙，派匯分金淡竹雙。錯道錢江曾割取，錢江不近富春江。《萬曆府志》：『九里暗山西爲萬羅山。』《咸淳志》：『分金嶺，在錢塘舊治西南。』洪貽孫《西谿志》：『谿源自分金、淡竹二嶺而來。』《北郭三山志》：

『錢江初立時，《縣志》及《順存録》《十國春秋》俱有割富春長壽、安吉二鄉之説。』據《咸淳臨安志》，二鄉乃錢塘所管，即今所謂上四鄉之二地，正與富春鄰接，非錢江能遥領也。

新茶採向定浮巔，都冒龍泓未雨前。真僞世間誰辨得，此中還有惠山泉。《咸淳志》：『惠泉，在錢塘大老山。泉自地湧出，亢旱不涸。』按定南北諸山藝茶幾徧，而浮山以石戴土，産尤甘美，鄉人以充本山春矣。

天井應先六井成，爲沙爲石任呼名。須知萬斛泉源瀉，江滸山椒一例清。《咸淳志》：『舊記，寶月山上有天井，後廢。』又：『真際院亦有天井，大旱不竭。』《夢粱録》：『六合塔南沙上曰沙井。』又：『胡家嶺在長壽鄉，其嶺極峻峭，有石井，旱不涸。』

徑草盤盤撥不開，經過猿鳥亦相猜。奇探我欲然茅入，徧歷前山七洞來。《縣志》：『前山有七洞山，僧曾以竹茅爇火入山。洞内微明，有石，擊之如鼓聲。山罅流泉，涓涓滴下，病目者洗之即愈。』

地割仙山里數增，兩鄉長壽舊同稱。赤亭南去無多地，望見雲中白鶴昇。按《咸淳志》：『富陽縣仙山鄉管里三：安辰、長壽、白昇。安辰，舊名安吉。』《富陽縣志》云：『原額十鄉七十三里。今長壽二里，改隸錢塘，故止七十二里。蓋梁時，既分置錢江，以錢塘地隘，乃割富春益之，仍其名，至今不改也。郡邑都圖多土名，無足考。然如此鄉凡十五里，沙蕩、胡步、社井、轉塘以地名，滕村、徐村、楊村以人名，分金、排山、牛坊、南蕩、淡竹、大斗、凌谿以山以水名，而白昇之名，殊不可解。據富陽仙山鄉有昇仙橋，土人言赤松子昔乘白鶴於此上昇，白昇命名之意或以此。觀富春有白昇里，則其名亦於割置時沿襲至今者矣。』

無才難賦曲江潮，風土詩成藉解嘲。十詠清新誰繼作，時中而後竟寥寥。《歸田詩話》：『錢思復以《浙江潮賦》得名，起句云「惟羅刹之巨江兮，實發源於太末」，試官喜之，遂中選。蓋滿場無知羅刹爲浙江別號者。』按瞿氏此説，則思復以知羅刹得名，與《南濠詩話》所載不同。然思復暮年自號『曲江老人』，是當以郝氏之言爲正。《江月松風集》載有《定山十詠》及劉時中待制《見和十詠》，作詩以謝詩。

校勘記

〔一〕六十四，底本原誤作『六十二』，卷下實有詩六十四首，據實乙正。
〔二〕底本原無『庫』，據《夢粱録》補。
〔三〕曆，底本原作『歷』，避乾隆諱，今正。
〔四〕弘，底本原作『宏』，避乾隆諱，今正。
〔五〕弘，底本原作『宏』，避乾隆諱，今正。

附録

《清史列傳·文苑傳四·胡敬》

胡敬，字以莊，浙江仁和人。嘉慶十年進士，改翰林院庶吉士，散館授編修。時朝廷開館，校纂書籍，敬歷充武英殿、《文穎》館纂修官，《全唐文》《治河方略》《明鑑》總纂官，所輯皆精審，《唐文》小傳出其手者爲多。其進《唐文表》凡數千言，典覈喬皇，尤稱傑作。仁宗聞其名，每有制敕碑版，輒傳旨命其擬撰。入直懋勤殿，編纂《祕殿珠林》《石渠寶笈三編》。時溽暑，内侍捧軸，倉卒展視，敬衣冠端立，執筆録其文，記載尺寸印章，日至百十卷，無少懈。二十一年，充河南鄉試副考官。二十四年，奉命提督安徽學政，累遷至侍講學士。以乞養歸。敬性耿介，崖岸嚴峻，學深思精，少以《水仙花賦》《闌干賦》受知於阮元。詩兼顔、謝、杜、蘇，文有六朝、李唐之美。著有《崇雅堂詩文集》二十卷。

重修浙江西湖岳忠武王廟墓徵信録

〔民國〕重修岳陵事務所　編
李顯根　點校

前言

《重修浙江西湖岳忠武王廟墓徵信録》，重修岳陵事務所編，一九二三年浙江弘文印刷局排印出版。

位於杭州西湖的岳飛廟墓，始建於南宋，只因地處潮濕，易於朽蝕，故歷經宋、元、明、清，代有修葺。一九一八年，浙江督軍楊樹棠因岳飛廟墓歲久不修，半已朽壞，倡議重修，於是通電各省，募集維修經費。繼任督軍盧永祥，除繼續在軍界籌款外，還在省内各級政府機關勸捐，並專設重修岳陵事務所專任此事。重修工程從一九二〇年正式動工，至一九二一年全部竣工，共費銀十五萬餘元。

重修岳陵事務所的辦事人員，在事後彙集募款和籌修期間的各種案卷，以及工程賬目、承攬合同、各省捐款清單、碑文、聯額等，分門別類，彙編成册。將此次重修岳飛廟墓的全部經過予以編録。全書分叙言、廟圖、祀典、碑記、聯額、籌款往來函電録存、籌修概要、收支款項、附録、書後十部分，具有一定的史料價值。特别是其中標書合同所附項目預算，對於研究當時經濟極有價值。

本書只有浙江弘文印製局一九二三年排印本，此次點校，即以此爲底本。

目録

敘 言

重修岳忠武廟墓徵信録叙言

懷甯楊樹堂將軍於民國七年之春督浙，以岳忠武廟墓歲久不修，日就荒圮，遂有重修之議。騰書海内，衆皆贊助。勼工庀材，百端粗具，而懷甯將軍遽告不禄。永祥奉朝命繼之，董理四年，工幸告竣。任其役者，以及用錢若干萬之數，大略具於重修之碑。惟以海内賢達輸金相助，固以欽慕忠烈，樂觀厥成，然《徵信》編録未敢緩也。簿籍文書彙爲一册，校印既成，用志緣起。是役之始終，工制不出苟簡，費無溢支。此則可告於海内者也。

中華民國十二年二月濟陽盧永祥撰

重修浙江西湖岳忠武王廟墓徵信録叙言

蓋聞修祠表墓，用昭明祀之崇隆；褒節旌忠，聿起軍人之觀感。宋代至建炎時，國勢凌夷，强鄰偪伺，飛龍南渡，牧馬北來。斯時爲之主臣者，宜如何嘗膽臥薪，效勾踐之雪恥；釁面吞炭，師豫讓之復仇？而乃歌舞湖山，早劃偏安之局；弢藏弓矢，不求雙勝之環。惟王心在戎行，志存恢復，誓抵黃龍而痛飲，疾呼蒼兕以渡河。雖召赴金牌，煙霞賚恨，而名垂青史，日月争光。今者畇畇河山，仍還禹甸；遥遥金裔，作我虞賓。亦可揚民族之耿光，慰忠魂於異代矣。吾浙舊有岳王墓，在西湖棲霞嶺下，因墓爲祠，植樹以柏。俎豆載諸祀典，碑碣映乎靈巖。明景泰間，馬偉重修。借木分骸，將銅鑄臭，雪神人之憤，昭賢佞之防。歲月遷流，風霜改易，祠宇頻穿於鳥鼠，丘隴欲没於蓬蒿。此則拜祁連之塚，莫問梅花；謁伏波之祠，惟餘蔓草也。已故懷甯楊樹棠督軍倡議興修，開始經營，未慶俶落。今濟陽盧子嘉督軍由滬移鎮，如羊叔子之繼元凱，李臨淮之代淮陽。海水不波，湖山有美。整軍經武，羣欽號令如山；崇德報功，首重神明之祀。醵資踵辦，計日程功；丹雘焕新，修邙式廓。保存古蹟，長留文士之摩挲；肅禮明禋，永樹軍人之模範。載陽忝長鄉邦，獲襄盛舉，仰神旂之舄奕，祈利澤之錦延。萬禩馨香，應續蘇軾表忠之記；千秋信史，待書姚崇紀德之碑。

中華民國十二年　月　日，新昌張載陽拜譔

重脩岳王廟墓徵信録叙

曩者，予隨樹棠將軍楊公莅浙，覽西湖名勝，至岳武穆廟，榱棟朽蠹，黝堊剥毁，棲神之區，塵土滿積，曰：『嗟乎哉！夫敬愛弗至，則忠孝未彰也；俎豆不光，則山川减色也。且地當繁盛，履舄絡繹。久而不修，其何以勸？』楊公聞予言，韙之。土木方興，而楊公遽卒。繼任者，爲濟陽盧公。匃良工，庀異材，是尋是尺，以雕以斲。不數年，而曩之隤者起、骫者安、隘者擴。入其廟者，羣相與肅然震恐，如神之臨焉。廟右有王墓在，同時修之。青山忠骨，千古斯昭。蓋至是而予之初願遂，而盧公之所以襮英毅而彰名勝者，已不遺餘力矣。楊公在天有靈，當亦樂觀厥成焉。至於海内賢達之佽助，有《徵信録》在，無俟予之贅言也。

中華民國十有二年二月陳樂山撰

重修浙江西湖岳忠武王廟墓徵信録叙言

西湖之瀕，棲霞之陽，封土巋然，祀崇鄂國。蓋自雙橘改葬以還，就智果寺爲香火院者久矣。祀典昭垂，樵蘇久禁。西湖之有岳廟，固視湯陰、武昌、朱仙鎮而尤爲顯著者也。民國七年，前懷甯楊克威將軍慨廟貌之荒凉，剏重修之宏議，經營慘澹，勼工庀材。毓清追隨驥尾，董役於斯，工未及半，而懷甯遽賦騎箕。濟陽盧公繼任斯土，賡續前議，規畫進行。毓清適於時領軍禾郡，不遑兼顧，監修之責未免闕如。兹者大工告竣，閈閎崇宏，湖山生色。執事諸君子稟承盧公之旨，將斯役之經過事實，編録《徵信》。毓清雖不終於斯役，至是亦得隨諸君子後，樂觀厥成。爰爲之序，以紀本末。

中華民國十二年仲春之月津沽安毓清識

廟圖

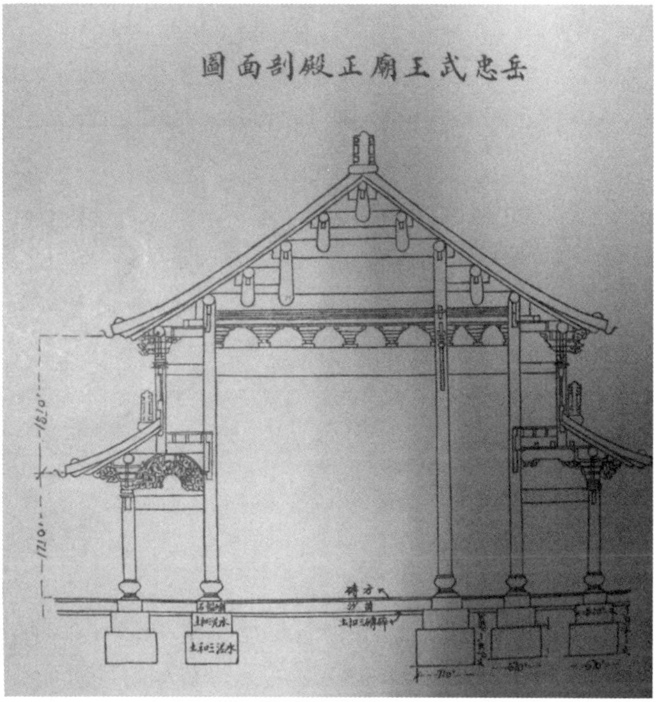

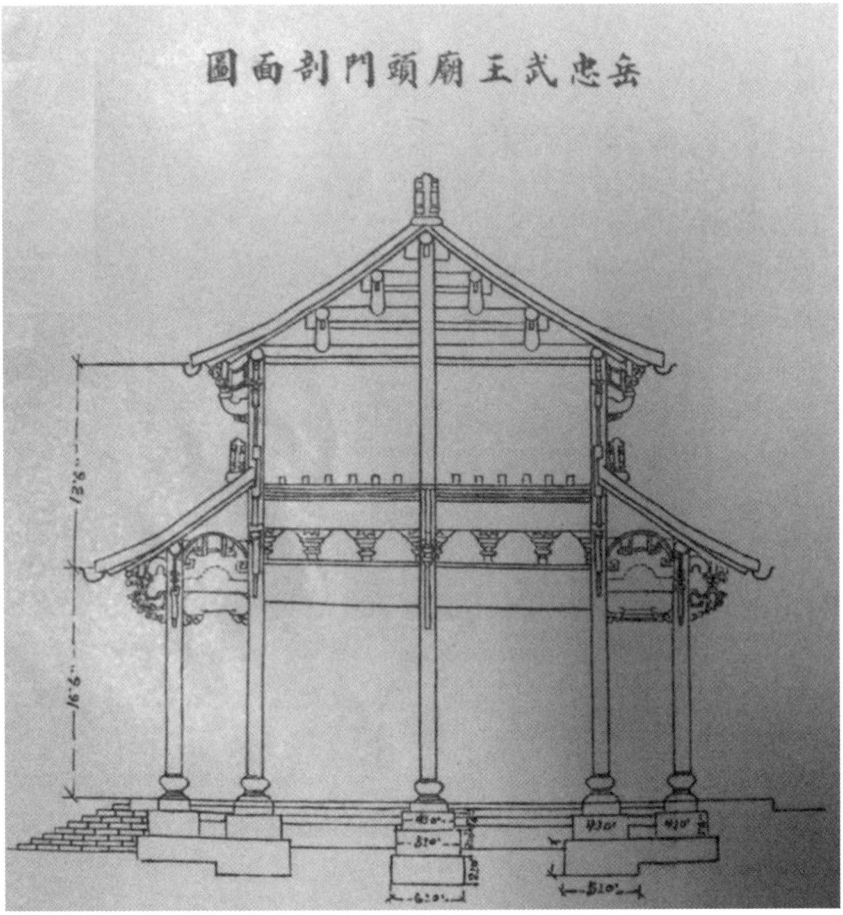

岳忠武王廟頭門剖面圖

祀典

落成祭祀典禮

蠲吉。主祀官禮服詣廟，致祀前三日齋戒。

右齋戒

祀前三日午刻，遣官習儀，各執事生演習禮樂。

祀前一日午刻，大演禮。遣官具禮服習儀，執事生均恪恭將事。是日午後，遣官詣宰牲所，省牲眡宰。遂戒具，視滌溉，辨籩豆簠簋之實。

右演禮、眡割、戒具

殿内外，均懸燈，藉地以棕薦，張次於大門外之左。

正殿，籩豆案一、俎一、香案一、祝案一、饌桌一、尊桌一、接桌一、福胙桌一。

兩配，各籩豆案一、俎一、香案一、饌桌一、尊桌一、接桌一。

啓忠祠正中，籩豆案一、統俎一、香案一、祝案一、饌桌一、尊桌一、接桌一。

又配位，籩豆案、香案、饌桌、尊桌、接桌各一。 右供張

正位，爵墊一、爵三、登一太羹、鉶二和羹、簠二稻粱、簋二黍稷、籩十形鹽、稾魚、棗、栗、榛、菱、芡、鹿脯、白餅、黑餅、豆十韭菹、醓醢、菁菹、鹿醢、芹菹、兔醢、笋菹、魚醢、脾析、豚拍、篚一、俎實牛羊豕各一、鑪一檸香、燭臺二絳燭。

兩配位，每案各爵墊一、爵三、鉶一和羹、簠一黍、簋一稷、籩四形鹽、棗、栗、鹿脯、豆四菁菹、鹿醢、芹菹、醓醢、篚一、俎實羊豕各一、鑪一、燭臺二、俎一羊豕。

啓忠祠正位，案上爵墊一、爵三、鉶二、簠二、簋二、籩八視正殿去白餅、黑餅、豆八去脾析、豚拍、篚一、統俎一羊豕、鑪一、燭臺二。

又兩配位，每案各爵墊一、爵三、鉶一、簠一、簋一、籩四、豆四、篚一、鑪一、燭臺二。 右陳設

殿外樂器，懸大鐘、大鼓、特磬、鎛鐘、建鼓、柷敔各一，琴六，瑟四，箾、篴、笙各四，壎、篪各二，搏拊二。

關、岳合祀。樂章用長短句，迎神、初獻皆六句，亞獻以次皆四句，體制不尊。且第一章第三句、第四句皆須更换。宜仿祀孔禮，用四言六章、章八句。

迎神，奏建和之章：大哉岳王，懿鑠神功。乃文乃武，全孝全忠。凛凛生氣，嶽嶽英風。西湖蘋藻，馨潔閟宫。

初獻，奏安和之章，舞干戚之舞：仰賴威福，盪滌塵氛。湖山無恙，俎豆常新。報功崇德，肅祀明禋。清酒既載，其香苾芬。

亞獻，奏靖和之章，舞同初獻：萬舞洋洋，升堂再獻。黃流在中，瑟彼罍甗。寒泉清冷，秋菊苙薦。神之格思，以侑以奠。

終獻，奏康和之章，舞同亞獻：名世鐘靈，炳若日星。軍人矜式，是則是程。芳流百禩，樂合三成。皮弁祭菜，天涯無爭。

徹饌，奏蹈和之章：告徹時歆，雝雝肅肅。恪恭將事，不疏不瀆。分飲諸軍，綏以福禄。靈旗遠颺，值其鷺纛。

送神，奏揚和之章：八鸞鏘鏘，神歸九閶。風馬遠引，雲車高翔。享祀不忒，我武維揚。棲霞廟貌，萬古馨香。

舞遵禮制館訂定典禮，用干戚、六佾，三十六人，以六人備。若文武合舞，間一羽籥，則用七十二人，以十二人備。

樂工，三十九人，備八人。

歌工，六人，備二人。

右樂舞

執事生，選諳儀節者充之。典禮一人，總司禮樂，司祝二人、司帛十二人、司爵十二人、司胙二人、司燎二人屬焉。典儀一人，總司儀節，傳贊一人、引贊十二人、司盥洗一人屬焉。典禮一人[二]，總司樂舞，司歌一人、司麾一人、司旌二人屬焉。總指揮一人，副之者四人、駿奔走者十數人屬焉。

右執事

某年月日，銜名敬以少牢之儀，致祭於某某查照木主曰：惟神篤生俊傑，誕育英豪，忠孝萃於一門，矩矱垂之百世。積祖功宗德，宜有達人；溯木本水源，敢忘數典？聿脩祀事，用紹耿光。配以某某查照木主尚饗！

右啓忠祠祝文

某年月日，銜名敬致祀於岳忠武王曰：惟神忠孝兩全，道義克配，秉乾坤之正氣，爲宇宙之完人。南渡軍容，屹然難撼；西泠廟貌，奐矣常新。崇報之禮，媲於河東；瞻仰之誠，儕於闕里。凡我武士，宜奉楷模；惟願天涯，同銷争戰。民生受福，靈旗揚日月之光；大武止戈，壯采肅風雲之色。粢盛既潔，肸蠁遥通。配以輔文侯牛公、烈文侯張公。尚饗！

正殿門外，大香鑪前。正中，爲主祀官拜位；左、右稍後，爲分獻官拜位；左、右兩排，爲陪祀官位。均北嚮。

祭啓忠祠。正位，爲正獻官拜位，北嚮。左、右兩龕前，爲分獻官拜位，東西嚮。禮畢，退立階下。各執事暨樂工、歌工、舞生，位次進退，均如祀孔儀。

右辨位

届期清晨，先祭啓忠祠，如孔廟崇聖祠儀。祭後，遣官展拜墓門，陪祀各官預集，禮次。主祭官至，由引贊導入，禮次。司祝以祝版進，主祭官恭閲署名，司祝進奉於祀案。鼓初嚴，執事生各恭爾事。鼓再嚴，然燭焚香，工歌升階。鼓三嚴，引贊引主祭官、陪祀官詣盥洗所。盥洗訖，由左升階就位。

右就次閲祝版就位

典儀贊闢户。闢户訖，贊迎神。大門鐘鼓齊鳴。司樂舉麾，贊樂，奏《建和之章》。工鼓柷，樂作，贊四拜。主祀、陪祀、各官皆四拜。司樂偃麾，工戛敔，樂止。

右迎神

典儀贊奠帛爵，行初獻禮。贊引導主祀官、分獻官詣奠帛獻爵位正立。司帛進篚，受篚拱舉，司帛奠於正中。司爵進爵，受爵拱舉，司爵奠於墊中。司樂贊樂，奏《安和之章》。贊引導主祀官、分獻官復拜位立。

典儀贊司祝者，讀祝。贊引引主祀官詣讀祝位。司祝捧祝，立案前。讀畢，呈主祀官。拱舉，司祝奉祝版安於案。贊引導復拜位，贊四拜。主祀宫、陪祀官、衆官皆四拜。司樂贊干戚之舞，進。

右初獻讀祝

典儀贊行亞獻禮。贊引導主祀官、分獻官詣神位前。獻爵，如初獻儀。退，復拜位。司樂贊樂，奏《靖和之章》，舞干戚之舞。舉麾、鼓柷、偃麾、戛敔，如前儀。

右亞獻

典儀贊行終獻禮。贊引導詣神位前。獻爵，如亞獻儀。退，復拜位。司樂贊樂，奏《康和之章》，舞干戚之舞。舉麾、偃麾、鼓柷、戛敔，如前儀。

右終獻

典儀進至殿東堦，西嚮立。贊賜福胙。贊引導主祀官詣飲福受胙位。禮畢，復拜位。贊四拜，衆官皆四拜。

典儀贊徹饌。司樂贊樂，奏《蹈和之章》。鼓柷、戛敔，如前儀。

右受福胙徹饌

典儀贊送神，大門鐘鼓齊鳴。司樂贊樂，奏《揚和之章》。贊四拜，主祀官、分獻官、陪祀衆官皆四拜。

右送神

典儀贊奉祝帛酒饌送燎。各執事生奉祝、奉篚、奉酒饌，由中門出，恭送燎爐。主祀官及衆官西嚮立，俟祝帛過，仍復位。樂止。

典儀贊闔户。闔户訖，贊禮成。主祀官、分獻官、陪祀衆官皆退，更衣歸第。

右禮成

校勘記

〔一〕典禮，疑爲『典樂』之誤。

碑記

復官改葬指揮 宋紹興三十二年七月十三日

三省同奉聖旨：故岳飛起自行伍，不踰數年，位至將相，而能事上以忠，御衆有法；屢立功效，不自矜誇。餘烈遺風，至今不泯。去冬出戍鄂渚之衆，師行不擾，動有紀律。道路之人，歸功於飛。飛雖坐事以殁，而太上皇帝念之不忘。今可仰承聖意，與追復原官，以禮改葬，訪求其後，特與録用。

追復少保兩鎮告 宋紹興三十二年七月十七日

敕。仁皇在位，親明利用之勳；神祖御邦，首祭狄青之像。蓋念舊者不忘於拔拭，而勸功者當急於褒崇。朕祗稟睿謀，眷懷宿將。兹仰承於素志，肆盡洗於丹書。故前少保岳飛，拔自偏裨，驟當方面，智略不專於古法，沈雄殆得於天資。事上以忠，至無嫌於辰告；行師有律，幾不犯於秋毫。外摧孔熾之强鄰，内翦方張之劇盜。名之難揜，衆所共聞。會中原方議於櫜弓，而當路力成於投杼。坐急絳侯之繫，莫然内史之灰。逮更化之雲初，示褒忠之有漸。思其姓氏，既仍節制於岳陽；念爾子孫，又復孤惸於嶺表。欲盡還其寵數，乃下屬於眇躬。是用峻升孤棘之班，疊畀齋壇之組。近畿禮葬，少酬魏闕之心；故邑追封，更慰轅門之望。豈獨發幽光於既往，庶幾鼓義氣於方來。嗟夫！聞李牧之爲人，殆將撫髀；闞西平而未録，敢緩旌賢。如其有知，可以無憾。可特追復少保、武勝定國軍節度使、武昌郡開國公。奉敕如右，牒到奉行。

追封鄂王告 宋嘉泰四年六月二十日

敕。人主無私，予奪一歸萬世之公；天下有真，是非不待百年而定。睠言名將，宿號藎臣，雖勳業不究於生前，而譽望益彰於身後。緬懷英概，申畀愍章，故追復少保、武勝定國軍節度使、武昌郡開國公、食邑六千一百户、食實封二千六百户、贈太師、謚武穆岳飛，蘊蓋世之才，負冠軍之勇。方略如霍驃姚，志滅匈奴；志氣如祖豫州，誓清冀朔。屢執訊而獲醜，亦舍爵而策勳。外憺威靈，内殫謨畫。雖懷屬時方講好，將歸馬華山之陽；而爾獨奮身，欲撫劍伊吾之北。遂致樊蠅之集，浸成市虎之疑。雖懷子儀貫日之忠，曾無其福；遂墮林甫偃月之計，孰拯其冤？逮國論之既明，果邦誣之自辨。中興之主，思念不忘；重華之君，追褒特厚。肆眇沖之在御，想風烈以如存。是用頒我恩綸，襚之王爵，裂熊渠之故壤，超敬德之舊封。豈特慰九原之心，蓋以作六軍之氣。於戲！修車備械，適當閑暇之時；顯忠遂良，罔閒幽冥之際。諒惟泉穸，歆此寵光。可特追封鄂王，餘如故。

賜謚忠武告　宋寶慶元年二月三日

敕。主爾忘身，茲謂人臣之大節；謚以表行，必稽天下之公言。申錫贊書，追告幽穸。故太師、追封鄂王、謚武穆岳飛，威名震於夷裔，智略根乎《詩》《書》。結髮從戎，前無堅敵；枕戈勵志，誓靖中原。謂恢復之義爲必伸，謂忠憤之氣爲難遏。上心密契，詔札俱存；夫何權臣，力主和議？未究淩煙之偉績，先罹偃月之陰謀。李將軍口不出辭，聞者流涕；藺相如身雖已死，凜然猶生。宜高皇眷念之不忘，肆孝廟矜哀之備至，還故官而禮葬，頒祠額以旌褒。逮於先帝之時，謚以真王之爵。既辨誣於累聖，可無憾於九京。然而易名之典雖行，議禮之言未一。始爲『忠愍』之號，旋更『武穆』之稱。朕獲睹中興之舊章，灼知皇祖之本意，爰取危身奉上之實，仍采克定禍亂之文。合此兩言，節其壹惠。昔孔明之志興漢室，若子儀之光復唐都。雖計效以或殊，在秉心而弗異。垂之典册，何嫌今古之同符；賴及子孫，將與山河而竝久。英靈如在，茂渥其承。可依前故太師、追封鄂王，特與賜謚忠武。

奉敕如右，牒到奉行。

賜褒忠衍福寺額敕　宋嘉定十四年六月

尚書省録禮部狀。準都省批下承議郎權發遣江南東路轉運判官岳珂『照對先大父鄂王飛蒙恩敕葬臨安府西湖上。紹興三十二年，蒙朝廷給賜顯明寺，充功德寺。續因檢校少保、安慶軍節度使、同知大宗正事士籛等申請，係太傅、儀王仲湜安攢妨礙。隆興二年十月十七日，尚書省劄子，備奉聖旨，依禮部看詳到事理，令本家別行指占。自後一向無力陳乞。竊見北山下智果寺委是毗近，雖全無門堂、僧舍，止有地基，敞屋數間。今來本家願自行創建，買田供贍，請僧焚修。謹邀連元準省劄兩道，真本連粘在前，欲望朝廷特賜敷奏給賜。仍乞照曾任執政體例，改賜四字寺額，存殁均被大造。伏候指揮』。後批送禮部勘，當申尚書省。檢準大觀三年三月十六日都省劄子：『内外指射有額寺院充墳寺、功德院，自今竝行禁止。如違，在外御史台，在内令入内内侍省彈劾施行。一節合釐爲御史台，入内内侍省法。』本部照得，今準批下岳珂指占北山下智果寺院充功德院，係指射有額寺院，正礙前項指揮。今據本官繳到紹興三十二年十二月十八日都省劄子，乞踏逐到顯明寺，亦是敕額寺院，係奉聖旨，特依所乞，是致施行了當。續準隆興二年十月十七日都省劄子：『禮部狀：準都省批送下檢校少保、安慶軍節度使、同知大宗正事士籛等劄子，叙陳先大父太傅、儀王仲湜安攢在臨安府北山顯明寺懺堂内，近有故少保岳飛孫甫獲降指揮，充功德院，士籛等每遇時序，不得前去祭享。乞行下故少保岳飛府，别行指占寺院，充功德院事。後批送部看詳，申尚書省。本部今看詳，欲令岳甫别行指占寺院，充功德院，伏乞朝廷詳酌指揮施行申聞事。十月十六日奉聖旨，依禮部看詳到事理施行。』照得繳到省劄内，有令岳甫别行指占寺院，充功德院。尋勒僧正司供具去後，據僧正司申到嗣秀王師禹乞長慶山興化院充功德院體例，以『長慶崇福院』爲額，亦是朝廷特降指揮施行。本部續據岳珂狀，乞以『褒忠衍福禪寺』爲額。緣有逐項指揮，今勘當上件事理，合取自朝廷指揮施行。謹連元狀并省劄二道，伏候指揮。照得江東運判岳珂繳到昨來省劄内已降指揮，令别行指占寺院，充故少保岳飛功德院。今來岳珂申乞，已踏逐到臨安府北山智果寺，兼照岳飛又係昨任少保、樞密副使，後追封鄂王。及禮部勘當，欲以『褒忠演福禪寺』爲額，須議指揮，仍連省劄二道。

六月二十一日，奉聖旨，智果寺特充故少保岳飛功德院，仍以『褒忠衍福禪寺』爲額，令尚書省給敕。

牒奉敕，宜特賜『褒忠衍福禪寺』爲額。牒至，準敕，故牒。

岳忠武王廟墓重脩告成，以王之忠在宋已大白，所有敕告具詳前籍，今最録復官改葬與有關於昭雪褒贈者大書深刻，樹於廟庭，庶瞻禮之餘有觀感焉。

中華民國十年十一月濟陽盧永祥記

重脩宋岳忠武王廟墓碑

永祥督浙之三年，重脩宋岳忠武王廟墓告成，謹書其碑。

嗚呼！王之忠藎，王之武烈，具詳於《宋史》。自宋至今，將七百年。天下婦孺，莫不知王。誦其遺烈，輒爲太息。況王之廟墓在浙，樵蘇久禁，香火不廢，此固浙之民所以報王、亦以王之靈誠有大功於國、且有大惠於浙也。今制，春秋戊日，合祠王與關忠武，祀典昭著，海内所同。豈惟七萃之士正其蕲嚮，亦欲國人明《春秋》尊攘之大義也。

初，懷甯楊將軍善德督浙之歲，刱議重脩王之廟墓，勼工庀材，緜歷日月三年有奇，今始竟其志。王之靈實式憑之。重脩之役，共費銀十五萬餘元。海内聞斯役而助資以成者，用漢碑出錢例，書于碑陰。

中華民國十年秋九月浙江督軍盧永祥記

杭縣吴士鑑書丹

監脩者　張載陽　陳樂山　潘國綱　王　賓　王桂林

范毓靈　馬鴻烈　何國華　安毓清　夏　超

徐則恂　馮學書　蔣邦彦　杜　純　雲　韶
王豐鎬　伍崇學　夏敬觀　夏翊宸　經家齡
陶思曾　沈致堅　張鼎銘　沈爾昌　郝國璽
汪鎬基　鍾士秀　劉　同　易兆雲　陳景烈
蔣可宗　諸宗元　袁思永　顧乃斌　黄元秀
吴憲奎　許炳堃　王錫榮　顧松慶　金百順
范耀雯　張廷霖　錢　謨　樊　鎮　朱吉舜
張　焯　俞　同　姚慈第　魯保士　張開第
唐慎培　陳簡文　景　崧　王吉檀
監工者　顧　浩　佘冠澄　蔣普恩　董　鈞
承造人　章積堂　胡守永

重脩岳王墓柏鐵欄記

夫天地日月山川之精華萃於物，則麟鳳龜龍河之圖洛之書以及靈芝瑞草甘露醴泉萃於人，則堯舜、禹湯、文武、周公、孔子，有非常之事業，而有非常之功勳。迨宋則有岳王之精忠純孝，立千古不易之常經。追溯神謨，萬世欽仰。豐鎬崇拜之餘，見墓前二柏，靈氣所鍾，遂化而爲石矣。既經剥落，遂保而存之。其時，精忠柏沉没于衆安橋河下岳王舊廟，士大夫取爲裝潢玩賞，鄉婦孺取爲治瘧異方，致將樹身擊斷，日漸零落。豐鎬緣雇工抬于西湖岳廟，護以鐵欄，圍以厚垣，以保存也。庭中又補植兩樹。

今又重脩岳廟，爰爲之記曰：

岳王墓南，枝樹久不存矣。存者，僅距墓南向百武之柏二。永祐、天順迄今，方質、張孚敬、李贊、嵇曾筠、沈德潛輩，展王墓者，皆進而及柏，柏所以示王之精忠貞卓也。前十有餘年，豐鎬吏于浙，景王之貞忠，月朔必拜墓。丹青畫壁，松栝靈枝，慨其剥蝕，自分俸錢於墓也，爲之封塋於柏也。爲之闌楯於二柏之北，且爲之補植二樹。是時，展墓之人，蓋無復顧。溯者有之，則同寅張觀察鴻順贊助焉。歲戊午，豐鎬重銜命吏於浙。浙之大吏方崇王之祀、奐王之祠，若柏則柯榦依然。補植之樹，把者將拱矣。滄海能波，天桑自古，欲所以示王之精忠貞卓者。歷萬禩而勿翦勿伐，用載修潔。謹記於斯。

大中華民國十一年歲次壬戌季秋，浙江交涉使者、上海王豐鎬謹譔并書

民國紀元之十年，濟陽督軍重修岳忠武廟墓告成，國華實董其役。忠武廟墓，自宋及今，丹雘載新，此爲最盛。然祠祀所繫，碑碣重焉。今用搜剔榛莽，得舊有碑碣文字。未湮没者，悉築廊以庋之。綜計今所存者，共七十一石。中如重摹忠武之墨蹟，粲若日星，尤足使後之人有所觀感。治工既竟，用紀厓略。著録其目，區以時代，則爲一籍，交付管理者守之。

是年十一月何國華記

舊碑 因年久，字跡漶漫，不及備録全文，謹列碑題于后

北廊

岳王遺墨北伐詩　　大碑一方

題宋岳武穆王詩弘治庚申海虞桑悦民書　碑陰　大碑一方

岳王遺墨滿江紅詞　碑陰

書岳武穆王詞後弘治十五年吴江趙寛書　大横碑一方

乾隆御碑庚子暮春　小碑三方

皇十一子皇十五子皇十七子題乾隆甲辰　小碑七方

宋高宗手敕附跋　小碑一方

書後嘉慶元年北平翁方綱　小碑五方

岳王遺墨附跋　小碑一方

鄂王遺印記金壇段驤撰　小碑一方

岳王銅爵記嘉慶二年無錫秦瀛　小碑一方

濟甯何國華碑記

南廊

謁岳王祠詩念庵公、東郭公二社宗春遊，同謁岳王祠，限韻感賦。錢塘吴世良書　大碑一方

禁止侵佔告示錢塘縣魏　大碑一方

修建祠墓收支賬目年月莫辨　大碑一方

禁止牲畜蹧蹋告示仁和縣趙、錢塘縣程，光緒十三年　大碑一方

敕賜宋少保鄂國武穆王忠烈廟碑天順三年王顯之書　大碑一方

重修鄂國武穆王祠記嘉靖己未杭州府知府陳柯立石　大碑一方

繼忠侯祠碑記萬歷三十六年李養質譔　大碑一方

增建五祠碑記天啟甲子仁和王廷暉書	大碑一方
修建岳忠武祠墓碑同治四年浙江布政使司蔣益澧譔	大碑一方
岳忠武王廟碑記雍正九年兵部尚書總督浙江軍務李衛譔	大碑一方
重修岳武穆王廟碑記康熙二十三年三韓後學羅文瑜撰	大碑一方
岳墓重鑄四姦像記錢塘楊文瑩書	大碑一方
弔忠之詩正德丁卯浙江左布政使李贇、右布政使邵寶撰書	大碑一方
謁祠詩華容蕭一中	大碑一方
弔岳武穆王詞嘉靖乙巳吏部尚書夏言	大碑一方
滿江紅詞文徵明	大碑一方
謁岳武穆王祠墓詩天啟蘇茂相	大碑一方
謁岳武穆王祠詩吴郡王世貞	大碑一方
精忠柏圖知仁和縣事順德何太青	大碑一方
精忠柏圖衡陽彭玉麐	大碑一方
精忠柏台記李佩瓊立石	碑陰
乾隆御碑丁丑	大碑一方
又辛未	碑陰
重修岳武穆王祠墓碑康熙三十一年鐵嶺李鐸敬撰	大碑一方
重修岳武穆祠墓碑康熙三十四年鐵嶺李鐸敬撰	碑陰
重脩敕賜忠烈廟記余姚王華譔	大碑一方

忠孝沈芳臨　碑陰

新建岳武穆王廟土神翊忠祠記弘治四年夏時正譔　大碑一方

保護忠賢祠告示嘉靖十三年錢塘縣　碑陰

重修宋少保鄂國岳武穆王墓記康熙二十四年鐵嶺李鐸　大碑一方

禁止侵佔田畝告示乾隆三年錢塘縣周　碑陰

謁岳武穆王廟詩嘉靖二年楊一清　小碑一方

弔岳武穆詩嘉靖乙卯夏曰瑚　小碑一方

謁忠武王祠萬歷癸未王祖嫡　小碑一方

祭文嘉靖二十一年唐臣　小碑一方

迎饗送神詞萬歷元年海昌沈方儒　小碑一方

祭文萬歷二十二年范淶　小碑一方

謁祠詩萬歷丁亥華亭徐元普　小碑一方

拜岳武穆王墓天啟三年宣城吴伯與　小碑一方

鐘鼎文崇禎丁亥　小碑一方

弔岳武穆王墓征蠻將軍李光元　小碑一方

謁王祠康熙癸未長白甯固親　小碑一方

重修岳王墓記康熙九年，名氏莫辨　小碑一方

謁祠詩康熙癸亥周郜孫　小碑一方

重修岳鄂王祠序雍正十年吴郡周國鳳撰　小碑一方

謁岳武穆王祠墓乾隆二年胡瀛　小碑一方
謁岳武穆王祠墓詩乾隆甲寅強陳謨　小碑一方
懷繼忠侯責秦檜強陳謨　小碑一方
滿江紅詞次原韻乾隆庚申沈芳　小碑一方
謁岳武穆王祠序嘉慶元年秦瀛　小碑一方
悼岳鄂王金階　小碑一方
謁岳王墓滿江紅詞趙式　小碑一方
弔武穆王祠東魯陳治典　小碑一方
謁岳武穆墓濟南徐夜　小碑一方
謁王祠淮南楊于庭　小碑一方
謁鄂王墓感賦中華民國六年兩廣巡閱使武鳴陸榮廷題　小碑一方

以上南、北兩廊，共計大碑二十八方，

又　小碑四十四方。

墓門左右石聯一副

宋室忠臣留此塚中華民國三年

岳家母教重如山王雲從敬撰，張祖翼敬書

墓門右首石碑一方

忠泉康熙乙亥李鐸

墓門内左右石碑二方

重鑄奸惡碑乾隆十二年華亭趙駿烈

重鑄奸惡碑同治四年蔣益澧

聯額

舊聯額

精忠貫日　唐湘遠

中州正氣　曾國霖

報國忠貞　中州弟子王湧泉等

史筆炳丹書，真耶僞耶？莫問邦十二金牌，七百年志士仁人更何等悲歌感泣；
墓門棲碧草，是也非也？看跪此一雙頑鐵，千萬世奸臣賊婦受幾多惡報陰誅。

衡陽彭玉麟敬題

遺烈鎮棲霞，釃酒重瞻新廟貌；
大旗懸落日，撼山願學古軍容。

大烈鎮乾坤，三字含冤，未抵黃龍同痛飲；
孤忠懸日月，千秋生晚，祇從青史仰威名。

湘鄉蔣益澧敬撰

公之精靈，至今如在。余每瞻謁，輒低徊不忍去。讀公全傳，慨主臣之相契，不能勝權佞之相傾。人生知遇之難，知未盡知，遇仍不遇。天不佑宋，隳此長城，千古猶有餘痛焉。

楚南郴陽朱明亮盥手謹譔并識

一代精忠起河嶽；
千秋生氣鎮湖山。

河南白驥良敬撰

王業競偏安，歎息北征將士；
精忠獨報國，傷心南渡君臣。

桐鄉吴廷康敬譔

靈爽在天，必誓度浙水衆生，永無冤獄；
精忠報國，共傳聞朱仙一戰，幾復中原。

桐鄉嚴辰敬譔

詔命下，朱仙大功未竟，可爲欷歔，莫須有三字含冤，異世能伸仍憾事；
宦遊來，浙水遺像獲瞻，彌增慨慕，不愛錢一言垂訓，終身持誦作官箴。

徐振翰敬譔

禋祀崇湖山，文武聖神光日月；
典型昭河洛，忠孝節義冠古今。

方嘉鎮敬撰

問南宋君臣父子，可曾見湖山遺廟；

秉中央日月星辰，若所爲天地同春。

南陽黃源晉敬撰

有漢一人，有宋一人，百世清風關岳並；
奇才絶代，奇冤繼代，千秋毅魄日星懸。

黃巖喻長霖敬撰

忠孝齊名，瓦巷幸埋賢父子；
姦邪同惡，鐵人冤鑄醜夫妻。

桐城王雲從敬撰，張祖翼敬書

杜預左癖；
道濟長城。

錢塘黃元秀敬譔

南宋至今逾七百年，重見義旂興鄂渚；
西湖依舊環三十里，新推通祀遍中華。

奉化孫鏘敬譔，二十八世孫岳朝鼎敬立

新聯額

偉烈忠純　　濟陽盧永祥重摹

心昭天日　　浙江省長沈金鑑

忠孝完人　　張載陽

移孝作忠　羅山陳樂山

純忠立極　永嘉潘國綱

忠昭日月　嘉湖鎮守使王賓敬書

馨香萬禩　浙江財政廳長陳昌穀敬獻

河嶽英靈

王陵前古有精忠柏。清季，曾捐俸錢補栽楠、杞各二，護以鐵欄。九天靈爽，憑式依然。謹附識之，以端景仰。

外交部特派浙江交涉員王豐鎬敬題

氣壯湖山　金華蔣邦彦敬獻

河嶽精忠　青田夏超

軍人模範　平彝伍文淵

武烈神威　浙江沿海礮臺司令官張伯岐敬立

萬古精忠　錢塘顧松慶敬立并書

大宋一人　仁和王邦慶敬立

一門忠孝，惇史所傳，果當年，痛飲黄龍，早驅金虜；

百代馨香，社祭可守，賴此地，長霾碧血，不負明湖。

盧永祥敬譔，吴士鑑謹書

祭重褒忠，一卷籲天追往烈；

字傳涅背，千秋報國是前師。

浙江督軍盧永祥敬題

寢閣委中興之任，孰如高廟知人，血戰兩河深，明月刀環虚二聖；

起家由列校立功，旋與蘄王並將，冤沈三字恨，棲霞祠墓表孤忠。　正殿

浙江省長沈金鑑敬譔

忠孝節義萃於一門，閧披南宋傷心史；
祠礿嘗蒸昭乎四祀，可紀西湖墮淚碑。　啟忠祠

吴興沈金鑑敬撰并書

皦日矢忠心，千古仰軍人矩矱；
棲霞新廟貌，萬方拜中國英雄。

新昌張載陽謹書

宋室興亡成往事，但贏得家有孝子，國有忠臣，上下奮儀型，廟貌墓魂千古並；
軍人模範擬如倫，就是那文不愛錢，武不惜死，湖山新俎豆，潢汙蘋藻四時馨。

西湖棲霞山表，宋岳忠武王墓及其祠廟在焉。民國八年，故督克威將軍楊公因見祠墓失修，募資改造，以新觀感。今督帥盧公續成美焕。精忠純孝，實式憑之。樂山籍隸中州，適以軍職駐浙，緬懷先哲，必恭敬止。落成之日，謹奉楹聯，用誌景仰云。

羅山陳樂山敬譔并書

古今謚忠武者幾人，惟王之靈，河朔軍聲傳不朽；
祠墓壯湖山兮萬禩，在禮宜祭，丹書廟貌仰重新。

合肥范毓靈敬撰

奇禍陷風波，南宋山河終半壁；
精忠貫日月，西湖俎豆足千秋。

陸軍中將甯台鎮守使王桂林敬譔

父子北征，忠孝岳家軍第一；
君臣南渡，湖山宋室廟無雙。
浙江全省警務處處長夏超謹撰并書

治春秋比壯繆侯，上章表比諸葛侯，百戰振軍聲，馬蹀旃梟，恨未痛飲黄龍府；
前祠有錢王武肅，後墓有于公忠肅，萬年崇祀典，蘋馨藻潔，各分片席金牛湖。
浙江憲兵司令官馬鴻烈敬獻

報國仗精忠，當年唾手燕雲，矢心天地；
新祠共瞻仰，保我青山常在，碧水無塵。
杭州關監督杜純敬譔

正氣炳人寰，風雨靈旂一坏土；
苦忠愬往節，湖山俎豆萬斯年。
馮學書敬獻

背嵬領雄軍，我如河朔少年，束髮幸曾師戰略；
精忠留古柏，今喜湖山勝地，瓣香來共拜祠堂。
濟甯何國華敬獻

君臣南渡，王業偏安，嘆十年戎馬崎嶇，報國精誠，事去可憐天水局；
金陵一戰，河山再造，念異代蟲沙變幻，崇祠忠烈，魂歸幸傍岳家軍。
辛酉冬，西湖岳陵重修，仰維武穆盡忠報國，志在恢復中原，嘗於建康之役，一鼓敗虜。後八百年克復南京，陣亡諸舊部瘞忠骨于岳廟之東，並建祠崇祀，先後同軌焉。謹譔此聯，以志感幸之忱云爾。
青田徐則恂拜譔并書

盡忠兩字爲中國魂，看近年外患迭生，繼起英雄誰秉遺箴襄大業；
疑獄千秋曰莫須有，慨爾日法權遽替，鑄成鐵像好教後世鑑前車。

吴縣陳福民敬譔

痛史説偏安，慨當年謀定東窗，檜真遺臭；
崇祠留勝蹟，看此樹枝常南向，柏亦精忠。

兩浙鹽運使蔣邦彦敬獻

日月照孤忠，三字沈冤，大地裂裳盟白馬；
江山憂半壁，重新祠宇，中原遺恨飲黄龍。

陸軍少將浙江全省水陸緝私統領米占元敬獻

大小眼争拜英雄，慷慨成仁，特立萬古綱常之極；
乾净地難忘天水，湖山無恙，留與後人謌詠而歸。

浙江實業廳廳長雲韶敬撰

想像背嵬軍，敵愾同仇，肯遂令外族横行，中原板蕩；
蒼凉南渡局，傷心異代，且莫話西湖歌舞，大將風流。

黄元秀敬立

誓復中原，浩氣彌綸吞北虜；
重新神宇，忠靈赫濯奠西湖。

餘杭盛開第敬撰并書

湖上仰新宫，靈旂如見精忠字；

河濡覓遺陣，頑鐵安知紗用心。

滇南伍文淵謹譔并書

民族主義，歷元清鼎革，始達完全，如神有知，稍解生前遺恨；
聖湖風景，得祠墓點綴，差不寂寞，兹地之勝，允宜廟貌重新。

蔡元培敬撰并書，蔡元康、金百順敬立

將軍報國，宰相和戎，義憤動千秋，臣節無慚追壯繆；
廟拓明湖，陵依霞嶺，馨香綿萬禩，孤忠共喻有蘄王。

浙江印花稅處處長周自元敬撰

精誠與松柏同堅，萬古昭昭，公自大名垂宇宙；
廟貌共湖山並壽，寸衷耿耿，我爲時勢弔英雄。

青田陳琪拜譔，天臺山農謹書

乾坤正氣，在下爲河嶽，在上爲日星；
天下太平，文官不愛錢，武官不惜死。

仙居王棨集句敬書

運會復何言，跼蹐臨安，痛兩宮終身北狩；
精魂應不死，從容裘帶，看千秋廟貌西湖。

杭縣曹振聲、杭縣方昇平敬獻，何起嶽撰書

西湖之瀕，于少保、岳少保，巍然兩墓；
民國所祀，前武聖、後武聖，各有千秋。

杭縣知事江甯王吉檀敬獻

武穆與武肅齊名，賴祖功射退浙江潮，得瞻廟貌重新，留南宋一杯乾浄土；
大孝爲大忠張本，奉母命戰寒金虜膽，畢竟國魂同壽，占西湖卅里艷陽春。

廣德錢文選敬題

朱鎮壯聲威，想當年痛飲黄龍，誓恢復河山半壁；
丹心貫日月，到而今名留青史，應享祀俎豆千秋。

上海各路商界總聯合會副議長周成恭撰敬立

是萬夫雄，慷慨成仁，終古綱常立人極；
此一湖水，芳馨可薦，百年松檜見精忠。

餘姚阮性宜敬撰

王氣已銷，重睹湖山新廟宇；
人心未泯，猶因忠孝拜英豪。

辛酉秋九月，余遊杭，適值重修岳廟落成。規模壯闊，湖山爲之生色。溯自辛亥鼎革後，白雲蒼狗，人心日漓，忠節等字，幾爲世所詬病。惟岳家一門忠孝，焜燿千古，今垂數百年。雖婦人孺子尚知，稱頌勿置，亦足見此心此理之同。爰撰數言以志欽仰云爾。

長沙鄭家溉敬上

專制殺英雄，千載何人雪國恥；
横流遍宇宙，九州無地哭忠魂。

民國壬戌三月，恭摹靈峰先生庚子所書舊聯，後學縉雲趙鼎華敬立

不愛錢不惜命，是天下太平根基，名論出名臣，無怪貪婪長跽跪；

取東芻取縷麻，定斬徇軍門法律，保民兼保國，允宜俎豆永湖山。

泉唐趙鴻深撰聯并書，王念辰同獻

聲名同宇宙長垂，威震華夏；
武略與神功並著，義薄雲天。

玉山張祖桂敬撰

報國刺背，復仇銘心，以孝子作忠臣，宜其叱咤風雲，所向無敵，迎還二聖指日可期，雖未竟臣功，却非臣罪，使二聖不返者，我有權奸，孤憤冲層霄，漠漠皇圖淪異域；
幼熟春秋，長精兵法，以通儒爲主將，咸歎出殁神鬼，布置裕如，威震四夷撼山設喻，乃賊據中樞，禍遍中原，召四夷侮華者，今猶跪鐵，殺身成大節，凛凛生氣在人間。

乙卯歲，闈回里夢『二聖未還如還』六字，夢中作岳武穆聯文。醒時祇記末句『凛凛生氣在人間』七字。是武穆示夢，爲作一聯。惟『二聖未還如還』六字不知何解。細思之，爲成此長聯。未知能合聖意否？質之海内大家，以爲如何？

江西玉山縣公民徐士楷恭撰

奉詔班師，痛南宋偏安，結此一局；
盡忠報國，壯西湖遺跡，範我千秋。

一軍難撼聲威遠；
三字含冤忠孝全。以上正殿煖閣

在當年從難，碧血埋幽，蜚語何來哀太尉；
以列校奮身，丹心亘古，瓣香有託弔英雄。烈文侯雲旗風馬，生死相從，部曲有同心，想見隨軍依鄂國；
桂糈椒漿，英靈來格，墓門求近地，惜難築塚象祁連。輔文侯

忠孝爲千古不磨，裕後光前，百世猶知昭穆；
鍾毓得兩間之氣，崧生嶽降，舉家合享蒸嘗。啟忠祠

萬世綱常，名父名子；
一門風烈，言孝言忠。

王以身殉國，厥嗣宜昌，如過湯陰謁祠宇；
宋距今有年，其祀不廢，今來湖上禮冠裳。以上五侯祠

奕世表孤忠，笄髽推賢重彤管；
閨門申大節，絲綸傳信著金陀。

楚國溯賢規，崇懿宜書列女傳；
南荒嗟遠徙，精忱合配繼忠祠。以上五夫人祠

經進百韻詩，祖德能傳，書實可徵天定録；
沈冤三字獄，神人共憤，昭忠仍紀紹興年。鄭侯

殉孝閉重淵，與上虞曹娥相擬；
闕疑求古籍，賴梧溪樂府以傳。孝女

以布衣，以小校，以獄卒，祀可祔于王，正義今看懸日月；
爲去官，爲貶謫，爲扣閽，事皆徵諸史，沈冤終賴白風波。翊忠流芳合祠

籌欵往來函電録存

通電各省

岳武穆忠節勳猷，與關聖同炳千秋，允爲軍人模範。其墳墓祠宇，及其全家忠蹟，均在西湖。年久失修，漸就頽圮。觥觥遺烈，坐令湮沈，甚非我軍人崇拜英雄之意。鄙人忝領此邦，責無旁貸，經營誠不敢辭。惟擴張之規畫，預計非六七萬元，不克蕆事。獨力固屬難勝，專美尤所不敢。用特敬告緣起，乞賜提衡。我公崇賢尚義，中外同傾。如蒙鼎助，早得玉成，將來書名豐碣，定與湖山同垂不朽。同氣之求，伏候明教。楊善德　東印

保定曹經略使來電

杭州楊督軍鑒：東電敬悉。岳武遺烈，炳耀千秋。我公建議修復祠墓，洵我軍人應盡之責，自當竭力募籌，以襄盛舉。一俟集有成數，即當專電奉聞也。特復。曹錕　冬印

電復保定曹經略使

保定曹經略使鑒：冬電敬悉。熱心高義，佩企莫名。惟鄙意祇求我公隨緣樂助，共成此舉。中下級官長，境非優裕，不敢以此相擾。尊意當亦爲然也。善德　江　印

保定曹經略使署來電

杭州楊督軍鑒：統密。現奉經略使諭，捐助重修岳武穆墳墓洋一千八百元，囑即匯往。現已由交通銀行如數匯杭。收到請逕復經略使爲盼。使署總軍需處　陽　印

保定曹經略使來電

杭州楊督軍鑒：前准江電，當即轉電所屬師旅遵照。兹經吴師長佩孚認捐三百元，旅長張學顔、張福來、王承斌、閻相文、蕭耀南各捐一百元，錕自捐一千元。共計一千八百元。除另行匯寄外，特先電聞。曹錕　陽　印

北京靳總理來電

杭州楊督軍鑒：東電悉。重修岳墳祠宇，芝撲捐助三千元，弟及香岩司令各捐一千元。持併奉復，欵容續匯。雲鵬　宥　印

蚌埠倪督軍來電

杭州楊督軍鑒：東電敬悉。重修岳墳，嗣冲極端贊成。謹竭棉薄，捐洋三千元，容即匯寄。特此奉復，即希亮察。倪嗣冲　冬　印

電復蚌埠倪督軍

倪督軍鑒：統密。岳祠工程，因收買民屋、各用需欵稍多，預計約需七萬元之譜。除敝處籌撥二萬，加以各處陸續認籌，約共五萬有奇，預計尚不敷用。我公惠助三千，極深紉感。聞陳旅長云，曾荷面詢，欵如不足，尚可增籌。倘蒙量加鼎助，以速其成，則大名當與湖山永垂不朽矣。善德　皓　印

蚌埠倪督軍來電

杭州楊督軍鑒：統密。皓電敬悉。岳祠工程，前曾與陳旅長面談，如籌欵不敷，尚可續捐。兹奉電示，謹勉竭棉薄，再捐洋兩千元，不日即行匯寄。特復。嗣冲 號印

武昌王督軍來電

杭州楊督軍鑒：東電奉悉。岳武穆一生忠孝，百世勛名。廟食西湖，千秋景仰。我公倡議重修，崇拜英雄，至堪欽佩。遵當列名附驥，竭力贊助。先此奉復，容再函達。王占元 冬 印

武昌王督軍來電

杭州楊督軍鑒：皓電敬悉。敝處認助岳祠工程費五千元，兹由漢口中國銀行匯往，即祈察收，見復爲禱。王占元 箇 印

電復武昌王督軍

武昌王督軍鑒：箇電敬悉。岳祠工欵，承助五千，欵已收到。佩言高義，感荷莫名。敬先復謝，尚

希鑒洽。善德 禡 印

濟南張督軍來電

杭州楊督軍鑒：東電敬悉。我公提倡修葺武穆墳祠，足徵崇拜忠賢，莫名欽佩。謹捐銀千元，以副雅意。特此電復。張樹元 江 印

電復濟南張督軍

濟南張督軍鈞鑒：岳祠工費，荷助至佩。現計需費七萬。樹督籌二萬，秀山督軍五千，暨各處籌認，約共有五萬，餘所短尚巨。擬懇鈞處設法多籌若干，俾早觀成，則盛名與湖山同垂不朽矣。如何？伏候裁示。陳樂山叩 皓 印

南京李督軍來電

杭州楊督軍鑒：東電敬悉。修理遺阡，聿新廟貌，具徵尊崇前哲、發揚武烈之盛心，至爲欽佩。純夙深景仰，極表贊同，定當力爲協助，共襄盛舉。尚祈偏勞，規畫興辦。如何分籌，即祈隨時賜示，以便遵辦。李純 江 印

南京李督軍來電

杭州楊督軍鑒：前接東電，倡修岳武穆墳墓、祠宇一節，當經復電贊同，並聲明如何分籌，即祈隨時賜示，以便遵辦。謝顧問回甯，傳述我公不肯指示數目，具見撝謙。工程重要，未便久懸。敬謹捐銀五千元，以備壞流之助。交中國銀行匯上，至祈飭收，並希見復。進行規畫，悉賴偏勞。翹企之雲，無任馳仰。李純 鹽 印

電復南京李督軍

南京李督軍鑒：鹽電敬悉。承助岳祠修費，刻已收到。高義盛情，曷勝感紉，敬先鳴謝。善德皓印

長沙張督軍來電

杭州楊督軍鑒：東電敬悉。武穆忠節，雲漢爲昭。幸祉墓之猶存，動後人之憑吊。我公尚友古人，慨古蹟之荒凉，遂感觸而不能自已。亮節高風，聞者能無興起？惟自慚棉薄，聊備千金，爲義舉集腋之助。特復。張敬堯 江 印

函復長沙張督軍

勛臣仁兄督軍大鑒：敬復者，前奉江電，祇悉，兹復。准貴署軍需課函開『奉發助修岳廟，捐欵洋一千元，交由中國銀行匯杭』等因，該欵業已照數收到，辱承摯愛慨賜，提衡祇領之餘，莫名欣感。隆情高義，已銘諸心版矣。將來工程完竣，容再報告詳情。用特專函佈復，並申謝忱。敬頌公綏。愚弟楊善德鞠躬

盛京張督軍來電

杭州楊督軍鑒：東電祇悉。承示岳武穆墳墓，社宇年久失修，亟應從事葺修，裨忠烈永垂不朽。我兄擴張計畫，欽佩莫名。將來集欵興工，弟當隨諸同袍後，量爲捐助也。謹先奉復。張作霖 江印

太原閻督軍來電

杭州楊督軍鑒：東電誦悉。重修武穆墳墓祠宇，具見崇拜英雄之盛意。承囑提倡，容當商籌。閻錫山 魚印

開封趙督軍來電

杭州楊督軍鑒：頃奉東電敬悉。我公倡議募修西湖岳祠，表揚忠節，盛典同欽。況倜本豫人，尤深贊荷。兹由敝省軍民兩署，共捐一千元，以襄盛舉。除分函匯寄外，特復。趙倜陽印

開封趙督軍來函

樹棠仁兄大人偉鑒：昨奉賜電，以西湖岳祠應行大加修葺，緬忠武之前徽，倡表揚之盛舉，欽佩之下，極表贊成。當經電復，由敝省軍民兩署，共捐一千元，諒邀鑒及。兹特將敝軍署認捐之五百元，泐函匯寄，至祈查收，聊襄盛典爲幸。專此敬頌勛祺！愚弟趙倜鞠躬

樹棠仁兄督軍節下：前奉尊電，募修西湖岳武穆祠墓，當由軍省兩署共捐洋一千元，電復台察在案。除軍署捐欵五百元由軍署徑寄外，所有省署所捐之五百元，兹特如數匯寄。至祈察收，並希賜覆爲荷。專此祇頌勛綏。愚弟趙倜謹啓

函復開封趙督軍

倜人仁兄督軍偉鑒：敬復者，前奉陽電，備承壹是。兹復叠接尊函，並兩次匯到重修岳王墳廟捐欵洋一千元，均謹領悉。渥蒙摯愛殷拳，慨賜捐助。翹瞻風義，嵩華同高，雅量隆情，欽仰靡已。一俟

將來修理工竣，再當奉告詳情也。特此專函馳復，並抒謝悃。祗頌勛祺。愚弟楊善德謹啓

張家口田都統來電

杭州楊督軍鑒：東電敬悉，至佩義舉。現已設法募捐，俟積有數，再行匯交，先此電復。田中玉

庚叩

福州李督軍來電

杭州楊督軍鑒：東電敬悉。我公推崇先聖，首及陵廟，擁扶忠蹟，欽佩莫名。厚基忝屬袍澤，極表同情。謹率屬僚，勉竭棉薄，集洋二千六百五十元，以爲之助。除欵及銜名另行匯寄外，先電奉復。

厚基　蒸　印

電復福州李督軍

福州李督軍鈞鑒：岳祠盛舉承鼎助，同深仰佩。現計需費七萬，所籌僅五萬餘，所短尚巨。樹督意以清初該祠係先德敏達公獨力搆造至今，湖上謳思未泯。鈞座繼武，開府閩疆。允宜特輸巨資，後先媲美。倘荷加助，俾早觀成，則盛名不朽，佳話爭傳，洵堪豔羡也。謹特奉達，伏乞裁示。陳樂山叩　皓

印

齊齊哈爾鮑督軍來電

杭州楊督軍鑒：東電敬悉。岳穆祟祠，得公增拓，足以並昭千古。邊隅瘠薄，謹竭棉力。助洋五百元，隨後奉匯。特復。鮑貴卿佳印

陝西陳督軍來電

浙江楊督軍鑒：東電敬悉。我公崇拜昔賢，提倡忠義，非特樹藩所欽佩，凡屬吾輩軍人，當無不一致贊同。承示資助之處，除由樹藩捐洋五百元外，仍當儘力勸勸。俟得有成數，即爲電達。特覆。陳樹藩文印

蘭州張督軍來電

杭州楊督軍鑒：東電敬悉。倡修岳墓，並建崇祠，揚闡精忠，表章先烈。北面備苾芬之禮，南枝宏交感之方。從兹三竺六橋，英靈如在；行見九州四海，豪傑猶生。盛舉諸維，欽遲無既，自當勉力拳石。滋慚敬籌銀餅二千，聊表心願。欵由天津分銀號匯寄，至請察收，盼復爲荷。張廣建巧印

南昌陳督軍來電

杭州楊督軍鑒：前奉東電，具仰崇德尚賢，式閭禮墓。雖宋武之信卞墳，方兹未足爲美。高風盛舉，無任佩欽。遠謹捐銀三千元，即飭需課匯上。聊佐犒工之費，藉伸景仰之忱。光遠　陽　印

電復南昌陳督軍

南昌陳督軍鑒：岳祠工欵，承助三千，至感。該工預計需七萬元，除敝處籌二萬，秀山督軍五千，暨各處認助，已有五萬餘元。不敷尚巨，擬再設法，以謀早成。尊欵俟收到，再奉復。先此鳴謝。善德皓　印

南昌陳督軍鑒：皓電諒達。岳祠工欵，承助三千，頃已收到。敬先復謝，尚希鑒洽。善德漾　印

北京王巡閱副使來函

樹棠仁兄督帥偉鑒：久疎箋候，企想爲勞。前奉東電，備承獎借，瑣瑣羈絆，肅答有稽，甚歉歉矣。岳武穆精忠報國，日月同光，自足今古軍人良好模範。尊電以崇祠古墓，年遠就湮，亟宜集資修復，以壯觀瞻。傑識藎懷，至深佩仰。惟兹事體大，崇拜英雄，自有同意。而如何規畫，日來已有多數之集合否？弟慚棉薄，自當稍有所奉。惟些些殊愧，無裨於萬一耳。何日開工，屆時並望見示。弟留

滯都門，瞬已兩月。時事未能統一，外交内政，在在憂心。入暑，唯興居咸宜。肅頌曼福。不宣。弟王廷楨再拜

復北京王巡閲副使函

子銘仁兄執事：正深葭溯，忽挹蘭芬，藉譾興居，無任慰忭。岳武穆祠墓在杭，年久失修。日前電達朋舊，所有管見，均荷贊成，頃已開工矣。蒙允捐助，足徵吾兄崇拜英雄、與私衷具有同情也。捐欵盼擲，肅復。即頌勛祺。不備。愚弟楊善德拜啓

電北京徐籌邊使

北京徐籌邊使鑒：岳祠工程，前曾電祈鼎助。查該工估計約七萬元，除弟籌二萬，暨各處籌認，約共有五萬餘元，所短尚巨。我兄景行先烈，夙具熱心。尚祈鼎助，俾早觀成，則盛名與湖山永垂不朽矣。佇盼明教，無任企幸。楊善德 皓印

北京徐籌邊使來電

杭州楊督軍鑒：皓電敬悉。岳祠工費，弟可認籌五千至一萬元，凑齊再行奉聞。制樹錚 箇印

盧督軍電呈徐大總統

北京大總統鈞鑒：敬呈者，竊查浙江西湖岳武穆祠墓，忠烈遺型，中外具仰。丹心碧血，尤足模範軍人。祇以年久失修，丹艧隳廢。非重新廟貌，不足表彰。前由楊故督軍倡議重修，通電各省同袍，咸蒙輸助。現規畫已定，統計需費十三萬餘元之譜。而各方認數，僅有八萬餘元。按欵計工，不敷尚鉅。永祥繼任斯土，敢不黽勉，以竟前功？惟是工多欵絀，必賴衆擎。除仍通電輸助各處請益外，合無仰懇大總統宏獎名教，俯念愚忱，量予惠助，俾成合尖之功。而彰旌忠之典，實爲公德兩便。敬電陳情，伏維鑒察。盧永祥叩宥印

盧督軍通電各省

天津曹經略使、南京李督軍、盛京張巡閱使、武昌王督軍、南昌陳督軍、蚌埠倪巡閱使、開封趙督軍、吉林鮑督軍、蘭州張督軍、長沙張督軍、太原閻督軍、西安陳督軍、福州李督軍、濟南張督軍、承德姜都統、綏遠蔡都統、張家口田都統、浦口王巡閱副使鑒，北京段督辦、靳總理、張總長、段總司令、吴總司令、徐籌邊使均鑒：西湖岳武穆墳廟，年遠失修，漸形頹廢。前經楊故督通電倡議重修，咸蒙贊助。鄙人承乏是邦，敢不黽勉，以竟前功？查該項工程，業已規定，統計，需費十三萬餘元。而各方所集之數，僅約八萬元之譜。按欵計工，不敷尚巨。現擬先分段落，擇要施工。一面續籌，爲集腋之計，蔵合尖之功。竊以武穆英靈，彪炳千古，重修廟貌，昭示典型，我輩責無旁貸。用敢攄陳實狀，再

乞匡襄，並另函詳達。群公見義勇爲，函到後務請終始玉成。則將來磨礪題名，與湖山同壽矣。至結果不敷之數，永祥自當竭棉力任完成。謹先電陳。盧永祥　宥　印

函已收到欵銀各處

敬啓者：岳武穆墳墓祠宇，及其全家忠蹟，均在西湖之濱。楊故督以景仰先賢之心，倡建重修之議。承公鼎助，遠惠廉泉。祇以工程繁鉅，籌備需時，現雖規畫就緒，而欵尚不敷。昨已電陳概略，諒達典籤。兹將籌備情形，用再開單函達。並附計畫規程一册，伏候察裁賜教，以匡不逮。倘蒙量加籌濟，俾早合尖，尤所感應。專函奉布，敬頌勛綏，諸維亮照。不備。

函未收到欵銀各處

敬啓者：西湖岳武穆墳廟，前經楊故督通電倡修，承公贊助，認捐洋　　元。惟是項修建工程籌備手續頗繁，節次規畫，麤具標模。全工統計需費十三萬餘元，而各方所集之數，僅有八萬元之譜，不敷尚鉅。現擬酌分段落，分次施工。其第一段工程，已需八萬六千餘元，待用甚急。承前認之欵，務懇即日匯交，以資支用。但工多欵絀，若竟全功，必須增募，倘蒙慨加認數，俾得早日告成，尤所感盼。除前已電陳概况外，用再將籌備情形，開單函達台端，並附計畫規程一册，竚候察裁賜教。藉匡不逮，專函奉佈。敬頌勛綏。

函已電復贊助尚未認定捐數及未見電復各處

西湖岳武穆墳廟，前經楊故督通電倡修後承公贊同，咸承襄助。現在已將各項進行事宜，籌備完竣。通盤預算，需費十三萬餘元。查各處籌集之數，約有八萬元，所短尚鉅。擬酌分段落，逐部分次開工。預計第一段工程，已需九萬元之譜。欵絀工多，完成匪易。欲竟前功，端賴諸公匡助。兹將第一段工程先行着手，一俟續籌就緒，依次進行。惟動工需欵，急待支付。除前已電陳概略外，用再將各種籌備情形，開單函達台端。並附計畫規程一册，務乞察裁，從豐賜助，俾得早告全功，無任感盼。專函奉佈，敬頌勛綏。

北京公府秘書廳來電

杭州盧督軍鑒：宥電以重修岳武穆祠墓工多欵絀，呈請惠助。當經轉呈，奉大總統諭『捐助二千元』等因，已囑收支處照發。應交何處，乞示知，以便給領。府秘書廳 儉印

函總統府吴秘書長

士湘仁兄大鑒：頃奉貴廳儉電，敬悉元首諭助浙省岳武穆祠墓重修工欵洋二千元。并承詢寄何處，具承一一。查重修岳武穆祠墓之議，發起於楊前督，其事務所即附設於督署。各省督軍捐欵，有

多至五千及萬元者，并擬仿捐資書碑之例，用垂不朽。如蒙元首特捐提倡，感何可言。惟過去情形，前電未及陳明，用再函布左右，便中希再代陳。如蒙酌量加益，尤爲感企。元首諭助若干，并請轉致收支處，逕行匯寄敝署照收。所以爲再三之瀆者，非敢沾沾請益。誠以元首允爲提倡，如捐數較增，則將來書名豐碣，弁冕群流，更足以資矜式而壽湖山也。專此布復，尚祈卓裁。即頌年綏。盧永祥啓

北京公府吴秘書長來函

子嘉老哥督軍麾右：敬啓者，昨奉惠翰，祇悉種切。元首捐助重修岳武穆祠墓工欵項，頃詢收支處。據覆『此項捐欵已由鈔洋折合現金，由交通銀行兑交貴署』等語，承詢特覆。祇頌台綏。弟吴制笈孫拜啓

北京公府收支處來函

逕啓者：案查上年十二月准本府秘書廳函開『接貴督軍宥電「爲重修岳武穆祠墓工欵不敷，請予捐助」等因，呈奉大總統批捐鈔洋二千元。除由廳電覆，請其派員具領外，希即查照各等因』前來。查前項捐欵，迄今尚未具領。兹交由交通銀行匯寄投納，即希台察。擲賜蓋章收據，以憑呈報爲荷。此致浙江督軍盧。公府收支處啓

函覆北京公府吴秘書長

士湘仁兄先生大鑒：接展手書，具承壹是。元首諭助之重修岳武穆祠墓工欵，已於昨日由收支處函匯到杭。計京鈔二千元，折合現金一千二百六十元。遵即照領。容俟大工觀成，再行呈報。用特函佈，敬懇代爲稟達謝忱，不勝感企。專此祗頌公綏。弟盧永祥謹啓

省公署轉送奉天匯到捐欵函

敬啓者：頃准奉天張督軍匯到捐助重修岳墓祠宇銀三千元。用特函送台端，檢收轉致，並祈見復爲荷。此頌公祺。浙江長公署政務廳啓

電復奉天張督軍

奉天張督軍鑒：頃准省公署賫到尊處匯寄捐修岳墓祠宇經費銀三千元，式崇先烈，遠惠廉泉。專電復謝，至紉盛誼。盧永祥 感印

南京李督軍來電

杭州盧督軍鑒：統密。宥電敬悉。景仰前賢，重新廟貌，揚武穆彪炳之功業，完樹帥未竟之前徽。屬在同袍，尤深佩仰。純當樹帥倡議之初，曾隨諸公後，鼓勸盛舉，竭效壤流。一粟太倉，鉅工無補。分榜擇要，足見藎籌。容俟接到大函，再行設法辦理。李純艷印

南京李督軍來函

子嘉仁哥督軍大鑒：衣帶匪遥，旌旗在望。匡時懋績，良用心儀。重修岳武穆墳墓祠宇，前承惠寄修建計畫規程，比已電復左右。詳閲施工細則，先從分段擇要興修入手，工既翔實，欵不虚糜。廟貌崇閎，有條不紊。藎籌碩畫，備紉偏勞。純雖已捐銀五千，深愧太倉一粟。核計工繁費鉅，允宜重效壤流，兹再捐銀一千元，藉作集腋之助。交中國銀行匯上，至祈飭收，並希見復爲荷。祇頌勛綏。如弟李純啓

函復南京李督軍

秀山仁仲督軍麾次：前奉艷電，承悉一是。頃間又辱惠書，就譾。名業經猷，與時俱懋，引瞻吴下，抃頌奚如。承匯交重修武穆祠墓加捐欵銀一千元，已照數拜登。仰見式崇先烈之盛意，爲山覆

簣，慨賜提衡，極紉雲天之義。將來書名豐碣，自足以資矜式而壽湖山也。該項祠墓，現已開始興修。一俟大工觀成，再當彙報台端，用昭大信。謹先復謝。祇頌勛綏，諸維荃照。不備。如棠盧永祥啓

長沙張督軍來電

杭州盧督軍子嘉夫子鈞鑒：宥電敬悉。西湖岳武穆墳廟工程，允宜釀金蕆事，容宣導分募，期作聚鈎鑄鼎之舉。但能否勸集鉅欵，則尚難逆計耳。學生張敬堯叩　勘印

蘭州張督軍來電

杭州盧督軍鑒：宥電敬悉。修造西湖武穆墳廟，極欽雅尚，並表同情。敬助洋二千元，日内即匯駐津甘肅官銀號轉寄。邊疆貧瘠，棉薄滋慚[一]。張廣建　艶印

蘭州張督軍來函

子嘉仁兄督軍麾下：梅笑虚檐，久稽梅信；葭吹緹室，倍結葭思。即維首祚凝釐，牙璋集瑞。柳營霜肅，布六橋三竺之春；藎策雲蒸，運四攻五良之妙。錢塘引領，玉塞攄忱。弟忝綰邊符，又更歲籥，年華如水，勩績未彰。世事屯雲，杞憂曷既。幸叨甯謐，堪慰注存。昨奉電音，如親風采。挽回薄俗，本忠誠而妥英靈；闡發幽光，新廟貌而宏觀感。極藎規曹隨之雅，樹廉頑立懦之基，緬想熱忱，曷

勝景佩。比復片語，計達典籤。敬致銀幣二千，聊當心香一瓣。自知拳石無補高山，勉掬蹄涔，同歸滄海。願祝南枝森竦，默靖欃槍；惟慚西塞荒寒，難供榱桷。尚希察入，并惠復音。專此敬賀新禧，順頌勛祺。不備。愚弟張廣建奉狀

子嘉仁兄督軍麾下：正殷葭溯，忻奉蘭言，藉審首祚凝釐，牙璋篤祜。虎陵在望，驩頌彌襟。惠示重修岳陵報告單暨計畫規程，均已備悉。葢籌碩畫，毅力熱忱，紬繹再三，實深欽佩。弟自慚短袖，無計迴旋；勉挹蹄涔，聊伸景仰。認捐兩千元，業於上月函知天津甘肅官銀分號，如數匯交。屈計郵程，當登籤室。尚希察入，並惠復音。臨穎殷拳，不盡繾綣。專此復頌勛祺。不備。愚弟張廣建奉狀

函復蘭州張督軍

勛伯仁兄督軍偉鑒：紫甸春回，又更歲籥。正殷心企，遥奉琅函就譾。楙時納祐，撫序延釐。布化朔方，作長城之保障；統師要塞，戢甘水之干戈。褒鄂銘勛，伊涼譜曲，引瞻旄彩，彌切頌私。重修武穆祠墓，弟勉隨蕭規，完成斯舉，厚荷藻飾，愧勿克當。承惠捐欵二千元，已照數拜領。熱心盛意，感佩莫名。從此偉烈純忠，益加彰異；會看題名豐碣，風義流傳。一俟工竣有期，再將詳情彙報台端，用昭大信。特先奉復，藉達謝忱。敬頌勛祉，並賀春禧。不備。愚弟盧永祥謹啓

勛伯仁兄督軍麾下：遠溯臨洮，時傾葵藿。長城萬里，延跂爲勞。頃辱惠書，敬譾。名業經猷，與時俱楙，下風浣誦，抃頌同之。日前承匯重修岳墳捐欵兩千元，業於二月十一日，由敝署如數收到。並已即日修書馳報，計日想登記室矣。麾下義舉，熱忱保存古蹟。他山之助，感佩何如。專肅鳴謝，藉頌勛祺。弟盧永祥拜啓

保定曹經略使來電

杭州盧督軍鑒：宥電敬悉。岳廟工程，得我兄克竟前功，用昭武德，佩仰無量。錕謹再捐洋千圓，聊效壤流之助。特復。曹錕 江 印

保定來函

子嘉仁兄督軍麾下：頃奉台椷，並重修岳陵籌備清單一紙，敬悉壹是。此事崇奉先賢，昭垂來許，誠盛舉也。惟九仞之功，尚虧一簣，寶塔合尖，端賴佛力。昨承電示，遵已再捐洋一千元，用作壤流之助。并經電復，計塵清鑒矣。專此布復，敬頌勛安。不具。愚弟曹錕拜覆

子嘉仁兄督軍麾下：頃奉台椷，藉悉重修岳忠武王墳廟工欵，待用孔亟。兹敬將續認捐欵洋一千元，如數隨函寄陳。到祈查收應用，見復爲荷。專復，敬頌勛綏。愚弟曹錕鞠躬

函復保定曹經略使

仲珊巡閲使麾下：頃奉大函，領悉一是。前承續捐重修岳武穆祠墓工欵洋一千元，刻已如數匯寄到署，敬謹拜登。渥荷貺益，慨予提衡，極紉雲天高誼。容俟全工觀成，即行彙報典籖，以昭大信。特先復謝，祇頌勛祺。弟盧永祥謹肅

安徽倪督軍來函

子嘉仁兄督軍偉鑒：尊電并函，均已讀悉。岳陵工程籌畫詳切，熱心毅力，欽佩莫名。弟處財力棉薄，前經兩次認助之五千元。知待用甚急，遵即如數匯交尊處，察收即希見覆爲禱。此項工程需欵甚鉅，將來如須集腋之處，容俟餉欵稍裕，再當遵命續捐，以竭棉力而資補助。專此肅復，敬頌勛綏。諸維亮鑒是幸。愚弟倪嗣冲拜啓

函復安徽倪督軍

丹忱仁兄督軍偉鑒：昨奉尊函，領悉壹是。承匯交助修岳陵捐欵銀五千元，已照數拜登。吾公式崇忠烈，慨惠廉泉，高義隆情，欽企無量。將來全工觀成，題名豐碣，定與湖山同垂不朽也。一俟工務結束，再當報達詳情，用昭大信。謹先布復，並道謝忱。祇頌勛綏，統希鑒照。不具。愚弟盧永祥謹啓

濟南田督軍來函

子嘉老哥賜鑒：頃自張垣轉奉惠牋，承示修建岳王墳廟，計畫規程費鉅工繁，需欵甚亟。各省義當協助，以期依次進行。弟謹捐現洋一千元，稍遲即當寄奉。知關藎注，先以布聞專復。敬頌勛祺。

如弟田中玉拜啓

子嘉仁兄大人閣下：頃奉大函，敬悉一切。重修西湖岳武穆祠墓，表崇忠烈，欽佩時深。兹將捐洋一千元，交由山東交通銀行匯上。到祈察收，並希賜覆是荷。此復。敬請勛祺。如弟田中玉鞠躬

函復濟南田督軍

韞山仁仲偉鑒：昨承惠函，並匯寄重修西湖岳武穆祠墓捐欵洋一千元，已照收到。渥荷貺益，慨解廉囊，極紉雲天之誼。容俟大工觀成，再行彙報台端，用昭大信。耑復道謝，敬頌勛綏。如棠盧永祥啓

綏遠蔡都統來函

子嘉仁兄督軍大鑒：暌違雅度，忽忽一年。蕭艾之思，與時俱積。比承起居延祐，勳望益隆。引睇喬輝，曷勝頌仰。此次先後接奉函電，以重修岳武穆墳廟，欵絀工鉅，囑爲協助。並寄計畫規程、籌備報告等件，均悉一是。武穆千古精忠，凡在戎行，咸資模範。上年，樹棠故督建議修陵，曾有通電。因未悉工欵詳情，侵尋未報。現在籌備就緒，自應勉盡集腋成裘之誼，以襄爲山覆簣之功。兹弟敬助現洋千元，已由京籌匯，至請台收。原擬於在綏同袍中，再行代爲勸募，以部餉積欠影響，久困窘鄉，未能如願，亦歉然也。專覆，敬頌節綏。愚弟蔡成勳頓首

函復綏遠蔡都統

虎臣仁兄都統大鑒：頃辱惠書，如親英采。誦譊勛福並隆，甚盛甚盛。岳王千古精忠，戎行矜式。昨以陵廟頹蕪，由樹棠倡募重修，冀新廟貌。弟承乏是邦，見該項工程缺欵甚巨。一簣之功，不敢袖手。故復通電同袍，希冀衆擎易舉。兹承慨助千元，極紉雲天之誼。將來豐碣書名，同與湖山不朽矣。耑復道謝，敬頌台安。愚弟盧永祥啓

北京徐籌邊使來電

杭州盧督軍鑒：宥電敬悉。必竭棉力，容日集匯，祈釋注。遠役初歸，稽復至歉。制樹錚 冬印

又來函

子嘉仁兄督軍撝右：展誦台函併附件，領悉壹是。武穆墳墓工程，弟自捐五千元，復由敝部凑捐五千元，共足萬元之數，已交陳師長曜珊帶上。別有不敷，容另作打算，再行奉報。專此，順頌戎綏。

弟徐制樹錚頓首

函復北京徐籌邊使

又錚仁兄節使麾下：頃奉台牋，知前函并附件已達左右，至符慰跂。岳忠武祠墓工費，承執事及貴部捐助萬圓，并荷示及，容有不敷，再行設法。表忠崇烈，允式湖山，誼薄高雯，曷勝銘謝。專此布復，即頌勛綏。愚弟盧永祥啓

吉林官銀分號來呈

爲呈請事。案奉吉林官銀總號函開『玆准吉林財政廳憑信，匯交貴督軍收，重修西湖岳墓，吉林敬助本省大洋二千元，除由號扣留匯水，浄匯交現大洋一千三百零二元九角三分。至日仰該分號，即便照匯。取據寄吉，所有應出匯費若干，仍由此項匯數扣除，並望見復』等因。奉此，自應遵照辦理，除將前項大洋一千三百零二元九角三分，除去匯費，實匯大洋一千三百零一元六角三分。至請飭收，並呈報吉林總號外，理合將前項大洋備文，呈請貴督軍俯賜察收，給與收據，以憑轉報。謹呈杭州督軍盧。駐滬吉林官銀分號經理黄高純

函復吉林鮑督軍

霆九如弟偉鑒：頃據駐滬吉林官銀分號經理黄高純呈稱『案奉吉林官銀總號函開云云』等情，並

匯到現銀大洋壹千三百零一元六角三分，當即給與收據。辱承貺益，慨賜提衡，祗領之餘，感佩無量。一俟工程事蕆，再行彙報台端，用昭大信。先此肅復，並申謝悃。敬頌勛綏。如兄盧永祥謹啓

北京陸軍部來函

敬復者：疊接函電，擬募欵修建西湖岳武穆墳廟。經段督辦交下捐助現洋三千元，段總司令交到捐助現洋壹千元，本部靳總長捐助現洋壹千元，共合現洋五千元，彙交北京金城銀行匯浙。希即檢收見復，並製付收條爲荷。專泐。順頌公綏。陸軍部啓

函復段督辦、靳總理、段總司令

翼卿總揆、芝泉督辦鈞鑒：頃奉陸軍部函，匯奉交捐助重修岳武穆祠墓欵銀三千元、一千元，知前函并附件均已送達鈞右。良用慰企，荷蒙慨賜特捐，謹敬拜領。熱忱提倡，感何可言。將來擬仿書碑之例，以資矜式，而壽湖山，風義流傳，永垂不朽矣。特此肅復，藉抒謝悃。敬請崇安，並叩春禧。不備。盧永祥謹肅

香巖總司令大鑒：頃奉陸軍部函，匯尊處交到重修岳武穆祠墓捐欵洋一千元，已照數拜登。仰見式崇忠烈之盛意，爲山覆簣，辱荷提衡，極紉雲天高誼。將來豐碣題名，定與越山同垂不朽矣。耑復道謝，敬頌勛綏，並賀春禧。不備。盧永祥謹啓

函察哈爾張都統、黑龍江孫督軍、蚌埠張督軍、南京齊督軍、龍華何護軍使

叙五、贊堯、星五、撫萬、茂如仁弟仁兄督軍大鑒：岳武穆祠墓及其全家忠蹟均在西湖，忠烈遺型，中外具仰。祇以年久失修，丹雘隳廢。八年五月間，由楊前督倡議重修，組設重修岳陵事務所於督署，次第規畫。並通電各省，請求捐助，共維盛舉。曾蒙倪安武、李英武故督慨助五千元又續捐一千元，元首及各省同袍慨捐鉅欵，先後匯寄來浙。查該項工程，迭經核飭減估，非十五萬元不克蕆事。而所收各欵，僅止九萬元有奇，不敷尚鉅。弟承乏是邦，責無旁貸。雖工程早經開始，而經費短絀，難冀合尖。倘大工輟於半途，何以慰武穆在天之靈，而酬克威未竟之願。執事仁兄疆寄榮膺，冲襟朗照，如斯義舉，當樂扶持。用特專函奉達，務懇慨挹廉泉，惠施鼎助，俾焕莊嚴於廟貌，早完一簣之功。標姓氏於湖山，永共千秋之壽。不勝翹禱。敬頌勛綏，佇候惠覆。盧永祥拜啓

龍華何護軍使來函

督軍夫子大人鈞鑒：謹肅者，頃奉鈞函，祇悉。武穆公忠亮節，足爲我儕軍人模範。而西湖祠墓年久失修，迺得克威提倡於前，我師成功於後。崇賢尚義，同深欽仰，豈僅湖山生色而已。至捐欵一節，極端贊同。惟此間情形，早在慈鑒。心長力短，抱愧萬分。兹特捐助洋五百元，藉表景仰之忱，聊盡附驥之意。所有此項捐欵，稍緩即行匯上也。謹此奉復，祇請勛安。學生何豐林謹肅

南京齊督軍來函

嘉帥賜鑒：頃奉惠書，祗聆壹是。岳家忠蹟，中外仰瞻。我公闡發國光，表揚先烈，重施丹雘，冀竟全功。用以慰武穆不泯之英靈，即以繼克威未了之志願。宏規偉畫，欽佩實深。屬在同袍，自當量力輸將，共襄盛舉。英威先例，自維棉薄，未敢相方。然雖不能至，心焉往之。兹敬捐壹千元，略效壤流之助。嗣後經濟活動，薄有積資，仍當續爲措辦，以報雅命。湖山勝蹟，附驥而彰。辱承倡導於前，亦竊願追隨於後也。專泐奉復，敬頌勛綏，諸維亮察。不戩。齊爕元敬啓

函復南京齊督軍[三]

撫萬仁兄督軍大鑒：頃間接展手書，具悉一是。並承惠助重修岳武穆祠墓工欵洋一千元，已照數收領矣。表崇忠烈，永式湖山。義薄高雯，曷勝銘謝。容俟全工告竣，再行彙報台端，以昭大信。特先奉復，敬頌勛綏。愚弟盧永祥鞠躬

福州李督軍來函

子嘉如兄大鑒：昨接大函，飭匯興修岳忠武陵廟捐欵，敬悉一是。此欵前經由弟提倡募集，預計之額，迄未繳全。兹承台示，謹將原認捐額爲二千六百五十元，又由弟加捐洋三百五十元，共成大洋

三千元，如數墊交。由興業銀行匯上，並附捐欵銜名清單一紙。到日統希察收，示復爲禱。耑此布復，順頌勛安。如弟李厚基拜啓

函復福州李督軍

培之仁仲大鑒：頃展惠書暨捐欵銜名單，均敬領悉。匯來重修岳武穆祠墓工欵洋三千元，亦已如數收到。渥承老弟維持義舉，慨惠廉泉，並募集巨資，得以挹注。盛情高誼，感何如之。查該項工程，開辦已久。一俟全功告竣，豐碣題名，定與湖山同壽矣。專復道謝，敬頌勛綏。如棠盧永祥手啓

安徽張督軍來函

子嘉仁兄督軍大鑒：接奉大函，敬讅。岳武穆西湖祠墓年久失修，殊深太息。現擬集資修復，以壯觀瞻。楊故帥提倡於前，我公賡續於後。熱心盛舉，袍澤同欽。承囑捐助一節，景維先烈，誼不容辭。但敝處財政困難達於極點，薪餉無着。羅掘俱窮，焦灼情形，非可言喻。茲擬竭力設法，籌捐銀洋一千元[三]。明知爲數太微，無濟於事，然涓流土壤，聊補高深。既略伸景仰之忱，復藉副我公之命。綿力微薄，尚乞見原。除該欵隨後寄上外，先此奉復。敬頌勛綏。愚弟張文生敬啓

函復安徽張督軍

星五仁兄督軍左右：新春納福，緬想興居。頃奉大函，曷勝慰忭。武穆祠墓年久失修，古蹟就

湮，莫資觀感。兹得我公慨助，土木丹青，定可尅日告竣。道途耳目，焕然一新。崇拜英雄，聞風興起，受貺者匪弟一人已也。先此申謝，即頌勛祺，諸維朗照。不備。愚弟盧永祥拜啓

察哈爾張都統來函

子嘉仁兄督軍麾下：遠違節鉞，景慕良殷。瑶章頒來就諗，勛華彪炳，履祉增綏，允符臆頌。承示重修岳陵事，具徵表彰忠烈，昭示來兹，至堪欽佩。惟邊地政費瘠苦，邇來北地災歉，捐欵頻仍，應付爲艱。兹勉爲籌措大洋一百元，付郵寄上。心餘力絀，至深抱歉。即請察收示復，並希見諒是幸。專此佈復，順頌勛綏，惟照不既。愚弟張景惠拜啓

函復察哈爾張都統

叙五仁兄都統撝右：關河間隔，欽遲爲殷。兹奉琅函即審，泰階集祜，節署凝釐，慰符跂頌。承惠助重修岳陵工欵洋一百元，頃間匯寄到署，已照數收領，請釋注念。武穆祠墓自締搆經營，而後將次完工。特以經費項下支絀過鉅，不得不借助他山，以資挹注。乃荷解囊籌濟，具徵崇顯忠烈之熱誠，感佩何似。將來刻石題名，定與湖山同垂不朽也。專復道謝，順頌勛祺。愚弟盧永祥謹啓

錢塘道尹公署來函

逕啓者：前準貴所函『囑捐募西湖岳武穆祠墓工程經費』等由。准此，當經轉函所屬捐募去後，兹據杭縣、嘉善、德清、餘杭、嘉興、吴興等縣先後解到捐欵，共計大洋二百二十元。另開清摺，先行解送貴所查收，見復備案。其餘各縣尚未據復，除再函催，一俟解到，連同敝署酌捐之數，再行續解外。專此，敬請台安。

復錢塘道公署函

敬啓者：頃准貴署函開『據杭縣、嘉善、德清、餘杭、嘉興、吴興等縣先後解到重修岳陵捐欵洋二百二十元，先行開摺彙送，查收備案。其餘各縣捐欵，俟解到後，連同敝署酌捐之數，再行彙交』等由，並附清摺到所。該項捐欵洋二百二十元，業已照收。查敝所岳陵工欵，待用孔亟。所有貴署所屬尚未捐解各縣，請煩從速勸募，俾得集腋成裘，無任感企。專此奉復，敬頌公綏。重修岳陵事務所啓

金華道尹公署來函

敬啓者：前准貴所函開『以重修岳墓工程欵絀工鉅，完成匪易，應再就地籌募，以成合尖之功』等因。當經分函所屬各縣知事，量力捐助在案。兹敝道尹捐洋百元，並據所屬東陽等十六縣先後報解捐

欵到道，共計大洋六百元。相應開單彙解，即希貴所查收，見復爲荷。其蘭谿縣捐欵，據報已逕解貴所查收。金華、淳安兩縣捐欵，俟解到，再行彙寄。此致重修岳陵事務所台鑒。

蘭溪縣公署來函

逕啓者：案奉金華道尹訓令『以重修岳陵不敷，修費甚鉅，飭由縣量力捐助』等因。當經認捐洋三十元，備文呈報道尹，察核在案。兹將捐欵洋三十元，派員奉上，即請查收，製給收條爲盼。此致重修岳陵事務所。

復金華道尹公署函

敬啓者：頃准貴署函開『貴道尹暨所屬東陽等十六縣捐助重修岳陵工欵，共六百元，相應開單彙送，即希查收見復。其蘭谿縣捐欵，據報已逕解貴所。金華、淳安兩縣捐欵，俟解到，再行彙寄』等因，並附清單到所。查該項捐欵洋六百元，業已照數收到。蘭谿縣捐欵洋三十元，前已逕交敝所矣。除製給收據外，相應函復，即希查照爲荷。此請金華道尹公署台鑒。重修岳陵事務所啓

歐海道尹公署來函

逕啓者：案奉督軍、省長函開『以重修岳陵工程，早經勘估動工。惟需欵甚鉅，飭即慨捐以助。

並轉函所屬，量力捐助。俟集有成數，開摺逕交重修岳陵事務所彙收，並分函報明爲盼』等因。並先准貴所函，同前因，節經轉函各縣捐助去後。嗣據玉環、泰順、縉雲、松陽、雲和、龍泉、景寧、慶元、宣平等九縣，先後共解到捐銀一百七十五元。除報明督軍、省長暨俟其餘各縣續有捐解到署再行彙交外，相應開具清摺，函交查收，並希見覆爲盼。此致重修岳陵事務所。

復甌海道尹公署函

敬復者：頃准貴署函開『據玉環、泰順、縉雲、松陽、雲和、龍泉、景甯、慶元、宣平等九縣共解到重修岳陵捐銀一百七十五元。其餘各縣俟續捐到署，再行彙交外，相應開具清摺，函交查收，並希見復』等由，並附清摺到所。該項捐欵洋一百七十五元，業已照數收到，相應函復，請煩查照爲荷。此請甌海道尹公署台鑒。重修岳陵事務所啓

函金華、錢塘、甌海道尹公署

敬啓者：西湖岳王墳墓，自民國九年四月間動工重修。因需欵甚鉅，曾經函請貴署轉勸所屬，協力輸將。旋接覆函，並匯到東陽、杭嘉、玉環等縣捐助洋陸百元正、二百二十元正、一百七十五元正。現在工程行將告竣，擬即勒碑廟庭，以垂久遠。日前由各監修開會公决，凡捐欵在五十元以上者，得刊列銜名，其餘概從割愛。爲此，再行函達尊處，請煩轉詢所屬。無論已捐、未捐，如愿列名者，或補足前數，或量力佽助，均所深盼。蓋工程雖將結束，欵項仍屬不敷。一簣之虧，衆擎易舉。務希貴署，

竭力勸募。尅日見覆，無任感企之至。專此，敬頌台綏。重修岳陵事務所啓

函會稽道尹公署

敬啓者：西湖岳王墳廟，自民國九年四月間動工重修。因需欵甚鉅，曾于去歲九月函請貴署轉勸所屬，酌分鶴俸，以襄盛舉。迄今事隔經年，工程行將告竣。按工計欵，不敷實多。爲此，再行函達尊處，請煩從速轉催所屬，量力輸助。俾可成裘，無任企盼。再日前由各監修開會公决，凡捐欵在五十元以上者，得仿捐資書碑例，刊列銜名，垂諸久遠，合併奉聞。專此，敬頌台綏。重修岳陵事務所啓

錢塘道尹公署來函

敬啓者：前奉續函，以『岳陵工程行將告竣，欵仍短絀，囑分別勸募補助』等由，准經轉行所屬各縣去後，茲據吴興縣知事吴罃皋呈稱『前已捐解四十元，茲再補助十元』，又據嘉善縣知事牛蔭麐函稱『地方災後，人民困苦，無從勸募，自認捐欵五十元』各前來。查吴興吴知事前捐四十元，業經本署轉送貴所在案。茲該兩縣先後續捐欵洋，共六十元，相應一併函送。祈查收見覆。餘容續有解到，另送可也。此致重修岳陵事務所。

金華道尹公署來函

敬覆者：前准貴所函開『西湖岳王墳廟，自民國九年四月間動工重修。因需欵甚鉅，曾經函請貴署，轉勸所屬，協力輸將。旋接覆函，並匯到東陽等縣捐助洋六百元正。現在工程行將告竣，擬即勒碑廟庭，以垂久遠。日前由各監修開會公決，凡捐欵在五十元以上者，得刊列銜名，其餘概從割愛。爲此，再行函達尊處，請煩轉諮所屬。無論已捐、未捐，如願列名者，或補足前數，或量力佽助，均所深盼。蓋工程雖將結束，欵項仍屬不敷。一簣之虧，衆擎易舉。務希貴署竭力勸募，尅日見覆，無任感企之至』等由。准此，當即轉函各縣去後。兹據蘭谿縣知事熊憲章補捐洋二十元，分水縣知事張鵬補捐洋三十元，先後呈解前來。其餘各縣，均據呈覆，並無愿刊銜名及補捐之户。相應檢同蘭谿、分水兩縣，補捐洋共五十元，一併函解。務希察收，見復爲盼。此致重修岳陵事務所。

會稽道尹公署來函

敬復者：頃接大函，以『重修岳陵工程行將告竣，按工計欵，不敷實多。囑轉催所屬，量力捐助』等由。查此案，前准來函，即經分函各縣勸募。嗣據温嶺縣知事歐陽忠浩捐洋二十元，定海縣知事馮秉乾捐洋五十元，上虞縣知事李錫畯捐洋三十元，新昌縣公署捐洋十元，共一百十元。因其餘各縣尚未函復，暫將該欵存署。兹准台函，除再函催未復各縣外，所有已繳之一百十元，先行函達，即希查收，見復爲荷。耑復，敬頌台綏。

覆會稽道尹公署

逕啓者：頃奉大函，並附到温嶺、定海、上虞、新昌等縣各知事捐助岳陵經費洋一百十元正，足徵熱心贊助，欽佩無既。惟工程雖將告竣，不敷之數尚多。非仗衆擎，難資集腋。務希貴署再爲轉勸所屬，量力輸將。庶九仞之山，不至功虧一簣。至所深盼。專此布覆，敬頌台綏。重修岳陵事務所啓

會稽道尹公署來函

敬啓者：前展大函，以『重修岳陵工程行將告竣，按工計欵，不敷實多。囑轉催所屬各縣，量力捐助』等由。當經分函各縣勸募，並將已繳之一百十元先行函送在案。兹又據餘姚縣知事陳贊唐捐洋五十元，請彙轉前來。除函復外，特將該欵轉送。即希查收，見復爲荷。敬頌台綏。

敬啓者：前展大函，以『重修岳陵工程行將告竣，按工欵不敷實鉅。囑轉催各縣，量力捐助』等由。早經分函各縣勸募，並將各縣已繳之一百六十元，先行函送在案。兹又據鄞縣知事姜若捐洋二十元，嵊縣知事王家琦捐洋二十元，南田縣知事陳炳業捐洋五元，均請彙轉前來。除函復外，特將是項捐欵洋四十五元轉送台端。即希查收，見復爲荷。敬頌公綏。

金華道尹公署來函

逕啓者：前接大函，以『重修岳陵工程行將告竣，按工計欵，不敷甚鉅。囑轉催各縣，量力捐助』等由。早經分函各縣勸募，并將各縣已繳之欵，先後函送在案。兹又據鎮海縣知事盛鴻燾、奉化縣知事袁玉煊各捐銀二十元，連同敝道尹自捐銀五十元，共計銀九十元，一併函送。即希查收，見復爲荷。此頌公綏。

財政廳來函

逕啓者：前准貴所函，囑勸募重修岳陵經費。即經分行所屬各局，一體捐助在案。現查此項捐欵，業已收到銀二百三十五元。用特開單，先行送上。至希察收，見復爲荷。專布，祇頌台綏。

覆財政廳函

敬覆者：頃奉大函，並附到吴興、烏鎮等各統捐局長捐助岳廟經費，共計銀二百三十五元正。具徵鼎力勗勸，至深欽感。除分别登册留備，刊列《徵信録》外，泐此奉覆。敬頌台綏。

浙江全省警務處來函

逕啓者：案查前奉督軍、省長公署函開[四]『逕啟者：重修岳陵工程，早經勘估動工，惟需欵甚鉅。雖經向各省區募集，尚多不敷。須賴本省同人協力輸將，以成厥事。執事景行先烈，諒有同情。務希慨捐以助，并轉函所屬，各隨所願，量力捐助。俟集有成數，統由尊處彙齊開摺，逕交重修岳陵事務所彙收，并分函報明』等因。並准貴所函，同前由。奉准此，當經分函各屬，量力捐助去後。現據先後解繳銀八十八元到處，除分函具報外，相應開單，連同捐銀八十八元，備函解送。即希察收，見復爲荷。此致重修岳陵事務所台照。

校勘記

[二] 慚，底本原誤作『漸』，據文意改。

[三] 南京，底本原倒作『京南』，據文意乙正。

[三] 捐，底本原誤作『損』，據文意改。

[四] 省長，底本原倒作『長省』，據文意乙正。

籌修概要

辦事規則

重修岳陵事務所辦事規則草案

一、本所因重修西湖岳忠武王墳廟而設，故定名曰『重修岳陵事務所』。

一、本所現附設於浙江督軍署内。俟開工時，再分設監工處於西湖。

一、本所事務員由軍、警、政、商、學各界組織而成。除總監一員由督軍兼任外，設監修六員、幹事若干員、監察若干員，分任其事。

一、監修承總監之命，綜理一切事務。

一、幹事分爲籌備、文牘、收支、工務、庶務兼調查五股，稟承總監會商、監修、辦理本股事件。並由督軍署指撥書記、録事若干員佐理之。

（甲）籌備股

關於修建大綱之計畫、經費之籌募、遺蹟之徵存、祠産之擴充，此外如祀典、供奉，凡足以垂諸永久，昭示後來各事，皆歸本股籌備之。

（乙）文牘股

關於函電、文牘，一切編譔事宜，皆屬之。

（丙）收支股

關於經費之出納，各欵之審計，以及蕆事後收支之報告、徵信、刊碑、登記諸事，皆歸辦理。

（丁）工務股

關於規畫圖樣擬定、做品、估價、招標、訂包、監工等事，皆歸辦理。

（戊）庶務兼調查股

關於所中一切庶務及陵廟中之設置，並調查祠産之地址及有無侵佔、盜賣暨應行收回，並繪圖、帖説等事皆屬之。此外如收發文件、保管卷宗、校對繕寫、收支庶務等事由，各股幹事指導所撥派之書記、録事辦理之。

一、監察員監察建修及建議一切事件。

一、本所各辦事員均係兼差人員。除督軍署兼差各員隨時兼辦外，另分常駐辦事員及辦事員兩項。其常駐辦事員，每日下午三時起至五時止爲辦公時間。其辦事員，各依所任事務之繁簡，得酌量間日或兩日到公一次，總以不誤公務爲主。

一、凡有本股不能解決、應行公同討論之事，應於先一日備函知照，訂期（或星期）來所會議公決後，陳報總監核行之。

一、本所各辦事員皆名譽職。惟將來需常駐監工及繪圖員得呈請總監，酌給津貼，以資辦公。

一、所中公役由督署靈便夫役中選用數名，以備差遣。

一、所有未盡事項，宜得隨時議請修正之。

先生台鑒啓者：西湖岳忠武王墳廟，先烈芳型，泉唐勝蹟，爲中外所具瞻。近以年久失修，致莊嚴廟貌，漸失舊觀。現蒙督座發起，邀請軍、警、政、紳、商、學各界人士規劃集資重修。並通電各省督軍，共襄盛舉。擬依照原址，規劃擴張，以崇既往，而示後來。業經一度會議籌商，麤定辦法。公請督座主任是舉一切，稟承辦理組織，事務所附設於浙江督軍署内，定名爲『重修岳陵事務所』。公同推定各股辦事人員，共襄盛舉。並推定先生擔任，務懇勉盡義務，襄策進行。兹特附奉《重修岳陵事務所辦事規則草案》《初擬進行大綱》及《公議推舉修建岳王墳廟執事人員名單》各一份，以備察閲。其間如有未妥之處，或别有高見建議者，即希隨時通函事務所，以便討論修改，期於完善。至紉公誼，專函奉達。祇頌日祺。

投標規則

重修岳陵事務所修建西湖岳王墳廟工程投標規則

第一條　投標商人以本國人爲限，並須承認本所訂定各種規則、書約，於該商人未投標之前出具承認書。

第二條　投標商人須有該營業三年以上之經驗。應將曾經包攬是項工程之憑證，或商會證明書等之一，與承認書並押圖費，同時提出於本所。經本所查驗，認爲合格者，發給圖樣，并計畫規程。

第三條　投標人有犯左列事項之一者，得由本所查明，取銷其投標資格。

（一）妨害投標，或有妨害之嫌疑及不合資格者。
（二）確認爲串通詐僞及其他不正當之行爲者。
第四條　投標者須納該商人自估投標總價格百分二金額爲投標保證金，須以現金爲限。於開標前五日繳納，當時給與收據爲憑。
第五條　圖樣規程所定材料大小、長短、高低尺寸，均按照英尺計算。投標者須按照圖樣及計畫規程所規定之各項工料，精細核計，開列單價細賬。其金額、文字不得稍涉曖昧，數目均大寫。由投標人親自蓋印、封固，一函投入，不得雜亂散漫。
第六條　發見左列事項者，其投標作爲無效。
（一）緊要文字有不明瞭者。
（二）欠缺規定手續者。
（三）未具備投標資格者。
第七條　得標者在規定之訂立契約期限内不能訂立契約，或訂立契約後，查得保人不合格者，保證金得没收充公。
第八條　得標以其標價在本所預定價格以内，經本所審查相當者爲合格。
第九條　開標後各標之價格，如遇有均在本所預定價格以上時，應令各投標人復行投標。
第十條　同一價格在兩標以上，審查均屬相當時，用抽籤法定其得標者。
第十一條　開標之日，各投標人須親到指定之開標處所，公視開標。
第十二條　陽歷　月　日起，至　月　日止，爲投標日期。　月　日，爲開標日期。　月　日，爲審查後宣示得標日期。　月　日，爲訂立契約日期。

第十三條　不得標者，准於宣示之次日，隨帶本所圖樣、計畫規程與保證金及押圖費之收據，來所領回保證金及押圖費。

得標者，須在合同契約訂立及各方面蓋印之後，發還保證金及押圖費。

第十四條　得標者，其權利不得讓與他人。

第十五條　得標人擔保商户，其資本金須在該得標人估定之總價以上者爲合格。在訂立契約之前，開具擔保人姓名、籍貫、商號、住址等，送由本所調查，明確認可後，至訂立契約日一同來所，親自署名、蓋印於合同契約。其保固年限契約，即於同時提出訂立。

第十六條　標櫃由本所嚴密封固，派員專管，一切由管理員負完全責任。

第十七條　除本規則及契約書規定外，關於投標及契約上正當之事項，得由本所臨時指定之。

重修岳陵事務所修建西湖岳王墳廟工程訂立合同契約規則

立合同契約：

重修岳陵事務所

承　攬　人

今於西湖修建岳王墳廟。由本作[二]　　　得標，承攬是項工程。共計工料洋　　　元。除做品、材料另照規定、圖樣、章程辦理外，立此合同契約爲憑。須至契約者。

（一）包攬此項工程，自合同契約成立之日起算，以十八個月爲竣工期限。屋面未蓋瓦以前，雨工照除。蓋瓦以後，無論晴雨，一律依限完工。倘有意逾限，按日以總價格百分之一金額爲罰金，二日以上類推。

（二）承包工料價銀，分七期支付：

第一期，各項材料到地，總計價格在萬元以上時，支付總價十分之二。

第二期，各項脚子、墩子做齊時，支付總價十分之一。

第三期，五木豎起，横料穿齊時，支付總價十分之一。

第四期，屋面蓋好，墻垣砌起時，支付總價十分之二。

第五期，裝修完全時，支付總價十分之一。

第六期，石器、幔板、地坪鋪齊時，支付總價十分之一。

第七期，油漆、格漏及一切工程完竣，經本所驗收後，全數支付。

（三）各期領欵，應由監工員及驗收員查驗相符後，於領狀上各蓋圖章，送由事務所給領。

（四）所有材料、做品、式樣等，均須按圖樣施行。如有不合及遺漏情事，得由監工員隨時指令更换、修改。承攬人不得推諉，並不得要索加價。

（五）在該項工程未完竣以前，一切材料及工作人等，或遇不測，均歸承攬人負責。

（六）承攬人遇有事故發生不能完工時，應責成擔保人繼續辦理，依限竣工，不得有所規避。

（七）保固期定十二年爲限。自該項工程完竣驗收之日起算，以保固契約爲憑。

（八）擔保人姓名、籍貫、商號、住址等，應詳載合同契約及保固契約内，並須親自署名、蓋印。

（九）合同契約調製兩份，與圖樣、細則，同時由雙方蓋印，各執一紙。

計畫規程

修建西湖岳王墳廟計畫規程 附施工細則

一、總則
二、頭門
三、正殿
四、正殿平台及石欄干
五、正殿神座
六、啓忠祠
七、五侯、五夫人、輔文、烈文侯四祠
八、翊忠流芳合祠
九、祭祀室
十、墓
十一、墓門門樓及左右圍墻
十二、墓外石圍墻
十三、墓週石欄干
十四、墓前左右碑廊

十五、墓前各種石器
十六、華表
十七、橋、池
十八、墓前照墻
十九、墓前柏亭門亭
二十、廟内平台、道路及墓前幔板石
二十一、廟内及墓前水泥陰溝
二十二、泥圍墻
二十三、磚圍墻
二十四、湖埠及石磡
二十五、正殿、頭門、後宮油漆
二十六、附則

一、總則

（一）開工之始，須按照圖樣繪劃灰線，以定建築物之位置。
（二）指定西湖一處之固定物，以設水準點。
（三）求水平面（即打平尺），以定地盤之高低。
（四）建設施工標記，用四寸徑杉木樁打入地土，以寸厚洋松板橫釘樁上。將工事進行上必要之件，一一明記，毋得遺漏。

(五)三和土、壳子板及木壩等，應用相當材料，并做得堅固。撤去時，須經監工人之許可。
(六)地下工事進行中，如遇有水，須抽盡之，有石須取出之。
(七)凡掘地土打夯，須做成坡間，以防坍塌。至定深時，經監工人驗過，方可打夯。
(八)實砌磚牆，破花砌，上下灰縫不得稍有連合。灰縫大不能過二分，灰縫須整齊，不得參差。
(九)粉牆，先用麻巾灰一度，外粉白紙巾灰一度。待略乾，用泥刀砑光，再刷白一度，或刷膠色一度。
(十)一切線脚及模型，須經監工人指示，方可施工。
(十一)清水牆及渾水牆，所用磚料，須採用最良質物品，方可施用。
(十二)瓦爿等，如黄黑色及有沙眼、碎角者，不用。
(十三)内外牆身及屋面，須用貼尺，以求平直。凹凸部分，須用角方器，以求整齊。
(十四)亂石夯，採用硬質尖角石塊。須將尖角向下，椿實之。
(十五)石料，須擇精美者。有班點及腐爛顔色者，不得參用。
(十六)擺放石料，及接縫處，均用水門汀灰沙嵌足。
(十七)砌牆灰沙，須處處刮到。空斗牆做法，一側一平，襯瓦礫，亦須充足。
(十八)依左記之成分，先將黄砂、碎磚拌匀，和以化透灰漿。隨拌隨下，每皮八寸，須排實。
(十九)三和土之成分

名稱	重量或容量	摘要
生石灰	五百觔	净白塊灰
黄沙	四十方尺	有泥土及鹽分者不用，有稜角者須篩净

碎　磚	百　方　尺	不得參用碎瓦及火燒物，大小約三寸，須用水洗淨

（二十）水門汀灰沙之成分：水門汀一成、生石灰一成、黄沙一成。

（二十一）砌墻灰沙之成分：生石灰七成、黄沙三成。

（二十二）紙巾灰之成分：生石灰百觔、紙巾三十觔。

（二十三）蔴巾灰之成分：生石灰百觔、蔴巾二十觔。

（二十四）水泥三和土之成分[三]：

名　稱	容　量	摘　要
水　泥	一方尺	受潮或結塊及質料不良者不用
黄　沙	三方尺	有泥土及鹽分者不用，有稜角者須篩淨
拷石子	五方尺	每塊約一寸大，圓滑無稜角者不用，有泥土須洗淨

（二十五）一切磚料，浸水後方可使用。粉灰以前，須用水澆透。

（二十六）木料，須選用質地堅實、良美。如歪紐粗糙、屈曲不直、大小頭相差過甚，及有腐爛、大節、損傷等品，一律不用。

（二十七）凡木料接筍處，須經監工人驗看後，方可施工。

（二十八）凡木料不出面部分，均搽柏油。

（二十九）粉白用灰漿，須摻和無色膠水。

（三十）脚手木拆卸後，磚縫補孔，須用水門汀灰沙砌實之。

（三十一）杉木大料，須採用福建、兩廣、貴州等處之産品。

（三十二）監工人認爲不合用之材料，不得堆積於建築場。

（三十三）圖樣及計劃規程中所記尺寸，均係英尺。
（三十四）圖樣及計劃規程，如有不明之處，須向監工人詢明。
（三十五）所用材料及工程，須一一按照圖樣並細則施行。倘有不符等情，隨時發見，隨時更换。亦不得因此藉口，延遲完工日期。
（三十六）凡有零星物件爲建築上所必需，而爲圖樣及細則所失載者，亦須依監工人之規劃添補之。
（三十七）本規程，承包人應一一遵守、照辦，倘有違背及舞弊情事，一經監工員察出，即應審其情節議罰。

二、頭門石駁磡四圍堦沿及踏步石

（一）填泥：按照平面圖闊狹，高填六尺。
（二）亂石夯：四圍堦沿下，實地挖深二尺，闊三尺，做大亂石夯一皮。
（三）亂石磡：左、右、後夯石上，做亂石磡，高六尺，闊二尺半。内用水泥、黄沙、瓜子片石，拌匀灌實。
（四）條石磡：前面堦沿下、夯石上，做條石磡，高六尺。釘頭石，長二尺半，紮笱做。左、右、後用條石一皮，闊十寸，厚八寸，長四尺。條石出面，雙抄一搥光。
（五）亂石肚：條石磡子，内襯亂石，闊二尺，高做與磡平，長照圖。亂石空縫處，均用水泥、黄沙、瓜子片石，拌匀灌實。
（六）堦沿石：前、後堦沿，厚十寸，闊二十寸，長每間一條，料用金山石。左、右堦石，厚三寸，闊二十寸，長每邊排三根，均做雙抄雙搥，料用嚴州石。

（七）踏步石：闊十五寸，厚六寸。地磐石，闊十七寸，厚五寸。隨帶，闊十四寸，厚十寸。料用嚴州石，雙抄雙搥。兩傍三角，做條石磡。踏步内，用大亂石襯肚。空縫處，用水泥灌實。踏步長，照圖。

（八）柱下亂石夯：各柱下，實地挖深二尺，闊六尺，用大亂石夯一皮。

（九）柱下墩子：各柱下、夯石面，做水泥墩子，高二尺，方五尺。上做磚墩子，高三尺半，方四尺、三尺半。

（十）左右墻脚：實地下深二尺，闊二尺半。先用大亂石，打夯一皮。面做亂石脚，高二尺，闊二尺。上做大方脚，第一皮，高二尺，闊二尺。第二皮，高二尺，闊二十寸。第三皮，做立脚石一層，高一尺，闊十五寸，長均四尺，厚七寸。料用嚴州石，雙抄雙搥。内襯亂石，空縫用水泥灌實。

（十一）墻身：左右大墻，高至間枋，底長照圖，厚十五寸。用舊磚實砌，先粉蔴筋灰一度，後粉白紙筋灰一度。外刷膠紅，内做假磨磚。

（十二）磉子、磉盤石：棟柱磉盤，三尺方，厚十寸，面做覆盆式。前後步柱及周圍廊沿柱，三十寸方，厚十寸，面做覆盆式。磉子，均做鼓磤式，大小照柱子配合。料用嚴州石，做雙抄三搥。

（十三）門檻、門臼石：門檻，長照圖，高十二寸，厚八寸，下用地线石一皮。門臼石，高十二寸，長四十寸，闊十寸。

（十四）地平磨磚：方磚，厚三寸，大二十二寸，面鏍光。先將地面夯實，做三和土八寸。上鋪黄沙三寸，匀平之後，再鋪方磚，用桐油灰合縫。有高低，須要磨平。方磚有碎角、沙眼及黄黑之磚，一概不用。鋪好後，須揩青桐油一度。

（十五）柱子木：棟柱，上對徑大十二寸，下對徑大十五寸。前後步柱，尺寸同四圍廊柱，上對徑大十三寸，下對徑大十五寸。每柱上下，均用鐵箍二道，闊二寸，厚二分。

（十六）屋架横料：棟拍枋，高十八寸，厚六寸。拍枋木，高八寸至十二寸，厚五寸。一椽木，對徑十三寸。二椽木，對徑十三寸。三椽木，對徑十四寸。下均用箍抽做，闊八寸至十二寸，厚四寸半。下架樑，高二尺六寸半，厚六寸，採陽混線做。四面走廊軒梁，尺寸與下架梁同。廊柱擎門梁，厚五寸半，高二十寸。二品出面，雕花卉。底下兩頭，做龍鳳花肩。擎椽木，高十三寸，厚七寸。上押頭，高十寸，厚五寸。中品板，二十寸，厚二寸，共計高三尺半。棟柱間枋，高二尺六寸，厚五寸半，上行香擺斗大。步柱間枋，闊二十寸，厚五寸半。底下兩頭，做龍鳳花肩，四面挑沿。廊梁中，高九寸，厚六寸半，方做。底下兩頭，做花肩。長短矮柱照配。封沿板，闊九寸，厚一寸半。上搶角八字樑，小頭對徑大十四寸。

（十七）行條：中間，小頭大十一寸。四面廊檐行，同邊間，小頭大十寸。椽花木，厚四寸，高平椽面。明檐、副檐、板檐、口木、磚、肋木，一切配全。以上料，均用杉木。

（十八）椽木：長椽，小頭四寸半，大頭五寸半。短椽，小頭四寸二分，椽頭做荸薺式。飛椽，闊四寸半、三寸半。覆脊木，小頭大十二寸。

（十九）牛腿樑：牛腿，厚七寸半，高二尺四寸。做夔龍絞邊人物圖，腿上擺花籃斗，斗上一弓一花。肩做菓子花，料用香樟木，象鼻、套頭全。

（二十）蹺角木：蹺心木，厚七寸，高十二寸。蹺角照配，高低照圖，料用杉木。搶心雕老頭做。

（二十一）大門：做實品門。挺木，厚三寸半，闊六寸。門釘，每堂八十一個。摇桿上下，鐵圈、鐵門閂配全。門龍木，闊七寸，厚四寸。雕花大門，上門簷面覆穿花大身，菊花線做。

（二十二）大門：抱柱木，六寸方。檔枋，厚六寸，闊十寸。腰枋，厚六寸，闊十寸。疊耳板，厚一寸半。四薄子，起陽渾線做。

（二十三）頭門内外平頂：天花板，厚一寸，闊六寸。雌雄縫做，料用杉板。四圍雞頭線脚，綫脚，闊一尺，高八寸，綫分八道。中做龍鳳穿花大圓圖，每艙一個，四角做雲蝠。平頂擱栅，大四寸方，中對中二尺。

（二十四）明樓窗：四面明樓窗，高四尺，闊二尺半。挺木，大二寸半、三寸半。抱結、趕綫，一切做全。内陰玻璃窗，料用杉板，式照圖。

（二十五）屋面：抄清水做。椽面，鋪頭號箯方磚，厚八分，長八寸，闊六寸，須塊塊合縫。底瓦，用大翻四，大頭十二寸，小頭十寸半，厚六分，長十一寸。蓋厚一疊四筒瓦，長十三寸，闊六寸半，厚六分。接筒處，須要剷光修整，嵌油灰。瓦衕通蘆桿，心子用紙筋灰，清泥龍做。筒瓦釘，前後各兩道，用中國方釘，大四分，上覆蓋頭，嵌油灰。

（二十六）屋脊：兩吞四帶，隨帶頭，堆獅象。脊，分兩大艙、四小艙。大艙，嵌連球。小艙，磨磚金字。中宫，嵌大銅鏡，對徑二尺半，邊做火焰雲，雙面一式。上擺顔色磁器葫蘆三台。吞口、字艙、中宫、帶頭，均用一寸方鐵錠。樁脊，内用萬年鐵鈎八只。鐵扁擔，厚四分，闊三寸，用大號鉛絲扎牢。蹺角頭，用長鐵扁擔，厚四分，闊二寸。蹺角脊，三線嵌連球。腰蹺，龍吞口上堆獅象，每蹺做鴟尾五隻。排髭戧髭。旱脊照圖。旱脊下，擺眠牛，木做。

（二十七）左右三角洞頭：黄道實砌。外粉白紙筋灰，做假磨磚底，用通眠牛木，厚六寸。墻身，用鐵攀牽牢。

（二十八）水落：上下格漏，用二十二號白鐵，大十四寸，方做。接頭處，用紫銅釘含牢，邊内襯二分圓鐵條，上用吊鐵攀每當中，對中二尺。白鐵、管子、灣頭、水斗，做全。

（二十九）另批：頭門前後出面翻卷篷三間，材料、尺寸、做法，同正殿一式。

頭門外八字牆

（三十）亂石夯：脚子下深二尺，闊四尺，共長二十四尺。大亂石夯一皮，上做條石二皮，面與實地坪。

（三十一）石保脚：計長二丈四尺，高四尺，分三接做出面。下保脚石，高一尺二寸，長八尺，厚十寸，上做線脚三埭。中縮腰石，高二尺二寸，厚六寸，長八尺，内鑿四季花卉。上蓋口石，厚六寸，闊十寸，長八尺，做線脚三埭。雙抄雙搥，料用嚴州碌石。

（三十二）保脚裏面條石：條石脚子，高四尺，共長二丈四尺，分作六皮。内襯肚，用亂石。縫内，水泥、石子、三和土灌實。料用本山石。

（三十三）墻身：厚二十寸，高十六尺，長二丈四尺。

（三十四）蹺翻：出面蹺翻下，做青磚線脚三皮。挑斗，做青磚鑿花一埭，高二十二寸。上蓋筒瓦，做烏頭滴水。墻脊，高一尺半，分三艙做。上下做線脚，中嵌連球。瓦脊頭，做吞口。

頭門外海幔地坪石板

（三十五）平側石：厚五寸，高十二寸，長四尺。

（三十六）地坪：厚三寸，闊三尺，長七尺，兩抄雙搥光，料用嚴州石。

頭門左右墻外人行路

（三十七）平側石：用舊條石，出新做就。

（三十八）水泥地：下做碎磚三和土，厚八寸，排實。上做水泥三和土，厚三寸。配合法：水泥二成，黄沙三成，瓜子片石五成。粉面，厚三分，用水泥、黄沙對合，面做大方塊。

三、正殿

（一）水泥三和土墩子：四金剛柱及兩翼棟柱下，做水泥墩子一皮，高三尺，闊七尺方。上做磚墩子，高四尺，方六尺、五尺。前後大步柱下水泥墩子，高三尺，闊六尺方。上做磚墩子，高三尺，闊五尺、四尺方。後大步及前、後石柱下水泥墩子，高二尺，闊四尺。上做磚墩子，高二尺，闊三尺半方。左右水泥柱下水泥墩子，第一皮，高二尺，方四尺。第二皮，高二尺，方三尺半，上做水泥磉盤。

（二）四圍牆脚：實地下深二尺，闊三尺，用大亂石夯一皮。夯面做條石脚子，高三尺、闊二尺。上做大放脚，第一皮，高二尺，闊二尺。第二皮，高一尺，闊二十寸。第三皮，做立脚石（嚴州石）一層，高一尺，闊十五寸，長均四尺，厚七寸。内襯亂石，并灌水泥、黄沙、瓜子片石。

（三）墻身：四圍墻身，厚十五寸，舊磚實疊到枋子底爲度。外粉蔴筋灰一度，白紙筋灰一度，再粉膠紅一度。裏做假大冰片清磚。前面翼墻脚，做石脚子，起保脚線，硯瓦槽。墻身做磨光大方磚，油灰嵌縫。圓圖内，做清磚鑿花，以美觀爲主。

（四）階沿磡子：實地深二尺，闊二尺，大夯石一皮。面做條石磡，高五尺，雙抄一搥光。内襯大亂石肚，闊二尺，高與磡子平。内灌水泥、黄沙、瓜子片石。

（五）堦沿石：殿前，闊二十寸，厚十寸，長每間一塊，料用金山石。左、右、後，厚三寸，闊二十寸，長十五尺，料用嚴州石。

（六）門地檻石：共四根，料用金山石。高一尺，厚十寸，長照開間，下用地線石一皮。

（七）磉盤、磉子石：四金剛柱下磉磐石，大四尺方。前後大襟棟柱磉盤，大三尺半方。後襟及廊柱磉磐石，大二尺半方，厚均十寸。除廊柱外，均做覆盆式。磉子照配用，厚十寸。料用金山石，雙抄雙搥。

（八）石柱：門面石柱，共六根，大十四寸，方做。正面鑿對聯，磉子石做線脚，料用金山石。

（九）水泥柱子：左右及後面廊柱，均做水門汀方柱。做法：每柱内，用六分方竹節鋼條四根，再用二分圓鐵條鉛絲紮牢，但鋼條須從墩子底通上。水泥配法：黄沙、水泥對合，拌匀。柱，大十四寸方，磉盤、磉子照柱配。柱子出面部分，均要搥過，與前面石柱相同。

（十）地平方磚：厚三寸，大二十二寸，面録光。先將地平夯實，做三和土，厚八寸。上鋪黄沙，厚三寸。匀平後，再鋪方磚。合縫處，用油灰嵌實。磚有沙眼、碎角及黄黑色者，一概不用。鋪就後，磚面用青桐油一度。

（十一）踏步石：厚六寸，闊十二寸，長照圖。隨帶石，共四根，闊十四寸，厚八寸，長隨配。地磐石，厚六寸，闊十四寸。做光，雙抄雙搥，料用嚴州石。

（十二）金剛柱：中品前金剛柱，上對徑十七寸，下對徑二十一寸。後金剛柱，上對徑十六寸，下對徑二十寸。後步柱，上對徑十五寸，下對徑十八寸。第二品前後小襟柱，上對徑十四寸，下對徑十八寸。前後步柱，上對徑十四寸，下對徑十八寸。四圍上短廊柱，上對徑大十四寸。料用杉木，不得箍做。每柱上下，用鐵箍二道，闊二寸，厚二分。

（十三）

（十四）屋架横料：中樞頂樑，高二十二寸，弓勢一寸半，厚十寸，二品做。二椽木，高二十六寸，弓勢二寸，厚十一寸，二品做。三椽木，高三十寸，弓勢二寸半，厚十二寸，二品做。四椽木，高二十二寸，弓勢五分，厚十寸，二品做。正架樑，高三尺六寸，弓勢三寸半，厚十四寸，二品做。料用硬木。副架樑，高三尺八寸，弓勢二寸。上下身子木，高十六寸，厚十寸。中扶榀板，闊十二寸，厚三寸。料用硬木（即銅鐵抄）。副架樑上行鑲擺斗，平盤線做。小襟後面，一椽木，高二十寸，弓勢五分，厚九寸，二品做。二椽木，高二十二寸，弓勢一寸，厚九寸，二品做。正架樑，高二尺六寸，弓勢一寸半，厚十寸，三品做。副架樑上下身子木，高十一寸，厚八寸。中扶品板，闊二十二寸，厚三寸，共高三尺八寸。料用杉木。副架樑上行鑲擺斗，平盤線做。前後廊沿子梁，高十八寸，厚五寸，二品做。四面同。

邊榀頂樑，對徑十二寸。下箍柚，闊十寸，厚五寸。二椽木，對徑十三寸。下箍柚，闊十寸，厚五寸。三椽木，對徑十二寸。下箍柚，闊十寸，厚五寸。四椽木，十二寸。下箍柚，闊十寸，厚五寸。五椽木，作爲洒行條，對徑十二寸。縫枋，高二尺六寸，三品做，厚五寸。矮柱，大小照配。料用杉木。四圍下間枋，高五尺，厚六寸。上下身子木，高十寸。中榀板，厚二寸。四圍擎椽木，對徑十四寸。上壓頭，高十寸，厚五寸。中品板，厚二寸，共高三尺半。後金剛柱間枋，高五尺，厚六寸。上下身子木，高十四寸。中榀板，厚二寸。上擺行鑲斗，平盤線脚。行鑲斗上押枋木，高二十二寸，厚四寸，二品。前後小步間枋，高四尺，厚六寸。四面同。

（十五）前面翼卷蓬：靴脚灣椽，闊二寸六分，厚一寸六分。廊樑，中高八寸，厚六寸半，下兩頭做花肩。翠過橋，厚十寸，高照圖，實幢做，雲蝠絞邊，中書卷人物圖，邊花草。軒樑，高十六寸，厚八寸，統艙彫花草，下兩頭做花肩。卷蓬上面鋪磨光方磚，上鋪寸厚平台，松板擱栅照圖。

（十六）行鑲挑昂：週圍、上下擺行鑲弓昂，艙數照圖，一斗兩昂。一夔龍斗，大十一寸方，花藍式做。弓昂闊六寸，厚四寸。昂底，鏍三楞，陰陽線做。蚌蝠蠷頭、夔龍頭，闊七寸，厚四寸。上鋪幔板，行鑲板，彫洋蝶穿花。上挑檐廊樑，中高九寸，厚六寸，底做統花肩。挑弓、副桁一應配全。下平盤線脚花板斗，料用香樟木。四圍上廊檐擎門樑，高十六寸，厚六寸。下廊檐擎門樑，高二十寸，厚七寸。

（十七）桁條：料用杉木。中間小頭，對徑大十二寸，邊間大十寸。下柏枋，中間厚五寸，高八寸至十二寸。正樑下柏枋，高二尺，二品，厚六寸。小步柏枋，闊二尺，厚五寸。穿做，料用杉木。

（十八）椽子木：料用杉木。前後長椽，小頭四寸半，大頭五寸半。短椽，四寸二分。飛椽，闊四寸半，厚三寸半。

（十九）蹺角木：搶心木，厚九寸，高十二寸。搶頭大小照配，料用杉木，高低照圖。搶心木，雕老龍頭做。

（二十）封檐板：厚一寸半，高九寸。明檐板，厚一寸半，闊四寸。料用杉板。平頂穿擱柵，闊十寸，厚五寸。

（二十一）屋面：抄清水做。椽面，鋪頭號箯方磚，厚八分，長八寸，闊六寸，須塊塊合縫。底瓦，用大翻四，大頭十二寸，小頭十寸半，厚六分，長十一寸。鋪瓦，厚一疊四。蓋瓦，用筒瓦，長十三寸，闊六寸半，厚六分。接筍處，須要剷光修整，嵌油灰。瓦衕通蘆桿，心子用紙筋灰，清泥龍做。筒瓦釘子，前後各兩道，用中國方釘，大四分方，上覆蓋嵌油灰。

（二十二）屋脊：楝髩大脊，兩吞四隨帶三大艙、四小艙。大艙嵌連球，小艙磨磚金字。中宫，嵌大銅鏡，大對徑二尺半，邊做火燄雲，雙面一式。上擺顏色磁器葫蘆五台。吞口及字艙、中宫隨帶頭，均用一寸至寸半方鐵錠。椿脊嵌鐵扁担，厚四分，闊三寸。大號鉛絲紮牢。蹺角頭，用萬年鐵鈎八只。鐵扁担，厚四分，闊二寸。蹺角脊三線，嵌白子。腰蹺龍吞口上堆獅象，蹺頭坐呑狸貓五隻。排髩戤髩，式照圖。下擺眠牛木一根。

（二十三）左右三角洞頭：用黄道磚實砌，外粉白紙巾灰，做假磨磚底，擺統眠牛木，厚六寸。墻身，用鐵攀牽牢。

（二十四）堂門：共計四堂門。挺木，闊三寸，厚三寸半，冒頭及格子木照配。天頭木、縮腰、肚板、保脚均做起地子。花草板，厚一寸半。門心子拷頭做，全式照圖，雙面一式。料用挺木。杉木板，用杏板拷，料用硬木。

（二十五）棋盤頂板：頂上用擱栅木，中對中七尺，中間小頭大十寸，左右間小頭大七寸。下釘棋盤頂板分艙，大三尺半。條子木，大四寸、六寸。格子木，内釘蛇盤線脚。頂板，厚一寸。企口板，料用杉板。闊狹須一律。

（二十六）明樓玻窗：四圍玻窗，高三尺半，料用杉木，嵌油灰。

（二十七）水落：上下格漏，用二十二號白鐵，大十四寸，方做，邊内襯三分圓鐵條，上鈎攀，每當中對中二尺。白鐵、管子、灣頭、水斗做全。

四、大殿平台及幔板石欄干

（一）堦沿下夯石及磡子：實地深二尺，闊二尺，用大亂石夯一皮。上做條石磡，高四尺。條石，雙抄一搥光。内襯亂石肚，高與磡子平。内灌水泥、黄沙、瓜子片石。

（二）堦沿石：厚五寸，闊二十寸，長七尺，料用嚴州石。

（三）幔板石：厚三寸，闊二尺，長七尺。

（四）石欄干：石柱，高三尺，方八寸。欄干，高二尺四寸，長五尺。石板，厚五寸。花樣、做法均照舊式，料用嚴州石，雙抄雙搥光。

五、神座

（一）神座左右面，用直鐵條各四道。前面鉄條六道，上下鉄條五道。鉄條徑五分。内外做石子督水泥一層，厚一尺半，起線脚。下做保脚，上做台口，均起線。中做縮腰式。内墊亂石肚。空縫處，用水泥、黄沙、瓜子片灌足。

六、啓忠祠

（一）水泥三和土[三]：四金剛柱暨前後步柱下墩子，深二尺，闊五尺方。四圍廊柱下，深二尺，闊四尺方。做水泥三和土。上做磚墩子，高三尺，闊四尺，三尺方。

（二）磉磐石：用舊料出新。

（三）堦沿石：用舊料出新。

（四）堦沿及左右墻脚：兩邊大墻下，深二尺，闊二尺半，做夯石一皮。上做條石脚，高三尺，闊二尺。

（五）墻身：墻身，厚十五寸，用舊磚實砌，高至枋子底。後廊左右墻，各開磁花窗兩堂。

（六）門檻石：舊料做新。

（七）地平磨磚：用厚三寸、大二十二寸𨭆光方磚。做法：先將地平夯實，做三和土，深一尺。上鋪黄沙三寸，匀平之後再鋪方磚。合縫處，用桐油、石灰嵌足。鋪好後，須用青桐油一度。

（八）柱子木：前後金剛柱，上對徑九寸，下對徑十三寸。邊榀大襟柱，上九寸，下十一寸。二翼廊柱，上八寸，下十寸。前廊柱，上九寸，下十二寸。後廊柱，用舊石柱改做。以上各料，如舊料尺寸相符并不腐爛者，准其配用。

（九）屋架横料：正架樑高二十二寸，厚十寸，硬木實榀。副架樑身子木，十四寸，厚九寸。中扶板，板厚二寸，共高二尺五寸。以上均用新料。三架樑，用舊架樑改做。後軒邊榀三椽木，小頭十寸。後軒中榀三椽縫枋，高二尺半，厚三寸，榀做。洒簷縫枋，高二尺，厚三寸半，榀做。前面擎門樑，高十六寸，厚六寸，實榀做。前後大襟間枋，高五尺，厚三寸半，榀做。邊榀縫枋、洒簷間枋，高二尺，厚三寸半。平基樑，六寸、七寸。以上各料，如舊料尺寸相符，准其配用。前面彩過橋，厚六寸，高十六寸，樟木。二榀軒梁，厚八寸，高一尺四寸。月邊樑，高照圖，厚六寸，中書卷圖。花藍、荷葉盆、象鼻頭、前後牛腿、廊樑，照樣。以上均新做。

（十）卷蓬：前廊卷蓬灣椽，闊二寸六分，厚一寸六分，料用雜木。廊樑，中高八寸，厚六寸，下兩頭做花肩頭，上蓋四寸、六寸磨光方磚。

（十一）行條：用舊料做新。棟柏枋，高十六寸，厚四寸，如舊料長短不符者，須換新料。

（十二）椽子木：用舊料做新。

（十三）蹺角木：用舊料做新。

（十四）封檐板：厚一寸半，高九寸。明檐板，厚一寸，闊四寸。料用杉板。

（十五）棋盤頂：概與大殿同。

（十六）屋面：概與頭門同。

（十七）屋脊出髭：大脊棟髭，分大三艙、四小艙。二吞四帶，及三角洞頭、黄道磚墻，概與頭門同。

（十八）堂門：前面堂門六扇，左右翼堂門四扇。横直挺框及腰頭木，闊四寸半，厚三寸，樣照圖，料用杉木。

(十九)窗：前面、左右短窗十二扇，式照圖。

(二十)欄干：前面窗下欄干挺子木，四寸半方。欄干木，二寸半。料用杉木或雜木，内襯幔板，厚一寸。背釘横條，做塌卸。

(二十一)屏門：左右分間幔鼓屏門二堂，長十二尺，料用杉木。

(二十二)神座後磚墻：神座後，實疊十寸墻，高十五尺，闊十六尺。粉蔴巾灰一度，外粉紙巾白石灰一度。

(二十三)長玻窗：後面中間長窗六扇，左右短窗各八扇。叠耳板及兩邊斜格門堂玻璃、插銷、鉸鍊，均配全。料用杉木，式照圖。

石神座，用原神座移建，上加台口二皮，共高一尺。

後宫平台前面石磡駁，去泥土五尺，用條石新做，雙抄一搥光，長照總圖。磡上欄干，用原有大殿前面舊欄干做新。踏步石，均用舊料做新。東西踏步，須添隨帶石各二道，料用嚴州石。

後宫後面石磡，用條石做新，一抄一搥。高與舊泥磡平，長約八丈。

七、五侯、五夫人、輔文、烈文侯四祠

(一)夯石：柱子下墩子，前後大徑柱，深二尺，闊三尺。前後廊柱下墩子，深二尺，闊二尺半。三圍大墻下，深二尺，闊二尺半。堦沿下，深一尺，闊二尺半。做夯石一皮，上均做磚墩子。

(二)石器：磉磐石，厚六寸，大十八寸方。磉子石，大小隨配。堦沿石，厚三寸，闊二十寸，長每間一塊。前門面左右腰檻下，做清磚實疊。地檻石三根，高九寸，厚七寸。料用金山石，一抄雙搥。

左右大墻下，做條子石脚子，高一尺，厚十五寸。 堦沿石，闊二尺，厚三寸，長每間一塊。 料用舊石，不足，再添新料。

（三）柱子木：前後大襟柱子，大十二寸。 邊榀柱，大十寸。

（四）大架樑：對徑十四寸。 二椽木、三椽木，對徑十寸。 矮柱，大小、高低照配。 間枋，厚五寸，高二尺。

（五）行條：小頭，大對徑七寸。 柏枋，厚四寸，高八寸。

（六）椽子木：大三寸、二寸半，方做。

（七）門窗：前後門中間長窗六扇。 直挺木，大三寸、四寸，横挺照配，板厚一寸左右。 短窗合十二扇。 高低、闊狹、式樣，照圖做全。 木料均用杉木及雜木。

（八）牆身：左右大墻，半包柱做，厚十五寸。 料用舊磚，實叠到檐，上空斗到頂。 内外粉蔴巾石灰一度，粉紙巾白石灰一度，刷白一度。

（九）地平磨磚：用十八寸加厚方磚，做法與頭門同。

（十）屋面：上蓋舊瓦，下鋪頭號篗方磚。 檐頭、烏頭、滴水配全。

（十一）屋脊出髭：磚灰堆做，高低、形式均照圖樣。

（十二）水落：用二十二號白鐵，十二寸方做。 鐵鈎，中對中二尺。 水管，九寸。

五侯、五夫人神座，用條石實叠，長二十二尺，高四尺半，雙抄雙搥光。 輔文、烈文神座，用原有石神座，加高十寸。 四角添石柱四根，方十寸，料用嚴州石。

八、翊忠流芳合祠

各用十三塊石庫一座、大門一堂。

柱子及屋架横料等，概用原啓忠祠及頭門、後宫等舊料做新。牆身，除左、後做舊磚牆外，餘均寄圍墻。

神座：啓忠祠，用原神座。翊忠流芳祠，用條石實叠，長十五尺，雙抄雙搥光。

九、祭祀室

平屋三間，進深二十四尺。左右間，闊十二尺。中間，闊十四尺。走廊，闊六尺。又平廂房一間，深十二尺，闊十四尺，高十二尺。

（一）亂石夯、亂石脚：墩子下，深二尺半，闊二尺方。墻身下，深二尺，闊二尺。堦沿下，深一尺，闊二尺。大亂石夯一皮，上做亂石脚子。

（二）大放脚：高六寸，闊十五寸。墩子及堦沿下尺寸，同上。用舊磚實砌。

（三）墻身：厚十寸，高實砌到檐。裏外粉紙巾白石灰一度，刷白一度。

（四）地坪：做磨磚。一切做法，照配殿式。

（五）柱木：前後大襟柱，小頭大六寸半。棟柱，小頭大五寸半。走廊柱，小頭大六寸。平廂房柱木大尺寸，同上。

（六）行條：小頭大八寸。拍枋，四寸、八寸，方做。

（七）架樑木：對徑十寸。三椽木，對徑八寸。二椽木，八寸。頂樑木，對徑八寸。矮柱木，大小隨配。

（八）椽子木：大二寸、二寸半，方做。行條面釘椽花，厚三寸，高平椽面。

（九）封檐板：厚一寸，闊八寸。明檐板，厚一寸，闊三寸。

（十）擎門樑：門面擎門樑，高二尺，厚四寸，實品做。

（十一）窗：中間長窗六扇。挺子木，大二寸、二寸半，六帽頭做。幔板，厚一寸。左右間短窗，兩堂共八扇，長六尺，四帽頭做。

（十二）門：左右間做對子平門兩堂，四薄子做。挺子木，大三寸半、二寸，板厚七分。料用杉木。

十、墓

墓下脚周圍石板，均出新。破碎處，補全。上做水泥，厚三寸。

十一、墓門門樓及左右圍墻

就原墓門修葺做新。上加高，加高尺寸，均照圖樣。上方仍建假樓。下換地盤石，做新。門，做法列後。

（一）地盤石：門檻外地盤石一塊，厚六寸，闊四尺半，長十三尺。門檻内地盤石二塊，厚三寸，闊三尺，長十一尺半。

（二）墓門及左右牆頭牙齒水泥蓋口：蓋口，用水泥督做，厚三寸。

（三）墓門牆頭幔板石：幔板石，厚二寸半，大三尺方。

（四）墓門牆：左右牆身，厚十五寸。用舊磚實叠到頂，四面均清水做。

（五）門樓上層：正面做假門三堂。内，磚牆實砌。外，硬木板釘就。板厚一寸半，大小照圖。

（六）墓門：實品大門二扇，高、闊照門堂，厚三寸。料用杉木，外包鐵板，釘炮釘。門桿、上下頭鐵圈、門閂等件，一切配全。

（七）屋架：人字木，四寸、六寸。架樑，四寸、六寸。行條木，四寸方。椽木，二寸半、二寸。椽簷釘板，厚三分。蹺角，大小隨配。封檐板，厚八分，闊八寸。以上木料，均用杉木。

（八）屋面：蓋小號筒瓦。屋脊、蹺角，隨帶做全。做法，與正殿相同。

十二、墓外石圍牆

（一）亂石夯：牆脚下夯石，深一尺，闊四尺，用大亂石夯實爲度。

（二）石墻身：夯面做條石圍牆，高七尺，闊三尺。石釘頭石，長三尺。牆肚内襯碎石，出面一抄一搥。

（三）牆頭水泥頂蓋：水泥督做，厚六寸，闊照牆身加寬五寸，上做人字式。

十三、墓週石欄干

用舊欄干做新，長照圖。不足，再用新料。

十四、墓前左右碑廊

碑廊簷高十三尺，寬闊照圖。

（一）夯石：亂石脚，各柱下、堦沿下均做。亂石夯一皮，亂石脚高一尺。

（二）石器：堦沿石，闊十八寸，厚三寸。磉盤石，厚四寸，方十四寸。磉子石照配。
（三）柱子木：對徑九寸。
（四）行條：小頭五寸至五寸半。
（五）椽子：小頭二寸半、二寸。
（六）屋面：上蓋舊瓦，下鋪簁方磚。
（七）地坪：地坪用十八寸方磚。
（八）水落：用白鐵，水管做全。

十五、墓前各種石器

（一）祭桌、坐磴：祭桌，用舊祭桌做新。四脚换新料，樣照圖。石坐磴一對，高低、大小等尺寸，均注明圖上，做法照圖。料用蘇州金山石。

（二）拜墀：拜墀石板一塊，尺寸分三種。一，闊五尺，長六尺，厚五寸。一，闊三尺十寸，長四尺十寸，厚五寸。一，闊三尺，長四尺，厚五寸。料用嚴州石。

十六、華表

用原有華表做新。地盤石，有破碎者，須换過。

十七、橋、池

池塘南北面，放寬各四尺。東西面，放寬各二尺。磡子，用條石出新，實叠。橋脚，出新。橋左右洞頭石板有破碎處，須補修完全。橋面，做百步金階。中鑲雲龍板欄干，用舊出新。不足及破碎者，須添新料。

十八、墓前照墻

（一）墻脚：照牆下掘深三尺，打大塊亂石夯一皮。上做水泥三和土，方四尺，深三尺。

（二）立脚及墻身：勒脚，高四尺，寛二尺。牆身，高一丈一尺，闊二丈九尺，厚二十寸。均用水泥、黄沙督做。保脚、台口，均扯高低綫脚。中縮腰，鑿陽紋時花。牆上做『盡忠報國』陰紋字。四圍做花邊，寛十二寸，凸出六分鑿花。上用磚牆結頂。

（三）挑斗巧翻督脊：蹺翻下用青磚綫脚四皮，下做棚子綫三皮。挑斗一埭，用青磚鑿花，高二十四寸。墻脊高二十寸，啓線做，蓋筒瓦，做烏頭、滴水。

十九、墓前柏亭門亭

照墻背面，做柏亭門亭五間。柏亭，深一丈二尺，闊一丈二尺。左右碑亭，深八尺，闊一丈。

（一）立脚：牆脚做勒脚，高二尺，鑿陽紋花卉。

（二）柏亭：柏亭内，做半圓形水泥柏臺一座，高五尺，厚六寸，内寛二尺、四尺。外鑿花，中用磚頭實叠。上豎精忠柏，用水泥做牢。

（三）石器：堦沿，寛十八寸，厚四寸。磉盤石，厚六寸。磉子照配，料用嚴州石。柱子及堦沿下[四]，均打亂石夯。

（四）柱子屋架：柱子，上對徑五寸至五寸半，下對徑十寸。桁條，小頭五寸。椽子，二寸半、三寸。天花板，厚五分。均用杉木。

（五）門面及欄干：門面挂落、拷頭、根頭，均做全。

（六）地坪：地坪用水泥做。

（七）屋面：屋面箯方磚，厚八分。底，用舊瓦。蓋瓦，用小號筒瓦。隨帶楝髻做全。

（八）油漆：油漆出面，均一底雙抄金漆。

（九）水落：白鐵、格漏、水落，均做全。

二十、廟内平台、道路及墓前幔板石

（一）堦沿：凡石板平台、道路外面，均須用堦沿石。堦沿石，厚五寸，闊一尺半，長約七尺。

（二）幔板石：厚三寸至二寸半，闊三尺，長七尺。其地於未鋪石板前，須用木錘排實。

以上石料，均用嚴州石，一抄雙搥光。

二十一、廟内各處陰溝

（一）廟内陰溝，用水泥管子對徑十二寸者，五十二丈。墓前荷池管子，對徑二十寸者，十六丈。接筍處，均用水泥砌足。

（二）碎磚三和土：水泥管子下，做碎磚三和土，厚六寸，排實爲度。

（三）陰溝灣頭：大六寸方者十六只，八寸方者三十只，厚一寸。

二十二、泥圍墻

(一)亂石：墻脚下夯石，深一尺，闊二尺半。上做條石二皮，闊二尺半。上打泥墻，高六尺。上做屋脊，雙巧翻。（雙面搪粉，俟岳廟正殿完工之後，再行搪粉）

二十三、磚圍墻

(一)墻脚：墻脚下，深一尺，闊二尺。做亂石夯一皮，面做條石二皮，闊一尺半。

(二)墻身：厚十寸。墩子，十五寸方。墻高，六尺，用新方磚實砌，兩邊搪白石灰各一度。墻頭上，做督脊巧翻。

墻垣地形，高低不等。在岳墳後山一帶，遇有墳墓者，其墻線或出或入，由監工員臨時指示。

二十四、湖埠及石磡

(一)松樁：共打三皮。第一皮，長十六、七尺。第二皮，長十四、五尺。第三皮，長十二、三尺[五]。樁木，大頭六寸半，小頭四寸，打入地土。

(二)亂石：夯入樁縫，高二尺，闊均照樁木縫擠實。

(三)水盤石：用舊石板。

(四)踏步及磡子石：踏步石，高七寸，闊一尺二寸，長三尺半至四尺。料用舊石，做光。一抄雙搥，水泥沙嵌縫。磡子，用舊條石，一抄一搥光。

(五)蓋口石：厚三寸至二寸半，長八尺，闊二十二寸。一抄雙搥，料用嚴州石。

二十五、正殿、頭門、後宫油漆

（一）五木長料棋盤頂以上，均用一底兩抄紅油。棋盤頂以下，均做一底雙漆。

（二）各柱子縫洞處，均用生漆、石膏填平。生漆白蔴筋一層，生漆碗沙粉約一分。再用生漆、石膏粉刮平、抄足，外用硃漆一度。

（三）正副樑花籃、行鑲斗彫花處[六]，均貼金外，做雙度金漆。

（四）軒樑、翠過橋，均一底一抄雙漆。

（五）卷蓬灣椽、廊樑花肩，做一底一抄雙漆。

（六）棋盤、頂線、脚條子木板，一底雙度廣漆。

（七）門面石柱聯字，黑漆。

（八）封檐板、出椽子，一底雙漆。餘者，見木着漆。

（九）水落管子，做顔色油。

啓忠祠、五侯祠、五夫人祠、輔文侯祠、烈文侯祠、翊忠流芳祠油漆

柱木做黑漆，一底雙漆。屋架横料，均做紅金漆，一底一抄一漆。椽子木，紅金漆，一底一漆。門窗，做紅金漆，一底一抄一漆。

祭祀室油漆

柱木，一底一抄一漆，做紅金漆。門窗，做紅金漆，一底一抄一漆。

二十六、附則

（一）各殿墻垣、柱下墩子及内外圍墻所需磚料，概由本所撥用，估工價，不計磚價。
（二）各處所需條石、亂石，亦由本所撥用，估工價，不計石價。
以上兩項運費，概由本所自理。
（三）各殿條石，舊磡做新照用。應添者，須與舊磡一樣做法。
（四）各配祠及祭祀室、碑廊、碑亭蓋瓦，均用舊有瓦片。有餘，抵作拆卸工價[七]。
（五）頭門、大殿之階沿石，均用新料。後宮及各配祠與祭祀室之階沿，均用舊有階沿石做新。不足，再添用新料。
（六）所有道路幔板石，用舊料做新。不足，再添用新料。
（七）大殿舊料，改建後宮、頭門。後宮舊料，改建啓忠、翊忠等祠。其餘頭門、後宮及各配祠等舊木料，一概抵作拆卸工價[八]。
（八）各柱下磚墩子，均用水泥沙砌實。
（九）内外圍墻，凡總圖内畫有紅線者，均做泥墻。

增訂及更改

頭門、正殿、後宮

屋面：椽面，鋪頭號篚方磚，厚八分，長八寸，闊六寸。脊内，除用大號鉛絲札牢外，再用萬年鐵鈎八只。

柱子：每柱上下，加鐵箍二道，闊二寸，厚二分。

左右暨四圍墻脚：第三皮，做立脚石一層，高一尺，闊十五寸。長以四尺爲度，改爲長均四尺。雙抄雙搥光，料用嚴州石。

地坪磚：上鋪黄沙。六寸，改爲三寸。

油漆：頭門、後宫油漆，均與正殿同。

頭門

頭門外水泥地坪，改海墁石板。用三寸厚圍蓋石做。

正殿

（十二）百步金階：料用烏老鴉石，改用嚴州石。

（十三）金剛柱：中品前金剛柱，上對徑十八寸，下對徑二十一寸，改上對徑十七寸[九]，下對徑二十一寸。後金剛柱，上對徑十七寸，下對徑二十一寸，改上對徑十六寸、下對徑二十寸。每柱，均不得箍做。

（十五）四翼卷蓬：照圖樣，卷蓬只限於前面。左、右、後三面，均不做。於卷蓬上，鋪一寸厚平台松板。平台擱栅，照圖。

（十六）行鑲挑昂：料用香樟木，改用牛筋黄連。

墓前石器

（二）香爐拜墀：料均改用嚴州石。

工程細册

重修岳陵事務所修建西湖岳王墳廟工程包攬投標廣告

修建西湖岳王墳廟，業經本所繪就詳細圖樣、擬定施工規程，亟須招工投標包攬。凡投標者，須納本所規定之押圖費暨投標保證金。其投標保證金額，按各自投標總價格百分之二。須有從事該營業三年以上之經驗，并有曾經包攬是項工程之憑證或商會證明書等之一，並須遵守本所所訂投標規則、工程設計圖樣、做品材料尺寸、章程及契約書件等項。於陽歷一月五日起，至十日止，隨帶憑證并押圖費洋壹百元，送由本所查驗合格，取閱是項圖書、章程、規則。准於十一月卅一日，當衆開標。再經本所審定，另日宣示得標。標櫃，設在浙江督軍署内。本所特此廣告。

先生台鑒：本所重修岳陵工程，業已招工投標。定於是月卅一日，在本所當衆開標。開標後，即須將各賬詳細審查，定期宣示得標。現公推閣下爲審查員，請於開標日上午十時，惠臨事務所，以便會商一切。特此專函奉達，敬頌公綏。

重修岳陵事務所謹啓一月廿七日

一月三十一日上午十時，在督軍署本所客廳當衆開標，共計五標。兹將當時各標價列左

計開

新仁記：二十三萬三千九百三十元

趙桂記：二十四萬七千五百九十元

章積記：十六萬二千一百七十九元四角二分
李合順：十六萬二千六百五十三元
姚春記：十三萬七千一百七十一元三角六分

函章積記、李合順、姚春記

逕啓者：重修岳陵工程各標價，業已審查竣事。細核各帳，多有差誤之處。且所開之價，均超過本所預算數，應一律作爲無效。所繳之投標保證金，希即攜帶收據，來所收回。現在指定章積記、李合順、姚春記三家，另行開帳核奪。並希於二月七日下午一時來所，以便先行接洽一切，勿延爲要。

此致　章積記、李合順、姚春記

重修岳陵事務所啓二月五日

第二次指定開帳價格列後

章積記：十萬四千五百零四元二分七釐
李合順：十一萬九千六百七十三元二角
姚春記：十一萬七千九百三十八元九角八分

呈爲呈請事：竊查重修西湖岳廟工程，業經擬定施工細則及投標章程，呈奉批示，照准在案。各報紙刊登廣告之後，來所投標者，共有五起。一月三十一日上午十時，在本署當衆開標。因所開之價超過預算，賬中錯誤之處亦復不少，一律宣布作爲無效。旋即指定價格稍小之章積記、李合順、姚春記三家，另行開賬核奪。及至二次開標，以章積記十萬四千另四元二分七釐爲最小，且與預算不相上下。審查所開細賬，亦均分別修正。伏查此項工程，事在必行。可否即令章積記承包建築之處，理合呈請

鈞座批示祇遵。

附呈：章積記承攬合同二份、細賬一本。

立合同契約：

重修岳陵事務所

承攬人章積記

今於西湖修建岳王墳廟，由本作章積記開賬承攬是項工程，共計工料洋拾萬四千五百六十二元二分七釐。做品、材料另照規定圖樣、章程辦理外，立此合同契約爲憑。須至契約者：

一、包攬此項工程，自合契約成立之日起算，以二十個月爲竣工期限。屋面未蓋瓦以前，雨工照除。蓋瓦以後，無論晴雨，一律依限完工。倘有意逾限，按日以總價格百分之一金額爲罰金。二日以上，類推。

二、承包工料價銀，分七期支付。

第一期：各項材料到地，統計價格在萬元以上時，支付總價十分之二，計銀二萬零九百十二元四角五釐。

第二期：各項脚子、墩子做齊時，支付總價十分之一，計銀一萬零四百五十六元二角三釐。

第三期：五木竪起、橫料穿齊時，支付總價十分之一[一〇]，計銀一萬零四百五十六元二角三釐。

第四期：屋面蓋好、墻垣砌起時，支付總價十分之二[二]，計銀二萬零九百十二元四角五釐。

第五期：裝修完全時，支付總價十分之一，計銀一萬零四百五十六元二角三釐。

第六期：石器、幔板、地坪鋪齊時，支付總價十分之一，計銀一萬零四百五十六元二角三釐。

第七期：油漆、格漏及一切工程完竣，經本所驗收後，全數支付，計銀二萬零九百十二元四角五釐。

三、各期領款，應由承攬人備具領狀，經擔保人蓋章，送請監工員及驗收員查驗相符後，於領狀上各蓋圖章，送由本事務所給領。

四、所有材料、做品、式樣等，均須按照圖樣施行。　如有不合及遺漏情事，得由監工員隨時指令更換、修改。　承攬人不得推諉，並不得要索加價。

五、在該項工程未完竣以前，一切材料及工作人等或遇不測，均歸承攬人負責。

六、承攬人遇有事故發生、不能完工時，責成擔保人繼續辦理。依限竣工，不得有所規避。

七、保固期限，定十二年爲限。　自該項工程完竣驗收之日起算，以保固契約爲憑。

八、合同契約調製兩份，與圖樣、細則同時雙方蓋印，各執一紙。

重修岳陵事務所

承攬人章積記

擔保人鮑元慶籍貫紹興，在杭城開設義源金鋪

中華民國九年四月　日訂立

謹將督軍署建築西湖岳王廟工程材料、尺寸、做品，均照章程、圖樣、規則，細賬開列於後，呈請台核。

頭門壹宅

計開泥水工料

四金剛柱及棟柱以及四圍廊柱下，亂石夯石壹皮。六尺方，四個。五尺方，八個。四尺方，十八個。實地深，二尺。共折方，六丈三尺二寸。連掘泥，每六工，共計人工三十八工。每三角七分，計工洋十四元零六分。

統地面填土方，約一百七十方。每四角六分，計洋七十八元二角。

各柱下做水泥墩子，深高二尺，方五尺，三十個，合共折方十二方六尺四寸。每四十二元，計洋五百三十元零八角八分。

各柱下磚墩子，高三尺半，二尺半闊，方四尺三寸半，計三十個，折方十四方。每十二元五角，又計洋一百七十五元。

四圍階沿下，打夯石一皮。掘深二尺，闊三尺，計長二十二丈四尺，共折方六方八尺四寸。每方六工，計人工四十一工。每三角七分，計洋十五元一角七分。

後面、左、右以上亂石磡，高五尺，闊二寸半，縫嵌水泥、黄沙、瓜子片，共計長十五丈九尺，共計七方九尺五寸。每方九元五角，計洋七十五元五角二分五釐。

前堦沿下，高五尺，闊二尺半，做亂石磡及踏步。下襯肚亂石，空縫嵌水泥、瓜子片，折方五方九尺五寸。每九元五角，計洋五十六元五角二分五釐。

左右墻脚下，掘深二尺，闊二尺，打夯石一皮。以上做亂石實地，深二尺，寬二尺半，折方一丈七尺八寸。連夯工，每九元五角，計洋十六元九角一分。

左右墻身，厚一尺五寸，高一丈四尺半。内做假磨磚，外刷膠紅，舊磚抵用。折方十一方。每十三元五角，計洋一百四十八元五角。

磨磚地平下，打夯石一皮，方二十二寸。碎磚，厚三寸。下三和土、黄沙，厚三寸。油灰嵌縫，折方十九丈六尺。每十九元六角，計洋二百十五元六角。

以上鋪方磚，厚三寸，闊二尺二寸，計地户十九方六尺。每方二十五塊，磚縫嵌油灰，共計磚四百九十塊。每五角五分，計洋二百六十九元五角。

上下四翼屋面，共折方五十三方八尺六寸。用篾方磚，厚八分，長八寸，闊六寸，用磚一萬七千五百塊。每方二元，計洋一百零七元七角二分。

大翻四瓦，三萬一千張。每四十八元，計洋一千四百八十八元。

花邊滴水，共計七百五十付。每一角二分五釐，計洋九十元正。

四線大脊，長三十八尺。左右龍頭，中銅圓鏡，又字版八塊。全連工料，每丈三十五元，計洋一百三十三元。

八搶上堆狸猫吞口。每十一元五角，計洋九十二元正。

四隨帶及子帶頭上堆獅象。每二十五元，計洋一百元正。

四線旱脊，四圍長十六丈二尺。每十八元，計洋二百九十一元六角。

左右三角墻，料用黄道磚，實叠，兩共計二方六尺。又每方十四元，計洋三十六元四角。

屋面，用石灰紙巾、黄泥。計洋一百五十元。

圈篷，用篾方磚，料用海選黄幔，共計一萬二千張。又每四元五角，計洋五十四元正。

鐵定、揞、搶、蹺、鉛絲、膠、煤、筒瓦釘、顔色小料、蔴皮等。共洋一百十五元。

泥水人工，八百工。每三角七分，計洋二百九十六元。

補筒瓦，共一萬五千三百塊，厚六分，闊六寸半。每二角五分，計洋三百八十二元二角。

以上共計泥水工料洋四千九百三十一元七角九分

計開木作

棟柱，二根。小頭十二寸，上對徑十二寸，上墩十五寸，下對徑十五寸，長三丈九尺五寸。每三百二十元，計洋六百四十元正。

大步柱，十根。小頭十二寸，大頭十五寸，同上，長三丈。每二百十元，計洋二千一百元。

週圍廊柱，十八根。小頭十五寸，大頭十五寸，長六尺半。每四十元，計洋七百二十元。

枕頭木，四塊。每三元五角，計洋十四元正。

屋架橫料拍枋，十八塊。厚四寸半，高一尺二寸。每十一元，計洋一百九十八元。

一椽木，八根。對徑一尺三寸。每十一元，計洋八十八元。

又，箍抽，八根。雙品做，厚四寸半，高八寸、一尺二寸。每二元，計洋十六元正。

二椽木，八根。對徑十三寸。每二十元，計洋一百六十元。

又，箍抽，八支。每六元，計洋四十八元。

三椽木，八根。對徑一尺四寸。每四十五元，計洋三百六十元。

又，箍抽木，八根。厚四寸半，高八寸、一尺二寸。每七元五角，計洋六十元正。

下架樑，四根。高二尺六寸半，厚六寸。每七十二元，計洋二百八十八元。

四面走廊軒樑，十四塊。高二尺六寸半，厚六寸。每二十四元，計洋三百三十六元。

廊柱擎門樑，長，十根。高二十寸，厚五寸半，對品。每二十八元，計洋二百八十元。

又，短，八根。對品做。每十元，計洋八十元。
左右墻上擎門樑，十塊。高二十寸，厚五寸半。每二十八元，計洋二百八十元。
擎椽木，十根。高十三寸，厚七寸。每十七元，計洋一百七十元。
上押頭木，十根。高十寸，厚五寸。中榀板，厚二十寸。每十六元，計洋一百六十元。
又，中榀單面糊板，十塊。每五元，計洋五十元。
棟間枋，四品做，計三塊。高二尺七寸，厚五寸五分。每三十六元，計洋一百零八元。
棟下間枋，又計三塊。高二尺六寸，厚同上。每三十六元，計洋一百零八元。
上行鑲擺斗，共計一百三十九座。每三元五角，計洋四百八十六元五角。
大步柱上下間枋，六塊。三品做，厚五寸半，高二十寸。每二十七元，計洋一百六十二元。
上下四面挑簷廊樑，二十八根。高九寸，厚六寸半。每十六元五角，計洋四百六十二元。
長短矮柱，十六個。徑十三寸。鐵箍，六十個。每一元五角，計洋二十四元正。
中間桁條，九根。小頭十一寸。每三十六元，計洋三百二十四元。
邊間桁條，十八根。小頭十寸。每二十七元，計洋四百八十六元。
又，翼廊樑，長，八根。高八寸，每二十七元。短，八根。厚六寸半，每九元。計洋二百八十八元。
四面檐廊桁下枋，二十四根。小頭十一寸。每二元，計洋四十八元。
椽花木，三十五根。厚四寸，每五元。計洋一百七十五元。
椽木，五百八十根。小頭四寸半，大頭五寸半。每九角，計洋五百二十二元。
又，短椽，一百八十四根。小頭四寸二分。每四角，計洋七十三元六角。
飛椽木，五百八十根。高四寸半，厚三寸半。每五角，計洋二百九十元。

上搶角八字樑，四枝。小頭對徑十四寸。每六元五角，計洋二百六十元。
又，箍抽木，四根。闊十二寸，厚四寸半。每四十五元，汁洋一百八十元。
橙柱木，二根。小頭十二寸。每十二元，計洋二十四元。
横架木樑，二根。每四十五元，計洋九十元正。
又，下箍抽木，兩根。闊十二寸，厚四寸半。每二十八元，計洋五十六元正。
明簷板，計七十六丈。每六角，計洋四十五元六角。
簷口木，計九十二丈。每四角，計洋三十六元八角。
眠牛木，十六丈，計兩根。高十六寸，厚十寸。每二元五角，計洋四十元正。
磚肋木，四十六丈。每一角，計洋四元六角。
封簷板，五十丈。闊九寸，厚一寸半。每二元六角，計洋一百三十元。
棟上覆脊木，三根。小頭十二寸。每二十八元，計洋八十四元正。
又，毛椽木，一百十六根。每三角，計洋三十四元八角。
上牛腿象鼻套頭上擺花籃斗，斗一弓一，花肩花鷄，共計三十六套。每十二元，計洋四百三十二元。
蹺角木，厚七寸，高十二寸。蹺角，長短照配，八只。厚七寸，高十二寸。每七十元，計洋五百六十元。
戧搶木，計三十二塊。每八角，計洋二十五元六角。
大門，做實品門，三堂。挺木，厚三寸半，闊六寸。門釘，每扇八十一個，計六扇。每堂五十元，計洋一百五十元。

摇桿上門簪，面復穿花大身菊花綫，計十二個。每八角，計洋九元六角。

又，抱桔木，六根。每三元，計洋十八元。

橙枋木，六根。厚六寸，闊十寸。每二十元，計洋一百二十元。

腰枋，十二塊。厚六寸，又十寸。每三元，計洋三十六元。

摇桿上下鐵圈、鐵鉋、鐵門閂。門龍木，闊七寸，厚四寸，計三堂。每堂洋二十五元，計洋七十五元正。

叠耳板，厚一寸半，四邊步子起陽渾線做。邊四堂，每三元。中兩堂，每八元。計洋二十八元。

頭門内外平頂天花板，做雌雄縫，用抬板，計十三方五尺。厚一寸，闊六寸。每十五元，計洋二百零二元五角。

四圍雞頭線脚，闊一尺，厚八寸。分八道線脚，計四十丈。每十二元，計洋四百八十元。

中做龍鳳穿花大元圖，每艙一個，計六個。角頭做雲蝠穿花板，二十四塊。每十二元，計洋二百八十八元。

平頂擱栅，四十八根。中間，十六支，每五元五角。邊間，三十二支，每三元五角。計洋二百元正。

四面明樓窗，六十四扇。内影玻瑚，高四尺，闊二寸半。挺木，二寸半、三寸半。每扇二元，計洋一百二十八元正。

抱桔趕線，十堂。内玻瑚窗陰板，用松板，照圖樣做，計六十四扇。每二元，計洋一百二十八元。

四面捲篷方桁條，高八寸，中四支，每十二元。厚六寸，邊八支，每四元。計洋八十元正。

彩過橋樑，照配，八塊。厚十寸，高二尺六寸半。每十五元，計洋一百二十元。

捲篷灣椽，三百六十六枝。寬二寸六分，厚一寸六分。每五角，計洋一百八十三元。

頭門上大匾，一塊。計洋三十元。

行鑲下平盤板，六十丈。每七元，計洋四百二十元。

擎門樑下龍鳳花肩木，四十八根。每二元，計洋九十六元。

棟上左右邊人字如意撲風板，兩面。厚一寸半。計洋六十元。

柱上下鐵箍，二十四個。每個十斤，計二百四十斤。每二元，計洋八十八元。

椽搶鐵釘，計三百斤。每一角八分，計洋五十四元正。

做木匠人工，連雕花，計五千工。每四角，計工洋二千元正。

以上共計木作工料洋一萬六千五百六十二元六角

計開石作

頭門踏步石，八擋。闊十五寸，厚六寸，用嚴州石。每八元，計洋二百七十五元二角。

踏步左右三角礎，襯肚、亂石夯均在内，共十二丈四尺四寸。連襯肚舊石、統用舊石，計人工洋三十元。

左右堦沿石，計長九丈三尺。闊二十寸，厚三寸，每邊排三根，用嚴州石。每七元，計洋六十五元八角。

前後堦沿石，計厚十寸，闊二十寸。長，一尺八寸半兩根，十四尺半四根，九尺四根。每間一根，用金山石。每三十元，計洋三百九十元。

左、右、後三面堦沿下，做條石一皮。用舊石出新。計人工洋三十九元。

踏步隨帶，四根。闊十四寸，厚十寸，用嚴州石。每二十元，計洋八十元。

堦沿下亂石磡，計四十七丈七尺。用舊石出新，前面做條石磡，三面亂石磡。亂石肚，水泥、黄沙、瓜子片。計人工洋一百二十元。

頭門左右旱磡，條石做四皮。用舊石出新。計人工洋四十二元。

頭門前面甬道，統鋪海幔石版，用舊石出新。又計人工洋五十七元六角。

楝柱下磉盤、石鼓，六付。方三尺，厚十寸。石鼓，盆式，用嚴州石。每二十四元，計洋一百四十四元。

前後步柱及廊柱下磉盤，方三十寸，厚十寸。石鼓，計二十四付。石鼓同上，料用嚴州石。每十八元，計洋四百三十二元。

門檻石，三根。高十二寸，厚八寸。長，一丈三尺二根，一丈七尺一根，五尺二根，用嚴州石。計洋一百零三元四角。

門臼石，六塊。高十二寸，寬十寸，長四十寸，計六塊。計洋二十一元六角。

門檻下地線石一皮，計三丈六尺。用舊石出新，長同門檻石，用嚴州石。計人工洋九元正。

頭門外道地，幔板石一間，計四十四丈。用嚴州石。每丈三元二角，計洋一百四十元零八角。

以上共計石作舊料工食、新料等洋一千九百五十元零四角

計開漆作

頭門，做生漆灰蔴布（做珠紅漆，柱子三十根）。

棋盤頂龍鳳圖天花板，均一底雙抄金漆，計十三方五尺。

前後捲篷，一底雙抄金漆（見花貼金，牛腿亦貼金）。

上挑角升斗清椽（出沿順風窗，均一底雙抄金漆）。

下挑角升斗清椽（出沿，一底雙抄金漆）。
做灰蔴布頂東門（珠紅漆，泡頭貼赤金），計三堂。
後面長窗子，均一底雙抄金漆，計三堂。
『岳王廟』直督匾一塊（連雕花木、珠紅漆、貼金、藍底金字、金龍做好）。

以上共計漆匠工料洋九百五十二圓五角

計開白鐵格漏

用正牌二十二號花旗白鐵格漏，大十四寸，線内均三分。圓鐵條、鈎子、筒子，亦用此白鐵。方圓隨做。
頭門上下簷口格漏，計長六十八丈。每丈共三元八角，計工料洋二百五十八元四角。
上下白鐵筒子，共八支，計四十四丈。每三元八角，計洋一百六十七元二角。
上下水斗，十六隻。計洋三十五元二角。

以上共計白鐵格漏洋四百六十元零八角

總共頭門各工料洋二萬四千八百五十八元零九分。

餘後再開。

正殿一宅

計開泥水

正殿地户折方，五十五方零八寸。
四金剛柱及兩翼棟下，用亂石夯一皮，七尺、六尺方，計折方地户二十一方四尺。每方掘泥打夯人工洋二元二角二分，計洋四十七元五角零八釐。

水泥三和土墩子，高三尺，闊七尺，折方六方八尺二寸。每方計工料洋四十二元，計洋二百八十六元四角四分。

前後大步柱下水泥三和土墩子，高三尺，闊六尺，計折方地户十方零八尺。每四十二元，計洋四百五十三元六角。

四金剛柱及兩翼棟柱下磚墩子，高四尺，闊六尺。又，前後大步柱下磚墩子，高三尺，闊五尺，折方十四方一尺二寸。用水泥、黄沙嵌縫。每方十二元五角，料用舊料，計洋一百二十六元四角。

四圍廊柱十四根柱下，亂石夯一皮。以上做水泥三和土墩子[三]，方二尺，闊四尺。第二皮，高二尺，闊三寸半方。以上磉板、磉子，用水泥翻就。上做水泥柱，高十四尺，大十四寸方。柱内襯六分鋼條四根，長二丈二尺。又，用二分圓鐵條、鉛絲扎牢爲度。每柱計工料洋五十九元四角六分，共汁洋八百三十二元四角二分。

四圍墻脚下，亂石夯一皮。深二尺，闊三尺。舊料用，折方三丈九尺八寸。每計人工洋二十五元八角八分。

左、右、後墻垣，厚十五寸，高一丈三尺，長十七丈二尺，折方二十二方三尺六寸。外刷膠紅，内做假磨磚。每方人工洋十三元五角，計工洋三百零一元八角六分。

前面、左右兩翼墻，高八尺五寸，長二丈四尺，折方二丈零四寸。外做磨光大方磚，内用油灰嵌縫，做假方磚，舊磚實疊。粉灰圓窗二個，做時花卉。計洋二百八十元正。

四圍堦沿下，亂石夯一皮。深二尺，闊三尺，用水泥、黄沙、石片拌匀、灌縫。長二十九丈四尺，折方十七丈六尺四寸。每方人工小料洋九元五角，計工洋一百六十七元五角八分。

平台三圍地户，十四丈五尺，深二尺，闊三尺，折方八丈七尺。每方人工洋九元五角，計工洋八十二元六角五分。

地平磚下，打夯石一皮。上做碎磚三和土，深八寸。上鋪黄沙，厚三寸。共折方地户，三十三丈五尺二寸。每方工料洋十一元，計洋三百六十八元七角二分[一三]。

地坪，做磨光方磚。厚三寸，方二十二寸。縫嵌油灰，面度青油一度，共計方磚八百三十八塊。每百工料洋五十五元，計洋四百六十八元九角（内除洋八元）。

屋面上下層，共計折方七十二。簟方磚，厚八分，闊六寸，長八寸。每方計工料洋二元，計洋一百四十四元。

大翻四瓦，四萬二千張。每四十八元，計洋二千零十六元。

筒瓦，一萬八千八百張。厚六分，闊六寸。每二十四元，計洋四百五十一元二角。

鈎頭、滴水，一千四百付。每一角二分，計洋一百六十八元。

筒瓦釘，二千四百個。每四分，計洋九十六元正。

前面捲篷一埭，長八丈一尺，用海先磚三千二百五十塊。每四元五角，計洋一百四十六元二角五分。

四線大脊，長五丈。左右龍頭，中圓銅鏡，上擺顔色葫蘆，字版八塊。每丈工料洋三十五元，計洋一百七十五元。

八搶，上堆狸貓吞口。每搶工料洋十六元，計洋一百二十八元。

四隨帶以及子帶在内，上堆獅象。每四十五元，計洋一百八十元。

四線旱脊，長二十二丈八尺。每二十二元，計洋五百零一元六角。

左右三角墻，折方四丈五尺。料用黃道磚。每十三元，計洋五十八元五角。

屋面，用石灰、紙巾、黃泥小料等。計洋一百六十五元。

萌桿心、蔴皮、膠煤、顏色、蔴巾。計洋一百六十元。

鐵搶、蹺、定、椿、反扁担、鉛絲。計洋九十四元。

屋面人工，一千二百工。每三角七分，計洋四百四十四元。

神座，就原座四圍包水泥一層。上厚一尺半，下厚一尺四寸。角方柱内面起線脚，下保脚，上台口線，中做束腰式，内襯五分圓鐵條各一道。連人工、小料在内，計洋一百十二元。

東西神座，長二丈八尺，闊五尺，高四寸半。做水泥，厚八寸，中叠亂石。做式，與岳王神座同[一四]。計工料洋一百五十七元三角二分。

神座，内襯亂石。人工，三十三工。計工洋十二元二角五分。

以上共計泥水工料洋八千六百四十三元零七分八釐

計開木作

中品前金剛柱，二根。大頭二十寸，小頭十七寸。每六百六十六元，計洋一千三百三十二元。

後金剛柱，二根。小頭十六寸，大頭二十寸。每七百零二元，計洋一千四百零四元。

後步柱，二根。小頭十五寸，大頭十八寸。每四百一十元，計洋八百二十元。

二品前襟，二根。小頭十四寸，大頭十八寸。每四百一十元，計洋八百二十元。

後襟柱，二根。小頭十四寸，大頭十八寸。每三百八十元，計洋七百六十元。

前後步柱，四根。小頭十四寸，大頭十八寸。每二百九十元，計洋一千一百六十元。

四圍上短廊柱，十二根。小頭十四寸。每三十二元，計洋三百八十四元。

棟枕頭木，四塊。每三元五角，計洋十四元。

中品頂樑，二枝。高二十六寸，厚十一寸，雙品做，用硬木。每四十元，計洋二百二十元。

四椽木，二根。用硬木，高三十寸，厚十二寸，雙品。每三百二十五元，計洋六百五十元。

正架樑木，二根。用硬木，高三尺六寸，厚十四寸，雙品。每四百六十元，計洋九百二十元。

副架樑上下身子木，高十六寸，厚十寸。中扶品板，厚三寸，共高四尺四寸。用硬木，計二枝。每三百二十元，計洋六百四十元。

小襟前後面一椽木，四根。高二十寸，厚九寸，雙品。每十八元，計洋七十二元。

二椽木，二根。高二尺二寸，厚九寸。每三十元，計洋六十元。

小襟後副架樑上下身子木，厚八寸。中扶品板，高三尺八寸，計二塊。每三十元，計洋六十元。

邊品頂樑，二根。對徑十二寸。每二十元，計洋四十元正。

下箍抽木，二支。闊十寸，厚五寸，雙品做。每十元，計洋二十元正。

一掾木，四根。對徑十二寸。每八元，計洋三十二元正。

下箍抽木，四支。闊十寸，厚五寸。每四元，計洋十六元正。

二椽木，四根。對徑十二寸。每十八元，計洋七十二元。

下箍抽木[二五]，四根。闊十寸，厚五寸。每七元，計洋二十八元。

三椽木，六根。對徑十二寸。每二十八元，計洋一百六十八元。

下箍抽木，六枝。闊十寸，厚五寸。每七元，計洋四十二元。

縫枋，六塊。高二尺六寸，厚五寸，三品。每十八元，計洋一百零八元。

矮柱，中十二個，邊十個。每一元五角，計洋三十三元。

四圍小步下間枋身子木，上下高八寸、十二寸，厚六寸。中單面扶板，厚三寸，計高五尺。中，二塊，每一百三十元。邊，十塊，每七十元。計洋九百六十元。

四圍上廊間枋、縫枋，高十五寸，厚五寸，二十四塊。每十元，計洋二百四十元。

四圍下廊門縫枋，高二十寸，厚五寸，二十四塊。每二十元，計洋四百八十元。

擎椽木，對徑十四寸。二根，每七十二元。十八根，每四十六元。計洋九百七十二元。

上壓頭，高十寸，厚五寸。中品板，厚二寸，單面糊板。共高三尺五寸，二品、十八品。兩品，每七十二元。十八品，每四十元[一六]。計洋八百六十四元。

前襟上間枋，高二尺，厚五寸五分，雙品做。一塊，每八十五元。兩塊，每三十二元。計洋一百四十九元。

後金剛柱間枋上下身子木，厚六寸，高十四寸。中，一塊，每一百八十元。中扶品板，厚二寸，高五尺。邊，二塊，每七十元。計洋三百二十元。

行鑲上押枋木，高二尺二寸，厚四寸，三品。一塊，每六十元。二塊，每三十二元。計洋一百二十四元。

上線脚下平盤，四十二枝改丈。每二十元，計洋八百四十元。

四圍小步上間枋下底，高十寸，厚六寸，共四尺。兩塊，每八十元。上鑲板，厚二寸。十塊，每三十二元。計洋四百八十元。

前面捲篷三間靴脚灣椽，闊三寸，厚二寸，計一百八十三支。每五角，計洋九十一元五角。

廊樑，高八寸，厚六寸半。中，二根，每三十二元。邊，四根，每十五元。計洋一百二十四元。

翠過橋樑[一七]，厚十寸，高四尺，四塊。每四十五元，計洋一百八十元。

週圍上下擺行鑲弓昂，一斗兩昂、一夔龍連角頭，九十六座。每十四元，計洋一千三百四十四元。

又，内上行鑲一斗三拱，圓，二十七個。半個頭，二十二個。每五元，計洋一百九十元。

上下擎門樑上面平盤，四十塊。每六元，計洋二百四十元。

挑檐廊樑，中高九寸。上下四圍四支，每三十六元。三十六支，每十八元。計洋七百九十二元。

上廊簷擎門樑，厚六寸，高十六寸。中品，二塊，每六十五元。邊品，十八塊，十五元。計洋四百元正。

下廊檐，高二十寸[一八]，厚七寸。中品，二塊，每九十元。邊品，十八塊，每四十五元[一九]。計洋九百九十元。

桁條，中間中，小頭對徑十二寸，十三根。每七十元，計洋九百一十元。

邊間桁條連兩翼廊樑，五十四根。每三十六元，計洋一千九百四十四元。

拍枋，高八寸，厚五寸。中品，六支，每三十二元。邊品，十二支，每十五元。計洋三百七十二元。

正樑下拍枋，中品，一支，每九十元。邊榀，兩支，每四十五元[二〇]。計洋一百八十元。

椽子木上下、四面長椽，七百四十根。小頭四寸半。每九角，計洋六百六十六元。

又，短椽子木，五百十二根。小頭四寸二分。每四角，計洋二百零四元八角。

飛椽木，七百四十根。闊四寸半，厚三寸半。每五角，計洋三百七十元。

椽花木，三十三根。厚四寸。每五元，計洋一百六十五元。

蹺角搶心木，上下八枝。每八十元，計洋六百四十元。

上下戧搶木，三十二塊。每八角，計洋二十五元六角。

封檐板，七十二丈。高九寸，厚一寸半。每二元六角，計洋一百八十七元二角。

明檐板，五十六丈。闊四寸。每六角，計洋三十三元六角。

檐口木，一百二十八丈。每四角，計洋五十一元二角。

眠牛木，三十丈。厚六寸，長短照配。每二元，計洋六十元正。

磚肋木，六十丈。每一角，計洋六元正。

平面擱柵，闊十寸，厚五寸。中品，六根，每四十五元。邊品，四十二根，每二十一元。計洋七百三十二元。

平面擱抽板，十六塊。每八元，計洋一百二十八元正。

左、右、後三面軒樑，十六塊。高十八寸，厚八寸。每四十元，計洋六百四十元。

平面板，用本松寸板，十一方。每四元，計洋四十四元正。

天花板擱柵木，四十四根。小頭五寸。每二元，汁洋八十八元正。

天花板，用正杉板。厚八分，計十七方。每十元，計洋一百七十元正。

棟上左右邊人字如意撲風板。全計洋十元。

堂門，四堂，計二十四扇。照圖式做，用杏板做。每十二元，計洋二百八十八元。

抱桔木，八根。每三元，計洋二十四元正。

棋盤頂上擱柵木，中對中七尺，小頭十寸。中榀，八根，每四十元。擺中間。邊，小頭七寸。邊榀，十六根，每九元[二]。計洋四百六十四元。

棋盤頂板，厚一寸，企口板做，十九方。每十五元，計洋二百八十五元。

下釘棋盤格分艙木[三]，三尺半。條子木[四]，四寸、六寸。格子木，計搶料一百二十二丈。每一元，計洋一百二十二元。

内釘茶盤線脚，一百零四丈。每五角，計洋五十二元。
明樓四圍玻璃窗，杉木做，嵌油灰，計八十八扇。每二元，計洋一百七十六元。
上檐内四圍平頂天花板[二四]，厚八分，十四間，計八方。每十元，計洋八十元。
擱栅木，十六根。對徑五寸。每二元，計洋三十二元。
押升枋上下、週圍，計二百六十丈。每二元五角，計洋六百五十元。
間枋四圍，二十塊。雙品做。長，十二塊，每十八元。短，八塊，每五元。計洋二百五十六元。
下檐押枋，二十塊。高八寸。每五元，計洋一百元。
洋蝶穿花板，九十六塊。每四角，計洋三十八元四角。
週圍、上下、内外斜幔板，一百九十二塊。每八角，計洋一百五十三元六角。
柱下上鐵箍，二十八個。每個十斤，計二百八十斤。每二角，計洋五十六元。
椽搶鐵釘，計三百斤。每一角八分，計洋五十四元。
木匠人工，連雕花、洋釘，計七千五百工。每四角，計工洋三千元正。
岳王神像四週搭架子，釘板上加白鐵，以及東西大石碑二塊，圓工時材料歸木作收回。計洋五十元正。

以上共計木作工料洋三萬三千二百十三元九角

計開石作

平臺堦沿石，共計八丈八尺。闊二十寸，厚六寸，用嚴州石。每十六元，計洋一百四十元零八角。
平臺幔板石，共計一百二十七丈二尺。用嚴州石。每四元二角，計洋五百三十四元二角四分。
平臺欄桿，新配十二塊。每二十元，計洋二百四十元。

荷花柱，新配十二個。計洋九十元正。

獅子柱，新配一付。計洋二十四元。

踏步石，共計十三丈六尺。闊十五寸，厚六寸，用嚴州石。每八元，計洋九十五元二角。加洋十三元六角。

踏步隨帶石，四根。闊十四寸，厚十寸，用嚴州石，襯肚用舊石。每十元，計洋四十元正。

殿前堦沿石，用金山石，共六丈八尺。闊二十寸，厚十寸，長二十尺，每間一塊。每三十五元，計洋二百三十八元。

左、右、後三面堦沿石，共計二十丈零七尺。闊二十寸，厚三寸，用嚴州石。每七元，計洋一百四十四元九角。

四圍大方脚，勒脚石一皮。高二尺，闊二尺，計四十丈零二尺，用舊石出新。計人工洋九十六元。

平台左右旱礀，每三皮，計十一丈。用舊石出新。計人工洋二十六元四角。

左右、前後堦沿内幔板石，共計二十丈零三尺。用舊石出新。計人工洋三十六元。

左右踏步石，計三丈。用舊石出新。計人工洋七元二角。

隨帶，連下石條，用舊石出新。計人工洋七元二角。

門檻石，四根，共計六丈六尺。高一尺，厚十寸，用金山石新做。每二十七元，計工料洋一百七十八元二角。

門檻下地線條石一皮，計六丈六尺。用舊石出新。計人工洋十二元。

四金剛柱下磉板、磉子，用金山石，共六付。大四尺，厚十寸。每三十二元，計洋一百九十二元。

門面石柱子，六根。方十四寸，正面刻字，磉子做線脚。每一百零四元，計洋六百二十四元。

左右兩邊襟𥻗板、𥻗子，八付。方三尺半，厚十寸，用嚴州石。每二十六元，計洋二百零八元。

以上共計石作工料洋二千九百四十七元七角四分

計開漆作

柱子上做生漆灰蔴布。做珠紅漆柱子十四根。

五木棋盤頂，一底雙抄金漆。棋盤頂板龍鳳圖，一底雙抄金漆。

棋盤頂以下捲篷副樑，一底雙抄金漆，見花貼金。

後棋盤頂以下清椽，一底雙抄金漆。

上出簷挑角、升斗、清椽、出簷風窗，一底雙抄金漆。

下簷口挑角、升斗、清椽、出簷，一底雙抄金漆。

前後落地長窗，四堂，一底雙抄金漆。

前後石柱子，雙抄緑油，見字貼金，共有六根。

以上漆匠共計工料洋九百六十一元正

計開白鐵格漏

正殿上下簷口格漏，七十九丈六尺，料用同前，做法同。每三元八角，計洋三百零二元四角八分。

又，上下水落筒子，計四十一丈六尺。每三元八角，計洋一百五十八元零八分。

又，上下水斗，十六隻。計洋三十五元二角。

以上共計白鐵工料洋四百九十五元七角六分

總共大殿各作工料洋四萬六千二百六十一元四角七分八釐。

後宫一宅

計開泥水

地盤折方，三十三方三尺二寸。

四金剛柱及步柱下，夯石一皮。五尺方，四個。四尺方，二十八個。掘泥打夯在内，計折方六丈四尺八寸，用舊料做。每方人工洋二元二角二分，計工洋十四元三角八分五釐。

上做水泥墩子，深二尺，闊五尺，四尺方，共折方九丈六尺。每方工料洋四十二元，計洋四百零三元二角。

上做磚墩子，高二尺，闊四尺，方三尺，用水泥砌縫，折方七丈三尺六寸。舊料抵用。每方人工十二元五角，計人工洋九十二元。

四圍堦沿下，夯石一皮。深二尺，闊二寸半，折方十一丈五尺。舊料抵用。計人工洋二十五元五角三分。

四圍堦沿下，用亂石砌。高二尺，闊二尺半，長二十三丈，折方二十五方。縫灌水泥、黄沙、石片小料等。每方人工洋九元五角，計洋二百三十七元五角。

殿内，做磨磚地坪。厚三寸，大二十二寸。地户折方，二十一丈六尺。縫嵌油灰，共用方磚五百四十塊。每五角五分，計洋二百九十七元。

地平磚下，夯石一皮。上做三和土，厚八寸。以上鋪黄沙，厚三寸。折方二十一方六尺。工料每十一元，計洋二百三十七元六角。

左右大墻脚，深二尺，闊二尺半，亂石夯一皮。以上做石脚，長十一丈。縫灌水泥、黄沙、瓜子片，折方十一方。每工料洋九元五角，計洋一百零四元五角。

墻身，十五寸，入疊，一丈四尺高。用舊磚抵用，計折方十五丈四尺。每人工十三元五角，計人工洋二百零七元九角。

神座後墻，厚十五寸，入疊，高一丈五尺，長一丈七尺。用舊料抵用。計人工洋二十二元九角五分。

前面、左右翼墻，厚一尺五寸，高一丈二尺，長一丈四尺。外做磨光大方磚，縫嵌油灰。内用舊磚實疊，刷粉紙巾灰色。折方一丈六尺八寸。計工料洋四十九元九角八分。

屋面四翼，共折方四十七丈三尺。用篗方磚，一萬一千一百五十塊，加七百塊，共計一萬零八百五十塊。又每萬五十元，計洋五十九元二角五分。

大翻四瓦，二萬零八百五十張。每千四十八元，計洋一千元零零八角。

筒瓦，一萬一千四百張。每千二十四元，計洋二百七十三元六角。

鈎頭、滴水[三五]，五百五十付。每十二元，計洋六十六元。

四線大脊，長四丈八尺。左右龍頭吞口，中擺圓銅鏡，二面字版全。每丈三十五元，計洋一百六十八元。

四大搶，上堆狸貓吞口。每十三元，計洋五十二元正。

前後四隨帶及子帶，上堆獅象。每三十六元，計洋一百四十四元。

屋面左右三角墻，做黄道磚，入疊，折方四丈五尺五寸。每十三元，計洋五十九元一角五分。

鐵槍、蹺、定、樁、扁担、鉛絲、筒瓦釘。計洋九十六元。

煤膠、蔴皮、顔色、萌桿、蔴巾小料。計洋一百四十五元。

石灰、紙巾、黄沙、稻草。計洋二百六十元。

前面捲篷一帶，長六丈。料用磨光海選磚，三千二百塊。又每千四元八角，計洋十五元三角六分。

泥水人工，七百工。每三角七分，計洋二百五十四元。

以上共計泥水工料洋四千二百七十六元七角零五釐

計開木作

中縫金剛柱，上小頭九寸，下大頭十三寸，用梓木四根。每三十元，計洋一百二十元。

二縫金剛柱，小頭九寸，大頭十一寸，用梓木四根。每三十元，計洋一百二十元。

二縫翼廊柱，小頭八寸，大頭十一寸，用梓木八根。每二十元，計洋一百六十元。

前廊柱，小頭九寸，大頭十二寸，計六根。每十五元，計洋九十元正。

後廊柱，六支。用舊石柱改做。

棟枕頭，四塊。每三元，計洋十二元。

前步柱，二根。小頭九寸，大頭十三寸。每二十四元，計洋四十八元

中路正架樑，用蕪栗，二枝。每九十元，計洋一百八十元。

又，副架樑上下身子，厚九寸，上高六寸，下高八寸。中扶板，厚二寸，高十五寸。共高二尺五寸，兩支。每六十元，計洋一百二十元。

頂樑，厚八寸，高十八寸。用蕪栗，二枝。每支二十元算，用舊料。

四椽木，厚十二寸，高十四寸。用蕪栗，兩枝。每支五十元算，用舊料。

一椽木，四根。用蕪栗，厚七寸，高十二寸。每支四元算，用舊料。

金剛柱中路後三椽木，厚八寸，高十五寸。用雜木，二根。每十元算，用舊料。

二椽木，二根。用雜木。每支七元算，用舊料。

邊路二椽木，六根。用雜木。每支八元，用舊料。

下箍抽木，六根。用雜木。每支六元，用舊料。

四椽木，四根。又每支二十元，用舊料。

後小步柱，二枝。用舊料改建。

下箍抽木，四根。又每支十五元，用舊料。

一椽木，連兩翼，十四枝。用雜木。每支五元，用舊料。

下箍抽木，十四根。又每支三元，用舊料。

前面彩過橋樑，用樟木，四根。厚六寸，高十六寸。每十六元，計洋六十四元。

軒梁，用杉木，四根。每二十二元，計洋八十八元。

前後牛腿象鼻套頭，二十四套。每八元，計洋一百九十二元。

挑簷廊樑，厚六寸，高八寸。長，十二支，每十元。短，八支，每六元。計洋一百六十八元。

前門步柱間柱上下身子木，高八寸、十四寸，厚六寸。中扶品板，高三尺八寸。共高五尺，共用三塊。每七十元算，用舊料。

後大襟柱間枋上下身子木，共用三塊。每八十元算，用舊料。

前廊門上擎門樑，三枝。每支五十五元算，用舊料。

四週圍廊下擎門樑，長，十二支，每五十五元。短，八枝，每十八元算。用舊料。

後宮柱上下鐵箍，須用舊鐵改做，用舊料。

下花尾前面中三間，計六丈。每一元，計洋六元正。
前大襟間枋，三塊。每塊三十五元，用舊料。
左、右、後三面廊下枋，雙品，十塊。每塊五元，用舊料。
又，後三面廊下軒樑，十塊。每塊八元，用舊料。
前廊捲篷灣椽，一百八十六根。每三角，計洋五十五元八角。
廊樑，中高八寸，厚六寸，六根。每十三元，計洋七十八元。
桁條木，三十三根。小頭十寸。每十七元，用舊料。
又，翼廊桁條，長，六根，每十六元算。短，八根，每五元算。用舊料。
正棟下間枋，三支。每支三十五元算，用舊料。
又，拍枋，長，三十枝。短，十四枝。用舊料。
邊品縫枋，四品做，六塊。每十四元，用舊料。
矮柱，大小照配，計二十二個。每一元二角，用舊料。
椽花木，三十三支。每三元，計洋九十九元正。
椽木，長，三百二十六根，每八角。短椽木，五百九十六根，每四角。用舊料。
飛椽木，三百二十六根，每四角。椽花木，三十三支，每五元。用舊料。
蹺角搶心木，四支，每六十五元。戧搶木，十六塊，每八角。用舊料。
封檐板，三十二丈。每二元五角，計洋八十元正。
明檐板，三十二丈。每四角，計洋十二元八角。
檐口木，五十丈，每三角。眠牛木，六十四丈，每二元。用舊料。

棋盤頂板，厚一寸，闊六寸。雌雄縫，用杉板。共三間，計十五方。每十五元，計洋二百二十五元。

平頂擱栅，用舊料。

四圍線脚木，計三十二丈。每十一元，計洋三百五十二元。

中做龍鳳穿大元圖，三個角頭做雲蝠穿花，十二塊，計三格。每格十二元，計洋三十六元。

週圍廊下行鑲及前門上面，元，二十九個。半個頭，四十六個。共計五十二個。每四元，計洋二百零八元。

前面堂門，六扇。横直挺匡及腰頭木，闊四寸半，厚三寸，式照圖樣。每十元，計洋六十元。

抱桔木，二根。每支二元，用舊料。

又，左右兩邊間窗，十二扇。式照圖。每扇四元，計洋四十八元。

又，抱桔木，四根。每一元算，用舊料。

左右翼堂門，一堂，計四扇。每十元，計洋四十元。

又，邊間窗下欄桿木，四寸半。欄桿木，二寸半。内襯幔板，厚一寸。背釘横條，兩扇。每二十元，計洋四十元。

左右分間幔板屏門，一堂，計十二扇。每九元，計洋一百零八元。

又，抱桔木，四根。每一元算，用舊料。

後面中間玻璃長窗，六扇。每十元，計洋六十元。

又，抱桔木，二根。每一元算，用舊料。

左右玻璃短窗，八扇。每五元，計洋四十元。

又，大枋，二枝。橫枋抱桔，長、短四支。計二堂。每堂二十六元，用舊料。

兩邊斜格門，四扇。每十元，計洋四十元正。

柱上下鐵箍，二十四個。每個八斤，計一百九十二斤。每二角，計洋三十八元四角。

椽搶鐵釘，共計二百斤。每一角八分，計洋三十六元。

木匠人工，連雕花，計二千工。每四角，計洋八百元正。

再批：賬内有不給價之處[二六]，恐有。舊料不敷，應添補新料。照此，賬内給算可也。原賬抄呈，總結不算在内。

以上共計應做木作工料洋三千七百二十六元正。内加洋九十九正

計開石作

前後堦沿石，共計十三丈二尺。用舊料出新。計人工洋八十元。

左右堦沿石，共計十丈四尺。計人工洋三十元。

磉版、石鼓，計三十二付。用舊料出新。計人工洋七十八元。

門檻石，六根。用舊料出新。計人工洋五十七元六角。

兩邊墻脚石，共計二十四丈四尺。計人工洋六十八元三角二分。

神座上，加台口石二皮。高一尺，用嚴州石新做。計工洋四十元。

平台欄杆，十二塊。用舊料出新。計人工洋八十六元四角。

荷花石柱，五個。新做。計洋二十五元正。

獅子柱，一對。新配。計工洋十六元。

後面圍墻脚，共計六十四丈。用舊料出新，舊石墊肚在内。計人工洋一百十五元。

後面石砌，兩橫一直，用條石三皮。舊料出新，共計三十五丈二尺。計人工洋六十三元三角。

前面道地週圍海幔石板，計二百丈，用本山石新鋪好。每丈工料洋二元六角，計洋五百二十元正。

左右旱磡，做高六皮。用舊料出新，計二十丈六尺，共計一百二十三丈六尺。計人工洋一百八十元。

左右踏步，八擋。長五尺，舊料出新。隨帶石，四枝。計人工洋十二元正。

以上共計石作工料洋一千三百七十一元六角二分

計開漆作

後殿柱子，四根。生漆灰蔴布，面上做珠紅漆。

四面柱，嵌生石羔，生漆，一底雙抄金漆，珠紅柱子。

三間二衖清椽，一底雙抄金漆，計三十二椽。

副樑牛腿象鼻花樑，一底雙抄金漆，見花貼金。

清椽出簷升斗，一底雙抄金漆，計十四間。

前後落地長窗，四堂，一底雙抄金漆，幔鼓門在內。

前後上面格子窗，四堂，一底雙抄金漆。

以上共計漆作工料洋八百四十四元正

計開白鐵格漏

後宮上下白鐵格漏，計地三十七丈。每三元八角，計洋一百四十元零六角。

上下水落筒子，二十一丈六尺。又計洋八十二元零八分。

水斗，八隻。計洋十七元六角。

以上共計白鐵工料洋二百四十元零二角八分

以上後殿總共各作工料洋一萬零五百五十七元六角零五厘。

五侯[二七]、五夫人、輔文、烈文四祠計十二間四宅

計開泥作

柱子下以及墻脚、堦沿下，亂石夯一皮。共折方三丈二尺六寸[二八]，舊料抵用。

又，每方人工五工，計十六工半。每三角七分，計工洋六元一角。

柱子下，做墩子。高二尺，闊二寸半，折方一方。水泥、黄沙做栗灰，用舊磚。計人工洋十二元。

墻下及堦沿下，做亂石脚。高二尺，闊二尺。折方一丈六尺八寸，用舊料。計人工洋三元七角。

墻身，厚十五寸。用舊磚實叠到簷，高一丈四尺。以上開斗到頂，共折方七方六尺四寸。每方人工七元四角，計洋五十六元五角三分六釐。

前面、左右檻下墻身，厚五寸，高三尺半，長二丈四尺。外清水色，内粉白黄灰。計折方八尺四寸。計洋十元零七角二分。

屋面，海選篗方磚，四千三百塊。每四元五角，計洋十九元三角五分。

上蓋舊瓦，折方十四丈四尺。三線屋脊四帶，共三丈。人工計洋六十二元二角。

磨磚地平下，亂石夯一皮。以上鋪黄沙，厚三寸。用加厚方磚[二九]，尺八方。折方地户七方六尺。每十五元，計洋一百十四元。

膠煤、蔴巾小料。計洋五元二角。

以上四宅共計工食洋二百八十九元八角零六厘。

以上共計泥水工食洋一千一百五十九元二角二分四釐

計開木作

前後襟柱，十六根。對徑十二寸。每十六元，計洋二百五十六元。

邊品前後襟，二十四根。對徑十寸。每十一元，計洋二百六十四元。

大架樑，八根。對徑十四寸。每七十元，計洋五百六十元。

四椽木，八根。又十二寸。每二十元，計洋一百六十元。

二椽木，八根。對徑十寸。每六元五角，計洋五十二元。

邊品四椽木，八根。又十寸。每十二元，計洋九十六元[三〇]。

三椽木，八根。對徑十寸。每十元，計洋八十元正。

二椽木，十六根。每五元，計洋八十元正。

一椽木，八根。對徑十寸。每二元五角，計洋二十元。

矮柱木，七十二個。每八角，計洋五十七元六角。

間枋，十二塊。每五元，計洋六十元正。

棟間枋，十二塊。每六元，計洋七十二元。

後廊間枋，十二塊。每四元，計洋四十八元。

桁下柏枋木，四十八枝。每一元五角，計洋七十二元。

縫枋，長短十六塊。每三元，計洋四十八元。

桁條木，八十四根。小頭七寸。每四元，計洋三百三十六元。

棟枕頭木，十六塊。每八角，計洋十二元八角。
長椽子，四百八十根。每四角，計洋一百九十二元。
短椽子，九百六十枝。每二角，計洋一百九十二元。
檐口木，二十四枝。每二角，計洋四元八角。
封檐板，二十四塊。每二元，計洋四十八元。
椽花木，六十枝。每八角，計洋四十八元。
中間玻璃短窗，二十四扇。每五元，計洋一百二十元正。
抱桔木，八枝。每一元，計洋八元正。
兩邊間玻璃短窗，四十八扇。每三元，計洋一百四十四元。
抱桔木，十六枝。每五角，計洋八元正。
腰枋，厚四寸，高十二寸，計八塊。每四元，計洋三十二元。
雜椽、釘、鐵器。計洋十二元。
木匠人工、大小洋釘。計洋二百四十元。

以上五侯[三二]、五夫人、輔文、烈文四宅共計木作工料洋三千三百二十三元二角

計開石作

堦沿下條石，兩横一直，四皮。用舊料出新，共計三十三丈六尺。計人工洋五十四元。
左右隨帶，七尺。踏步石，五擋，長五尺。用舊料出新。計人工洋十五元八角。
輔文、烈文前面道地幔板石，闊九尺，長十丈零五尺。兩面共計三十四丈二尺，用新做嚴州石。每三元二角，計洋一百零九元四角四分。

又，左右道路兩埭幔板石，用嚴州石，共計六丈八尺。每三元二角，計洋二十一元七角六分。

對柏亭道路，用嚴州石。做幔板石一埭，直至東。闊十二尺，長十四丈，共計八十四丈。每三元二角，計洋二百六十八元八角。

以上共計石作工料洋四百六十九元八角

計開漆作（五侯[三]、五夫人祠兩宅）

落地長窗，三堂，一底雙抄金漆。

門面并出簷，陸間，一底雙抄金漆。

上清椽，三十六椽，均一底雙抄金漆。

各柱，做黑漆，一底雙抄。

以上共計漆作工料洋一百八十六元六角

計開白鐵格漏

上下簷口白鐵格漏，十五丈四尺。每三元八角，計洋五十八元五角二分。

水落筒子，八枝，共十三丈。每三元八角，計洋四十九元四角。

以上共計白鐵格漏工料洋一百零七元九角二分

總共五侯、五夫人、輔文、烈文各作工料洋五千二百四十六元七角四分四釐。

祭祀室、啓忠、翊忠流芳祠三宅

每宅高底尺寸、泥水，照五侯[三]、五夫人祠同。所有泥作工料，亦同。

以上三宅共計泥水工食洋八百六十九元四角一分八釐

計開泥水（用舊料做）

每宅共計工食洋二百八十九元八角零六釐。

翊忠、流芳祠均用舊料改做

前後金剛柱，四根。對徑十二寸，每二十元算。

棟柱，二根。對徑十寸，每二十五元算。

前後步柱，四根。對徑十寸，每二十元算。

中廊柱，前後四根。對徑十二寸，每十六元算。

邊廊柱，四根。對徑十寸，每十二元算。

四椽木，二根。對徑十二寸，每二十元算。

二椽木，二根。對徑十寸，每六元算。

前廊二椽木，四根。對徑十二寸，每六元算。

一椽木，十二個。對徑十寸，每二元五角。

二椽木，十二個。對徑十寸，每五元。

棟枕頭木，四塊。每八角。

短柱木，十八個。每八角。

間枋，九塊。每五元。

棟間枋，三塊，每塊六元。後間枋，三塊，每四元算。

後間枋，三塊，每四元。縫間枋，八塊，每二元。

桁條，二十七根，每四元。桁下拍桔，對品做，十八根，每一元五角。
長椽子木，一百二十根，每四角。短椽子木，三百六十根，每二角。
抱桔木，六根，又六根。每一元。
椽花木，二十一枝。每八角，計洋十六元八角。
檐口木，六根。每二角，計洋一元二角。
封簷板，計六塊。厚六寸，高八寸。每二元，計洋十二元正。
前門面落地玻璃長窗，三十六扇。每三元五角，計洋一百二十六元。
木作用舊料改造人工、鐵器、釘。計洋一百六十元。
再批：賬内有不給價之處，恐有。舊料不敷，應添補新料。照此，賬内結算可也。原賬抄呈，總結不算在内。

以上共計應添做木作工料洋三百十六元

計開石作

翊忠流芳祠堦沿，舊石出新，計三十六尺。計人工洋七元二角。
又，堦沿石下條石，一横一直，兩皮。用舊石出新，計十八丈。計人工洋十二元八角。
啓忠祠，新做石庫門，二付。方做。計工洋一百四十元。

以上共計石作工料洋一百六十元正

計開漆作（翊忠流芳、啓忠二宅，輔文、烈文二宅）
清椽，共九十六椽，一底雙抄金漆。柱方做，黑漆。
門面四個，計十二間，一底雙抄金漆。出簷，亦一底雙抄金漆。下柱方做，黑漆。

落地長窗，十二堂，一底雙抄金漆，全。

每宅計工料洋一百零六元九角。

以上共計四宅工料洋四百二十七元六角

計開白鐵格漏

啓忠、流芳兩祠上白鐵格漏，計七丈六尺。每三元八角，計工料洋二十七元四角八分六釐。

又，水落筒子，四枝，計六丈五尺。每三元八角，計工料洋二十四元七角。

以上白鐵格漏共計工料洋五十二元一角八分六釐

總共計各作工料洋一千八百二十五元二角零四釐。

祭祀室一宅

計開石作

地盤上堦沿，舊石出新，計三丈六尺。計人工洋七元二角[三四]。

又，堦沿下條石[三五]，一横一直，兩皮。計十八丈。計人工洋十二元八角。

又，一間側室鋪堦沿石版，舊料出新。計人工洋五元正。

以上共計石作工食洋二十五元

計開木作

前後金剛柱，四根。上對徑六寸。每四元五角，計洋十八元。

棟柱，上對徑六寸，計二根。每六元，計洋十二元。

前後步柱，四根。上對徑六寸。每四元五角，計洋十八元。

中前廊柱，二根。上對徑六寸。每二元五角，計洋五元正。

廊柱木，陸根。上對徑五寸五分。每二元五角，計洋十五元。
四椽木，二根。上對徑十寸。每十五元，計洋三十元。
二椽木，二根。對徑八寸。每三元，計洋六元正。
前廊二椽木，二根。對徑八寸。每二元五角，計洋五元。
又，一椽木，二根，對徑八寸。每二元，計洋四元。
後邊二椽木，十根。對徑八寸。每二元五角，計洋二十五元。
又，一椽木，十根。對徑八寸。每二元，計洋二十元正。
楝枕頭木，四塊。每六角，計洋二元四角。
矮柱，大小照配，十八個。每六角，計洋十元零八角。
間枋，九塊。厚三寸半，高二尺。每五元，計洋四十五元。
楝及後廊間枋，陸塊。每三元，計洋十八元。
縫枋，四塊。厚三寸，高二十寸。每二元五角，計洋十元正。
桁條木，二十七根。對徑八寸。每五元五角，計洋一百四十八元五角。
桁下枋，十五根。每一元，計洋十五元。
椽花木，二十一枝。每一元，計洋二十一元。
長椽子木，一百二十根。每三角，計洋三十六元。
短椽子木，三百六十根。每二角，計洋七十二元。
簷口木，六枝。每二角，計洋一元二角。
封簷板，六塊。厚一寸，高八寸。每二元，計洋十二元。

中間長窗，六扇。挺木，大二寸半。每四元，計洋二十四元正。

抱桔木，二根。每一元，計洋二元正。

邊間左右短窗，八扇。長六尺。每二元，計洋十六元正。

腰枋、直枋抱桔門檻，兩堂。每四元，計洋八元正。

左右間做對子平門，二堂，計四扇。每四元五角，計洋十八元正。

門面擎門樑，三塊。高二尺，厚四寸。每七元，計洋二十一元。

平厢房，一間。深一丈二尺，闊一丈四尺，高一丈二尺。計洋三十元。

雜椽、釘、鐵。計洋三元正。

共三間一側廂，木匠人工、食，計洋五十元正。

以上共計木作工料洋七百二十一元九角

計開漆作

清椽，十八椽，一底雙抄金漆。柱方，黑漆。

門面出簷，共三間，一底雙抄金漆。

落地長窗，三堂，一底雙抄金漆。

以上共計漆作工料洋九十三元三角

計開白鐵格漏

上簷口裝白鐵格漏，三丈八尺。每三元八角，計洋十四元四角四分。

水落筒子，二枝，三丈三尺。每三元八角，計洋十二元五角四分。

以上共計白鐵格漏工料洋二十六元九角八分

總共祭祀室計各作工料洋八百六十七元一角八分。

柏亭、重建碑廊五間

計開泥水

盡忠柏臺，一座。半圓形，水泥翻出面，做線脚。上臺口，蓋板一座。高五尺，闊二尺四寸[三六]。計洋五十三元。

亭屋，五間。上，蓋筒瓦，做三線脊。下，定磉，打夯石。每間一百四十五元，計洋七百二十五元。

左首流芳碑，右首重建碑，合兩塊。高五尺，闊二尺。碑面做人造石，刻陰文字。碑四圍，做花邊，闊六寸。下結算，計工料。計洋二十二元正。

膠煤、蔴皮小料，石灰、萌草、紙巾、黄泥。計洋九十元正。

泥水人工，一百五十工。每三角七分，計洋五十五元五角。

以上共計泥水工料洋九百四十五元五角

計開木作

擎椽木，二根。對徑八寸。每十元，計洋二十元。

上二椽木，二根。對徑八寸。每八元，計洋十六元。

中間枋，一塊。每八元，計洋八元正。

左右間枋，二塊。每四元，計洋八元正。

中桁條，四根。對徑五寸半[三七]。每一元八角，計洋七元二角。

蹺角搶心，照配，二塊。每五元，計洋十元正。

挑廊桁，厚五寸，高六寸。長：中，一丈二尺，一支，每二元五角；邊，六尺，二支，每一元。計洋四元五角。
前廊柱，二根。對徑六寸。每二元，計洋四元正。
碑廊廊柱，六枝。對徑六寸。每二元，計洋十二元。
又，邊楝柱，六根。對徑五寸。每二元，計洋十二元。
二椽木，六根。對徑八寸。每一元五角，計洋九元正。
一椽木，六根。對徑八寸。每八角，計洋四元八角。
矮柱，八個。每四角，計洋三元二角。
廊間枋，四塊。每三元五角，計洋十四元正，
楝間枋，五塊。每三元五角，計洋十七元五角。
籦抽木，六塊。每二元，計洋十二元。
又，桁條木，十二根。對徑五寸。每一元五角，計洋十八元正。
挑角搶心，照配，兩支。每五元，計洋十元正。
挑廊桁，厚五寸，高六寸。長四枝，每二元五角。短二支，每一元。計洋十二元。
明簷木，計八丈。每三角，計洋二元四角。
檐口木，計八丈。每一角五分，計洋一元二角。
長椽木，一百五十根。每三角，計洋四十五元。
短椽木，一百根。每一角五分，計洋十五元。
天花板，用正杉板。厚五分，計五丈。每三元，計洋十五元。
天花上擱柵木，十七根。每七角，計洋十一元九角。

象鼻牛腿套頭，用樟木，十套。每三元，計洋三十元。

週圍卦落，拷料做，用杉木，長短計九扇。每四元，計洋三十六元。

坐欄板，用杉木做。厚三寸，闊十四寸。連灣背扶手木，厚二寸，闊二寸半[三八]，共計六座。每五元，計洋三十元。

飛椽，一百五十根。厚二寸，闊二寸半，方做。每二角，計洋三十元。

雜椽、搶、鐵釘。計洋四元正。

木匠人工，連雕花人工。計洋八十元正。

以上共計木作工料洋五百零二元七角

計開石作

柏亭圓法圈，二個。連元洞門二付，計工料洋二百四十元正，内除洋六十元。

堦沿石板，厚四寸，闊一尺八寸，計八丈四尺，用嚴州石。每四元二角，計洋三十五元二角八分。

下用條石，舊料出新，計十六丈八尺。計人工洋二十八元八角八分。

磉板、石鼓，十二付。厚六寸。每二元七角，計洋三十二元四角。

以上共計石作工料洋二百七十六元五角六分

計開漆作

柏亭，五間，一底雙抄金漆。每間工料洋八元正。

以上共計工料洋四十元正

計開白鐵格漏

柏亭上簷口，裝白鐵格漏，八丈五尺，加一丈五尺。每三元八角，又計洋三十八元正。

又，水落筒子，兩個。計二丈六尺。每三元八角，計洋九元八角八分。

以上共計白鐵格漏工料洋四十七元八角八分

總共柏亭、碑廊各作工料洋一千八百十二元六角四分。

墓道照墻

計開泥水

墻下掘深三尺，闊三尺。打夯石一皮，長七丈。折方地户六方三尺，亂石用舊料。每方人工洋二元二角二分，計洋十三元九角八分六釐。

上做水泥，黄沙督做。保脚台口，均扯高底線脚。中縮腰，鑿陽文、時花。折方三丈五尺。每六十五元，計洋二百二十七元五角。

墻身，厚二十寸，高一丈一尺。用舊磚實叠到頂，内外粉刷。共計折方七方七尺。每十六元，計洋一百二十三元二角。

墻中嵌『盡忠報國』陰紋字板四塊，四圈做花邊。闊十二寸，凸出六分。大六尺方四塊，用水泥督做。計洋八十六元正。

上做清磚挑斗，做花草，分做古板。高底照樣，長七丈。計人工洋二百九十六元。

以上做四線脊，蓋筒瓦，長七丈。每丈三十七元，計洋二百五十九元。

以上共計泥水工料洋一千零零五元六角八分六釐

墓前碑廊二十間

計開木作

簷廊柱，二十二根。對徑九寸。每七元，計洋一百五十四元正。

棟柱，二十二根。每四元，計洋八十八元。

桁條木，四十根。每九角，計洋三十六元。

長椽木，三百六十支。每三角，計洋一百零八元正。

一椽木，二十二根。每六角，計洋十三元二角。

下箍抽木，二十二塊。每六角，計洋十三元二角。

檐口木，二十根。每一角，計洋二元正。

廊拍枋，厚三寸，高十二寸，二十品。每一元五角，計洋三十元正。

鐵器，洋釘，木匠人工、食。計洋五十元正。

棟間枋，厚三寸，高十寸，二十品。每品一元二角，計洋二十四元正。

以上共計木作工料洋五百十八元四角

計開泥水

定磉、蓋瓦人工，八十工。每三角七分，計洋二十九元六角。

上蓋頭號天蝴蝶瓦，二萬張。每萬四十元[三九]，計洋八十元正。

膠煤，稻草小料，石灰五百斤。計洋二十元正。

以上共計泥水工料洋一百二十九元六角

計開石作

碑廊堦沿石，左右計二十四丈。厚三寸，闊十八寸。每三元二角，計洋七十六元八角。

又，舊條石出新，計二十四丈。計人工洋三十六元正。

以上共計石作工料洋一百十二元八角

計開漆作

碑廊，二十間。計四十椽，一底雙抄金漆。每間洋三元六角。

以上共計漆作工料洋七十二元正

計開白鐵格漏

上簷口白鐵格漏，二十二丈。每二元八角，計洋六十一元六角。

水落筒子，四枝，計五丈。每二元八角，計洋十四元正。

以上共計白鐵格漏工料洋七十五元六角

總共墓道照墻、墓前碑廊各作工料洋一千九百十四元零八分六釐。

門樓上層

計開木作

上層屋面架樑及人字木，四寸、六寸。桁條，四寸。方椽木，二寸半、二寸。上釘篗板，厚三分。蹺角，大小照配。封簷板，厚八分，闊八寸。一切做就，計洋五十元。

上層正面，做假門三堂。用硬木板釘就，板厚一寸半，式照圖樣。每堂十二元，計洋三十六元。

下墓門，實品二扇。高一丈四尺，闊六尺，厚三寸，用杉木做。每扇二十四元，計洋四十八元正。

外包鐵板，釘炮頭釘，門桿上下頭釘圈、門閂等件，一切做全。每扇十五元，計洋三十元正。

以上共計木作工料洋一百六十四元正

計開泥水（石作）

墓道門樓及左右墻，照舊做新、修葺。左右水泥蓋口做全，上加高，照圖樣做式。共計折方二十一方六尺。磚瓦，舊料抵用。計人工洋五百十八元四角。

墓門墻頭蓋口，水泥督做。厚三寸，計八丈八尺。每八元，計洋七十元零四角。

地盤石，四塊。料用嚴州石，照原料配。又對聯石，照舊。原石出新，刻字不換。計工料洋四十八元。

又，墓門左右牆脚條石，舊料出新，兩皮，長十七方六尺。計工洋二十八元正。

以上共計工料洋六百六十四元八角

總共墓門、門樓各作工料洋八百二十八元八角。

頭門八字墻

計開泥水

左右八字牆脚下碎磚三和土，深二尺，闊四尺，長四十八尺，共折方三丈七尺四寸。每方九元，計洋三十三元六角六分。

牆身，厚二十寸，高一丈六尺，長四丈八尺。共折方七丈七尺，用舊料做。每十元，計人工洋七十七元。

上做清磚大斗，鑿時花卉。每丈工料洋十四元，計洋六十七元二角。

又，上雙和線，上蓋筒瓦，做大官脊，嵌連球，接頭吞口。一切膠煤、小料在内。每丈工料洋二十八元，計洋一百三十四元四角。

以上共計坭水工料洋三百十二元二角六分

計開石作

石保脚，長二丈四尺，高四尺，分三接做出面。下保脚石，高十二寸，厚十寸，長八尺，共折方四丈八尺。每五元八角，計洋二十七元八角四分。

上線脚三埭。中縮腰石，高二十二寸，長八尺，中鑿四季花木。蓋口，厚六寸，闊十寸，長八尺，用嚴州石，共四十八尺。每三十二元，計洋一百五十三元六角。

裏面襯肚條石，高四尺，厚七寸，長二丈四尺。高八寸，六皮，用舊石出新。計人工洋二十元正。

以上共計石作洋二百零一元四角四分

餘後總給

總共頭門八字墻泥水、石作工料洋五百十三元七角。

廟内外泥圍墻

計開泥水窨溝

泥墻下，夯一皮。上做條石脚二皮，高二尺。泥牆，高八尺五寸，雙面蹺番，上做督脊。雙度搪粉，雙度紙巾石灰。磚瓦、亂石，舊料抵用。共計三百十二丈。每丈人工洋九元，小料在内，計洋二千八百零八元正。

窨溝，廟内及墓内，長共計七十八丈。水泥瓦筒，大十二寸穿心。墓道内水泥瓦筒，大二十寸穿。

每丈，掘泥填泥人工、地面完全做好，每計工料洋八元二角。共計洋六百三十九元六角。

總共廟内外圍墻工料洋三千四百四十七元六角。

岳王墳前石器

墓後石圍墻，作八皮。共計三百五十二丈，用舊石出新。計人工洋六百零六元正。

墓邊坐欄，舊料十五丈出新。計人工洋九十元正。

又，新配坐欄，五丈，用嚴州石。計工料洋五十元正。

又，柱子，舊石出新。計人工洋二十四元。

墓前後海幔石板，舊料出新，計約一百丈。計人工洋一百八十元。

又，不敷，應添新石，計約一百丈。每三元八角，計工料洋三百八十元。

墓墳四圈圍石，兩座。計十二丈，舊料出新，如破補好。計人工洋一百八十元。

又，墳頂上，做三和土，用水泥附。厚三寸，計兩座，共計有十四方。每方計工料洋十一元，計洋一百五十四元。

拜墀石，三塊。一，長六尺，闊五尺。一，長三尺，闊三尺。一，長四尺十寸，闊三尺十寸。厚五寸，料用嚴州石，花樣照圖做式。每塊四十元，計洋一百二十元。

祭桌配下座，新做，料用嚴州石。桌板，舊料出新。計工料洋二百四十元。

墓前左右池蕩四圍條石，共五十八丈，舊石出新。計人工洋一百十四元。

又，池上壓口石，左右共十丈零四尺，舊石出新。計人工洋二十四元。

又，水盤石，左右共計十丈零四尺。又計人工洋二十四元。

墓前池橋，照老章程做。坐欄，二塊，舊料抵用。其餘，新料配全。計人工洋四百八十元。
望柱下將臺，新做，兩個。計洋六十元正。
望柱，出新做。計人工洋八十四元。
華表，出新。墩，用舊石做。計人工七十四元。
橋前甬道幔板，共計八丈，新做。計洋三十元零四角。
甬道左右兩邊隨帶三埭，舊料抵用，出新。計人工洋四十八元。
道路上幔板石，一百三十五丈。石闊十八寸，用嚴州石。每三元二角，計工料洋四百三十二元。
總共岳墳石器工料洋三千三百九十四元四角。

河埠石磡

水盤石，共長四十六丈五尺。厚六寸，闊三尺，用本山石。每十六元，計洋七百四十四元。
踏步石，用舊料出新，計七十五丈。每計人工洋一百八十元。
內條石，共計一百二十丈，用舊石出新。計人工洋二百十六元。
蓋口石，計十五丈。厚三寸半，闊二十二寸，用嚴州石做。每五元五角，計洋八十二元五角。
松樁，三百枝。長十五尺至十三尺，小頭三寸半、四寸。每一元三角，計洋三百九十元。
河埠甬道，二百十五丈，用舊石出新。計人工洋五百十六元。
總共河埠石器工料洋二千一百二十八元五角。

再批：原賬上各項材料因有失落，以下表明補開

計補賬

正殿前廊翠過橋樑下箍抽，四支。厚八寸，高十八寸，用梓木雕花做全。每支十二元，計洋四十八元正。

又，左、右、後翼箍抽，十二塊。厚五寸，高十八寸。每支六元，計洋七十二元。

後殿後廊柱，六根。用舊石柱改建。計人工洋二十元。

原賬上，俱用舊瓦抵用。因泥圍墻上蹺翻督脊用處甚多，不敷應用，所以五侯、五夫人、輔文、烈文四祠俱用新瓦蓋好，應添頭號天蝴蝶瓦六萬張。每萬三十八元[四〇]，計洋二百二十八元。

大殿、後宫各祠明樓窗門，應配玻琍。計洋四百八十元。

總共計補賬洋八百四十八元正。

民國九年三月吉日抄呈

章積記水木作

以上總共計工料洋十萬零四千五百六十二元零二分七釐。

再批：賬上恐有不明表之處，均照章程、圖樣承做完全，并告。

浙江督軍署委任令第　　號

令本署諮議顧浩、佘冠澄，差遣蔣普恩、董鈞：

照得岳陵工程行將開工，自應設置監工處，委派專員以資辦理。茲查有本署諮議顧浩，堪以兼充該處監工正主任。本署諮議佘冠澄，堪以兼充該處監工副主任。本署差遣蔣普恩、董鈞，堪以兼充該處監工員。除分行外，合行令委。仰即遵照，認真辦理，無負委任。此令。

呈爲呈請事：竊重修岳陵工程，業經奉准開工。所有辦事人員及夫役等，往返路程較遠，費用不免增多。擬請酌給夫馬津貼等費，以資補助而專責成。每月預計除特別雜支費用外，約支洋八十元，仍於前經呈准之岳陵市房租金收入項下動支。是否有當，理合開單，呈請督憲核示祇遵。

計開：

監工正主任一員	諮議顧　浩	月支夫馬洋十元
監工副主任一員	諮議佘冠澄	月支夫馬洋十元
監工員兩員	差遣蔣普恩、董　鈞	月支夫馬共洋二十元
書記一員	陳壽康	月支夫馬洋八元
繕寫一員	司事鄭榮明	月支津貼洋四元
夫役兩名		月給津貼共洋三元
船夫一名		月給工食洋八元

茶水、火油、紙張、筆墨等費洋十三元（事務所監工處并計）

以上共計洋七十六元正。

爲呈請事：竊重修岳陵工程自招工開賬後，擬取工匠章積記承攬，並擬訂合同及選擇開工吉期，業經呈奉面諭照辦。查開工日期原定舊歷二月十七日，即陽歷四月五日辰刻。屆時擬備具牲醴祭文，請派代表前往岳廟致祭。並請令飭杭縣知事及本區警察署長陪祭，以昭鄭重，而便施工。是否有當，理合呈請督憲鑒核示遵。

函 安團長、杭縣知事、二區警察署長

爲奉諭派代表告祭岳廟由

逕啓者：重修岳陵工程開工日期，兹已選定舊歷二月十七日，即陽歷四月五日辰刻。業經承奉督諭『派安團長爲代表，准於是日上午八時前往岳廟告祭。並派杭縣知事及二區警察署長爲陪祭官』等因。奉此，相應函達，即請查照爲荷。

通函事務所各職員

逕啓者：重修岳陵工程自招工投標後，開見各標價均超過本所預算，且所開各賬錯悮甚多，照章作爲無效。乃指定標價較低之李合順、姚春記、章積記三家，重行開賬，以定取去。業已將三家賬目詳細審查，其中價目以章積記爲最廉（即建造義源金鋪之匠頭，此次亦由義源擔保）。當即擬訂合同及分段開工辦法，呈奉督諭照辦。現經選定舊歷二月十七日爲開工日期，並奉派督署顧諮議官浩爲監工正主任，佘諮議官冠澄爲監工副主任，蔣差遣普恩、董差遣鈞爲常駐監工員。除分函外，相應函達，即希察照爲荷。

爲呈請事：竊查重修岳陵事務所修建岳武穆墳廟工程，遵照楊前督軍莊嚴堅樸之主旨，一再詳慎規畫。關於各項建築圖樣、施工程式暨工料預算等，均已籌備就緒。核計該項工程費併預備費，約共需銀十三萬五千九百四十三元。現在各處認捐欵項，計有五萬二千四百五十元。除開支市房建築費、拆遷民屋津貼費暨月支用費以及應支未付各費，共計銀一萬四千三百六十八元外，計剩餘捐欵三萬八千零八十六元二角。合之該項工程費，不敷尚巨。因於十月二十五日，邀集事務所執事人員，假座幽冀會館，開會討論，公擬各項進行事宜。兹將公擬各節及各處助修捐欵台銜、各項開支數目暨預算工程經費等，繕具清册，並檢同投標規則、施工規程、工料預算各一册，建築圖樣十一紙，投標廣告一紙，一併呈請鈞憲鑒核批示遵行。謹呈：投標規則一册、施工規程一册。

爲呈請事：竊重修岳陵工程關於計畫上，尚有磋商修改之處。且經費項下，亦不敷尚鉅。如何規畫，允賴集思。爰擬具修訂圖樣與報告單，暨會議事件函，邀事務所各辦事人員，於前月開會討論。除將以前經過情形由常駐所員報告外，復將應行提議事件，照單逐一商酌、通過。維經費一項，約計共不敷洋六萬四百餘元。僉謂一次籌集，恐難辦到。武穆墳廟，既在浙省，兹惟有先就本省大小各機關設法勸捐。羣策羣力，以成合尖之功。擬即用事務所名義，叙明緣由，公函各主管機關，轉向所屬籌募。一俟集有成數，由各該機關分别函復到所。彙總計算後，如尚有不敷之處，再行開會籌商。所有集議各事件，是否可行。理合檢同修訂圖樣，並報告單，及會議事件單，一併呈請督憲核示遵行。

重修岳陵收支暨不敷欵項報告單

計開：

收入項下

一、各處捐欵：

北京段督辦、盛京張巡閲使、南昌陳督軍各捐洋三千元。南京李督軍捐洋六千元。武昌王督軍、蚌埠倪巡閲使各捐洋五千元。北京吴總司令、吉林鮑督軍、蘭州張督軍各捐洋二千元。北京靳總理、段總司令、長沙張督軍、開封趙督軍各捐洋一千元。保定曹經略使捐洋一千八百元。北京徐籌邊使、杭州楊前督軍各捐洋一萬元。（以上已收）

徐大總統捐洋二千元。保定曹經略使續捐洋一千元。濟南田督軍、綏遠蔡都統各捐洋一千元。福州李督軍捐洋二千六百五十元。西安陳督軍捐洋五百元。第四師捐洋一萬元。（以上未收）

共計應收捐欵洋七萬四千九百五十元。

一、撥抵費：

撥用東街罰欵洋一萬元。

以上兩項統計，應收入洋八萬四千九百五十元。

開支項下

一、已支各費：

（甲）岳陵附近民屋拆遷費、擴充基地費及各户花息津貼費，共用洋四千九百五十七元九角零三釐。

（乙）各項月支雜費，共用洋六百元（自上年十一月以後，月支雜費以市房月租金抵充）。

（丙）岳陵市房建築費，共洋八千二百三十八元四角五分。

一、應支未清各費：

（丁）清波門至湧金門城垣磚石運送費，照承攬賬，共需洋一千八百元。

（戊）修建墳廟工程費，照合同契約，共需洋十萬四千五百六十二元零二分七釐。

以上兩項統計，共應支出洋十二萬一百五十八元三角八分。其餘尚未招工承攬者，如建築廟前神道及兩旁馬路、人行路，預計需洋一千五百元。各項神閣，預計需洋三千元。裝塑神像，預計需洋一千二百元。增修匾對，預計需洋一千元。各殿祠香案、爐鼎，預計需洋一千八百元。添種樹木，預計需洋五百元。布置花園及增設器具，預計需洋一萬元。遷移湖山春社，預計需洋一千二百元。雜項預備費，預計需洋五千元。以上預計，共需洋二萬五千二百元。

不敷項下

將以上應收、應支比較統計，尚不敷洋六萬零四百零八元三角八分。

呈爲呈請事：竊查湧金門至清波門一帶，城垣已興工拆卸。所有拆下之磚石料，亟需運往岳墳，以備應用。業經招工，陳潘朝及陳鑫記承攬轉運此項磚石。現在約運條石四千丈、亂石二百方、城磚三十萬塊，約共所需運費計洋一千八百元。一俟將來轉運完竣，再行核實呈報，是否有當。理合檢同陳潘朝等承攬據一紙，呈請督憲鑒核示遵。

承運城垣磚石承攬

立承攬：

陳潘朝

陳鑫記

謹將重修岳陵包運城垣磚石料地點及價目，開具清單，呈請鈞鑒：
一、條石、亂石，自水城門起用，至湧金門止。
一、城磚，自湧金門起用，至清波門止。
一、條石、亂石，運至岳廟頭門左右。
一、城磚，運至岳廟頭門内外。
一、條石運價，每丈洋一角七分，以四千丈合算，計洋六百八十元。
一、亂石運價，每方洋一元七角，以二百方合算，計洋三百四十元。
一、城磚運價，每萬洋二十六元，以三十萬算，計洋七百八十元。
以上共計運費洋一千八百元正。
再，所開丈、方，均以英尺計算。

中華民國九年四月　日立承攬陳潘朝、陳鑫記
保證人陸玉書

呈爲呈請事：竊據岳陵監工正副主任顧浩、佘冠澄呈稱『查轉運城垣磚石總數，扣至九年九月十一日止，業經呈報在案。茲因後殿移建花園，地盤變更，應用石料，必須增多。除前已運用外，計尚不敷條石四千丈、亂石一百五十方。昨奉條示，岳廟各配祠原在估工之内，奉諭仍行依限興修』等因。查是項工程，即應開始。所需石料，急待動用。擬仍飭原運人陳鑫記繼續承運。原定條石運費每丈一角七分、亂石運費每方一元七角，共計尚須運費九百三十五元。擬察看情形，以運至足用之數爲度。如可減少，隨時截止，以節運費等語。理合轉呈督座核示遵行。

呈爲呈請事：竊查岳陵工程圖樣、章程内，關於神龕一項本未列入。現在正殿、啓忠祠工程次第建築，大體已備。該殿祠内所需神龕，亟應先爲預備，以便配置。業已將各殿神龕擬具圖樣及施工規程，一并計畫，分次施工。計正殿神龕一座，預算洋一千二百元。啓忠祠正中神龕一座，預算洋五百元。邊配神龕兩座，每座預算洋二百元。又輔文侯、烈文侯祠神龕各一座，每座預算洋三百元。五侯、五夫人祠神龕各一座，每座預算洋四百元。翊忠流芳祠神龕一座，預算洋三百元。至原有神桌，均嫌狹小不稱，又多破爛。俟修理完好，移用於配祠内。其正殿、啓忠祠兩處神桌，應另行置備，預算兩座洋六百元。統計前項，神座共九座，神桌兩座，預算共洋四千四百元。兹擬飭工匠章積記先行詳細開賬，如審查不能合格，另再招工。以上所擬各節，是否可行。理合檢同神龕圖樣十一紙、施工規程一册，一併呈請督座核示遵行。

呈爲呈請事：竊查岳廟各殿祠所需神龕、神桌，前經備具圖樣、章程及豫算等，擬飭工匠章積記先行開賬審查。業已呈請核准在案。兹據工匠章積記呈送帳單前來，核與原定圖樣、章程尚無不合。其價目一項，共計洋四千三百六十元。較之豫算四千四百元之數，亦未溢出。擬請准予承包，以便即日施工，是否有當。理合連同帳單一紙，一併呈請督座鑒核示遵。

岳王大殿神龕一座

下簷，高一丈五尺。上簷，五尺，闊十四尺，深九尺。

柱子，對徑七寸。門面柱，纏龍二支。龍身，大四寸，分三接做。全身彫雲譜鱗，上刻鱗筋。料用樟木。

左右各柱，做圓抱對一副，用透光金字。
檯樑，闊十二寸，厚五寸。彫松鶴、長春。
屋脊，彫龍頭。隨帶，彫神將。腰搶，彫獅象。
屋面，釘瓦鱗，蓋椽。
封簷板，彫金錢滴水。
行鑲鑲板穿洋花，外加如意插花。
挑揪廊樑，彫雲龍。
腰方，雕花藤葡萄。中艙横鑲板，雕雲龍。當中三艙直鑲板，彫福、禄、壽三星。
第二節屋脊圍欄左右，彫上中兩八洞神仙。
上下兩皮簷下行鑲挑昂，彫紗帽耳葉。
拷鑲掛落，須飛插合荀做，中嵌暗八仙、花結子。
腰柱，彫羅漢。
夔龍欄杆，彫暗八仙，嵌花子。
所有鑲板，均彫神佛、山水、花卉。
大龍桌，一張。高五尺，長十二尺，闊三尺。料用香樟。
桌面，做四寸厚，人造石。
圍面前，彫三逸賞秋。
左，彫孫悟空鬧天宮。
右，彫唐明皇遊月宮。

四脚，須彫吞頭五爪。
油漆，見花、神、佛、雲、龍貼金。照圖、章程式做。
共計工料洋一千八百六十元正。

啓忠祠正中神龕一座

簷，高十四尺，闊十四尺，深九尺。
柱子，對徑六寸。門面柱，縛龍二條。龍身，大四寸，做法、木料與大殿同。
屋面平頂内，做棋盤格。廊簷，做圈篷灣椽。
屋脊，彫夔龍，下彫鰲頭。
封簷板，彫如意金錢。
挑楸廊樑，彫鳳穿牡丹。
簷下聚龍板，彫四時花卉。
腰方，彫長根圈藤。
腰方下，彫半花圈短柱。
掛落底檻下填，彫雲如意。
圈篷短柱底脚，彫斗方花籃。
裏皮掛落。
聚龍板下腰方，彫藤花。
腰方下矮柱，彫羅漢。

檯揪大料，彫松鶴長春。
下腰方，彫四季花卉。
拷藤掛落。花結，彫百靈動物。
夔龍欄杆，彫暗八仙，嵌花結。
大龍桌，一張。做法，大殿一同。
油漆、貼金，大殿一同。
共計工料洋七百八十元正。

啓忠祠左右邊配神龕二座

簷，高八尺，闊七尺半，深四尺半。
一切做法，均照圖樣及正中大神龕式。
油漆、花卉、貼金，以上一式。
共計二座工料洋三百六十元正。

五侯、五夫人祠神龕二座

簷，高七尺半，闊十四尺，深四尺半。
前面，分三艙。柱子，對徑四寸半。
神龕上節，拷鑲掛落。拍頭花板，挖花雞頭。均照圖樣。
拍頭板，彫二龍鬭角。

上腰聚龍板，彫松鼠、葡萄、藤花。
掛落花結，彫博古、暗八仙。
油漆、花卉、貼金，以上一式。
共計二座工料洋五百二十元正。

輔文、烈文侯神龕二座

簷，高六尺，闊八尺，深五尺。
神龕上節掛落，花板挖花雞頭。
屋脊、隨帶、挑搶、封簷格式，均照圖樣配做。
油漆、花卉、貼金，以上一式。
共計二座工料洋五百六十元正。

翊忠流芳合祠神龕一座

簷，高八尺，闊九尺半，深四尺半。
神龕，雕刻花草、書圈、雙龍、篆字等。均須清底、穿挖、精工。
門面外皮，用掛落欄杆。裏皮，做玻璃長窗八扇。上腰頭，刻篆字，即『翊忠流芳合祠』，六字凹文篆刻。
油漆、花卉、貼金，以上一式。
共計工料洋二百八十元正。

共計神龕九座、龍桌二張。一列做品，照圖、章程式做[四二]。

總共計工料洋四千三百六十元正。

民國十年一月　日章積記水木作立

呈爲呈請事：竊查岳廟各殿祠神龕、神桌，自招工開賬呈奉核准後，現已趕速動工。廟中神像十九尊，亟應開始裝塑。業已招工開賬前來，並經審查完竣。其中以楊祥麟、王源盛兩佛匠所開之做品、價目，較爲適合。擬即指定該兩匠，以同等價目分派裝塑，俾有比較。兩賬共計工料價洋七百八十元。如裝塑時遇有尺寸伸縮，依照原價加減。又，前奉鈞諭『正殿平臺上鑄鼎一座，以宏觀瞻』等因。遵已招致熟手鐵工顏錦泰，連同正殿、啓忠祠内須用之鐵製香爐、燭臺各一副，分别製圖開賬。審核一過，尚無不合。共計工料價洋六百九十五元。以上兩項，總計共洋一千四百七十五元。擬請准予承包，以便剋期工作，是否有當。理合檢同承攬帳單、圖樣等，一併呈請督座鑒核示遵。

裝塑神像承攬

立承攬佛匠楊祥麟今承攬到浙江督軍署重修岳陵事務所裝塑岳廟神像八尊。言定共總工料洋三百四十三元。所有完工限期、領欵辦法以及做品、材料等事項，悉照後開條件及細帳辦理。决無異言，立此承攬爲證。

計開：

一、自立承攬日起算，限六個月完工，斷不逾期。

一、工料價銀，言明分三期請領。第一期，承攬訂立之日，先領總價十分之三。第二期，全數泥坯做就之時，再領總價十分之三。第三期，全工完竣，報告鈞所驗收後，即將餘價一併請領。

一、各期領欵，當由承攬人繕具領狀，並經保人蓋章，呈候鈞所核發。

一、其七尊神像尺寸，臨時如有伸縮，當照後列價目加減。惟岳王神像一位，尺寸應以一丈四尺爲准。縮短，固可照賬減數。若須加高，週身皆要放大，工料亦隨之而多。宜根據原價，逐尺加洋一元。應照每尺八元算賬，以免蝕本。

做品細賬列後：

岳王神像一位

高一丈四尺。頭戴平天冠，日月雲頭。手捧碧玉圭，新裝繡金龍蟒朝服，金線水脚。真金描畫，上五彩。每尺工料洋七元，共計洋九十八元正。

五侯神像五位

高均七尺。一律新裝繡花龍袍，皆用金線水脚、真金描畫、上五彩。每尺工料洋五元，共三十五尺，計洋一百七十五元。

輔文侯神像一位

高七尺。頭戴蟠龍盔，新裝繡金龍袍，金線水脚。真金描畫，上五彩。每尺工料洋五元，計洋三十五元。

烈文侯神像一位

高七尺。頭戴蟠龍盔，新裝繡金龍袍，金線水脚。真金描畫，上五彩。每尺工料洋五元，計洋三十五元。

總共汁洋三百四十三元正。

説明：神像尺寸，均照佛尺計算。較魯班尺，九五扣准，合併聲明。

立承攬佛匠王源盛今承攬到浙江督軍署重修岳陵事務所裝塑岳廟神像十一尊。共計工料洋四百三十七元。所有做品、材料、完工期限以及領欵辦法，悉照章程規定。決無異言，立此承攬據爲證。

計開：

一、自承攬據訂定之日起算，以六個月爲限，不得過期。

一、承攬工料價銀，分三期支付。第一期，承攬據訂定之日，先付總價十分之三。第二期，泥坯全數做就時，付總價十分之三。第三期，全工完竣，經事務所驗收後[四二]，一併支付。

一、各期領欵，須由承攬人備具領狀，經保人蓋章，送由事務所核辦。

一、神像尺寸，臨時如有伸縮，按照原賬價目加減。

做品細賬列後：

岳隨國公神像一位

高八尺。座子，一尺半。頭戴員外巾，新裝繡金團花開拜。真金描畫，五彩。每尺工料洋六元，計洋四十八元。

岳太夫人神像一位

高八尺。新裝繡金團花襖，盤金朝裙，泥鳳冠。真金描畫，五彩。每尺工料洋六元，計洋四十八元。

岳王神像一位

高八尺。新裝繡金龍袍，金線水脚。真金描畫，五彩。每尺工料洋六元，計洋四十八元。

岳夫人神像一位

高八尺。新裝繡金龍袍，金線水脚。真金描畫，五彩。每尺工料洋六元，計洋四十八元。

五夫人神像五位

高均七尺。一體新裝繡金龍襖宫裝，描金雲肩，皆用金線水脚及朝裙。每尺工料洋五元，共計洋一百七十五元。

鄴侯神像一位

高七尺。新裝繡金龍袍，金線水脚。真金描畫，五彩。每尺工料洋五元，計洋三十五元。

銀瓶小姐神像一位

高七尺。新裝真金描鳳蟒襖，繡金雲肩，泥鳳冠，金線宫裙。每尺工料洋五元，計洋三十五元。
以上共計實洋四百三十七元正。
尺寸均照佛尺計算。以魯班尺九五折，合併注明。

中華民國十年　月　日立承攬王源盛
保證人恒和醬園

承鑄岳廟鐵鼎、香爐、燭台承攬

立承攬鐵匠顔錦泰今承攬到浙江督軍署重修岳陵事務所鑄造岳廟内大鼎一座、香爐一件、燭台一副。共計五千六百斤，每百斤工料合算在内，計洋十元，合共計洋五百六十元正。如遇分兩增減，即以原價爲比例。言定三個月完工。訂立承攬日，先領定洋二百元。其餘，俟完工驗收後，一併具領。至尺寸、重量，照下開賬目，式樣照圖。訂定之後，決無異言，特立承攬爲證。

計開(所開尺寸，照魯班尺計算。斤兩，以十四兩爲一斤。油漆、運送費等，一併在内)：
正殿前大鼎，一座。浄高一丈三尺，計重四千斤。
香爐，一件。浄高四尺，腹大三尺，計重七百斤。
燭台，一副。浄高五尺半，計重九百斤。
以上共計鐵重五千六百斤，合計洋五百六十元正。

中華民國十年五月　日立承攬顔錦泰
保證人邵中和

添置匾額、神位、燭橋及修整神桌、舊聯額細帳

計開：

新置横額，六方。每方洋十二元，共計工料洋七十二元。

新置神位，三十二座(龍頭神位，五座。普通神位，二十七座)。統扯每座洋三元，共計工料洋九十六元。

新置大小燭橋，十二副。大小統扯每副洋四元，共計工料洋四十八元。

修整舊匾，四方。統扯每方洋八元，共計工料洋三十二元。

修整舊聯，十二副。每副洋三元，共計工料洋三十六元。

修整大小舊神桌，七張。統扯每張洋十五元，共計工料洋一百零五元。

以上合新置、修舊兩項，共計工料洋三百八十九元正。

呈爲呈請事：竊查岳廟内舊有石碑下贔屭一具。前日奉鈞諭『另行覓配一具立碑，分置新建之正殿平臺兩旁，以壯觀瞻』等因。兹在桃源嶺錢氏古墳前，覓得一具。碑記已經毁滅，其石料、式樣、大小等，堪與岳廟贔屭相配。業已商得錢氏墳主同意，願受讓，價洋十五元。惟該贔屭約重七千餘斤，桃源嶺與岳墳相距有五里之遥。轉運殊多周折不便，須用盤車，逐段盤運。約需運費洋四十元以上。兩項費用，共計洋五十五元之譜，是否可行。理合呈請督憲示遵。

呈爲呈請事：竊據岳陵監工委員顧浩、佘冠澄、蔣普恩、董鈞呈稱『岳廟工程自民國八年四月動

工重修，節經按照規定章程認真辦理。内有因各種關係變動原章、改移地位者，亦隨時呈請鈞座批准在案。現在全部工程業已告竣，理合呈請派員驗收，以昭慎重』等情，請轉前來。可否之處，理合呈請督座鑒核示遵。

軍需課課長易兆雲爲呈覆事。竊課長奉派往西湖，驗收修建岳廟工程。遵於本月十一日，隨帶原定做品、章程暨正帳、添帳及圖樣等，前往會同岳陵監工委員顧浩、佘冠澄、蔣普恩、董鈞等，逐一驗看。查得工匠章積記所作各處工程，與原開各帳及圖樣均尚相符。所有監工處核實，擬請加給工料費洋一萬七千一百六十二元三角七分八釐，查對亦屬實。在除該工程做品内容應由各監工委員出具監工證明書，呈候察核外，理合將奉派驗收情形，呈報督座察核施行。軍需課課長易兆雲謹呈。

岳廟添做工料開例於後

頭　門

頭門外平側石，厚五寸，高十二寸，長四尺。共計地户十五丈二尺，用嚴州石做，每丈八元。踏步石，原賬載明八擋，計三十五丈四尺。今做十擋，計四十五丈，應加九丈六尺，每丈八元。後背踏步一擋，計一丈八尺，每丈八元。隨帶，兩支，每支二元。共計工料洋二百十六元八角。

八字墻，前賬左右計長四丈八尺，分三小艙做。今改長，二面加地户六丈五尺，共計十一丈三尺，分六大艙做。石料應加長，做品照原章程做。連泥水作、石作、工料等，每丈一百五十六元。共計工料洋一千七百六十二元八角。

照原賬，每丈洋一百零七元。現賬，每丈一百五十六元。約多三分之一，未免過鉅。擬減去二十元，比前加大二十九元。計浄洋一千五百三十六元八角，計除二百二十六元。

大　殿

大殿踏步石，四擋。用嚴州石做，連平臺二十九丈四尺，闊十二寸，厚六寸。每丈八元，共計工料洋二百三十五元二角。

隨帶石，六根。闊十四寸，厚八寸。連平臺，每根二十元。大殿左右副堦沿下都板[四三]，兩塊。計三丈，每丈十六元。共計工料洋一百六十八元。

地磐石，計五丈一尺，厚六寸，闊十四寸。每丈十六元，共計工料洋八十一元六角。

左右三角旱磡石，連襯肚，用舊石出新。共計人工洋三十元。

踏步下，亂石打夯，水泥、黄沙、石子灌實。計地户，闊八尺，長八丈，高三尺六寸。計工料洋一百二十六元。

副堦沿石，一埭，計地户八丈一尺。每丈十二元，計工料洋九十七元二角。

平臺欄杆石，前賬十二個，今加四個。每個二十元，計工料洋八十元。

荷花柱，前賬十二個，今加六個。每個七元五角，計工料洋四十五元。

平臺堦沿石，添加一丈五尺。闊二十寸，厚五寸，用嚴州石做。計工料洋二十四元。

平臺旱磡，掘深三尺，闊四尺。下亂石打夯，上擺毛石内襯肚，水泥、黄沙灌實。又擺光條石四皮，計地户十八丈四尺。每丈二十八元，共計工料洋五百十五元二角。

大殿左右旱磡，二面計地户十六丈。下脚子，亂石打夯。上面擺條石，用舊石出新。上蓋口石，用嚴州石版出新。厚三寸，闊二十寸。内水泥、黄沙灌實，及襯肚石一應在内。每丈八元，共計工料洋一百二十八元。

此賬，正賬内已有，應除去，計除洋一百二十八元。

岳王廟後殿移至西面地盤工料賬

填土方，南至北，長二十三丈，到荷花塘止。東至西，闊二十四丈。雙方折方，計五百五十二方。填高五尺半，共折方三千零三十六方。打夯排實。每方四角六分，計工洋一千三百九十六元五角六分。

擬以每方四角計，除洋一百八十二元一角六分。

四面石磡子，共計三十七丈。做高八尺，中闊三尺半，折方一百零三方六尺。底打石夯，亂石砌磡子，水泥、黄沙灌肚。每方十二元，計工料洋一千二百四十三元二角。

柱脚磴子，共計三十二個。高八尺，方七尺。每個折方五方六尺，共折方一百七十九方二尺。落底亂石打夯，砌石墩子，水泥、黄沙灌實。每方十二元五角，共計工料洋二千二百四十元。

新開荷花塘，一座。西至東，六丈二尺。南至北中心，四丈。開深一丈，四面做塘磡子。每丈底脚打樁，二十五個。用老杉樁木打實，共用樁木五百十個。每個連打工四角，共計工料洋二百零四元。

樁木上面砌石磡子，高一丈，厚三尺。條石做光，砌縫。連升肚在内，計十九丈一尺。每丈三元六角，共計工料洋六百八十七元六角。

樁木上石磡子做工、條石出新，照前賬。每丈八角，每高十二皮，計洋九元六角。又填肚，照前帳，每丈九元五角，合共每丈十九元一角。以二十四丈計，共四百五十八元四角。計除二百二十九元二角。

塘口蓋板石，用舊石出新，共用十九丈一尺。每丈工食二元，共計工食洋三十八元二角。

上用水泥欄杆，連蓋口石版，高三尺二寸，共計十一丈四尺。每丈十二元，共計工料洋一百三十六元八角。

水泥大號筒子做溝，計地位六十四丈。每丈十二元，共計工料洋七百六十八元。

左右配祠兩座，連墻脚磴子，共計三十八方。每方八元，共計工料洋三百零四元。

以上因改移後宫、正殿、頭門原定地位，應加工賬洋一萬零五百二十八元一角六分。

大殿後面，下磡一埭，計地位十八丈四尺，高四尺。上磡一埭，闊十四丈，高七尺。二共折方十七方一尺六寸。做用水泥、亂石打夯，水泥、瓜子片襯肚灌實，條石鑿光合縫，用舊石料出新。每方三十四元。每方擬除二元。蓋口石版，上下兩埭，共三十七丈。做光出口，水泥合縫鋪好。每丈二元。共計工料洋六百五十七元四角四分，計除洋三十四元三角二分。

大殿后，新做照墻一垛。計闊八丈六尺，高十五尺，計折方十二方九尺。用舊磚實叠，做脊，四挑角起線。水泥灰沙刷墻，搪白灰。每方十四元，共計工料洋一百八十元零六角。

大殿，千金墻一垛。闊十九尺，高三丈二尺，折方六方零八角。用舊磚實叠，砌墻搪粉。每方九元。墻脚下打夯，擺條石，水泥、石片灌肚，計地户一丈九尺，每丈八元。共計工料洋六十九元九角二分。

正殿神臺，一座。闊十六尺，深一丈，高五尺。用水泥翻督做，内襯鐵條。共計工料洋四百二十元。擬以八折計，合洋三百三十六元，計除八十四元。

大殿左右大字板，四塊。字做透光黑漆。每塊一百五十六元，共計工料洋六百二十四元。擬以八折計，合洋四百九十九元二角，計除一百三十二元八角。

圖龍，左首一個。底脚亂石打夯，水泥、石子灌實，連擺正立好。共計工料洋三十元。

圖龍，右首一個。底脚亂石打夯，水泥、石子灌實。配水泥坐盤一個，圖龍修新出光，再擺正立好。共計工料洋七十二元。

中香爐，一座。底脚亂石打夯，水泥、石子灌實，做水泥盤脚一個。共計工料洋四十八元。

頭門壘石鼓，一對。獅子、花草修好出新，打底脚，擺正。共計工食洋三十四元。

大殿前配祠内神座，兩個。上水泥蓋口，下水泥擺線，内舊磚實疊，亂石、水泥襯肚。共計工料洋八十元。擬以八折計，洋六十四元，除十六元。

後宮内神座，一個。用水泥翻督做，内襯鐵條。共計工料洋三百六十元。擬以八折計，洋二百八十八元，除七十二元。

又，左右小神座，二個。上水泥蓋口，下水泥扯線，内舊磚實疊，亂石、水泥襯肚。共計工料洋八十元。擬以八折計，洋六十四元，除十六元。

五侯[四]、五夫人神座，二個。做品，於上同。共計工料洋一百六十元。以八折計，洋一百二十八元，除三十二元。

做紫雲洞出入新路，一埭。共計工料洋二百四十五元六角八分。

後宮西面後牆門，一座。用墩子做，上用磚牆。做木牆門二扇，踏步一座。共計工料洋八十四元。

墓前碑廊，前賬上二十間，深六尺。今改做二十四間，深一丈。定磉，蓋瓦，上做天花板。門面裝柵子門，做水泥、油漆，格漏配全。共計工料洋二千二百四十元。

祭祀室門樓，三間。每間四椽，上鋪磚篔，做脊蓋瓦。下鋪地板，門樓做水泥地。大攔門一堂，玻璃門二堂，大石墻門一副，杉木實榀墻門一對。油漆、格漏、堦沿石、磉板、石鼓配全。共計工料洋五百七十六元。以八折計四百六十元零八角，除一百十五元二角。

花廳，一座。計三間，每間六椽。上鋪磚篔，做脊蓋瓦，做灰滿，下鋪地平方磚。前後玻璃門窗、堦沿石、磉板、石鼓配全。前面旱磡一埭，左右踏步石板俱全。天井開窨池，鋪銅沙。油漆、玻璃、格漏、鐵器，一應配全。共計工料洋八百四十元。正賬内已有此賬，不應再有添賬，當除去共洋八百四十元。

書室間，一座。計三間，每間四椽。上鋪磚篔，做脊蓋瓦，做灰滿，下鋪地板。前後玻璃門窗配全，堦沿石、磉板、石鼓俱全。前面旱磡一埭，左右踏步石板齊全。天井做水泥地，并開窨池。油漆、白粉、格漏、玻璃、鐵器，一應配全。共計工料洋四百八十元。八折計三百八十四元，除九十六元。

廚房，三間。每間三椽。定磉，蓋瓦，門窗，油漆、格漏配全，腰牆一埰。共計工料洋二百十元。

大石碑，一塊。杭府内移至岳墳廟内，計水脚、人工等。共計洋十七元。

一共老碑折放立正，新做水泥碑脚。共計工料洋二百七十八元。

新做磚墻，二縫。計地位二十八丈，高一丈一尺。下打夯，做墻脚。新做磚墻，外面搪白墻，裏面做藍墻。計折方三十方零八尺。每方九元，共計工料洋二百七十七元二角。

頭門左右及墳前左右、後宫面前花園等處餘地，挑泥填土打平，共計五千四百方。每方三角，共計工食洋一千六百二十元。

圖龍面大碑，二塊。新做，碑頂刻花。共計工料洋一百六十八元。

頭門外海幔石板，頭門裏甬道海幔石板，左右横甬道海幔石板，大殿前面平臺海幔石板，後宫面前平臺海幔石板，墓前後、左右海幔石板，墓門前甬道海幔石板，柏亭面前甬道海幔石板，共鋪嚴州青石板二百六十一方八尺七角。除原賬上約計二百零五方，今添做五十六方八尺七角。每方二十八元，共計工料洋一千五百九十二元三角六分。

大殿前甬道應邊，計十八丈二尺，每丈十六元。廟内共做道路四十八丈，每丈二元。共計工料洋三百八十七元二角。

生鐵、香爐、燭臺、油漆、貼金。共計工料洋十六元[四五]。

後宫，做鐘鼓架兩個。共計洋二十四元。

大殿面前樹根，做石圍欄五個。共計工料洋七十四元。

新做燭臺盤石，二塊。大小方石香爐，八個。香爐坐盤出新，一個。共計工料洋二十二元。

河埠老磡，舊石出新。襯肚，踏步石修正，新添押口石一丈。共計工料一百六十元。

五侯、五夫人、啓忠、烈文、輔文侯堦沿踏步，原賬上舊石不能抵用。今一律新做，共計二十三丈。每丈十二元，共計工料洋二百七十六元。

『偉烈純忠』匾，一塊。督軍抱對，一副。計洋九十六元。

祭祀室坑床、坑桌、擱几。計洋二十二元。

柏台，配鐵欄杆。計洋四十八元，此項原賬未列。

墓前鐵人木欄杆，二道。共計工料洋十六元。

以上在原訂章程以外添加工程，計洋一萬二千五百八十五元四角。工人加賬，洋二萬三千一百十三元五角六分。

現擬核減洋二千二百零三元六角八分。

實計洋二萬零九百零九元八角八分。

計開除賬

河埠石礀，原賬上，松椿三百支。長一丈五尺至一丈三尺，小頭四寸至三寸半，每支一元三角。計除洋三百九十元。

又，水磐石，共四十六丈五尺，厚六寸，闊三尺，用本山石，每丈十六元。計除洋七百四十四元。

又，上條石，用舊出新，計一百二十丈。計除洋二百十六元。

蓋口石，厚三寸半，闊二十二寸，共計十五丈。用嚴州石，每丈五元五角。計除洋八十二元五角。

踏步石，用舊石出新，共計七十五丈。計除洋一百八十元。

原賬上，大殿神座舊神座修新做法，原賬注明。計除洋一百十二。

原賬上，碑廊二十間，原賬注明。計除洋九百五十二元四角。

原賬上，華表二支。計除洋七十四元。

原賬上，望柱二支。計除洋八十四元。

總共應除計洋二千八百三十四元九角。

工人除賬，洋二千八百三十四元九角。

現擬再除啓忠祠一宅，計洋九百十二元六角零二釐。

實計除洋三千七百四十七元五角零二釐。

照圖章做神龕九座，龍桌二張，其細賬已呈定。共計工料洋四千三百六十元。

紫雲洞路口，新做水泥牌樓一座。共計工料洋三百六十元。

新添新方磚，三萬塊，每萬一百二十元。共計料洋三百六十元。
大小龍牌，共三十二塊。彫花、油漆、貼金。共計工料洋二百八十一元。
大小燭橋，十二副。新做，油漆。每副四元。共計工料洋四十八元。
舊匾，四方。新配托盤，彫神物、花草。添配出新，油漆貼金。舊對，十二副。抱對，一副。添配出新，油漆貼金。共計工料洋一百二十六元。
舊神桌，七張。添配修新，彫花，油漆貼金，桌面包鐵。共計工料洋一百五十四元。
新做啓忠、五侯、五夫人、烈文、輔文、翊忠共匾六塊，刻字。紅底金字一塊，白底黑字五塊。共計工料洋七十二元。
以上五項合洋三百八十九元正，已呈奉督座批准在案。未便再添，應除洋二百九十二元。
以下二項應添入加賬内核算，計洋一百十八元。
大殿神座，上夔龍珠紅貼金匾一塊。又，抱對一副，透光金字。共計工料洋九十六元。
祭祀室内，亢床一座，亢桌、擱几、油漆配全。共計工料洋二十二元。
總共計工料洋五千八百七十九元。
特加工賬：洋五千八百七十九元。
内有五項，因呈准有案，應除二百九十二元。
又，匾對、坑桌、坑床、擱几等，已移入加賬之内，應除洋一百十八元。
實計洋五千四百六十九元。

民國十年十二月十五日章積記水木作抄

呈爲呈請事：竊維西湖岳王墳廟，自民國九年四月五日開工重修，於十年十二月終，全部告竣。查是項工程由章積記木作承包，計原訂價目共洋十萬四千五百六十二元零二分七釐，分作七期具領。除絡續付過六期，計洋八萬三千六百四十九元六角二分二釐，尚有未付第七期洋二萬零九百十二元四角零五釐。其中，因改移後宫、正殿、頭門原定地位，添加工料洋一萬零五百二十八元一角六分。又，原訂章程以外，添加工程費洋一萬二千五百八十五元四角。兩共加，工洋二萬三千一百十三元五角六分，由監工員等認真核減洋二千二百零三元六角八分，實需加工洋二萬零九百零九元八角八分。又，隨時呈請督座批准，特加各工，如新做神龕神桌、添購新磚、修理匾對神桌、添置神位燭橋、新建紫雲洞水泥牌坊等項，共計工料洋五千四百六十九元。總共計洋四萬七千二百九十一元二角八分五釐。正賬之内有删去未做之工程，應除去工價洋三千七百四十七元五角零二釐，實在應找付洋四萬三千五百四十三元七角八分三釐。本年七月以後，工人因不敷週轉，五次商借去洋二萬七千元。現在除借去之欵劃歸正加各帳外，實需找付洋一萬六千五百四十三元七角八分三釐。正所有工程告竣情形，業經呈請督軍派員驗收稟覆在案。應給章積記第七期正賬及應加特加各賬尾數，洋一萬六千五百四十三元七角八分三釐。兹因該工人來署具領，理合叙明緣由，詳開數目，連同監工員證明書、章積記保固甘結，一併呈請副官長轉呈督軍核示祇遵。

西湖岳廟工程證明書

重修西湖岳廟監工員顧浩、佘冠澄、蔣普恩、董鈞呈爲呈送證明書事：竊維西湖岳廟重修工程，自民國九年四月五日開工，監工員等奉命派充監工。遵即帶同章程、圖樣，逐日蒞場，認真監視，現已於十年十二月底一律完竣。伏查章積記木作承包是項工程，一切做品及完工期限，均與規定章程相符。其間有變更原章、改移地位之處，亦隨時據情呈明鈞座核准在案。綜計全部工程，委無偷工減料情事。理合出具證明書，呈請督軍鈞鑒。

中華民國十一年一月　日監工員顧浩、佘冠澄、蔣普恩、董鈞謹呈

承修西湖岳王廟墓工程保固結

具保固結章積記今因承造西湖岳王墳廟，於民國十年十二月底一律完工。查照原合同，訂明保固年限系十二足年。自十一年一月一日起，扣至二十二年十二月底止，爲保固年限。限内如有坍損之處，自當照式修整，不得延宕推諉，不能索取工價，並不准草率塞責。恐後無憑，立此保固甘結存照。

中華民國十一年一月　日立保固結章積記木作
保證人浙省義源書柬

岳廟後宫西首砌築池塘一口細賬（附廁所、界石）

岳王廟内西面花園，新開池塘一口。南至北五丈，東至西八丈。開塘掘土，中深九尺，四面深六尺。掘土挑泥，計人工一百四十工。計工洋六十三元。
四面做石磡，計地户二十六丈，底打石夯。每丈兩元算，計洋五十二元。
石磡，高六尺，共折方十五方六尺。每方十三元五角，計工洋二百十元零六角。
上面石板蓋口，補水泥。每丈洋四元算，計洋一百零四元。
花園塘邊，挑泥填土平地，共八百十五方。每方五角算，計工洋四百零七元五角。
廁所，一座。計工料洋六十五元。

界石，六十塊。每塊六角算，計工洋三十六元。用舊料。
因舊石無存，改用新料。界石六十塊，新石料洋三十九元。

管理規則

呈爲呈請事：竊查重修岳王墳廟行將竣工，自應趕辦結束。所有管理善後各節，必須妥定條規，藉資遵守。兹特擬具《管理西湖岳王墳廟規則》十八條，呈請鈞核。如蒙鑒准，擬請委任岳王後裔、在杭近支第二十八世孫岳朝鼎，充當奉祀生之職，並於十一年一月起實行。是否有當，理合呈請督座批示祗遵。

管理西湖岳王墳廟規則

第一條　西湖岳王墳廟，自民國十一年一月重修工竣後，歸督軍署副官處直接管理。

第二條　副官長承督軍之命，指派本處庶務室，主管其事。並派録事一人，經收精忠産地租息及辦理月報、年報等事項。

第三條　墳廟設奉祀生一人。由副官長遴選岳氏在杭近支中之行輩居長、品行端方者，依次呈請督軍委充，任期　年。

第四條　墳廟雇花匠、雜役各一人。由主管員遴擇，報請副官長核准雇充。

第五條　奉祀生，月給津貼洋十元。經收房地租人，月給舟車費洋三元。花匠，月給工食洋八元。雜役，月給工食洋六元。

第六條　春秋二祭，由督軍特派專員往祭（禮節、祭品另定）。各神生殁忌辰，由奉祀生率同岳氏家族敬謹致祭。

第七條　春秋祭祀香燭等費，由主管員實報實銷。

第八條　墳廟花匠、雜役，每月應用各灑掃器具、鋤笥盆桶以及一切零星雜物，由奉祀生酌量購辦、交用。按月報，由主管員轉請副官長核發，常年不得逾洋十二元。

第九條　精忠地產，凡屬管理範圍以內者，應由主管員查明、詳細列册，報由副官長呈請督軍備案。如有因故變更，亦須隨時呈明註册，以資稽考。

第十條　凡屬管理範圍以內之精忠産地出賃、收租等事，由主管員督同經收房地租人認真辦理，隨時報請副官長查核。

第十一條　岳廟市産保險費，應由主管員查明、切實估計，報由副官長轉呈督軍核定，每年不得逾洋二百三十元。

第十二條　各項歲修，應由主管員切實估計，報由副官長轉呈督軍核定，實報實銷。

第十三條　墳廟各屋宇、墻垣、池塘、像、墓、匾、對、碑、碣、祭具、樹木，均歸奉祀生負完全保管責任。所有清潔、啓閉、消防等事，尤須督率匠工認真從事，並由主管員隨時前往查察。春秋二祭先十日，更須前往細密檢視一次。如有放棄職務及不規則情事，輕則報請副官長懲戒，重則由副官長呈請督軍撤换其匠役等。如有怠惰、不受奉祀生指揮者，亦得報請懲革。

第十四條　關於管理墳廟一切應付各欵，均由精忠産地租息内支付之。其收支數目，按月報，由主管員報請副官長查核。年終造具清册，呈轉督軍核銷。倘有時入不敷出，各項開支，得由主管員報請副官長呈明督軍核減。

第十五條　墳廟内及大門外，不得擺設攤場，藉保清潔而昭誠敬。

第十六條　如有各書坊請求拓碑，奉祀生須先查明其人來歷及姓名、住址、介紹何人、請拓份數，詳細報告主管員呈准副官長後，方可照拓。倘有損壞原碑及壟斷情事，查明即嚴重懲處。

第十七條　墳廟各處，每逢香汛時，向由岳氏在杭近支後裔岳朝鼎、岳朱氏、岳朝和、岳周氏四房輪日招呼。今仍其舊，以全公道。惟輪值者是日，須同負保管、清潔之責。

第十八條　左列規則如有未盡事宜，得由主管員隨時呈請修正之。

浙江督軍署委任岳朝鼎充西湖岳廟奉祀生令

照得岳王墳廟行將竣工，兹由本署妥定條規，並應遴選岳氏後裔充任奉祀生，以資管理。兹查該員堪以派充，合將規則、令發，仰即遵照，勤慎將事，無負委任。此令。

中華民國十年十二月　日

訓令省會警察廳、杭縣知事

爲令飭廳、縣會同布告，禁止民人侵佔精忠産山蕩田地由：查西湖岳廟左近之山蕩田地，向隸精忠産範圍以内者，亟應清釐保存。以免日久被人侵佔，致生糾葛。業經派員釐定界址，測量繪圖。惟辦理未竣以前，恐有無知鄉愚受人紿弄，或於地上擅自建築，或於山蕩私行開掘，及至事後發見。在管理上固費手續，即人民亦不無損失。應即由該廳長、知事會同出示布告，凡屬精忠産範圍以内之山蕩田地，概不准人民侵佔、私用，以昭慎重。除分令外，合行令，仰該廳長、知事即便遵照。此令。

呈爲呈請事：竊西湖岳廟重修工程早經完工，呈請派員騐收在案。奉諭編訂《徵信録》，以資分送。遵即彙集案卷以及工程賬目、承攬合同、各省捐欵清單、碑文、聯額、廟墓攝影，分别門類，抄録底稿。擬用本連史紙，鉛字排印。每部分訂兩本，共印五百部。現在與本城弘文印刷局議定價格，約須洋五百元左右。經科長詳明核算，尚無浮濫。理合檢同該印刷局定單一紙、印樣一頁，呈請鑒核。可否交付該局承印之處，伏候督座批示祗遵。此呈督辦。

校勘記

〔一〕本，底本原誤作『木』，據文意改。
〔二〕三和土，底本原倒作『三土和』，據上下文乙正。
〔三〕水，底本原誤作『火』，據文意改。
〔四〕堦，底本原誤作『街』，據文意改。
〔五〕尺，底本原無，依例補。
〔六〕鑲，底本原誤作『香』，據文意改。
〔七〕卸，底本原誤作『御』，據文意改。
〔八〕卸，底本原誤作『御』，據文意改。
〔九〕對，底本原無，據上下文意補。
〔一〇〕總，底本原誤作『統』，據文意改。
〔一一〕付，底本原誤作『村』，據文意改。
〔一二〕泥，底本原無，據上下文意補。
〔一三〕洋，底本原誤作『元』，據文意改。
〔一四〕與，底本原誤作『於』，據文意改。
〔一五〕木，底本原無，據上下文意補。

［一六］每，底本原無，據前后文意補。
［一七］橋，底本原誤作『槁』，據文意改。
［一八］『高』字前，底本原有兩『又』字，應是衍文。
［一九］每，底本原無，據上下文意補。
［二〇］每，底本原無，據上下文意補。
［二一］每，底本原無，據上下文意補。
［二二］木，底本原誤作『大』，據文意改。
［二三］木，底本原誤作『大』，據文意改。
［二四］檐，底本原誤作『擔』，據文意改。
［二五］滴，底本原誤作『摘』，據文意改。
［二六］『有』字下，底本原衍『下』字，據文意删。
［二七］侯，底本原誤作『候』，據文意改。
［二八］寸，底本原誤作『尺』，據文意改。
［二九］加，底本原誤作『嘉』，據文意改。
［三〇］計，底本原無，據文意補。
［三一］侯，底本原誤作『候』，據文意改。
［三二］侯，底本原誤作『候』，據文意改。
［三三］侯，底本原誤作『候』，據文意改。
［三四］洋，底本原誤作『計』，據文意改。
［三五］堦，底本原誤作『街』，據文意改。
［三六］寸，底本原誤作『尺』，據文意改。
［三七］徑，底本原無，據文意補。
［三八］闊，底本原無，據文意補。

〔三九〕萬，底本原無，據文意補。
〔四〇〕萬，底本原無，據文意補。
〔四一〕式，底本原誤作『成』，據文意改。
〔四二〕所，底本原無，據文意補。
〔四三〕殿，底本原誤作『破』，據文意改。
〔四四〕侯，底本原誤作『候』，據文意改。
〔四五〕計，底本原誤作『洋』，據文意改。

收支欵項

收入項下

計開：

徐大總統，捐助京鈔洋二千元折合浙江通用銀元一千二百六十元。

内閣總理靳雲鵬，捐助洋一千元。

參戰軍督辦段祺瑞，捐助洋三千元。

參戰軍總司令段芝貴，捐助洋一千元。

籌邊使徐樹錚，捐助洋一萬元。

直隸督軍曹錕，捐助洋二千元内除匯費洋三十元。

奉天督軍張作霖，捐助洋三千元。

吉林督軍鮑貴卿，捐助吉林鈔洋二千元折合浙江通用銀元一千三百零一元六角三分。

甘肅督軍張廣建，捐助洋二千元。

山東督軍田中玉，捐助洋一千元。

河南督軍趙倜，捐助洋五百元。
河南省長趙倜，捐助洋五百元。
湖北督軍王占元，捐助洋五千元內除匯費洋四十五元。
湖南督軍張敬堯，捐助洋一千元。
江西督軍陳光遠，捐助洋三千元。
安徽督軍倪嗣冲，捐助洋五千元。
安徽督軍張文生，捐助洋一千元。
江蘇督軍李純，捐助洋六千元。
江蘇督軍齊燮元，捐助洋一千元。
福建督軍李厚基，捐助洋八百五十元。
綏遠都統蔡成勳，捐助洋一千元。
察哈爾都統張景惠，捐助洋一百元。
長江上游總司令吴光新，捐助洋二千元。
松滬護軍使何豐林，捐助洋五百元。
陸軍第三師師長吴佩孚，捐助洋三百元。
陸軍第三師第五旅長張學顔，捐助洋一百元。
陸軍第三師第六旅旅長張福來，捐助洋一百元。
陸軍第三師補充旅長王承斌，捐助洋一百元。
陸軍第三師補充旅長閻相文，捐助洋一百元。

陸軍第三師補充旅長蕭耀南，捐助洋一百元。
福建第一師長姚建屏，捐助洋二百元。
福建第二師長臧致平，捐助洋二百元。
福建廈門鎮守使唐國謨，捐助洋一百元。
福建第一師第二旅長張清汝，捐助洋一百元。
福建第一師第四旅長高全忠，捐助洋一百元。
福建第一混成旅長周永桂，捐助洋一百元。
福建第十混成旅長賈文祥，捐助洋一百元。
福建第十一混成旅長王麒，捐助洋一百元。
福建第二十四混成旅長王永泉，捐助洋一百元。
福建第一師第一團長雷連生，捐助洋五十元[二]。
福建第一師第二團長田順昌，捐助洋五十元。
福建第一師第三團長李傳斌，捐助洋五十元。
福建第一師第四團長沈永福，捐助洋五十元。
福建第二師第五團長劉長勝，捐助洋五十元。
福建第二師第六團長鄭文勳，捐助洋五十元。
福建第二師第七團長辛桂芳，捐助洋五十元。
福建第二師第八團長趙玉魁，捐助洋五十元。
福建第一師炮兵團長冉繁瑞，捐助洋五十元。

福建第一混成旅第二團長潘作藩，捐助洋五十元。
福建第十混成旅第一團長王樹林，捐助洋五十元。
福建第十混成旅第二團長臺永生，捐助洋五十元。
福建第十一混成旅第一團長沈珂，捐助洋五十元。
福建第十一混成旅第二團長沈國英，捐助洋五十元。
福建第二十四混成旅第一團長陳從義，捐助洋五十元。
福建第二十四混成旅第二團長高維嶽，捐助洋五十元。
福建第九師混成團長耿錫齡，捐助洋五十元。
福建陸軍第一團長王獻臣，捐助洋五十元。
福建陸軍第二團長陳得才，捐助洋五十元。
福建陸軍第三團長史書年，捐助洋五十元。
福建陸軍第四團長史廷颺，捐助洋五十元。
浙江督軍楊善德，捐助洋一萬元。
浙江督軍盧永祥，捐助洋一萬元。
浙江督軍署，撥欵洋二萬四千七百六十四元。
浙江第一師長潘國綱，捐助洋一千元。
浙江第二師長張載陽，捐助洋一千元。
浙江嘉湖鎮守使王賓，捐助洋五百元。
浙江甯台鎮守使王桂林，捐助洋五百元。

浙江第一師第一旅長郝國璽，捐助洋二百五十元。
浙江第一師第二旅長伍文淵，捐助洋二百五十元。
浙江第二師第三旅長盛開第，捐助洋二百五十元。
浙江第二師第四旅長汪鎬基，捐助洋二百五十元。
浙江金華道尹沈致堅，捐助洋一百元。
浙江會稽道尹黄慶瀾，捐助洋五十元。
浙江杭縣知事王吉檀，捐助洋五十元。
浙江嘉興縣知事汪瑩，捐助洋五十元。
浙江嘉善縣知事牛蔭麐，捐助洋五十元。
浙江吴興縣知事吴翯皋，捐助洋五十元。
浙江德清縣知事吴蘭蓀，捐助洋五十元。
浙江定海縣知事馮秉乾，捐助洋五十元。
浙江餘姚縣知事陳贊唐，捐助洋五十元。
浙江蘭谿縣知事熊憲章，捐助洋五十元。
浙江武義縣知事金真誠，捐助洋五十元。
浙江分水縣知事張鵬，捐助洋五十元。
浙江浦江縣知事張蘭，捐助洋五十元。
浙江玉環縣知事江宗濂，捐助洋五十元。
浙江衢縣知事劉蔭榕，捐助洋四十元。

浙江東陽縣知事吴豫清，捐助洋三十元。
浙江義烏縣知事王嘉曾，捐助洋三十元。
浙江永康縣知事孫熙鼎，捐助洋三十元。
浙江上虞縣知事李錫畯，捐助洋三十元。
浙江湯溪縣知事李文颸，捐助洋三十元。
浙江龍游縣知事史久芳，捐助洋三十元。
浙江江山縣知事陳協恭，捐助洋三十元。
浙江常山縣知事金兆鵬，捐助洋三十元[三]。
浙江開化縣知事鄭業穎，捐助洋三十元。
浙江建德縣知事張良楷，捐助洋三十元。
浙江遂安縣知事金乃光，捐助洋三十元。
浙江壽昌縣知事曹文燮，捐助洋三十元。
浙江嘉善縣知事賀祖蔚，捐助洋二十元。
浙江雲和縣知事龐維剛，捐助洋二十元。
浙江龍泉縣知事賴豐熙，捐助洋二十元。
浙江景甯縣知事喻榮華，捐助洋二十元。
浙江慶元縣知事袁際鳳，捐助洋二十元。
浙江宣平縣知事許允迪，捐助洋二十元。
浙江温嶺縣知事歐陽忠浩，捐助洋二十元。

浙江奉化縣知事袁玉烜，捐助洋二十元。
浙江鎮海縣知事盛鴻燾，捐助洋二十元。
浙江鄞縣知事姜若，捐助洋二十元。
浙江嵊縣知事王家琦，捐助洋二十元。
浙江縉雲縣知事田澤勳，捐助洋十元。
浙江松陽縣知事趙祖壽，捐助洋十元。
浙江桐廬縣知事馮敩典，捐助洋十元。
浙江餘杭縣知事汪東寶，捐助洋十元。
浙江新昌縣公署，捐助洋十元。
浙江泰順縣知事黄麗中，捐助洋五元。
浙江南田縣知事陳炳業，捐助洋五元。
浙江吴興統捐局長陳曾栻，捐助洋四十元。
浙江烏鎮統捐局長王邁常，捐助洋二十元。
浙江聞堰統捐局長徐季倫，捐助洋二十元。
浙江餘姚統捐局長邱翊華，捐助洋二十元。
浙江曹娥統捐局長劉鐘琭，捐助洋二十元。
浙江海門統捐局長梁汝澤，捐助洋二十元。
浙江青田統捐局長趙文耀，捐助洋二十元。
浙江蕭山統捐局長汪曾保，捐助洋二十元。

浙江寧波洋廣貨捐局長丁綸恩，捐助洋二十元。
浙江艮山門絲捐局長感邦采，捐助洋十五元。
浙江威坪統捐局長黄長松，捐助洋十元。
浙江甯鎮船貨捐局長秦懋勳，捐助洋十元。
浙江嘉善縣警察所，捐助洋二十元。
浙江平陽縣警察所，捐助洋八元。
浙江龍泉縣警察所，捐助洋五元。
浙江遂安縣警察所，捐助洋五元。
浙江武義縣警察所，捐助洋二十元。
浙江新昌縣警察所，捐助洋五元。
浙江浦江縣警察所，捐助洋十元。
浙江泰順縣警察所，捐助洋二元。
浙江淳安縣警察所，捐助洋十三元。
以上共收捐欵，洋十萬零六千四百零三元六角三分。
收息金，洋二千六百三十四元七角六分二釐。
總共收入，洋十萬零九千零三十八元三角九分二釐。
收警廳繳還拆讓費半數，洋一千三百七十七元六角七分五釐。
收警廳繳回未領地價，洋一千一百十六元。
收岳陵事務所繳開支結餘，洋十一元六角三分五釐。

續收杭州造幣廠長俞人蔚報解本廠盈餘項下撥捐，洋六千元。
續收兩浙鹽運使杜純捐助，洋五百元。
續收前陝西督軍陳樹藩捐助，洋五百元。
實在收入，洋十一萬八千五百四十三元七角零二釐。

支出項下

計開：
一、支岳陵事務所開辦經費，洋六百元。九年份起，每月由市房租金項下開支。
一、支拆屋讓地費，洋四千九百五十七元九角零三釐。
一、支岳廟甬道東首市房建築費正賬，洋七千六百八十元。細賬列入籌修概要内。
一、支岳廟甬道東首市房加賬，洋五百五十八元四角五分。同上。
一、支拆運城垣磚石費，洋三千三百九十九元九角二分一釐。
一、支岳王廟墓建築費正賬，洋十萬零八百十四元五角二分五釐。細賬列入籌修概要内。
一、支岳王廟墓加賬，洋二萬零九百零九元八角八分。同上。
一、支岳王廟墓特加工賬，洋五千四百六十九元。同上。
一、支岳王廟墓種植樹木費，洋一百七十一元三角。
一、支裝塑神像費，洋八百三十五元零七分。
一、支岳廟購置器具費，洋一百三十元零五分四釐。

一、支鑄鼎及香爐、燭臺費，洋六百五十五元五角三分。
一、支購買石贔屭費，洋十五元。
一、支石贔屭運費，洋四十元。
一、支購置牛皮大鼓，洋二十六元。
一、支遷移花神廟及砌築廟内池塘工料，洋二千六百三十五元九角三分六釐。
一、支岳廟甬道西首市房建築費，洋三千八百三十五元六角。
一、支岳廟新刻碑記費，洋五百二十元。
一、支豎立碑石及廁所便池費，洋一百零二元八角。
一、支岳廟落成典禮各項費用，洋八百元。
總共支出洋十五萬四千一百五十六元九角六分九釐。
收支兩抵，計不敷洋三萬五千六百十三元二角六分七釐。

校勘記

〔二〕洋，底本原誤作『計』，據文意改。
〔三〕捐助洋，底本原倒作『捐洋助』，據上下文乙正。

附録

拆屋購地

函省會警察廳、杭縣公署

請按照單開岳墳各户房屋，迅即會同執行拆讓，以便興工由。

逕啓者：現在西湖建築馬路，將次開工，岳墳街亦在範圍之内。凡岳廟近傍各店户地點，當然令其拆讓。本所此次重修岳王墳廟，計畫上亦有需用該處店户地宇之處。即擬即日動工，勢不得不提前拆讓，以便提辦。現將應須拆讓各店户號、間數開列清單，請煩貴廳、縣會同杭縣、警廳，迅即按單執行。應給價額，可依據向來築路成案辦理，以歸畫一。其價請於核定後，開具清册報明，以便照撥。至該商民等安插之所，已奉諭籌商。用特函達，順頌公綏。

附送清單、地圖各一紙。

杭縣公署、浙江省會警察廳公函第五百三十七號

逕會啓者：案查敝公署前准貴所函開『現在沿西湖建築馬路，將次動工，岳墳街亦在範圍之内。凡須用岳墳近旁各店户地點，當然令其拆讓。本所此次修建岳陵，計畫上亦有須用該處店户地宇之處。擬即日開工，勢不得不提前拆讓，以便趕辦。現將應須拆讓各户店號數、間數，開列清單，請貴縣會同警察廳，迅即按單執行。應給價額，可依據向來築路成案辦理，以歸畫一。其價請於核定後，開具清册報明，以憑照撥。至該商民等安插之所，業正籌商。擬將蠶桑分校操場旁邊隙地一方，增建市房。准由拆讓商民儘先租用，以昭體恤，而維市面等由。附單、圖各一紙。准此，相應檢同單、圖，函請查照。會同辦理，並希見覆』等由。計附單、圖各一紙到署。當即會同查察馬路拆屋成案，計平房每椽給與拆費洋五元，墻垣每方給與拆費洋二元五角。岳墳附近各屋，共需拆費二千七百五十五元三角五分。除布告並令行該管警隊傳知各户限期拆卸、領欵外，所有拆費二千七百五十五元三角五分，擬請撥發，以憑給領。爲此，繕表備函，即請查照施行。實紉公誼。此致重修岳陵事務所。

計附拆屋價表一紙。

中華民國八年七月十七日

岳陵附近民房及墻垣拆費總數表

拆讓户名	路名	門牌號數	平房椽數	墻垣方數	總計
林成掌	岳墳街	一六	五一	一六・九一	二百九十七元二角七分五釐
應祖培	又	一七	一一	四・七九	六十六元九角七分五釐

曹錦龍	又	一八	一〇	無	五十元正
蔣明祥	又	一九	二四	一・六二	一百二十四元另五分
岳姓			無	二・六一	六元五角二分五釐
範光臨	又	二一	四二	八・三八	二百三十元零九角五分
孫阿茂	又	二二	九	四・三二	五十五元八角正
許桂生	又	二三	一七	九四	八十七元三角五分
郁阿四	又	二四	四〇	三・七六	二百零九元四角正
孫長奎	又	二五	三一	八・八一	一百七十七元零二分五釐
林榮慶	又	二六	三三	二〇・三六	二百十五元九角正
李炳榮	又	二七	二〇		
李炳榮	又	二八	二一	二一・〇七	二百九十二元六角七分五釐
李炳榮	又	二九	一七		
工程局管理	又	三一	五	無	
工程局管理	又	三二	九	無	一百九十二元六角七分五釐
工程局管理	又	三三	一二	無	
胡明海			六		三十元正
岳朝鼎	又	三四	三六	五五・八〇	三百十九元五角正

岳王氏	又	三五	一八	無	九十元正
李紹淵	又	三六	二一	八·一二	一百二十五元三角正
岳朱氏	又	三七	一四	六二	七十一元五角五分
張禮雲	棲霞嶺脚	一	草屋兩間	八·六四	二十一元六角正
張禮雲	又	二	草屋兩間		二十元
王啓林	又	三	一二	二·六五	六十六元六角二分五釐
楊慶祥	又	四	草屋一間	五·三四	三十三元三角五分
楊慶祥	又	五	草屋三間		
夏運來	又	六	草屋四間	五·四〇	三十三元五角正

共計洋二千七百五十五元三角五分正

說　明

一、平房每椽計拆費洋五元。

一、墻垣每方計拆費洋二元五角。

一、張禮雲等草屋共十二間，並無椽數可計，擬每間估計洋五元。

致警廳、杭縣函

函請與蠶業學校會商，拆讓該校寢室兩間，以便擴充岳陵甬道由。

逕啓者：本所修建岳王祠墓現已開工，查有蠶業學校寢室適鄰甬道。爲擴充道旁地宇，計該校最西寢室兩間及西首墻圍均有阻礙。應請貴廳、縣，會同杭縣、警廳即與該校會商，速將最西寢室兩間拆讓。照例給償代價，俾作修繕之資。至拆讓工事爲迅速起見，可由本所料理。如該校長不在省垣，即希與該校教職員接洽。工程緊要，務乞從速咨照協商爲盼。此致省會警察廳、杭縣公署。重修岳陵事務所謹啓

省會警察廳呈文

爲補領岳陵岳朝和等拆讓墻屋暨津貼、花息由。

呈爲補領岳陵拆讓墻屋暨津貼、花息費貲，仰懇核發事。竊查本年十月下旬，經杭縣縣公署會同職廳估計岳陵收用民人曹維明等基地地價，並酌擬租地各户花息、津貼共計洋四百五十二元五角七分。業經奉發祇領在案。惟查此案，尚有岳朝和、夏阿寶、金珠海等之花息費洋六十三元八角，又蠶桑學校並阿寶、李阿虎、林成掌、章瑞生、王寶元等之拆卸墻屋費洋二百七十四元七角四分，又木匠姚春記代修蠶桑學校墻垣工料洋二百二十五元四角四分，總共洋五百六十三元九角八分，前經造表開單，函報重修岳陵事務所查核在案。茲據該民等一再請領前來，理合重造表單，備具文領。仰懇督軍核准補發，以憑轉給祇領。謹呈浙江督軍盧。

岳陵收回地基津貼、花息並拆讓墻屋應給費貲一覽表

姓名	門牌號數	墻屋花息	估計價值	總數
岳朝和	一五號	桑四百五十四株	每株洋一角	四十五元四角
夏阿寶	七號	桑八十四株	同	八元四角

金珠海	七　號	南瓜絲瓜茄子等共二千六百五十		十元
蠶桑學校		樓屋二間二十二椽		一百三十四元
夏阿寶	七　號	草房四間墻五方	每方二元五角	三十二元五角
李阿虎	一七號	草屋四間墻六·三七五	同	三十五元九角四分
林成掌	一六號	草房二間墻七·九二	同	二十九元八角
章瑞生	十　號	草房四間墻五方	同	二十七元五角
王寶元	三八號	墻六方		十五元

總共計洋三百三十八元五角四分正

附　記

一、草屋每間估價五元。

木匠姚春記代修蠶桑學校墻垣工料賬

蠶桑學校：

打泥墻，十七丈五尺。放墻，掘墻，清脚，做脚，打夯。每九元[二]，合計洋一百五十七元五角。

做敲翻，封人字墻，人工一百二十二工。每三角七分，合計洋四十五元一角四分。

石灰紙巾，洋十八元。

本匠拆屋人工，洋四元八角。

以上統共計洋二百二十五元四角四分正。

省會警察廳公函

爲補發岳墳街民人金珠海等拆讓費洋三十元由。

逕啓者：案據巡邏第二分隊隊長趙廉濤呈稱『竊查蠶桑學校操場旁邊擬建市屋，地點有第七號門牌民人金珠海茅屋兩間，又岳朝和廁所四椽。從前奉令發下修建岳陵應拆民房之清單、圖樣，並未列入應拆之内。又因並非岳陵範圍，故未曾查報。兹因市屋興工建築，該茅屋、廁所均須拆讓，該民等迭次來隊要求拆費。隊長特令巡官金治康，向岳陵事務所陳明前情。當蒙囑云「由隊長轉報，核給可也」等示。隊長查此項茅屋、廁所，既蒙岳陵事務所允給拆費，自應准予核給，以示體恤。爲此開具清單，備文呈報，仰祈廳長俯察，核轉施行』等情。據此，查茅屋原定拆費每間五元，平屋拆費每椽五元。兹金珠海茅屋兩間、岳朝和廁所四椽，共計拆費洋三十元。相應備具領條，函請貴所照數核發，以資給領。實紉公誼。此致重修岳陵事務所。

省會警察廳公函

爲補發岳墳林榮慶等拆讓費洋四十元由。

逕啓者：案查前奉督軍署令開『據民人李炳榮、林榮慶等稟稱「竊民林榮慶住岳墳街第二十六號門牌，原有房屋三十七椽。由當地警隊巡長李君赴民家查勘，因當時失於檢點，漏報四椽。再民李炳榮於二十九號門牌，原有房屋二十一椽，亦因失於檢點，漏報四椽。而李巡長失於查勘，未曾與民等更正。此次奉諭，具領拆讓費，民等各缺椽數費大洋二十元之譜。然民等自失檢點，漏報椽數。本屬自悮，復敢何言。但民等均係趁工度日，貧苦不堪，饔餐不繼，家下數口嗷嗷待哺。今既奉令拆讓，損失甚鉅。又一經拆讓，棲止不定，執業不安，甚有坐食山空之虞。俯首自思，實深悲苦。爲此，萬不得已，請即派員查明。將前頃漏報椽數費大洋各二十元，共計四十元，准予如數補給，以甦民困而資小補。伏乞督軍鈞鑒，格賜宏恩，憐念下情。准于照給施行，不勝感德之至」等情。據此，查此次修建岳陵需用該處居户地宇。前曾令飭詳查，一律給價拆讓。並據列表具覆在案。兹據該民等呈稱「漏報椽數，請求補給拆費」前來。究竟當時查勘情形如何？該民等所稱各節如果屬實，未免疎忽。除批示外，合行令，仰該廳迅即會同杭縣知事查明具復，以憑核辦，此令』等因。奉此，當經函商杭縣知事，并令行該管巡邏隊查覆去後。兹據該隊長趙廉濤覆稱『查得該民林榮慶原有房屋三十七椽，當時漏報四椽。李炳榮原有房屋二十一椽，當時亦漏報四椽。兩家合計漏報八椽，共缺拆費大洋四十元，事屬實在。惟當時由巡長李廣陞查勘，殊屬疎忽。除將該巡長李廣陞從嚴處分外，理合備文呈祈察核』等情。據此，該巡長李廣陞查勘疎忽，實屬咎無可辭，從嚴懲處。除函達杭縣知事外，所有應補林榮慶、李炳榮等拆費洋共四十元，相應備具函領。即請貴所查照核發，以憑轉給。實紉公誼。此致重修岳陵事務所。

函省警廳、杭縣公署

爲墊付岳墳房屋拆卸經費，請查照備案，以便開築環湖馬路時攤派歸還由。

逕啓者：按查敝所昨准函開『岳墳附近各屋拆卸費，共需銀二千七百五十五元三角五分。擬請撥發，以憑給領。並繕具清單一紙，即請查照施行』等由到所。該欵業經照數畫撥，以便分别給領。惟查岳墳街一帶，將來西湖馬路開工建築時，該處房屋亦有必需拆卸之處。敝所修建岳陵，因開工在先，勢須提前辦理。所需該項拆卸經費二千七百五十五元三角五分，應由敝所與西湖馬路工程局分半負擔。在工程局未經成立之前，姑由敝所先行墊撥。一俟該局部署確定，即須照現撥之前項拆卸費歸還半數，以昭公允。爲此，函請貴縣、廳查照備案，以資接洽。至紉公誼。此致省會警察廳、杭縣公署。

訓令省會警察廳

爲令飭知照省會工程局繳還岳墳街民屋拆卸費半數洋元由。

案查八年七月十八日重修岳陵事務所函[三]，致該廳與杭縣知事，爲發給岳墳街民屋拆卸費洋二千七百五十五元三角五分一案。原文叙明：此欵先由該所墊付，一俟西湖馬路工程成立，即由該局繳歸半數，以昭公允在案。兹岳陵工程行將就緒，並查該處馬路亦已興築。是項拆卸費半數，計洋一千三百七十七元六角七分五釐，應即繳歸岳陵事務所，以資結束。合行令，仰該廳長查案，知照省會工程局。即將此欵尅日呈繳來署，以便轉發。此令。

省警廳工務處呈解岳墳街民屋拆讓費文

呈爲呈解西湖岳墳街民屋拆讓費，仰祈核轉示遵事。竊准警察廳函開『案奉督軍公署訓令第二十八號，内開「查八年七月十八日重修岳陵事務所函，致該廳與杭縣，爲發給岳墳街一帶民屋拆卸費洋二千七百五十五元三角五分一案。原文叙明：此欵先由所墊付，一俟西湖馬路工程成立，即由該局繳解半數，以昭公允在案。兹岳陵工程行將就緒，並查該處馬路亦已興築。是項拆卸費半數，計洋一千三百七十七元六角七分五釐，應即繳歸岳陵事務所，以資結束。合行令，仰該廳長查案，知照省會工程局。即將此欵剋日呈繳來署，以便轉發，此令」等因。奉此，相應函達貴處，即希查照辦理』等由。准此，遵將上項拆讓費應繳解半數，計洋一千三百七十七元六角七分五釐，如數一併備文呈解。仰祈鈞督察核轉給，實爲公便。謹呈浙江督軍盧。

計呈繳洋一千三百七十七元六角七分五釐。

指令省會警察廳

爲解繳西湖岳墳街民屋拆讓費半數洋元由。

呈悉。並解繳洋一千三百七十七元六角七分五釐，已如數轉給岳陵事務所查收。仰即知照。此令。

訓令杭縣公署知事王吉檀

爲令飭會同省警廳派員勘明曹維明等基地，估計價值，限日具報核辦，以資結束由。

案據民人曹維明呈稱『竊商於西湖岳廟前有基地一方，建築洋樓，租與杏花村，開設旅舍、酒館。因該屋西首與岳陵基地毗連，前經岳陵事務所將商所有基地劃出一畝零九釐，圈入岳陵收用，訂立界簽在案。因圈入基地以内，尚有墳墓一穴。仍由岳陵事務所劃出保留，並不遷移更動。除墳地二分不收用外，實圈入商地八分九釐正。前商繪圖呈請鈞署，將劃出基地准予變通劃還。奉批呈悉。毗連岳陵各房地，凡屬必須收回應用者，業經一再規畫，定立界籤在案，礙難變更。該商所請劃還基地之處，應毋庸議，此批。但是項基地，係由商納税完糧。即使岳陵收回應用，亦須照章給價。查《土地收用法》第七條：「土地收用之價，爲土地所值之市價，如連同土地附屬物件或土地之收益一併收用時，其土地附屬物件與土地收益所值之市價，應分别算定合計之。」又第十條：「收用土地之一部分者，於支付其所收土地相當之價外，對於其餘地所受之損失，依業主之要求，酌予賠償。」本案收用商基地八分九釐，地上雖無附屬物件及土地收益，不過須照目前所值之市價，估計酌給，方足以昭平允。况岳陵劃出地基，與商屋直接毘連。一經收用建築，既要阻礙商屋空氣，又要阻塞商屋光線。不免使商原有房屋拆卸、更改。所有此項改築損失，即是對於其餘地所受之損失，是應一併酌予賠償，方爲公允。爲此，再行呈請，伏祈俯賜迅即派員詣勘。酌給相當地價，並將所受損失酌予賠償。以符定章，而昭平允。實爲公便』等情。據此，查岳陵收用民有房地，均准給價有案。該民所請酌給基地價一節，應予照准。據稱，地上有墳墓一穴。兹按計劃圖，應在岳陵墻界以内，礙難劃出，合一併收用。該墳主如不願將墳墓遷移，暫予留存可也。除批呈悉。該項基地，應需給價若干。候令行杭縣知事，會同省會警察廳長勘明實在，估計具報，以憑核辦。至所稱其餘地因空氣、光線關係，認爲損失，請予賠償，殊屬要求過當，礙難照准外，合行令，仰該知事會同省會警察廳長，特派妥員，勘明實在，估價具報，以憑核辦。再查林成掌、林成榮、楊振驤、陳子艮、錢名先等基地，尚未據估價具報前來。亦應查案，酌量估計。限文到五日内，遵即一併具報核辦。以期早日結束，毋延。此令。

省會警察廳長、杭縣知事呈文

爲呈復會同估計岳陵收用曹維明等基地價，並酌擬各户花息、津貼列表，請核示由。

呈爲會同估計岳陵收用民人曹維明等基地地價，並酌擬租地各户花息、津貼，一併分别列表呈送，仰祈鑒核示遵事。案奉鈞督訓令第六七一號，内開『岳陵收用民人曹維明劃出基地，應需給價若干，令行會同勘明實在，估計具報。又林成掌、林成榮、楊振驤、陳子良、錢名先等基地，尚未據估價具報，亦應查案，酌量估計，一併呈覆核辦』等因。又奉訓令第六五零號，内開『民人楊慶祥、夏運來、章開良等承租旌功地産，所有地内種植桑、竹等樹，應酌給花息、津貼。飭即酌量估計，列表呈覆核辦』等因。又前奉訓令，據民人王寶元呈稱『岳廟後方有山地四五畝，經圈入收用界内。飭即查明確實畝分具報』各等因。奉此，當經職廳派委巡邏第二分隊隊長趙廉濤、職縣委員魏淦，會同前往。分别勘丈估計，列表核轉去後。兹據該隊長等呈覆『遵即率同丈量生前往，丈得曹維明基地一畝零三釐八毫二絲九忽。除墳一穴，計地三分零三毫不估價外，實收用地八分三釐五毫二絲九忽。又林成掌、林成榮係胞兄弟，地不分户，計收用地四分二釐五毫。又丈得王寶元共收用地，二畝九分三釐七毫二絲，内計墳山二畝五分四釐六毫九絲，平地三分九釐零三絲。山地與平地間，介有牛將軍墓道。其墳山上，有墳墓三十四塚。墓旁有栗樹三十二株、香樟樹七株，該民王寶元情愿免領地價，請求一併保留，以作墳蔭。歸伊收取花息，藉資生計。嗣後不植不葬，取有甘結存案。詢據岳陵監工員面稱，將來建築圍墻，所有牛將軍墓道亦在包圍之列，仍須另闢墓門，以爲各後嗣祭掃之路，庶各墳墓得受饗食儀範。且於岳廟無損觀瞻，似可准其保留。其地價一層，擬請酌定爲三等。以臨市面基地，列爲一等，每畝給價洋三百元。在裏衖者，列爲二等，每畝給價洋二百四十元。靠山麓者，列爲三等，每畝給價洋一百八十元。林成掌等，地臨街面，應列一等。曹維明，地在裏衖，應列二等。王寶元，地靠山麓，應列三等。共應給價洋三百九十八元二角二分三釐。其楊慶祥等，承租地内所種桑、竹株數，亦經分別勘明，會同酌定。擬請每桑樹一珠，酌給津貼洋一角。竹一株，酌給洋五分。共應給津貼洋五十四元三角五分。惟楊振驤、陳子艮兩户之地，現因糾葛未清，碍難勘估。令内所載之錢名先一名，查無其人，合併聲明』等情，具覆前來。覆核所擬各項辦法，尚稱允洽。所有楊振驤、陳子艮二户之地，前據要求，地價擬照新市場特等價，則每畝一千五百元，以七折計算，當函准。重修岳陵事務所函復，以詢據岳氏聲稱，該民等基地確係當時出租。檢出租據三紙，計原租價洋九百元。請照原價發還，另行酌給填蕩工費。當經職廳令飭巡邏第二分隊查照辦理去後，旋據復稱，該民楊振驤等仍一再堅稱『有係岳姓贈與，有係憑中向岳姓價買。均有執業契照、糧串可憑，不願受領租價』等情。又經知事飭令，檢齊契據呈驗。除催該民等將契據、糧串檢送來署，再行查驗明確，函商岳陵事務所，酌擬辦法，另文呈請核示外，理合先行抄録各表，連同甘結，會同具文呈覆。仰祈鈞督鑒核，俯賜指令祇遵。

指令省會警察廳長、杭縣知事

呈及表、結，均悉。所擬曹維明等基地價及各户花息、津貼辦法，尚屬允當。核計表列估計之價，共洋四百五十二元五角七分三釐。仰即備具印領，來署核發，以便轉給祇領。表、結存。此令。

劃入岳陵界内民地畝分、估給地價表

姓名	基地畝分	基地等次	每畝給價	擬給地價數目
曹維明	八·三五二九	二等，因在屋後	二百四十元	二百元四角六分九釐
林成掌 林成荣	四·二五〇〇	一等，因在臨街	三百元	一百二十七元五角
王寶元	三·九〇三	三等，因靠山麓	一百八十元	七十元零二角五分四釐

合計價洋三百九十八元二角二分三釐

附記

一、表内所列等次，係以臨市面者，列爲一等。在裏街者，列爲二等。靠山麓者，列爲三等。

一、收用王寶元山地二次，共有二畝九分三釐七毫二絲，内計墳山二畝五分四釐六毫九絲，平地三分九釐零三絲。其墳山上，有墳墓果樹，王寶元情愿免領墳山地價，請求保留墳墓果樹。本表僅以平地給價計算。

岳陵界内承租基地各户津貼、各項花息估計價格表

姓名	門牌號數	種植物		合計洋數
		株數	每株價格	
楊慶祥	五號	桑三十株	洋一角	洋三元
楊慶祥	五號	竹二十五株	洋五分	洋一元二角五分

夏運來	六號	桑三百七十七株	洋一角	洋三十七元七角
夏運來	六號	竹一百四十二株	洋五分	洋七元一角
章開良	一號	桑六十三株	洋一角	洋六元三角

總計洋五十四元三角五分

函杭縣公署

重修岳陵事務所爲酌擬辦法，函請收回陳子艮暨楊振驤租地由。

逕啓者：案准貴署公函内開『案准省會警察廳公函，内開「案查前准貴公署函，開『奉浙江督軍署副官處函，開「頃將重修岳廟計劃面稟督座，奉諭決將楊姓及陳子艮所租及其附近之地一律收回，以備將來興辦市面，即通知杭縣從速照辦」等因。特此，函請查照』等由。當經飭委陳馥亭查覆去後。兹據復稱『遵經親自前往勸諭遷讓，何如？該民人等均置若罔聞。至楊姓及陳子艮之地畝，查據人稱係岳姓賣與，並非租與，故楊、陳二姓未肯退還。若此有意觀望，殊於建築有碍，非請會同警廳督令遷讓不能辦到。兹奉前因，理合具復。伏乞鑒核』等情前來。除指令外，相應函請查照。希即會同飭令該管警隊，前往商辦爲荷」等由。准此，先後令行該管警署商辦去後。兹據覆稱「案奉鈞廳指令，呈復『陳子艮等所買岳廟附近之地，允肯退讓，求給優價，乞察核由。内開「陳子艮及楊姓地基，究有若干？優價究須多少？應一律查詢明確。具復核轉，毋延」等因。奉此，隊長當邀該民陳子艮、楊振驤到隊。據伊等開單内稱，陳姓地二畝五分，楊姓八畝五分，兩共計地十一畝。民國四年，財政廳長張壽鵬因擬造張蒼水、朱舜水兩公祠宇，欲全購此地。曾每畝還價八百元，未售。又本年，現住裏西湖之王克貞、李屑清等欲購四畝。每畝曾還價一千五百元，未售。兹民等亦不照從前還價，擬照新市場特等地價，每畝一千五百元，以七折計算可也等語。奉令前因，理合將查明地畝數目以及優價數目，備文呈復。仰祈察核施行』等情。據此，除指令外，相應函達貴事務所，查照察奪辦理爲荷』等由。准此，業經飭傳岳氏到所，當面詢明。該基地確係當時由岳氏出租，無出賣情事。並據岳氏檢出租據三紙，繳所存驗。查得據内所載位置、畝分等項，與該基地均屬相符。並載明租價，共計洋九百元。其租據所載之蕩，已由承租人填爲平地，即在該基地之内。現在既經證明，該基地實係租賃，有據可憑，該陳子艮、楊振驤何得以租産冒稱買産，一再任意索價，糾葛不清。應即按照租據所載原價洋九百元分别給領，即將該基地收歸岳陵應用。至當日填蕩工價，應予估計償還，以昭公允。請煩貴署酌量估定，與該租地價一併給領可也。准函，前由相應抄録。岳氏所繳租據三紙全文一併函達貴署，請即查照辦理。並希特咨省會警察廳爲荷。此致杭縣公署。重修岳陵事務所啓。

訓令杭縣知事

爲據陳子艮詳陳蕩地經過各情由。

案據商民陳子艮呈稱『竊公民於前清光緒三十二年間，由岳左桐偕子岳蓮生，因與公民有銀錢糾葛，議將岳秀蓮户下徵蕩二畝五分作抵當。時議定應找産價一百元，連舊欠洋三百元，一併取銷。出立送契於公民，并立有收據一紙爲憑。後經公民於前清宣統時，包與匠人黄耀芳，將蕩填平，計耗去洋二百元。嗣因蔓草霉爛，復行沉陷。又於民國五年間，公民托由沈藍田經手，出洋九十五元，再行墊平。六年間，又由楊振驤經手，一併統墊，所耗去洋元未結算。前後三次，始能成地。單就徵蕩二畝五分言之，前後共用去洋約七百元之譜。歷年虧耗及過户税契錢粮等，猶不在内。如果爲建築岳陵有必需之用，官廳當然有收用土地之權。爲崇祀岳陵、褒揚忠烈起見，公民何吝惜之有。但公民之地與岳陵南北、東西，俱有道路、祠宇之間隔，於建築岳陵渺不相涉。且當年立契成交時，岳氏族人曾經作中畫押，並未聲明此係旌功產。且由岳秀蓮私人名下，推粮與公民。事隔十四年之久，本年夏間，奉趙隊長傳詢，此地有人出過價目否。當據情以告，非要索也。詎彼族人忽向貴所捏稱租與，並非賣與。繼經公民向杭縣公署呈出契據，而岳姓又改稱係岳氏旌功産。如果係旌功産，則岳氏先爲欺詐。照法律論，應負賠償損失之責，且不應以岳秀蓮私人爲户名。旌功歟，非旌功歟，其誰信之？總之，如果確係爲建築岳陵所必需，直截了當由官署收用可矣，岳氏何必枝枝葉葉矛盾乃爾。爲此，特將歷年來經過情形，及耗費金錢、勞力始得墊蕩爲地之事實，謹呈於所長，敬祈察核辦理。原契據與粮票，已繳縣署，合併陳明』等情。據此，查該案辦法，前已令飭遵照在案。兹據該民將此項蕩地經過各情聲稱前來。除批：呈悉。此案業已令行杭縣知事會同省會警察廳長辦理外，合行令，仰該知事會同省會警察廳長，仍查照前令，迅即妥爲核辦具報，以資結束。此令。

訓令杭縣知事

爲令飭查照前函辦法，迅將陳子艮、楊振驤所租岳氏旌功産收回具報由。

案據重修岳陵事務所監修張載陽、范毓靈、安毓清呈稱『竊重修岳陵事務所准杭縣公署公函，内開「准省會警察廳函復，收回陳子艮、楊振驤基地一案。查照貴事務所函示辦法，應給還該民等原租價九百元零，再酌給當日填蕩工價。現經飭據巡邏隊第二分隊呈覆，奉令即邀該民等來隊諭知，令其分别領回租價，償填工本。據陳子艮、楊振驤殊不願意，據陳子艮聲稱：我之基地二畝五分，係岳氏送與，並非承租。執有岳秀蓮業户執照，並由岳左桐所出産價收據。已經登記納税，且有岳阿福、程戒三、黄耀芳等爲中。又據楊振驤聲稱：基地八畝五分，於清光緒三十三年，憑中周梅閣、張葆卿價買，尚有前清業户印契、粮串。至民國年間，亦已登記二次，並非租産。若照租押上所載原價，萬難承認。如官廳欲取憑據查驗，民等所有各項憑據，存在上海銀行内，竟可繳驗。至於填蕩工價，亦毋庸議」等語。隊長核諸該民陳子艮等所稱，堅認私産，不受原價，甚難解決。究應如何辦理之處，理合呈覆，仰祈廳長察核示遵』等情。據此，相應函復貴公署，即希查照轉達等因。准經牌示該民等，各將執管契據、户摺、粮串、收據等項，剋日檢齊呈驗，以憑察辦在案。兹據陳子艮、楊振驤各將契據、糧串檢驗前來。查核陳子艮契據填載，系由岳左桐贈與計蕩一口，並未注有畝分。楊振驤呈契二紙，一系岳竹樓出賣，計地蕩五畝五分五釐。一系裕德出賣，計地二分正。共計地五畝七分五釐。核與該民人現報八畝五分之數，亦有不符。且究竟是否岳姓出賣，有無盜賣情事，殊屬疑問。相應檢同契據、糧串，函送貴事務所查照。希即查詢岳姓，究係是何實情。酌擬辦法，剋日見復。以憑核辦，呈請核示等情。據此，合行令，仰該知事會同省會警察廳長，仍查照該事務所前函内所擬辦法，迅速切實辦理具報。所繳陳子艮、楊振驤呈驗各件，隨文一併發還，仰即查照。此令。

省會警察廳、杭縣知事呈文

爲呈復估給民人陳子艮、楊振驤填蕩工價由。

呈爲估給民人陳子艮[三]、楊振驤填蕩工價，會同呈復，仰祈鑒核示遵事。案奉鈞督訓令第八號一件，内開『據重修岳陵事務所監修張載陽、范毓靈、安毓清呈稱「岳陵收回陳子艮、楊振驤基地一案，請仍查照事務所前擬給還原租價洋九百元零、再估給填蕩工價辦法。請飭令杭縣知事會同省會警察廳，迅速辦理具報，以資結束」等情。據此，令仰該知事會同省會警察廳，迅速切實辦理具報。所繳陳子艮、楊振驤呈驗各件，隨文發還，並即查收，此令』等因。下縣奉此，當經職廳令行該管巡邏隊隊長趙廉濤、職縣派委庶務員魏淦，會同前往，估明應給填蕩工價數目具報去後。兹據該員等復稱『奉經傳諭陳、楊二户到地面詢，以憑核估。詎料候之日久，催之數次，並不來隊。僅由陳子艮投遞一稟到隊，聲稱填蕩工價及各項費用，須九百餘元。似此置若罔聞，非但該蕩究須給予填費若干，無從估計，且發給該地原價九百元，亦屬無可照辦。兹因奉令催復，遂即會同邀令就地熟悉情形之耆民，照從前二口蕩身，實地丈量。約共計一畝九分寬。復向省會工務處問明規劃旗營填蕩工價情形，每蕩一口平面，作六十方算，每方給工洋六角。該民之蕩姑從寬，作二畝算。並假定有三方之深，則每蕩應有一百八十方。兩口蕩，共計三百六十方，應共給工價洋三百十六元。理合將會勘情形呈復，是否有當，仰祈察核示遵』等情前來。該民陳子艮、楊振驤基地，確在旌功産範圍以内。誠如鈞令，原屬國家之産，當然無不收用之理。岳陵事務所前定，給還原租價洋九百元零，估給填蕩工價，實已體恤周至。乃該民等，經委員屢傳不到。有意遷延，殊屬不合，自未便任其延宕。現經該委員等，邀同就地熟悉情形之耆民，照從前二口蕩身，實地丈量。並照規劃旗營填蕩工價、每方給工價洋六角辦法，從寬估計。共給填蕩工價洋三百十六元，尚屬允當。理合會同具文呈復，仰祈鈞督鑒核察奪，指令祇遵。如奉核准定案，再由職廳等備具領狀，呈請將原租價洋九百元，連同給予填蕩工價洋三百十六元，一併具領。飭隊轉發該民等收領，以資結束。實爲公便。謹呈。

指令省會警察廳長、杭縣知事

爲呈復勘東陳子艮、楊振驤填蕩工價情形，並請連同原租價洋，一併核發具領，以便轉給由。

呈悉。據復稱『已將陳子艮、楊振驤等蕩地派委勘丈。依照規畫旗營填蕩工價、估計償還辦法，尚屬可行』，應予照准。與該民等原租價洋，一併核發。共計需洋一千一百十六元。仰即備具印領，來署核發可也。此令。

訓令省會警察廳

爲令催岳陵租地各户摺等呈繳來署，以資結束由。

案查九年五月間，據該廳長等呈送岳陵事務所收用之王寶元、林成掌成榮、陳子艮、楊振驤四户地契、糧串等二十二紙到署，申明『尚有曹維明一户，現在上海，迭傳不到。已飭該家屬，函催回杭。一俟契串、户摺繳署，即行呈送。又陳子艮、楊振驤二户應給地價，迄今尚未領去。户摺推付，亦未檢繳完全。容飭警逐一弔齊，另文呈送』等情前來。即經指令將所有尚未弔齊之陳子艮等三户户摺、契串，仰速辦理具報在案。詎今事隔年余，岳陵工程已竣，事務所行將裁撤[四]。究竟該三户契據有未弔齊，陳子艮等地價有未領去，仰速查案具報。如各契據至今尚未繳到，即通知各該户，無論地價具領與否，限日將原發之户摺底册註銷。並連同本案收回之岳氏租與洪姓五分六釐七絲一忽之空地，一併查明。原案填具新户摺送署，以資結束。毋再玩延，切切。此令。

省會警察廳、杭縣知事呈送岳陵收用曹維明等地新户摺暨岳王祠户摺並繳陳子艮等地價文

呈爲呈送岳陵收用曹維明、陳子艮、楊振驤等地新户摺暨岳王祠户摺，並呈繳陳子艮等地價，仰祈鑒核示遵事。竊廳長前奉鈞督訓令第六零號，内開『查九年五月間，據該廳長等呈送岳陵事務所收用之王寶元、林成掌成榮、陳子艮、楊振驤四户地契、糧串等二十二紙到署。申明尚有曹維明一户，現

在上海，迭傳不到。已飭家屬，函催回杭。一俟契串、户摺繳署，即行呈送。又陳子艮、楊振驤二户應給地價，迄今尚未領去。户摺推付亦未檢繳完全，容飭警逐一吊齊。另文呈送』等情前來。即經指令將所有尚未吊齊之陳子艮等三户户摺、契串，仰速辦理具報在案。詎今事隔年餘，岳陵工程已竣，事務所行將裁撤。究竟該三户契據有未吊齊，陳子艮地價有未領去，仰速查案具報。如各契據至今尚未繳到，即通知各該户，無論地價具領與否，限日將原發户摺底册註銷。並連同本案收回之岳氏祖與洪姓五分六釐七絲一忽之空地，一併查明。原案填具新户摺送署，以資結束等因。奉經廳長令行駐岳墳巡邏隊隊長趙廉濤查催去後。嗣據復稱『曹維明、楊振驤二人均在上海，迭催各家，趕速繳領，置若無事。陳子艮業已去世，其子陳立初云及該契串，不知故父放在何處，遍尋無着』等情，具覆前來。廳長查曹維明等契串既難吊繳，陳子艮地價亦迄不具領，洪姓空地亦無人負責，自應遵令，將原發户摺底册註銷，另填新摺呈送，函知知事辦理。當經知事令飭經徵處遵照辦理去後。旋據復稱『遵查該圖底册，並無曹維明户名。又楊振驤户名清德堂册列八畝七分五釐，核與所收五畝七分五釐[五]，不符。應請飭查曹維明完糧户名暨洪姓租地户名，以楊振驤納糧畝分，以便按户註銷』等情。知事查楊振驤地册列都圖户名，既無錯誤，自應於該户八畝七分五釐内劃出，所收五畝七分五釐註銷户糧，無庸復查外，其曹維明及洪姓租地兩户户名，經知事函知廳長飭隊查明。曹維明，户名敦怡堂曹。洪姓租地，户名岳王祠。知事覆查上扇四圖徵粮底册，敦義堂曹户内載，地三分九釐八毫，山一十四畝七分四釐三毫八忽。除將該户徵地畝分全數註銷外，復在土山畝分内，劃出四分三釐七毫二絲九忽註銷，以符所收八分三釐五毫二絲九忽之數。連同陳子艮、楊振驤等地，業經飭承過入岳陵户下，併填户摺呈送前來。至洪姓租地，原系岳王祠產，向以旌功岳王祠户名承糧，本有户摺。未據祠裔具領，仍由經徵處保存。查祠地共計五十一畝餘，該地即在其内，似可不必另填新摺，以免紛歧。所有辦理情形，是否有當，理合檢取岳王祠原有户摺，連同現在所收各地新户摺，會銜備文呈送，仰祈督辦鑒核示遵。再前領陳子艮、楊振驤等原租地價銀九百元，填蕩工價二百十六元，兩共銀一千一百十六元，迄未具領。應一併呈繳，並乞鑒察核收。實爲公便。謹呈。

計呈送：旌功岳王祠户摺一扣、岳陵户摺一扣、陳子艮等地價暨填蕩工價銀一千一百十六元。

指令省會警察廳長、杭縣知事

爲呈送岳陵收用曹維明等地新户摺暨岳王祠户摺，並繳陳子艮等地價由。

據呈稱：旌功岳王祠户摺一扣，岳陵户摺一扣，並繳還陳子艮等地價暨填蕩工價銀一千一百十六元，業經分別飭科核收，仰即知照。此令。

爲呈請事。前奉鈞諭『修建岳陵開工之始，應將市房先行擇地，規畫建築，以便安插商民，而維市面』等因。遵即集議磋商，先期趕辦，用副督座體恤商民之至意。竊查岳廟外街南有隙地一方，臨近甬道，位置相宜。堪以建造市房二十四間，每間一幢，後連灶披。現擬先建十七幢，俾資租用。至每幢建築經費，照最省價格預算，約需銀三百元。以十七幢合計，共約銀五千一百元。是否有當，理合備具圖式暨説明書，呈請鑒核示遵。謹呈督軍。

爲呈請事。前奉鈞諭『提前趕造岳陵市房，以便安插商民』等因。業經一再籌商，擬定做品，並繪圖、預算，呈請鑒核。並奉鈞諭『即着匠估帳，送候核辦』在案。遵即招致工匠李合順、汪湘記、姚春記，各開帳單，以資比較去後。兹據同時送到帳單三分，内中以姚匠所估之價爲最廉。業經與之訂議，每幢樓屋，後連灶披，以及泥磚墻一概在内，計銀三百二十元。惟此項市屋原擬先造十七幢，嗣因基地尚空，僅此屋宇，恐猶不敷。現擬擴充增加至二十四幢，以每幢建築費三百二十元，合計需銀七千六百八十元。及此一氣呵成，免得將來不敷，再費手續。並經設擬價格合同暨做品章程，以便進行。是否有當，理合檢同圖樣，呈請鑒核示遵。再是項工程開工以後，除由職等隨時抽查外，并擬派本署差遣汪少初、周南爲常駐監工員，以專責成，合併聲明。謹呈。

計附呈：做品章程并圖樣及價格合同各一件。

中華民國八年七月十六日

建築市房

建築岳陵東首市房合同

立合同契約：

重修岳陵事務所

承攬人姚春記

今於岳陵頭門外甬道東首隙地，建造市房樓屋隨身灶披共二十一間。由木作姚春記承攬，共計工料銀六千七百二十元。除做品、材料另照規定圖樣、章程辦理外，立此合同契約爲憑，須至合同契約者。

計開：

一、包攬此項工程，自契約成立、地上原有房屋拆清之日起，以兩個月爲完工期限，雨工照除。倘承攬人自己逾限者，按日罰洋十元。
二、承包工料價銀，分作三期支付。
第一期，訂立承攬日，給領銀三千元。
第二期，墻垣砌就，五木立起，屋頂蓋好，給領二千元。
第三期，一切裝摺完工，驗收無悮，給領銀一千七百二十元。
三、二三兩期領欵，應由監工員及驗收員檢驗工程相符，於領狀上各蓋圖章，送由事務所照給具領。
四、工作材料、做品式樣等，均須按照圖樣、章程，受監工員之隨時監視。如有不合式樣、尺寸，或材料有霉爛、歪紐、破損者，應由監工員剔除、另換。
五、原定圖樣、章程，若有遺漏、不完全之處，或在事實上應有盡有，以及必須略加改易之處，經監工員指明後，承攬人均須照做，不得推諉加價。監工員亦不得故意挑剔，以彰公道。其有在章程以外添做工程者，另行議價、照給。
六、承攬人須開細賬一分，送存事務所備查。倘有某項材料不合及短少之處，即照細賬内之價格處罰、賠償。
七、本契約成立以後，一切材料價目如有漲落，概歸承攬人自負其責，不得藉故要求加價。
八、凡在工程未完竣期限以内，所有人工及材料等之損失，或有失慎之危險，均應由承攬人自行負責，但天災地變不在此例。
九、保固期限，以此項工程驗收日起算，三年爲限。並另具保固證爲憑。
十、本合同契約調製兩份，雙方蓋印。其圖樣、細則，亦雙方蓋印，各執一份爲憑。

中華民國八年七月十七日訂

再批：房屋間數如有增加，每間照三百二十元伸縮給價。

岳陵建築市房做品章程

三和土：柱子下，深二尺，闊二尺。大墻下，深二尺，闊二尺半。

大放脚：柱子下，高六寸，用新方磚實砌。大墻下，高六寸，闊二十寸。

十寸墻：計二縫，厚十寸，實叠到擱面止。打空斗到頂，式照圖。内外均粉白石灰一度，出髫、墻脊均須做全。

柱木：料用杉木。棟柱，長二丈七尺，小頭大五寸。包簷柱，長二十一尺，小頭大五寸。門面柱，長二十一尺，大五寸方。洋台柱，大六寸方，料用本松。灶披柱木，小頭大五寸。子椽、雙步大小，照柱配用。

桁條：小頭大五寸至五寸半，料用杉木。

擱栅：樓擱栅，用三六松木。

樓板：厚一寸，闊六寸，高低縫做。地板，厚一寸，闊普通，料用本松板。下做地道蔦漿地。

門：樘子木，料用本松。厚三寸，闊五寸。門挺，大二寸、三寸。四薄子，做式照圖，無線脚。

窗：樘子木，二寸、三寸，料用本松。窗框木，二寸方，料用杉木。大小、式照圖，玻璃配全。

牌門：料用杉木，照普通式做。

欄杆：扶手木，闊四寸半，厚三寸，料用杉木。直楞木，二寸方，料用杉木。挂落、花板、線脚等，料用杉木，式照圖。

封簷板：厚一寸，闊八寸。明簷板，厚二寸，闊三寸。
步梯：梯脊，厚四寸，闊十寸。踏脚板，厚一寸半。踢脚板，厚一寸。梯闊，三尺。
椽子木：料用杉木，大二寸至二寸半。
天花板：用三分厚柳杉板，刨光彌縫。
屋面：瓦，用頭號天蝴蝶厚。屋脊、出髭全，下舖竹篾。
後門面墻：料用新方磚，側砌。每六皮，用松木二寸條子方押放一根。兩面，搪紙巾白石灰一度。
分間板：上下用新方磚[六]，側砌。每六皮，用松木二寸方條子押放一根。兩邊，搪紙巾石灰一度。
水落署子：料用白鐵。水落，大十二寸。管子，大六寸。外做緑油鐵勾子。每三尺，中對中用勾子一個。
陰溝墻：料用新方磚。高一尺，厚十寸，合計八十丈。每間，做小陰井一只。
分間墻：高一尺，厚十寸，新方磚實砌。
磉子石：高六寸，大七寸方。圓磉子，照柱配用。磉盤石，大十四寸，厚三寸。料用白石。
油漆：門窗及門面等處，均以一底一漆。椽子及天花板，一底一油。
玻璃門窗：絞縺、插銷、鈎子、鎖，一概如式配全。
灶房：門面上下，釘本松板。板内，做板門、板窗。二堂分間，用新方磚，側砌。每六皮，用松木二寸方條子押放一根。兩面，搪紙巾白石灰一度。
内十間，各做後門一堂，又做木柵窗一個。平地在内，天井處，均做側石。
人行路：闊八尺。下做碎磚三和土，厚六寸。上做水泥三寸，配法：水泥一成、黄沙二成、瓜子石片三成。排平之後，粉面，水泥與黄沙對合。厚三分，一切粉光。

後面泥墻：下打夯，用大亂石。墻脚，亦用大亂石砌，高一尺半。上築泥墻，連雙敲泥鰍脊。雙面搪紙巾石灰，窗洞照圖開設。

附則：高低、闊狹，均以英尺計算。

岳陵東首市房建築費

新造市房二十四間，每間三百二十元，共計工料洋七千六百八十元正。

又添帳：

樓上縫牆，改做十寸實砌，計十方另七尺。每方七元五角，計洋八十元另二角五分。

溝筒，用一尺水泥管子，十八丈。每六元，計洋一百另八元。

灶房，十六椽。每十二元，計洋一百九十二元。

樓上前門面，改做玻璃長窗，十堂。每七元，計洋七十元。

後門面三間磚壁，改做五寸牆，七方五尺九寸。計洋三十元。

馬路側石，三十四丈。計洋七十八元二角。

共添做，工料洋五百五十八元四角五分。

兩共實計洋八千二百三十八元四角五分。

爲呈請事。前奉楊前督軍諭『修建岳陵開工之始，應將市房先行趕造，以資安插該處商民，而維市面』等因。遵即擬具做品、圖樣，計共房屋二十四幢。招由工匠姚春記估帳承攬，計共價洋七千六百八十元。訂立合同，呈奉批准施行在案。現該項工程，已經完竣。理合呈請鈞座派員驗收，以重工務而便招租。謹呈。

訓令本署軍需課課長易兆雲、杭縣知事王吉檀

爲岳陵市房建築工竣，令飭驗收具報由。

爲令飭事。案據重修岳陵事務所監修安毓清等呈稱『前奉楊前督軍諭「修建岳陵開工之始，應將市房先行趕造，以資安插該處商民，而維市面」等因。遵即擬具做品、圖樣，計共房屋二十四幢。招由工匠姚春記估賬承攬，計共價洋七千六百八十元。訂立合同，呈奉批准施行在案。現該項工程，已經完竣。理合呈請鈞座派員驗收，以重工務而便招租』等情。據此，合亟令委該課長、知事，會同杭縣知事、本縣軍需課長，迅即前往驗收。並取具該工匠保固切結，一併具報。仰即遵照辦理。此令。

杭縣知事王吉檀、軍需課長易兆雲呈文

爲遵令驗收岳陵新建市房工程情形，開具清摺，仰祈察核由。

呈爲具報遵令會同驗收岳陵新建市房工程事。案奉鈞座訓令，内開『爲令飭事。案據重修岳陵事務所監修安毓清等呈「前奉楊前督軍諭『修建岳陵開工之始，應將市房先行趕造，以資安插該處商民，而維市面』等因。遵即擬具做品、圖樣，計共房屋二十四幢。招由工匠姚春記估帳承攬，計共價洋七千六百八十元。訂立合同，呈奉批准施行在案。現該項工程，已經完竣。理合呈請鈞座派員驗收，以重工務而便招租」等情。據此，合亟令委該課長，會同杭縣知事，迅即前往驗收。並取具該工匠保

固切結，一併具報。仰即遵照辦理。此令』等因。奉此，知事遵於本月十六日，會同前往。由監工處取到圖樣、章程，詳細驗看。查得各房屋式樣及開間、高寬、進深尺寸，與原定圖樣、章程尚屬相符。惟所用材料，大致雖無差謬，而工作程度，間有未能完備之處。業已面告監工員知照。除開列應行修整詳單，函請重修岳陵事務所轉飭原包工匠重加修整，並由所酌定延長保固年限，取具證書，送由事務所查核，轉呈鈞座察核外，知事等理合將奉委驗收情形，開具清單摺呈報，伏候督座察核施行。再此案係由軍需課主稿，合併聲明。謹呈。

清摺

謹將奉委驗收岳陵新建市房工程，開具清摺，呈請鑒核。

計開：

一、樓擱柵接筍處，有過綫稀縫者，應加鐵攀。

一、樓板有破裂者，應拆換。

一、灰幔、灰壁裂縫處，應加紙巾灰一度。

一、水落管子間有地點不宜者，應設法改正。

一、各門面排門，應加工排緊。

一、保固年限，原定三年，似嫌不足，應酌加保固年限。

保固單

具保固單。姚春記今保固岳陵事務所於岳墳前新造市房二十四間。工竣之後，自當保固五年。

限内如有墻坍、屋倒、歪斜等項，承造人自行賠修完全。五年之外，不涉承造人之事。倘遇龍風狂雨損壞等情，亦不涉承造人之責。所有逐年歲修，均歸主人自備。欲後有證，立此保固，是實此照。

民國八年陽歷十月　立保固單：姚春記　押

遷移花神廟

呈爲呈請事。竊查岳廟大門外甬道西偏，向有湖山春社一所。内中供奉花神，俗呼爲花神廟。該廟年久失修，屋宇墻垣，半就坍圮。其地位適當岳廟甬道之衝。現在西湖環湖建築馬路，業已動工。甬道左面，市房一帶，馬路非常寬敞。甬道右面，因花神廟墻垣横梗其間，致馬路工程無從著手。東西相較，非特寬狹不同，且使岳廟正門以及石獅牌坊，均偏於靠西一面。相度形勢，殊覺不甚壯觀。伏查重修岳陵原定計畫，改移花神廟經費，本已列入預算。因岳廟完工之後，正項開支不敷尚巨，故改移問題，暫從緩議。今由警廳方面繳還前墊岳墳拆屋收地費，洋一千三百七十七元六角七分五釐。奉諭『即將該項經費，作爲遷移花神廟之用』，遵即招同匠人章積記認真勘估。兹據該匠人開送帳目前來，經諮議等詳加覆核，一再削減，實需遷移費，洋一千三百七十三元一角五分六釐。所有辦法，係將花神廟遷移於左公祠西首，緊對紫雲洞路口，上年岳廟收回之空地上面。門樓三間，正廳三間，廚房三間，均照原式。走廊、後廂，因木料間有朽壞，未能全用。擬將兩面走廊，改七開間爲三開間。後廂完全删去，以免增添新料，經費較可節省。惟四面墻垣，統須重築，需用墻脚石料，因地勢較低，泥石補充不少。且因原來西首墻垣，向系借左公祠東面圍墻，兩邊公用。現在須增加石脚，並泥墻一帶，合計共需亂石二十餘方，挑泥三百十方。又岳廟後宮前面西邊，尚有池塘一口，未加修整。現擬用亂石，週圍砌礀六尺，計需亂石三十餘方。上面用新石板蓋口。低陷之處填高，土方八百十五方。後門口添造廁所一處，暨精忠産各處山地，需用界石六十塊。據工匠開價，需洋九百三十八元一角。亦經諮議等逐一覆核，尚無浮濫。再上項亂石，仍擬運用城垣拆卸之石。因距離湖埠較遠，每方拆運費，擬以二元計算，約另需洋一百二十元左右。以上各項，併計實需洋二千四百三十一元二角五分六釐。所有估計遷移花神廟、砌築廟中池塘、加挑泥土、添造廁所、拆運城垣亂石各緣由，理合檢同原賬單，呈請副官長察核，轉呈督軍批示祇遵。

遷移花神廟細帳

計開：

花神廟遷移，西南面新造。計地户，深十一丈四尺，闊三丈六尺。四面築泥墻，共計地户，二十六丈四尺。下打夯，做墻脚。高統扯六尺，厚二尺四寸。計洋二百十六元四角八分。

泥墻，高一丈四尺，折方三十七方一尺二寸[七]。每方一元八角算，計洋六十七元三角一分六釐。

松樁，二百六十根，墻脚柱脚用，計洋一百二十二元二角。

挑土填泥、打泥墻，三百一十方。每方四角五分算，計洋一百三十九元五角。

牆上敲翻做脊，二十六丈四尺。每丈洋四元，計洋一百零五元六角。

雙面搪泥灰，粉白牆落脚，計折方七十四方二尺四寸。每方計工料洋一元算，計洋七十四元二角四分。

正大殿、頭門人字墻，各兩縫計，折方七方二尺。每方計工料洋十一元，計洋七十九元二角。

正大殿三間，每間十椽。頭門三間，每間六椽。左右走廊六間，每間兩椽。後面廚房兩間，每間三椽。共打夯、定磉、蓋瓦、做脊，計工料洋五十一元。

頭門、大殿，鋪地坪。走廊，做水泥地。計工料洋一百一十元。

五木裝摺，共計人工三百五十工。每工洋四角八分，共計工洋一百六十八元。

添海綫磚、黄曼磚，一萬五千塊。每萬洋六十四元，共計洋九十六元。添配嵌木、抱結、椽子、天花板、曼板，計料洋一百元。釘子、鐵器，計洋三十元。

頭門、大殿、走廊，一概雙抄紅油，並修舊匾、對三副。計工料洋八十元。

頭門、大殿、走廊、廚房，新做白鐵格漏。計工料洋六十二元。

老花神廟拆卸，搬運，計人工三百五十工。每工洋四角五分，共計工洋一百五十七元五角。

統共計工料洋一千六百五十八元八角三分六釐。

民國十一年二月　日章積記抄

呈爲呈請事。竊岳廟甬道西偏花神廟一所，奉諭遷移於左公祠西首，上年岳廟收回空地上面。業經遵飭匠人動工在案。查該處自花神廟拆卸之後，地面非常寬廣。相度形勢，尚可建築市房一排。非特望衡對宇，左右整齊，而每月增收租金積少成多，於將來歲修經費，堪資挹注。預算建築經費以二十七間計，約需洋三千六七百元。所有裝摺形式，均照東首市房一律。如蒙鑒准，再當飭令工人，核實開帳，呈候鈞裁。所有擬建岳廟甬道西首市房緣由，理合呈請督座批示祇遵。

岳廟西首市房承攬 附做品細帳

立承攬章積記今承包督軍座下岳陵前面甬道西邊新造市面二十七間。一切材料、做品，另開細賬。實計工料洋三千六百四十元正。恐口無憑，立此承攬存照。以兩個月爲完工期限，自四月一日起，至五月三十日止。未蓋瓦以前，得除雨工[八]。

民國十一年三月　日　立承攬章積記

岳廟右面，花神廟舊址，計地長魯尺三十丈，建造市房二十七間。

每間，闊一丈一尺。簷口，高二丈四尺。樓下三椽，樓上四椽。

上用柳杉板天花板，中用寸松樓板，下面平地。每二間，樓上柳杉板分間一縫，下面磚壁分間。扶梯一步。

樓下實榀杉板排門一堂，樓上玻璃落地風窗一堂。洋臺欄杆、白鐵格漏、油漆，均照左面舊市房一式。

分間墻，二縫十寸。新放磚開斗做，後面老墻找高封簷。

以上做品，每間實計工料洋一百二十五元。

二十七間，合計共洋三千三百七十五元。

又，南北轉角，加門面二間。計工料洋一百四十元。

又，舊左公祠墻缺，加深每間一椽，計五間，共五椽。計加工料洋一百二十五元。

總共實計洋三千六百四十元正。

呈爲呈請事。竊岳廟西首花神廟，遷移至左公祠西首，精忠産空地上面。即就花神廟原址，建築新市房二十七間，再岳廟後宮前面，修砌池塘一口，現已一律完工。理合繕單呈請派員驗收，以昭慎重。此呈督座鈞鑒。第二科長何國華謹呈。

爲呈覆事。竊岳廟西首花神廟遷移及添造市房，並後宫前面修砌池塘一口，各工程奉督座飭往驗收等因。奉此遵於二十八日，會同各監工委員，隨帶原賬，實地驗看。查得各做品、尺寸，與原賬尚屬相符，理合呈報督座察核施行。第四科長易兆雲謹呈。

創辦精忠學校

呈爲呈請事。竊查修理岳林工程案内，原議於工程完竣之後，就近該處，組織精忠小學。現在附屬工程，既亦早已完竣。本年夏間，曾由西湖第三國民小學校呈請，撥用花神廟房屋。當以該廟房屋，正須留以充作辦理精忠小學之用。並奉督座批示在案。現在年假已近，即擬從事組織定名精忠國民小學。學額暫定四十名。設教員一人，管理而兼教授。即以該廟作爲校址。所有桌椅、板凳、零星什物，一切開辦經費，暫以一百五十元爲率。常年經費，則以二百四十元爲率。此項用欵，擬暫由岳林市房租金項下動支。是否有當，應否開辦之處，理合呈請鈞長，轉呈督座批示祇遵。謹呈。科長　何

呈爲呈請事。竊查開辦精忠國民小學，業奉鈞長呈奉督座批示照辦在案。兹擬聘定教員一員，以便着手辦理。查有李兆龍，係杭縣人，曾經省立第一中學校畢業。以之充當教授，自必游刃有餘。並經科員等草擬該校簡章十三條，是否有當，並應否聘定之處，理合檢同簡章及履歷、憑證等件，呈送鈞長察核辦理。謹呈。科長　何

附：簡章一分、履歷一紙、文憑三張。

精忠國民小學校簡章

一、命名　本校定名精忠國民小學。

二、學級　本校現設國民部。分四年級，按年遞升一級。

三、學額　現暫定額四十名。

四、科學　修身、國語、算術、手工、體操、圖畫、唱歌。四年級，加歷史、地理。

五、課程　每星期教授時刻，計二十五小時至二十八小時。

六、學齡　自七歲至十歲爲限。

七、校址　暫以西湖湖山春社爲校所。學生均須走讀。

八、用品　諸生入校携帶各件，均須按照携帶物品單製備，以歸整潔。

九、保證　凡志願入校者，須有商店保證。

十、報名　報名者，須先邀保證人，開送姓名、年籍、住址、父兄名字及平日程度、曾否入學，聽候傳考。應考時，隨繳保證金一元。不取給還，考取及取而不到者不還。

十一、考試　試法，分筆答、口答二種。如欲考插班者，主要各科均須考試。録取後，即照限期，偕同保人來校，填寫願書及證書。

十二、退學　本校學費、雜費，概行蠲免。惟無故告退，應照章由保證人按月追繳，計銀元六角。

十三、細則　校内一切詳細規則，考取後來校閲看，俾知遵守。

呈爲呈報事。竊據岳墳精忠國民小學校教員呈稱『前奉鈞處函開「經呈准，聘兆龍充任西湖精忠國民學校教員，囑即籌備開辦」等因。遵即應聘，並從事籌備開辦。已於本月三日，正式開學。時適兆龍因患瘖症，不及躬親到校。經先日函呈，准予委託浙江甲種農業專門學校畢業生前充第八師範學校教員金如海、浙江第一中校畢業生張善元、浙江兩級師範學校畢業生吴嘉澍暫行代理。是日，鈞長涖校，即由代理教員金如海等，謹率學生齊集禮堂，恭聆宣讀督辦訓詞。舉行始業典禮，教員等亦各諄語教勉，用副督辦嘉惠諸生之至意。除將各生姓名、年歲另列詳表附呈鈞察外，理合具報。再前奉頒給鈐記一顆，業於本日啓用，合併陳明』等情。據此，謹將精忠國民小學校籌備開辦緣由，並檢同各生姓名、年歲詳表，呈請督座察核施行。謹呈督辦鈞鑒。第二科科長何國華謹呈。

（表略）

精忠小學校開學訓詞

今日是精忠小學校開學之日。本督辦特派何科長，訓爾諸生入學應守之規則及舊具之精神。諸生須知，本學校剏辦伊始，雖其間種種設備，或有未盡完善，尚待逐漸改良，但諸生此時能專心聽講教師所授，各種課目一一牢記，則後日成德達材基礎在，是不容漠視。各國國民有家庭教育，有幼稚園教育，迨入小學時，規則無不遵守，精神無不活潑。諸生家庭教育及幼稚園教育，未必人人知道。自今日起，可認爲爾等身受教育之始期。時時、事事，須以完全國民自視。本校以精忠標名[九]，欲諸生模範岳王。居家孝順父母，如岳王涅背故事。後來身膺國事，自能盡忠。凡人立身行己，須本『忠孝』兩字。舍此，就不算學問。諸生質多優美，孟晉可期。本督辦於今日開學之日，即具完全國民之希望，諸生勉之。

校勘記

[一] 元，底本原誤作『〇』，據文意改。
[二] 務，底本原無，據文意補。
[三] 艮，底本原誤作『根』，據上下文改。
[四] 撤，底本原誤作『撒』，據文意改。
[五] 與，底本原誤作『興』，據文意改。
[六] 方，底本原誤作『放』，據文意改。
[七] 折，底本原誤作『拆』，據文意改。
[八] 雨，底本原誤作『兩』，據上下文改。
[九] 本，底本原誤作『木』，據文意改。

書後

浙江重修宋岳忠武廟墓，先後凡四年，始克蕆工，元秀實與其役。夫此四年中，海内方苦兵，浙獨晏然。工以不廢，使後之人經過忠武之廟墓，肸蠁可通，申其景慕，此一幸也。重修之議，創於懷甯楊樹棠將軍。竟其工者，爲濟陽盧子嘉督辦。海内明哲，咸有贊助。豐碑書刻，今在廟庭。夫《兩浙防護之録》成於阮儀徵，今之重修，後先可以輝映，此二幸也。至工程營造，定制采材，同人承役其事，規畫粗具。它若整理廟墓之基域，用垂久遠。并議設精忠學校，以期推忠武之豐功偉烈，作國人之教範，元秀實致力焉。《徵信録》輯刊既成，用書其後。元秀得始終其役，亦可引爲私幸者也。

中華民國十二年三月杭縣黄元秀